贸易·政治·全球化译丛

贸易·政治·全球化译丛

国家财富

美国贸易政治史

C. 唐纳德·约翰逊（C. Donald Johnson）著
杨培雷 译

上海财经大学出版社

图书在版编目(CIP)数据

国家财富:美国贸易政治史/(美)C. 唐纳德·约翰逊(C. Donald Johnson)著;杨培雷译. —上海:上海财经大学出版社,2022.11
(贸易·政治·全球化译丛)
书名原文:The Wealth of a Nation: A History of Trade Politics in America
ISBN 978-7-5642-3869-8/F·3869

Ⅰ.①国… Ⅱ.①C… ②杨… Ⅲ.①贸易政策-研究-美国 Ⅳ.①F737.120

中国版本图书馆 CIP 数据核字(2022)第 156628 号

图字:09-2020-483 号

□ 责任编辑 李成军
□ 封面设计 贺加贝

国家财富
——美国贸易政治史

C. 唐纳德·约翰逊
(C. Donald Johnson) 著

杨培雷 译

上海财经大学出版社出版发行
(上海市中山北一路 369 号 邮编 200083)
网 址:http://www.sufep.com
电子邮箱:webmaster @ sufep.com
全国新华书店经销
上海叶大印务发展有限公司印刷装订
2022 年 11 月第 1 版 2022 年 11 月第 1 次印刷

710mm×1000mm 1/16 38.25 印张(插页:2) 562 千字
定价:158.00 元

总　序

如果说2019年是“黑天鹅”事件频出之年，那么，“黑天鹅”与“灰犀牛”齐舞的2020年，可以说是极其不平凡的一年。这一年中，新冠疫情全球大流行，进一步加剧世界经济复苏乏力、收入不平等、增长不确定和不稳定等“老生常谈”的问题。这场疫情对跨地区、跨区域布局的全球产业链产业安全产生了严重冲击，特别是正值选举年的美国，贸易摩擦已经沦为政治选举的工具，美国单方面发起的贸易保护主义行径，已经从关税保护措施跃升至管制技术出口、封杀诋毁外企和限制留学签证，全球保护主义蔓延势头不断上升。与此同时，全球累积的地缘政治风险已经在中东、西亚等地区引发了多次局部性军事冲突，从美伊冲突、土俄在利比亚和叙利亚的角力到印度与巴基斯坦的克什米尔冲突、阿塞拜疆与亚美尼亚的纳卡冲突等，进一步加剧了区域和平发展的不确定性。

可以说，我们正处在一个愈发不确定、不稳定的时代，全球处于百年未有之大变局中，世界进入动荡变革期。第二次世界大战后美国主导的世界经贸规则体系，是世界和平稳定、经济繁荣发展以及全球经济一体化的重要保障机制和驱动力。但从世界经济发展和全球化趋势看，2008年金融危机以来全球政治经济格局出现显著的调整趋势，涌现出“逆全球化”思潮和贸易保护主义，现有规则体系中的矛盾逐渐累积放大，全球化发展已经陷入前所未有的调整和矛盾。

从更深层次来看，当前世界经济的不确定性和不稳定性来源于以下四大冲击：

第一大冲击来自2019年末爆发并蔓延至全球的新冠疫情。突如其来的新冠疫情在全球蔓延，以极高的传染性使其成为首个真正意义上的“全球化疫情”。在全球化发展深陷泥潭的背景下，新冠疫情阻碍了社会经济活动的正常运行，也进一步影响了国际经贸合作的正常开展，对全球经贸一体化造成了结构性深层次的冲击。同时，新冠疫情还造成了产业安全维度的冲击，包括跨国企业产业链全球布局模式，供应链产业安全等受到空前挑战，航空、旅游等高度依赖外部市场的行业受到外需急剧下降的严重冲击，要素流动严重受阻。此外，新冠疫情还可能对社会经济发展模式产生深远的影响。基于互联网的经济模式以及机器自动化产业在此次疫情期间得到了快速发展，在潜移默化中改变了部分行业乃至社会的运作模式，可能对传统的经济活动方式和就业结构产生长期甚至具有变革意义的影响。

第二大冲击来源于单边及保护主义对全球经贸治理体系的冲击。经验和理论都表明，全球经济一体化是不可避免的发展趋势。但是，受制于全球化本身的结构性不平衡以及由此带来的各种保护主义思潮阻碍了全球化自身的健康发展，第二次世界大战以来建立的现有国际经贸治理体系不断受到挑战与质疑。将“美国优先”作为宗旨的美国特朗普政府，将单边保护主义和民粹主义演绎到极致，从退出《巴黎气候协定》到阻挠世贸组织争端解决机构的正常运作，甚至退出世界卫生组织，这种破而不立的方式显然不利于现有全球治理体系发挥其功能，对全球经贸规则的重构也不会带来任何积极意义。即使美国大选后可能跳出单边主义路线，西方国家中普遍存在的保护主义思潮同样也值得关注。中国等新兴市场经济体通过融入国际分工体系和经济全球化得以快速崛起，这导致新兴经济体的利益诉求、国际地位、权利和义务等发生了重要变化，与发达经济体之间的合作关系和地位也发生了深层次变化。如果发达经济体坚持用保护主义来应对这种格局变化，不仅不利于缓解当前国际治理体系中的南北矛盾，也不利于全球经贸合作的进一步深化。

第三大冲击是中美经贸冲突对全球产业链和分工体系的冲击。美中两国作为全球最大的两大经济体和贸易实体，是全球经贸繁荣和稳定增长的重要压舱石。但是，在特朗普上台后，美国对华政策已经逐渐从特定进口产品的惩罚性关税扩大至惩罚性关税清单，并不断升级至高科技产品出口禁令和恶意抹黑打压中国企业等全方位措施。中美贸易摩擦逐渐转变为中美经贸冲突，对双方乃至区域和全球的经济、贸易和产业发展造成了极大的冲击。美国试图切割、孤立早已同全球产业链深度融合的中国，这不仅提高了全球产业链的运营成本，而且其政策的不确定性对产业安全构成了实质冲击。

第四大冲击是政治军事冲突对区域发展条件造成的冲击。区域和全球和平发展始终是区域经贸发展的重要条件，但近年来不断涌现的政治对立和军事冲突事件对其产生了巨大影响。自 2019 年以来，先后爆发了巴勒斯坦和以色列的加沙地带冲突、印度和巴基斯坦的克什米尔冲突、土耳其先后出兵叙利亚和利比亚、土耳其和希腊的边境冲突、阿塞拜疆和亚美尼亚之间爆发的纳卡冲突等一系列军事冲突。政治军事冲突在西亚和南亚地区呈现出常态化的发展态势，地缘政治正逐渐取代区域经济一体化的地位，这既不利于地区的和平稳定，也不利于区域经济一体化发展。

上述四大冲击不仅反映出如今世界经济发展态势和国际治理体系面临的高度不确定性和不稳定性，也深刻反映出我们正处于世界百年未有之大变局中。从本质上看，国际外部环境的百年未有之大变局体现在，发展中经济体已经更多参与到世界治理体系之中，并由此导致国际政治格局产生变化。对百年未有之大变局，我们有以下几大问题值得关注：

一是全球增长问题。新冠疫情迫使我们深入思考世界经济的增长问题，因为全球化发展难以进一步深化，世界经济已经陷入“长期停滞格局”；新冠疫情对世界经济和全球需求产生短期冲击，以及新冠疫情模式下新技术、新业态将对全球产业结构和产业链造成中长期冲击。同时，2008 年以来各国为应对全球金融危机而普遍采用的货币、财政双宽松的非常态货币政策刺激，在造成全球房地产、股市等资产价格高速膨胀的同时，对经济增长的边际激励效应已呈现出明显的疲软态势。是应当维持非常态货币政策，还是返回常态货币政策，抑或探索其他政策工具？此外，“逆全球化”思潮也是研究全球增长问题不可回避的问题。主流经济学理论可以推定，经济全球化本身体现的国际分工深化、自由贸易发展、全球技术进步和生产力发展，通过市场的相互开放使得各方实现利益最大化。但是在现实中，推动全球化的主体主要来源于发达经济体的跨国企业，而反对全球化的声音也此起彼伏。全球化发展中出现的不同生产要素在国际分工中的收益存在巨大差异问题日益突出；而且，全球化发展中也存在产业转移导致的产业空心化、失业加剧和世界经济层面的“储蓄—消费”结构性失衡问题。这些问题都是全球化进一步深化亟待解决的问题。

二是不平等问题。在现有国际经贸规则体制的有效作用下，随着全球经济的发展，收入不平等问题在全球范围普遍存在，而且呈现加剧的可能。一方面，各经济体间收入不平等的问题愈发突出。虽然以中国为代表的新兴经济体在全球一体化进程中取得了高速发展的经济成就，但是在剔除中国等少数发展中经济体后，大多数发展中经济体与发达经济体的经济发展差距呈现出进一步拉大的趋势。这不仅是因为发展中经济体难以顺利融入全球化一体化发展进程，还因为当前国际治理体系下，发展中经济体缺乏基础设施建设等公共产品，难以跨越“马尔萨斯陷阱”以及所谓的“中低收入陷阱”。另一方面，经济体内部的收入差距扩大也是值得关注的问题。正如法国经济学家托马斯·皮凯蒂在《21世纪资本论》中所论证的，自由市场经济在财富分配不平等问题上存在市场失灵，较高的资本回报率导致贫富差距的扩大，可能导致一系列社会问题以及长期经济增长难以为继。

三是全球化趋势问题。第二次世界大战以来，以中国—西亚—美欧为核心的全球生产中心、全球能源中心、全球消费中心的“三角稳态格局”开始被打破，全球供应链、产业链、价值链面临重构。一方面，即便美国政权更迭后放弃单边主义，美欧等西方经济体已经愈发重视国内产业空心化和失业问题，由此导致部分产业回归成为必然趋势。而中国等新兴经济体的企业为提高自身在全球价值链中的地位和扩大市场，扩大对外投资以及参与全球资源要素配置势在必行，将调整当前由发达经济体跨国公司主导的全球产业链的布局结构。另一方面，中国等新兴经济体的收入水平上升，带动了国内消费市场规模的扩大，这将对美欧国内需求市场疲软起到一定的补充作用，进而形成以发展中经济体内需市场为核心的区域性经贸一体化新格局。

四是国际经贸规则问题。数十年来，以 GATT/WTO 为代表的多边贸易体制面临多方面的挑战。多边体制的多数谈判停滞不前，拉大了现有多边经贸规则体系与现代全球经贸模式之间的差距。在发达经济体和发展中经济体谈判矛盾无法调和的情况下，多边体制“协商一致”的原则被认为缺乏必要的政策灵活性。在普遍认同国际经贸规则急需改革的背景下，如何改革便成为十分突出的问题。“协商一致”是否有必要妥协和修改？是放任更具灵活性的双边和区域贸易体制，还是通过多边体制“曲线救国”？与此同时，美国在部分双边贸易协定中设置的“毒丸条款”体现出极大的负外部性。此外，在互联网、大数据等新科技快速发展的背景下，数字贸易已经成为不可忽视的重要经贸模式，特别是科技企业往往体现出较强的垄断性和产业边界模糊性，对现有监管模式和监管政策也提出了严峻的挑战。

五是全球经济治理问题。第二次世界大战以来的现有全球治理体制主要由发达经济体主导，但是在经济发展和科技进步等因素下，该体制存在问题和缺陷是发达和发展中经济体的共识。但是，各方对于如何解决这些问题缺乏共识。国际经贸规则需要的究竟是重构还是修正？同时，对于以中国为代表的发展中大国的崛起，如何避免陷入“修昔底德陷阱”和“金德尔伯格陷阱”，是当前各界亟待破解的问题。

这五大世界经济问题是全球性问题，既需要我们开展全面深入的前瞻性、战略性思考和研究，也需要我们放眼全球，分析和借鉴海内外优秀学者的最新研究成果，发挥他山之石的启迪和作用。

也正因为如此，由上海财经大学出版社选编出版此套“贸易·政治·全球化译丛”。译丛共包含八本著作，大致分为三个领域，分别是世界贸易体系研究、美国贸易政策研究和自由贸易思想史研究。

《世界贸易体系中的政治经济学：WTO 及未来》(原书第三版)是兼具通识

性和专业性的专著。作者用严谨的逻辑和翔实的资料，系统论述了当前世界贸易体系制度设计的历史背景、经济学原理和内外政治因素。例如，自世贸组织成立以来，国际贸易体系呈现亦步亦趋的发展形势。该书始终将以 WTO 为代表的多边贸易体制作为核心，不仅详细梳理了其谈判历程和背后政治格局，而且着重分析了该机构作为各贸易经济体协商贸易政策的重要平台作用。对于区域贸易等当前全球化所面临的诸多问题与挑战，作者也予以客观介绍和理性探讨。这有助于读者更好地判断未来世界贸易体系的发展趋势。

继创造“资产负债表衰退”概念之后，辜朝明在《大衰退年代：宏观经济学的另一半与全球化的宿命》中再次提出了全新概念——“被追赶经济体”。有别于“马尔萨斯陷阱”“中等收入陷阱”等聚焦发展中经济体发展问题，本书以全新的理论分析当今发达经济体出现的经济增长停滞和收入不平等问题，可以理解为高收入水平阶段发展陷阱的研究力作。作为日本著名的经济学家，作者对当前发达经济体所面临的经济与政治困境的核心驱动因素做出界定，并试图跳出当前财政货币双宽松的发展思路，提出可行的发展思路，体现了其敏锐的洞察力和思想力。

《军费、贸易和大国竞争》是本译丛中唯一一部专注于第一次世界大战前国际经贸体系研究的著作。作者将军事冲突和国际贸易的关系作为研究对象，是国际贸易领域中较为冷门的选题，对国际贸易和国际政治领域研究起到了重要的补充作用。尤其是，作者建立大国关系估计模型，从军事力量与商业合作的角度研究大国之间的竞争合作关系，研究角度新颖且具有创新性。同时，联想到当下复杂的国际形势，不禁令人引发对国际和平局势和趋势变化的遐想。

《国强国富：第二个千年的贸易、战争和世界经济》是一部经济史巨著。作者引用了大量的当代经济学研究成果和经验证据，系统分析了过去一千年以来重大历史事件对国际贸易和地缘政治格局的影响，以及贸易、殖民地在西方世界的崛起及其现代经济增长进程中发挥的作用，有助于读者更好地理解当今世界经济体制。本书从历史的角度，诠释过去一千年来世界各区域的贸易模式及其演进、全球范围的长期经济和政治发展趋势，以及这两者之间的相互作用。

相比众多传统国际贸易和世界经济研究著作，本书的侧重点放在区域经济和地缘政治上。这不仅体现在作者将世界七大区域作为研究单元，而且体现在作者强调地缘政治与国际贸易互为因果的关系。此外，作者还突出分析了军事在国际贸易中的作用。

《四处贩卖的贸易保护主义：〈斯穆特-霍利关税法案〉与大萧条》一书只有四个章节的篇幅，却对《斯穆特—霍利关税法案》的前因后果做出了权威描述。这部被誉为美国史上最臭名昭著的法案，通常被认为是引发20世纪30世纪大萧条和第二次世界大战前世界贸易秩序崩溃的导火索，也是国际贸易学者热衷于引用的经典反例。作者首次全面阐述了该法案背后的美国政治背景以及后续引发的经济后果、国际反响和遗留问题。本书的意义不仅在于警示贸易保护主义在历史上所造成的全球性损害，还在于帮助读者更好地理解美国贸易保护主义思想背后的政治和经济背景。此外，作者采用了新版序言，其中的故事可以视为如今美国政府再兴单边贸易保护主义政策的宝贵教训。

《国家财富：美国贸易政治史》是一本系统研究美国贸易政策及贸易政策背后政治因素的著作，具有很强的学术性和可读性。作者将美国的贸易政策发展脉络分为三个重要阶段，分别是美国贸易保护主义的兴衰、自由经济秩序的建立以及贸易保护主义的复活。本书还选取美国历史上具有转折意义的历史人物，生动刻画出美国贸易政策转变的政治背景和政治决定因素，以便读者更深入地理解美国政治与贸易政策的关系。

《美国贸易政策变局》一书则专注于目前美国最重要的区域贸易安排——《北美自由贸易协定》。相比其他侧重于政府利益角度的研究，作者还利用大量档案材料和数据，着重分析了工会、环境活动家等美国社会政治团体对该协定产生的影响，有助于读者更全面地了解不同利益团体在国际贸易政策中扮演的角色。本书有助于读者更好地理解在《北美自由贸易协定》中纳入劳动和环境保护等条款的政治因素，也有助于理解民间组织在制定国家政策方面的作用。

《自由贸易思想史》对自由贸易思想史的梳理具有重要的学术价值和借鉴意义。其学术价值不仅在于梳理出自由贸易学说的发展脉络，而且在于整理和对比主要贸易保护理论，从侧面对自由贸易学说的必要性、严谨性、可行性进行了支撑性论述。这有助于我们加深理解自由贸易的理念和意义，也有助于进一步理解为何中国始终坚持对外开放原则和高举自由贸易旗帜。

本套译丛无论是专题的编排还是书目的挑选，都体现出上海财经大学出版社的用心良苦和高瞻远瞩。一方面，译丛所选著作均出自国际顶尖学府的著名经济学家之手，书目的内容体现出极高的学术权威性，其中一本著作更是荣获ASA 2019年"查尔斯·蒂利杰出图书奖"(Charles Tilly Distinguished Book Award)。另一方面，本套译丛包含了翔实的资料和夯实的数据，十分有利于读者全面和系统地掌握世界经济的发展历史。同时，本套译丛突出了世界经济研究中政治经济学和国际政治研究的地位，顺应了当前全球化发展进程中政治要素影响愈发突出的趋势，有利于国内读者更好地理解国际经贸发展的态势。

本套译丛的翻译和出版工作具有重要的现实意义和学术价值。在面对百年未有之大变局之际，通过前瞻性分析、经贸史学研究等方法，我们可以更加深入理解之前百年的格局，更有助于正确掌握事物变化的客观规律，准确判断未来百年的世界变局。特别是如今经济全球化发展中愈发突出国际政治因素介入的影响，对世界经济的研究已经脱离不了从国际政治角度的研究。同时，译丛中多本译著为国内读者提供了全面而系统的美国政治资料，有助于国内学界更好地把握美国贸易政策变动的趋势。

权　衡

于上海市淮海中路六二二弄

2020年12月

献给苏珊娜·思普瑞特林·约翰逊(Suzanne Spratlin Johnson)和安娜·约翰逊·巴内特(Anna Johnson Barnett),并纪念奥格尼亚·海丽·约翰逊(Eugenia Hailey Johnson)——我生命中坚强、慈爱、睿智、坚定的女人。

序 言

从位于佐治亚北部乡村的家庭农场中的办公室里，基于有利的位置，我观察着从夏天到秋天的季节变化，而此时，我被特朗普时代早期几个月里世界面对的喧闹与动荡惊扰了。在这个特别的环境下——这所自美国南北战争以来见证过美国历史上许多季节变换的老房子，外面老树环绕，里面旧书满橱，书籍存世的时间甚至比老树的年龄还要长，在这个特定的时刻——为避免再一次大萧条与20世纪发生的世界大战所创建的自由地缘政治和经济制度也许正在面临着自创建以来的最大存废威胁，我审定本书的最后一稿。本书用长期的历史视角来审视美国的贸易政治。

唐纳德·特朗普(Donald Trump)总统退出《跨太平洋战略经济伙伴关系协定》(Trans-Pacific Strategic Economic Partnership Agreement，TPP)，不再承担其他国际领导责任，并承诺建造一个“巨大而美丽的围墙”的几个世纪之前，实际上作为本书基本参考文献的亚当·斯密开创性作品写出来的几个世纪之前，就有另一个伟大的全球大国选择退出世界和世界市场，退却于长城背后。

自从20世纪90年代后期担任贸易谈判代表以来，我开始行走于东亚，并开始阅读中国历史。我偶然发现令人着迷的一个历史时期——一个与今日之贸易政治特别有关的时期，即朱棣统治期间(朱棣于1402年成为永乐大帝，即明朝第三位皇帝)。朱棣将国都从南京迁到北京，扩大了中华文化的范围并扩大了超越疆界的影响力。他修复并重开了1 700多公里的大运河，将粮食从南方肥沃的长江流域运往北京，建造了如今到中国旅游的广大游客所知的纪念碑式的雄伟建筑物，包括紫禁城中的故宫和天坛，他建造了自己的陵墓和明皇陵。朱棣亲自领军，赴长城以北，与始于忽必烈汗、明朝之前统治中国百年的蒙古人交战，并取得了五次胜利。朱棣一生都在同蒙古人作战，因为后者一直是明朝统治的最大威胁。虽然朱棣的治国之策常常是残暴的，但他统治的时期被认为是中国历史上最繁荣时期之一。

永乐大帝治下的主要成就包括在郑和将军领导下明朝海军舰队的扩张，以及通过郑和下西洋而创造了历史性的海洋帝国。郑和是蒙古族后裔、虔诚穆斯林的儿子，其父与蒙古叛军一起与明朝军队作战，在战斗中被杀。明军抓住了10岁的郑和，将其阉割并送给朱棣作仆人(太监)，当时朱棣还是皇子，并且已经是著名的年轻军事统领。虽然在朱棣的前辈统治期间，宦官不被信任，不可委以政治或重大行政任务，但是，经过多次军事斗争，郑和成为一个备受器重的谏言者和朱棣的心腹，这些军事斗争包括朱元璋死后不久，朱棣叛乱并从其侄子手里夺取了王位。朱棣成为皇帝不久，便命郑和执掌他的海军舰队。

当时，中国的船舶和航海图领先世界好几个世纪，而郑和又成倍地扩展了中国海军的能力和可达范围。他率领的船队被称为“宝船”船队，船体估计有400～600英尺长，宽超过150英尺[至少是90年后克里斯托弗·哥伦布(Christopher Columbus)航船的5倍大小]。在第一次远航超过60艘船组成的船队中，每一艘船都有9个桅杆和12张帆，至少有500名水手，满载中国瓷器、丝绸制品、铁器和银币等珍宝。船队由超过300艘各式各样的船只组成，载着马匹、武器、粮食和大约28 000名船员。从1405年到1433年，郑和率领船队7次航行，每次远航历时两年，到达位于亚洲、中东和非洲地区的三十多个国家。在朱棣的指导下，他的计划是绘制整个世界蓝图，携带成千上百吨的财宝和一支军事力量，提升大明王朝的势力和影响力，通过礼物、贸易和海外统治建设一个伟大的王朝。运用军事力量和外交手段，郑和在这些远航过程中将他所访问的许多王国纳入中国的朝贡体系。郑和在他走到的整个区域传播中国文化，扩大影响力。这种影响力在他结束远航后的几个世纪里依然存在。为了纪念郑和，后人建造了大量的庙宇。

1424 年，在远征蒙古过程中，朱棣染病而亡。朱棣死后，帝国势力与中国海军的影响力很快便走向末路。在蒙古人继续成为明王朝最大威胁的时候，先后继位的两位皇帝发现郑和的远航太浪费了。与朱棣和郑和不同，他们看不到与外部世界交往的价值。朱棣的孙子(即宣德皇帝)同意仅做最后一次航行，在这次航行中，郑和前往麦加，在返航途中死于海上。

从这个时候起，明王朝任由远洋船只破损，不加修复，并且以“中央王国”(middle kingdom)伟大自尊的名义，撤到长城之内。明王朝关闭了港口，拒绝外国船只进入，认为外国船只带来的只是野蛮人，从而排斥性地对抗外部世界。这个政策一直延续到清朝，最终导致了 1840 年及其后灾难性和屈辱性的后果。鸦片战争、西方列强获得领土特许权、饱受日本军国主义的蹂躏都造成了一种持久的民族仇恨。

中国共产党的现任领导人习近平在 2012 年担任中华人民共和国主席后不久，提出“中国梦”(Chinese Dream)。起初，许多观察者把这个术语类比为追求个人经济繁荣的“美国梦”，尤其是鉴于自邓小平时代实施经济改革的背景，大量的人口逐渐脱贫，中国的财富日益增长。而习近平赋予“中国梦”更加深刻的内涵，目的是“中华民族的伟大复兴”。

习近平主席在中国国家博物馆举办的“复兴之路”展览上的讲话中提出中华民族复兴的“中国梦”，展览并列展出了古代中国的成就与近代中国屈辱历史画面，接着是欧洲帝国主义列强瓜分中国的画面，然后是从 1931—1945 年的抗日战争的画面。展览中展示了 1949 年中国共产党解放全中国以来在建设当前“社会主义市场经济”的道路或邓小平所称的“中国特色的社会主义”道路上所取得的进步。正是在这样的背景下，习近平号召各民族团结起来，实现中华民族的伟大复兴。

郑和航海发现的功绩在他死后几乎全部被抹杀，官僚精英与宦官在朝廷为了重要的官阶而斗争，他们毁掉了郑和绝大多数的航行记录和外交成就。然而，20 世纪初中华民国开始建立海军，抵御日本帝国入侵时，对郑和统领的强大海军的记忆复活了。在21世纪的最近一段时期，他作为民族英雄受到追忆，他的外交成就受到人们的敬仰并被学习仿效，尤其是他用软实力来扩大中国的影响。随着中国崛起而成为仅次于美国的第二大国，中国开启了现代版的"宝船"，驶向海外欢迎中国的国家，投资基础设施，建立贸易关系。

在清华大学法学院，我用了8个暑假为中美法律专业学生讲授WTO框架下中美贸易问题的课程。其间，与中国商务部和美国驻北京大使馆举办了数次研讨会，听到相互之间有关贸易违规行为的抱怨。如果不考虑其他方面，我的学生从这样的经历中学到了一点，就是内在于世界贸易组织规则基础上的自由贸易体制对于关乎两个经济大国国家利益的经济稳定至关重要。这甚至可能有助于两国再次"伟大"。

四十多年来，我作为美国国会工作人员、实践者、决策者、谈判者和学者参与制定贸易政策。我完全承认自己是父辈和祖父辈创造的自由经济制度的"骑墙派"。他们在激烈的斗争中付出了努力，而这场斗争在亚当·斯密发表《国民财富性质与原因的研究》(*An Inquiry into the Nature and Causes of the Wealth of Nations*，简称《国富论》)的时代就开始了。在斯密的开创性论述昭示世人的同年，美利坚合众国成立了。我相信，1776年之后的世界变化史不是某种巧合。虽然美国成长为世界历史上最强大、最繁荣的国家有许多不同因素的作用，显然，最具影响力的因素是在支撑普遍繁荣尤其是关乎工人阶级利益的社会结构和制度方面，我们运用了亚当·斯密和美国建国者的自由思想。这本书讲述的是实际发生的一系列政治故事。

今天，美国和世界上大多数国家正处在深刻的技术、经济、社会和政治转型时期，正对我们创造的自由经济秩序形成破坏性威胁——事实上，是对自由主义自身的破坏性威胁。国家财富取决于能否从自己的历史中吸取新的教训。

唐纳德·约翰逊

于佐治亚州罗伊斯顿(Royston)

2017年9月

致谢

关于本书的写作，我首先要感谢的是家族对政治感兴趣的传统。这个兴趣源自我的父亲克莱特·约翰逊(Clete Johnson)、我的祖父和曾祖父，他们都光荣地担任过公职律师。如果没有好奇心的驱策，我既不可能有政治事务办公室的亲身经历，也不可能完成研究和本书的写作。我还要感谢我在法学院的教授和导师迪恩·拉斯克(Dean Rusk)，他为我争取到了在海牙学习国际法的奖学金。国务卿拉斯克和莱昂内尔·罗宾斯(Lionel Robbins)勋爵在伦敦政治经济学院研究生院讲授的经济史激发了我对第二次世界大战后自由国际秩序的兴趣，他们二人在创建战后自由国际秩序中起到了重要作用。

我还要感谢众议员菲尔·兰德鲁姆(Phil Landrum，D-GA)，他给了我法学院毕业后的第一份工作，后来，在开始审议 1974 年《贸易法案》时，确保我受聘为众议院筹款委员会的工作人员。正是在那里，在哈里·拉马尔(Harry Lamar)睿智和耐心的指导下，我开始通过观察委员会成员——如威尔伯·D. 米尔斯(Wilbur D. Mills，D-AR)主席、萨姆·M. 吉本斯(Sam M. Gibbons，D-FL)、查理·A. 瓦尼克(Charlie A. Vanik，D-OH)、詹姆斯·A. 伯克(James A. Burke D-MA)、赫尔曼·施奈贝利(Herman Schneebeli，R-PA)和巴伯·B. 康纳布尔(Barber B. Conable，R-NY)，他们代表了不同的利益集团——学习贸易政治的真实课程。20 年后，作为众议员，在审议《北美自由贸易协定》和《世界贸易组织协定》时，我从佐治亚第十选区的选民和立场各异的民主党同事——包括支持方众议员比尔·理查森(Bill Richardson,D-NM)、鲍勃·松井(Bob Matsui,D-CA)和反对方迪克·格普哈特(Dick Gephardt,D-MO)、大卫·E. 博尼奥(David E. Bonior,D-MI),还有我的新朋友谢罗德·布朗(Sherrod Brown,D-OH)——那里吸取了更多深刻的教训。这次,共和党投了绝大多数赞成票,我从中学到了新的经验,即两党联盟如何取得了支持贸易的胜利。

我感谢比尔·克林顿总统,他让我有机会在夏琳·巴尔舍夫斯基(Charlene Barshefsky)大使的有效领导下担任美国贸易代表办公室(Offices of the United States Trade Representative,USTR)负责人和首席纺织品谈判代表。感谢纺织品核心小组组长、众议员约翰·斯普拉特(John Spratt,D-SC)在工作中给予我的支持和忠告。在美国贸易代表办公室这个相对较小的机构工作过的人,即使不说被"温德大厦"(Winder Building)勤奋和高素质的公务员所感动,也会对其留下深刻的印象。我的副手卡罗伊尔·米勒(Caroyl Miller)对纺织品贸易谈判的历史和技术方面的了解比我想象的要多,我的律师德米特里奥斯·马兰蒂斯(Demetrios Marantis)后来成为参议院财政委员会的首席贸易顾问,之后成为美国总统奥巴马领导下的美国贸易代表委员会代表。我在美国贸易代表办公室的经历对于本书的撰写是无价的,我在机构间谈判代表团的同事,尤其是商务部的特洛伊·克里布(Troy Cribb),对本书的成稿提供了至关重要的帮助。

离开克林顿政府并加入华盛顿特区的巴顿博格斯(Patton Boggs)律师事务所后,我开始研究和撰写本书的"引言"部分。我感谢在那里的合作伙伴,特别是汤姆·博格斯(Tom Boggs)、弗兰克·萨莫里斯(Frank Samolis)和蒂姆·乔巴(Tim Chorba)(以及其他许多人)的支持,并感谢几年来与他们在贸易政策问题上的合作带给我的快乐。

在过去10年里,我在佐治亚大学法学院的拉斯克国际法和政策中心(Rusk Center for International Law and Policy)担任主任并讲授国际贸易法课程,在此期间我完成了本书大部分内容的写作。我非常感谢在我的任期内院长丽贝卡·H. 怀特(Rebecca H. White)对我的支持,感谢拉斯克国际法和政策中心。如果没有怀特院长的承诺，我就不可能获得奖学金，不可能有参加高端会议的机会，不可能在中国、布鲁塞尔和日内瓦从事海外研究计划，不可能参与国际司法培训计划以及大学生海外实习项目。最重要的是，我非常肯定地说，我之所以能够完成这本书，是因为我在佐治亚大学法学院生活与工作了11年。

非常感谢拉斯克中心的同事们帮助我完成了这本书。已故国际法教授加布里埃尔·威尔纳(Gabriel Wilner)阅读了本书第一部分的一些初稿并提供了宝贵的意见。本书的主题是他讲授了几十年的论题，关于这个主题，我们进行了无数次对话。他一直是我的重要资源和一位亲密的朋友。我很幸运，在拉斯克国际法和政策中心任职的岁月里，两位优秀的写作者安德烈·巴比克(Andre Barbic)和劳拉·卡格尔(Laura Kagel)担任该中心的助理主任。作为"举重若轻"的编辑，他们尽职尽责地协助我，把我的一些冗长的语句变得短小精悍，把笨拙的被动语态变成具有可读性的主动语态。我特别感激的是，当我所写的东西他们读不懂时，他们会大胆地告诉我。大学生活最大的好处之一就是有机会与聪明且勤奋的学生一起工作，当然，也可以从他们的研究中获益。在本书的写作过程中，我特别感谢与我合作多年的学生研究助理，他们分别是理查德·休斯敦(Richard Houston，已故)、内特·亨特(Nate Hunt)、杰克逊·哈里斯(Jackson Harris)、凯利·皮尔斯(Kelly Pierce)、马修·贝内特(Mathew Bennett)、丹尼尔·奥尔兹(Daniel Olds)、杰瑞德·海格伯格(Jared Hegberg)、米奇·奥哈拉(Mitch O'Hara)和埃里克·希斯(Eric Heath)。

对于具有如此广度的命题来说，在一所伟大的研究型大学里，另一个重要优势就是可以获得图书馆资源。佐治亚大学综合图书馆和法学院图书馆的工作人员非常出色，确保我拥有开展这项研究所需的所有工具和资料。同样，我非常感谢国会图书馆、国会研究服务中心以及富兰克林·D·罗斯福(Franklin D. Roosevelt)、哈里·S. 杜鲁门(Harry S. Truman)、约翰·F. 肯尼迪(John F. Kennedy)和林登·B. 约翰逊(Lyndon B. Johnson)总统图书馆的工作人员为我提供的极大帮助。

我特别感谢佐治亚大学公共和国际事务学院的亲密朋友洛克·约翰逊

(Loch Johnson)教授。他是多领域的专家，在国家安全情报领域最为著名，在完成本书写作的漫长过程中，洛克是我的忠实顾问。他愿意花大量的宝贵时间阅读我写下的章节，从不抱怨，并提出重要见解和批评性建议，这对我有着巨大的帮助。

最后，也是最重要的，我感谢我的家人在完成本书过程中所给予的帮助和鼓励。我还要感谢我的两个儿子——克莱特(Clete)和亚历克斯(Alex)，他们是律师和优秀的作家——以及美国参议院委员会的工作人员，在我写作本书的大部分时间里，他们在研究和文本编辑方面提供了极大的帮助。不仅如此，他们与我的妻子(也是我最好的朋友，同时也是一位细心的编辑)苏珊娜(Suzanne)和女儿安娜(Anna)以同样的方式做出了最有价值的贡献。正是来自我家人无条件的爱、支持和鼓励，使我能够完成本书的写作。

目　录

引言——西雅图之战与亚当·斯密/1

第一部分　从汉密尔顿到《斯穆特-霍利关税法案》：美国贸易保护主义体系的兴起与衰落

第 1 章　“一个真正的美式体制”/35

第 2 章　杰克逊民主政治中的危机、妥协与自由贸易/62

第 3 章　南北战争与强盗大亨/87

第 4 章　保护主义的镀金时代/111

第 5 章　进步时代的贸易改革/139

第 6 章　咆哮的 20 世纪 20 年代和通向《斯穆特-霍利关税法案》之路/181

第二部分 转变:创造自由经济秩序

第 7 章 富兰克林·德拉诺·罗斯福和科德尔·赫尔/215

第 8 章 智囊团/234

第 9 章 多边贸易体制的曙光/266

第 10 章 英美特殊关系/294

第 11 章 战后大西洋联盟/324

第 12 章 《关税与贸易总协定》的诞生/353

第 13 章 《哈瓦那宪章》/386

第三部分 体系的存续

第 14 章 真的是一个新经济秩序吗?/413

第 15 章 失去了劳动者的热爱/449

第 16 章 超越 WTO 的劳动者权利/497

结论——唐纳德·特朗普、“被遗忘的人”与自由经济秩序/542

参考文献/581

关于作者/590

引言

——西雅图之战与亚当·斯密

被视为政治家和立法者的科学的一个分支，政治经济学提出了两个明确的目标：……既要增加人民财富，也要增加君主财富。

提高了一国一小部分人的一点点利益，就会伤害该国所有其他部分人的利益，并伤害所有其他国家所有人的利益。[1]

——亚当·斯密

写作本书的想法是在1999年11月末西雅图的一个雨天出现的，那日，40 000名反对全球化的抗议者实实在在地将我和来自134个国家的代表困在入住的酒店里，阻止我们参加世界贸易组织的一次部长级会议。

示威者穿得五花八门——打扮成不具有威胁性的海龟、蝴蝶、海豚、树和蔬菜，他们走上街头，决意阻断他们认为我们正在参与的龌龊的活动。许多外国代表被这种令人费解的娱乐活动搞得目瞪口呆，随后，当他们似乎弄清楚化装游行与自己所要商讨的问题之间存在关系的时候，便出现了困惑中的烦恼。在绝大多数情况下，抗议都与贸易有着某些关联，但是，这次事件吸引了众多对社会不满意的群体，他们渴望有机会回到20世纪60年代。在稀奇古怪的反对者中，能够叫出名称的是少数，他们中有光着身子游行的“素食者”，还有电气工人、右翼民兵组织、反核活动家、华盛顿自行车联盟，以及去世很久的歌唱家、演员、社会活动家保罗·罗伯森(Paul Robeson)与因1981年杀害警察而被判在费城监狱终身监禁的前记者、“黑豹”穆米亚·阿布-贾马尔(Mumia Abu-Jamal)的粉丝。“全球贸易观察”(Global Trade Watch)的当地主任、示威行动主要组织者之一麦克·道兰(Mike Dolan)承认，“游行已经变成了对资本主义不满的特定人群的游行……有点像嘉年华”。一家商店的橱窗上潦草地写着一句口号，意在总结他们集体行动的意图，即“我不知晓世界贸易组织是什么，但是，我讨厌有钱人”。[2]

基于自由市场技术的世界范围的网络，抗议组织者逐级有效推动，这句口号与无数的更有针对性的口号成为一个普遍的国际行为指针。在遥远的伦敦和马尼拉爆发了抗议声援行动，在更加遥远的、并非世界角落的地方，比如纳什维尔、田纳西以及副总统阿尔·戈尔(Al Gore)的总统竞选总部也爆发了抗议声援行动。在西雅图，有来自拉丁美洲、亚洲和欧洲的强大的抗议特遣队。

最著名的外国抗议参加者是乔西·波夫(Jose Bove)，他是法国牧羊农场主和社会活动家，他抗议的是在欧盟拒绝按照WTO的决议取消对美国含有激素牛肉进口禁止令之后，美国所实施的对他的罗克福芝士(Roquefort cheese)进口采取的100%报复性关税。波夫大部分的童年时期生活在美国，那时，他的父母在加利福尼亚大学伯克利分校学习。在前往西雅图的几个月前，他因推倒法国一座城市中在建的麦当劳餐馆而成为国际名人和法国的民族英雄。他对抗议行动的贡献表现为，在麦当劳门前为抗议者提供了484磅罗克福芝士，外加法国大餐和波尔多葡萄酒，同时，在一条“抵制麦当劳化”(Resist McDonaldization)横幅面前，他谴责垃圾食品，称其为污秽的“WTO食品”。[3]

如果说有一个标志着西雅图抗议的吉祥物，它无疑就是“海龟”。带有海龟图案的服饰理所当然地成为环保组织抗议者最显眼的服装。就像“忍者神龟”

出现的场景一样，大约250个纸板做成的水陆两栖生物跳跃在西雅图的街道上，上面打着这样的标语："自由贸易＝杀死海龟。"如果说这样的表达在修辞上过度地夸大了影响，那么，至少可以说，他们的抱怨与WTO相关。1998年，WTO裁定美国禁止进口来自不要求采用海龟保护设施的国家捕获的虾的监管措施与WTO成员方的义务不符。[4] 基于这样的决定，美国人道协会（US Humane Society）主任帕特丽夏·伏尔坎（Patricia Forkan）指责道，"通向西雅图的道路上洒满了海龟的骨架"。

可是，这个决定的客观审查导致一个不那么具有戏剧性的结论。监管措施所基于的美国法律有两个主要目标。法律提高了环境保护主义者的目标，迫使政府对濒临灭绝的海龟采取更强有力的保护措施。法律的设计希望在美国渔民和海外竞争对手之间做出运营成本的平衡，因为美国渔民被要求拖网必须使用漏掉海龟的装置。赞成监管措施的路易斯安那的参议员乐于承认，他们这样做是为了帮助"路易斯安那的捕虾人"。

大量的海虾出口国将这项措施视为歧视性保护措施，并在WTO争议解决机制下提起针对美国的诉讼。11家国际环境保护组织给出了简短声明，支持美国，美国认为其"虾-龟限制令"符合《关税与贸易总协定》第20条的规定。这个条款允许"作为保护人类、动物或植物生命与健康必要手段的"贸易限制，或允许与"保护可耗竭自然资源"相关的贸易限制，这样，他们就既不是任意的或歧视的措施，也不是"国际贸易变相限制"措施。在争议解决机制实施的第一阶段，一个世界贸易工作组甚至拒绝考虑将环保组织作为"法庭之友"（the amicus curiae）的简短声明，并草率地拒绝了美国依照第20条的抗辩。工作小组的结论是限制措施显然"威胁了多边贸易体系"。

如果工作小组的决定在上诉时被驳回，那么环境保护者的西雅图抗议行动就是站在农场主立场上的。然而，上诉机构的决定更加不平衡。首先，上诉机构说，工作小组应当考虑环保组织的简短声明，并尖锐批评工作小组过度拓展类别优先权，形成了自己对WTO责任目标的看法，也就是说，提出了"一个永久多边贸易体系"，从而"颠覆了"美国虾-龟管制举措。重要的是，上诉机构发现美国的举措事实上与“保护可耗竭自然资源”相关，因而在第20条赋予的权限范围内。在这些措施的运用方面，上诉机构发现美国立场有错误。关键是，在措施执行的过程中，针对WTO成员方，(美国的)做法是任意的和歧视性的。WTO的最终裁定并不希望“推翻”基本的限制措施，人们发现裁定具有充分的内在弹性，以便在实施过程中保持同WTO成员方义务的一致性。[5]

事实上，在西雅图部长级会议召开之前，在不改变根本法律而只是修改了监管方针的前提下，美国已经接受了裁决，美国继续要求外国海虾捕捞公司使用避开海龟的捕捞设施，这样海虾才能出口到美国市场。正如绝大多数平衡裁决一样，游说团体和有怨言的国家均不满意。主张全面采用限制措施的主要环境保护团体地球岛研究院(Earth Island Institute)声称“这个裁决是对海龟的致命一击”，而外国抱怨者谴责这个裁决是“危险的”，预言这个裁决“将导致单边的、歧视性的、与贸易相关的环境措施爆炸性增加”。[6]

尽管海龟成为抗议的标志，但是，发动抗议的领导者显然是美国劳工运动领袖。美国工人被视为自由贸易最普遍的受害者，同时也是最引人注目的牺牲者。正是这样的观点创造了与蓝领劳动力市场相关的大多数人、工会与非工会会员之间的牢固联盟。这个联盟不只限于受贸易影响的工人，比如那些从事纺织业和钢铁业的工人；与直觉相反，甚至包括那些工作与生存依靠贸易的工人。在当地，全国最大的出口商、接近一半收入来自外销的波音公司的西雅图机械师工会(Seattle Machinists Union)向西雅图抗议行动提供了900名组织者。大约有9 600名来自国际近岸和仓库工会(the International Longshore and Warehouse Union)的码头工人参加了抗议行动，不仅西雅图的港口临时关闭了，而且沿西海岸的所有港口包括全国最大的洛杉矶港口和加利福尼亚的长滩几十个港口关闭。用美国劳联-产联主席约翰·J. 斯威尼(John J. Sweeney)的话来说，WTO被视为“公司、出于公司意志以及为了公司”创造的公司主导的世界市场的顶峰，成千上万名工人聚集到西雅图，要求听到他们的声音。[7] 根据美国劳联-产联发的印刷品《抗议动员快报》(Fast Facts on Mobilization)提供的信息，工会会员来自50多个工会组织，涉及25个州，并且动用活动房车的有

144个县,还有不少于185辆巴士、9架飞机和两列火车。

在会议计划召开的第一天,即11月30日,抗议者主宰着局面。环绕在会议厅的抗议前线几乎没有受到西雅图警方的干涉。在当日的绝大多数时间里,因害怕或无法外出参会,贸易代表团的大多数官员留在他们入住的酒店。开幕式被取消了,所有贸易谈判都是在酒店的房间里通过电话进行的。这是美国历史上最大规模的劳工抗议行动,25 000名工会会员与至少10 000名环境保护主义者及其他类型的抗议者一起走上西雅图街头,他们冒雨行进,他们因美国劳工的全明星阵容和振聋发聩的反贸易演说而联合起来。针织业与纺织业雇员联合会(Union of Needle Trades Industrial and Textile Employees, UNITE)主席杰伊·马扎尔(Jay Mazur)宣称:"全球经济规则已经被操纵,与工人为敌,我们不再被他们玩弄了。"[8] 钢铁工人联合会(United Steelworkers)主席乔治·贝克尔(George Becker)发誓引领一场运动,迫使美国国会放弃WTO。"要么他们修正该死的规则,"他说,"要么我们离开。"卡车司机工会(Teamsters)主席詹姆斯·P. 哈法(James P. Hoffa)宣称,"我们需要一个离开陷入困境的WTO的声明;公民重新投票",并声明本次事件开启了世界范围反"企业贪婪"(corporate greed)的征程。[9]

到了该日下午晚些时候,大体和平的劳工抗议行动结束了,继而出现一小撮穿着黑衣、戴着面具、脚蹬耐克运动鞋的"无政府主义者"的一连串暴力行为。无政府主义者冲上街头,砸碎橱窗,并在商业中心的企业零售网点——耐克商城、星巴克、盖璞和一家麦当劳餐厅——喷上涂鸦绘画,他们视其为邪恶贸易的罪魁祸首。当日早些时候,乔西·波夫就在上述地点抗议。当垃圾和警察设置的路障在每一个街角燃烧时,西雅图的警察带着全套防爆装备进入街巷,用催泪瓦斯、橡皮子弹和辣椒水终止抗议行动,于是制造了为时一周的城市战区的可怕局面,这就是后来众所周知的"西雅图战争"。其后,查理兹·塞隆(Charlize Theron)和伍迪·哈里森(Woody Harrelson)主演的好莱坞同名影片所庆祝的就是针对WTO所谓"邪恶意图"的抗议胜利。

自由贸易赞成者对示威行动的第一反应是极端蔑视。在抗议者开始抗议的前一周，在《石板》(*Slate*)杂志的网络版上，大众普遍知晓的自由主义经济学家保罗·克鲁格曼(Paul Krugman)对激起预期抗议的"都市传言"(urban legend)做出了这样的解释：

> WTO已经成为左翼分子编排的神话，将导致美国出现民兵运动：(WTO)是敌视一切美好事物的全球阴谋集团的中心。按照这样的神话，"超级秘密"的WTO已经成为某种超越政府的机构，迫使每一个国家屈从于跨国公司的意愿。毁掉地方文化……破坏环境，并且凌驾于民主之上，迫使政府废除与其险恶目的存在冲突的各项法律。[10]

《经济学人》杂志把抗议者称为"好战的笨蛋"(militant dunces)，"他们的无知弥漫着西雅图的街道"。[11] 全国制造业者协会(National Association of Manufacturers)主席杰瑞·杰西诺维斯基(Jerry Jasinowski)称他们"着了魔……在街道上舞动，推动着人们做出疯狂的举动"。[12]《纽约时报》外交专栏作家托马斯·弗里德曼(Thomas Friedman)称他们为"挪亚方舟平面说的鼓吹者、贸易保护主义者的联盟，以及希望回到20世纪60年代的雅皮士"。[13] 简言之，他们是愚蠢的、讨厌的绊脚石，无须认真对待。

但是，许多西方政治家(按照《经济学人》的说法，"愚蠢的政治家")把他们看得很重。[14] 在参加西雅图会议的美国国会88位议员中，至少三分之一的议员同情一个或一个以上的抗议者团体，有些议员甚至参加了开幕日当天的抗议游行。在一次劳工集会的演说中，众议院民主党立法机构成员、众议员大卫·博尼奥(D-MI)将WTO称为"一头横冲直撞的公羊，冲击着一个世纪的社会进步，使消费者得不到清洁空气和清洁水源，妨碍了工人的权利"。[15] 尽管绝大多数来自发展中国家的外国观察员对抗议者和警方缺乏控制力提出了批评，但是，欧洲议会的一位议员同情抗议行动，对警方的压制行动提出了批评。"他们穿着星球大战装备般的奇怪的服装，带着催泪瓦斯，我认为这是对抗议行为的强烈反应。"她对英国电视记者如是说。[16] 从劳工组织中成长起来并短期担任过新西兰首相的机智的政治家、WTO总干事迈克·摩尔(Mike Moore)谴责这场暴乱，但是，他承认"和平抗议常常带来重要的社会变革……（而且）我们的批评并非总是错误的"。[17]

欧盟和美国代表团的领导人都把抗议行动视为提高各自谈判地位的机会。法国贸易部部长乐于将其抗议行动作为证据，证明在限制无控制的农产品贸易的负面影响和转基因食品进口的斗争中，经济学和政治学是可以分离的。欧盟贸易专员帕斯卡尔·拉米（Pascal Lamy）一脸笑容，毫不掩饰地指出，"外面发生的事情将对谈判产生影响"。他特别指出，农场主的抗议将使达成消除农产品出口的政府补贴协议的"可能性更小"。美国贸易副代表苏·艾瑟尔曼（Sue Esserman）选择对劳工组织的抗议行动加以评论。"普通工人表达的明确意见应当加以考虑。"她宣称提前透漏了美国劳工权利工作组建议。[18]

然而，最重要的官方同情者是美国总统比尔·克林顿。"我们应当为现在在外面示威的所有人开启谈判的进程，"在克林顿动身前往西雅图时，他告诉记者，"他们应当参与谈判。"[19] 在接受《西雅图邮讯报》（*Seattle Post-Intelligencer*）的电话采访时，他说，尽管对一些抗议者的暴力行为表示遗憾，但是他相信绝大多数示威者将对 WTO 的会议做出有价值的贡献。在旧金山参加民主党众议员候选人的募资活动时，他告诉记者，WTO 的议程必须开放，"以便能够听到劳工组织、环保组织和发展中国家的呼声，确保决策透明、记录公开，以及结果明确"。尽管认为，总体而言，"由于我们过去 50 年来扩大贸易，世界福利极大改善，"但是，他坚称，"我们必须做得更好，解决更深层的社会问题。"[20]

就个人而言，我审视西雅图抗议行动的情感是复杂的。作为 20 世纪 60 年代末和 70 年代初参加并支持反战及民权抗议行动的一员，我同情抗议行动，但是，我也发现关于 WTO 的贸易体制对工人阶级、环境和第三世界发展的影响被误导了。渴望回到 30 年前抗议运动的光荣岁月的许多抗议者似乎只能紧紧抓住反全球化，攻击 WTO，并把 WTO 视为实现跨国公司罪恶目的的工具。我认为，一方面，他们不可能了解进步力量支持自由贸易政策的美国政治的长期历史，这是一场斗争史，是与寻求避免市场力量冲击的公司特定利益集团的斗争史，而市场力量降低了绝大多数工人的生活成本；另一方面，毋庸置疑，受贸易影响的诸多劳工问题和环境问题需要得到有效解决，抗议者的呼声值得倾听。

本书第 16 章中，我将再来讨论西雅图抗议行动，但是，现在我坦率地承认，至今政府对劳工组织和环保组织要求的回应依然严重不足。彻底披露一下，我是支持贸易的民主党人士，目前像海龟一样被列为濒危物种的政治族群。像美国前总统克林顿那样，我相信"扩大的贸易"会使"世界变得更好"，但是，为何如此，社会需要一个更好的解释。社会也需要知晓将要做些什么，以确保国际贸易的治理体制将有利于普通工人家庭。关于这些问题，我作为自 20 世纪 70 年代以来的国会工作者、实践者和政策制定者，个人观点将贯穿于本书的叙述之中。与当前贸易政治的传统观点形成鲜明对照，贸易保护主义越来越成为大企业以牺牲工人阶级为代价获取货币利益的工具。

本书的目的是评论导致美国采取自由贸易政策、创设世界自由贸易体制以及这些政策与体制的当前威胁的政治路径。自 1776 年以来，围绕自由贸易和贸易保护主义，进步与保守势力之间展开了激烈的政治冲突，1776 年亚当·斯密出版了《国富论》，美国宣布从英国独立出来。斯密富有启发性的观点关乎我们历史中的每一个阶段，并为今日之运用提供了教训。这个故事的意义远远超过关税的经济利益竞争的故事的意义。在诸多方面，美国贸易政策的发展变化与关于贸易的政治斗争已经成为美国历史进程的一个推动力量。它们经常对战争与和平产生巨大的影响。自美国建国到全球多边贸易体制的创建，围绕国家财富在企业和工人阶级之间分配的斗争就是政治斗争的核心，通过这个视角来分析美国贸易政策的演变构成了本书的分析脉络。

本书关注的是狭义上已经形成的贸易政策、广义上影响美国历史的政治、名人和政治势力("看得见的手")。纯粹的贸易经济学并非本书的关注点。在美国贸易政策的形成过程中，政治学几乎总是对经济学取得压倒性胜利。对这个观点的经典注解是，在收到超过 1 000 位著名的经学家和商界领袖签名敦促否决草案的信函后，总统赫伯特·胡佛(Herbert Hoover)依然签发了臭名昭著的 1930 年《关税法案》[即广为人知的《斯穆特-霍利关税法案》(the Smoot-

Hawley Tariff Act)]。这并不是说,在贸易决策的制定过程中,好的政治学与好的经济学总是冲突的,(事实上)它们常常推导出同样的政策结论。毕竟美国政治家们总是声称其行为是为了国家的最大利益,或者,至少声称为了特定选民的最大利益。这里,我会探究这种宣称的诚信度,并试图辨别和揭示真实的动机,但是,我不会运用统计数据和图表证明或驳斥他们所采取的行动是否真正符合美国的经济利益最大化,甚或是否符合政治家的选民总体的最大利益。这是经济学家的工作,是他们要解决的问题,我的工作是权衡触发决策的利益,即决策是否受到纯粹的道德良心驱策,这关乎公共物品、政治上的自我保护或某种形式的贿赂行为。

亚当·斯密:工人阶级的哲学守护者

亚当·斯密的代表作《国富论》即使不是历史上讨论国际贸易政治的必读书,也是一个历史上讨论国际贸易政治的共同参考书。尽管自1776年《国富论》出版以来,受贸易影响的利益已经演变,但是,今天贸易政治学中所特有的激烈辩论中的许多核心问题基本上没有改变,而且,有关当今全球经济中贸易政治的有见识的讨论需要更仔细地看看斯密开创性作品的主要命题。他赞成不受政府强加的保护性限制措施妨碍而开展自由贸易的简单而有力的论点具有深远而持久的意义,然而,关于这本书的传统政治智慧常常是误导性的。《国富论》经常被宣扬为自由市场经济的永恒和绝对美德的福音权威,而斯密被许多人视为自我调节的资本主义(self-regulated capitalism)的知识“教父”,甚至被艾茵·兰德(Ayn Rand)* 认为是个人主义战胜集体主义运动的“教父”。然而,这种观点是对斯密著作及过去两个半世纪里世界经济文化遗产的过分简单

---

* 1905年2月2日—1982年3月6日。俄裔美国哲学家、小说家。她在其哲学理论和小说中开创了客观主义哲学运动,她同时也写下了《源泉》(*The Fountainhead*)、《阿特拉斯耸耸肩》(*Atlas Shrugged*)等数本畅销小说。她在其哲学理论和小说中强调个人主义的概念、理性的利己主义以及彻底自由放任的资本主义。她相信人们必须透过理性选择他们的价值观和行动;个人有绝对权利只为他自己的利益而活,无须为他人而牺牲自己的利益,但也不可强迫他人替自己牺牲;没有任何人有权利透过暴力或诈骗夺取他人的财产或是透过暴力强加自己的价值观给他人。她的政治理念可以被形容为小政府主义和自由意志主义。——译者注

和扭曲的看法。最重要的是，它忽略了斯密提出其政治经济学理论时所处的社会、哲学和政治背景。

图 1.1　亚当·斯密,1790 年约翰·凯伊(John Kay)制作的雕塑(国会图书馆)

在某种程度上，亚当·斯密的著作代表了一个客观主义学者的科学努力，他致力于解释经济体系是如何运行的，又是如何得以改进的。但是，从根本上说，《国富论》是一部政治论著。其中一些最感人的段落谴责了有钱的特殊的重商主义利益集团，重商主义是 18 世纪欧洲盛行的经济制度。斯密以其雄辩之才为工人而斗争，他认为工人是这个低效率和腐败制度的主要受害者。他推崇市场的论据基于一个信念，即健全的经济保证工人阶级获得公平工资，并使他们能够以公平价格购买生活必需品。让工人赚更多的钱并花更多的钱、具有广泛基础去创造国民财富的制度是他对重商主义制度不公平开出的解药，重商主义制度增加的只是受保护的既得利益集团的财富。

政治背景:启蒙时代的重商主义

虽然亚当·斯密被认为是古典经济学之父,但他是作为道德和社会哲学家而从事写作和教学的,在《国富论》出版之前,他出版的主要著作是《道德情操论》(*The Theory of Moral Sentiments*)。在18世纪的英国,经济学并不被认为是一门独立的学科。斯密和他的密友大卫·休谟(David Hume)以及苏格兰启蒙运动时期的其他哲学家主要关注人际关系的研究。休谟的主要作品是《人性论》(*A Treatise of Human Nature*)和《人类理解论》(*Inquiries Concerning Human Understanding*)。在格拉斯哥大学,斯密讲授的课程集中于伦理学、逻辑学和法理学,他借鉴历史和社会人类学,分析社会制度的进步以及法律和政府在社会中的作用。

在著名的商业关系和公共繁荣论著中,斯密的结论都来源于他对社会行为的研究。他的中心论点是承认"在人类的天性中有一种特定的倾向,就是倾向交易,倾向以货易货,倾向用一种东西交换另一种东西"。[21] 他断定,这种倾向是人类所特有的:"从来没有人看到过一只狗和另一只狗公平而目的明确地用一块骨头交换另一块骨头。"[22] 虽然具有学究式的风格,但是,关于人性对国民财富的深远影响的简单描述没有作为纯学术论文的一部分被重述。相反,到了这位道德哲学教授撰写《国富论》的时候,他的主要目的是影响政策,而不是教育学生。书中对经济概念的冗长分析,比如提高生产力的劳动分工,无疑为经济学成为独立的学科奠定了基础。然而,这种分析只是辅助他反重商主义的论战,他认为,如果不说重商主义违背自然本身,也可以视为针对公共物品的阴谋。

尽管随着工业革命在17世纪后期的后封建时代出现,增加了许多人的财富,但是,人民大众依然生活在绝望和悲惨之中。斯密有充分的理由相信,这种状况在很大程度上是内在于商业体制中被误导的政府政策的产物。在《国富论》出版之前的两个世纪中,这样的商业体制一直主宰着英国和欧洲大部分地区的经济生活。按照《国富论》中的经典界定，重商主义要求贸易出超（顺差），即出口大于进口，以便以实物、硬币和贵金属的形式积累国家财富。实现这一目标的一种方法是限制进口，另一种方法是对国内劳动力成本上升施加严格限制。

在英国的劳动环境中，斯密对基本的经济激励措施有了自己创造性的见解，今天对于这种劳动环境，就像水蛭吸血治病用之于现代医学一样，我们感到那样陌生和荒谬。自伊丽莎白时代以来，通过严格的公会制度（the guild system）所实行的就业限制剥夺了劳动者享有繁荣的权利，公会制度阻止了竞争，并维持了低工资。工人不仅被迫从事被选定的某些行业，而且被禁止进入其他行业。在斯密所处的时代，完全不是今天保护工人的最低工资和最高工作时间限制，英国法律实际上规定了最高工资和最低工作时间要求，仅能保障工人阶级的生存条件，并且休息时间很少。

例如，为了防止“鼓励懒惰”，一项1720年的法律禁止裁缝工每天得到超过两先令的工资，并要求他们从早上6:00工作到晚上8:00，其间，晚餐时间为1小时。[23]1768年，议会把最高工资提高到每天2先令7便士，把最低工作时间从13小时减少到12小时，因此，可以说在48年的时间里没有多大改善。如果雇主触犯这项法律而支付给员工太多工资，会被判罚5英镑，而接受过高工资的人要在惩教院做两个月的苦工。[24]

除了法定限制提高工人的工资以及限定工人的劳动时间外，雇主还联合起来确保劳动力成本不损害他们的利润。“主人们，”斯密观察道，“以某种缄默的方式无处不在，但是，他们是不变的、一致的联合体，这样的联合体不是为了提高劳动报酬。”[25] 事实上，他们从事的就是今天所谓的非法勾结行为：

> 在任何地方，打破这种联合都是一种最不受欢迎的行为，主人在其邻居和同行中会遭到某种谴责。事实上，我们很少听人们议论这种联合，因为这是常态，而且人们会说，这是没有人听说过的事物的自然状态。主人们有时也会加入一些特殊的联合体，甚至将劳动工资降得更低。这些行为总是以最沉默和秘密的方式去

做,直到实行的时刻(方为人知晓)。[26]

尽管雇主自由地相互勾结以限制工人的工资,但是,在法律上,工人们被禁止组成他们自己的“联合体”(combinations)或工会,从而能够要求提高工资或改善其他方面的工作条件。[27] 这些限制性法律的支持者认为,高于维持生计的工资和更多的闲暇时间只会导致懒惰和对奢侈的不适宜的渴望。然而,上述限制性法律不仅阻止了这些不良愿望,而且阻止了许多基本必需品的消费。例如,布料太贵了,以至于大多数人一生只能买几件衣服。伦敦的塔山地区(Tower Hill)以“破旧服装集市”(Rag Fair)而臭名远扬,穷人们在那里贩卖“破烂的衣服”。[28] 甚至经常有幸存者到处寻觅鼠疫受害者的衣服(到市场上贩卖)。

斯密对这一问题开出了革命性的处方,即让市场摆脱这些约束,从而决定恰当的工资水平:“劳动力的货币价格必须由两种情况来调节:劳动力需求,以及生活必需品与便利品的价格。”[29] 既然无视劳动者的实际购买力,工资仍然停滞不前,基本商品的价格“波动”就会加重这种情况。[30] 实际上,如果一个工人在某一年以可承受的价格购买了食物,那么次年他不可能买到同样多的食物。斯密对工资问题的敏锐洞察表明这种环境如何扼杀了一个国家的总体财富和繁荣,而不仅仅是普通工人的财富和享有的繁荣。这听起来很像在对学生讲述人类的本性,斯密写道:“劳动工资是工业给予劳动者的激励,像所有其他人类一样,应当与受到的激励成比例地提高。”[31] 斯密不仅不鼓励懒惰,他还相信提高工资会刺激工人的生产力,从而整个国家都会获得经济回报。

斯密以北美为实例,那里不存在对工人凭借自己的劳动挣取的工资的限制。虽然当时英国比北美任何地方都富裕得多,但是,位于美洲的殖民地的工资却比英格兰任何地方都要高。斯密认为,“这并非国民财富实际规模大,而是国民财富持续增长,从而导致劳动工资的提高”。这种情况不是在最富裕的国家,“而是在最繁荣的国家,或者在那些增长最快的国家,劳动工资是最高的”。斯密暗示,尽管那时候英国比北美富裕,但不可能总是出现这样的情况。“虽然北美尚不如英国那样富裕,但是它更加繁荣,并且以更快的速度进一步获得财富。”[32] 在评价了其他几个国家的情况之后,他得出了这样的结论:

> 因此，劳动者获得自由报酬，因为它是必要的效果，所以它是国民财富增加的自然特征。另外，对劳动者中的贫困人口缺乏维护是事物处于停滞状态的自然症候，从而劳动者中的贫困人口会迅速倒退到饥饿状态。[33]

对劳动者的这些压迫性限制不是商业制度强加在普遍繁荣上的唯一障碍。《国富论》第四卷是对整个英国商业体系和控制商业体系的垄断利益集团的雄辩的攻击。在这本书中，斯密使“重商主义”作为一个贬义词流行于各个时代。重商主义主要基于这样的信仰，即一个国家的财富是以其积累的金银来衡量的。在地理大发现时代，重商主义制度诞生了，并且资助正在崛起的海洋民族国家的花费昂贵的海军的必要性导致它持续存在下去。仅靠政府财政收入无法维持16世纪和17世纪代价高昂的战争，这些战争常常是由于主权国家为经济掠夺竞争而产生的。私掠者被许可参与对竞争国家的征服，并享用在外国的“发现”。例如，英国王室之所以授予寻找“黄金之国”的探险者沃尔特·罗利(Walter Raleigh)爵士以葡萄酒贸易的垄断权，是因为他对葡萄牙船只采取的海盗行为。英国东印度公司不仅得到了其在印度领土上的战利品，而且有权维护政府体系和国防体系，从而确保其从政府那里获得赏金。

为了进一步鼓励本国增加金银财富，议会将贸易政策建立在重商主义制度的基础上。为了加强国家贸易平衡，按照斯密的观点，就是：

> 尽可能减少进口国内消费品，尽可能增加国内工业产品的出口，必然成为政治经济的伟大目标。因此，使国家增加财富的两大引擎是限制进口和鼓励出口。[34]

这是通过严格的出口补贴和出口退税制度(称为退税)与进口管制来实现的，包括高水平进口税和对某些敏感进口商品的绝对禁止。通过建立外国殖民地以及与其他国家达成针对第三国商品采取歧视政策的贸易条约，特殊利益集团还获得了进口保护和出口鼓励。

然而，到17世纪末，私人通过征服手段创造主权财富的重商主义概念被推翻了。重商主义者非但没有增加国库收入，而且在对外的争夺战斗中耗竭了国家资源。英国统治其殖民地付出的巨大成本,即使不完全为了维护私人垄断的目的,也主要是为了维护私人垄断的目的,这无论在道义上还是在经济上都是不公正的。主权财富逐渐被耗尽,英国民众被迫承担高昂的代价,冲抵东印度公司等垄断企业管理中获得的超额利润和欺诈所得。在斯密看来,重商主义制度牺牲了整体公共繁荣,而有利于特殊利益集团,后者在政府的帮助下为自己创造了垄断地位。

斯密承认,进口保护有助于在英国某些垄断领域创造就业机会和形成资本,但是,他指出:“这是否既倾向于提高社会的一般工业水平,又给予社会工业最有利的发展方向,也许并不是同时兼有,显然如此。”[35] 事实上,他后来用很长的篇幅阐明:“对于单一人类秩序来说,垄断的单一优势在许多方面损害了国家的整体利益。”[36] 他看到,通过保护国内垄断的商业监管是为了少数人的利益而“人为”地转移有限的国家资源,以牺牲整个国家公民的利益为代价,而无视启蒙时代的自然自由权力。在《国富论》第五卷中,斯密对重商主义制度提出了更加广泛的谴责,认为这是通过“确保富人拥有自己的优势”来维持“财富不平等”的制度。斯密认为:“只要是为了财产安全而设立的民权政府,对于穷人来说,实际上就是为了保卫富人而设立的,或者,对于一无所有的人们来说,就是为了保卫那些拥有一些财产的人们而设立的。”[37]

“看不见的手”:自然正义与经济学

斯密认为,重商主义制度强加于贸易和劳动的限制既不经济也不道德。他认为,贸易的好处不应该用金银的积累来衡量,而应当用一国土地和劳动年产量的可交换价值来衡量。他写道:“可能太可笑,以至于无法认真地证明财富不由金钱、黄金和白银组成,而是金钱购买到的东西。”[38] 然而,关于财富的这个观点被重商主义者丢弃了。痴迷于贸易顺差造成的贵金属囤积只能提高国内市场其他商品的价格,导致财富减少。这种经济体制抑制了消费,斯密认为,消费是所有生产的唯一和不言而喻的目的。取代通过给受保护的垄断利益集团和贸易公会的财富来衡量财富，斯密提出，一个国家的繁荣是由它的全体人民所能获得生活必需品的充足性决定的。“是的，但是，除此之外，那些为全体人民提供吃、穿、住的人们应该分享自己劳动的成果，以便让他们吃得好、穿得好、住得好。”[39]

斯密及其苏格兰启蒙时代的同事主要关心的问题源自自然正义思想。斯密追随约翰·洛克(John Locke)的信仰：

> 尽管对于所有人来说，地球和地球上的所有低等生物都是共同的，然而，每个人拥有各自的财产。对于财产来说，别人无权拥有，仅自己拥有。我们可以说，身体中的劳动力和双手能够从事的工作恰恰是自己的。那么，无论如何，他去除了存在物的自然状态，留存下来，他已经将劳动混合其中并加入某物之中，这是他自己的东西，从而使之成为他的财产。[40]

最高工资法和垄断价格侵犯了人们拥有自己劳动成果的权利，违反了洛克的自然法则与正义观。此外，斯密认为，挫伤“每个人都要改善自己的状况”的自然动机是恶劣的经济学。[41] 作为道德哲学家的斯密关心的是人类的自然权利和社会条件，但是，他的论点的力量并非出于为他的听众争取更好的天使般的道德诉求。他的作品的巨大影响来自雄辩的、掷地有声的、为了他的听众争取自身利益诉求的简单性。他试图劝告 18 世纪的政策制定者，重商主义制度的目的是为了增加国民财富，而实际上降低了国家的整体安全，抑制了繁荣。(他)指出“卑鄙无耻的……商人和制造商，既不是也不应该成为人类的统治者”，他注意到“在本世纪和上个世纪，与商人和制造商不恰当的嫉妒相比，国王和大臣们反复无常的野心对于欧洲是致命的”。[42]

这些特殊利益集团在保持低工资、高价格和高利润方面的办法就是限制国内和国外的所有竞争，同时主张这些限制政策效应的国家优势。斯密把托马斯·孟(Thomas Munn)所著的《英国得自对外贸易的财富》(*England's Treasure by Foreign Trade*)看作纯粹的诡辩家的小册子。该书于 1664 年出版，吹捧贸易限制和贸易出超对一般公众的好处，从而加强特殊利益对公共政策的影响。“我从来都不知道，”他写道，“受到为公共利益贸易影响的那些人做了很多好事。”[43] 毕竟，曾任英国东印度公司董事长达26年的托马斯·孟难以成为中立的观察者。

斯密的观点也是建立在更广泛的公共利益的自由贸易哲学基础上的，但是，如果说他有一个动机性的偏见，那就是对人类的“较低阶层”的同情心。在《经济学人》杂志1999年举办的“千年问题”讨论中，关于《国富论》的评论，编辑们观察到：

> 由于关注的是普通劳动者的福利，《国富论》充满活力，令人吃惊，甚至达到了令人震惊的程度。斯密先生无休止地谴责富人的懒惰和贪婪，他们冷酷无情地追求自己的偏好，凌驾于人民大众之上。他赞成市场，一定程度上，不，似乎主要是因为它强大的力量阻止这种情况发生。[44]

斯密提出了一种方法：“在管理良好的社会，可以导致一种普遍的富裕，并将富裕扩展到大众中的最低阶层。”[45] 他主张：“如果一个社会中大部分人生活在贫穷和痛苦之中，这个社会不可能是繁荣和幸福的。”[46] 当一个人被允许享有他的劳动成果时，他将努力增加自己的收入，同时，无意中就增加了国家的收入。在他的著作中这一观点被一再强调，但是，最令人感动的是下面的名言：

> 我们期待的晚餐不是来自肉商、酿酒商或者面包师的善行，而是来自他们对自身利益的考量。我们要对自己说，不能依靠他们的仁慈，而是依靠他们的自爱，永远不要告诉他们有关我们自己的需要，仅仅告诉他们的利益所在。[47]

这是最被歌颂的——也许最被误解的——语境，也是斯密的杰作唤起的语境。努力增强自己的所得和经济安全，人们“被一只看不见的手牵着去达成一个结果（即公共繁荣），而这不是他的意图”[48]。因此，经济就是成千上万个人意志的产物，他们千方百计地提高个人地位，成千上万个屠夫、酿酒师、面包师和其他人增加自身利益，与此同时，所有人都没有意识到他们创造着自发的、有益的经济秩序。与今天的传统智慧形成鲜明对照的是，斯密的自由贸易观点比反对商业监管的单纯观点意义更加深远。与单纯反对商业监管的观点完全不同，这个观点主张解下特殊利益集团戴在个体工人身上的脚镣，从而使他们能够以通过个人努力提高个人福利的方式，进而共同提高公共利益。

不存在立法者颁布关于劳动专业化分工的法令去提高生产力或创造货币以促进贸易。相反，在自由市场中，这些经济进步慢慢地从人们以易货或其他形式"交易、交换"劳动产品的普遍倾向中演化出来。对这种神圣的人类权利强加重商主义的限制剥夺了最底层人民享有繁荣的机会，因此，最终束缚了整个国家的财富增长。

斯密强调市场上不受约束的自利的"无形之手"所驱使的自发经济秩序的好处，相应地，对政府在囤积财富、利于某一特定阶层的管理商业中的"有形之手"的侵权作用进行了直接攻击。"无礼和放肆的程度无以复加……国王和大臣们自以为他们监管着私人经济……而他们自己总是并且毫无例外的是社会上最挥霍无度的人。要让他们管理好自己的开支，以及他们应安然地信任同他们的（本性）相同的每一个人。"[49]

政府的作用

众所周知，斯密对政府监督"私人经济"的蔑视是在重商主义制度的背景下产生的，重商主义制度给予特殊利益集团特权，而牺牲了社会的总体利益，特别是牺牲了劳动人民的利益。鉴于政府增加特殊利益集团权力而给经济带来的人为扭曲，斯密在总体上承认政府仅在承担三项主要职责方面具有作用：提供共同防御、维护司法系统和建设公共工程。于是，斯密对国际贸易问题开出的处方就是，政府完全不要插手国际贸易。这无疑是关于斯密带给国际经济学的自由贸易思想的传统观点。

然而，与这样的看法相比较，事实具有更多的细微差别，因为斯密的自由市场哲学源于他对特殊利益集团通过限制劳动者和大众消费从而对公共利益造成损害的憎恶。这种特定利益扭曲，虽然并不总是，但常常是政府国际贸易限制的同义语。事实上，斯密指出至少在以下四种情况下，进口限制对公共利益是合理的。

第一，他承认，以保护国防所必需的国内工业为目的的贸易限制可能是正当的。由于英国的防御主要依靠其海军的力量，通过向外国航运业施加沉重负担和某些情况下的绝对禁令，英国的航运垄断得到了适当支持。斯密承认，之所以通过了加重这些负担的《航海法》，议会可能仅仅是受到对荷兰的国家仇恨的激励。该法案当然“不利于对外贸易发展，也不利于对外贸易能够产生的富裕程度的增长”。[50]

然而，即使不管背后的动机是什么，结果都是一样的，似乎它是深思熟虑的产物。尽管考虑到其负面的经济影响，但是，国家安全“比富裕更重要”。[51]

第二，斯密支持对国内产业的类似产品征收国内税时，对外国进口产品征收关税。进口税应等于对国内产品征收的税，以便“尽可能地在税后形成与税前相同的基础，使国内外产业之间保持竞争”。[52] 斯密指出，应注意避免对有竞争力的外国产品征收更高税收的诱惑，“要阻止我们的商人和制造商强烈抱怨外国产品在国内市场倾销”。[53]

第三，他认为限制进口可能是正当的，这里涉及对使用高关税的外国产品进行报复或禁止进口与其国内产品竞争的产品。斯密指出，法国“特别倾向于支持自己的制造商”，并指责法国的保护主义至少在一次事件中挑起了与荷兰人的战争，并激起了英国人持久的“敌对情绪”。[54] 当报复性的限制措施促使外国消除其贸易壁垒具有可能性时，“在这种情况下，复仇自然意味着报复”。[55] 他观察到，遗憾的是，关于报复是否注定产生这种影响的判断交给了“那种阴险狡猾的动物，通俗地被称为官员或政治家”，他们可能受到“暂时性的事务波动”的影响，这意味着可能出现狭隘政治学，甚或厌恶法国的一切事物。[56] 他指出，报复的内在风险几乎总是伤害没有受到外国限制措施危害的公民。

第四，斯密持有的立场是，一些贸易限制应保持，仅当高水平贸易壁垒长期保护一个行业后才能逐步消除。在“人道”需要的情况下，贸易自由应该以“保留和谨慎”的方式加以恢复。这是因为，如果保护性限制措施被立即全部取消，较廉价的外国进口商品就会潮水般地涌入国内市场，并“立即剥夺我们成千上万人的普通就业机会和生存方式”。[57] 这里，斯密再一次偏向工人阶级，显然超过了他对纯粹的自由市场经济政策的偏好。这是他的自由贸易观点的一个例外，这一例外为20世纪末美国纺织品进口保护的缓慢取消提供了支持。

19世纪英国的斯密遗产

《国富论》传递的基本信息是，由商业决定的消费者、制造商、土地所有者、工薪阶层和其他人的利益永远受制于市场力量和政府政策的不同影响。斯密认为，基于公平原则和合理的经济学，在平衡这些利益方面，市场力量应优于政府干预，除非在他概括的有限情况下。这在斯密所处的时代尤为明显。政府强加的重商主义阻碍了国民经济的增长，侵犯了自然正义的原则，以牺牲“可怜的工人”为代价，并解雇了“用他们的鲜血”保卫国家的士兵，他们在受限制的社会体系中寻找工作，从而给予“商人和制造商”排他性的特权。[58]

然而，斯密也是一个了解政治进程的现实主义者。强大的垄断利益集团腐化了政府决策者，“就像一支过度成长的常备军……对政府来说已经变得难以对付了，并且在许多情况下威胁立法机关”。[59] 一方面，支持垄断利益集团的议员们不仅获得了“懂贸易的声誉，而且获得了巨大的声望，其影响力与那些因人数和财富而具有巨大影响力的人相当”。另一方面，反对他们的人无法避免“最无耻的虐待……个人受到侮辱，由于暴怒和失望的垄断者的无礼暴行，有时面对真正的危险”。因此，他对自己呼吁更大程度自由贸易的成功并不抱有任何希望。

> 事实上，指望英国的贸易自由能够完全恢复是荒唐的，就像指望在英国建立一个大洋洲或乌托邦一样荒唐。不仅有公众的偏见，而且更不可克服的是许多个人的私人利益，不可压制地反对它。[60]

斯密认为英国不太可能成为自由贸易的乌托邦，斯密是正确的，但是，他的论断呈现出来的影响比他预期的要快。1784年，也就是《国富论》出版8年后，大胆的、以改革为导向的威廉·皮特(William Pitt)在24岁时成为首相,作为一名公开的斯密追随者,他启动了几项贸易自由化政策。他首先削减了沉重的茶叶进口税,在18世纪,茶叶是英国饮食文化的一个重要组成部分,他将茶叶进口税从119%降到12.5%。尽管这一行动遭到议会以及从高度发达的黑市获利的走私者的强烈反对,但是,下层阶级却非常欢迎这一行动,因为他们现在能够买得起一种过去被视为奢侈品的饮料。随着进口茶叶数量的增加,较低的关税为财政部带来了与高关税几乎相同数量的收入。

然而,皮特接下来的自由贸易政策冒险并没有那么成功。由于长期以来忍受英国贸易政策的压迫,在皮特开始执政时,爱尔兰处于经济萧条和政治反叛的状态。皮特不想重蹈前任在美洲殖民地犯下的错误,他寻求一种解决方案,给予爱尔兰一些商业优势,同时,为了"对于帝国的共同关注","保持安全和经济利益"。[61] 在斯密的影响下,事实上,他提出与爱尔兰签订自由贸易协定,与爱尔兰签订自由贸易协定将把彼此之间贸易中的制成品和农产品的关税降低到最低水平。在面对议会的演讲中,皮特谈到了过去一个世纪对爱尔兰的"残酷和可憎"的对待,他观察到爱尔兰如何被剥夺了"享受和利用自己的资源;(使爱尔兰)屈从于这个国家的利益和繁荣,而不让她分享大自然的恩赐以及她的公民的工业成果",他呼吁在一种新的贸易关系中建立"平等和公平的制度",这种新的贸易关系将"寻求帝国的整体利益"。[62] 但是,正如斯密所预测的那样,反对党领袖们不失时机地谴责这项自由贸易建议。代表国内制造商的议会成员以压倒性的理由反对廉价爱尔兰劳动力带来的损害,迫使皮特放弃这项计划。

1786年,皮特又采取了大胆的步骤,与法国签订了互惠贸易协定,这项协定在两国之间几十年的关税战争和军事冲突之后,提供了前所未有的互惠贸易条件。皮特从有关爱尔兰的提议中吸取经验,在监控与法国的协议谈判时非常小心,以确保关税减让有利于英国制造商,他在促成通过协定的演讲中也毫不掩饰地提出这一点。新工业时代的英国羊毛、棉花、瓷器和其他产品将更好地进入拥有2 400万居民的法国市场,法国白兰地、葡萄酒和石油可以被进口,而不是通过英吉利海峡走私。尽管反对派抗议说法国是"英国天然的政治敌人",

议会还是以高于50%的投票通过了该协定。[63] 协定给两国带来的贸易优势并没有长期存在下去,而是随着 1793 年英法战争的爆发而瓦解。由于拿破仑的崛起使与战争有关的关税收入成为必要,皮特的贸易自由化努力被搁置了。

1815 年拿破仑在滑铁卢的兵败带来了和平,但是,同时也引起了控制议会的土地利益集团对粮食进口的恐惧。结果,政府颁布了臭名昭著的《谷物法》,禁止进口小麦,直到国内粮食价格达到一定的高价格水平。虽然这些法律在为英国农场主稳定市场方面从未起作用,但是,几十年来,这些法律一直被维持着,损害“下等阶层”的营养需求,导致“下等阶层”时常反对这些法令。

从 19 世纪 20 年代开始,对改革的要求导致了更大程度的贸易自由化,并导致取消了斯密所谴责的一些劳工限制措施。在担任贸易委员会主席的托利党议员威廉·赫斯基森(William Huskisson)的领导下,议会削减了丝绸、羊毛、棉制品和许多其他产品上禁止性的高关税,并取得了财政上的巨大成功,赢得了广泛的赞誉。正如人们所预期的,托利党的保守力量和强大的商业利益集团对这些改变提出了强烈的反对。然而,自从 1776 年斯密写下他对自由贸易主张的悲观预测以来,这个国家经历了与法国战争后的经济困境、政治和社会动荡时期,所有这些都导致了改革的需求。1824 年,议会废除了禁止工人组建工会的《联合法》(Combination Acts),赫斯基森的贸易改革与减轻工人负担和帮助中产阶级成长的举措取得了同样的成功。

然而,19 世纪 40 年代,罗伯特·皮尔(Robert Peel)爵士成为首相后,带来了最引人注目的一轮贸易改革。尽管众所周知,皮尔所在的托利党比反对党——辉格党(Whig)——更倾向于保护主义,但是,他和威廉·格莱斯顿(William Gladstone)——睿智而又年轻的贸易委员会副主席——在 1842 年提出了一项预算案,在当时的关税体系中的近 1 200 个项目中,削减或废除了 750 种关税。他提议消除禁止性高关税,将大多数原材料的关税降低到 5%,并将制成品的关税降低 10%~20%。他用 3%的所得税来弥补关税收入损失,这样做仅在 4 年内对高收入人群产生影响。格莱斯顿推动关税削减,在一篇文章中提出了这样的观点,即该措施将刺激贸易、增加消费和增加海关收入。当他能够用第二年的贸易统计结果证明这篇论文的观点时，他和皮尔开始在1844年、1845年和1846年进一步推行关税削减措施。根据19世纪财政史学家西德尼·巴克斯顿(Sydney Buxton)的说法，“他削减的关税总数是1 035种，完全废除的关税总数量为605种，这些关税涉及食品、服装和人民舒适生活所需的绝大部分物品，或者涉及那些对生产所需的原材料征收的、影响就业的关税”。[64]

托利党的地主贵族和接管领导权时候的皮尔都坚定地捍卫《谷物法》，呈现在贸易改革派面前的是一个更为棘手的问题。一个时期的坏收成推高了食品价格之后，具有不满情绪的中产阶级集团于1838年在工业城市曼彻斯特成立了“反《谷物法》联盟”(Anti-Corn Law League)，领袖是理查德·科布登(Richard Cobden)，他和约翰·布莱特(John Bright)一起成为推动自由贸易经济学研究和社会改革的先驱者，成就了众所周知的自由经济学的“曼彻斯特学派”(Manchester School)。虽然没有受过良好的正规教育，但科布登是一个贪婪的读者，吸收亚当·斯密、大卫·休谟和本杰明·富兰克林著作中的思想。科布登对自由贸易的热情源于他的信念，即保护性关税剥夺了人们能够负担起的食物需要，维护了旧的封建秩序，这种秩序剥夺了个人自由、责任和事业，他相信自由贸易与和平联系在一起，而保护主义与战争联系在一起。

科布登曾经是一名仓库职员和旅行推销员，他了解到地主利益集团控制着议会，保护这些利益集团的法律不会因下议院中有说服力的演讲而被废除。他和布莱特组建了“反《谷物法》联盟”，发挥了外部压力集团的作用。自“反《谷物法》联盟”成立之日起，出版了数千本小册子，在全国各地组织了无数次会议和讲座，并向议会大量提交要求“商业自由、国家正义和人类相互友好”的请愿书。[65]

1841年，科布登当选为议会议员，并开始在下议院的权限内为废除《谷物法》而斗争，同时，他和联盟通过全国各地的相关社会网络保持外部压力。尽管一年又一年地提出废除《谷物法》的决议，但是，作为联盟领导人的他仍指责同僚“维护一项限制人民获得粮食供给的法律”，并支持一项提高粮食价格的法律以利于农业利益集团。他宣称，即使在“这项法律之下(农产品)价格水平最高的时期”，“农业劳动者的状况也是最差的”。[66] 他毫不隐讳地谴责受益的地主们，并指出，他们“拥有国家立法机关的绝对指挥权”。他主张，“让地主完全理解他的财富取决于他的顾客，下议院的愚蠢政策毁掉的是他的顾客，而议会维持价格的法案仅仅是为了价格租金放进地主钱袋的欺骗行为，并且欺骗了地主的佃户”。[67] 虽然科布登似乎在1843年的辩论中取得了更好的效果，但是，农业领域很大程度上取决于天气。当1844年农业有了好收成时，改革停滞不前了。

然而，在1845年秋天，不仅在人们的记忆中降雨量是最大的，而且病害侵袭了爱尔兰的马铃薯作物，导致了历史性的饥荒。到了当年12月，皮尔决定是时候废除《谷物法》了，但是，大多数内阁成员仍然反对。当他们不支持他时，他短时间辞去了职务，但是，又被维多利亚女王召回，组建新政府，重新开始废除《谷物法》的进程。1846年议会会议的辩论被称为历史上最具戏剧性的辩论之一，皮尔处于一个矛盾的地位，他得到除了他自己的政党成员以外所有人的广泛支持。

托利党的保护主义者在本杰明·迪斯雷利(Benjamin Disraeli)身上发现了一位杰出的新演说家素质，他以毫不留情的嘲讽和被亚当·斯密预言到的致命的个人攻击方式，攻击皮尔是一名叛国者。但是，在自由贸易商和辉格党中的反对派的支持下，皮尔在5月确保以327票对229票的优势废除了法案。他的个人成就是短命的。在接下来的一个月里，就在上议院通过废除法案的当天，皮尔在下议院的一项不相关的措施中被托利党反对者和辉格党反对者联合力量击败，托利党反对者出于报复，辉格党反对者为了自己的上位而试图推翻政府。因此，他被迫辞职，再也没有重回政坛。

在他的辞职演说中，皮尔做出了一个特别的、无私的努力，将功劳归于他所相信的一个人、最负有责任终止《谷物法》的人，即他过去的对手理查德·科布登。他赞扬科布登的“纯粹和无私的动机”，以及他“对理性的呼吁，通过雄辩的方式得以实施，更值得钦佩，因为它是不受外在影响且没有掩饰的”。他用下面富有激情的话语总结他在导致自己政治失败的议会中的最后努力：

> 也许我会在那些劳动者的住处留下一个时常被善意的表达铭记的名字，用他们额头上的汗水来赚取他们的日常面包，当他们用

丰富的、免税的食物来补充耗竭的体力时，那么生活就更甜了，因为不再有一种不公正的感觉。[68]

现在，在英国为自由贸易而战实际上已经取得了胜利。1849年，辉格党控制的政府废除了《航海法》，自1660年以来，该法要求通过英国港口的大部分贸易必须使用英国船只。《谷物法》辩论的附带结果是结束了托利党长期以来对议会的控制，托利党分裂为老派保护主义者和皮尔的支持者即众所周知的皮尔派(Peelities)，后者影响非常大。到1852年，辉格党和皮尔派——自由党(Liberal Party)的早期形态——结成新联盟，与皮尔自由贸易的追随者、担任财政大臣的威廉·格莱斯顿一起成立了一个新政府。在1853－1855年和1859－1865年的一系列预算案中，除了克里米亚战争(Crimean War)导致19世纪50年代后期出现中断外，通过取消所有保护性关税，格莱斯顿事实上为英国带来了自由贸易。1860年，英国与法国签订了一项商业条约，理查德·科布登亲自与拿破仑三世皇帝谈判，允许免税进口法国制成品，并降低葡萄酒进口关税以换取英国对法国出口的较低关税待遇。

随着1846年的歉收和土豆饥荒，"自然之母"在废除《谷物法》方面起到了至关重要的推动作用，而中产阶级的崛起和"反《谷物法》联盟"在随后的几年中所呈现出来的压力，使得自由放任的经济政策不仅在政治上是可以接受的，而且是必要的。古典经济学家约翰·斯图亚特·穆勒(John Stuart Mill)在其《政治经济学原理》(*Principles of Political Economy*)中有效地发展了亚当·斯密的思想，这本书于1848年首次出版，并在接下来的40年里成为英语世界中占主导地位的经济学教科书。他这样说："简单地说，自由放任应该是一种普遍做法：除非某些伟大的善意所要求，否则，每一次背离都注定是邪恶的。"[69]

到19世纪60年代，所有希望赢得选举的政党都认为自由贸易是英国政治的正统观念。即使是19世纪40年代狂热的保护主义者迪斯雷利也接受了这样一个事实，即保护"不仅是自取灭亡的，而且是该死的"。[70]1874年托利党最终重新执政，迪斯雷利成为首相时，他们没有做出任何逆转前自由党政府实施的政治和经济改革的努力，尤其是没有改变自由贸易体系。

除了在《科布登条约》(Cobden Treaty)实施期间与法国的贸易关系外，英国对其主要贸易伙伴单方面保持其自由贸易政策。在普法战争之后，法国在19世纪70年代末遵循的是德国俾斯麦的贸易保护主义做法。除少数例外，那时，绝大多数欧洲其他国家也采取保护性贸易政策。美国在其建国最初的几十年里变得越来越奉行保护主义，直到在杰克逊(Jackson)的民主政府统治下有一段逐渐自由化的时期，在南北战争之前盛行，但是，美国的保护主义在南北战争期间和之后又卷土重来。19世纪下半叶，在主要经济体中，英国几乎是唯一一个支持自由国际贸易政策的国家。

到了19世纪80年代初，对于废除了《谷物法》之后的一代人，在经济萧条和收成不佳的时期，贸易保护主义运动再次兴起，并形成了一个"公平贸易联盟"(Fair Trade League)，本质上要求"互惠和报复"(Reciprocity and Retaliation)，以应对其他国家的保护主义贸易做法。然而，格莱斯顿领导下的自由主义者能够击败改变体制的力量。他们拒绝回到过去工人阶级所遭受的痛苦中，那时，只是为了维持地主的租金。1903年，在布尔战争(Boer War)*之后，保守党试图再一次发起关税保护运动，这是由国内制造商集团所推动的，他们声称自己正受到廉价的美国和欧洲进口商品在英国港口"倾销"的伤害。

保守的殖民地事务大臣约瑟夫·张伯伦(Joseph Chamberlain)领导了一项重大行动，采取"帝国特惠"制度，促进大英帝国内部的贸易，将来自"倾销"国家的出口商品排除在外。张伯伦的这些举动激起了一名地位不断上升的年轻议会议员温斯顿·S. 丘吉尔(Winston S. Churchill)的愤怒。丘吉尔强烈反对放弃"自由贸易和廉价食品的体系"，在这个体系下，英国人民"如此长期地享有繁荣"，他在这个问题上戏剧性地改变了政党的态度，使托利党拥护自由主义长达20年。[71] 张伯伦的努力最终失败了，自由党、爱尔兰民族主义党(Irish Nationalist Party)和新成立的工党(Labor Party)均反对如此行事，他们担心由于更高的关税，工薪阶层会失去购买力。

---

* 英国人和布尔人之间为了争夺南非殖民地而展开的战争。历史上一共有两次布尔战争，第一次布尔战争发生在1880—1881年，第二次布尔战争发生在1899—1902年。——译者注

直到1915年,在第一次世界大战的第一年,自由贸易时代才在英国开始走向穷途末路。在诉诸战争的前10个月的明显失败之后,自由党政府与保守党结成联盟,以确保国家的统一。联合政府运作伊始就出台了一份新的预算,其中,将关税设为33.3%,据说目的是为了限制奢侈品进口和节省船舶空间。虽然政府承诺在战争结束后取消关税,但是,自由党的软弱和战后的经济不确定性使得这样的承诺难以兑现。在20世纪20年代动荡的战后欧洲,英国自由贸易者不再有政治资本在议会中强加他们的意志。当大萧条开始给世界各地的就业造成灾难性的伤害时,各国开始在全球范围内实施前所未有的保护主义政策,英国加入了贸易战,1931年实施了更高水平的进口关税,1932年在英联邦内采用了帝国特惠制。

英国自由贸易时代的影响

从所有的衡量标准来看,英国奉行自由贸易政策的60年是一个彻底成功的故事。到19世纪80年代中期,英国在所有主要行业中占据了世界贸易市场的主导地位,伦敦已成为世界金融之都,即使在美国开始超越英国工业霸主地位的时候,(情况依然如此)。在皮尔和格莱斯顿从1842年开始实施削减关税后,平均关税税率从35%降到1870年的8%,英国的贸易总量翻了4倍。在国民收入增长7倍的时候,批发商品价格指数下降了近60%,从而使19世纪英国消费者的购买力提高了16倍。[72] 劳动阶级的生活水平从1850年到1914年急剧提高,而在19世纪上半叶则停滞不前。尽管存在困难时期,如美国南北战争期间出现的19世纪60年代的“棉荒”,持续了20年的“大萧条”,以及数年的歉收,但是,繁荣时期还是创造了工资的大幅上涨,同时,物价持续逐渐下降。上述两种因素的结合提高了购买力,并提供了超过食物、衣服和住房必需品需求的少量剩余,1860—1900年间平均每周工作时间也从56小时下降到50小时,工人阶级第一次开始有了一些闲暇时间。

随着工人阶级财富增加并从政治改革中受益,他们加入工会,以保护他们的利益,并在19世纪后半叶就更高的工资和更好的工作条件与资本家进行谈判。绝大多数工会领导人在政治上坚决支持格莱斯顿。即使在工党成立之后,在自由贸易政策上,有组织的劳工仍然与自由主义者结盟,以维持工人阶级在生活成本方面的收益。

这并不是说,英国仅靠自由贸易而成为一个超级大国,并使英国的工人阶级受益匪浅。在19世纪英国工业和金融实力的发展中,有许多因素起作用。人们还必须承认,英国工人在这一时期所感受到的生活质量的改善,并没有消除贫困,只是改善了工作条件,使之高于查尔斯·狄更斯(Charles Dickens)小说中生动描绘的悲惨水平。

这里的重点是为了说明亚当·斯密的论断,即保护主义政策是为了特殊利益集团的利益,剥夺了工人阶级获得公平工资和生活必需品的自然权利,同时阻碍了整个国家的财富增长。从广义上来说,19世纪中叶英国的政治、社会和经济改革与自由贸易政策和共同分享经济发展果实相关。中产阶级作为一种政治力量的成长,与“反《谷物法》联盟”的形成同时发生,有效地结束了地主、贵族的政治统治。随着皮尔和格莱斯顿的关税改革和《谷物法》的废除以及商品价格的相应降低,工人阶级的生活成本随着工资的增加而下降。

对美国贸易政策的影响

简要回顾亚当·斯密的伟大著作及其对19世纪英国贸易政策的影响,也是对随后章节的重要引言,在随后的章节中将回顾美国贸易政治的历史。《国富论》发表于1776年,与托马斯·杰弗逊(Thomas Jefferson)撰写《独立宣言》(Declaration of Independence)同年则并非必然。英国对美国殖民地的贸易限制不仅是美国革命的原因之一,而且,在常识上,杰弗逊和其他美国开国元勋也与斯密有许多共同之处。他们深受启蒙运动以及斯密的洛克自然法则观念的影响,许多人致力于将这些思想运用到他们的新国家中。

斯密呼吁建立一个“简单的自然自由制度”,在这样的制度中,“只要不违反正义的法律,每个人都可以完全自由地以自己的方式追求自己的利益,并使自己的产业和资本与任何其他人或人的秩序相竞争",这样的论述只要再多一点修饰,就可能出自杰弗逊的笔下。[73]1759年担任宾夕法尼亚州驻英国代理人时,本杰明·富兰克林(Benjamin Franklin)在苏格兰与斯密和休谟会面并成为朋友[74],据说,他在18世纪70年代初与斯密会面时评论了《国富论》手稿的部分内容。[75]富兰克林、杰弗逊、詹姆斯·麦迪逊(James Madison)或约翰·亚当斯(John Adams)每个人都可以写出斯密式的谴责,谴责英国对美国殖民地的贸易和工业限制,比如绝对禁止建造炼钢炉:

> 禁止伟大的人民……尽其所能生产自己产品的每一部分,或以他们认为对自己最有利的方式利用自己的存货和产业,这显然是对人类最神圣的权利的侵犯。[76]

尽管斯密和许多美国开国元勋之间的观点自然是一致的,但是,其他因素干扰并经常限制了斯密在这个年轻国家贸易政策发展中的影响。一个重要的因素是,在美国革命后,对英国的憎恶导致的消极遗产、对华盛顿的侵略以及1812年战争期间焚烧美国国会大厦和白宫加剧了对英国的憎恶。在19世纪的大部分时间里,英国是一个专横的政治和经济竞争对手,其政策在美国政界的大多数圈子里受到蔑视。尽管继斯密之后的古典经济学家们——大卫·李嘉图(David Ricardo)、詹姆斯·穆勒(James Mill)、约翰·斯图亚特·穆勒以及其他学者——增强了英国开展自由贸易的理由,而在美国,基于弗里德里希·李斯特(Friedrich List)和亨利·C.凯里(Henry C. Carey)等人的经济观,加之对英国政治上的逆反,强烈转向贸易保护主义和经济民族主义。尽管如此,美国仍然拥有强大的自由贸易支持者,特别是新英格兰和南部农业州的商人和货运商人,他们常常引用斯密著作中的段落(来表达他们的主张)。

在美国,除了美国南北战争期间和战后一段时间里,关于发展时期贸易的辩论几乎总是两面的。凭借着其古典经济学家、经济实力以及自由贸易的长期试验,英国对19世纪的美国贸易政策有着重要影响,尽管时常是消极影响。然而,随着1912年伍德罗·威尔逊(Woodrow Wilson)和1932年富兰克林·D.

罗斯福的当选，反映在备受威尔逊和罗斯福的国务卿科德尔·赫尔(Cordell Hull)钦佩的斯密、格莱斯顿、布莱特和科布登遗产中的英国影响，奠定了20世纪美国主导性贸易政策的基础。

正如我们所看到的，丘吉尔和罗斯福在第二次世界大战期间为实现战争胜利和战后安全、繁荣和充分就业的共同目标而建立的英美联盟最终取得了成果。这样的关系并非没有严重的冲突，在几项重要事务上，严重的冲突可能对于伙伴关系来说是致命的。尽管如此，联盟对战后多边贸易体系中体现的自由世界经济秩序的诞生至关重要。

注释：

1. Smith, *An Inquiry into the Nature and Causes of the Wealth of Nations*, 374, 548.
2. Kim Murphy, "Echoes of Another Era Fill Streets of Seattle," *Los Angeles Times*, December 1, 1999; David Postman, "WTO in Seattle: Everyone Has an Agenda, Including the Turtles," *Seattle Times*, November 28, 1999.
3. Helen Jung, "French Farmer Basks in Limelight of Anti-Trade Movement," *Seattle Times*, November 28, 1999; Robert L. Jamieson Jr., "French Farmer Bové Takes His Beef to McDonald's," *Seattle Post-Intelligencer*, November 30, 1999; Thomas Sancton, "Super Fries Saboteur," *Time*, December 6, 1999.
4. Appellate Body Report, *United States—Import Prohibition of Certain Shrimp and Shrimp Products*, WT/DS58/AB/R (October 12, 1998).
5. Ibid.
6. CNN, *Earth Matters*, October 18, 1998, Transcript # 98101800V25.
7. John Sweeney, "Making the Global Economy Work for Working Families: Beyond the WTO," *Remarks at the National Press Club Ballroom*, November 19, 1999 (copy in author's papers at Richard B. Russell Library for Political Research and Studies, The University of Georgia Libraries, Athens, Georgia).
8. Sam Howe Verhovek and Steven Greenhouse, "Seattle Is under Curfew after Disruptions," *New York Times*, December 1, 1999.
9. Jonathan Peterson, Evelyn Iritani, and Kim Murphy, "Protest, Chaos Delay World Trade Summit," *Los Angeles Times*, December 1, 1999.
10. "Bogus Arguments against the World Trade Organization," *Slate Magazine*, November 23, 1999.
11. "Clueless in Seattle," *Economist*, December 3, 1999.
12. "Street Violence, Protests Delay Opening of WTO Conference," *CNN Today*, November 30, 1999, Transcript # 99113006V13.
13. Thomas L. Friedman, "Senseless in Seattle," *New York Times*, December 1, 1999.

14. *Economist*, December 3, 1999, *supra* note 11.
15. "Members of Congress Push Own Agenda for WTO Talks," National Journal's *Congress Daily*, December 2, 1999.
16. Sarah Lyall, "Internationally, Embarrassment for U.S.," *New York Times*, December 2, 1999.
17. John Burgess and Steve Pearlstein, "Protests Delay WTO Opening," *Washington Post*, December 1, 1999.
18. David E. Sanger and Joseph Kahn, "A Chaotic Intersection of Tear Gas and Trade Talks," *New York Times*, December 1, 1999.
19. *Washington Post*, December 1, 1999, *supra* note 17.
20. Michael Paulson, "Clinton Takes Strong Stand on Labor Rights," *Seattle Post-Intelligencer*, December 1, 1999.
21. Smith, 12.
22. Ibid.
23. Journeymen Tailors, London Act, 1720, (7 Geo. 1 St. 1) C A P. XIII.
24. Journeymen Tailors, London Act Amendment, 1768, (8 Geo. 3) C A P. XVII.
25. Smith, 59.
26. Ibid.
27. Combination of Workmen Act, 1796, (36 Geo. 3) C A P. CXI.
28. Hitchcock, *Down and Out in Eighteenth-Century London*, 10.
29. Smith, 76.
30. Ibid., 65–66.
31. Ibid., 72.
32. Ibid., 61–62.
33. Ibid., 65.
34. Ibid., 394.
35. Ibid., 396.
36. Ibid., 549.
37. Otteson, ed., *Adam Smith: Selected Philosophical Writings*, 230.
38. Smith, 382–383.
39. Ibid., 70.
40. Locke, *Locke's Two Treatises of Civil Government*, 305.
41. Smith, 306.
42. Ibid., 435.
43. Ibid., 399.
44. "Introducing Big Government," *Economist*, December 23, 1999.
45. Smith, 10.
46. Ibid., 70.
47. Ibid., 13.
48. Ibid., 399.
49. Ibid., 309.
50. Ibid., 407.
51. Ibid.
52. Ibid.
53. Ibid.
54. Ibid., 410.
55. Ibid., 409.

56. Ibid., 410–411.
57. Ibid., 411.
58. Ibid., 413.
59. Ibid., 414.
60. Ibid., 413.
61. Hague, *William Pitt the Younger*, 161.
62. 1 Parl. Reg. (1801) 249–250.
63. Hague, 196.
64. Buxton, *Finance and Politics: An Historical Study 1789–1885*, 65.
65. Pickering and Tyrrell, *The People's Bread: A History of the Anti-Corn Law League*, 2.
66. 69 Parl. Deb. (3d ser.) (1845) 386–387.
67. 69 Parl. Deb. (3d ser.) (1845) 390.
68. 87 Parl. Deb. (3d ser.) (1846) 1055.
69. Mill, *Principles of Political Economy*, vol. 2, 569.
70. Monypenny and Buckle, *The Life of Benjamin Disraeli: Earl of Beaconsfield*, vol. 3, 241.
71. Manchester, *The Last Lion: Winston Spencer Churchill: Visions of Glory 1874–1932*, 353.
72. Rabushka, *From Adam Smith to the Wealth of America*, 112; Jastram, *The Golden Constant: The English and American Experience: 1560–1976*, 32–33.
73. Smith, 620.
74. Wood, *The Americanization of Benjamin Franklin*, 88; Isaacson, *Benjamin Franklin: An American Life*, 196.
75. Smith, Introduction by D. D. Raphael, xix; Isaacson, 260–261.
76. Smith, 519.

第一部分

从汉密尔顿到《斯穆特-霍利关税法案》：美国贸易保护主义体系的兴起与衰落

第 1 章　“一个真正的美式体制”

第 2 章　杰克逊民主政治中的危机、妥协与自由贸易

第 3 章　南北战争与强盗大亨

第 4 章　保护主义的镀金时代

第 5 章　进步时代的贸易改革

第 6 章　咆哮的 20 世纪 20 年代和通向《斯穆特-霍利关税法案》之路

第 1 章

“一个真正的美式体制”

有一些人，他们坚持认为，贸易会自我规范，不会从政府的鼓励或约束中受益……这是那些疯狂的投机悖论之一，它在我们中间备受尊崇，这与大多数开明国家的统一做法和意识相反……保持贸易平衡、利于国家，应该是国家政策的一个主要目标。[1]

——亚历山大·汉密尔顿(Alexander Hamilton)，1782 年

当被要求比较 1994 年世界贸易组织成立前的多边贸易谈判和 21 世纪多哈回合的多边贸易谈判时，一名受挫的美国高级贸易官员指出，来自发展中国家的新成员的影响力越来越大。他指出，在他看来，当发展中国家希望所有市场让步都来自发达国家时，达成共识是困难的。“坦率地说，你自己问一问，”他说，“他们为什么要加入？难道没有人告诉他们世贸组织的目的是使贸易自由化吗？”[2] 发展中国家的代表们普遍回答说：“为什么发达国家希望我们现在开放市场，而在其发展阶段中它们的市场实际上是被关闭的？”事实上，他们确实有

这样的观点。当前发展中国家对美国的批评是完全正确的，他们指出，在同样的保护主义贸易政策下，美国经济在19世纪实现了工业化，而现在美国谈判代表正试图去除发展中国家的这种政策。

事实上，从1789年乔治·华盛顿(George Washington)第一届政府到1933年富兰克林·罗斯福第一届政府，经济民族主义和保护性关税在很大程度上主导着美国的贸易政策。早期美国的保护主义是在当时风云人物汉密尔顿、杰弗逊、麦迪逊、克莱(Clay)、杰克逊、卡尔霍恩(Calhoun)和韦伯斯特(Webster)之间的激烈冲突中发展起来的。他们之间围绕自由贸易与保护主义的争论成为这段历史的核心问题，在18世纪末和19世纪初争论愈演愈烈；他们搅乱了这个新兴国家各地区之间的关系，关税不仅在经济决策上起了举足轻重的作用，而且导致了主张保护主义的北方和主张自由贸易的南方之间的不和。这个由贩奴问题所驱动的南北不和，最终导致了美国南北战争。

毫不夸张地说，关税与贸易政策有助于决定美国早期的政治和经济进程。因此，毫不奇怪，发展中国家会指望那些早期美国的贸易政策，使他们自己国家发展中的贸易保护主义做法合理化。毕竟，美国目前作为世界上唯一超级大国的地位会向一些发展中国家表明，美国在那些早期的岁月里一定做了一些正确的事情。然而，对发展中国家来说——同时，对于美国来说，关键的经验不是保护主义起作用，并且，保护主义也不是发展或经济的成功所必需的。相反，美国早期历史告诉我们一个更为基本的观点：从辩论的各个方面来看，推动贸易政策的利益集团如此强大，以至于他们可以决定一个新兴国家的进程，甚至可以驱动这个国家走向战争。

殖民地的贸易压制与新联邦的混乱状态

事实上，英国对美国殖民地的工业和贸易限制，与“无代议征税”有着邪恶的血缘关系，是美国革命的主要原因。正如引言中提到的，亚当·斯密强烈批评禁止殖民地使用炼钢炉，但是，英国议会将在殖民地制造和出口大多数已经在母国制造的产品——包括帽子——定为犯罪。事实上，帽子甚至不能“用马驮、用马车或其他四轮车载，(在殖民地内)从一个种植园运输到另一个种植园”。[3] 难怪当时最著名的三位美国政治作家——本杰明·富兰克林、托马斯·潘恩(Thomas Paine)和托马斯·杰弗逊——都在美国革命前期从事了推动自由贸易的事业。[4]

关于英国过度压制殖民地商业贸易的最臭名昭著和最重要的例子是，这些行为导致 1773 年的《茶叶法案》危机(the Tea Act Crisis)*。东印度公司垄断了印度和帝国其他地区之间的所有贸易，其控制了北美的茶叶市场，除非走私荷兰茶，但是，抗议对茶叶征收重税的殖民者的抵制造成了英国仓库茶叶大量积压。新首相诺思(North)勋爵通过减少税收和去掉英美中间商来解决这一问题，从而使东印度公司降低价格，与荷兰走私商展开竞争。虽然较低的成本是诱人的，但是，殖民者已经受够了英国的强制性垄断权，他们拒绝在纽约和费城卸船，并把船开回英国。波士顿著名的“茶党”，即一群爱国者，伪装成印第安人，登上装茶的船只，把茶叶倒进港口，成千上万名波士顿人为他们的行为而欢呼雀跃。这一行动自然激怒了英国人，在 1774 年春英国人通过了《强制法案》(Coercive Acts)作为报复手段，其中一条是关闭波士顿港，禁止从事所有商业活动，直到殖民者赔偿了被破坏的茶叶的费用。

《强制法案》，在美国被称为《不可容忍法案》(Intolerable Acts)，激起马萨诸塞州殖民者号召所有殖民地的代表召开一个会议，采取联合行动，保卫自己免受英国殖民行为的侵害。这个号召引发 1774 年 9 月在费城召开第一次大陆会议(Continental Congress)，代表们组织了“大陆协会”(Continental Association)，禁止向英国出口商品，并抵制英国商品。他们还通过了一项决议，谴责英国自 1763 年以来的行动，并支持拿起武器捍卫自己的权利。尽管准备宣布独立的殖民者并不多，但是，实际上，革命已经在进行之中。两年后，托马斯·杰

---

* 英国政府于 1773 年颁布《茶叶法案》，企图垄断北美的茶叶生意，给予英属东印度公司在北美倾销茶叶的专卖权。此举激起了殖民地人民的强烈反对，为了阻止东印度公司向殖民地倾销的茶叶上岸，12 月 16 日夜晚，“自由之子社”的部分成员(波士顿人)组成“茶党”(Tea Party)，化装成印第安人登上三艘停泊在港口的英国运茶船，将价值 9 万美元的 342 箱茶叶抛进海湾，这就是波士顿倾茶事件。——译者注

弗逊把国王乔治三世同意议会关于“切断我们与世界各地的贸易”的重要批文放进了申诉清单，以证明《独立宣言》的正当性。

革命战争打断了绝大部分的国际贸易，出于必要性，迫使美国发展国内制造业。然而，在1783年战争结束时，随着对外贸易的恢复，新的问题出现了且更加复杂。按照1781—1789年统治美国的《邦联条例》，国会无权管理贸易，相反，各州管理自己的贸易，各州按照自己的意愿征收关税——不仅对外国产品征收，而且对其姊妹州的产品征收。没有统一的税率。拥有新产业的州认为面对进口商品新产业是脆弱的，因此，建立了高关税壁垒。拥有商业利益或出口利益的州很少或根本没有关税。精明的外国贸易商和进口商只需通过关税较低的州的港口将产品运到美国。有些州还颁布了自己的航运法，要求通过其港口的货物必须用本州建造的船只运输。与此同时，外国政府，特别是英国政府，对美国的产品和运输实施了严格的壁垒，从而使各州之间陷入贸易战，导致没有了偿还国家债务需要的关税收入。更令人感到困惑的是，战后进口激增恶化了本已严峻的经济形势，加剧了各州之间的敌对与竞争。

诸多原因促使国会召开旨在“明确修改《邦联条例》的”1787年费城宪法大会(Constitutional Convention)，但很明显，主要原因是解决困扰国家的财政问题，其中最重要的是贸易问题。《宪法》的主要起草人之一——詹姆斯·麦迪逊——在写给托马斯·杰弗逊的一封信中解释道：“我们的大部分政治罪恶都可以追溯到我们的商业罪恶。”[5] 在一年前，麦迪逊曾有意在安纳波利斯召开一次各州代表参加的会议，以解决邦联的贸易和商业问题，但是，未能吸引到法定的代表人数。参加安纳波利斯会议的代表们通过了纽约的亚历山大·汉密尔顿起草的一项决议，呼吁次年在费城召开宪法大会。

理查德·亨利·李(Richard Henry Lee)，后来是反对弗吉尼亚州批准宪法的反联邦党领袖，在费城大会召开的第二天观察到：

> 当前抱怨的原因似乎是，国会不能够支配必要的资金以偿还债务或支持联邦政府，以及不能订立商业条约，除非被授予管制贸易的无限权力。[6]

在会议中和批准过程中,关于新宪法最有力的观点之一就是贸易监管需要集中于国会,以便有效地应对压迫性的欧洲贸易势力,并创造公共收入。当宪法制定者提出国会有权征收税收和关税,并监管与外国之间的贸易以及监管几个州之间的贸易时,并没有让人感到惊奇。在 1788 年由相当多的州批准新宪法之后,国会及时行使它的新权力。

美国国会通过的第一部立法是 1789 年的《关税法案》(Tariff Act),其目的不仅在于创造收入,而且在于“鼓励和保护制造业”[7]。该法案将以前由各州按照《邦联条例》条款独立征收的一些保护性关税纳入联邦法律。但是,由于受到调和各州利益冲突的影响,关税税率从 5%到 15%,平均税率为 8.5%,按照绝大多数保护主义者的标准,这实际上是相当温和的。北部和中部各州更倾向于为其苦苦挣扎的产业提供更高的关税保护,而南部各州则希望低关税,以避免针对其农产品出口的报复。宾夕法尼亚州寻求高水平的铁和钢的关税,遭到新英格兰人的反对,他们需要这些金属造船,南方人也反对,他们需要这些金属制造农业工具。虽然第一部关税法案反映了某种程度的保护主义精神和意图,但是,它在很大程度上有利于占优势的在 18 世纪后期对欧贸易中蓬勃发展起来的农业和商业利益集团。

亚历山大·汉密尔顿:美国保护主义的创始人

然而,温和的贸易政策并不是乔治·华盛顿总统的最高经济内阁办公室官员们普遍的哲学理念。事实上,美国财政部部长亚历山大·汉密尔顿在向国会提交《关于制造业问题的报告》(Report on Manufactures)时,将自己定位为美国保护主义的创始人。该报告是一项主张政府支持美国工业的计划,于 1791 年 12 月 5 日提交。[8] 汉密尔顿才华横溢并在他那个时代受过文学专业高等教育,他非常精通亚当·斯密《国富论》中关于自由贸易的观点,《国富论》的第一次出版仅仅比汉密尔顿提交报告提前了 15 年。从单纯的比较成本和优势的角度来看,他承认,与工业产品相比较,美国可以更有效率地生产农产品。“如果工业和商业的完全自由制度是各国普遍的制度”,并且可以得出“自由交换,互惠互利”的结论,那么,美国用农产品出口换取具有更高工业能力和效率的其他国家的工业进口商品,并避免去追求自己的制造业,可能的确会更好。这正是他的强劲政治对手、国务卿托马斯·杰弗逊的方案所参照的,后者领导了一个反对工业化的党派,认为工业化是美国农业的乌托邦。

图 1.1 亚历山大·汉密尔顿,1805 年约翰·特朗布尔(John Trumbull)绘制的油画(国会图书馆)

汉密尔顿的观点是,问题在于这样一个自由交换的世界并不存在,在他看来,“与我们有着最广泛交往的几个国家的规定对美国重要物资的获取造成了严重阻碍”。[9] 在这种情况下,汉密尔顿认为,美国不能以平等的条件与欧洲开展贸易,因此,在当时存在的竞争性和不公平的贸易世界中,建立一个以制造业和农业为基础的经济体是必要的。进一步地,他的结论是:“如果欧洲不从我们这里获得我们土地上的产品,按照与我们的利益一致性条件,自然的补救办法就是尽快签订我们对她所渴望的协议。”[10]

该报告还直接抨击了斯密“看不见的手”的学说，汉密尔顿将其做了这样的诠释：“理论主张是，如果任由工业本身自由发展，它将自然地走向最有用和最能盈利的领域：由此可以推断，没有政府支持的制造业将按照事物的自然状况和社会利益要求的那样，尽早尽快地成长起来。”[11] 汉密尔顿认为，对于初创企业来说，这一主张是不现实的，因为初创企业“不仅要与作为新企业的自然劣势做斗争，还要与其他政府（对本国制造商）给予的好处和补贴做斗争”。[12] 在现实世界中，重商主义贸易实操依然盛行。美国的农业出口商和幼稚产业将与经验丰富的欧洲贸易商竞争。因此，按照汉密尔顿的观点，政府支持和干预是必不可少的。

由于亚当·斯密的自由贸易原则可能应用于发展中的美国经济，因此，汉密尔顿在完成驳斥这些原则的分析之后，提出了一系列建议，即“美国应采取的恰当手段……这些手段已经被其他国家成功使用”。[13] 他列举了一些项目，其中包括现代贸易律师和贸易谈判者都非常熟悉的项目，在21世纪这些项目作为不公平贸易行为，依然被现代贸易律师和贸易谈判者努力消除。

第一，他提议将国内产品面对的竞争性产品进口关税设定到相当高的水平，从而使国内生产商能够以“低于”国外生产商的价格销售，并创造收入。对于国内市场竞争相当激烈、国内制造商“以合理的条件”提供了充足供应的一些产品，他建议将关税确定为禁止性的高水平关税，或直接禁止进口，目的在于建立美国公民的国内垄断地位。按照汉密尔顿的看法，考虑到“制造业国家的统治性政策”将国内市场的垄断权交给自己的制造商，这项政策“几乎可以说，听命于分配正义原则的指示”。诚然，他认为，美国有责任努力确保其公民实现“互惠互利”。[14]

第二，汉密尔顿提议对国内制造所需的原材料实行低关税税率，并要求禁止出口国内制造商使用的材料，以确保特定行业所需的特殊质量或有限数量的原材料的“廉价和充分供应”。此外，对美国制造商所需的进口投入品征收的关税，将用于农产品的出口退税。按照汉密尔顿的推理，这些措施能够保证这个年轻的国家发展制造业基础。如果没有这些措施,他相信,美国工业就没有必要的资金与其他国家竞争,因此,将因外国进口而被扼杀。

第三,汉密尔顿为“金钱奖励”或补贴提供了一个长期的、压倒性的理由。他说,这些政府对私营企业各种形式的支付是“鼓励制造业最有效的手段,在某些观点中,也是最好的手段”[15]。他承认,这里存在对他们的歧视,因为“表面上看拿出的公共资金不会立刻产生效果,并且还有一种臆断,即他们增加的是特定阶级的财富,而让社会付出代价”。就新兴或“幼稚”产业而言,他认为,补贴是正当的,而且常常是必要的,因此,按照宪法中赋予国会“提供共同防御和一般福利”的广泛而有争议的权力定义,也是具有合法性的。[16]

第四,汉密尔顿主张政府购买本国制造业产品,以奖励卓越、技能和生产优势。事实上,他认为,补贴将鼓励美国制造商的创业精神。汉密尔顿认为,如果没有这些措施,美国制造商扩大生产手段的动力就会减弱。因此,美国将落后于工业化的欧洲国家,并且永远无法与后者竞争。与亚当·斯密不同的是,他主张“帮助之手”(a helping hand),因为他认为“看不见的手”只在一个国家达到相当于地球上富裕国家的水平时才起作用,这样的国家“拥有巨大的私人财富”。但是,“在一个像美国这样的社会里,必须提供公共资金,以弥补私人资源的不足”。[17] 否则,美国将任由寻求不公平利用年轻国家幼稚产业的国家的摆布。

第五,他敦促政府积极鼓励新发明,并将在其他国家已有的发明引进美国。这将涉及奖励和一些有限的、公认的、无效的知识产权保护。需要做出努力,禁止出口在美国发明的工具和机器。[18] 在这项提案中,汉密尔顿呈现出了其方法中的马基雅维利主义性质,因为,他试图保护美国发明家不会受到他试图从欧洲偷取技术一样的方式的影响。

在他所负责的发展美国经济领域,汉密尔顿要建立制造业基础的努力并不仅限于向国会提交他撰写的《关于制造业问题的报告》。1791 年年初,在他狂热的计划中,他发现是时候开始启动自己的制造业实验了。重要的是,这项实验涉及窃取英国纺织工业技术,包括专利机械,并将其复制到新泽西州帕特森市(Paterson)一处河流和瀑布附近未开发地区的新工厂。按照传记作家罗恩·切尔诺夫(Ron Chernow)的说法,“汉密尔顿把财政部的全部权力用来支持剽窃英国商业机密”。[19] 随着财政部部长的认可完全凸显出来,该计划被设计成一个由私人资源驱动的制造业协会,但是,作为产业孵化器,受到政府护佑,产业孵化器毫无恶意地被称为“建立有用制造业协会”(Society for Establishing Useful Manufactures,SEUM)。该协会的章程承诺,“从欧洲获得技术精湛的工人以及在这里无法获得的足够完美的机器和工具”。[20] 这正是英国在纺织品制造方面的技术创新处于工业革命最前沿的时代。为了保护这些创新,英国颁布了严厉的刑事法律,禁止出口纺织品制造过程中使用的机械和工具,并禁止工厂的熟练技术工人移民。

最终,阻碍该协会取得成功的并不是因为缺乏经过检验的欧洲技术和熟练工人。对汉密尔顿来说,遗憾的是他所托非人,再加上时机不对,他大胆的实验失败了。他选择了其财政部前部长助理威廉·杜尔(William Duer)担任协会会长,1791 年此人成为一名高杠杆的金融投机者。1792 年,纽约的金融市场陷入严重的恐慌,导致杜尔财务破产,并被送进了债务人监狱。杜尔拒绝辞去协会会长职务,也拒绝为协会资金负责。人们很快便知晓,杜尔将协会资金的很大一部分挪为己用。然而,汉密尔顿能够应对新的融资问题,包括使用他自己的一些钱,以挽救实验,并启动和运行基础的纺织制造过程。然而,由于糟糕的设计、资金不足和管理不善,该项目艰难运行,不到四年工厂便被关闭。[21]

汉密尔顿《关于制造业问题的报告》也承受了类似的命运。除了 1792 年采纳了一些温和的关税增减的建议,其他所有建议均被众议院忽视,没有基于他的建议采取后续立法行动。与其形成强烈对比的是,他之前向国会提交的有关金融问题的出色报告,该报告中的所有建议都刺激了具体的立法行动,报告真正起到了爆炸性的效果。国会似乎对他越来越厌倦了,他的政治资本也在递减。在对《宪法》“一般福利”条款的宽泛解释中,汉密尔顿说,该条款允许政府向私营公司支付补贴或“奖金”,令托马斯·杰弗逊和众议员詹姆斯·麦迪逊感到震惊,后者是汉密尔顿起草《联邦党人文集》(*The Federalist Papers*)的前主要合作伙伴。麦迪逊和杰弗逊是支持有限政府、各州权利和农业经济的政治派别的领袖，他们认为，为了促进私人产业的发展，这份报告向国会和联邦政府提出了不符合宪法的权力。在给华盛顿总统的一封信中，杰弗逊写道，汉密尔顿的提议“出自违反自由的原理，并有意破坏和摧毁共和国”。[22]

尽管主张农业经济占主导地位的杰弗逊派对这份报告很敏感，但是，在本质上，《关于制造业问题的报告》代表了汉密尔顿对美国工业哲学的阐述，并提出了政府鼓励和保护工业的重要观点。其中一些观点与两个多世纪后的发展中国家提出的观点类似。最明显的例子是幼稚产业理论，实际上，这个理论是汉密尔顿创造的，即用补贴和高关税保护国内新产业，直到它们能够承受国外竞争。像今天的发展中国家一样，汉密尔顿也积极主张为未充分就业者提供多样化的就业机会，他举了英国的例子，大多数纺织工人是妇女和儿童——“他们中的许多人年龄很小”。[23] 汉密尔顿支持富人和为年轻孩子提供工作的保护主义观点与今天的一些反全球化论调形成了具有讽刺意义的强烈对比，后者攻击自由贸易有利于富有的跨国公司，而不关心劳动标准，包括禁止使用童工的劳动标准。

尽管该报告没有产生立即就其主题实施立法的效果，但是，超过一个世纪以来，它成为对立法者支持美国商业和保护主义的一个启示，是美国经济史上的一个经典“足迹”。切尔诺夫宣称这是“对美国民族主义具有先见之明的声明”[24]；历史学家小亚瑟·施莱辛格(Arthur Schlesinger Jr.)称该报告为“美国未来产业愿景的第一次伟大表述”。在施莱辛格看来，“亚历山大·汉密尔顿……提出了新工业主义的政治哲学。(美国)革命的动荡岁月使他相信社会稳定取决于政府和企业的坚固联盟”。[25] 汉密尔顿相信，通过给予富裕阶层“在政府中的独特、永久的利益分享”，那么“维持良好的政府”将是他们的利益所在。[26] 关于建立国民银行(National Bank)的计划，汉密尔顿认为：“它将国家利益与这个国家的富人的个人利益紧密联系在一起……它将财富和二者的影响力转化为商业渠道，以实现互惠互利。”[27] 这个将富人的利益与政府的利益联系起来的概念标志着(汉密尔顿的理论)与亚当·斯密的理论的本质区别。亚当·斯密谴责他所看到的商人和制造商与政府的特殊利益关系导致的腐败行为。鉴于美国南北战争后的发展时期，斯密的论点显得尤其具有先见之明，而在强盗男爵的时代(the era of the robber baron)*，汉密尔顿的理论被采纳为共和党政府的主流哲学。[28]

托马斯·杰弗逊与经济民族主义

汉密尔顿在华盛顿内阁中的主要竞争对手托马斯·杰弗逊对美国经济应该如何运作有着完全不同的看法。在他于1781－1782年间写下的《弗吉尼亚笔记》(*Notes on the State of Virginia*)中，杰弗逊梦幻般地写下关于农业经济属性以及工业将会给美国社会带来令人诧异的腐败的论述：

> 如果上帝有选择的人，那么，这个地球上的劳动者就是上帝选择的人，上帝占据了他们的心胸，使其以自己独特的储蓄方式，增进本质的、真正的美德……尽管那时国土已经归属于劳动者，但是，我们绝不希望看到我们的公民受困于工作台或旋转的钻杆……至于制造业的一般业务，我们还是把车间留在欧洲。

他想象的工业化将用远非他们期望的“方式和原则”带给美国“大城市的暴徒”，造成共和国的“腐败”，“吞噬法律和宪法的心脏”。[29]1774年，他写信公开起诉英国议会“不当侵蚀”，理由是“在美殖民者控制了与世界各地的自由贸易，而作为一种自然权利，他们自己的法律并没有剥夺或删减这种自然权利”。[30]

然而，始终如一并不是杰弗逊的美德，随着时间的推移，他逐渐弱化了反对鼓励美国发展工业的立场，并将自由贸易视为一项不应被削弱的自然权利。1793年，作为国务卿，他向国会提交了一份《关于商业问题的报告》(Report on Commerce)，概述了外国对美国出口和航运的限制。到目前为止，美国最大的贸易伙伴是英国，根据该报告，英国保持了压倒性的贸易顺差：美国从英国进口

* 历史学家将19世纪70年代至90年代由美国资本家与银行家主导的时代称为“强盗男爵时代”。——译者注

图 1.2 托马斯·杰弗逊,1805 年查尔斯·巴尔塞扎尔·朱利安·菲弗利特·迪·圣梅茵(Charles Balthazar Julien Fevret de Saint-Mémin)制作的雕塑(国会图书馆)

1 530 万美元,而美国对英国出口仅为 940 万美元。杰弗逊列出的所有国家对美国出口实施的贸易限制令他震惊了,并挫败了他对自由贸易的持久信念。他读过亚当·斯密的著作,并钦佩亚当·斯密,模仿亚当·斯密[31],他给出了这样的观察:

> 与其在成堆的管制法律、关税和禁令下开展令人尴尬的贸易,还不如让它摆脱世界各地所有的束缚,让每个国家都能利用自然资源,将自然资源用于最适合它生产的东西,并且每个国家都可以自由地与其他国家交换盈余,以满足共同的需要,那么可能生产出最大数量的产品,从而有助于人类生活和人类幸福;人类的数量将增加,他们的状况将得到改善。[32]

为了反击其他国家的攻击性限制,杰弗逊建议国会在互惠和近乎以牙还牙的基础上,实施报复性限制措施。如果一个国家对美国产品实施了高水平或禁止性的关税,杰弗逊建议让该国负担类似的高关税,或将与美国产品竞争的产品排除于(美国)市场之外。他的建议是,开始时征收较轻的关税,但是,随着时间的推移,征收较重的关税,同时,向来自第三国的替代供应来源开放,以满足国内需求。具有讽刺意味的是,他提到的动机与 10 年前在《弗吉尼亚笔记》中所表达的农业乌托邦愿景相互冲突。“这种关税措施间接鼓励国内同类产品生产者,”杰弗逊说,“可能会促使制造商来到具有较便宜的生活条件、平等的法律和免税的商品出口的州,从而可以确保他从技术和工业中获得最高的利润。”[33]然而,通过建议采用州补贴而不是联邦补贴,他很小心地将这种鼓励措施与汉密尔顿《关于制造业问题的报告》中所描述的鼓励措施区别开来。他强调,“通过开放州政府控制下的鼓励性资源,州政府有权开展实质性的合作”,他强调促进“家庭制造业”(他强调的重点)而非公共工厂的发展。后来,在 1801 年 2 月,也就是他就任总统的两周前,他反驳视他为“商业的敌人”的制造业和金融业人士中的批评者。“他们承认我是农业的朋友,”杰弗逊在给一名记者的信中写道,“并认为我是他们处理其产品的唯一办法的敌人。”[34]

杰弗逊向国会提交的贸易报告是他在辞去华盛顿内阁前担任国务卿职务的最后一次报告。正如汉密尔顿的报告一样,国会没有按照他的建议采取行动。然而,该报告仍然具有影响力,尤其是其公然的反英情绪。尽管报告将所有国家对美国的冒犯行为进行了分类,但是,重点强调了英国的冒犯行为。例如,杰弗逊敦促在互惠基础上与其他国家开展商业谈判,以消除贸易限制。他指出,众所周知的偏见的受益国——法国——曾提出这样的谈判,但是,由于“她的内部动乱”,目前无法谈判。[35]“内部动乱”是对法国大革命时期的恐怖统治的一种低调陈述,当时,有成千上万的人,包括杰弗逊的许多朋友,被送上了断头台。另外,他观察到,英国已经漠视了美国提出的此类谈判建议。英国不仅禁止美国的谷物、鱼和鲸油的进口,对大米和烟草征收重税,而且拒绝美国船只进入英国港口,英国甚至拒绝商讨这些问题。在杰弗逊退休回到蒙蒂塞洛(Monticello)时,反英经济民族主义是他在最后报告中传达的主要信息。

几个月后，即1793年，英国与革命后的法国爆发了史诗般的战争，在对法国实施海上封锁的过程中，英国开始俘获美国的船只，众议员詹姆斯·麦迪逊提议对法国和英国实行贸易禁运，以迫使两国在交战时都尊重美国的中立国地位。因为英国消费了美国75%以上的贸易商品，所以，这项措施被视为反英措施。更重要的是，它在经济上无异于自杀——正如具有亲英倾向的汉密尔顿很快就指出的，因为政府几乎所有的收入都来自进口关税，而进口关税主要是对英国产品征收的。尽管这场辩论加强了麦迪逊和杰弗逊为对抗汉密尔顿联邦党而创立的新民主—共和党的反英民族主义，但是，这项措施还是在参议院被否决了。

这是汉密尔顿第二次挫败杰弗逊和麦迪逊共同努力限制对英贸易的企图，他们在1791年曾提出类似的建议。那时，汉密尔顿在写给一位朋友的信中对他的对手提出抱怨："他们对法国有一种女人般的依恋，对英国有一种女人般的怨恨……在我看来，各种各样的情况表明，如果这些绅士被允许走自己的路，在不到六个月的时间里，美英之间就会爆发一场公开的战争。"[36] 不考虑其分析中采用的弗洛伊德的方法，汉密尔顿正确地预见了杰弗逊和麦迪逊的反英立场所带来的风险。1812年的战争最终证明了他的观点。

《禁运法案》与1812年战争

在担任美国国务卿期间，托马斯·杰弗逊在贸易政策上的民族主义态度预示了他当选总统后的贸易行动。当1803年拿破仑战争中英法军队重新开战时，由于参战国在公海对美国船只的敌意掠夺越来越强烈，欧洲再次威胁要把美国拖入战争。到1807年，拿破仑俘获了200多艘美国船只，英国俘获了500多艘美国船只。此前，为了省钱，杰弗逊的美国海军仅有13艘护卫舰，他不想、也根本不准备与任何一个欧洲大国开战。按照当时担任国务卿的麦迪逊的建议，他于1807年提出了《禁运法案》(Embargo Act)，禁止所有进出美国港口的国际贸易，主要是为了保护该国的船只、货物和海员。他和麦迪逊希望这一行动能够避免战争，并促使英国和法国接受美国的中立立场。然而，财政部部长阿尔伯特·加拉廷(Albert Gallatin)反对禁运，他宣称，鉴于禁运带来的“匮乏、痛苦、收入、对敌人的影响、国内政治影响等”，他更倾向于战争。听起来好像他引用了亚当·斯密的话，加拉廷预言般地向杰弗逊建议：“政府禁令所造成的伤害总是大于已经做出的算计；无须太多犹豫，一个政治家不应该冒险规范个人的关切，好像他能比他们自己做得更好似的。”[37] 显然，杰弗逊对加拉廷的意见感到困扰，几个月后他写道：“在相当长的一段时间内，我认为禁运要比战争的邪恶程度小一些。但是，经过这段时间后，就不是这样了。”[38]

在一本受到高度肯定的传记中，乔恩·米查姆(Jon Meacham)试图解释而不是简单地掩盖第三任总统的哲学原则与其政治行动之间的不一致性，这本传记为杰弗逊一边赞成有限政府、一边决定扩大行政权力的做法提供了一个合理的解释。“就像路易斯安那州的收购，至少可以说，是非常成功的，”米查姆写道，“禁运表明了杰弗逊的灵活性和能力，从而使他所宣称的理念适应当前的现实需要。”[39]

国会迅速通过的《禁运法案》对欧洲两个敌对国家的巨大经济体没有产生影响，却对美国经济造成了灾难性的影响。虽然法案执行是困难的，并且走私活动也变得广泛起来，但是，出口额从 1807 年的 1.08 亿美元下降到 1808 年的 2 200 万美元。港口到处都是闲置的船只，依赖进口的商人们破产了，30 000 名船员失业。

尽管禁运对经济造成了直接的压力，但是，在长达 14 个月的禁运期间，它产生了培育美国新兴产业的意想不到的结果。尽管杰弗逊早先宣称反对发展制造业，但是，他发现这个发展是有利的。“我们的禁运，尽管让我们处境艰难，但已经产生了一个非常令人高兴且永久的效果，”杰弗逊在写给他的朋友拉斐特(Lafayette)侯爵的信中说，“这让我们所有人致力于国内生产，我真的相信，未来我们对英国的需求会减少一半。”[40] 多年后，他承认：“经验告诉我，制造业现在对我们的独立性和舒适性来说同样是必不可少的。”[41] 对于杰弗逊来说，这无疑是一种后天习得的品位，过去他以喜欢从欧洲进口的精美服装和家具而为人所熟知,即使他的个人预算可能无法支持对这些商品的消费。在《弗吉尼亚笔记》中,他曾描述与欧洲制造的织物相比,当时美国制造的羊毛织物"非常粗糙、难看和令人不快"。[42] 传记作者杜马斯·马龙(Dumas Malone)提到,在总统任期结束时,在关于废除《禁运法案》的辩论以及与之相应的商业利益集团和制造业利益集团的斗争中,杰弗逊被告知康涅狄格州一家工厂制造出了上好的布料。他立即订购了足够的布料,做了一件大衣。听起来很像圣雄甘地(Mahatma Gandhi)在晚年与英国人的斗争中所表现出来的那样,杰弗逊曾评论道:"土布成为时代的精神。我认为这是一个有用的例子,因此,有义务以身作则加以鼓励。"[43]

禁运在杰弗逊总统任期结束时终止,但是,取而代之的是 1809 年《互不往来法案》(Non-Intercourse Act),该法案允许恢复除英国和法国以外的所有国家的贸易。该法案被证明与一般禁运同样无效,并且具有争议,一年以后被废弃了。然而,英国继续干涉美国的航运和贸易,这种骚扰是 1812 年战争的原因之一。据估计,从 1803 年到 1812 年,英国对美国船只实施公海海盗行为,超过 5 000 名美国水手被迫在英国皇家海军服役。

尽管 1812 年降临在美国人身上的贸易灾难大多源自杰弗逊和麦迪逊的贸易限制措施,但是,"主战的鹰派人士"(war hawks)将问题完全归咎于《禁运法案》之前的英国限制和船只扣押。事实上,"自由贸易和海员权利"成为美国在战争中的早期战斗口号。在执政初期,杰弗逊的继任者詹姆斯·麦迪逊总统向国会建议采取禁止性的高关税,以保护美国制造商不受欧洲进口商品的影响,但是,在战争爆发之前,他都没有取得成功。战时,为了增加国防收入,所有的税率都翻了一番,再次禁止与英国的贸易。无论如何,战争期间英国在大西洋沿岸保持封锁,彻底断绝了所有的对外贸易。虽然增加关税目的在于增加财政收入,但是,他们所实施的保护主义措施的效果对新兴产业及其政治拥护者来说非常有吸引力。

正如人们所料,杰弗逊和麦迪逊的限制性贸易政策都没有得到全国的普遍认同。东北部的商人和船东的反对尤其强烈,特别是新英格兰的商人和船东。一些联邦党人指责拿破仑指定禁运作为与法国结盟反对英国的先决条件,而 1812 年的宣战就是帮助了法国。在民主-共和党初期,杰弗逊和麦迪逊把联邦党人描绘成“君主主义者”(monarchist)。然而,随着代表杰弗逊史无前例的行政权力扩张的路易斯安那州收购与禁运的实施,形势已经扭转了。他的反对者给他起了一个绰号,叫“托马斯第一”(Thomas the First)。当战争开始时,麦迪逊号召各州民兵听从战争部(War Department)的指挥,东北部的一些州拒绝响应,并且公民拒绝纳税,抵制战争贷款。马萨诸塞州州长凯勒布·斯特朗(Caleb Strong)甚至派出使者,改弦更张,寻求与英国独立和解。

到了 1814 年,新英格兰的许多激进势力,以及实际上该地区著名的联邦主义者的报纸,都在讨论脱离联邦。12 月,在马萨诸塞州立法机构的号召下,来自罗得岛州、康涅狄格州、马萨诸塞州、佛蒙特州以及新罕布什尔州的代表在康涅狄格州的哈特福德召开会议,讨论他们可能采取的行动,以保护新英格兰的贸易利益。会议持续了 3 周才结束,没有关于讨论的记录,也没有投票的记录。当时的通信表明联邦党人努力说服代表们支持新英格兰脱离联邦,但是,无果而终。具有一些讽刺意味的是,哈特福德大会的报告声明,新英格兰有责任声明联邦违反宪法侵权其主权的权威,这与为了对抗联邦主义者约翰·亚当斯的《外国人和煽动叛乱法案》(Alien and Sedition Act),1798 年杰弗逊与麦迪逊起草的《肯塔基州和弗吉尼亚州决议》(Kentucky and Virginia Resolutions)的原则是一致的。正如在第 2 章中将要讨论的,在导致国家大约 15 年后一分为二的“可憎的关税”危机中,针对来自新英格兰的强烈反对,南卡罗来纳州的“无效论”会声明同样的原则。

哈特福德报告提出,对美国宪法进行 7 项修正,设计成为让实施贸易禁运、宣战以及从弗吉尼亚州选举出总统更难的宪法。[44] 参加哈特福德会议的代表们不可能期望民主-共和党控制的国会能够通过其建议。甚至,尽管他们只想让总统难堪,并获得党派的一些优势,他们的期望在 1815 年年初还是落空了。当马萨诸塞州派出三名特使到华盛顿呈送哈特福德建议时,他们不期而遇庆祝安德鲁·杰克逊(Andrew Jackson)将军在新奥尔良战争中的奇迹般胜利以及与英国战争的和平解决。由于关于哈特福德会议的新闻和谣言转而针对联邦党人,难堪就是他们自己的了。实际上,战争和联邦党人对战争的反应终结了这个党派的政治生命,但是,强加于新英格兰的贸易孤立措施则使新英格兰因祸得福。没有英国的进口,贸易商被迫建立自己的制造基地,并取得了巨大的成功。在战后的岁月里,新英格兰的贸易政治开始反映出这种不断变化的利益。

"美式体制"的出现

在僵局中,1815年的《根特条约》(Treaty of Ghent)结束了与英国的战争,此后,美国各地掀起了经济繁荣和民族主义浪潮。南方的种植园开始最大限度地提高产量,尤其是棉花生产;在北方,工业化使新英格兰棉纺厂的就业率大幅增加。正如汉密尔顿所预测的那样,虽然这些工厂的工作主要涉及妇女和儿童,但是,他们处于"家长式环境",远离城市地区,从而避免了杰弗逊当作美国宿命而言的困扰欧洲工厂的一些最严重的社会腐败。[45]

在新兴产业的新政治拥护者和战争期间发展起来的保护主义制度中,众议院的年轻发言人、肯塔基州的亨利·克莱(Henry Clay)很快成为主要发言人。克莱最初对贸易的兴趣来源于他站在肯塔基立场对保护国内大麻生产的关注。他尽了最大努力确保美国海军在采购绳索和帆船布时,优先考虑肯塔基州的露水腐烂大麻,而不是质量更好的水腐烂进口大麻。但是,克莱的兴趣超越了他在国内支持者的利益。1807年,他抵达华盛顿去完成参议院未满任期的时候,他是一名强大的杰弗逊式的民主-共和党人,并成为第一批经济民族主义者。但是,他很快就开始唱亚历山大·汉密尔顿《关于制造业问题的报告》的赞美诗,并拿起汉密尔顿的指挥棒,鼓励政府支持美国工业,特别是在幼稚产业方面,与外国进口产品竞争。

来自美国西部的克莱观察到西部经济发展需要一定的公共支持,这促使他将汉密尔顿的政府—商业伙伴关系理论与杰弗逊和麦迪逊的经济民族主义结合起来。虽然在没有公共帮助的情况下新兴工业似乎在新英格兰得到了蓬勃发展,但是,当时英国的贸易实践是政治上的挑衅和经济上的威胁。当近来英国军队劫掠华盛顿、烧毁国会山以及总统行政官邸时,这种情况恶化了。1816 年,即战后重新允许贸易的第二年,英国对美国的出口接近翻一番,由 1815 年的 8 500 万美元达到了 1.51 亿美元。

图 1.3 亨利 · 克莱,1843 年约翰 · 尼吉尔(John Neagle)制作的油画(国会图书馆)

在应对美国竞争方面,英国的策略精明不足。在议会中一个被广泛引用的评论,亨利 · 布罗格海姆(Henry Brougham)勋爵证实的抱怨,即进口激增是以低价商品去摧毁美国工业的“倾销”的结果。

> 在最初的出口出现损失的时候，为了满足欲望，对处于摇篮中的美国那些新兴的制造业来说，这是很值得的，因为战争已经迫使这些新兴的制造业与事物的自然进程相冲突。[46]

克莱实施保护性关税的努力得到了麦迪逊总统的支持，麦迪逊总统建议国会考虑“在欧洲战争期间，采取措施保护和促进已经出现并在美国达到空前成熟的制造业”。[47] 麦迪逊的财政部部长亚历山大·达拉斯(Alexander Dallas)建议征收三级关税：(1)对美国制造的产品数量足以满足国内需求的产品征收禁止性高关税；(2)对尚未但可能以这种数量生产的产品征收保护性高关税；(3)出于增加财政收入的目的，对美国不制造的产品征收较低的关税。例如，按照(2)所列等级，克莱和他在国会的盟友试图将纺织品的从价关税提高到33⅓个百分点，但是，他们最终遭到了丹尼尔·韦伯斯特(Daniel Webster)的反对，后者当时是一位富有前途的马萨诸塞州年轻的众议员，代表反对保护性关税的新英格兰商人和航运业利益集团。结果是1816年《关税法案》的最终妥协并未规定克莱所希望的保护等级。在三年内纺织品关税设定为25％，此后，计划降到20％。然而，有趣的是，韦伯斯特支持对棉布设定禁止性关税，以保护马萨诸塞州的制造商免受来自英属印度的廉价进口的竞争，这是选民和纺织大亨弗朗西斯·洛厄尔(Francis Lowell)一些精明的游说带来的结果。根据历史学家莫里斯·G.巴克斯特(Maurice G. Baxter)的说法，这一规定“将是反保护主义者抱怨的最佳目标”。[48]

随着时间的推移，支持克莱努力促进国内制造业和抑制进口的势头不断增强。已经计划的降低纺织品关税被推迟到1826年，并且，其他敏感产品的关税也增加了。1820年，另一项贸易保护主义草案再次被讨论，该草案建议将纺织品关税提高到33％，并对锻造铁和其他威胁性进口产品征收特殊关税。南方的农场主依据亚当·斯密的自由贸易观点，反对补贴工业、增加消费者和农业利益集团的负担。克莱反驳这样的观点并阐述了发展民族独立性的好处和重要性，指出了英国贸易做法的虚伪性，尤其是其《谷物法》，拒绝美国谷物出口到英国市场。最后，该草案在参议院以两票优势通过。可以预见的是，南部农业州反对保护主义立法，制造业兴盛的靠近大西洋北部和中部的各州支持这一草案，而代表制造业和航运业利益的新英格兰则出现分裂。随着这个年轻的国家走向成熟，这些地区在贸易问题上的分歧将变得越来越大，也越来越危险。

接下来的一次将关税提高到更高保护水平的行动发生在1824年，那时，代言人克莱面对的是更有利的环境。首先，美国企业正承受着持续的经济萧条，并寻求华盛顿游说团助一臂之力。其次，新近国会的重新任命导致来自宾夕法尼亚州、俄亥俄州和纽约州保护主义者阵营在众议院的选票增加。最后，总统詹姆斯·门罗(James Monroe)和财政部部长威廉·克劳福德(William Crawford)这两个分别来自弗吉尼亚州和佐治亚州的南方人，作为与杰弗逊-麦迪逊一脉相承的经济民族主义者，支持保护性关税税率，而且，即将举行的1824年大选中所有主要的总统竞选人，包括克莱、克劳福德、约翰·昆西·亚当斯(John Quincy Adams)和安德鲁·杰克逊将军，也认为保护性关税税率是受欢迎的。

尽管具有这样的有利环境，但仍存在强烈反对进一步加强贸易保护主义的力量，最为突出的是来自南部种植棉花的农场主代表与代表新英格兰航运业和商业的利益集团。

然而，克莱以一个混合了杰弗逊民族主义和汉密尔顿幼稚产业保护主义元素的历史性演讲，在众议院对反对者做出了有力的回应。他的演讲持续了两天，确立了未来几十年美国贸易辩论的框架。他首先描述了当时“联邦的每一部分”普遍存在的困境，引用的证据有出口的下降和商业活动的减少、“未脱粒的粮食作物，因缺乏市场而在我们的谷仓和谷场里腐烂”、社会各个阶层中的大量破产、失业和工资下降，以及不动产价值急剧下降50%。[49] 对于“这种广泛蔓延的痛苦和严重萧条”的“不满意”情况，他将责任完全归咎于欧洲的贸易政策，例如，英国的《谷物法》导致了市场对美国产品需求的下滑，而美国产品市场需求没有逆转的希望。他指出，1795—1823年的贸易统计数据显示，美国出口增长率低于15%。此外，近三分之二的出口产品是棉花、大米和烟草，所有这些产品都是在南方生产的，那里只有五分之一的人口居住。棉花是唯一一种出口量大幅增长的产品，但是，棉花价格一直在下降，因此，出口价值甚至一直下降。

克莱的解决方案是为鼓励美国生产和消费美国产品创造一个国内市场。克莱提出的概念不仅要为美国农产品提供一个稳定的市场，还要为国内市场创造制成品的国内供应，直到那时，国内市场的制成品几乎都是由外国人提供的。他指出，大约五分之四的人口“没有从外国人会买的东西中赚到钱”；如果他们无法卖出自己的商品，就无法购买。克莱相信，受保护的国内市场将导致市场的稳定和相对确定性，在供应商和商人之间创造利益互惠，增强经济安全，并且增加产品数量和降低价格。然而，这只有保护性立法才能得以保证。

> 让我们抵制外国人的政策，撤除我们现在对他们产业的支持，并鼓励我们自己国家的产业。在明智的立法者看来，这应该是一个突出的目标，即通过保护我们在国内的利益，抵制外国立法的有害影响，尽可能地增加就业机会和繁荣社会商业。[50]

克莱呼吁，基于政府资源和对外贸易的限制（除了有限的例外），发展国内市场，在此基础上，建立一个“真正的美式体制”。克莱强烈要求，通过关税给“外国人的压倒性影响”来实行保护，其唯一目的是“对外国工业产品征税，以促进美国工业的发展”。[51] 克莱认为，1824 年的《关税法案》的通过标志着在发展美式体制的本土市场上迈出重要的第一步。美国按照英国的方式塑造自己的经济，毕竟，英国显然还没有采纳亚当·斯密的原理。克莱的许多演讲描述了其他国家在制定和实施贸易和工业政策方面的经验。他似乎特别自豪地描述了“大魔头”英国的财富和权力，那时，克莱宣称英国拥有 11 倍于美国的生产力。克莱强调并明确地嘲弄了斯密的论点，声称保护而非自由贸易是一个国家获取财富的关键，最有针对性的是斯密的祖国英国。

> 增加国家财富的措施表现为保护该国产业的措施；相应地……衡量一个国家贫困程度的标准显示为该国忽视和放弃对本国

产业的关照，任其直面外国势力。英国保护她的产业最卖力，因此，英国的财富是最多的。[52]

他还将法国的财富归因于其保护制度，并指出，由于放弃了对本国国内产业的照顾，“灾难”已经降临西班牙。最后，他援引沙皇描述俄国两年来在一个实行贸易保护国家组成的世界里试行自由贸易制度的结果的话：“事实已经证明，我们的农业、商业以及制造业不仅瘫痪了，而且到了崩溃的边缘。”[53]

克莱面对的最强烈的反对来自认为自己所在的地区制造业前景渺茫的南方的代表。弗吉尼亚州的菲利普·P. 巴伯（Philip P. Barbour）是一位代表农场主的民主-共和党人，他问道：“在这个国家的两个地区之间（关于制造业）的竞争有什么希望，其中，一个地区是大量资本、密集人口和自由劳动力的三大优势复合体；另一个地区是不充足的资本、稀少的人口和奴隶劳动力三大劣势的复合体？”[54] 克莱几乎没有耐心听这个观点，他观察到，诚然这些情况并没有使南方丧失发展制造业的资格，但是如果他们真的这样做了，克莱争辩道：“可以指望我们大部分人的利益将屈从于少数的奴隶的境遇吗？事实上，这将把我们变成努力的奴隶。”[55] 他认为，棉花种植者的产品具有更加稳定的国内市场，他肯定地做出推论，从长远来看，与永远受制于英国市场的唯一自由裁量相比，对于棉花种植者来说，这样会更好。

再者，克莱在辩论中的主要对手是正在崛起的新英格兰演说家、马萨诸塞州众议员丹尼尔·韦伯斯特，他也（在国会）演说了两天。韦伯斯特驳斥了克莱对美国经济的悲观看法，并阐述了他的美式体制版本中自由“商业交往”和“无限制的个人行动”的积极效应。按照传记作家罗伯特·V. 雷米尼（Robert V. Remini）的说法，韦伯斯特的观点是：“英国和其他欧洲国家正在远离曾引发美国革命的重商主义，正走向自由贸易政策。”[56] 韦伯斯特在他的演讲中说：“我认为，很明显，如果我们现在接受禁止和限制制度，我们将显示出我们爱好他人抛弃的东西，并试图用他人丢弃的服装来装饰自己。”[57] 他援引了美国航运公司在世界舞台上出色表现的例证。“先生，船东和航海家是如何做到这一点的？”韦伯斯特问，“不是靠保护和赏金，而是通过不懈的努力……依靠自身男子汉气概和坚定的精神来保护自己。”[58] 此外，按照亚当·斯密的道德哲学，韦伯斯特质疑了保护的公平性：

> 我知道，推动制造业是很容易的……如果我们可以无视其他利益群体。我们会诱发资本的突然转移以及人们追求的剧烈变化。我们会用这些办法让某些阶级获得超额利益。但是，其他人的利益又会怎样呢？……在我看来，对于那些注定被剥夺工作的人或那些发现他们需要的商品价格提高的人，我几乎看不到任何救济。[59]

然而，韦伯斯特关于新英格兰船主避开了政府的保护和补贴的“男子汉气概和坚毅精神”以及促进或保护制造业利益集团的不公平性的高谈阔论，与他接下来支持对羊毛和棉花制造商选民实施保护性关税形成了强烈的对比。[60] 不久之后，他就进一步扩大了贸易保护主义的支持范围，因为，在丹尼尔·韦伯斯特的政治学中，新英格兰纺织业利益集团的影响力开始让商业和航运业利益集团相形见绌。

在立法过程中，有了妥协性的修正案，但是，主要归功于演说家克莱的战术技巧，该草案以 107 票对 102 票的微弱优势在众议院通过了。中西部和西北部各州再次坚定地投了赞成票；新英格兰分裂了，以 23 票赞成、15 票反对；南部以 70 票对 6 票强烈反对这项法案。[61] 该草案以 4 票优势在参议院通过。尽管最终法案并非克莱所希望的保护主义法案，但是，他对国会支持他的美式体制概念感到满意。显然，大西洋中部和西部各州在与新英格兰和南部各州的自由贸易问题上的经济斗争中取得了胜利。至于新英格兰，随着该地区越来越多地进入纺织制造业，自由贸易变得越来越不重要。丹尼尔·韦伯斯特将成为该地区政治经济演化的化身。

然而，在南部各州，这个问题不可避免地导致了危机。由于他们的初级产品——棉花——现在面对一个未受保护的世界市场，价格在螺旋式下降，这些州被迫支付进口制成品的保护性关税，或从受保护的市场以更高的价格购买劣等产品。更重要的是，来自这些关税的收入预计将用于他们所在地区以外的内在改善，而南方人认为这是国会违反宪法、滥用权力。他们认为，进口制成品上的保护性关税是一种压迫性措施，注定要以南方为代价来增加该国其他地区的财富。这将成为一场激烈的辩论。

注释：

1. Alexander Hamilton, “The Continentalist, No. V, April 18, 1782,” in Frisch, *Selected Writings and Speeches of Alexander Hamilton*, 55.

2. Interview with Ambassador Peter Allgeier, Deputy US Trade Representative, Geneva, July 19, 2007.

3. Young, *A History of the American Protective System*, 14.

4. Eckes, *Opening America's Market: U.S. Foreign Trade Policy since 1776*, 2.

5. James Madison to Thomas Jefferson, March 18, 1786, *Papers of James Madison* vol. 8, 500–501; Bowen, *Miracle at Philadelphia: The Story of the Constitutional Convention May to September 1787*, 10.

6. Richard Henry Lee to George Mason, May 15, 1787, *Papers of George Mason* vol. 3, 876 (Robert Rutland, ed., 1970).

7. William Hill, “Protective Purpose of the Tariff Act of 1789,” *Journal of Political Economy* 2, no. 1 (December 1893): 54–76.

8. Hamilton, *The Report on Manufactures*, in *The Reports of Alexander Hamilton*, ed. Cooke.

9. Ibid., 137–138.

10. Ibid., 139.

11. Ibid., 140.

12. Ibid., 142.

13. Ibid., 166.

14. Ibid., 167. 有趣的是，这个观点似乎表明了汉密尔顿心态的变化。四年前，在《联邦党人文集》(*The Federalist Papers*)中，他强烈支持联邦政府拥有广泛的征税权。在《联邦党人文集》第35篇中，他认为，限制征收进口关税的权力只能促使国会实施“超额关税”，给予制造业阶级“尚不成熟的市场垄断地位”。在《联邦党人文集》第212篇中，他在1787年的立场也许可以这样解释：他偏向支持纽约商人和金融阶级，那时，进口兴旺。或者说，为了在纽约得到认可，他只是希望尽其所能提出最强烈的主张。

15. Hamilton, *Report*, 168.

16. Ibid., 171–172; Chernow, *Alexander Hamilton*, 378–379.

17. Hamilton, *Report*, 204.

18. Ibid., 175–176.

19. Chernow, 372.

20. Passaic County Historical Society, Gledhill Collection, SEUM, box 2, prospectus for the Society for Establishing Useful Manufactures, April 29, 1791, as quoted in Chernow, 373.

21. Chernow, 386–387.

22. Jefferson to Washington, September 9, 1792, in Jefferson, *Writings*, 994. 诚

如所见，这并不是说杰斐逊和麦迪逊关于贸易保护措施的看法总是相悖，尤其是针对英国的贸易保护措施。麦迪逊策划了1789年《关税法案》，一定程度上其目的就是保护美国制造业。具有讽刺意味的是，在麦迪逊引导该草案通过国会审议时，年轻作家坦奇·考克斯(Tench Coxe)帮助麦迪逊并向他提供了英国的贸易信息以及法案的保护主义合理性，后来，考克斯担任了汉密尔顿的助理秘书，并协助汉密尔顿撰写了《关于制造业问题的报告》。参见*Henry Clay and the American System*, 18–19。

23. Hamilton, *Report*, 131.

24. Chernow, 375.

25. Schlesinger, *The Age of Jackson*, 9–10.

26. "Speeches in the Federal Convention," *Works of Alexander Hamilton*, vol. 1, 401.

27. Hamilton to Robert Morris, 1780, *Works of Alexander Hamilton*, vol. 3, 338.

28. 参见第3章和第4章。

29. Jefferson, *Notes on the State of Virginia, Writings*, 290–291.

30. Jefferson, *A Summary View of the Rights of British America, Writings*, 108.

31. 关于货币与商业问题，杰弗逊的建议称："斯密的《国富论》是一本好书，必读。"参见 Jefferson to John Norvell, June 14, 1807, *Writings*, 1176。

32. 4 Annals of Cong. 1297 (1793).

33. Jefferson, *Report on the Privileges and Restrictions on the Commerce of the United States in Foreign Countries, Writings*, 446.

34. Meacham, *Thomas Jefferson: The Art of Power*, 352.

35. Jefferson, *Report on Commerce, Writings*, 448.

36. Letter from Hamilton to Edward Carrington, May 26, 1792, in Schlesinger, *History of U.S. Political Parties*, vol. 1, 277.

37. Gallatin to Thomas Jefferson, December 18, 1807, in *The Thomas Jefferson Papers, Series 1. General Correspondence. 1651–1827*, image 164, http://memory.loc.gov/cgiin/ampage?collId=mtj1&fileName=mtj1page040.db&recNum=163 (accessed September 30, 2011).

38. Jefferson to Major Joseph Eggleston, March 7, 1808, as quoted in Malone, *Jefferson and His Time*, vol. 5, 483.

39. Meacham, 432.

40. Jefferson to Lafayette, February 24, 1809, in *The Thomas Jefferson Papers*, as quoted in Meacham, 431.

41. Jefferson to Benjamin Austin, January 9, 1816, in *The Thomas Jefferson Papers, Series 1. General Correspondence. 1651–1827*, image 737, http://memory.loc.gov/cgi-bin/ampage?collId=mtj1&fileName=mtj1page048.db&recNum=736 (accessed September 30, 2011).

42. Jefferson, *Notes, Writings*, 290.

43. Malone, *Jefferson and His Time*, vol. 5, 629.

44. 报告建议做出以下重要修订：（1）禁止超过60日的贸易禁运；（2）关于宣战、接纳新的州以及禁止外国商业行为，需要三分之二的国会多数票通过；（3）消除南方占五分之三的代表优势；（4）将未来总统任期限定为一个任期；以及（5）要求每一任总统与其前任来自不同的州。参见 *History of the Hartford Convention*, 377–378; Banner, *To the Hartford Convention*, 341–342。

45. Baxter, 17.

46. 33 Parl. Deb. (1st ser.) (1816) 1099.

47. 28 Annals of Cong. 256 (1815).
48. Baxter, 20.
49. 42 Annals of Cong. 1963 (1824).
50. 42 Annals of Cong. 1970 (1824).
51. 42 Annals of Cong. 1978 (1824).
52. 42 Annals of Cong. 1976 (1824).
53. 42 Annals of Cong. 1992 (1824).
54. 42 Annals of Cong. 1920 (1824).
55. 42 Annals of Cong. 1979 (1824).
56. Remini, *Daniel Webster*, 221–222.
57. 42 Annals of Cong. 2043 (1824).
58. 42 Annals of Cong. 2034 (1824).
59. 42 Annals of Cong. 2054 (1824).
60. Baxter, 29.
61. Ibid., 32.

第 2 章

杰克逊民主政治中的危机、妥协与自由贸易

保护性关税是关于提高资本收益的一个命题。这是目标,而不是增加劳动力的工资,将减少这方面的利益……它有利于富人,对穷人不利。[1]

——罗伯特·J. 沃尔克(Robert J. Walker),美国财政部部长,1845 年

有人可能会想,为什么政客们总是被关税问题搞得焦躁不安,而这个问题表面上看起来很乏味;毕竟,这只是一个进口税的问题。然而,贸易问题引发了导致美国革命和 1812 年战争的主要不满情绪之一。在《美国宪法》正式批准后的前半个世纪里,正如本章将要回顾的那样,在年复一年的国会会议上关税问题都会引发激烈的辩论,导致这个国家在无效危机(Nullification Crisis)* 中处

* 无效论认为,任何州可以将任何它认为违反宪法的联邦法律宣布无效。这个理论可以追溯到 1798 年托马斯·杰弗逊和詹姆斯·麦迪逊在提出《肯塔基州和弗吉尼亚州决议》时使用的理由,当时这个决议推翻了《外国人和煽动叛乱法案》。杰克逊则支持一个强有力的联邦政府,因此反对无效论。1832 年南卡罗来纳州宣布联邦税收无效导致了无效危机。当时的联邦税收对北方工业的利益比较有益,对南方农业比较不利,因此南卡罗来纳州立法机关宣布它违反宪法。作为反应,国会通过《军事动员草案》,允许总统使用军事力量来强迫州政府执行所有联邦法律。杰克逊派遣美国海军战舰赴查尔斯顿港。南卡罗来纳州宣布武力法案无效。最后,亨利·克莱提出了一个折中法案,改变了联邦税收法律,平息了这场危机。——译者注

于武装冲突的边缘，而无效危机则是美国南北战争的预演。作为新兴政府的主要收入来源，在政治经济中关税明显具有关键作用。但也许更重要的是，由于在竞争利益集团、经济阶层和年轻共和国的地理区域之间分配经济资源的过程中制定收入政策的相应作用，关税在18世纪末和19世纪初的政党发展中也发挥了根本性作用。

从托马斯·杰弗逊领导的民主-共和党孕育以来，经济问题一直是与亚历山大·汉密尔顿领导下的联邦党人意见分歧的中心。杰弗逊和詹姆斯·麦迪逊指控他们的新政治对手是君主主义者，阴谋将英国式的议会帝国政治强加于各州政府。事实上，在宪法大会的辩论中，汉密尔顿曾宣称，由一个强大的君主制主导的中央集权的贵族英国政府是最好的政府形式。但正是汉密尔顿1790—1791年的金融计划引起了决定性的争论。汉密尔顿提议建立美国银行的草案以微弱优势票数通过，成为汉密尔顿领导的商人阶级与杰弗逊代表的农场主阶级决定性的分裂时刻。在君主制和共和制政治争论的背后，是纽约和新英格兰的金融精英与弗吉尼亚种植园主阶级之间的权力斗争，后者常常表现出他们代表的是处于劣势的乡下农民和工人。

汉密尔顿排斥亚当·斯密的自由贸易、反重商主义的理论，认为企业和政府之间的紧密伙伴关系对这个年轻国家的生存和发展至关重要。他认为，面对革命后的巨额国债，银行和这种伙伴关系是提供稳定局面的必要条件。如果私人团体通过在银行的公共投资而受益，就这么干；邪恶在哪里呢？杰弗逊和麦迪逊持有不同的看法。他们看到了银行私人投资者利用公共资源致富的腐败现象。按照历史学家约瑟夫·埃利斯(Joseph Ellis)的看法，对他们来说，“这就像《圣经》里的场景，货币兑换商接管了圣殿”。[2] 也许更重要的是，他们担心这些新兴的货币利益集团将成为联邦王权背后的权力贵族。弗吉尼亚州的种植园主一直受到英国债权人的压迫，他们不想被置于北方金融家的政治和金融权力的控制之下。同样，按照埃利斯的说法，“汉密尔顿的财政计划具体体现在银行中，肯定会让人想到北方商业精英的可怕威胁，把他们想象为吮吸南方农业者鲜血的吸血鬼”。[3]

杰弗逊对汉密尔顿及其富有的赞助人的看法，由林-曼纽尔·米兰达（Lin-Manuel Miranda）通过杰出的百老汇音乐剧《汉密尔顿》（Hamilton），用嘻哈风格的诗句刻画了出来：

> 杰弗逊：
>
> 我们最贫穷的公民，我们的农场主，靠粮食配给而维持生活。
>
> 当华尔街抢劫他们的时候，他们盲目地寻找筹码来赚钱。
>
> ……
>
> 杰弗逊、麦迪逊、伯尔（Burr）：
>
> 让我们跟着钱走，看看它去哪儿。
>
> 因为国库收入每秒钟都在增长。
>
> 如果我们跟着钱走，看看钱会往哪里走，
>
> 到达杂草丛生之地，寻找汉密尔顿恶行的种子。[4]

正如在第1章中所讨论的，杰弗逊和汉密尔顿经济观点的分歧可进一步见诸各自向国会提交的贸易政策报告。1791年汉密尔顿提交的《关于制造业问题的报告》呼吁通过补贴和保护主义关税将政府与企业之间的联系建立起来，以支持试图与欧洲进口商品竞争的新产业。杰弗逊憎恶这种联系，视其为对共和国的威胁，尤其是政府补贴。在1793年他自己向国会提交的《关于对外贸易问题的报告》中，杰弗逊罗列并谴责了其他国家对美国航运和出口商品实施的贸易限制，特别强调了英国的贸易限制。在用亚当·斯密的语言表达了对自由贸易的偏好的同时，他建议提高关税，以报复侵犯美国利益的国家，认为这也符合斯密的原则，并建议基于对等原则谈判，以降低关税。他指出，与傲慢的英国进行这样的谈判不太可能成功，因此，如果他提出的关税报复建议被采纳，就仅仅是经济民族主义的象征。

事实上，直到19世纪20年代，由杰弗逊的民主-共和党领袖推动的经济民族主义是美国贸易政策背后的主要推动力。汉密尔顿在1800年的计谋颠覆了

他的联邦党同僚——约翰·亚当斯总统——的计划，不仅妨碍了亚当斯获得第二个总统任期，而且削弱了他的政党，并导致弗吉尼亚民主-共和王朝的开始，这个王朝持续了24年。到1812年战争结束时，剩下的少数几个反对战争的联邦党人——汉密尔顿的前政党——已经彻底解散了。尽管在1804年与副总统阿伦·伯尔(Aaron Burr)的决斗中，汉密尔顿的生命过早结束了，但是，他对贸易保护主义政策的影响远远超越了他和他的政党的覆灭。在杰弗逊禁运期间、1812年战争期间以及战后英国进口商品的重新冲击期间，新产业的发展导致出现了基于汉密尔顿商业-政府伙伴关系的新的保护呼声。

在战后的岁月里，国会实际上完全是民主-共和党人的国会，但是，有些议员，特别是南方农场主中产生的议员，对杰弗逊和麦迪逊支持的民族主义贸易政策并不满意，称之为"新联邦主义"(neo-federalism)。[5] 麦迪逊政府是"亚历山大·汉密尔顿灵魂出窍"的政府，约翰·兰道夫(John Randolph)写道。[6] 约翰·兰道夫是弗吉尼亚农场主中的民主-共和党人，是詹姆斯·麦迪逊的保护主义议程和批准美国第二银行的尖锐批评者。事实上，美国接下来10年的贸易政策开始朝着汉密尔顿主义方向演进。亨利·克莱的一贯言辞和他努力合法化其保护性关税以及内部改进的"美式体制"将杰弗逊的反英经济民族主义与汉密尔顿的幼稚产业和政府-商业伙伴关系思想融合了起来。

不存在党派分野，辩论基本上是群体性的，新英格兰的商业航运利益集团和南部农业地区强烈反对保护主义措施。然而，在1812年战争之后的几年中，对民族主义的热情仍然高涨，而那些倾向于向英国宣战的南方"主战鹰派"还没有准备在经济上放下武器。1816年，这个群体甚至包括约翰·C. 卡尔霍恩(John C. Calhoun)，他很快成为南方自由贸易者的领袖。然而，随着战后棉花产量的激增，到19世纪20年代少有南方人留在经济主战鹰派的阵营中。南方代表援引亚当·斯密的话，坚持认为保护性关税是压迫性税收，不公平地提高了消费价格，并激发(别国)对其产品采取报复性关税。像斯密那样，他们中的一些人还认为保护主义使工人贫困，这为未来的民粹派的反保护主义论点奠定了基础。

在制造业正在起飞的北方，保护主义的呼声是基于汉密尔顿的幼稚产业论以及针对英国这个利维坦（即魔怪）的经济民族主义。由威廉·赫斯基森领导的英国贸易改革派在议会中发起了降低关税运动；然而，由于《谷物法》，英国仍然保持着市场的高度限制，禁止进口美国粮食，并维持其他产品的进口限制，从而使英国的贸易顺差维持在高位。在经济发展刚刚起步的西部地区，政客们普遍效仿肯塔基州克莱在支持保护主义的美式体制中的领导作用，因为高水平关税为内部改善提供资金，如为修路和开挖运河（提供资金）。

1824 年的无结果选举

1824 年有争议的总统选举使这个国家在接下来的 4 年里处于混乱和无领导的状态。参加选举的主要候选人中，来自佐治亚州的财政部部长威廉·克劳福德在竞选开始前就得了瘫痪性中风，但是，他仍旧参加竞选。国务卿约翰·昆西·亚当斯和发言人克莱也是代表新英格兰和西部的强有力的竞争者。来自南卡罗来纳州的战争部部长（Secretary of War）约翰·C. 卡尔霍恩参加了竞选，但是，后来将他的候选人资格转变为更确定的副总统候选人。角逐中的独立参选人是极其受欢迎的新奥尔良战役的英雄安德鲁·杰克逊将军，他于 1823 年入选参议院。所有的候选人几乎都来自同一个政党，即杰弗逊派的民主-共和党，因为当时亚当斯已经放弃了已经奄奄一息的联邦党。尽管杰克逊一直左右摇摆，克劳福德已经成为极其反对“美式体制”的参选人，但是，他们都支持保护性关税。

最后，这场很大程度上取决于区域主义和个性的选举没有结果。杰克逊赢得了大众票和选举人票中的相对多数票，但不是大多数票，亚当斯排在第二位，最终的决定被提交到众议院。在众议院的那个会议室里，克莱劝说中间派偏向亚当斯当选。几天之内，当选总统在他的新政府中为克莱提供了国务卿的职位。杰克逊的支持者们认为，这项任命是克莱获得的“报酬”，所以被称为“腐败交易”（corrupt bargain）。

选举无结果和围绕“腐败交易”的攻击，加上总统软弱的领导力，导致亚当斯政府期间“美式体制”发展甚微。亚当斯学识渊博、原则性强，早年受共和国两位开国元勋的熏陶，一位是他的父亲约翰·亚当斯，另一位是托马斯·杰弗逊，他们一起在巴黎担任外交官。约翰·亚当斯在几届政府中都是一位能干的外交官，并且在詹姆斯·门罗总统执政期间担任国务卿，他被认为是形成门罗主义(Monroe Doctrine)的功臣。然而，作为总统，他顶多算是平庸的，且政治上是无能的。

在这场有争议的选举的余波中，杰克逊辞去了在参议院的职务，回到田纳西州开始策划他在 1828 年的总统竞选。尽管表面上杰克逊承认失败，大步向前，但是，在私人信件中，他透露了痛苦和复仇的意图。“西方的犹大已经终止了合同，将得到 30 块银币，”他写道，“他的结果将完全相同。”[7] 很快，国会中一个支持杰克逊的团体形成了，他们阻止新总统提出的任何有意义的立法倡议，并在很大程度上取得了成功。到 1827 年，这个派系已经掌控了国会参众两院的多数票控制权，从而对抗亚当斯政府。

《可憎关税法案》

虽然克莱专注于对外事务，但是他对经济政策保持着敏锐的观察。随着政府在大多数议程上陷入困境，保护性关税再次成为围绕在亚当斯-克莱周围的发展中的党派和亲杰克逊派系的主要议题。早在 1827 年，众议院通过了一项草案，将原毛和毛织品的关税提高 50%。当该草案提交参议院时，该草案被搁置，直到副总统约翰·C. 卡尔霍恩打破僵局，将该草案提交审议，最终导致该草案被否决。这一行动是卡尔霍恩发出的强烈信号，自 1816 年《关税法案》以来他一直是经济民族主义的支持者。现在很明显，不可能指望他支持亚当斯-克莱的关税政策。卡尔霍恩知道他的投票在全国范围内是一种冒犯，但更重要的是他在南方人中的影响力，特别是他在南卡罗来纳州政坛上的卓越地位。对于克莱和其他贸易保护主义者来说，现在立即开始谋划主张保护性关税的下一次会议则变得至关重要，这可能是他们的最后一次机会了。

亚当斯-克莱势力集团于1827年夏天在宾夕法尼亚州的哈里斯堡(Harrisburg)举行了一次会议，东北部和西部13个州的100多名代表参加了会议，并采纳了针对大范围进口商品提高关税税率的立法提案。那年夏天，克莱在他的演讲中称赞了“美式体制”的好处以及杰克逊主义者对(美式体制)造成的危险。自然而然地，支持杰克逊的势力集团将宾夕法尼亚大会视为在1828年大选前的政治策略，并卷入了这场战斗。尽管杰克逊本人是南方棉花种植农场主和奴隶主，但是他投票赞成1824年保护主义关税法案。然而，从那时起，他尽可能地模糊了他在关税上的立场。南方的支持者把他当作自由贸易者，而北方的支持者把他当作保护主义者。

克莱和亚当斯都预计国会中的杰克逊派会在关税辩论中反对“美式体制”，他们确信这一举动将有助于亚当斯的政治优势。(但是)他们误判了对手。

亚当斯的反对者并没有反对宾夕法尼亚大会提出的高关税，恰恰相反，在1828年的会议上提出了他们自己的保护主义草案，这一草案增加了不一致的、甚至更高的关税。用历史学家罗伯特·V. 雷米尼的话说，“这是最不平衡和最不平等的立法。事实上，草案中的每一项都包含着政治上的徇私枉法痕迹”。[8] 草案的设计显然考虑到了1828年的选举；关税有助于支持杰克逊的利益集团，而对支持亚当斯的关税利益集团不利。例如，50%的关税最终将被强加给原毛，但是，毛制品的税率太低，从而无法帮助新英格兰工厂与英国进口产品竞争，特别是，如果他们必须对进口原毛支付更高的关税(更无助于同英国进口产品竞争)。西部和紧邻大西洋中部各州的产品，如铁、大麻和亚麻，得到了高关税税率的支持，因为它们产自杰克逊支持者占主导地位的地区；而新英格兰的产品，如羊毛制品，则没有得到支持，因为亚当斯的选民生产这些产品。

在南方，没有人支持亚当斯，也没有人激烈反对任何保护性关税，因此，杰克逊的支持者需要一个微妙的策略。运作该草案的杰克逊派国会领袖说服南方代表接受众议院的这项措施，并让他们明白新英格兰人将在参议院击败该草案，从而造成亚当斯处境尴尬。然而，这个策略失败了，众议院以 11 票通过这项草案之后，参议员丹尼尔·韦伯斯特和其他新英格兰人关于羊毛制品关税条款的修订案，继续在参议院获得通过，并达到了更高、更令人满意的水平。亚当斯总统立即签署了该草案，关税普遍从 30%左右增加到 50%。南方人认为杰克逊派运作上述草案的国会领袖欺骗了他们，他们愤怒了，将这个新法案命名为《可憎关税法案》(Tariff of Abominations)。

现在，亚当斯连选连任的希望渺茫。克莱努力建立了一个主要基于广泛的州组织的支持派，这些州组织鼓吹体现在"美式体制"中的保护性关税和经济民族主义，但是，他遇到了几个关键的障碍：他的候选人不受欢迎，并且坚决拒绝参加竞选，而他的对手杰克逊则极受大众欢迎，并且具有高度组织的竞选安排。最终，杰克逊以压倒性优势获胜。

无效危机的种子

选举中的另一个胜利者是副总统约翰·C. 卡尔霍恩，已经从效忠亚当斯转向效忠杰克逊。作为对南卡罗来纳州的政治回应，他不想参与美式体制中的高关税问题。他还有一个动机，即他可能不得不接替杰克逊的总统职位。1828 年 11 月，在次年新一届政府就职之前，卡尔霍恩在他的种植园里，起草了提交给被委以抗议关税使命的南卡罗来纳州众议院特别委员会的一份长篇报告，坚定了他对《可憎关税法案》的立场。尽管报告未署名，但是，众所周知，这是卡尔霍恩的作品，以《南卡罗来纳州说明与抗议》(*South Carolina Exposition and Protest*)为书名出版并广泛传播。他的报告一开始就重申了关于保护主义和自由贸易的南方立场，指出，仅仅向美国国内市场出售商品，南方经济无法生存。他认为，美国的保护制度正在使南卡罗来纳州的工人走向贫困，而且，很快就会对北方的工人造成同样的影响，正如类似的制度已经伤害了欧洲的工人一样。

> 为了理解社会财富在几个阶层之间分配的最终趋势，我们必

> 须将目光转向欧洲，欧洲已经存在几个世纪以来的做法，并且，已经呈现出大多数欧洲国家普遍存在巨大财产不平等的真实原因。培养一个有钱的贵族阶层，没有哪一种制度能够比保护性关税更有效了。这个制度的趋势是使穷人更穷，使富人更富。迄今为止，在我国，这种趋势主要表现为对不同地区的作用，但是，这个时代将会到来，那时，它将在制造业各州的阶层之间造成相同的后果……在制度的作用下，工资水平的下降速度将远远超过生活必需品价格的下降速度，直到工人的工资降到最低点，在最低点上，他们所得到的劳动产品部分将仅仅是维持生存所必需的那部分。[9]

按照卡尔霍恩的说法，采纳《可憎关税法案》，表明对多数权的滥用，这对共和制构成了威胁。开国元勋们已经预见到了这一问题，并以分权的方式解决这一问题，不仅将权力分散于政府的三个部门，而且分散州和联邦政府之间的权力。引用麦迪逊和杰弗逊在《弗吉尼亚州和肯塔基州决议》中就废除 1798 年《外国人和煽动叛乱法案》提出的论点，他主张各州有权质疑联邦政府的权威。此外，他认为，每个州都有权通过州大会来决定如何在其边界内解决这一问题，州大会被用来决定某一联邦法律是否违宪，是否应在该州内被否决或“宣布无效”。

如此声明了南方自由贸易者最激进的立场后，卡尔霍恩用一句谨慎的话来减缓他的报告带来的刺痛。他说，虽然此时就关税问题召开一个会议是完全有道理的，但是应该推迟举行，以等待杰克逊的选举带来的“伟大的政治革命”，“在他的影响下，这可能是继而为之的事情，彻底恢复我们政府的纯粹原则”。[10]许多南方人期望同为种植园主的杰克逊削减关税，而卡尔霍恩的阐述对此给予了更多的鼓励。

对于卡尔霍恩来说，遗憾的是，新总统就职后并不急于在关税问题上采取行动。在前一次争辩之后，杰克逊很快就明白了再次开启关税争议所涉及的政治风险，他希望采取一种缓慢、温和的方式，至少直到偿还完因 1812 年的战争积欠的国家债务。尽管他个人似乎对国家的农业、自由贸易部门表示同情，但是，他的评论显现了某种程度上的杰弗逊的民族主义，这没有保证实现卡尔霍恩恢复“纯粹原则”的希望。1829 年 12 月，他在给国会的第一封信中，告诫政治家们“（关税问题）的当地感觉和偏见应当与爱国主义因素相容，去增进总体上的重要利益……抛弃政治优势的所有算计”。作为一般原则，杰克逊说，对外国制造商品的关税应当渐进（削减），以使“我们自己的制造商品与其他国家的制造商品公平竞争”。[11]

图 2.1　约翰·C. 卡尔霍恩，1852 年 A. H. 里奇（A. H. Richie）制作的雕塑（国会图书馆）

在杰克逊执政的最初两年里，立法活动对关税的影响并不显著，但是，辩论仍在继续。其中，最著名的是 1830 年 1 月马萨诸塞州的韦伯斯特和南卡罗来纳州的罗伯特·Y. 海恩（Robert Y. Hayne）的参议院辩论。作为副总统，按照职务等级，卡尔霍恩静静地坐着，主持参议院会议，海恩认为，由于卡尔霍恩的表现，通过政府的多数权控制，北方已经将南方推向了毁灭的边缘，而国家将承受其行动带来的痛苦。

先生们会以如此低的价格来估计联邦的价值，以至于他们甚至不会努力用一条纽带将各州捆绑在一起？……如果是这样，让我告诉先生们，解体的种子已经播种，我们的孩子将收获苦果。[12]

在1824年的辩论中，韦伯斯特是一名自由贸易者，尽管他是一名自由贸易者，但是由于良好的政治原因而做出了与其信仰相反的决定，到了这个时候，他已经成为一名主要的保护主义者。他用民族主义的合理化理论来支持他为期两天的回应。尽管强烈谴责海恩及其南卡罗来纳州的朋友愿意冒着联邦解体的危险换取进口关税带来的微薄收入，但是，他自己从自由贸易者转变为保护主义者的理由更能体现政治权术而不是政策理性。

在马萨诸塞州绝大多数代表的支持下，我投票反对1824年关税草案。那时已经给出了我的理由，现在我不再重复了。但是，尽管我们反对，纽约州、宾夕法尼亚州、俄亥俄州和肯塔基州等大州支持这项草案，这是几乎无法打败的"纵队"，草案通过了。国会和总统批准了这项草案，这项草案成为国家的法律。那时，我们该怎么办？我们的选择是，要么顺应既定的公共政策进程，尽我们所能地顺应这一进程，要么拥护南卡罗来纳州的教条，通过国家干预，宣布方案无效……我投票反对1824年关税草案，但是，它通过了；1827年和1828年，我投票赞成修改这项草案，出于对我的选民利益至关重要的立场。矛盾出在哪里呢？[13]

韦伯斯特用卡尔霍恩和海恩的极端立场来掩盖他在贸易问题上立场的彻底改变。尽管海恩认为法案无效的原因是错误的，但他对韦伯斯特在1824年"为自由贸易建立了一座美丽而持久的纪念碑"，而现在所唱的曲调完全不同的指责是正确的。[14] 马萨诸塞州参议员夸大了选民的关注，这在他从坚定的自由贸易倡导者到保护主义者的转变中得到了反映。在听取选民意见时，有几个选民的意见被听取得比较多。特别是富有的商人埃伯特·劳伦斯(Abbott Lawrence),他一直是一名进口商,直到19世纪20年代进入纺织品制造业,那时他开始看到进口关税保护给他经济上带来的好处。按照约翰·昆西·亚当斯的回忆录记述,劳伦斯"忠于韦伯斯特",在1828年"无论是金钱上还是政治上"都成为韦伯斯特的主要支持者,当时,他建议韦伯斯特投票赞成有争议的《可憎关税法案》。[15] 这次投票后,韦伯斯特再也没有回头。

然而,韦伯斯特关于联邦重要性的爱国主义的雄辩因与海恩的辩论而让人铭记,事实上,成为传奇。海恩提出了这样的问题:"南卡罗来纳州在通往俄亥俄州的运河上有什么利益?"韦伯斯特回答说:"根据(海恩的)教条,俄亥俄是一个国家,而南卡罗来纳是另一个国家……我认为,俄亥俄州和南卡罗来纳州是同一个国家的构成部分,并且,那个国家是我的国家……我希望我不会看到我的国家的星条旗被分割或烟灭、被骚动撕裂、被染上内战的鲜血。"他嘲笑"自由第一、联邦第二"的座右铭,称之为"妄想和愚蠢的话语",他更喜欢"每一颗真正的美国心所珍视的另一种情感:自由与联邦,现在是而且永远是一个整体且不可分割"。[16]

在海恩与韦伯斯特辩论不久,在杰克逊生日的年度政治庆祝晚宴上,杰克逊总统和卡尔霍恩副总统开展了他们之间的著名辩论,尽管形式简洁,但是祝酒词却具有挑战性。在晚宴之前,总统已经了解到有许多支持"无效论"的人被安排在祝酒会上。事实上,杰克逊的结论是,"总体上,庆祝活动将是一种无效的事务",相应地,他以祝酒词的方式先发制人。旁观者热切地期待着即将上演的政治戏剧,坐在那里,急切等待听到他将如何应对他的出生地南卡罗来纳州的挑战,杰克逊站在第一张餐桌前,低头直视着卡尔霍恩,简单地说:"我们的联邦,必须守护。"有趣的是,这句祝酒词被刻在竖立于拉斐特广场白宫对面的杰克逊的雕像上,是由参议员史蒂芬·道格拉斯(Stephen Douglas)在南北战争前八年题献的。

接下来,发言的是卡尔霍恩,他选择不发表温和的祝酒词,从而与总统和睦相处并增加自己接任杰克逊总统职位的机会,相反,他放弃修辞学般的挑战。

图 2.2 拉斐特广场上的安德鲁·杰克逊,其上镌刻着他反对州废止联邦法令的祝词:“我们的联邦,必须守护。”

“联邦,”卡尔霍恩回应道,“仅次于我们最珍爱的自由;我们都会记住,只有尊重各州的权利,并平等分配联邦的收益和负担,联邦才能得以守护。”[17] 许多主要是在个人问题上产生的杰克逊和卡尔霍恩之间的裂痕,现在已经公开化并无法修复。

尽管卡尔霍恩起草了《南卡罗来纳州说明与抗议》,引发了无效辩论,这已经不是什么秘密,但是,在1831年夏天通过广泛传播《碉堡山演说》(*Fort Hill Address*),他试图完善——公开宣传——自己的立场。他认为,保护性关税是违反宪法的,侵犯了国会的收入和商业权力,导致南方人被不公平地征税,从而使北部的制造商得利。他再次引用托马斯·杰弗逊和詹姆斯·麦迪逊的《肯塔基州和弗吉尼亚州决议》,主张“介入”原则是在这种情况下各州传统上接受的救济办法。也就是说,宪法赋予联邦政府某些特定权力,并保留各州在其地理边界内分别行使所有其他权力。这样,当一个州决议联邦政府所通过的一项联邦法案超出其权限时，该州可以“介入”其权限，并阻止该法案在该州内实施。按照传记作家欧文·H.巴特利特(Irving H. Bartlett)的说法，“美国和平解决此类冲突的宪法路径是受伤害州的‘介入’，卡尔霍恩在著名的《碉堡山演说》中所写下的每一句话都意在表明南卡罗来纳州的教条中没有什么可害怕的；这是极为保守的”。[18] 不管他的意图如何，他的言辞的镇静效果是微不足道的，并且，南卡罗来纳州的无效论者的阵营继续壮大。

到 1831 年 12 月，新的国会选举出来了，现在的新国会里有参议院的前国务卿亨利·克莱和众议院的前总统约翰·昆西·亚当斯，于是，新一轮关税辩论开始了。1832 年是一个选举年，从而增强了这场辩论的激烈程度，新的全国共和党(National Republican Party)提名克莱站在“美式体制”的平台上担起争取选票的任务，批评杰克逊的关税立场。为了连选连任，总统也不再成为关税战的旁观者，并建议减税。在这样做的时候，他引证了国家债务正在减少，但是，他可能也没有忘记其政党的自由贸易原则。杰克逊的政党联盟仍然正式地保持杰弗逊民主-共和党的名头，但是，自 1828 年的选举以来，杰克逊的政党就开始只称自己为“民主党人”——这个名字曾经被联邦党人用来反对杰弗逊，以暗示杰弗逊政党是一个黑帮统治的政党。事实上，从 1828 年到 1836 年，杰克逊的民主党成为与汉米尔顿联邦主义相对立的民粹主义者，自由贸易是该政党的一个关键原则。

贸易辩论激烈进行了数月时间，充满了尖刻与基于自我偏好的攻击。例如，克莱在提及自 1789 年以来，华盛顿、汉密尔顿和杰弗逊是保护性立法的支持者之后，对阿尔伯特·加拉廷发起了一场猛烈的攻击，阿尔伯特·加拉廷曾在杰弗逊和麦迪逊政府时期任过 13 年备受赞扬的财政部部长。克莱、加拉廷和约翰·昆西·亚当斯曾在代表团中一起工作，与英国谈判，达成《根特条约》，结束了 1812 年战争。加拉廷刚刚向国会提交了几个州代表团参加的一个自由贸易会议报告，这几个州的代表团攻击保护主义，“公开阐明了现有关税制度的弊端”，并呼吁修改《可憎关税法案》。[19]“回到你的本土欧洲去吧，”克莱对加拉廷说，“在那里，向她的君主灌输你的自由贸易乌托邦信条，当你说服他们开启他们的港口并自由接纳宾夕法尼亚州和其他州的产品时，你再回来，那么，我们将准备成为皈依者，接受你的信仰。”[20] 根据会议早些时候亚当斯与克莱一次会面后写下的日记中的一条记载，克莱誓言要“反抗南方、总统和魔鬼”，从而拯救“美式体制”。[21]

在众议院里，亚当斯当时担任制造业委员会主席，出于维护联邦与政府合作的关切，他表示认同。他承诺降低关税税率，但是，为了继续偿还债务并尽可能地保持保护措施，仅仅承诺缓慢为之。政府建议将关税税率从 45%平均削减至 27%，众议院调高了这一比例，并在亚当斯的支持下通过了该草案。到参议院通过时，平均税率已降至 33%，但是，大多数纺织品关税水平仍保持在 50%的高位，而其他对进口敏感的产品，如铁、糖、棉花袋和玻璃的税率虽然有所降低，但仍保持在保护水平。克莱对这个结果特别不满意，像其他保护主义者一样，不情愿地投了赞成票。

1833 年的《军事动员草案》与折中关税

安德鲁·杰克逊和他的民主党人，包括一些南方人，认为这些关税削减措施足以和平解决问题，但是，在南卡罗来纳州问题上，他们是错误的。在 1832 年的选举中，杰克逊以压倒性优势战胜克莱，赢得了连任，克莱在南卡罗来纳州的选举中也赢得了无效论者三分之二的多数选票。正如卡尔霍恩在其《南卡罗来纳州说明与抗议》所阐述的，州立法机关立即召开宪法大会，废除 1832 年修订的《可憎关税法案》。大会及时通过了一项法令，禁止在本州境内征收《可憎关税法案》规定的关税，1833 年 2 月 1 日生效。此外，大会宣布，国会授权对南卡罗来纳州使用武力的任何行为都将被视为“与南卡罗来纳州在联邦中的长期存续不一致”。[22]

杰克逊迅速并愤怒地予以回应。他立即开始准备一场战争，他本人打算领导军队与他的出生州战斗，并发誓要吊死叛国的无效论者。“在 40 天内，就在南卡罗来纳州的范围内，我可以拥有 5 万人，再过 40 天又会拥有 5 万人……领导者的邪恶、疯狂和愚蠢，以及他们的追随者毁灭他们自己和我们的联邦的妄想，在世界历史上绝无仅有。联邦必将被守护。”[23] 他发表了一份公开声明，宣布无效论“与存在的联邦不一致，明确地与宪法的条文相悖逆，其精神实质是未经授权的，与它所依据的每一项原则都不一致，并违背了构建联邦的伟大目标”。公开声明警告无效论者“美国法律必须得到执行……依靠武装力量分裂联邦就是叛国”。[24] 在杰克逊发布其公开声明后，南卡罗来纳州的立法机关立即选举卡尔霍恩来填补美国参议院的一个空缺，于是，他递交了辞去副总统的辞呈，这时他的任期还剩下几个月的时间。这样倒也不错，因为有传言说，在杰克逊要绞死的叛国无效论者的目标名单上，卡尔霍恩排名在前。

然而，总统解决无效危机的策略不限于威胁和展示武力。事实上，在他向无效论者发布声明的前一周，在国会的年度致辞中，他提出了一项和解方案，即大幅削减关税，使之达到仅为基本收入和国防所需的水平，换句话说，降低到保护主义关税水平以下。他的财政部部长廓清了削减到1816年的20%平均关税水平的特定措施，并且这些关税将逐渐减少，因为随着国家债务的消失，所需要的收入更少。在随后的几周里，贸易保护主义者的反对声越来越大，他们在6个月前对1832年《关税法案》刚刚做出让步，于是，辩论继续下去，导致众议院通过该法案的进程几乎没有进展。

与此同时，1833年1月总统寻求国会授权，依照所谓的《军事动员草案》(Force Bill)对南卡罗来纳州的无效论者采取行动，该草案允许在必要时使用军队，以及实施与关税法案有关的其他行动。桌子现在翻了。在这个问题上，杰克逊的前副手卡尔霍恩与通常为杰克逊的批评者韦伯斯特引发了有关联邦命运和总统需求的长期而沉重的辩论。

卡尔霍恩指控说，《军事动员草案》是一个“战争草案”，是一个“血腥草案”，而杰克逊正带领国家走向军事专制。在他看来，问题早已从自由贸易经济学中的一个问题转变为自由和国家主权的更加根本的问题。他认为，联邦是各州之间的一个“紧密结合体”，权力在各州和联邦政府之间分割。在目前局势下，控制广义政府的、不负责任的大多数人向各州征收压迫性和不平等的税收，并从国家的一个部分获取资源，并将其给予另一个部分。在这种情况下，被伤害的州是否有权退出联合体？卡尔霍恩引用了杰克逊的声明，即必须守护联邦，他注重修辞学的回应表现出基于美国南北战争30年后的结果的讽刺。“不，不，”他大声说，“你不可能用武力来维持应置于宪法和联邦纽带中的各州联合。”[25]

韦伯斯特的回应是，强调创造美国政府的是人民，而不是各州。他指出，《宪法》的序文是这样开始的：“我们，美国人民，授命并起草这部宪法。”因此，美国人民和宪法之间有着直接关系，没有哪个州能够消除这种关系。“美国人民是一个整体，”韦伯斯特说，“制造战争时，他们是一个整体；创造和平时，他们是一个整体；他们作为一个整体管理着商业，在履行关税责任上，他们也是一个整体。宪法的最终目标和目的，就是要使他们在这些细节上成为一个整体；而且宪法已经实现了它的目标。”更重要的是，多数原则必须成为治理原则。“在共同关心的问题上，多数人的裁决必须作为全体人民的裁决。”韦伯斯特呼吁这个国家要有爱国主义，捍卫宪法，反对无效论的革命性和违宪行为。“先生，就我自己而言，……我将尽我所能帮助防止宪法被宣告无效、破坏或损害；即使我可能失败，我也会以微弱的声音继续呼吁下去……号召美国人民一起拯救宪法。”[26]

当然，杰克逊对韦伯斯特的表现感到欣喜，韦伯斯特的表现使他赢得了“宪法捍卫者”的称号。宪法主要起草人之一詹姆斯·麦迪逊写信给韦伯斯特，表达了他的称赞。卡尔霍恩也因其付出得到了一些赞扬，但是，那个历史时刻不属于他。正如历史学家罗伯特·雷米尼所观察到的：“不管你喜不喜欢，这个国家正在演变成一个民主的、越来越工业化的社会，一个强大的中央政府在必要时能够并决定阐明这块土地上的最高法律，即使这样做挑战了特定州的既有权利和利益。韦伯斯特……把共和国政府的合法性植根于人民，正如美国的建国者所做的那样，并解释了国家在政治上和组织上的实际发展，无论这是否是建立共和国的人的初衷。”[27] 在无效论者抵制的情况下，参议院以32票对1票通过了《军事动员草案》。未来的总统、弗吉尼亚州的约翰·泰勒(John

Tyler)反对宪法无效论,但是,也反对派遣联邦军队入侵一个主权州,他投了反对票。

亨利·克莱声称疲惫不堪,在对《军事动员草案》投票时,他和无效论者一起缺席了参议院会议。当然,尽管他反对无效论者的行动,但是,杰克逊为了对抗他们而试图利用的一些权力引起了他的警觉,这样,他可能不想投票赞成该草案。但是,他也有声称疲劳的正当理由。克莱非常担心在总统的关税改革提案中破坏他的美式体制,1832 年 12 月他开始狂热地致力于一项妥协提案,以缓解危机,结束杰克逊的权力争夺,并尽可能长时间地维持保护性关税。他开始与商人以及包括韦伯斯特在内的其他保护主义政治家讨论这个想法。他得到了大多数人的鼓励,除了韦伯斯特,此时韦伯斯特绝对反对退出保护主义政策。于是,他接近卡尔霍恩,开始了一场旨在使无效论者服从的合作。他们达成了一个折中方案,即在 1842 年之前的 10 年里,每两年将关税降低一点点,1842 年关税为 20%的统一从价税率。

这项立法的辩论以 1833 年《妥协关税草案》(Compromise Tariff)辩论为人所知,韦伯斯特称之为克莱的"小草案"(pretty little Bill),这使全国共和党人陷入了困惑,因为它使克莱与韦伯斯特和亚当斯都对立起来了,后者在众议院反对这项草案。韦伯斯特指责道,在"和平的狂热"中,克莱正在放弃他的美式体制的基本原则。[28] 韦伯斯特问道,还能怎么看他和卡尔霍恩的"安排"呢？克莱语焉不详的回答低估了这次争议的潜在分歧:

> 如果不采取这种调解措施,马萨诸塞州的参议员会单独提出他的《(军事动员)草案》吗？……考虑一下,朋友和妥协的敌人之间的分歧是,在强制执行法案时,他们仅拿出一把燃烧的剑。我们也要拿出一把燃烧的剑,并且把橄榄枝一同送出,作为和平的使者……尽管我们要维护联邦政府,但是,如果可能的话,我们是为了和平、团结和自由。最重要的是,我们不要战争,不要内战,不要同室操戈。我们要看到的是,没有被洗劫的城市,没有荒芜的田园,没有硝烟还未散去的废墟,没有美国武力造成的美国人血流

成河！[29]

3月1日，参议院以相当大的投票差幅通过了妥协性的关税草案，就像几天前在众议院通过的那样，杰克逊签署了该草案，次日，也就是会议结束前，签署了《军事动员草案》。基于历史学家莫里斯·G. 巴克斯特对参众两院投票的分析，中大西洋各州强烈支持妥协，过度支持的力量在南方，新英格兰则坚决反对，明显反对的力量来自大西洋和西部各州。至于各党派，杰克逊的民主党人赞成，赞成者与反对者的比例为2∶1，而克莱的全国共和党人反对，反对者与赞成者之比大致相同。巴克斯特观察到，众议院对两项草案投票的188名议员中，只有74人对削减关税和执行措施都投了赞成票。在他看来，如果不是与《军事动员草案》结合投票，一些投票赞成妥协的北方人就不会这样做。同样，他指出："有许多南方人投票赞成《军事动员草案》，这表明，他们要么不喜欢国家权利激进主义，要么接受这条通往减轻关税的道路。"[30]

南卡罗来纳州取消了关税问题上的《无效条例》(Ordinance of Nullification)，但是，为了证明自己的立场，宣布《军事动员草案》无效。然而，在这一阶段，这样的分而治之策略依然面临相当不确定的问题。既然现在没有什么可以强迫的了，危机结束了，那么每个人都声称获得了胜利。卡尔霍恩和无效论者声称他们已经迫使关税下降，尽管要经过10年。杰克逊的威胁与和解双轨策略尽管使其陷入新联盟与老对手之间的冲突，但是已经奏效，并将在接下来的28年内保持原封不动。杰克逊在两天内签署了这两项草案，在他的第二次就职演说中，称赞各州的权利和联邦的完整性是美国自由的支柱。他结束无效危机的成功方法维护了这两个支柱。在证明自己是一位伟大的政治妥协策略家的同时，亨利·克莱为自己感到自豪，不仅使这个国家免于血腥的危机，而且在接下来的10年里维持了他的美式保护体制。

自由贸易与民主党

在新的政党围绕着支持和反对安德鲁·杰克逊政府的力量开始形成之前，

老汉密尔顿-杰弗逊围绕有钱阶级与农场主和劳工阶级之间的斗争再次成为党派问题。亨利·克莱委婉地呼吁建立一个推动“国内市场”的美式体制，他所呼吁的美式体制不过是用另一种方式描述汉密尔顿的政府与企业之间的伙伴关系，即基于公共财政支持的内部改善，促进经济发展，以及保护产业的高关税和高补贴，无论产业是幼稚的，还是非幼稚的。历史学家小亚瑟·施莱辛格称克莱的政策为“再洗礼的联邦主义”。[31] 在他的新英格兰选区建立起制造业基地之后，丹尼尔·韦伯斯特也担当了汉密尔顿的角色，成为拥有政府保护权的北方资本家、银行家和实业家的发言人。

尽管出于财政和民族主义的原因，杰克逊在关税问题上存在矛盾心理，这种情况直到他第一届政府的后半任期，他最终支持削减关税，并且从未支持汉密尔顿-克莱保护性关税的理论。杰克逊的民主党人拥抱“平民”(Common Man)和劳工阶级，视他们为主要的选民，而银行家和实业家视为操纵者和牟取暴利者，他们试图利用政府从工人和农民的劳动中窃取钱财。按照施莱辛格的看法，杰克逊党人受到了亚当·斯密观点的启发，反对政府与商业结成联盟，这种联盟阻碍国家的经济增长，并加强对人民的剥削。例如，施莱辛格引用了杰克逊的追随者及其总统继承人马丁·范·布伦(Martin van Buren)的话，赞成斯密的理论，以确保工人阶级“充分享有他们的工业成果”：

> 交给他们自己决定，且不受部分法规、垄断、集聚财富和利益联合体的破坏性影响，劳动报酬将始终维持在友好关系的状态。仅当社会的自然秩序受到这些原因中的某个原因的干扰时，劳动工资才变得不足。[32]

1832年，杰克逊否决了延长美国银行特许经营权的草案，行使这一否决权是对杰克逊哲学思想的最好诠释，这肯定创造了当时年迈的麦迪逊退休时似曾相识的时刻。在阐述否决理由时，杰克逊说：

> 令人遗憾的是，富人和有权势的人经常使政府的行为屈从于他们自私的目的……在充分享受上天的礼物和优越的工业、经济和美德结出的果实时，每个人都有平等的权利受到法律保护；但

是，当法律试图对这些自然和公正的利益增加人为差别时……为了使富人更富有，使有权势的人更有势力，社会上卑微的成员——农场主、机械师和劳工——既没有时间也没有像特权那样的手段保护自己，他们有权抱怨政府的不公正。在政府中，没有必要的邪恶。仅仅因为权力滥用，才存在邪恶。如果政府自身限于平等保护，就像上天降雨那样，同样惠及高地与低地、富人与穷人，那将是一种无限制条件的福祉。呈现在我面前的这一行动，似乎出现了对这些公正原则的大幅度、不必要的偏离。[33]

在美国银行的支持者看来，这完全是煽动性的，是号召阶级斗争。美国银行行长尼古拉斯·比德尔(Nicholas Biddle)写信给银行特许草案的发起人亨利·克莱，指出，"这真的是一份无政府状态宣言书，可比拟马拉(Marat)或罗伯斯庇尔(Robespierre)向圣安东尼郊区的暴民发出的宣言书"。[34] 在参议院，丹尼尔·韦伯斯特指控道，"它显然影响了穷人与富人的对立。它无端地攻击整个人民阶级，目的是要把其他阶级的偏见和怨恨转向他们。这是一份国家文件，没有任何话题太令人兴奋，阐释和煽动也燃不起太大的热情"。[35] 可是，必须指出的是，韦伯斯特的主要选民来自受到杰克逊否决理由攻击的富人阶层。在1816年，韦伯斯特反对银行特许草案，但是，现在他臣服于美国银行，他的观点已经改变了。在杰克逊威胁要从美国银行提取所有政府存款期间，作为参议院财政委员会主席，韦伯斯特给比德尔写了一封私人信函，告诉他："我相信，我的聘用金没有像往常一样更新或刷新。如果希望我与银行的关系继续下去，最好给我寄来往常的聘用金。"[36] 他支持和反对自由贸易以及支持和反对国民银行似乎都遵循了类似的模式。正如施莱辛格所写到的："韦伯斯特为之奋斗，很大程度上是因为它是一个可靠的私人收入来源……除非有人为他准备了一个钱包，否则，他是不会带头的。"[37]

杰克逊的反对者以愚蠢的方式复制并散发了数千份他的否决理由的小册子，以破坏他的连任。杰克逊简单地用一个反问加以回应："是普通人的权利应受到尊重，还是富人再次统治这个国家？"[38] 正如人们所预料的，他的理由以压倒性的胜利使他赢得了支持。

相似地，杰克逊对贸易态度开始转向民粹主义方向，特别是在他的第二个任期内。杰克逊第一任期后期的关税改革政策，削减了1828年的"可憎关税"，并没有使南卡罗来纳州激进自由贸易支持者感到满意，而且使保护主义利益集团坚定地进入亨利·克莱的国民共和党(National Republicans)的反对阵营。一些制造商甚至威胁说，如果杰克逊在1832年赢得大选，他们将解雇工人。继1832—1833年的无效论危机之后，长达10年的关税问题得以解决，杰克逊的民主党人坚决站在低关税立场上，反对商业和制造业利益集团，这标志着在接下来一个半世纪里作为民主党的核心信条的自由贸易的开始。

1834年，反杰克逊的党派开始自称"辉格党"，并且为了控告杰克逊拥有假想的王权，他们戏称他为"安德鲁国王一世"(King Andrew I)。然而，除了对杰克逊有共同的敌意外，辉格党是一个奇怪的差异化集团，其中包括寻求政府伙伴关系的汉密尔顿的制造商和银行家以及南方贵族，他们感到杰克逊民粹主义的威胁，并且以南卡罗来纳州无效论者为例，他愿意对各州使用武力。南方的辉格党人包括那些希望得到保护、避免来自古巴竞争的糖料作物种植者，但是，这个群体也吸引了多年来疯狂的自由贸易者约翰·C. 卡尔霍恩，他之所以加入辉格党，仅仅是因为对杰克逊的强烈反感。辉格党还包括反共济会(Anti-Masons)、反移民本土主义者和反奴隶制团体。该党是如此多样化，以至于1840年本杰明·哈里森将军作为辉格党人竞选总统时，尼古拉斯·比德尔敦促哈里森的竞选管理者让他什么都不要说，也不做任何承诺，"让任何会议都无法从他那里提取到关于他现在的想法或将要做的事情的任何一句话"。[39] 通过效仿民主党尊重普通人的办法，哈里森和他的竞选伙伴——弗吉尼亚州的约翰·泰勒，成功地运作了"木屋和硬苹果酒"的竞选口号，即使两者都是贵族的遗产。

令人遗憾的是，对辉格党中的汉密尔顿派来说，克莱和韦伯斯特曾希望控制的年迈的哈里森自从在他极其寒冷的就职典礼上发表了长篇演讲之后不到一个月死于肺炎。他的继任者、反杰克逊派、亲卡尔霍恩种植园主派的副总统泰勒被证明在经济问题上更容易屈服。他否决了两项美国银行重新授权的草案和两项保护关税草案以及辉格党主导的国会已经通过的其他草案。随着他越来越趋向民主党的立场，他的大多数内阁成员辞职了。尽管他最终签署了保护主义者的1842年《关税法案》，该法案以微弱优势通过，使平均关税税率回到接近1832年的水平，但这是因为大萧条导致预算赤字，他是被迫这样做的。受到泰勒"可耻地欺骗和背叛"，1844年辉格党抛弃了他，并提名克莱第三次竞选总统，这也是他最后一次站在他的美式体制舞台上。[40]

民主党人提名的是田纳西州的杰克逊的追随者詹姆斯·K. 波尔克(James K. Polk)。在与克莱的竞选斗争中，波尔克赢得了微弱的胜利，这在一定程度上是由于团结民众，反对"金钱势力集团"，后者试图提高关税，并使国民银行回到过去的地位。将南方种植园主重新拉回到民主阵营的问题是得克萨斯州的并入问题，对于得克萨斯州的并入，波尔克公开支持，而北方的辉格党人则并不支持，因为他们担心这样会扩大奴隶制。现在，在最不关联的民主党内部的部分派系中，北部和西部集团不喜欢奴隶制，杰克逊式的民主和不关注奴隶制吸引了北部的小商人和工人，而支持奴隶制的南部种植园主不特别迷恋杰克逊式民主的民粹主义。让他们团结起来的是他们对低关税的渴望。

1846年，在强有力的自由贸易拥护者财政部部长罗伯特·沃克(Robert Walker)的影响下，波尔克能够实现他们的目标，从而将关税平均水平降低到26%。在提交给国会的报告中，沃克披露了杰克逊在民主党关税政策上的遗产，他对保护性关税提出了尖锐的批评：

> 只是从人民身上扣除如此多的钱，以增加受保护阶级的资源。为某些阶级立法违背了平等权利原则，与我们自由制度的精神背道而驰……可能会成为保护名义而非特权名义下的特权秩序的另一种形式，在这里，不是表现为等级或头衔，而是通过征税，从许多人身上榨取利润和红利，而利于少数人。[41]

1848年，在其向国会发表的联邦国家国情咨文中，波尔克就关税政策发表了一份明确的民主党宣言。这是对他称之为"误称的'美式体制'"的猛烈抨击，因为他宣称它实际上是一个模仿英国人的模式，“他们从千百万劳动人民的辛劳中获取财富”。辉格党领导人支持国民银行、保护性关税和内部改善。用波尔克的话说，通过促进“国内产业”并向“美国劳工”承诺更高工资的流行说辞和简单的观点“欺骗”了公众。美式体制的这些要素的真正效果是“对国家商业和贸易的自然过程设置人为限制，以牺牲广大人民的利益为代价，增加大资本家和垄断资本家的利益。对广大人民征税，以增加他们的财富”。他观察到，在1846 年《关税法案》降低关税的背景下，关税收入却增长了，超过了任何更高保护时期的关税收入，并且，制造业没有受到保护税率下降的损害。唯一效应是减轻了人民的税收负担，降低了向“受惠阶级”支付的过高价格。因此，按照波尔克的说法，美式体制的唯一目的是将美元“从人民的口袋转移到受惠阶级……建立财富贵族，控制社会大众，垄断国家的政治权力”。[42]

从 1828－1860 年，民主党受到杰弗逊和麦迪逊的激励，并且被杰克逊在工人阶级与汉密尔顿-克莱的政府商业伙伴关系的政治斗争中重组，此间，民主党仅输掉两次总统选举。在民主党输掉两次总统选举的情况下，辉格党之所以能够获胜，是因为采用了回避经济问题和提名众所周知的战争英雄的策略，1840 年本杰明·哈里森获胜，1848 年扎卡里·泰勒（Zachary Taylor）获胜。民主党在这一时期的选举胜利很大程度上依赖于他们对国民银行和保护性关税——克莱美式体制的关键要素和汉密尔顿遗产——的一贯反对。在 1856 年最后一次成功的竞选纲领中，民主党人宣称：“美国人民宣布自己支持自由海洋和全世界逐步实现自由贸易的时代到来了。”[43] 事实上，1857 年，在接下来的 24 年中任职的最后一届民主党政府再次降低关税，使之达到了 20％的平均水平，这接近19 世纪美国达到自由贸易的水平，并且是接下来一个世纪大部分时间的最低关税水平。

注释：

1. Robert J. Walker, Report from the Secretary of the Treasury, December 8, 1845, Taussig, *State Papers and Speeches on the Tariff*, 227.

2. Ellis, *American Creation*, 170.

3. Ibid., 175.
4. Lin-Manuel Miranda, *Hamilton*, Act II, Scene 8; the play is based on Chernow, *Alexander Hamilton*.
5. Witcover, *Party of the People: A History of the Democrats*, 120.
6. Brant, *The Fourth President: A Life of James Madison*, 597.
7. Andrew Jackson to William Lewis, February 14, 1825, Bassett, *Correspondence of Andrew Jackson*, vol. 3, 276, quoted in Brands, *Andrew Jackson*, 388.
8. Remini, *John Quincy Adams*, 113.
9. *Papers of John C. Calhoun*, vol. 10, 480.
10. Ibid., 531.
11. Brands, 434.
12. 6 Reg. Deb. 50 (1830).
13. 6 Reg. Deb. 69 (1830).
14. 6 Reg. Deb. 49 (1830).
15. Adams, *Memoirs*, vol. 10, 43; Remini, *Daniel Webster*, 298.
16. 6 Reg. Deb. 80 (1830).
17. Brands, 445–446; Bartlett, *John C. Calhoun*, 168.
18. Bartlett, 182.
19. Gallatin, "Memorial of the Committee of the Free Trade Convention," Taussig, *State Papers and Speeches on the Tariff*, 108.
20. 8 Reg. Deb. 267 (1832).
21. *Memoirs of John Quincy Adams*, ed. Charles Francis Adams, vol. 8, 446.
22. Brands, 475.
23. Ibid., 477.
24. Bartlett, 192–193.
25. 9 Reg. Deb. 539 (1833).
26. 9 Reg. Deb. 587 (1833).
27. Bartlett, 381.
28. Ibid., 384.
29. 9 Reg. Deb. 741 (1832).
30. Bartlett, 84.
31. Schlesinger, *Age of Jackson*, 12.
32. Ibid., 316.
33. Jackson, Bank Veto Message, July 10, 1832, Schlesinger, *History of U.S. Political Parties*, vol. 1, 543.
34. Biddle to Henry Clay, August 1, 1832, in *The Correspondence of Nicholas Biddle Dealing with National Affairs*, ed. Reginald McGrane (Boston: Houghton Mifflin, 1919), 196.
35. 8 Reg. Deb. 1240 (1833).
36. Webster to Nicholas Biddle, December 21, 1833, in Nicholas Biddle, *The Correspondence of Nicholas Biddle Dealing with National Affairs*, 218, quoted in Schlesinger, *The Age of Jackson*, 84.
37. Schlesinger, *The Age of Jackson*, 84.
38. Cohn, *The Fabulous Democrats*, 40.
39. Ibid., 51.
40. Baxter, *Henry Clay and the American System*, 181.
41. Cong. Globe, 29th Cong., 1st Sess. 1022 (1846).
42. Cong. Globe, 30th Cong., 2d Sess. 9 (1848).
43. Johnson and Porter, *National Party Platforms*, 26.

第 3 章

南北战争与强盗大亨

我们扫除了奴隶制，并替代了保护。[1]

——马克·吐温

尽管付出一生的努力，亨利·克莱试图赢得全国实现其贸易保护主义的美式体制，但是，到 1852 年他去世时，似乎彻底失败了。尽管克莱培养了一代政治学信徒，并成功地将关税提高到非常高的水平，从 1816—1832 年关税逐渐提高，并且 1842 年后再次短暂提高，但是，他的政敌安德鲁·杰克逊的继承人似乎赢得了哲学辩论和政治战争。从 19 世纪 40 年代中期开始，关税开始稳步下降，几乎没有或根本没有反对意见，非常像同时发生在英国的情况。1854 年，民主党政府总统富兰克林·皮尔斯(Franklin Pierce)与英国签订了一项互惠条约，废除了加拿大殖民地与美国之间流通的各种商业产品的关税，这是在北部边境迈向自由贸易的第一步。条约签订后不久，国会便批准并实施该条约，这证明了贸易保护主义作为一种政治力量几乎已经消亡。

同样，克莱经济发展美式体制的另一个支柱的支持力量——政府资助的“内部改善”——也与亚历山大·汉密尔顿的美国银行的复兴希望一道瓦解了。美国银行问题是1832年的选举中杰克逊和克莱斗争的焦点，近20年来美国银行一直没有特许经营权。甚至在克莱去世的那一年，他的政党（即辉格党）也几乎解散了。

然而，令人震惊的时代在前头，对于民主党人来说，他们期待着自由贸易的未来能够一帆风顺，政府行动不会受到金融家和制造商利益集团的阻碍。10年之内，奴隶问题震撼爆发，彻底改变了辉格党和杰克逊民主党的两党制，20年来，这两个政党主要是由人格和贸易政治控制。汉密尔顿和克莱的贸易保护主义遗产很快就会以报复的态势卷土重来。

奴隶制问题使贸易政治问题黯然失色

自美国成立以来，尽管主要是地区性问题，但奴隶制问题一直是一个分裂性的问题。关于这一问题的观点，以不同的道德、政治和经济动机为特点，然而，时不时的妥协掩盖了掩藏在党派分歧外表之下的关于奴隶制的争论。首先，这种妥协被写入宪法，其中，一个有争议的条款是，在国会分配席位时，一个奴隶仅算五分之三个人，还有一条规定保护持续20年的奴隶贸易。后来，1820年《密苏里妥协案》(Missouri Compromise)和1850年的妥协案——二者都主要由亨利·克莱提出——解决了威胁联邦的危机，其方式为通过购买在路易斯安那州和墨西哥战争中获得的新疆域中限制奴隶制，并保护奴隶主的“财产”权利，使之不受逃亡到自由各州的奴隶的侵害。

1854年，《堪萨斯-内布拉斯加州法案》(Kansas-Nebraska Act)将奴隶制问题分开解决，取消了对北部地区新奴隶制州的限制，并基于“人民主权论”(popular sovereignty)，将奴隶制问题交给定居者决定。这激起了整个北方的愤怒，谴责《堪萨斯-内布拉斯加州法案》的发起者是一个不圣洁的、希望扩大奴隶制的南部民主党人与北方民主党人中的政治机会主义者的联盟，其中包括伊利诺伊州最著名的参议员史蒂芬·道格拉斯。这个事件造成的风暴彻底改变了美国各政党的选民，时间长达几十年。

在1852年的总统选举中，辉格党参选人、美墨战争英雄温尔德·斯科特(Winfield Scott)惨败后，辉格党作为一个具有行动力的政党逐渐分崩离析。在结束"特殊制度"仅限于南方的严肃讨价还价，并指责"拥护奴隶制度派"表现出的恶意过程中，反奴隶制的辉格党、北方民主党人，反扩大奴隶制度人士和废奴主义者于1854年在威斯康星州和密歇根州集会，组成了一个新的政党，自称继托马斯·杰弗逊的原民主-共和党人之后的共和党人。此外，还有第三个政党，即"一无所知党"(Know-Nothings)或"美国党"(American Party)，它是19世纪40年代反移民和反天主教运动的产物。最初，这是一个秘密指令，当被问及他们的活动时，成员们就回答说："我一无所知。"

尽管《堪萨斯-内布拉斯加州法案》的冲击余波严重削弱了民主党，但是在1856年的选举中，他们紧密团结，取得了胜利。该党在当年的民主党大会上提名詹姆斯·布坎南(James Buchanan)，而将时任总统富兰克林·皮尔斯和参议员史蒂芬·道格拉斯置之不理，因为他们参与支持法案的通过。作为皮尔斯的驻英国大臣，布坎南身在伦敦，从而逃避了争议，他以45%的公众票的得票率赢得了普选，共和党人约翰·弗雷蒙特(John Fremont)的得票率是33%，代表"一无所知党"的前总统米勒德·菲尔莫尔(Millard Fillmore)的得票率是22%。

在接下来的4年里，关于奴隶制问题的新战火爆发了，从而破坏了将民主党团结在一起的微妙联盟。首先是在德雷德·斯科特(Dred Scott)案件中，具有里程碑意义的、1857年最高法院的判决。一个奴隶提出了自由的诉求，因为按照《密苏里妥协案》，他已经被带到了禁止奴隶制的地区。当时，最高法院的大多数法官来自保持奴隶制的各州，他们拒绝了这一诉求，认为黑人不是宪法规定的公民，因此，不能在联邦法院提起诉讼——对此持怀疑态度的分析认为，在最初的13个州中，获得自由的奴隶在4个州拥有投票权。此外，最高法院追加一项毫无根据的裁决，即1820年《密苏里妥协案》是违宪的，因为根据宪法修正案,它在没有正当法律程序的情况下剥夺了奴隶主的财产。这一决定在整个北方激起了强烈的抗议,声称最高法院已经听从于拥护奴隶制度派,这进一步增强了共和党人的力量,而分裂了民主党人。

就在那年的晚些时候,布坎南总统与国会中的南方支持者站在一起,南方支持者试图迫使投票承认堪萨斯州作为拥有饱受争议的支持奴隶制的宪法的州,但是没有取得成功,这进一步加剧了导致分裂的奴隶制问题。在这个地区,宪法是由奴隶主余党大会起草的,没有得到人民投票的批准。布坎南的行动使他与许多民主党人发生了激烈的冲突,包括与史蒂芬·道格拉斯的冲突,他公开反对布坎南违反人民主权原则。

约翰·布朗(John Brown)在1859年突袭了弗吉尼亚州哈珀斯·费里(Harpers Ferry)的联邦军火库,其动机是为了激起南方的奴隶起义,此举对国家民主党的凝聚力造成了致命的打击。突袭事件发生后,布朗被吊死,事件平息,但是这使他在北方同情者中成为殉道者,而他大胆的攻击,即使不是疯狂的,也加剧了南方保守派对激进废奴主义者的恐惧。早在10年前,哈丽雅特·比彻·斯托(Harriet Beecher Stowe)的《汤姆叔叔的小屋》(*Uncle Tom's Cabin*)一书的出版引发的大众观点中的全国性分野现在几乎已经彻底形成了。

与此同时,关于贸易政治方面,1857年后期的经济恐慌立即结束了在华盛顿的(美国联邦政府)的暂时被动。在经历了10年的繁荣之后,纽约股市急剧下跌,整个东北地区突然陷入了严重的萧条,通货紧缩,物价下降,失业率上升到危机水平。在10年的扩张(包括加州淘金热时期)之后,投机泡沫的破灭、狂热的土地投机,以及在金融市场上草率的投资和信贷决策,注定导致恐慌。然而,北方的工业利益集团指责1857年《关税法案》将关税降至1816年以来的最低水平。突然面临欧洲进口产品竞争的北方制造商与鼓吹低关税以及拥有高价的棉花和廉价的奴隶劳动力的南方变得明显敌对起来。事实上,法案通过时,几乎没有党派或地方的反对意见。由于当时财政盈余充裕,国会一致认为需要削减财政收入,只有宾夕法尼亚州的代表对削减关税提出了保护主义的反对意见。[2] 无论如何,许多北方民主党人无疑受到奴隶制辩论中产生的情绪的影响,现在他们有了放弃旧的、南方主导的政党的一个新理由,在保护主义的共和党人中找到新家园。[3]

在其成立第四个年头,共和党怀着很高的期望走向 1858 年的国会选举,结果并没有令人失望。除了反对在新设立的州实行奴隶制,在经济恐慌的顶峰,共和党候选人在一个有效平台上竞选,即主张保护性关税、主张自由的宅基地以鼓励西部定居,以及主张内部改善。这个新政党在工业中心地带的宾夕法尼亚州、俄亥俄州、纽约州和印第安纳州取得了重大胜利,并第一次赢得了众议院的多数控制权。虽然参议院依然在民主党控制下,但是,该党已经深度分裂。全国公开的林肯-道格拉斯辩论,核心重在奴隶制问题,凸显了参议院的选举结果。虽然民主党人史蒂芬·道格拉斯以微弱的优势赢得了连选连任,但是,辩论使他的全国吸引力蒙上了阴影,并让共和党人亚伯拉罕·林肯(Abraham Lincoln)一举成名,并凸显了国家分裂的问题。

1860 年 4 月,民主党在南卡罗来纳州查尔斯顿集会推选总统候选人时,维持奴隶制的狂热情感持续到了高潮。当大会否决了新的地区维持奴隶制的南方建议时,绝大多数从南部腹地来的代表走出了会场,于是,民主党分离成为北方派和南方派,每一派提名自己的总统候选人,北方派提名史蒂芬·道格拉斯,南方派提名肯塔基州的约翰·C. 布雷肯里奇(John C. Breckinridge)。然而,重要的是,尽管民主党的地方派系对奴隶制问题持有不同的观点,但是,他们都支持 1856 年自由贸易的经济纲领。杰克逊民主党的这个纲领在关于奴隶制问题的地方大分裂中得以幸存。

形成鲜明对照的是,共和党采用了亨利·克莱辉格党的经济政策。在 1860 年 5 月大会纲领中,共和党人承诺调整进口关税,“鼓励全国实业发展”,“增加联邦经费,建设横贯大陆的铁路和河道以及港口,以适应商业发展”。[4] 通过重申亚历山大·汉密尔顿的商业和政府的伙伴关系,寻求政府“帮助之手”的制造商成为共和党关键的选民。

增加混乱并确保没有候选人能赢得绝大多数选民的因素源自第四集团。由死硬的辉格党人、温和的南方人、前“一无所知党”人以及激进的共和党人组成了第四集团，组建了宪法联盟党（Constitutional Union Party）。他们的目标是不惜一切代价维护“联邦”，本质上忽视了分裂国家的原则冲突。这个党派提名田纳西州的参议员约翰·贝尔（John Bell）为总统候选人，强烈反对《堪萨斯-内布拉斯加法案》以及堪萨斯州主张奴隶制宪法的草案。他们的运动只在边境各州具有吸引力，这些州分裂势力影响力最大。

当计票结果最终出来时，共和党提名人亚伯拉罕·林肯以 180 票对 123 票的优势赢得了北部和西部各州的选票。然而，与三位对手的加总票数相比，他失去了近 100 万票的公众投票。两位民主党候选人的总票数超过了林肯的得票，林肯的得票率略低于 40％，约为 222.7 万票对 186.6 万票，这还没有计算控制南部各州的宪法联盟党的 58.9 万票。[5] 不需要现代选后民调的帮助，这些数字表明，在内战爆发时大多数选民赞成民主党的贸易立场。然而，新的共和党政府预示着美国贸易保护的新开端。

林肯：一名心不在焉的保护主义者

亚伯拉罕·林肯，一直遵从辉格党的根本原则，长期以来是保护性关税的支持者，但是，从未真正鼓吹过保护性关税。多年来，林肯依赖几个来源掌握了贸易政策经济学，其中，最突出的是保守派经济学家亨利·C. 凯里的著作，他视自由贸易为英国阻止美国工业化的计划。林肯寻求简单而不是理论上的解释，从而拉近了与他的政治听众的距离。尽管林肯是一位杰出的律师和有说服力的演说家，但是，他关于贸易政策的演讲和著作尽可能做到了浅显易懂。传记作家大卫·赫伯特·唐纳德（David Herbert Donald）认为，林肯在 1843—1844 年发表的关于关税问题的早期演讲具有“让人困惑和蛊惑人心”的特点。例如，林肯声称，保护性关税不会对普通人有任何影响，因为，关税只会从那些希望“穿着英国斗篷……和裤子而昂首阔步”的富人那里征收。与直觉相反的是，他认为高关税使商品更便宜。当时的一名记者报道说，林肯无法解释为什么关税降低了价格，林肯只是简单地说“就是这样的”。[6]

当选为众议员之后与在 1847 年 12 月就任总统之前，林肯准备了几页与波尔克总统治下通过的 1846 年《沃克关税法案》(Walker Tariff Act)背景下降低关税有关的笔记，用于有关贸易问题的演讲。其中，使用了涉及农场主、制造商甚至万能神的类比，他试图表明国际贸易所需的运输成本如何增加了"无效劳动"，而这些无效劳动将被保护性关税消除，由此试图解释，对消费者来说，为什么保护制度能够让价格更低。[7] 历史学家 G. S. 鲍里特(G. S. Boritt)观察到，"应该很清楚，林肯并不是一个关于政治经济学主题的系统性思考者，他只了解当时起作用的经济力量的大致情况"。[8]

也许从林肯作为一名西部辉格党政治家的背景，才能最好地理解他的经济观点。像克莱一样，他也是联邦政府资金支持内部改进的强有力的支持者，比如改善运河和铁路，将西部农产品运送到东部市场。在南北战争前，西部几乎没有什么制造业需要保护，因此，西部辉格党赞成高关税，为这样的内部改善埋单，为他们的选区带来经济发展。相反，杰克逊的民主党人认为，为这些目的而进行的联邦拨款仅仅是增加了公共负担，而有利于有限的特殊利益集团。在 1848 年林肯在国会的任期内，杰克逊的追随者詹姆斯 · K. 波尔克总统否决了两项主张政府支持的改善草案。在关于这个问题的一次演讲中，林肯承认，内部改善的好处可能不会被平等地分配，但是，他提出了一个全面的、模糊的理由，即这些方面的改善将使整个国家"进入繁荣的发展道路，这将与其领土范围、自然资源以及人民的智慧和事业心相一致"。[9]

12 年后，当他被提名为总统时，当奴隶制问题正把全国推向分裂的边缘时，林肯并不急于强迫国会通过一项新的关税草案来制造更多的政治冲突。最近加入共和党的许多人，特别是那些主要因为奴隶制问题或来自非保护主义地区的民主党人，并不希望看到一个由保护主义主导的政治舞台。例如，林肯对财政部部长的选择是萨蒙 · P. 蔡斯(Salmon P. Chase)，他原为自由贸易民主党人，也是林肯在共和党总统候选提名人的竞争对手之一。在 1860 年 5 月的共和党大会期间，林肯试图淡化这个问题。在写给一名询问关税问题的公众立场的记者的信中，林肯说：

在亨利·克莱的时代,我是亨利·克莱关税主张的赞成者;在这个问题上,我的观点没有发生实质性的变化。我现在认为,在《芝加哥公约》(Chicago Convention)中,关税问题不应该被激化;但是,所有人都应该对总统候选人感到满意,因为总统候选人的先驱者们确保他既不会寻求强制执行关税法,也不会通过否决或其他方式阻止一个合理的法案……我真的不反对公开发表这些观点;但我不想现在就任何问题向公众发表任何意见。[10]

1861 年 2 月 15 日,在乘火车奔赴华盛顿就任总统之前,在传统的保护主义基地匹兹堡的一次演讲中,当选总统林肯表达了不愿意挑起贸易问题的类似态度。在讲了分裂危机之后,他给出了关于保守主义关税的共和党的标准论点,指出关税有利于机械师、制造商和农场主。然而,以他特有的谦逊态度告诉听众,他不是关税专家,他说:"对这个问题,特别是细节问题,我绝没有做出一个完全成熟的判断;一些一般性的想法是关于总体的。"他说,他将建议国会做出关税调整,使之公正并对美国的所有地区和阶级都是平等的。[11]

共和党的国会与高关税的回归

然而,国会中已经开始没有他了。甚至在林肯被提名之前,当时在共和党控制下的 1860 年的众议院,通过了佛蒙特州众议员贾斯汀·S. 莫里尔(Justin S. Morrill)起草的一项草案,主张将关税提高到 1846 年前的保护性关税水平。该草案的发起人抓住时机,权力到手便马上带头发起贸易问题辩论,希望在即将到来的选举之前,巩固对宾夕法尼亚州共和党和北方其他保护主义堡垒的支持。草案以可想而知的速度在众议院通过了,但是,在南部民主党控制下的参议院拒绝接受它。

林肯当选总统后,形势发生了巨大变化,1861 年 2 月 7 个南部的州与 14 名主张自由贸易的参议员脱离联邦。事实上,《莫里尔草案》(Morrill Bill)成为其脱离联邦中的一个因素,因为,它被视为北方恶意反对南方利益的证据。在佐治亚州的一次脱离联邦辩论中，参议员罗伯特·A. 托姆斯(Robert A. Toombs)谴责道，“声名狼藉的《莫里尔草案》”是“不废除奴隶制的保护主义者”和“主张自由贸易的废奴主义者”组成的北方联盟的产物。“抢劫犯和纵火犯动手了，”托姆斯厉声道，“并联合起来对南方发动突袭。”[12]

随着大多数南方参议员的退出，共和党人控制了参议院，并以25票对14票通过了该草案，仅有一名宾夕法尼亚州的民主党参议员投了赞成票。詹姆斯·布坎南总统于3月2日签署了1861年《莫里尔关税法案》(Morril Tariff Act)，这是其任期结束和林肯就职前两天出台的一项法案。尽管布坎南是在“推进全球自由贸易”的舞台上当选总统的民主党人，但他也是一个宾夕法尼亚州人，在其政治生涯结束时，回到了保护主义的土地上。

六周之内，对萨姆特堡(Fort Sumter)的袭击将标志着南北战争的爆发，在接下来的四年里，这场战争的巨大资金需求为联邦金融体系带来了革命性的变化。由于战争产生了巨大的国家债务，国会创建了国民银行系统、国家货币，以及一个庞大的、综合性的、包括所得税和消费税在内的国内税收计划。

在具有重大变化的复杂环境中，关税承受着不断上升的压力。在整个战争期间，当国会召开会议讨论时，一些进口商品的关税几乎每月都在增加。在对1862年《关税法案》的审议中，众议员莫里尔和其他支持者认为，关税税率需要再次提高，以抵补对国内生产商征收的国内消费税，使其与外国进口商处于平等地位。两年后的1864年《关税法案》两周内在国会两院得以通过，几乎没有任何辩论，莫里尔将平均关税提高到47%，这是自《可憎关税法案》以来最高的水平。这样，共和党的领导层以新的激情复活了亚历山大·汉密尔顿的传统，并在没有任何反对的情况下实现了亨利·克莱的“美式体制”。

19世纪杰出的经济史学家弗兰克·W. 陶西格(Frank W. Taussig)指出，在这一时期关税爆炸性增长的三个原因是：(1)军事需求的紧迫性；(2)平衡向国内生产商征收新的国内税的愿望；(3)在此期间，制定和管理金融立法的保护主义倾向。

首先，萨姆特堡受到攻击之后，需要紧急召集武装力量，而早期联邦在战场上的损失需要获得新的收入来源。起初，许多人认为《莫里尔草案》是错误的，当新的邦联政府基于其自由贸易纲领寻求欧洲贸易和道德支持时，他们要求废除该草案。相比之下，《莫里尔草案》正在对北方贸易产生毁灭性的影响，并引起与欧洲列强的对立。然而，由于战争的爆发和对新收入的需求，尽管国家保护主义者的情绪依然处于低潮，但是，人们的情绪迅速发生了变化。财政部部长萨蒙·蔡斯在加入共和党之前一直是主张自由贸易的民主党人，加入共和党仅仅是因为它的反奴隶制纲领。他在战争伊始和从《莫里尔草案》获得的收入增加时进入国会。甚至一直编辑发表赞成自由贸易、反对《莫里尔草案》的文章的纽约《晚邮报》(*Evening Post*)，过去称《莫里尔草案》为"草案的过失"和"时代的错误"，现在转而支持日益增加的关税："战争是一个例外状态，需要特别的措施……我们准备支持当前的关税水平，如果国家处于和平状态，我们就应当加以反对。"[13]

其次，对国内制造业征收的沉重的新税造成了与进口商品竞争的负担。对工业制成品征收5%的一般消费税常常在每一个新的生产阶段重复征收，因此，工业制成品征收的税率通常在8%～15%。国会还对每个贸易部门的运输、保险、电报和执照费用增加了消费税，更不用说5%的所得税和对超过10 000美元的收入征收10%的所得税了。增加关税以平衡向国内制造商征收的国内税收，实现公平，与增加税收以资助战争的必要性同样明显。唯一的问题是，达到公平和满足需求的准确金额是多少？

最后，最重要的是，贸易保护主义立法者撰写和管理的战争关税草案使南北战争时期的关税税率达到了顶峰，同时，让商业机会主义者和战争获利者得到好处。按照陶西格的说法，新的共和党领导人愿意以"任何人勇于建议的每一项最高关税率条款"提高关税。[14] 第一任共和党筹款委员会主席是俄亥俄州的约翰·T. 谢尔曼(John T. Sherman)，威廉·T. 谢尔曼(William T. Sherman)少将的兄弟，其政治生涯建立在保护美国工业利益和强烈反对民主党的基础上。在他的领导下，委员会指示新英格兰保护主义者贾斯汀·莫里尔，一旦共和党人控制了国会，就开始新的关税立法。1861年，当《莫里尔草案》在参议院最终通过时,一大群国内的保护主义利益集团也理解了这项草案,并疯狂地附上一个接一个修正案,这甚至让莫里尔震惊了。[15]

然而,谢尔曼筹款委员会的接班人、宾夕法尼亚州的萨迪厄斯·史蒂文斯(Thaddeus Stevens)却在南北战争期间成为国会保护主义领袖中的主要人物。史蒂文斯最让人印象深刻的是,他是一名狂热的激进共和党人,同时也是林肯派的“眼中钉”。1865年林肯遇刺后,史蒂文斯是南方惩罚性的重建措施和弹劾安德鲁·约翰逊(Andrew Johnson)总统的坚定支持者。作为这段时期最有权势的众议员,他是一个无情的独裁者,并以口才和尖刻、讽刺机智著称。在贸易保护方面,他没有对手,也没有给温和派任何机会。调查记者艾达·米内瓦·塔贝尔(Ida Minerva Tarbell)在她1911年出版的《我们时代的关税》(*The Tariff in Our Times*)一书中调查了这一时期,据她说:

> 对他而言,关税从来都不算太高,特别是对铁的关税,因为他既是一个铁器制造商,又是一名律师。在宾夕法尼亚州,人们常常说,他所倡导的关税决不代表该州大钢铁利益集团,而被上升到满足他自己的小规模又管理不善的工厂的需要。[16]

公正地说,史蒂文斯的保护主义远远超出了他作为一个钢铁制造商的个人利益,无论如何,1863年他的生意被毁掉了。在南部,因他在国会中所有恶意的反南言论而被深恶痛绝,以至于在葛底斯堡战役(Battle of Gettysburg)之前,当南部军队侵入宾夕法尼亚州时,南部邦联的朱巴尔(Jubal)少将很早就下令火烧史蒂文斯的钢铁厂,使之夷为平地。像史蒂文斯身上体现的利益冲突在19世纪的国会中很普遍,几乎没有道德标准或规则来限制他们对立法的影响。在这一时期,关税爆炸式地增加到新的高度的主要原因是,那些负有责任的人们倾向于批准国内生产商要求的几乎任何关税提高幅度。

除了国内制造商寻求用新的关税保护他们的利益外,还有战争逐利者中的走私者和腐败的进口商,他们寻求更高的关税与制度博弈。长期以来,走私者利用边境的漏洞和无能以及腐败的海关官员,不付关税或少付关税,就可以进口货物。他们鼓励国会通过更高的关税法案,仅仅是为了提高他们走私产品的价格和所得。除了走私者，一些合法的进口商还找到了从新关税中获利的其他途径。他们会提前进口大量免税或低关税的产品，将其储存在仓库中，然后游说国会出台新的或更高的关税，以增加事先放在其仓库中的进口货物的价值和价格。

战争的应急需求导致南北战争期间关税的迅速提高，但是，按照陶西格的说法，国会的赞助者也受到了不那么令人赞赏的动机的鼓舞。注意到这场战争"对我们的国民生活产生了振奋人心和意义深远的影响"，陶西格对战争"影响金钱利益集团的所有立法"的"道德败坏"效应表示悲哀：

> 公共责任和私人利益之间的界限常常被立法者忽视了。那些通过立法而受益的人敦促和促成了立法变化，从而获得了巨大的财富；而国家悲哀地看到，公职人员的荣誉和诚实依然保持纯洁……1864年《关税法案》确立的保护性关税比我国历史上任何一项关税法案都更为极端；它包含了明目张胆的权力滥用，其形式是关税，其主要目的是将钱装进私人口袋。[17]

战后特殊利益集团保护主义的牢固确立

在战前第一次《莫里尔草案》通过之后，所有的关税税率提高都被解释为"暂时"或临时关税，是为战争提供资金以及补偿向国内生产商征收的国内消费税所必需的。正因如此，当南部邦联投降时，28亿美元的战争债务得到偿还后，华盛顿的许多人预计战时收入措施将被取消。在罗伯特·E. 李(Robert E. Lee)和尤利西斯 . S. 格兰特(Ulysses S. Grant)在阿波马托克斯(Appomattox)会面以结束战争前一个月，林肯总统任命支持其财政政策的新英格兰知识分子大卫·A. 威尔斯(David A. Wells)领导一个国家税收委员会，负责改革战后税收制度。1866年，威尔斯委员会建议立法，降低国内税，并改革关税。大幅度降低国内税的草案通过了，年中总统安德鲁·约翰逊签署了该草案，使之成为法律。然而，关于关税改革的讨论，立即引起了强烈的反对。事实上，要求更多保护的呼声淹没了仅仅维持现有保护主义水平的要求。

尽管后来他转向了自由贸易理论，但是，当林肯第一次任命时，大卫·威尔斯还是一名保护主义者，并且他提出的关税改变很难称得上是改革。他只是建议降低原材料的税率，这将有助于美国制造商，而绝大多数制成品的关税税率没有变化，或只是稍微降低一点。实际上，威尔斯提议的立法提高了进口敏感产品的税率，比如，羊毛和羊毛制品、铜、铁、钢轨和许多消费品。这最终保持了1864年《关税法案》规定的47%的平均关税水平。然而，寻求对钢铁征收更高关税的萨迪厄斯·史蒂文斯在阻止其通过方面起到了作用，史蒂文斯观察道："我始终把该草案视为自由贸易草案。"[18] 虽然失败对那些寻求适度关税改革的人来说是一个挫折，但是，它并没有阻止那些操纵这项草案为增加保护工具的人们。

羊毛和羊毛制品利益集团提供了一个说明性方案。在南北战争前的一个时期，在关税问题上，养羊者和羊毛制品生产商之间具有明显的分歧。绵羊农场主为他们的产品争取高水平的保护性关税，而主要位于新英格兰的羊毛制品生产商一直在为了对羊毛原材料免除关税而四处游说。事实上，羊毛制品制造商在1857年《关税法案》中花了很多钱，为的是取消羊毛关税，以至于制造了一个导致国会调查的丑闻。然而，战争经济的获利条件中止了养羊者和制造商之间的冲突，因为军队制服的迫切和大量需求，加上南方棉花生产的停止和不存在战时进口竞争，二者都兴旺发达了。随着战争的结束，加之外国进口和棉花作为一种有竞争力的织物的重新出现，对这两个生产者来说，羊毛市场开始走弱，国内羊毛和羊毛制品失去了战时的垄断地位。

1864年，在精明而老练的说客约翰·L. 海耶斯(John L. Hayes)的领导下，毛纺行业组织了全国羊毛制造商协会(National Association of Wool Manufacturers)，这是华盛顿最早成立的贸易协会之一。海耶斯很快便意识到，如果同时为其成员寻求免税进口原毛，大幅度提高关税，排斥国外竞争的协会目标就无法实现。国内羊毛生产者拥有自己的政治权力基础，其中心在俄亥俄州，并涉及其他关键州，如密歇根州、纽约州和宾夕法尼亚州。如果海耶斯过度要求免税进口羊毛,支持养羊人的立法者将阻止他获得对羊毛制品的关税保护壁垒。1865年12月,海耶斯召集了一个由羊毛制造商和一群羊毛生产者共同参加的会议,达成了一个能够同时满足双方利益的明确协议。谈判代表同意一项新的立法方案,该方案将提高进口原毛的关税,以保护羊毛生产者,但通过对等比例增加进口毛纺产品的关税来补偿羊毛制造商。

约翰·海耶斯向协会成员解释说,协议将使制造商"处于与免税羊毛相同的境况;并且……在国家立法中,确立尊重羊毛利益集团整体利益的一项真正的美国政策"。[19] 海耶斯抓住第一次实施该协议的机会,将主要是他自己拟定的方案纳入了大卫·威尔斯于1866年提出的综合关税草案。尽管萨迪厄斯·史蒂文斯阻止了威尔斯的综合关税草案,然而,约翰·海耶斯巧妙地游说国会独立采取羊毛保护方案,并通过了1867年《羊毛和羊毛制品法案》(Wool and Woolens Act)。

在约翰·海耶斯的羊毛利益集团获得成功之后的一段时期,其他行业的巨头们也采取了同样的策略来满足他们自己的特殊利益。1868年,在苏必利尔湖(Lake Superior)周边发展起来的铜产业主们因来自智利和古巴的进口而面临价格竞争。他们要求其在国会的有权势的朋友将铜进口关税设定在禁止性的高水平。尽管新的关税税率肯定会破坏与智利和古巴的航运贸易,导致依赖进口矿石的、发展中的美国铜冶炼企业倒闭,并损害依赖廉价铜供应的企业,国会还是以压倒性多数票通过了1869年《铜法案》(Copper Act)。安德鲁·约翰逊总统否决了该法案,但是,这位极不受欢迎的行政长官在一年前仅以参议院的一票之差幸免于弹劾,他很容易被通过超过所需三分之二的票数而被罢免。在他的长篇否决信——大卫·威尔斯所写——中,此时约翰逊总统已经厌恶过度扩张的保护主义者,约翰逊总统说话的方式就像是一个杰克逊通灵了亚当·斯密:

> 它对已经负担过重的人征收额外的税,而垄断滋长了,公司富足了,这些人不应该更加贫困…… 追求某一个利益集团的福利,而以此为代价并牺牲多数及不同利益集团的利益,这样的立法既不

明智也不公正,不同利益集团的利益至少同样重要,同样值得国会关注。[20]

随着新的保护性关税的实施,铜公司串通起来,提高国内价格,使之远远高于国际市场价格,同时以较低的价格将过剩的铜产品大量倾销到国外市场。在陶西格的评论中可见,《铜法案》提高了矿主的利润,“因此,在数年中,本国大量的自然资源既不丰富又不廉价,取而代之的是减少供应和高价”。[21]

战后提高到贸易保护主义水平的其他众多关税中,最滥用权力的例子就是对待钢轨和镍。就钢轨而言,1870 年国会改变了关税,将从价税 45%改为基于重量的特殊关税,从量税达到每吨 28 美元。由于当时钢铁工业新技术带来的新效率——特别是贝塞麦炼钢法(Bessemer process)的发展导致 1870 年后钢铁价格大幅下降,这种变化令人震惊。贝塞麦炼钢法于 1855 年在英国获得专利,它第一个提供了低成本、高效率地熔融生铁、大量生产钢、降低成本和扩大生产规模的方法。结果,英国的钢轨价格从 1870 年的每吨 50 美元下降到 1877 年的每吨 28 美元,这使得特殊关税等于每吨钢轨的成本。如果说采用 1870 年以前 45%的从价税税率,关税就已经很高了,但是,每吨也只有 12.60 美元的关税。由于一些美国钢铁公司自己获得了贝塞麦炼钢法专利权,并且能够以与英国钢铁公司相同的成本生产钢轨,因此,基于关税,他们能够将 100%的溢价收于囊中。在 19 世纪 70 年代末铁路物资需求旺盛的时期,在铁路线爆炸性增长的时期,这些国内生产商像土匪一样,或者更恰当地说,像强盗男爵,直到需求量最终急剧下降。

这些钢铁生产的强盗男爵中的一员——常常被激进媒体称为“强盗关税男爵”——是安德鲁·卡内基(Andrew Carnegie),他对这个贬义称谓感到尴尬,他更愿意认为在国家建设中自己是政府的一个伙伴。在政治漫画中,他经常被描绘成穿着肥猫服登上国会大厦的台阶,寻求对“幼稚企业”的保护,或者从受他保护的产业拿来标有“个人利益”的大钱袋,交给著名的保护主义共和党政客。当然,卡内基的财富不只是来自贸易保护。在高效率、大规模生产钢轨和制造流程的垂直一体化方面,他都是杰出的创新者,更不用说,在国内市场上,他是一名精明而无情的竞争对手。1901 年,卡内基把他的钢铁集团卖给了金融家约翰·皮尔庞特·摩根(John Pierpont Morgan),后者成立了美国钢铁公司(United States Steel Corporation),而卡内基则成为仅次于约翰·D. 洛克菲勒(John D. Rockefeller)的最富有的人。然而,直到完全退休后,他才放弃了为保护主义辩护。

镍所获得的待遇说明了一个有影响力的人如何能够操纵制度来获得他想要的保护。南北战争前,没有镍的进口关税。1864 年,国会将镍的从价关税税率定为 15%,然后,在 1870 年将镍的特殊关税税率提高到 40%。在关税普遍上升的时代,这可能不是一个显著的事件,然而,有一个事实,即当时美国只有一个镍矿。矿主是费城的约瑟夫·沃顿(Joseph Wharton),他于 1863 年收购了这座镍矿。他完全与汉密尔顿如出一辙:一个成功的商人,他看到与政府合作的收益,有助于确保他的商业利益,进而有利于国家的利益。在成功推动对镍的高关税之后,沃顿又一次推动了令人吃惊的游说行动。在他的敦促下,国会授予沃顿的镍矿自己制造硬币的权力,从而沃顿在 1866 年制造了新的五美分硬币,即"镍币"(the Nickel)。沃顿通过获得对自己的关税保护,彻底垄断了镍市场,并且他是唯一的国内生产商。随着需求飞涨,他的利润也随之飞涨,直到矿藏耗尽,1891 年结束生产。

沃顿是一名老练的企业家,在购买镍矿之前,他在锌矿行业小赚了一笔。他用从镍矿中赚来的数百万美元,在许多工业企业大量投资,包括铁路、工厂和其他采矿作业。他是伯利恒钢铁公司(Bethlehem Steel Company)的联合创始人和最大股东。但是,可以说,他最有价值的技能显现在国会大厅和总统的行政大楼里游说的效果。

沃顿是宾夕法尼亚州工业联盟(Industrial League of Pennsylvania)执行委员会主席,这也许是美国最具影响力的保护主义组织,成立于 1867 年,代表所有受保护的行业。由于他在伯利恒钢铁公司的大量投资,他还是美国钢铁协会(American Iron and Steel Institute,AISI)的主席和主要游说者。匹兹堡的钢铁制造商们对波尔克总统的关税改革感到愤怒,他们于 1849 年首先建立了美国钢铁协会。19 世纪 60 年代，美国钢铁协会成为一股主导性的政治力量，常常决定着关税立法的结果和政治家的选举命运。毫不奇怪，约瑟夫・沃顿深陷共和党政治漩涡，并与那个时期所有著名的保护主义政治家关系密切。他紧密的政治联系和游说技巧在 19 世纪 80 年代伯利恒钢铁公司获得为美国海军军舰提供护甲和枪支的合同方面也很有价值，因此，再一次印证了他与政府建立的汉密尔顿式伙伴关系，伯利恒钢铁公司成为新兴军事工业综合体的早期参与者。沃顿经常出现在国会的各个委员会，要求提高关税。以当时的标准来看，他在获得仅影响他的业务而在国内没有其他人的业务的镍关税方面的成功，似乎完全是一天工作的结果。

今天，沃顿也许以其非常显著的慈善事业而最为人所知，尤其是在高等教育领域，而不是他与镍币或伯利恒钢铁公司的关联。1869 年，他和母亲黛博拉・费雪・沃顿（Deborah Fisher Wharton）以及一群贵格会（Quakers）教徒共同创立了位于费城外著名的文科学校——斯沃斯莫尔学院（Swarthmore College）。但是，为了贸易政治目的，他最重要的赠与是，1881 年将遗产 10 万美元捐给宾夕法尼亚大学，成立了“沃顿金融与经济学院”，这是世界上第一所大学商学院。正如他在学院规划中所描述的那样，沃顿希望学生们学会如何经营企业和应对经济活动周期，但是，他有一个更加明确的目标：明确地倡导经济保护主义。沃顿试图在新的学院里培养他的宗教信徒，在过去的 15 年里，他一直在向华盛顿的每一位政治家布道。他的学院规划特别要求教师教育学生：

> 对于每个国家来说，必须关心自己（的利益），并以一切适当的方式保持其工业和金融独立；在这一点上，不能容忍任何道歉或仅仅是防御性的指针，但是，国家自我保护的权利和义务必须得到充分的肯定和阐释。[22]

1883 年的虚幻改革

那时，沃顿可能感到对他的保护主义事业的新拥护者不断增长的需要，因为到1880年,甚至在共和党内部,对关税改革的要求也在不断增长。自《莫里尔草案》启动关税税率快速上升以来的20年时间里,只有一次显著的"关税下降"——从1872年的历史最高点全面削减了10%,这是在改革派共和党加入主张自由贸易的民主党阵营攻击保护主义加之尤利西斯·S.格兰特政府丑闻缠身的时刻通过的。虽然保护主义者继续控制着国会,但是他们中的许多人同意俄亥俄州参议员约翰·谢尔曼的观点,他认为,"对于目前对日常生活必需品征收的高关税存在巨大的不满情绪。我相信保护制度;但是……对这个国家受保护的产业来说,应当对关税进行细微的修改,这样更好,而不是引发一场将危及整个制度的对抗"。[23] 无论如何,在1873年股市恐慌的两年后,共和党国会放弃了这项改革。随之而来的严重经济萧条,加之格兰特的不受欢迎,引发了民主党在1874年的选举中接管了众议院的控制权,也增强了来自共和党内部对关税改革的呼声,特别是西部农业利益集团和东部商人中的自由贸易者。

但是,以贾斯汀·莫里尔为首的共和党保护主义坚定分子在参议院仍具有强大的控制力,在战后30年总统软弱、众议院普遍混乱的时期,在关税保护这一问题和大多数其他问题上,参议院位高权重。参议院不再是由伟大演说家主导的经典辩论的"黄金时代"(Golden Age),现在,参议院正处于"镀金时代"(Gilded Age)的开始阶段,工业和金融业金钱利益集团在紧闭的大门后面控制着参议院。1872年莫比利埃信托公司(Crédit Mobilier)丑闻*暴露了联合太平洋铁路(Union Pacific Railroad)的代表向政客行贿数百万美元。这是许多公共尴尬事件中的第一起,它在很大程度上被工业利益集团控制的州立法机构选出的六年一个任期的参议员漠视了。1873年《铸币法案》(Coinage Act)使国家采用金本位制,排除了银本位制,为了东部金融利益集团的利益而延长并加重了经济萧条。这项措施减少了货币供应量,加强了美元,而增加了愤怒的农场主

---

* 该丑闻是美国南北战争之后的第一起重大腐败丑闻。1864年莫比利埃信托公司曾被发现从联合太平洋铁路的建设中攫取好处。为了掩饰他们的行为,莫比利埃以极低的价格向包括副总统斯凯勒·科尔法科斯(Schuyler Colfax)在内的政府官员和众议员出售其股票。而当这一事件被揭露时,包括格兰特在内的许多人大受影响。这起丑闻在1872年的总统竞选中由纽约报纸《太阳报》披露,当时格兰特正谋求总统连任。——译者注

和其他工人阶级债务人偿还贷款的成本，他们称之为“1873年的犯罪”(Crime of ’73)。几十年来，《铸币法案》成了一个主要的政治问题，但是，这场愤怒并没有直接影响被隔绝的参议院。同样，公众对日益不受欢迎的保护主义关税的看法对参议院也没有任何影响。

众议院民主党有自己强大的保护主义阵营，由宾夕法尼亚州的塞缪尔·J.兰德尔(Samuel J. Randall)领导。在1874年中期选举之后，兰德尔当选为议长，并选出一位志同道合的成员——前纽约市市长菲尔南多·伍德(Fernando Wood)——担任筹款委员会主席。1876年的民主党政治纲领盘问“所有的海关征税仅为获得财政收入”，并谴责现有的关税制度“是不公正、不平等和虚伪的杰作……为了补贴少数行业而剥夺了其他许多行业的利益”。[24] 但是，由于在这一问题上的分歧以及反对改革的行业游说力量，主张自由贸易的民主党无法召集多数人在众议院投票中通过任何改革措施。直到1880年的总统选举之后，关税改革才再次到了紧急关头。

共和党人詹姆斯·A. 加菲尔德(James A. Garfield)当选总统，他承诺继续实行贸易保护主义政策，但是，共和党党内主要的贸易保护主义者并不确信他会遵守自己的承诺。然而，众所周知，他充其量只是一个温和的贸易保护主义者，在其职业生涯的早期就曾说过这样的话：

> 关税应该如此之高，使我们的制造商能够与外国产品公平竞争，但是，不能太高，以至于使他们能够驱逐外国产品，享有贸易垄断权，并按照自己的意愿调节价格……我赞成最终带来自由贸易的保护。[25]

1871年，当要求关税改革的呼声在南北战争后达到顶峰时，高度忠诚的保护主义者詹姆斯·G. 布莱恩(James G. Blaine, R-ME)议长违背承诺，以其异端的观点，任命加菲尔德为筹款委员会主席。就在加菲尔德被提名为总统之前，约瑟夫·沃顿不仅替钢铁工业说话，而且呼吁武装所有其他受保护的美国产业，他向被提名人发出了这样的警告：

> 如果他们不能依靠比选举日承诺的更好事情来保护和捍卫国

内劳动者，我们不会支持任何政党，也不会支持任何候选人。对于那些渴望将我们的关税法律撕成碎片的人来说，我们应该呼吁他们"放手"，提前呼吁总统不要干涉商业条约的制定和否决……国会中敌对多数可能通过损害国内产业的任何措施。[26]

在总统就职后的几个月，一名失望而疯狂的谋求官职者采取了暗杀加菲尔德总统的行动，这就先行验证了加菲尔德的观点对改革进程已经产生的影响。

1882 年，在受保护行业游说人士的帮助下，加菲尔德的副总统及其继任者切斯特·A. 亚瑟(Chester A. Arthur)承担了处理关税改革的任务，他过去曾在格兰特总统的庇护下担任过纽约海关征税员，这是一个非常容易腐败的机会。认识到现行关税制度中公然的不平等和经常出现的过度收入盈余带来的改革压力，沃顿的工业联盟开始看到某种形式的改革是不可避免的。为了保持对这一进程的控制，联盟敦促成立一个专家委员会，直接代表国内制造商向国会提出改革建议。亚瑟总统把这个想法当作自己的想法，并在他向国会发出的第一封信中提议建立一个关税委员会。1882 年 5 月国会通过了设立无党派委员会的草案，尽管其获得了大量的党派投票，大多数共和党人支持，大多数民主党人则反对。[27]

亚瑟总统不失时机地任命委员会成员。为此，总统遵照约瑟夫·沃顿在一次工业联盟会议上概述的"药方"：

考虑到任命将由一位共和党总统做出，并且共和党坚定承诺保护国内产业的原则，委员会的多数成员应该是共和党人，并且，多数成员也应该是明显的保护主义者，这显然是正确的。[28]

亚瑟的关税委员会中包含坚决赞成高度保护的大多数，没有事先倾向于降低保护性关税。每个受保护的主要国内产业——钢铁、羊毛制造、养羊业者和糖业——在委员会中都有自己的代表。至于委员会的预期方向，则是毫无疑问的，亚瑟任命约翰·L. 海耶斯为委员会主席，他是羊毛制造商协会的秘书兼首席说客，并且是美国最有影响力的地位很高的保护主义者。

然而，经过数月的听证会以及与全国各地城市的众多见证人的会晤，新关税委员会于 1882 年 12 月向国会发布了一份报告，令人惊讶的是，该报告要求削减关税 20％～25％。此外，该报告提出了强烈的反对保护主义的理由，宣称“防御性关税”不仅远远超越了对等平衡国外竞争对手的劳动条件和资本条件，而且不能被证明是正当的，除非是在新工业领域。委员会认为，鉴于美国工业在过去 20 年的发展，建议的关税削减是合理的，这使得国内制造商能够与外国竞争对手开展竞争。除了关税委员会的发现，亚瑟总统在 1882 年 12 月给国会的一封信中增加了他关于减税和改革的建议，在信中他宣称：“目前的关税制度在很多方面是不公正的。不仅其负担分配不平等，而且利益分配不平等……（它）应该被如此修改，以平衡所有阶级和职业之间的公共负担，并使之与当前工业的需求更加协调。”[29]

对共和党控制的国会施加压力，使之对关税改革采取行动，委员会和总统并不是唯一的压力来源。民主党人在 1882 年国会中期选举中赢得了重大胜利，并将于 1883 年 12 月接管众议院。如果共和党人在剩下的短时间内没有制定出他们自己的关税改革方案，他们可能就会失去对改革进程的控制。

在参众两院，领导层开始制定解决改革问题的立法，并考虑关税委员会的建议。然而，当这一进程在众议院陷入泥潭时，保护主义者通过议会行动，抓住主动行动的机会，向一个由 10 名成员组成的两院协商委员会（Conference Committee）提交措施建议，（10 名协商委员会成员中的）7 人是主张高度保护的保护主义者。该委员会成员包括参议员贾斯汀·莫里尔、约翰·谢尔曼和来自罗德岛的新议员纳尔逊·W. 奥德里奇（Nelson W. Aldrich），以及宾夕法尼亚州众议员、筹款委员会主席威廉·凯里（William Kelley）——因对铁关税的大力支持而被称为“生铁”凯里，还有俄亥俄州的威廉·麦金利（William McKinley）——他刚开启自己作为重要保护主义者的（政治）职业生涯。通常情况下，成立一个两院协商委员会，以便在参众两院草案中的立场之间达成妥协，但是，该委员会则在大多数情况下是通过将众议院提议的关税税率提高到更高的水平来调和他们的分歧。为了呈现出改革的表象，与会者在关税分类方面做了大量的改变，并做出了一些无关紧要的减税措施，但是，提高了进口竞争产品的关税。

例如，委员会提高了对竞争性羊毛制成品的关税，并降低了对非竞争性羊毛制成品的关税。在相同关税或更高关税方案的前提下，物品减征的一些关税只是简单地重新分类的结果。在其他情况下，市场价格大幅下降，关税有所降低，但是，仍然维持禁止性的高水平。就钢轨而言，原来每吨28美元的保护性关税等于19世纪70年代后期需求高涨时的购买价格。然而，由于需求和生产成本下降，委员会将新的关税定为每吨17美元。这样的关税率仍然太高，以致无法进口英国产品，从而美国生产商将差价收于囊中。类似的市场条件允许铜、镍和其他产品的关税有所下降。总的来说，协商委员会最终制定的草案几乎没有一致性；一些关税税率降低了，一些关税税率提高了，但是，最终委员会的草案维持了南北战争期间建立的保护制度。

按照经济史学家陶西格的看法，1883年《关税法案》在参议院以32票对31票的党派投票中勉强通过，这是“那些希望维持高度保护制度的人三心二意的尝试，旨在对公众提出的更温和关税制度的要求做出一些让步”。[30] 艾达·塔贝尔称之为“1883年杂种草案”(Mongrel Bill of 1883)，并将结果归因于“有组织的商人”的游说成效。

> 诚然，自美国南北战争以来，他们对每一项法案或多或少都积极主动，但是，以前从未允许他们有过这样的权利：日夜站在参议院和众议院的门口，参加委员会会议，在国会的每一个闲暇时刻与其代表密谈。[31]

毫无疑问，在形成草案条款方面，两院协商委员会得到了外部专家的援助——而且在许多情况下，受到不当的影响。约翰·海耶斯戴着一顶羊毛制造商协会说客的帽子，显然是塔贝尔所指的那些人中的一员，通过法案之后，对羊毛制品关税如是说：

> 削减关税本身并不是我们所希望的；这是对公众情绪的一种让步，(就像风中的一棵树)，为了拯救保护制度的主干部分，顺应公众舆论的风向，(树的)头部和枝条出现了弯曲。总之，目的是通过削减而实现保护。仅仅为了保住羊毛和羊毛制品关税的重要地

图 3.1　揭发丑闻的记者艾达·塔贝尔在其《我们时代的关税》中描写了美国南北战争后贸易政治腐败(国会图书馆)

位,我们愿意让步……我们希望关税由我们的朋友决定。[32]

注释:

1. Foner, *Mark Twain: Social Critic,* 97.
2. Taussig, *The Tariff History of the United States*, 115.
3. Witcover, *Party of the People: A History of the Democrats*, 201–202.
4. Schlesinger, *History of U.S. Political Parties*, vol. 2, 1241.
5. Lincoln, Republican: 180 electoral/1,866,000 popular (39.8 percent); Douglas, Democratic (northern): 12 electoral/1,383,000 popular (29.5 percent); Breckinridge, Democratic (southern): 72 electoral/848,000 popular (18.1 percent); Bell, Constitutional Union: 39 electoral/593,000 popular (12.6 percent).
6. Donald, *Lincoln*, 110.
7. "Fragments on the Tariff," Lincoln, *Speeches and Writings: 1832–1858*, 149–158.
8. Boritt, *Lincoln and the Economics of the American Dream*, 118.
9. Ibid., 132.
10. AL to Edward Wallace, May 12, 1860, Lincoln, *Speeches and Writings 1859–1865*, 156.

11. Sandburg, *Abraham Lincoln: The War Years*, vol. 1, 50.

12. Freehling and Simpson, ed., *Secession Debated: Georgia's Showdown in 1860*, 38.

13. Tarbell, 10–11.

14. Taussig, *The Tariff History of the United States*, 165.

15. 艾达·塔贝尔指出的一个典型例证是，罗德岛参议员詹姆斯·西蒙斯(James Simmons)提出木螺钉应增加20%的关税，因此，他被称为"木螺钉"西蒙斯。那时，美国仅有一个小规模的木螺钉制造商，位于罗德岛的普罗维登斯。一年后，一件无关的事件发生了，参议院司法委员会报告称，他在一个以权谋私的丑闻事件中有贪污行为，所有证据足以将他逐出参议院，此后，"木螺钉"参议员辞去了公职。

16. Tarbell, 15.

17. Taussig, *The Tariff History of the United States*, 166–167.

18. Stanwood, *American Tariff Controversies in the Nineteenth Century*, 153.

19. Ibid., 149.

20. Cong. Globe, 40th Cong., 3rd Sess. 1508–09 (1869); Tarbell, 48.

21. Taussig, *The Tariff History of the United States*, 221.

22. "Plan of the 'Wharton School of Finance and Economy' of the University of Pennsylvania, May, 1881,' in *Education of Business Men, An Address before the American Bankers Association, September 3, 1890*, by Edmond J. James, Published by William B. Greene, Secretary, 1891, 34.

23. Cong. Globe, 41st Cong., 2d Sess., 2018 (1870).

24. Stanwood, 196–197; *National Party Platforms: 1840–1972*, compiled by Johnson and Porter, 50.

25. Tarbell, 95.

26. Ibid., 97.

27. Stanwood, 202–203.

28. Tarbell, 101.

29. 14 Cong. Rec. 8–9 (1882).

30. Taussig, *The Tariff History of the United* States, 249.

31. Tarbell, 131.

32. *Bulletin Wool Manufacturers*, vol. xiii, 94, as quoted in Taussig, *The Tariff History of the United States*, 249, fn.1.

第4章

保护主义的镀金时代

如果我们自己的劳动力能生产，我不会允许一吨钢铁进入美国……如果你不喜欢，那么，你知道你能够做什么。[1]

——威廉·麦金利议员代表，1888年5月18日

在1968年的总统竞选中，以第三方候选人身份参选的州长乔治·C. 华莱士(George C. Wallace)常常宣称："民主党和共和党之间的分歧一文不值。"在1884年的总统选举期间，华莱士对政党的评价更为准确，尤其是对关税问题的评价，关税问题是自共和党成立以来两党之间一个最重要的分歧。

1884年共和党人采取了一份政治纲领，大体来说就是保护主义原则，但是，仅仅承诺"纠正关税的不平等，减少盈余……在不损害劳动者利益和国家重大生产利益的前提下"。[2] 就所有实际目的而言，民主党的纲领完全相同。安德鲁·杰克逊抛弃了战前大胆的"全世界进步的自由贸易"目标和"关税只为财政收入"的战后承诺，背叛了他的民粹主义，屈从于一个模糊的承诺："本着公平对

待所有利益集团的精神，修改关税……在不剥夺美国劳工与外国劳工成功竞争的能力的前提下。”[3] 这个不愠不火的宣言反映了民主党保护主义分子的力量，对1883年改革的灾难性结果负有部分责任。

缅因州的詹姆斯·G. 布莱恩作为共和党总统候选人，是一位重要的贸易保护主义者，他试图突出关税问题，使民主党人处于守势[4]，但是，选举却转向了对其他问题的关注。其中一个问题是一个广为宣传的丑闻，涉及布莱恩在担任众议院议长期间给予联合太平洋铁路公司的帮助。作为回报，布莱恩要求并获得了铁路公司的许可，由其出售铁路公司的债券，为此，他得到了一笔丰厚的佣金。布莱恩给公司的一名高管写了几封信，信中提到了他们的秘密协议和他的佣金，在这些材料落入记者的手中之后，事情被公之于众。布莱恩封锁了其中的一封信，并请求“烧掉这封信”——这句话由此闻名于世，竞选期间在民主党的集会上不断用标语牌重复这句话，提醒人们记住他的这个请求。

金融腐败问题导致了一些杰出的共和党人脱党，他们公开帮助民主党候选人格罗弗·克利夫兰(Grover Cleveland)竞选。批评者嘲弄般地将脱党者命名为“骑墙派”(Mugwump)，这个词来源于一个美国土著，意思是道貌岸然。选举中的另一个因素是爱尔兰天主教徒的投票，布莱恩的一名支持者是新教牧师，他指责民主党是由“朗姆酒、浪漫主义和背叛”驱动的。意思是说，共和党人是反天主教的禁酒主义者，依然挥舞着南北战争的“血腥衬衫”，他们不被爱尔兰移民社区所接受。历史学家们争论“骑墙派”对选举结果的影响，但是，布莱恩在全国范围内以不到30 000张大众选票输给了克利夫兰，而在纽约以不到1 200张大众选票输给了克利夫兰。600名“骑墙派”和爱尔兰天主教徒会将纽约选举人票投给布莱恩，并将帮助布莱恩获得总统职位。

格罗弗·克利夫兰接受关税改革

几乎没有证据表明，在当选总统之前格罗弗·克利夫兰就已经非常重视贸易政策问题。自詹姆斯·布坎南1860年离开行政官邸以来，格罗弗·克利夫兰的当选结束了民主党人荒芜的 24 年。在被提名竞选总统之前，克利夫兰的政治生涯还不到三年；1882 年他出任布法罗市(Buffalo)市长，并且在 1883—1884 年间出任纽约州州长。在短暂的任期内，他获得了正直和反对贪污的名声，这与布莱恩的腐败名誉形成了鲜明的对比。然而，在 1884 年那场特别恶劣的竞选中，共和党人透露，克利夫兰作为一个单身汉，10 年前有了一个私生子。孩子的亲子关系实际上是值得怀疑的，但是，克利夫兰坦诚且毫不犹豫地承担了责任。像这次人身攻击这样的问题，虽然让人尴尬，却有意想不到的结果，提高了克利夫兰诚实的名声，而布莱恩的"烧掉这封信"事件主导着竞选，关税政策则位居其次。

尽管他态度谨慎并行事缓慢，但是，这位新总统很快就开始处理关税问题，并站在温和改革派的立场上。1885 年 12 月，在向国会提交的第一份年度报告中，他体现出自己保守财政的偏向，他用简单的观察证明了减少关税建议的合理性，他说："我们的收入超过了政府经济管理的实际需要。"为了避免哲学和政治上的困境，克里夫兰刻意补充道："自由贸易问题没有涉及，现在也没有任何机会对保护制度是否聪明或权宜之计的问题进行一般性讨论。"为了安抚保护主义者，他进一步提醒说，应以"保护美国劳工利益的方式"削减。"……稳定和适当的报酬为制定一项保护政策提供了最合理的借口。"关于要削减的关税选择，他的唯一指示是把重点放在"生活必需品"的关税上，从而"降低这块土地上每个家庭的生活成本，并将节俭工业的回报更大量地释放给每个普通家庭"。[5]

虽然克利夫兰的提议是温和的，但是没有获得国会批准。尽管民主党人以舒服的多数控制了众议院——保护主义的共和党人仍然保持着对参议院的微弱统治力，预计民主党票数的相当大一部分将是反对削减关税的。因此，当"筹款委员会"提出一项包含总统支持的适度削减关税的草案时，在 35 名民主党持不同意见者的帮助下，共和党人能够挫败将其提交众议院投票的动议。

在随后的几个月里，克利夫兰更加坚决地处理政府财政部日益增长的盈余问题，并且对保护主义关税政策的不公平后果更加愤怒。1886 年 12 月，在第二个年度他在国会发表的讲话中，他重申了减少关税的建议，其使用的语言与前一年低调处理建议形成了鲜明对比。在比他之前的演讲长得多的一节中，他充满激情地写下了美国农场主的境况，他们“被迫支付过多的、不必要的税收，而他们的产品却在国外市场上艰难求存”。采取亚当·斯密的观点和杰克逊式的态度，他指出，“异常和特殊的商业利润……增加，在没有相应惠及广大人民的情况下，公民中的少数人积累了巨大的财富，与反民主国家中最受欢迎的财富相匹敌，他们的财富并不是稳定而平稳的自然增长，也不是工业化共和国的自然增长”。[6] 尽管总统采取了更为激昂的方式，但是，他的演讲没有触动国会，国会于次年 3 月休会，未对关税草案进行表决。

更令总统感到沮丧的是美国锡板协会(American Tin Plate Association)秘书长领导的共和党保护主义势力，他们列队进入克利夫兰的伊利诺伊州关税改革工作区，即筹款委员会主席威廉·R. 莫里森(William R. Morrison)的工作区，并宣布了他的失败。在 1886 年中期选举中，关税改革派的其他一些候选人输掉了选举，减小了众议院的民主党(对于共和党)多数席位的差幅。

尽管胜算渺茫，加之业绩惨淡，但是，克利夫兰在 1887 年的夏天和秋天以一种前所未有的大胆方式解决了关税改革问题，从而决定了他的总统任期。考虑到很少有人相信他，总统决定在 1887 年向国会发表完全关于关税问题的年度演讲。按照他的前任留下的传统，他以前的年度演讲是冗长而乏味的陈述，涵盖了关于“联邦国家”国内外事务的方方面面，全文都是各种立法建议。这一年，他的内阁秘书们在他们部门内就其所关心的各种问题投入精力，但是，一年的投入都是浪费的。克利夫兰不想让其他公共事务分散注意力。他意在以一种冲击公众良心的方式——如果不是国会的良心——提出关税问题。由于只有少量的编辑工作得到了亲密顾问的帮助，总统对这次演讲负完全责任。尽管他在演说中加入了相当多的情绪化、政治化的言辞，然而，他以律师申诉的方式撰写了一份针对保护关税问题的有条理且直截了当的演讲稿。

克利夫兰通过提出政府盈余日益增长的核心问题开始他的演讲，他说这将把公共财政部门变成“一个囤积钱财的地方，不必要地从贸易和人们的使用中撤出货币，从而削弱了我们国家的动能……并且，成为公共掠夺方案”。他指责道，从公民那里获得的收入超过维持政府所需的收入是一种“反常的”行为，这是“不可辩驳的敲诈和对美国公平与正义的可耻背叛”。他详细评论了目前的财政状况，警告说，明年盈余几乎会翻三倍，盈余资金没有任何生产性用途。在没有溢价或罚金的情况下，政府所有可以偿还的无担保债务都已经得以偿还。克利夫兰反对“不必要和铺张浪费的拨款”；他还反对将美国财政部资金存放在私人银行，因为它建立了“政府财政部运作与国家商业之间过于密切的关系……因此助长了私营企业对公共资金非自然的依赖”。总统预测，如果国会继续无所作为，将有灾难发生，他说，“我们财政状况的严重性”要求采取补救措施，并将他的注意力转向问题的起因。

造成这样的“不必要盈余”的税收制度包括对烟草和酒精饮料征收的进口税和国内消费税。由于在克利夫兰的观点中不涉及后者，“严格地说，是必要的”，酒精和烟草的消费者对这项税收没有任何不满。至于关税，他称之为“邪恶的、不公平的、不合逻辑的、不必要的征税来源”，应该“立即”修正和修订。他认为，这些法律不仅提高了所有进口货物的价格，也提高了所有受关税法保护的国内货物的价格，因为国内生产商提高价格以保持与保护性关税相一致。克利夫兰说，他不打算取消对美国劳工或制造业利益集团的保护，而只打算取消对“巨大的利润所得者而非适度利润所得者”的保护。在美国百年庆典期间，他蔑视那些按照亚历山大·汉密尔顿的幼稚产业观点这种不合理的关税计划辩护的人，谴责国内制造商在（建国）100 年后“仍然需要最高和最大限度的支持，并助长可以从联邦立法中得到的关怀”。

至于贸易保护主义者认为高关税保护美国工人不受欧洲“穷苦劳动力”条件影响的观点，克利夫兰观察到，在美国遍布所有产业的 1 740 万工人中，只有受雇于制造业的 260 万人受益于高关税。他谨慎地不建议为了降低价格以利于大多数工薪阶层，少数受保护的工人放弃高关税可能拥有的工资福利。但是，克利夫兰以一种轻描淡写的态度指出，受保护的工人“不会忽视他们与其余的人一起都是消费者这一事实”。

然后,他转向关税对农场主的影响,“他们什么也不制造,但是,他们因每一件农具、所有穿着衣物以及所有使用和拥有的东西需要缴纳的关税而支付过高的价格”。谈到羊毛关税问题时,克利夫兰说,没有羊的农场主被迫“向他的同行供奉,也向制造商和商人供奉”。他说,即使对养羊的农场主来说,这种收益也是“虚幻的”,因为绝大多数羊是由拥有20~50只的小羊群的农场主饲养的,按照当时的价格,根据羊群的数量,这些收益中只有18~36美元是来自关税的利润。他观察到,当羊毛被制成布料时,价格又增加了一笔,利在受关税保护的羊毛制品制造商。当这个牧羊农场主为家人买了羊毛制品过冬的时候,他已经因为新商品的价格而失去了自己的关税利润。考虑到养羊农场主的数量在全国其他人口中占比很小,并且即使对他们来说,羊毛关税价值也是幻觉价值,总统得出的结论是,“这构成了一种税收,它无情地紧绑在这块土地上每个男人、女人和孩子的衣服上”,应该被消除或削减。

克利夫兰用一个世纪前亚当·斯密阐释的命题攻击垄断,这种垄断在美国镀金时代就以托拉斯的形式出现了。他指出,在受保护的国内产业中,

> 竞争常常被这个时代相当普遍的联合体所扼杀,这种联合体通常被称为托拉斯,它们的目标是监管联合体成员制造和销售的商品的供应量和价格。人们几乎不可能希望在这些自私自利的计划运作中有任何关照。

事实上,正是保护性关税带来的高价格与防止价格战的卡特尔组织之间的联系,促使美国糖精炼公司(American Sugar Refining Company)总裁和美国糖业托拉斯领导者亨利·O. 哈维梅尔(Henry O. Havemeyer)在12年后发表了被广为复述的评论:“所有托拉斯之母都是海关关税草案。”[7]

在克利夫兰演讲的结论中,他敦促国会以“高于党派意识的精神”来处理修改关税法的艰难任务,呼吁议员们“为了爱国义务”而为之,并警告他们不要把他们的决定建立在保护和自由贸易理论基础上:

> 这是我们面对的情况,而不是理论……自由贸易的问题是完全不相关的问题;在某些方面,人们一再声称,所有使人民免于不

> 公正和不必要的征税行为都是所谓自由贸易者的阴谋,是恶作剧,而且远远没有考虑到公共物品的需要。

总统提议的关税修正案可以"在不危及我们工人所需要的有报酬的劳动机会的情况下"实现,并且可以"通过降低他们生活必需品的价格以及提高他们的舒适度"让全体人民受益。[8]

1888年关税大辩论

对克利夫兰演讲的反应是迅速的且爆炸性的。按照历史学家乔纳·瑞塔诺(Joanne Reitano)的说法,"自从林肯在1863年发表《解放宣言》(Emancipation Proclamation)以来,总统的文件就没有受到过如此欢呼与喝彩"。[9]尽管演讲传递的信息不是新的,实际上,所提出的改革是相当保守的,但是所表现出来的惊人的大胆突出了贸易政治问题,这是自美国南北战争以来从未有过的。总统的演讲几乎立刻打破了各政党在关税问题上的僵持局面,并将他们各自的情绪重新带回到了传统立场上。大多数倾向于保护主义的民主党人开始退缩到改革阵营。与此同时,几乎所有共和党人将克利夫兰的攻击视为重新掌权的机会,并团结在贸易保护主义的旗帜下,不顾一些人对关税制度滥用所表示的担忧。

从本质上讲,总统针对"不公平"关税制度"无理勒索"的论战,声称"不公平"关税制度有利于富裕的制造商、垄断企业和托拉斯,并提高了工人阶级的生活成本,代表了向安德鲁·杰克逊的政治主题回归。这些政治主题在南北战争前已经发挥了几十年的作用,现在将有助于清除民主党人在南北战争中"染血衬衫"上的污点,自南北战争以来,这些污点限制了他们的政治发展。对于该党来说,这也与克里夫兰及其反腐败、直言不讳主张改革被滥用的关税制度的声誉一道,成为一项资产。然而,在遭到总统演讲的最初冲击之后,共和党人相信,克利夫兰给了他们一个终将获取胜利的自由贸易问题,这将是一个可怕的、具有召唤力的武器。在上一次总统选举中,他们因其候选人被发现腐败而败北。凭借克利夫兰总统对美国保护制度价值观的威胁,他们希望赢得下一次总统大选。

1888年春，在克利夫兰的支持下，得克萨斯州民主党众议员、新任筹款委员会主席罗杰·米尔斯(Roger Mills)提出了一项关税改革草案。尽管《米尔斯草案》提议关税平均削减仅为7%，却引发了一场持续了一个多月的辩论，包括151次演讲，成为著名的"1888年关税大辩论"。在辩论开始之前，委员会中的共和党高级成员威廉·麦金利使用了"过度杀戮"的夸张语言，这是现代政治辩论观察家熟悉的声音，预示着《米尔斯草案》将破坏美国经济。同样地，美国钢铁协会将其更名为"摧毁美国产业的草案"，甚至其支持者似乎也对该草案赋予了更重大的意义，超过了实际改革建议应有的意义。《纽约时报》将该草案描述为"迄今为止，自战争结束以来，放在国会面前最重要的财政措施"。[10] 30多年来，在民主党总统首次参加连选连任的一年中，克利夫兰提出了这个问题，并使之达到了辩论的顶峰，这样的举动增强了辩论的影响力并且掩盖了该草案的温和实质。

站在民主党一方，米尔斯发起了辩论，他呼吁杰克逊的民粹主义，而不是强调他的具体关税建议的细节。他首先提醒众议院，高关税是作为一种战争手段被实施的，引用最初提出这个观点的作者贾斯汀·莫里尔的说法，即它们本被打算成为"临时措施"。但是，与其他战争税不同，包括所得税，这些关税卸下了"富人肩上"的担子，自南北战争结束以来的20年里，关税负担增加在消费者身上。"国会，"他说，"愿意倾听富有的公司和个人的诉求，取消了他们承担的全部负担，但是，像穷人一样，我们一直承担着对服装征收的战争税。"他将共和党的税收政策优先权归因于"对富人的偏袒"，并基于"富人和权力阶层的特权"。[11] 他不遗余力地用统计数据证明，高关税并没有为工人带来高工资，而且工资是基于供求规律而变化的。在众议院会议上触发一片笑声，因为，米尔斯绘声绘色地描述了自己的观点，即工人工资的提高并不是由于制造商因保护而获得的额外利润带来的：

> 杰伊·古尔德(Jay Gould)先生从他的铁路公司获得巨额收入，他能每天支付给擦鞋童500美元，但是，他做到了吗？哦，没有；

他付的是街面上的市场价格。他擦了鞋子，付了 5 美分给擦鞋童。[12]

米尔斯认为，自 19 世纪 50 年代以来，任何工资增长都是由于工业化加快的结果，工业化进程带来了更高的生产效率和更低的劳动力成本。他总结道，"关税没有给予劳动者任何好处，什么也没有……这个'伟大的美式体制'是为了确保我们的劳动者获得高工资而建立的，这个制度是如此反常，以至于旨在为贫穷工人带来的所有恩惠都落入了雇主的口袋"。[13] 随着控制生产和提高价格的垄断与"托拉斯"的兴起，劳动者的生活前景更加暗淡了。他指责保护主义关税制度正在强烈地将这个国家划分为"两个阶级：一个是人数众多但贫穷的阶级；一个是人数少但势力强大的、富有的阶级"。[14] 他的草案旨在解决经济繁荣中日益增加的不平等，并"向这个国家贫困劳动人民的家里和怀中送去舒适和幸福"。[15] 虽然他立法中的温和条款可能达不到他的言辞所表达的，但是，至少一开始他就将共和党人置于防守的地位。

以宾夕法尼亚州的威廉·凯利为首的共和党人的回应被认为是情绪化的，在很大程度上忽视了米尔斯的论点以及草案的实质内容。凯利宣称，保护性关税使国家免于因 1846 年和 1857 年关税削减而导致的"国家破产"，并且"提高了美国的国际地位"。[16] 虽然《米尔斯草案》只会将应纳税货物的平均关税税率从 47%降低到 40%，凯利说，立法的明显意图是推翻保护关税制度，"并让其借助在不到四分之一世纪里日益增强的影响而取得的巨大成果随风而散"。他预测，如果该草案得以实施，将"立即使企业和人民的活力瘫痪"。

凯利诉诸一种古老的策略，以增强保护主义的道德吸引力，并反击米尔斯对富人特权的攻击。他指出，除了两名众议员外，所有起草了这份"体现民主党意图的草案"的议员都是"奴隶制地区"的代表，用南北战争时的敌对情绪挑事。凯利谴责民主党领导人"忽视了该地区废除奴隶制造成的压倒性的社会和经济变化"。他说，"自由贸易对奴隶制的永久存在至关重要""为了自由贸易的利益，美国陷入了一场历时四年多的自相残杀的战争"。这样，凯利不仅把自由贸易与奴隶制联系在一起，还把它作为南北战争的起因。他谴责《米尔斯草案》是

“不合时宜的”,属于“我们国家历史上最悲惨的时期,即 1832 年到 1861 年的时期”。[17]

最后,凯利在他演讲的总结部分把相当一部分内容用于攻击“威士忌托拉斯”,他认为“威士忌托拉斯”是国家诸多社会问题的根源。他宣称,在南北战争前,这个国家的政治被托拉斯所控制,就像“奴隶寡头政治”一样,他观察道:“酒精王正在证明他敌视国家发展,正如曾经的棉花王一样。”作为减少财政盈余的一种手段,凯利建议取消酒精消费税,他认为酒精消费税有助于建立和维持威士忌托拉斯。他指责民主党政客落入维持这些税收的肯塔基银行业利益集团的手中,因为他们促成了总统的“自由贸易言论”和由“南方温和派”起草的草案,这些温和派人士控制了筹款委员会的顾问。[18] 因此,凯利的演讲提供了丰富多彩的“自助餐”,用具有吸引力的经济恐惧、禁酒主义政治和持久的地区分裂论题转移人们对改革派关于关税制度中的不平等观点的注意力。

在整个辩论过程中,民主党人持续在亚当·斯密的激励下谴责制度中的经济不平等,为受保护的制造商带来了巨大财富,而为工人带来了持续贫困。一些共和党人间接回应这一控诉,他们赞同汉密尔顿的立场,即保护和保卫美国企业不受外国竞争影响是政府的责任。他们认为,通过被保护行业创造的工作机会,劳工从保护中广泛得到了好处。至于贸易保护利润的不公平分配,安德鲁·卡内基在信中为制造商说话,他写道:“百万富翁只不过是穷人的受托人,受托在一个季节管理社区财富的大部分增长,但是,为社区管理的财富远远超过了他本可以或本能够为自己获得的财富。”[19] 在劳工动乱和暴力罢工不断增加的时期,包括卡内基钢铁公司的罢工时期,卡内基的回答并不被人接受。工厂的工作条件非常糟糕,包括 14 小时工作日,一周工作 6 天,每天 1 美元。尽管双方都提供了图表和统计数据来支持各自在工资方面的立场,但是支持更多经济繁荣机会的民主党观点在工人阶级中得到了大力支持。在保护性关税处于历史顶峰之时,持续不断的劳资冲突成为贸易保护主义者的政治责任。

对于保护主义一方来说,另一个明显的问题是,当时在美国学术界古典经济学家受到很大的青睐,最著名的古典经济学家是亚当·斯密和约翰·斯图亚特·穆勒，他们支持更自由的贸易，把自由贸易作为有益于工人的一种方式。但是，共和党人用大量的反知识分子和反英国的言辞将这一点转化为他们的优势。例如，众议员威廉·麦金利观察道，美国更喜欢“建立在搅拌器和陶工日常经验基础上的政治经济，而不是向教授学习”[20]。来自缅因州的保护主义共和党人、前众议院议长托马斯·B. 里德（Thomas B. Reed）也持有类似的立场，谴责“政治经济学教授先生”，认为他们关于劳工的态度太过理论化，忽视了“人的灵魂”，而这正是高关税可能保护的。[21]

共和党人不断地指责民主党人迷恋“自由贸易”，指责他们追随英国的狂热做法，尽管克利夫兰总统明确否认其与他提议的改革的相关性。与此同时，制造对英国入侵的担忧，“武装部队（入侵）……（或）工业制成品（入侵）”，贸易保护主义者发言人称关税改革者为“英国狂热者”和“英国主张自由贸易的贵族的美国宠物”。[22] 政治漫画家经常在具有贸易保护主义倾向的杂志《法官》（*Judge*）上把主张关税改革民主党人描绘成与超大号的“约翰牛”有着某种自贬身价的关系，他们享受“自由贸易”带来的好处，而损害了美国的繁荣。

对《米尔斯草案》的最终投票是在仲夏进行的，以令人满意的优势获得通过，但是，政党路线分明。与过去反对关税改革立法不同，这项草案只有民主党的4票反对票，从1884年的41票下降到了4票。但是，草案在参议院投票时受到了冷遇。

与众议院完全不同，在1874—1894年的20年里，10届国会中有8届由民主党所控制，在同一时期，7届国会中共和党保持了参议院的多数控制权。具有这种支配地位的一个主要原因是，1913年《宪法》第十七修正案采用之前参议员的选举方式，也就是说，依照各州立法选举而不是民众直接选举。经过19世纪70年代开始的镀金时代，大商业利益集团——银行家、铁路巨头和制造商——实际上直接主宰了许多州立法机构，或通过各州“大佬”体制主宰了许多州立法机构，并亲自挑选参议员送往华盛顿。在许多情况下，富有的大亨们直接买下他们自己的席位，将参议院变成“百万富翁俱乐部”。一位参议员代表的特殊商业利益是如此明目张胆，以至于参议员因其所代表的利益集团而让他更加出名，而不是他所代表的州，正如参议院里来自标准石油公司的参议员，似乎不是来自俄亥俄州。《帕克》(*Puck*)的政治漫画中描绘了这样的统治地位，标题就是“参议院的老板们”。在漫画中，约瑟夫·凯普勒(Joseph Keppler)描绘了一排重量级的“老板”，戴着高顶帽子，上面写着“铜托拉斯”“糖托拉斯”“锡托拉斯”和“标准石油托拉斯”，他们都在参议院上空盘旋，他们的前面有个牌子，上面写着：“这是一个由垄断者构成、被垄断者操控并为垄断者服务的参议院。”凯普勒将“人民的入口”刻画成“此处上锁”和“被关闭”。[23] 因为如此多的参议员为受关税这个“所有托拉斯之母”保护的商业利益集团说话，所以，毫不奇怪，米尔斯关税改革立法一到参议院就死掉了。

1888 年，来自罗德岛的共和党参议员纳尔逊·W. 奥德里奇成为参议院在关税问题上具有主要影响力的人物。奥德里奇的女儿后来嫁给了约翰·D. 洛克菲勒的独子，奥德里奇是镀金时代的典型参议员，他是一位富有的投资者，他相信国家利益与商业利益是一致的，并且像亚历山大·汉密尔顿那样，相信为了实现国家繁荣，政府与商业应当是伙伴关系。作为一位精明而熟练的立法者，他是受保护产业价值无量的盟友，特别是对于美国糖业公司来说。虽然罗德岛没有制糖业，但是参议员奥德里奇却成了糖业托拉斯“在华盛顿的人”。[24] 他对《米尔斯草案》的反应就是完全否决，并重新开始起草新的参议院草案，在某些情况下，该草案提高了现行关税税率或使其保持在禁止性水平，理由是减少进口将减少政府收入盈余。其中一个例外是，奥德里奇提议将原糖关税税率降低 50%，以降低国内糖厂的成本。在经历了国会历史上最长的一次休会之后，参议院于 1889 年 1 月以 32 票对 30 票通过了《奥德里奇草案》。然而，当修订后的法案回到众议院时，筹款委员会拒绝审议。众议院领袖们反对说，新的参议院版本与《米尔斯草案》根本不同，以至于这是一项新的立法，违反了宪法规定，即所有的税收立法必须由众议院发起。

1888 年的选举

在众议院“关税大辩论”处于高潮时，两个主要政党举行了各自的政治会议，进行总统提名。民主党人以鼓掌的方式再次提名克利夫兰，并通过了一个以谴责"不公正和不平等税法"为主导的政治纲领，并且赞同总统对国会的最后演讲，表明"国会中民主党代表努力确保减少过度征税"。[25] 出于自己的立场，共和党人各方相互妥协，提名南北战争时期的将军本杰明·哈里森(Benjamin Harrison)，并宣布了同盟的政纲：

> 我们毫不妥协地支持美国的保护制度；我们抗议总统及其政党的建议造成对美国的保护制度的破坏。他们为欧洲利益服务，我们将支持美国利益……我们谴责《米尔斯草案》……我们衷心支持国会中共和党代表一贯的、爱国的行动，反对通过该草案。[26]

关税第一次成为总统选举战中的主要问题。威廉·亨利·哈里森(William Henry Harrison)的孙子本杰明·哈里森将"蒂皮卡诺，还有泰勒"(Tippecanoe and Tyler too)* 的口号转换为"蒂皮卡诺，还有关税"(Tippecanoe and tariff too)，并作为竞选总统的口号。大商业利益集团为共和党发起了历史上最复杂的募资组织。宾夕法尼亚州的参议员马修·奎伊(Matthew Quay)是一名精明的政治运作者，因主张有利于公司股票的贸易政治而闻名，此人担任哈里森竞选团队主席。费城零售百货商店巨头约翰·沃纳梅克(John Wanamaker)领导竞选财务委员会，从为寻求保护的"关税强盗贵族"那里获得了大量的资金。许多捐赠者被承诺将从新政府那里得到好处，因此，所有捐赠者都渴望对商业友好的共和党人重回行政官邸。调查记者伊达·塔贝尔称之为"受保护者支持的为了保护的竞选"。[27] 共和党人联盟主席詹姆斯·P. 福斯特(James P. Foster)命令那些从"繁荣的保护壁垒"获得好处的共和党人下注。他号召受到保护的制造商，特别是宾夕法尼亚的制造商，"添柴加薪，倾尽全力"。[28] 事实上，詹姆斯·M. 施万克(James M. Swank)领导下的美国钢铁协会向哈里森提供了"巨量资金"。[29]

共和党募集了四倍于民主党的资金。据《纽约先驱报》(*New York Her-*

---

* 1811 年，美国将军威廉·亨利·哈里森率领的军队，在蒂皮卡诺大战中一举击溃了著名的美国印第安人酋长特库姆塞(Tecumseh)和他的军队。——译者注

ald)的说法,“为了保护的利益,宾夕法尼亚州的每一个毛孔都流血”。[30] 在大选过程中,《巴尔的摩太阳报》(*Baltimore Sun*)称之为历史上最腐败的选举,在关键各州,像纽约州、宾夕法尼亚州和印第安纳州部署了大规模的购买选票方案。马修·奎伊和他的运作团队获得了立场摇摆的成千上万名共和党选民的支持,使之倾向于哈里森,并且发布鼓动保护的宣传单,声称如果克利夫兰再度当选,就会出现关闭种植园并解雇劳工的威胁。

民主党也涉入了欺诈投票者计划,不过,其财力无法达到共和党的规模。事实上,民主党竞选团队完全处于贫血状态。克利夫兰总统拒绝参加竞选,甚至拒绝为自己投票,认为这样的活动会使一个现任总统颜面扫地。尽管拥有强势的关税改革政纲,民主党通过提名一名保守主义副总统参选人——俄亥俄州的艾伦·G. 瑟曼(Allen G. Thurman)——来兑现赌注,并且软化了他们对关税滥用的攻击。在唇枪舌剑中,共和党取得了重要的胜利,共和党将英国公使骗到美国,写了一封信,宣称克利夫兰将是解决势必影响英国问题的最佳选择。提到总统最近发表的一些反英言论,公使表示克利夫兰不是真心实意为之的,并且克利夫兰已经表明评论仅仅是出于政治目的。虽然这位外交官要求对这封信保密,但是,哈里森的竞选团队负责人在竞选的最后一周向媒体公布了这封信,以证明克利夫兰忠诚于英国自由贸易和反爱尔兰政策。与此同时,纽约出现了一场重大的政治分裂,分裂了克利夫兰的支持派,并使他失去了该州的关键选举人的选票。在民主党票仓的南部各州,克利夫兰赢得了近10万大众选票,超过了他在上一次胜选中的优势,但是,哈里森赢得了决定性的选举人投票的优势。

《麦金利关税法案》(McKinley Tariff Act)及其后果

尽管取得了微弱的胜利,而且有着明显的非关税派的影响力,领先的共和党人在国会两院都获得了新的多数席位,预示这次选举是为了更高水平保护的任务。众议院筹款委员会新任主席——俄亥俄州的威廉·麦金利——在新一届会议上报告了一项关税草案，主要基于参议员奥德里奇对米尔斯关税改革草案的回应，解释说：

> 我已经解释了这次胜利，意味着……不仅人民投票要求修订关税法案，而且应该做出这样的修订……对保护的原则和目的得到了充分认识。人民已经说话了。[31]

狂妄自大最终让共和党吃到了苦头，执政四年后，它失去了执政地位。众议院新的共和党议长、缅因州的托马斯·B. 里德重新审视了这种态度，并指出，“自由国家的危险不是自由地行使权力，而是有节制地行使权力”。[32] 这种态度和选举任务设想最突出的产物是 1890 年《关税法案》。该法案被称为《麦金利关税法案》，尽管它是建立在参议院对《米尔斯草案》的替代草案基础上的，并且参议员尼尔森·奥德里奇精心策划了其修正案。

《麦金利关税法案》将总体平均关税提高到接近 50%。糖业、羊毛业、纺织业、钢铁业等关键保护利益集团的说客最终被允许起草自己的计划。通过奥德里奇的关照，糖业托拉斯确信，原糖关税被削减到有利于国内制糖商的水平，他们继续享受再加工糖的关税保护率。作为交换条件，原材料的国内生产商得到了慷慨的补贴，以确保在与进口品竞争时的盈利能力，尽管许多人认为补贴违反了宪法，就像托马斯·杰弗逊反对亚历山大·汉密尔顿提出的出口奖励金时所做的那样。尽管在过去 20 年中美国钢铁工业因技术创新生产力大幅提高，但是，其产品的关税率仍保持在禁止性水平。

反贸易保护主义的《帕克》杂志的政治漫画曾讽刺安德鲁·卡内基，说他为了购买更多保护，向哈里森竞选团队送去了一袋又一袋的钱。安德鲁·卡内基游说总统和国会领导人保护他的生意，并写了几篇文章为《麦金利关税法案》辩护。锡板协会获得了锡板特别关税，尽管当时几乎没有美国自己的锡板生产，但是，最终使该产品的进口价格上涨了 70%。艾达·塔贝尔解释说，导致《麦金利关税法案》的法定程序是基于“政治圈中公开表达的原则，即你得到的保护将与你的竞选贡献成比例”。[33]

1890 年《关税法案》立即对进口和政治产生了影响。在法案实施的一年内,生铁进口量下降了50%;在接下来的五年内,钢铁产品的进口量下降了50%。在新的保护措施的庇护下,新兴锡板工业蓬勃发展起来。然而,新的共和党多数派强加其统治的高压手段引发了公众前所未有的反击。《麦金利关税法案》被广泛认为是为了富人的利益而对公众征收的一种不必要的新税。国会拨款超过10亿美元用于公共开支,以支持商业利益集团,这是历史上的第一次。民主党人继续攻击,指责共和党领导的"十亿美元国会"在提高美国工人阶级生活成本的同时,提高了税收,浪费了公共资金。一位民主党发言人喊道:"《麦金利关税法案》总是和我们在一起,在桌子旁、在床边、在厨房里、在谷仓里、在教堂里、在墓地里。"[34] 受欢迎的纽约市民主党市长、曾经的钢铁大师亚伯拉姆·S. 休伊特(Abram S. Hewitt)驳斥了共和党人关于保护有利于工人的观点。基于对钢铁行业的统计分析,他得出的结论是,向钢轨征收关税:

> 并不是为了惠及工人阶级,他们的工资水平没有高于其他任何业务部门,但是,至少可以保证从社会上获取相当于该国一般商业15倍的利润,如果不是20倍的话。因此,富人越来越富,穷人越来越穷。[35]

1890年中期选举反映出《麦金利关税法案》的灾难性后果。共和党在众议院失去了78个席位,其中,威廉·麦金利由于选区不公正的重新划分而失去了席位,民主党以235票对88票成为多数党。在接下来的两年里,随着全国各地工人罢工事件的爆发,对共和党来说,情况变得更加糟糕。最糟糕的情况于1892年6月发生在位于匹兹堡附近的卡内基钢铁公司的霍姆斯泰德钢铁厂(Homestead Steel Plant),因管理层决定降低工资而起。钢铁工人联合会(Amalgamated Association of Iron and Steel Workers)号召罢工,罢工导致工会成员与300名私人侦探支持的罢工破坏者之间发生血战,造成13人死亡,100多人受伤。

虽然这场悲剧与高关税的强制实施没有直接联系,但是对安德鲁·卡内基的怨恨——他的财富受到贸易保护主义政策的帮助,因为他降低了钢铁工人的工资——转移到对他的财富负有责任的共和党人身上。民主党人毫不犹豫地谴责《麦金利关税法案》的高关税，视其为霍姆斯泰德钢铁厂伤亡事件的根本原因。当格罗弗·克利夫兰再次获得该党在 1892 年总统选举中的提名时，他讽刺霍姆斯泰德钢铁厂为“工人从不公正的政府偏袒所造成的自私而卑鄙的那些人那里得到的温柔的怜悯”。[36] 对商业利益集团过度控制政府的明确谴责表现为，投票人坚决击败哈里森总统，使克利夫兰重返总统宝座。克利夫兰获得了 277 张选举人票，哈里森获得了 145 张选举人票，大众选票超出 40 万张。民主党还赢得了国会两院的多数席位，现在，在 34 年后，民主党人首次完全掌控政府政策。

图 4.1　《帕克》对 19 世纪后期国会与企业垄断勾结起来通过保护主义关税掠夺纳税人的讽刺描写："我们的强盗大亨"(Our Robber Barron)(作者收藏)

改革再次失败

1893 年的政治形势更加有利于关税改革，特别是与四年前克利夫兰最后一次倡议失败时相比，更有利于逆转《麦金利关税法案》的指向。保护关税——“所有托拉斯之母”——与滥用垄断推高消费者价格之间的联系现在超越了将穷人工资与英国式自由贸易政策联系起来的仇恨英国的言辞。但是，一些重要的分散力量和阻碍—— 一些是新的，一些是似曾相识的——挫败关税改革的进程。“银币的自由铸造”(Free Silver)问题和 1893 年的恐慌都被证明是阻碍关税改革行动的主要分散力量，而由商业利益集团主导的保守派参议院，甚至民主党多数派，远未确信改革的必要性。

1873 年的《铸币法案》将白银非货币化，引发了银币的自由铸造运动，这场运动极力想让银币重回市场，增加基础货币。正因为此，希望用通货膨胀后的美元偿还债务的农场主联盟、希望对他们生产的产品有更多需求的银矿主们以及越来越多的来自西方和南方的民粹主义者联合起来了。东部的金融大亨将受到通货膨胀式扩大货币供应的损害，他们反对“银铸币”。此项运动分裂了两个政党。共和党人普遍支持东部金融机构的利益，但是，一支强大的西部共和党人团体则支持银币自由铸造。财政保守主义者和主张“稳健货币”的克利夫兰反对回归银铸币，而民主党的一个重要组成部分支持民粹主义者的自由铸币事业。共和党人通过 1890 年《谢尔曼白银购买法案》(Sherman Silver Purchase Act)缓和他们的银铸币观点，该法案要求联邦政府用可以兑换成黄金或白银的特别国库券购买数百万盎司的白银。在 1893 年就职之后，克利夫兰将注意力从关税改革转向废除已经造成国家黄金储备逐渐耗竭的《谢尔曼白银购买法案》。

在克利夫兰上任前不久，由于 1893 年的恐慌，美国陷入了严重的经济萧条。民主党人将危机归咎于《麦金利关税法案》和《谢尔曼白银购买法案》，而共和党人则将危机归因于对克利夫兰降低关税计划的恐惧。恐慌是一种国际现象，更可能是经济泡沫破裂的结果；继经济大幅增长和过度建设之后就是通货紧缩,尤其是铁路行业。不管原因有多少,“十亿美元国会”的支持性支出和《麦金利关税方案》的禁止性关税率造成的收入损失导致了新的、巨大的财政赤字。财政赤字,加之恐慌的影响,在关税改革者中引起了相当大的不安,并滋长了再一次战斗的情绪。

然而,在通过召开废除《谢尔曼白银购买法案》的国会特别会议从而给予白银问题的重大关注之后,克利夫兰在 12 月开始的常规会议上,将关注点再次转向关税改革。新任筹款委员会主席、西弗吉尼亚州的威廉 · L. 威尔逊(William L. Wilson)开始起草一项新的草案,取消了对许多原材料(包括羊毛、铁矿石和煤炭)的关税,并且为了降低国内生产成本,降低了农业机械和零部件的税率。他没有提议大幅削减制成品的税率。尽管威尔逊降低了糖、钢轨以及他所谓的“伪产业”的锡板税率,但是,他仍然保持了禁止性关税水平。总的来说,《威尔逊草案》将麦金利的关税税率降低了 15%。当该草案在委员会上提出时,克利夫兰总统就加以称赞,但是,许多民主党人抱怨该草案没有达到“关税只为财政收入”的目标。一名批评家指责道,“它只是在程度上比《麦金利草案》更好,而不是在本质上”,并且“在卡内基和古尔德时代”将是无效的。在关于该草案的委员会报告中,威尔逊反驳说:“立法者必须始终记住,在开始时温和的改革是最安全的。”[37]

众议院轻松而迅速地通过了该草案,但是,参议院再次对改革表示了敌意。在参议院民主党拥有 44 票对 38 票的多数票,加之在关税问题上,还有来自新民粹主义政党的 4 名参议员的投票与民主党立场一致。然而,参议员亚瑟 · P. 戈尔曼(Arthur P. Gorman,D-MD)领导了一个代表受到《威尔逊草案》减税方案影响的受保护利益集团的民主党派系,如果他们不满意,就可以挫败该草案。这个派系要求戈尔曼负责修改该草案,导致增加了 634 项修正案。由于戈尔曼的派系破坏了民主党的团结,共和党加入战斗,削弱了众议院的改革力量。参议员奎伊迫使该草案讨论了 12 天,威胁“要把它说死”,并确保对数百种产品增加关税,特别强调对钢铁和棉花制品增加关税。糖业托拉斯也加入了这场博弈,在审议该草案的过程中,向两党游说的资金达到了六位数。一项调查证明,在这一过程中，参议员们也投机糖类股票。最终，参议院批准了将原糖的关税从0提高到40%的修正案，并保留了对精制糖的有效保护性关税。

在参议院通过该草案后，愤怒的克利夫兰总统写了一封抗议信，要求威尔逊将其记录在案，并敦促驳回参议院修正案。克利夫兰指责参议院修正案代表着放弃了民主党关税改革的誓言，意味着"政党的背信弃义和政党的耻辱"。这里所指的是去除了农场主羊毛关税，同时保持了"公司和资本家的铁矿石和煤炭"的保护性关税，这是"不一致的荒谬行为"。克利夫兰问道："沉浸于如此令人发指的歧视并且破坏了原则之后，我们该怎样面对我们的人民？"[38]

总统的这封信恰恰激怒了参议院对修正草案的支持者，导致他们拒绝妥协，并与正在开会讨论该草案的众议院达成一致。最终，众议院别无选择，只能接受参议院的修正案并通过该草案。考虑到否决该草案可能会被国会推翻，并且认识到《威尔逊-戈尔曼关税法案》(Wilson-Gorman Tariff Act)最坏也是《麦金利关税法案》的一个改进版，利用宪法的搁置否决权条款，克利夫兰总统让该法案成为法律，而没有他的签字。尽管克利夫兰有着大胆而精心的计划，但是最终看来，克利夫兰缺乏政治技巧和必要的关键驱动力来领导国家实施有效的关税改革。用传统的书信方式向国会表达自己的观点之后，他把完成这项工作的任务交给了其他人。在受保护的利益集团控制参议院多数票的时代，总统需要更多的投票来赢得改革。

所得税

然而，在《威尔逊-戈尔曼关税法案》中，不一致的关税修正案并不是唯一的财政改革尝试。自南北战争结束以来，该法案第一次将所得税纳入其中，支持者们认为，所得税是"关税改革的侍女"，对消费品递减关税加以补偿是必要的，消费品关税主要落在穷人和工人阶级身上。在面对国会发表的演讲中，克利夫兰已经同意对公司收入征收一点税，但是，他和威尔逊担心增加所得税可能带来的政治后果。在众议员威廉·詹宁斯·布莱恩(William Jennings Bryan,

D-NE)和本顿·麦克米林(Benton McMillin, D-TN)的领导下,所得税的支持者们认为,需要增加关税收入,并将一些负担转移到富人身上。布莱恩要求对收入超过 2 500 美元的所有人征收综合累进税,但是,威尔逊勉强接受了一项委员会修正案,该修正案被纳入最终法案,对超过 4 000 美元的所有个人和公司收入征收 2%的税。财政部估计,在当时的 6 500 万美国人中,只有 85 000 人拥有这种规模的应税收入。这些高收入者大多生活在东北部各州。反对者称这项措施是劫富济贫的措施,是对节俭美德和财富创造者的攻击。两院中都没有共和党人投票赞成该草案,并且,少数投票反对该草案的民主党人主要来自东北部。[39]

在 1895 年 1 月 1 日《威尔逊-戈尔曼关税法案》生效后不到 3 个月的时间里,美国最高法院举行了"波洛克诉农场主贷款与托拉斯案件"(Pollock v. Farmers' Loan and Trust)[40] 听证会,经过激烈的争论,以违反宪法为由取消了所得税的规定(这是一个极具争议性的案件),赞成和反对的投票比例为 5∶4,分歧很大。这是一个令人惊讶的决定,颠覆了近一个世纪的司法先例,并且出现在最高法院支持南北战争期间征收所得税的 14 年之后。[41] 法院认为,依照宪法,国会决定征收的"直接税"的权力必须按人口比例分配到各州,方式与国会代表名额分配的方式一样。首席大法官梅尔维尔·富勒(Melville Fuller)在波洛克案件审判法庭上发言时指出,宪法的起草者认为,"在调整州与州之间的代表制度时,应考虑到他们的相对财富,因为那些被征收重税的人在政府中应具有相称的影响力"。[42] 然而,1796 年,包含 3 位参加 1787 年宪法大会的成员在内的最高法院坚持一个观点,包括被波洛克案件逆转的案件主体,即"直接税"不包括所得税等税收,无须在各州之间按比例分摊。[43]

法官意见反映出的辩论折射了国会的激情辩论。法官史蒂芬·菲尔德(Stephen Field)在他的意见中简单地认为所得税:

> 区别对待了收入达到 4 000 美元的人和收入没有达到 4 000 美元的人。因此,在我看来,通过这种任意的差别化,整个立法……这是基于阶级的立法,必然导致压迫和权力滥用,以及导致社会普遍动荡和骚乱……目前对资本的攻击

……一步步走向了……一场穷人对富人的战争。[44]

法官爱德华·道格拉斯·怀特(Edward Douglass White)的不同意见表明,大多数法官放弃了他们前任的既定结论,拒绝承认国会"100 年来普遍共识所承认的权力"。他写道,这个法院正在裁定重大的宪法问题,"仅仅按照暂时担任法官的那些人的意见,这样我们的宪法将会……丧失价值,并且变成最可能危及人民权利和自由的工具"。[45] 另一位持不同意见者——法官亨利·布朗(Henry Brown)——称多数意见是"将征税权力还给了有钱阶级",并表达了希望,即这不要成为"在卑鄙的富人专制政治中泯灭人民自由的第一步"。[46]

最能激发人们热情的异议出自法官约翰·马歇尔·哈兰(John Marshall Harlan),此人后来被称为"伟大的异议者"。像其他异议者一样,他以博学的法律推理和先例作为其结论的前提。但是,他在意见中提到了歧视,认为现行税收使"大部分人民"的负担不成比例,有利于"聚集了财富的富人的统治"。作为法官,哈伦发表意见的方式成为保守派媒体激烈争论的话题。《纽约太阳报》(*New York Sun*)写道:"他敲打着桌子,在首席大法官和菲尔德法官面前摇动着手指,然后愤怒地转过身……向着他的多数同僚,并表达他的异议……以一种更适合在民粹主义者烧烤聚会中发表演说的语调和语言,而不是在最高法院对法律问题发表意见的语调与语言。"一份旧金山报纸指责哈兰发表了"民主党的政治演说",忽视了自己是共和党人的事实,他曾作为共和党参选人两次竞选肯塔基州州长。哈兰曾在 1876 年共和党全国代表大会上扮演关键角色,大会提名卢瑟福·B. 海耶斯(Rutherford B. Hayes)为总统候选人,于次年当选总统的海耶斯任命哈兰为最高法院大法官。在其他报纸对哈兰异议的批评中,《纽约时报》援引俄亥俄州一位匿名律师的话说,"众所周知,哈兰法官有做总统的野心",并声称他希望"在全国引起共鸣"。由于哈兰的观点引发了所有争议,他给他的儿子们写了一封长信,敦促他们不要"对撒谎的报社记者发出的报道感到任何惊慌",并解释了他对情况的担忧:

最近的决定会像德雷德·斯科特案被裁决时一样,让美国人民感到憎恨。那是奴隶财产所有者企图统治美国的自由人,强迫

> 他们违背他们的愿望，去维持奴隶制。如果国家永久地认可这是一条好的法律，那么最近的决定将具有这样的效用，使美国的自由人成为积累了财富的富人的奴隶。[47]

最高法院多数派已经被称为公司既得利益集团的工具，已经批准了针对劳工罢工的禁止令[在劳动领袖戴波斯案（In re Debs）中体现出来][48]，并且废除了《谢尔曼反托拉斯法案》[美国诉 E. C. 奈特公司（E. C. Knight Co.）案]。[49] 还是这个法院，对 1896 年普莱西诉弗格森（Plessy V. Ferguson）案[50] 下达裁定，决定了接下来半个世纪的吉姆・克劳（Jim Crow）种族隔离制度。但是，自德雷德・斯科特案裁决以来，波洛克案的裁决成为广受谴责的裁决。尽管许多东部的报纸支持这一裁决，但是，全国各地的报纸都接受法院中持不同意见者的观点，像布莱恩、大多数民主党人和民粹主义者所做的那样。佐治亚州的《奥古斯塔纪事报》（*Augusta Chronicle*）* 指控波洛克案的裁决"抢劫了大众……以利于拥有国家财富的少数人"。《圣路易斯快邮报》（*St. Louis post-Dispatck*）写道，这一观点得以证实，即"公司和富豪""安全地侵占"了最高法院，而《纽约世界报》（*New York World*）称之为"自私自利战胜了爱国主义"。[51] 尽管到 1895 年年底，国会中的民主党人提出了宪法修正案，要推翻这一裁决，但是最终成果必须再等 18 年，在 1913 年国会才批准了《宪法第十六修正案》。

麦金利和丁格利关税法案

克利夫兰总统在《威尔逊-戈尔曼关税法案》中关税改革的失败并不是他仅有的问题。1894 年 7 月，当他召集联邦军队镇压芝加哥的普尔曼（Pullman）工厂罢工——美国历史上第一次全国性罢工——时，有组织的劳工公开谴责和批评克利夫兰的政府。同样，他对银铸币的攻击使他失去了越来越重要的民粹主义者的选票。这些行为，加上 1893 年恐慌之后经济萧条的毁灭性影响，导致克

---

* 具有讽刺意味的是，在美国，该报今天的社论是美国最为保守的。为了充分披露这一点，有人注意到，我投票赞成 1993 年"克林顿预算案"——包括增加所得税，《奥古斯塔纪事报》刊登了一篇社论，对之前支持我参选众议员表示道歉。

利夫兰在 1894 年中期选举中失去的民主党选票数量创下了纪录，并在 1896 年的选举中完全失去了民主党手中的选票。克利夫兰政治生涯的终结标志着共和党对宾夕法尼亚大道两端的 16 年统治的开始。

第二任期内，克利夫兰在民主党中的生存能力急剧下降，这与威廉·詹宁斯·布莱恩的优势相呼应。1890 年，布莱恩作为内布拉斯加州的民主党代表当选众议员，《麦金利关税法案》后果出现后，布莱恩做了他的第一次公开演讲，以支持关税削减，三小时的演讲奠定了他作为一个强大的演说家的名声。他的演讲也使他成为反对保护主义的主要代言人，他将保护主义描述为“贪婪中的构想，邪恶中的时尚”。[52] 在众议院只有两个任期且竞选参议员失败之后，令人震惊的是，布莱恩在 36 岁时成为民主党和民粹主义政党 1896 年的总统候选人。除了他的演讲技巧外，布莱恩和克利夫兰的区别在于他反对金本位制，赞成银币自由铸造。在民主党中，银铸币越来越受欢迎，表现了从克利夫兰的财政保守主义到布莱恩的经济激进主义的转变。布莱恩被称为“伟大的平民”，在党内他采纳“银币自由铸造”，并在 1896 年全国代表大会上发表了著名的“黄金十字架”演说，从而在三位民主党总统提名人中排名第一。他在演说中说：

> 我们需要的是一个安德鲁·杰克逊式的人站出来，正如杰克逊站出来那样，反对有组织的富人的侵犯……我的朋友们，我们要决定的问题是：民主党应该为哪一方而战斗？是“闲置资本的持有人”，还是“挣扎求生的群众”？……我们会满足他们的要求反抗金本位制，对他们说：你不能把荆棘王冠强压在劳动人民头上，更不能把人类钉在黄金十字架上！[53]

尽管来自山区和西部地区的许多共和党人强烈支持银铸币，但是共和党重点关注的是关税问题。他们谴责 1893 年的恐慌和关税改革之后的大萧条，尽管克利夫兰的改革机能失调，直到 1894 年才开始。共和党全国代表大会选择提名俄亥俄州州长威廉·麦金利——作为备受争议的《麦金利关税法案》的同名人物——重返全国政治舞台，以保护主义纲领为基础开展政治角逐。

马克·汉纳(Mark Hanna)是一位棱角分明的实业家，也是亚历山大·汉密尔顿将商业利益与政府政策相结合的“处方”的坚定追随者，他管理着麦金利的竞选活动。汉纳相信，在一个民主国家里所有问题都是“金钱问题”，后来，他的富有商人的典型角色转变成为“镀金时代”的参议员。威廉·伦道夫·赫斯特(William Randolph Hearst)刊登在《纽约日报》(*New York Journal*)上的政治漫画将汉纳描绘成控制麦金利的商业霸权者，汉纳身上包裹着带有美元符号的装饰。后来，赫斯特用类似的漫画攻击麦金利总统不愿意在古巴与西班牙开战，原因是马克·汉纳所代表的商业利益集团的反对。[54] 运用现代技术以可怕的警告压制选民，警告他们布莱恩可能成为总统，这样汉纳就能够筹集到数额之大前所未有的竞选资金，以 12 倍的差距令布莱恩竞选筹集的资金相形见绌。筹集的钱主要来自制造业和金融业利益集团，他们反对降低关税，反对终止金本位制。在致力于描写南北战争后金钱政治腐败的《背叛年代》(*Age of Betrayal*)一书中，作者杰克·贝蒂(Jack Beatty)总结道：“1896 年，公司收购了共和党的控股权。”[55] 汉纳的策略是建立一个永久性的共和党多数，成为现代竞选的模板，由此引起共和党政治战略家卡尔·罗夫(Karl Rove)的钦佩，卡尔·罗夫是一个世纪后类似设计的策划者。

麦金利承诺在一项国际协议中采取行动，巧妙地解决了白银问题，他还承诺通过提高关税来恢复国家繁荣。共和党参选人赢得了近 51%的大众选票，获取了北部和东部所有工业州的支持。布莱恩将其失败归责于格罗弗·克利夫兰的遗产，赢得了所有的南部和大多数西部各州的支持。克利夫兰的“黄金民主党”完全有可能投票支持麦金利，从而造成了选票的差距。

麦金利信守其承诺，在就职后立即召开了一次国会会议，旨在通过一项草案，再次提高关税。事实上，来自缅因州的保护主义共和党人纳尔逊·丁格利(Nelson Dingley)已经为这项草案工作了两年。共和党接管众议院后，在 1894 年的选举中丁格利被任命为筹款委员会主席。在这场选举中，他的前任筹款委员会主席威廉·L. 威尔逊和其他 112 名民主党众议员一同失败。受保护的利益集团，特别是铁、钢和羊毛利益集团，满足了马克·汉纳要求他们对麦金利竞选活动捐款的要求，现在他们要求获得红利。丁格利以一项草案作为回应，该草案恢复了1894年《威尔逊-戈尔曼关税法案》中被削减或取消的许多关税,并在会议开始后两周众议院就通过了该草案。

对于上述草案,参议院花了更多的时间,按照参议院的传统做法,降低了一些关税税率,同时对于提出请求的产业给予更高级别的保护。全国羊毛制造商协会秘书长甚至在财政委员会主席纳尔逊·奥德里奇的办公室里保留了一张桌子,似乎他是参议员的书记员,而不是羊毛利益集团的代理人一样。他努力提高原毛的关税税率,使其重新回到1890年《麦金利关税法案》的水平,而羊毛制成品关税税率则达到了创纪录的55%。众议院和参议院两院协商委员会的最终草案报告称,由于平等对待羊毛的新要求,许多其他产品的关税高于两院通过的关税税率。由此产生的1897年《关税法案》,被称为《丁格利关税法案》(Dingley Tariff Act),将许多类别商品的保护主义标准推到了一个新的高度,平均关税税率达到50%。

然而,《丁格利关税法案》也开启了协商关税改革可能性的大门。该法案规定总统有权与任何其他国家谈判双边贸易条约,以便在互惠基础上降低关税,但须经参议院批准。几十年来,美国一直保持着世界上受保护程度最高的市场,当美国工业的显著增长达到国内市场的饱和点时,美国发现作为报复,越来越多的外国市场对美国的出口产品关闭了大门。麦金利总统在1890年的法案中加入了互惠条款,却在1894年的法案中删除了互惠条款,他认为互惠谈判是保护国内产业发展机会的一个补充措施。他立即任命一名特别全权代表开展双边贸易谈判,到世纪之交,与法国、德国、意大利、阿根廷和葡萄牙签署了贸易条约。然而,参议院中的共和党领导集团拒绝接受这些条约。

1901年夏天,麦金利在前一年压倒性的连任选举中获胜之后,开始努力说服参议院批准这些条约。在纽约布阿洛泛美博览会上,在他最后一次演讲中,这是一次被他称为"生命中最重要的(演讲)"[56],麦金利解释了互惠协议的简单理由:

> 我们决不能寄希望于幻想中的安全,即我们可以永远卖出所有东西,而买入很少或什么都不购买……排他的时期已经成为过

> 去。我们的贸易和商业扩张是紧迫的问题。商业战争是不可能获利的。善意和友好贸易关系政策将避免报复行为。互惠条约与时代精神是一致的，报复措施则不是。如果，也许，财政收入已经不再需要我们的一些关税，也不再需要关税来鼓励和保护我们国内的工业，为什么不应该利用它们来扩大和增进我们的海外市场？[57]

次日，一名无政府主义者向麦金利总统开枪，对他造成了致命的伤害。在作为副总统继任总统后的第一份声明中，西奥多·罗斯福（Theodore Roosevelt）发表誓言："为了维护和平、繁荣以及我们钟爱的这个国家的荣耀，将继续绝不间断地贯彻麦金利总统的政策。"[57] 但是，他很快便放弃了这一誓言，在白宫的第一天，他对记者说："我是总统，是我而不是麦金利，作为候选人，由选举人投票选出的总统，应当准确地践行每一句话和采取每一项行动。"[58]

注释：

1. 19 Cong. Rec. 4,405 (1888).
2. *Official Proceedings of the Republican National Convention Held at Chicago, June 3–6, 1884*, 92.
3. Johnson and Porter, *National Party Platforms 1840–1972*, 66.
4. "James G. Blaine, Acceptance Letter, July 15, 1884," Schlesinger, *History of U.S. Political Parties*, vol. 2, 1460–1469.
5. 17 Cong. Rec. 113 (1885).
6. 18 Cong. Rec. 7 (1887).
7. *Public Opinion* 26, no. 25 (June 22, 1899): 771.
8. 19 Cong. Rec. 9–11 (1888).
9. Reitano, *The Tariff Question in the Gilded Age—The Great Debate of 1888*, 11.
10. Ibid., 19.
11. 19 Cong. Rec. 3,058 (1888).
12. 19 Cong. Rec. 3,059 (1888).
13. 19 Cong. Rec. 3,060, 3,063 (1888).
14. 19 Cong. Rec. 3,063 (1888).
15. Ibid.
16. 19 Cong. Rec. 3,064 (1888).
17. 19 Cong. Rec. 3,065 (1888).
18. 19 Cong. Rec. 3,069, 3,071 (1888).
19. Andrew Carnegie, "Wealth," *North American Review* 148, no. 391 (1889): 653–664, http://www.jstor.org/stable/25101798.
20. Reitano, 103.
21. Ibid.
22. Ibid., 98–99.
23. Caro, *The Years of Lyndon Johnson: Master of the Senate*, 34.

24. Jerome L. Sternstein, "Corruption in the Gilded Age Senate: Nelson W. Aldrich and the Sugar Trust," *Capitol Studies* 6, no. 1 (Spring 1978): 13–37; "Senator Aldrich and Sugar—The Republican Tariff Leader Owned by the Trust Indebted to It for Financial Aid," *New York Times*, June 20, 1894.

25. Johnson and Porter, ed., *National Party Platforms: 1840–1972*, 76–78.

26. Ibid., 80.

27. Tarbell, *The Tariff in Our Times*, 175.

28. Ibid., 177.

29. Krass, *Carnegie*, 238.

30. Reitano, 123.

31. Tarbell, 188.

32. Thomas B. Reed, "Rules of the House of Representatives," *Century Magazine* 15 (March 1889): 795, quoted in Gould, *Grand Old Party: A History of the Republicans*, 106.

33. Tarbell, 312.

34. Gould, 109.

35. Krass, 256.

36. Brodsky, *Grover Cleveland*, 280.

37. Joseph Nimmo Jr., "The Views of the Majority," *American Economist*, January 5, 1894; Tarbell, 218, 220.

38. 26 Cong. Rec. 7712 (1894).

39. Kyvig, *Explicit and Authentic Acts: Amending the U.S. Constitution, 1776–1995*, 195–196.

40. 157 U.S. 429 (1895) and 158 U.S. 601 (1895).

41. *Springer v. United States*, 102 U.S. 586 (1881).

42. *Pollock*, 157 U.S. at 563–564.

43. *Hylton v. U.S.*, 3 Dallas (3 U.S.) 171 (1796).

44. 157 U.S. at 596, 607.

45. Id., at 608, 652.

46. 158 U.S. at 695.

47. David G. Farrelly, "Justice Harlan's Dissent in the Pollock Case," *Southern California Law Review* 24 (1950–1951): 175, 177–180.

48. 158 U.S. 564 (1985)

49. 156 U.S. 1 (1895).

50. 163 U.S. 537 (1896).

51. *Augusta Chronicle, St. Louis Post-Dispatch,* and *New York World* quoted in Kyvig, 199.

52. Leinwand, *William Jennings Bryan: An Uncertain Trumpet*, 31–32.

53. William Jennings Bryan, "Cross of Gold Speech," delivered at the Democratic National Convention, Chicago, IL, July 9, 1896, http://teachingamericanhistory.org/library/index.asp?document=163.

54. Thomas, *The War Lovers*, 141, 223.

55. Beatty, *Age of Betrayal: The Triumph of Money in America, 1865–1900*, 367.

56. Phillips, *William McKinley*, 116.

57. Richardson, *A Compilation of the Messages and Papers of the Presidents 1789–1897*, vol. 10, 1920, 393–397.

58. "Mr. Roosevelt Is Now the President," *New York Times*, September 15, 1901.

59. Goodwin, *The Bully Pulpit*, 280.

第5章

进步时代的贸易改革

垄断和特权问题无疑集中在关税问题上。那是孵出幼鸟的巢。[1]

——伍德罗·威尔逊州长，1912年

在整个“镀金时代”，提高美国工人丰衣足食的水平是支持保护性关税演讲中的一个重要主题。保护主义的支持者认为，即使是稍微低一点的关税税率——常常被夸大为“自由贸易”，也会阻碍增加就业岗位，并不可避免地导致英国工业中支付的“贫困的工资水平”。然而，近50年来，以劳工名义推行的贸易保护主义政策使受保护行业中的大多数工人几乎没有或根本没有从受惠行业的高关税中得到好处，而没有受到保护行业中的工人只看到了更高的价格水平。19世纪最后几十年，收入不平等和劳资纠纷达到了历史上的最高水平。在世纪之交，将近200万儿童每天和绝望的妇女一起工作12小时，在没有窗户的血汗工厂里每周工作7天。产业工人和矿工像农奴一样生活在企业生活区和城市贫民窟。农场主在银行、铁路和高关税控制的市场中艰难求生。

厄普顿·辛克莱(Upton Sinclair),一位27岁的魔幻现实主义作家,与新兴进步时代的调查记者密切合作,生动而感人地描述了世纪之交工业界共同的“工资奴役”现象。在最畅销的小说《屠场》(*The Jungle*)中,他对牛肉托拉斯的芝加哥肉类包装行业不幸的、不卫生的工作条件的描绘加速了全国范围内对这个时代资本家和劳动力之间贫富差距过大的关注。“一整天,”辛克莱在一篇关于计件取酬的装配工人的小说中写道,“这个人会如此辛勤工作,他全身心投入的目的是为了每小时挣23美分,而不是22.5美分……兴高采烈的工业界领袖们会在他们的宴会厅里夸耀这一点,告诉我们的工人是如何接近其他国家工人两倍的劳动效率的。”[2]

这本书最早于1905年在《呼吁理性》(*Appeal to Reason*)周刊上连载,立即得到了西奥多·罗斯福总统的称赞。罗斯福总统邀请辛克莱在白宫共进午餐,随后,他对屠宰场和肉类包装行业进行了调查,由此导致美国第一部消费者权益保护法的通过,即1906年的《纯食品和药品法案》(Pure Food and Drug Act)。辛克莱的作品也引起了全世界的关注,获得了英国议会一位新议员温斯顿·丘吉尔(Winston Churchill)的高度好评,丘吉尔对书中呈现的“污秽、悲惨、可憎的细节”感到震惊了,如果“只有十分之一是真的”,这个社会就应当感激这本书的作者。[3]

关税保护主义的滥用对工人和消费者的影响也受到了广泛的谴责,这些谴责都是《屠场》针对工业的谴责。在一个情景的描写中,辛克莱用一些讽刺的话引起了人们对一名虚构的共和党参议员竞选演讲的关注,演讲中赞扬高关税带给工薪阶层的好处:

> 能言善辩的参议员正在解释保护制度;这是一种聪明的策略,工人允许制造商向他收取更高的(商品)价格,以便他能得到更高的工资;因此,一只手从他的口袋里拿出钱,另一只手又把一部分钱放了回去。对这名参议员来说,这种独特的安排不知何故变得与宇宙的真实性相一致。[4]

调查性新闻在进步运动中起到了推动作用,也参与了推动关税改革。最受欢迎的一群记者是其中的践行者，他们是艾达·米内瓦·塔贝尔、雷·斯坦纳德·贝克（Ray Stannard Baker）、林肯·斯坦芬斯（Lincoln Steffens）和威廉·艾伦·怀特（William Allen White），他们都是《麦克卢尔杂志》（*McClure's Magazine*）的职员，该杂志是一本插图文学与政治月刊，首次出版于1893年。《麦克卢尔杂志》的缔造者是塞缪尔·S. 麦克鲁尔（Samuel S. McClure），他是一个喜怒无常的天才，他对政治调查的想法层出不穷，具有敏锐审视文学才能的眼光。他把美国读者介绍给鲁迪亚德·基普林（Rudyard Kipling）、亚瑟·柯南·道尔（Arthur Conan Doyle）、J. M. 巴里（J. M. Barrie）和罗伯特·路易斯·史蒂文森（Robert Louis Stevenson），并引进了威拉·凯瑟（Willa Cather）和斯蒂芬·克兰（Stephen Crane）。然而，正是这些彻头彻尾而激扬的政治因素，使《麦克鲁尔杂志》成为进步时代的旗手而全国闻名。雷·斯坦纳德·贝克对J. P. 摩根将多家钢铁制造商掠夺性和反竞争性地合并为美国钢铁公司的综合分析以及艾达·米内瓦·塔贝尔对约翰·D. 洛克菲勒在创建标准石油公司垄断地位中滥用商业操作的系列报道为作家们带来了名声，并激发了公众对托拉斯的谴责。后来，因出版的两卷本"标准石油系列"，塔贝尔广受赞誉。按照塞缪尔·麦克卢尔的说法，她变成了"美国最著名的女人"。[5]

在与反复无常的塞缪尔·麦克卢尔发生争执之后，1906年艾达·塔贝尔和其他明星记者离开了《麦克卢尔杂志》，并创办了《美国人杂志》（*The American Magazine*），与其成为竞争对手。这些杂志的一个中心主题是改善美国劳工的恶劣工作条件和世纪之交劳资之间收入和财富分配的巨大不平等。塔贝尔认为，"特殊的特权问题以及特殊的特权导致的财富分配不平等"是"美国人民面临的最大问题"。她认为，保护性关税"增进了特权"，"导致了许多社会不平等，而这些社会不平等正是政治体的诅咒"，并助长了美国"财富集中在少数个人手中"。[6] 塔贝尔在新杂志上的第一次出手，就写了一个由六个部分构成的系列，于1906—1907年发表，描绘了自南北战争以来半个世纪关税造成的霸道特殊利益集团和腐败政治。

罗斯福与塔夫脱

罗斯福总统与《麦克卢尔杂志》的团队建立了密切的关系，并在自己对托拉斯的攻击中得到了他们的支持，尽管在1906年的一次演讲中总统攻击了调查记者，关系有点紧张，他在演讲中称他们为“扒粪者”(muckraker)。罗斯福向雷·斯坦纳德·贝克解释说，他指的是赫斯特报社的丑闻作家，但是，他粗略地给出了一个“扒粪者”的头衔，并且各地的调查记者都将其作为荣誉的标志。总统与该群体的另一个分歧是，他对进步运动中日益增长的反保护主义派别无动于衷。

图5.1 大约在1909年的总统西奥多·罗斯福和威廉·霍华德·塔夫脱(William Howard Taft)(国会图书馆)

在关税问题上，罗斯福有一段心理矛盾的历史。当他在哈佛大学读书时，他赞成自由贸易的哲学，但是，当进入共和党政治圈时，他轻易地隐藏了自己的自由贸易理念，以获得作为保护主义者的更安全的政治地位。“感谢上帝，我不是一个自由贸易者。”他在1895年写道。贸易保护主义者常常把他当作自己人。[7] 事实是，这个话题从来没有以某种方式让他高兴过，特别是没有达到他被战争、领土扩张主义以及后来的（环境）保护、反托拉斯和商业管制所迷住的程度。在他第一次国会演讲的初稿中，他写了一段关于促进麦金利的互惠条约的文字。然而，仅在麦金利去世的一个月后，在罗斯福与宾夕法尼亚州的贸易保护主义者、钢铁制造商和游说者约瑟夫·沃顿的会面中，开始了他的贸易政治的再教育。在会面中，当罗斯福与沃顿分享草稿中所用的互惠语言时，沃顿表示反对。于是，新总统决定与参议员奥德里奇商讨这个问题，奥德里奇当时事实上为共和党人操控了参议院。在与奥德里奇共度一个下午之后，罗斯福得到奥德里奇的建议是“不要触动关税”，这样，罗斯福放弃了麦金利的互惠政策。[8]

人们很难指责这位勇敢的“义勇骑兵队”(Rough Rider)队长攻击圣胡安山时表现胆怯，但在这种情况下，这位年轻总统的进步理想受到了政治现实的约束。正如马克·汉纳所说，罗斯福可能已经是一个“该死的牛仔”，他确实结束了南北战争后软弱总统的历史时期，但是，他无法承受在总统任职之初的一场重大立法斗争中近乎注定的失败。即使他可以让麦金利的互惠条约在以保护主义者为主的参议院获得三分之二的投票通过——这是极其不可能的，共和党众议院领导层通过立法使执行条约中低关税的可能性微乎其微。40多年来，毫不妥协地致力于保护已经成为共和党的核心原则。当时的共和党全国委员会主席、1904年总统候选人提名的主要竞争对手、参议员汉纳警告罗斯福说：“只要我留在参议院，并且能举起手来阻止你，你就休想将关税法案修订提到议事日程。”[9] 与格罗弗·克利夫兰不同，罗斯福不愿意用他所有的政治资本下注。此外，他认为关税是一个“权宜之计而非道德”的令人厌烦的问题。[10] 他正准备对公司托拉斯发起攻击，在他看来，这是一个道德问题，并且，他不希望在关税问题上被击败而降低他的信誉。

罗斯福甚至向奥德里奇提交了他关于关税和货币问题的演讲，以获得认同,从而确保他所说的是“我们所有人都能同意的”。他说,任何关税的修改都应该“主要从商业利益的角度”做出。[11] 除了他没有成功地为古巴和菲律宾降低关税,以及在美西战争后,由于受到道德义务的驱使,罗斯福在第一个任期的剩余时间里避免了关税问题。

虽然保护性关税仍然是1904年总统选举中共和党阵营政治纲领的重要组成部分,但是,关税改革运动在党内的势头越来越猛。1900年,美国制造商协会(National Association of Manufacturers)开始呼吁谈判和通过互惠条约,为“过剩的产能”提供市场。国际社会对《丁格利关税法案》的反应引发了世界许多地方针对美国出口商品速推的贸易战,美国农产品出口的大门事实上被关闭。西部农业州的共和党人对此反应强烈。在1884年的选举中,马克·吐温(Mark Twain)支持克利夫兰而背叛丑闻缠身的詹姆斯·布莱恩,马克·吐温的观点是许多西部和进步派共和党人的典型观点,他们认为高关税是对西部的歧视,并助长了垄断:

> 通过一个非同寻常的关税制度,(共和党)创造了符合少数富人利益的大量的大公司,并且通过最巧妙和最有说服力的推理,它使众多的、心怀感激的穷人相信关税制度是为了他们的利益。[12]

艾奥瓦州州长艾伯特·B. 康明斯(Albert B. Cummins),作为一位进步的共和党人,提出“艾奥瓦理念”(Iowa Idea),以消除构成托拉斯的工业产品的所有关税保护。尽管许多人认为关税是“所有托拉斯之母”,但是,罗斯福将关税问题与针对垄断者的进步议程分离开来,他称垄断者为“通过各种邪恶方式大规模积累掠夺性财富”的大师。[13] 他把1907年的恐慌归责于这些“拥有巨额财富的恶徒”。[14] 然而,像马克·吐温这样从未回到共和党阵营的改革者,只要罗斯福继续支持保护性关税,就不能认可罗斯福是垄断的真正反对者。

罗斯福在第二个任期内不时谈到修改关税法案的建议,但是,他从不愿意在这个问题上与国会中保守的共和党领导层进行无效的、破坏性的政治斗争。保守的共和党领导层现在不仅包括纳尔逊·奥德里奇——当时参议院权力的代表,还包括众议院新任的独裁议长约瑟夫·G. 坎农(Joseph G. Cannon,R-

IL)，他是共和党“卫道士”级的顽固的保护主义者，进步时代的总统常常与他不一致。罗斯福认为，他为反垄断和公司监管所做的斗争是一个原则问题，所以，他愿意为之而战斗。“在关税问题上，”他说，“我不会和我的党派决裂。”[15]“从所有迹象来看，”艾达·塔贝尔观察道，“西奥多·罗斯福应该是关税改革的理查德·科布登，但是，他不认为关税改革值得他付出钢铁般的意志。”[16]

然而，罗斯福的一位心腹不赞成修改关税法案，这位心腹就是他的战争部部长与亲自选择的白宫继承者威廉·霍华德·塔夫脱。像罗斯福一样，在接受常青藤联盟的教育期间，塔夫脱被灌输以赞美自由贸易的价值。他的老师是已经成名的耶鲁大学自由市场经济学家和社会学家威廉·格雷厄姆·萨姆纳(William Graham Sumner)。即使走上了政治舞台之后，塔夫脱也一直反对高关税。作为菲律宾的总督，他主张美国和从与西班牙战争中获得的新疆域之间的自由贸易。1909年当他获得总统职位时，作为罗斯福的门徒，公开承诺继承其前任未尽的进步议程和誓言在关税法案修订方面更进一步。然而，不久新总统真正令罗斯福失望了，事态很快变得明朗，他对成为罗斯福进步议程的倡导者以及自己的关税改革承诺是准备不足的。像他之前的格罗弗·克利夫兰那样，塔夫脱具有良好的改革意愿，但是，缺乏政治技能、个性和毅力执行改革。

最初，塔夫脱极力兑现他在关税问题上的承诺，并且修订关税法案的时机已经成熟。保护主义在共和党内似乎已经达到了顶峰。“反对派”共和党参议员派系——显然是在威斯康星州的罗伯特·拉·福莱特(Robert La Follette)领导下——准备将罗斯福推动的“进步运动”推进到一个新的水平。在获得了党内越来越大的影响力后，他们要求进行扫荡式改革，包括降低关税。甚至，“受益于关税的强盗男爵”——安德鲁·卡内基——现在也退休而享受休闲生活，并将他的钢铁企业出售给J. P. 摩根的金融集团后从事慈善事业了，他在《关税之我的经验与看法》(My Experience with, and Views upon, the Tariff)这篇文章中，呼吁废除对绝大多数进口商品的保护。在国会对其这篇文章的咨询会上，卡内基宣称：“就钢铁而言，自由贸易的时代已经到来。”这导致掌管美国钢铁公司的他的继任者的愤怒，后者依然非常坚持保护主义，并视卡内基的评论为虚伪的背叛。他坚持认为，与继续“目前的过度保护制度”相比，在无关税条件下钢铁企业将更好。[17]

在1909年春，当国会开始着手处理塔夫脱的贸易建议时，艾达·塔贝尔在她反关税系列中加入了更多的文章，这些文章后来结集成书，以《我们时代的关税》为名出版。在《每一分钱都很重要》(*Where Every Penny Counts*)这篇文章中，她说，“国会关税听证会上反复出现的一个提示”是“对这项或那项关税使一件零售商品的成本增加了一两美分看法的蔑视”。她详细地回顾了一些受保护行业(包括钢铁、纺织和制鞋业)工人的平均工资水平，她发现，数百万美国家庭的年收入不足500美元。“对于这些家庭而言，”塔贝尔写道，

> 一夸脱牛奶的价格上涨一美分，就像是一场灾难……食物、煤炭、普通衣物的费用增加一美分，就意味着食物少了、温暖少了、庇护所少了，但是，在最好的时候他们也从未得到充足的这些必需品。这些预算强有力地表明，在《丁格利关税法案》之下，对这个国家的广大人民来说，生活成本的迅速上升不过是一场悲剧。

在1897年的《丁格利关税法案》实施之后的10年里，商品平均价格上涨超过35%，国家财富以“耸人听闻的”水平增长，但是，制造业工人的工资每年增长不到2%。[18] 塔贝尔发自内心地喜欢总统塔夫脱，把他看成“最友善、最谦虚、最幽默、最有哲理的人”。[19] 她和同事雷·贝克都认为他真诚地对待关税修正，并且她的一系列文章为他的努力增加了动力。与罗斯福反托拉斯运动不同，塔夫脱从未利用记者们对关税改革提供的支持力量。

尽管在进步派中改革运动的力量日益壮大，但是，东部当权派和守旧的共和党保守派仍然保持着国会中的权力平衡。从一开始，议长约瑟夫·坎农——正确而明智的塔夫脱视其为一个鲁莽的、反动的暴君——是他的主要障碍。坎农有权任命所有委员会成员和主席，控制所有立法，并要求议员在众议院发言要事先获得他的许可，所以，坎农是美国历史上最有权势的议长。他曾反对塔夫脱在共和党政纲中承诺修正关税的主张。在得知塔夫脱打算在宣誓就职后立即召集国会进行关税改革的额外会议，于是，在塔夫脱当选后，坎农以一次反

图 5.2　《帕克》把超级强盗男爵安德鲁·卡内基描绘成“布鲁图斯”(Brutus)，他卖掉股权之后，转而反对钢铁行业的保护政策：“你也有份，安德鲁！”(国会图书馆)

对大幅削减关税以及暗示不应把关税改革的政治纲领中的立场当真的贸易保护主义者的演讲，向塔夫脱的关税改革发起挑战。塔夫脱非常愤怒，他观察到这场演讲“具有应该让所有相信政治诚实且与人交往的人厌恶的特性”[20]。作为回应，总统决定帮助国会中进步的共和党“反对派”击败坎农连选连任议长，或者至少修改规则，从而剥夺坎农在众议院中的独裁权力。被包括罗斯福在内的亲密盟友警告之后，塔夫脱很快就放弃了击败坎农连选连任的努力。他们的警告是，这是一个愚蠢的、高风险的行动，肯定会失败。尽管如此，他仍然希望规则可以改变，以消除坎农的势力。

在30位进步共和党人拒绝参加承诺投票支持现有规则的党派秘密会议之后，坎农——同行的还有参议员奥德里奇以及来自纽约州的筹款委员会主席塞雷诺·E. 佩恩(Sereno E. Payne)——拜访了白宫。他们一方面向塔夫脱提出建议，如果规则投票失败了，关税改革就注定遭受同样的失败。另一方面，他们承诺，如果总统支持现有的规则，三位立法领袖将同意跟进他领导的关税改革。塔夫脱接受了这个交易，但是，塔夫脱永远失去了进步的反对派对他的信任，后者正是与他结盟要推翻坎农的人。

总统传递召开特别会议的微弱口信，在两分钟之后工作人员宣读了这一消息，进步人士大失所望，佩恩主席提出了一项包含关税削减的草案，这项草案不像总统所希望的那么深入，但是，实质上足以让他接受。佩恩的建议包括大幅削减原材料、农场和制造工具的关税。按照塔夫脱的要求——坎农所反对的，该草案还取消了钢铁、煤炭和兽皮的关税。在一个月内，众议院按党派立场投票，就通过了该草案，并将其送交由参议员奥德里奇控制的参议院。正如纽约媒体所观察到的那样，“众议院炮制了关税草案，参议员奥德里奇完全是一人改造了关税草案”。[21]

在财政委员会上，奥德里奇修改了该草案——多达800多项修正，他声称与佩恩提出的草案相比，这些修正提供了更大的降税幅度。尽管许多修正都是技术性的，而且难以解释，但是，很快便清楚了，事实上，奥德里奇的草案将关税税率提高了，新的保护措施隐藏在大幅扩展关税计划并模糊于新分类的细节中，只有专家才能理解。“作为规则，可以肯定的是，众议员很少理解他投票支持的关税税率的真正含义，”塔贝尔观察道，“他所理解的是，委员会出于其认为合理的政党原因制定了该草案……他接受这项草案时没有进行详细的审查。”[22] 既然这样，无论如何，进步人士仔细研究了奥德里奇的作品，其中包含以下内容：新的参议院草案实际上提高了平均税率，高于1897年的《丁格利关税法案》的平均税率。在少数派民主党人的嘲笑声中，拉·福莱特参议员带领中西部进步共和党人攻击奥德里奇及其在财政委员会的保守派盟友，其中主要包括马萨诸塞州的亨利·卡博特·洛奇(Henry Cabot Lodge)和犹他州的里德·

斯穆特(Reed Smoot)。

起初,塔夫脱总统对奥德里奇草案感到震惊,并鼓励反对派坚持为降低关税税率而斗争。他向拉·福莱特建议,如果草案没有得到改进,就否决该草案。但是,在与奥德里奇和坎农举行了几次会议商讨后,总统再次抛弃了改革者,并转而支持奥德里奇阵营。塔夫脱转变立场,不仅显示了他对奥德里奇的重新尊重和个人亲密关系,而且显示出越来越鄙视“所谓的进步主义者”,正如他开始谈及他们的时候那样。他根本不想攻击他所在政党的国会领导人,即使他知道这样的攻击会很受公众欢迎。随着关税问题辩论继续进行,以及他与奥德里奇的友谊不断加强,塔夫脱开始认为进步派“以自我为中心,自我陶醉”,并且他们对奥德里奇和坎农的攻击是蛊惑人心的。他说,他们不是共和党人,而是“民主党人的助手”。[23]

与民主党结成联盟的进步派还在参议院的草案中提出了另一个成分,即所得税,对于塔夫脱来说,问题更加复杂。来自田纳西州的众议员科德尔·赫尔——在其第二任任期内,追随其前任、导师、1894年《所得税法案》的合作者本顿·麦克米林——建议在众议院的草案中纳入所得税。在议长坎农阻止了对他的修正案的审议之后,赫尔鼓动一位参议院提案人接受他的提议。与1894年《威尔逊-戈尔曼关税法案》采取的方法类似,反对派共和党人和民主党人同意,提议对个人和公司收入超过5 000美元的征税2%。尽管塔夫脱此前曾主张征收所得税,但是现在他与奥德里奇一道反对这个联盟的修正案,该修正案在参议院获得多数支持,挑战了最高法院对波洛克诉讼案的裁决。奥德里奇不喜欢这一提议,不仅因为它对富人的影响,而且因为他担心这一提议会产生太多的收入,以至于继续实施保护关税的理由将进一步削弱。在塔夫脱的支持下,奥德里奇提出了一个妥协方案:一项建议的宪法修正案,推翻波洛克诉讼案的裁决并授予国会“针对所得(无论所得从何而来,也不在几个州之间分摊)”广泛的征税权。

奥德里奇的计划是虚伪的;他知道要想获得四分之三的州对修正案的批准是多么困难,他相信批准失败将永远扼杀复活所得税替代关税收入的机会。虽然许多支持所得税条款的联盟成员认为奥德里奇的精明策略是不真诚的,但是他赢得了足够多的反对派分子的支持,并与剩下的反对派对峙。在奥德里奇以压倒性的票数通过了宪法修正案后,威胁要降低投票反对草案的参议员所在州生产的商品的关税,从而使他的关税草案得以通过。在所得税修正案问题上,结果证明奥德里奇聪明过头了。1910 年,他所在的罗得岛州——那里他有至高无上的影响力——投票否决了所得税修正案。然而,到 1913 年,在全国范围内的民主和进步立法取得胜利的浪潮之后,42 个州批准了该修正案,比通过该修正案所需的州多出了 6 个州。[24]

在关税问题上,塔夫脱总统相信,他可以任命委员会解决众议院和参议院分歧,改进参议院草案。奥德里奇已经让他相信,参议院草案中的过度规定迫使奥德里奇通过他的同僚采取措施,并且在两院协商委员会中做出重大调整。坎农和奥德里奇都向塔夫脱保证,他将在两院协商委员会确定的最终草案上有很大的影响力,虽然两位领导人已经确保了只有高度保护主义者被任命为委员会成员。经过一场旷日持久的斗争之后,塔夫脱得以使两院协商委员会大幅削减大量产品的关税,这些产品包括一些原材料——煤炭、铁矿石和生皮,以及一些制成品,如靴子和鞋子。最终草案还包括创设一个关税委员会,基于"科学计划"提出关税税率建议,并提出对从事州际商务的公司征收所得税的建议。最终草案赋予了总统将"过度"歧视美国的国家的关税提高到 25%的权力。虽然两院协商委员会产生的《佩恩-奥德里奇关税草案》(Payne-Aldrich Tariff Bill)在很大程度上倾向于奥德里奇的版本,在某种程度上维持了 800 多个参议院修正案的绝大部分,但是塔夫脱宣布取得了胜利,并称其为"在降低关税和向下修正的方向上取得了实质性的成就",并且是"共和党通过的最好的关税草案"。[25]

然而,除了东部共和党当权派,如果有的话,则几乎没有人支持塔夫脱给予《佩恩-奥德里奇关税草案》的分析和赞誉。其政党中投票反对该草案的西部进步派指控塔夫脱被愚弄了。他们攻击奥德里奇和坎农是大企业垄断者和金融大亨雇用的骗子,背叛了共和党政治纲领中对降低关税的承诺。拉·福莱特称这项草案"与这个国家已有的任何一项法案相比,达成的特权更应受到谴责”。[26] 许多进步报纸都同意，并要求废黜“为托拉斯服务”的立法独裁者。明尼苏达州的民主党州长约翰·A. 约翰逊(John A. Johnson)敦促西部的进步人士加入南部的民主党，参加一场反对旧保守派共和党的政治运动，从而赢得了包括许多共和党记者在内的西雅图听众的掌声。在《佩恩-奥德里奇关税草案》通过之后，艾达·塔贝尔写道，参议员奥德里奇通过“履行职责”来管控这一进程，并得出结论，这位有权势的参议员受到了如下原则的激励，即“关税，恰当运作的关税，是这个国家提供给政治家通向权力和财富的可靠之路”。[27] 然而，由于这项草案，前方的道路显得不太确定。《佩恩-奥德里奇关税草案》没有像塔夫脱所宣称的那样带来重大的“向下修正”，事实上，面对讨厌关税的公众，它使贸易保护主义政客处于守势。塔贝尔一开始对塔夫脱的改革抱有很高的希望，但是，在草案被签署生效后，完全失去了对他的信心，她认为这是“违背了公众意志的”。在给朋友和同事威廉·艾伦·怀特的信中，她写道：“塔夫脱完蛋了，我完全相信。”[28]

到了 1910 年，保护主义共和党人——曾声称对 1897 年《丁格利关税法案》之后的经济繁荣担保的共和党人——因始于 1907 年恐慌的经济萧条而备受谴责，并且经济萧条在 1909 年《佩恩-奥德里奇关税草案》通过之后仍在延续。民主党人和进步的共和党反对派都将工人阶级生活成本的飙升归因于保护主义及其副产品，即被鄙视的垄断者扼杀了美国经济。

虽然导致普通美国人经济压力的原因不只是高关税，但是，在政治气氛中，共和党保护主义领导人所受到的指责占主导地位。在 1910 年的国会中期选举中，在这个问题上民主党人取得了胜利，获得了 56 个席位，16 年来第一次控制了众议院。在参议院，共和党也失去了 10 个席位，但是继续保持着控制权，并成为民主党和共和党进步派试图在众议院通过贸易改革草案的完美陪衬，众所周知的是，参议院保守的“顽固保守分子”会反对贸易改革。因此，这样的局面注定了关税成为 1912 年总统选举中的首要议题。

新国家主义与分裂的共和党

如果当前的经济危机不足以威胁共和党对白宫16年的统治，那么党内出现的激烈分化也会伤害其保持权力的希望。鉴于塔夫脱总统在其执政初期与东部保守派结盟，党内的西部进步派意识到，为了下次选举，他们需要一个对他们的观点更具同情心的候选人。参议员罗伯特·拉·福莱特开始组织一场挑战，但是许多人认为他太极端了，他在威斯康星州的家乡之外难以吸引到追随者。最终，正是西奥多·罗斯福——塔夫脱的朋友和政治上的恩人——成为塔夫脱的主要进步威胁，最终对共和党形成威胁。

参加1909年3月塔夫脱的就职典礼之后，罗斯福在非洲进行了一年的旅行，并对欧洲各国首都做了一次盛大的巡游。当他在国外的时候，罗斯福了解到他的老朋友没有履行自己的承诺——继续进行罗斯福的进步议程。塔夫脱甚至还解雇了罗斯福的密友和首席森林专家吉弗德·平肖特(Gifford Pinchot)，后者负责实施前总统进步的保护措施。尽管罗斯福在1910年回国后还没有准备好开始反对塔夫脱的选战，但是，毫无疑问，他因进步派的请求而受宠若惊，这些人已经开始建立"厄尔巴岛归来"(Back from Elba)俱乐部，起草他的提名文件。[29]

罗斯福在西欧巡回演讲时，如他所说，"宣布自己对当时的重大问题的看法"。8月下旬，在堪萨斯州的奥萨瓦托米市，演讲了可能的竞选活动的激进纲领。演讲的场合是面对3万名崇拜者，在约翰·布朗纪念公园(John Brown Memorial Park)，此地附近，狂热的废奴主义者领导了一场反对支持奴隶制的人们的"奥萨瓦托米之战"(Battle of Osawatomie)。但是，这位前总统几乎没有提到布朗，他的演讲选择了一个完全不同的主题，以"新国家主义演说"(New Nationalism Address)广为人知。赞成亚伯拉罕·林肯的"劳动者是超越资本的，应该得到更大的重视"的宣言，罗斯福呼吁在"不劳而获与劳而不获的人"之间的冲突中实现"机会均等"。他敦促政府摆脱"大的特殊商业利益集团"的

“邪恶势力”，“他们为了自己的利益常常控制和腐蚀政府人员导致国家活动无法正常开展”。

罗斯福的新国家主义远远超出了他以前推动全民“公平交易”的口号，为此，联邦政府只是作为一个客观的裁判。现在，他提议一个强大的联邦政府应大胆干预和管理经济，在劳工与资本家的冲突中保证对劳工的社会公正。行政权力机构将成为“公共福利的管理者”，司法机构着力于“人的福利而不是……财产”，立法机关“代表全体人民而不是某一个阶级”。观察到公司政治活动支出是政治腐败的主要原因之一，他呼吁通过联邦立法禁止“公司资金直接或间接地用于政治目的”。在对现代的、后新政福利国家的描绘中，他提出严格控制商业活动，监管工作场所的童工和女工使用，实施最低工资法，实施工人综合补偿法案，提高卫生和安全工作条件，以及扩大工人的公共教育机会。他还敦促“针对巨额财富”实施累进所得税和累进继承税。[30]

历史学家乔治·E. 莫里(George E. Mowry)称新国家主义演说为“前总统所做的最激进的演讲”，站在1910年的时间点来看，“完全是革命性的”。[31] 当时的反响是复杂的。东部的保守媒体攻击罗斯福，称他“利己、伪善”，并且警示“每一位诚实的、爱国的公民要反对这个新的‘拿破仑’”，新的“拿破仑”将会出现，“以公众意见……个人进步的名义，带来瓦解和破坏”。[32] 进步反对派喜欢这个演说，视其为对塔夫脱的起诉书。事实上，被塔夫脱罢免的罗斯福密友吉弗德·平肖特起草了演说，并加入罗斯福在堪萨斯进步旅行的随从人员。然而，前总统依然保持中立立场，尽管拒绝自己参与竞选，但是，也拒绝支持塔夫脱。

同时，塔夫脱在被罗斯福演说攻击的保守派共和党人的支持下，启动了他的再次提名的竞选活动。作为对因《佩恩-奥德里奇关税法案》所遭受的雪崩式批评的回应，总统几次发出倡议，目的在于解决在进步派中的弱势问题。在1910年夏天，他倡议与加拿大达成双边协议来推动贸易自由化。协议将消除两国农产品关税，并大幅度削减两国工业产品的关税，从而减缓生活成本的上升。次年早期宣布该协议时，该协议引起了共和党顽固保守派的强烈反对，得到了一些而非所有进步派人士的赞许。既然众多反对派共和党代表的是西部农场主，而他们担心来自北方的农产品进口激增，塔夫脱不得不严重依赖民主党去通过将要实施的立法。然而，令人尴尬的是，加拿大议会未能批准协议，这一倡议落空了。

在另一项旨在提高塔夫脱在进步派中的信任行动中，司法部针对美国钢铁公司、J. P. 摩根、约翰·D. 洛克菲勒、安德鲁·卡内基，以及其他限制贸易从而阻碍竞争者的非法垄断活动，发起了一场反托拉斯诉讼。然而，在政治上，这一行动失败了，因为法律起诉书中的公开指控声称，在 1907 年的恐慌中，前总统罗斯福被骗允许美国钢铁公司收购一家竞争对手企业。这一指控是对罗斯福的侮辱，激怒了罗斯福，罗斯福公开了针对他批准收购案的辩护，并指控总统“虚伪”，因为塔夫脱在担任罗斯福的内阁成员期间也批准了这项交易。这一事件表明，罗斯福和塔夫脱之间友谊的“小船”彻底倾覆。在三个月内，罗斯福进入总统竞选状态，并于 1912 年 2 月宣布了他的候选人资格。

当一位记者问罗斯福是否准备迎接未来的挑战时，罗斯福曾宣称他“健康得像一头公麋”，并很快开始像发怒的公麋一样猛烈冲锋，他对他的老朋友、现任总统发起了更为严厉的人身攻击。然而，在大多数州的政党中，塔夫脱牢牢掌控着保守派领导层，他们控制着共和党提名会议中的代表选举。罗斯福没有被吓倒，他呼吁总统选举中优先初选，允许普通选民选出代表，而在普通选民中他拥有广泛的支持。在举行初选的 13 个州中，罗斯福赢得了其中的 9 个州，包括塔夫脱的家乡俄亥俄州，塔夫脱和拉·福莱特分享了剩下的 4 个州。尽管罗斯福还得到了大量州议会代表的支持，但是，塔夫脱和顽固保守派仍然牢牢掌握着芝加哥全国大会的进程，并否决了罗斯福支持者要求撤销 72 名支持塔夫脱的代表席位的提议，他们声称这些代表是通过欺骗性手段被选举出来的。塔夫脱在第一轮投票中获得了提名。对大会上他受到压制的做法，罗斯福愤怒了，很快，他接受了支持者的要求，争取新成立的第三方党派——进步党或如报纸所称的“公麋党”——的选票。

忠诚的自由贸易者——威尔逊——的崛起

由于共和党人正式分裂，以及共和党的经济政策普遍不受欢迎，民主党人对重新夺回白宫抱有很高的希望。但是，他们没有一位具有领导力的参选人。威廉·詹宁斯·布莱恩是一位"伟大的众议员"，在前四次选举中的三次被提名为该党的参选人，他作为一名真正的旗手最终将淡出政坛，对新的领袖人物敞开了大门。众议院里出现了两个具有深厚政治背景和前途的人物：密苏里州议长坎普·克拉克（Champ Clark），他是该党布莱恩一翼的进步派；以及亚拉巴马州较为保守的奥斯卡·W. 安德伍德（Oscar W. Underwood），他是筹款委员会主席和关税改革运动的政治领袖。第三位候选人看似前景黯淡，然而，他在提名过程中胜出了，他就是脑科学学者伍德罗·威尔逊。

在选举政治中，威尔逊担任新泽西州州长还不到两年时间，他在学术界度过了前 20 年，因此，他在全国范围内基本上不为人所知。当然，他在普林斯顿戴维森学院和弗吉尼亚大学法学院有着令人印象深刻的学术经历。在亚特兰大从事法律工作的短暂而令人不快的尝试之后，威尔逊获得了约翰霍普金斯大学的政治学博士学位。威尔逊是一位很有成就的演说家，他对政治有着持久的兴趣，但是，他最终发现自己还是普林斯顿大学法和政治经济学的一位非常受欢迎的教授。1902 年，普林斯顿大学的董事们将威尔逊推举为大学校长。在这个职位上，他启动了一项改革计划，真正将普林斯顿大学提升到了美国最高学术机构的层次。然而，他的一些改革，例如禁止普林斯顿大学的社会"饮食俱乐部"的努力，在富人校友中引起了骚动，对他的健康状况也带来了巨大的压力。幸运的是，他出版了五卷本作品《美国人民史》（*History of the American People*），这部著作最初是在《哈珀周刊》（*Harper's Weekly*）上连载的，很快成为畅销书并使他进入了演讲圈，从而摆脱了学术负担。不久威尔逊便引起了广大听众的关注，经常就国家政治问题发表看法。

在他的学术生涯中，威尔逊是启蒙保守派的政治信徒，尤其是英国政治家埃德蒙·伯克(Edmund Burke)的信徒，他赞成通过演化而非革命的改革方式促进社会和谐。威尔逊强烈反对在他的个性形成时期很普遍的暴力劳工罢工。他是格罗弗·克利夫兰哲学范式的民主党人，而对布莱恩的民粹主义毫无兴趣。作为一名“黄金民主党人”(Gold Democrat)，他对布莱恩在民主党大会上发表的“黄金十字架”的演说感到震惊。在1896年的选举中，他投下了“国家民主党”(National Democratic)反对布莱恩的分裂票。到了后来的1908年，威尔逊把布莱恩描述为“就个人而言，最迷人、最可爱的男人，但是，他的理论信仰则是愚蠢而危险的”。[33]

威尔逊出生于弗吉尼亚州，主要在佐治亚州的奥古斯塔和南卡罗来纳州的哥伦比亚长大。他本质上是一个南方人，成长过程中深受身为长老会牧师的父亲的道德和宗教影响。即使竞选总统之前他关于大多数问题的看法都转变为进步左派立场，他仍始终坚持南方白人福音派的观点，即种族隔离是上帝的意旨。当他成为总统后，在行政部门长期强制实行吉姆·克劳的种族隔离推行的法案*，这通常是非常残酷的、不可原谅的。媒体常常报道，他观看了在白宫放映的第一部电影之后，曾评价说：“这一切都是如此可怕的真实。”[34] 这是D. W. · 格里菲斯 (D. W. Griffith)于1915年出品的有争议的无声电影《一个国家的诞生》(*The Birth of a Nation*)，电影描绘了一个卑微的非洲裔美国人和傲慢的三K党人。无论他是否真的发表了这一评论，他的种族隔离主义的观点和政策从来没有超越他的地区传统，并注定成为他作为总统取得的进步成就记录上的永久污点。

威尔逊的政治哲学中和了加尔文主义的道德法观与英国的经济自由主义。他对贸易政策的强烈兴趣在他受教育之初就表现出来了。在普林斯顿大学做本科生时，他就在一场辩论中获胜，辩论中他赞成的命题是，保护性关税对于保护国内产业来说是不必要的。在申请约翰霍普金斯大学入学资格时，他表示有兴趣研究“各个阶段的自由贸易争议以及……政治经济学的一般专题”。[35] 毫无

---

* 1865—1876年的重建时期，联邦法律为南方的自由黑人提供一定程度的民权保护。1870年后，南方各州政府、立法机构及法院重新被南方白人所掌控，通过一系列吉姆·克劳法来隔离种族。——译者注

疑问，他的政治经济学观点受到了其南方传统的影响，但是，在知识方面，则基于亚当·斯密的《国富论》和伯克的《关于稀缺的思想与具体阐释》(*Thoughts and Details on Scarcity*)。他特别迷恋他们坚定的政府和企业分离的立场，从而让自然和上帝的法则成为扩大经济机会和繁荣的普遍法则。对于威尔逊道德和思想原则而言，汉密尔顿式的将政府与富人利益集团结合的观念是令人厌恶的。他是主张自由贸易经济学和社会改革的曼彻斯特学派的忠实信徒，正如英国政治家理查德·科布登和约翰·布莱特(John Bright)所支持的。除了具有他的父亲和伯克的形象之外，威尔逊还具有普林斯顿大学所研究的热衷自由贸易者的形象，他们是英国散文家、《经济学人》杂志的早期编辑沃尔特·白芝浩(Walter Bagehot)，以及英国首相、自由党领袖威廉·格莱斯顿。

威尔逊对自由贸易的热情表现在他最早公开发表的政治声明中，这是比他进入选举政治早30年的事情了。有一件事情分散了他在亚特兰大准备律师资格考试的精力，1882年9月威尔逊在美国关税委员会(US Tariff Commission)上作证，该委员会正在全国各地收集证据，以便达到可能的关税法案修订的目的。这位年轻的律师给了他们一个令人吃惊的回答，要求废除所有的保护性关税，因为“制造商投入他们自己的资源，并且能够参与贸易的自然竞争，与被告知‘你将被置于政府的腿上，你不需要靠自己的脚站立起来’相比，会成为更好的制造商”。[36] 那时，威尔逊私下表示，关税是所有税种中最沉重的负担，“因为关税负担直接、大部分落在穷人身上，并且最不易为富人所感觉到”。[37] 在他发出这样的声明之后，威尔逊成立了纽约自由贸易俱乐部亚特兰大分部。

1910年，威尔逊第一次参加公共职务的竞选。导致参加公职竞选的原因是那是一个充斥着诸如艾达·塔贝尔、雷·贝克和林肯·斯坦斯等“扒粪”记者所写的滥用垄断行为的爆炸性曝光的时代。威尔逊很快就深信，单靠自然法则和自由市场竞争是不可能实现平等的经济机会的，他的观点开始了决定性地转变，从开明的保守主义转变为充满激情的进步主义。在1907年的恐慌之后，他宣称，挥之不去的经济困境在很大程度上是由“特权利益集团”引起的，并赞同政府约束“享有政府授予的特权的人”。[38] 对于威尔逊来说，赞成政府干预和限制商业是一个重大的转变。此前，作为自由放任经济学的虔诚信徒，他曾严厉批评罗斯福的“监管热情”。同样，在关税问题上，他采取了更具战斗性的政治立场。1909 年国会通过《佩恩-奥德里奇关税法案》之后，威尔逊抨击共和党人与受保护的垄断集团串通一气，认为这是用关税恩惠来交易竞选捐款。他谴责“纯粹的徇私枉法以及……危险的、败坏道德的特殊特权”，这是关税立法赋予的，而关税法案是在“伟大而险恶的参议院财政委员会主席控制下”拟定的，这个人就是纳尔逊·奥德里奇。[39] 尽管长期以来一直反对进步工会活动，但是，威尔逊赞扬有组织的劳工为了提高工资与托拉斯进行的斗争。

1909 年 5 月，威尔逊的朋友、早年的政治斗士、《哈珀周刊》的编辑乔治·哈维(George Harvey)在他自己的报纸上写道：“现在，我们期望看到伍德罗·威尔逊在 1910 年当选新泽西州州长，并在 1912 年提名为总统候选人，以要求继续修正关税为政治纲领。”[40] 虽然在写这篇文章的时候，他预测的概率很大，但是，使他声名卓著的是在总统提名前与威尔逊断绝了关系，而他的评论被证明是有先见之明的。在民主党大佬小詹姆斯·史密斯(James Smith Jr.)的政治机器的帮助下，普林斯顿大学的校长在 1910 年的全国民主选举中当选为新泽西州州长。作为 19 世纪 90 年代的美国参议员，史密斯曾被称为“糖业吉姆”(Sugar Jim)，因为在他投资糖类股的同时，支持有利于糖业托拉斯的关税政策。[41]

在他上任的第一年里，威尔逊背弃腐败的史密斯政治机器，拒绝支持史密斯重返参议院，并实施了令人印象深刻的自由改革，从而确立了他的进步主义名声。在两党进步派的大力支持下，由民主党控制的立法机构通过了威尔逊建议的《腐败行为法案》以及其他方面的改革方案，包括选举改革、工人赔偿和公共服务委员会制定公用事业费率等改革方案。1911 年共和党人重新控制了新泽西州的立法机构，并在很大程度上漠视了州长 1912 年的各项提案。但是，那时威尔逊已经全神贯注于总统竞选了。

在正式参加竞选之前，威尔逊采取的第一步举措是在全美证明他关于当时最重要问题——关税改革——的立场的可信度。尽管 30 年来威尔逊一直站在自由贸易的立场上，但是在这个问题上，他缺乏民主党的主要反对者所享有的政治信誉。克拉克和安德伍德都站在了国会关税改革辩论的最前沿。为了着手解决这个问题，威尔逊于1911年12月下旬安排了一次访谈，接受了倾向民主党的《纽约世界》的约瑟夫·普利策(Joseph Pulitzer)访谈。他向记者宣布，关税问题将是总统竞选中的"最大"问题，并补充说："关税问题是我们必须处理的所有其他经济问题中的核心问题，在我们妥善处理之前，我们不可能以令人满意和持久的方式处理任何问题。"[42]

次月月初，也就是接受访谈之后，威尔逊发表了一篇冗长的反关税演讲，为竞争竞选总统提名定下了基调。他誓言要让政府和大企业与关税保持距离，并抨击共和党人"被商人控制了"，允许他们在法案中写下自己的保护性关税税率。"作为一个政治家，如果这个国家的商人同意不去搅扰政治，我就同意不去搅扰这个国家的商业。"针对贸易保护主义者声称的高关税对美国工人有利的观点，他回应道："我想听到一个案例表明，美国商人曾把他从关税获得的好处与他的工人分享。"理论上说，"如果我们使工业界的领袖富有，他们就会使国家富有，"他大声说道，"这很像对百万富翁们做慈善。"他转过身来，面对房间的一边，然后转向另一边，紧握拳头，戏剧性在空中举起手来，他大声喊道："哦，无限自私的商人们。"[43]

与此同时，威尔逊向伟大的众议员伸出橄榄枝，开始深入进步阵营。早在1912年，为了分裂民主党，《纽约太阳报》这家保守的共和党人和强烈反对威尔逊的报纸发表了一封5年前威尔逊写给普林斯顿的一封受托人的私人信件，信中批评了布莱恩。"我们能马上有尊严地、有效地做点什么吗？"威尔逊写道，"一次彻底打败布莱恩先生。"在这封信公开发表后的一个晚上，在布莱恩在场的、位于华盛顿的杰克逊生日晚宴上，威尔逊承认他偶尔与布莱恩存在分歧，但是，他赞扬了威廉·詹宁斯·布莱恩"富有远见"与"有个性、甘于奉献和布道精神"，以示自我惩罚。[44] 这句话令布莱恩很高兴，并显著提高了新泽西州州长参加几个月后在巴尔的摩召开的民主党大会上表现的机会。

克拉克议长以2比1的票差领先于威尔逊的优势出席了大会，但是，远远少于提名所需的三分之二的差额。克拉克曾是党内布莱恩民粹主义派的忠诚卫士，被认为是年年被提名者的遗产继承人。在大会上，布莱恩在克拉克和威尔逊之间的斗争中表现得非常中立，两者都是著名的进步派人物。但是，当布莱恩听说克拉克已经达成协议，接受纽约坦慕尼厅（Tammany Hall）*的支持，臭名昭著的华尔街富豪也在其中之后，布莱恩建议做出一项决定，要求大会反对任何“对J. P. 摩根……或追寻特权以及寻求恩惠的阶层的任何成员负有义务”的被提名人。[45] 为了支持自己的决定，布莱恩指责说，“现在正在做出一种努力，把民主党卖给这个国家掠夺性利益集团，卖身为奴……[并且]让被提名者成为剥削这个国家人民的人们的奴隶”。[46] 在威尔逊代表们的支持下，反华尔街决议以大幅票差获得通过。在坦慕尼厅领导的纽约代表最终把他们的票投给议长时，布莱恩完全抛弃了克拉克。尽管布莱恩实际上并不支持新泽西州州长，但是，随着投票进行，他的追随者和其他人都转向了威尔逊。在第四十六次投票中威尔逊最终赢得了提名，在大选后，尽管外交政策资历有限，布莱恩还是被任命为国务卿。

回到杰克逊的民主党人要求，即征收关税“只为财政收入”的问题，大会还采用了自南北战争以来最强有力的关税改革话语。指控道，“在很大程度上，过高的价格原因在于共和党制定和维持的高关税法案以及此类法案推动和鼓励的托拉斯与商业阴谋”，政治纲领中提出了主要宣言：

> 共和党的高关税是财富分配不平等的主要原因；它是一个使富人更富、穷人更穷的制度；在它的运行之下，美国农场主和劳动者承受着主要的负担；它提高了他们的生活必需品成本，但是并不保护他们生产的产品或他们的工资水平。[47]

---

* 美国老板政治的典型，以其幕后交易、贪污腐败、选举舞弊等对城市发展的负面影响为人所诟病，进步派人士和社会改革者将其作为阻挠市政改革和城市民主政治发展的主要敌人，然而坦慕尼厅却能够在这些反对者的呼声中不断取得选举胜利，掌握纽约市市政大权 70 余年（即从 19 世纪 60 年代到 20 世纪 30 年代）。——译者注

1912 年的大选

从表面上看,1912 年的选举是三方竞争,分别是现任总统塔夫脱、前总统罗斯福和新泽西州州长威尔逊。塔夫脱采取了他那一部分的顽固保守派的立场,而罗斯福在很大程度上代表了共和党的进步派,尽管一些著名的反对派人士无法摆脱塔夫脱,因为他们拒绝放弃其政党;其他人,如拉·福莱特,被塔夫脱和罗斯福所激怒,他们支持进步的民主党人威尔逊。在新世纪的自由政治环境下,潮流驱策着保守的共和党人,无论怎样,塔夫脱很快就变得与竞争的进步派之间发生的主要事件毫不相干了。尤金(Eugene) 与德布斯(Debs)的竞争甚至成为国家情绪的一个标志,因卷入 1894 年普尔曼暴力罢工而被监禁的工党领袖德布斯作为参选人吸引了大量的追随者。坚持在位总统的传统做法,塔夫脱难以竞选下去;他的挑战者为现代选举确立了一个新的标准——全国范围内马不停蹄地演讲、售卖他们的观点,然而,对于愿意倾听的公众而言,同样都是进步的政治纲领。由于绝大多数保守派和大商人蔑视罗斯福和威尔逊,而极左派倾向德布斯,因此进步派参选人正在为争取中产阶级和小商人选民而竞争。

在路易斯·D. 布兰德斯(Louis D. Brandeis)——进步知识分子,后来被任命为联邦最高法院大法官——的指导下,威尔逊用他自己的进步计划,他称之为"新自由"(New Freedom),对罗斯福的"新国家主义"做出回应。尽管两个计划的社会经济目标是相同的,但实现目标的方式是不同的。威尔逊批评前共和党政府采用的亚历山大·汉密尔顿的方式,"只有那些在这个国家的商业和工业企业中拥有最大股份的人有资格控制(政府)"。[48] 按照威尔逊的说法,罗斯福的新国家主义继续这种失败的方式,即构建政府与托拉斯之间伙伴关系的方式,这使得美国政府成为"特殊利益集团的养子"。[49] 威尔逊指出,在罗斯福总统任期内,托拉斯比以往任何时候都更加繁荣。威尔逊并没有像罗斯福所提议的那样简单监管垄断者,而是计划彻底废除垄断,并通过规章制度来恢复自由企业体系的竞争。威尔逊的"新自由"要求采用亚当·斯密的方法,使政府摆脱富

图 5.3 1912 年作为一个竞选团队的伍德罗·威尔逊和威廉·詹宁斯·布莱恩(国会图书馆)

豪和垄断者的干涉。他呼吁进行一场"十字军运动",反对统治性的垄断者,"他们为我们套上了枷锁,他们随心所欲地去做他们愿意做的事情"。"如果美国没有自由企业,"威尔逊宣称,"那么,她就没有任何形式的自由。"[50]

同样,威尔逊的新自由不断地攻击保护性关税,称其是自由竞争企业的障碍,这与罗斯福的做法形成了鲜明对照。在新国家主义的演讲中,罗斯福接受了可能是真正的普遍持有的观点,即在制定关税法案时特殊利益集团太有影响力了,并承认共和党的关税政策"助长自私自利"。然而,与他更激进的改革提议相比,罗斯福对关税改革的观点是相当保守的。他继续声明他对关税保护的信仰,并以进步的方式来实现他的目标,即"确保保护给予那些最渴望保护的人——劳动人民"。[51] 在与当时的共和党立场几乎没有任何偏差的情况下,罗斯福只是建议要求成立一个专家组成的关税委员会——消除政治压力或"不恰当的商业影响",根据国内外劳动力成本的差异修订关税。威尔逊嘲笑这一提议,称"生产成本"是"不可捉摸的东西",作为关税立法的基础则是可笑的。[52] 他反对专家关税委员会,认为这不过是一种拖延的策略,对于根除保护主义关税及其对私人利润的影响的改革来说，是没有必要的。在新自由主义的指导下，威尔逊宣称，关税改革者将颁布财政法律，“不像那些施舍恩惠的人那样去做，而是像那些为国家服务的人那样去做”。[53]

罗斯福和威尔逊在性格和表现上的显著差异常常掩盖了他们在经济问题上的分歧。罗斯福是沙文主义者，冲动、喜怒无常、夸大其词。威尔逊是理想主义者，谨慎、安详、冷漠。近一个世纪后，罗斯福的崇拜者约翰 · S. 麦凯恩(John S. McCain)和巴拉克 · B. 奥巴马(Barack B. Obama)在 2008 年总统竞选中的行为举止反映出他们鲜明的政治个性。

尽管三位候选人在个人和经济政策上有着明显的区别，但是可以预见，选举结果是沿着党派路线产生的。顽固的保守派共和党人支持塔夫脱，后者获得了 23%选票。共和党进步派中的大多数和罗斯福的拥护者与罗斯福站在一起，他获得了 27%的选票。代表社会主义者的德布斯获得了令人吃惊的 6%的选票。威尔逊以 42%的大众票和压倒性的选票人票，赢得了选举，既抓住了保守派和进步派民主党人，又抓住了大量对罗斯福不抱幻想的骑墙派共和党人。

除了共和党的显著动荡之外，威尔逊还得到了美国劳工联合会(American Federation of Labor，AFL)第一任主席塞缪尔 · 戈佩尔斯(Samuel Gompers)的支持，他将大部分有组织的劳工投票交到了民主党手中。对于戈佩尔斯来说，这是一个重大的变动，因为新泽西州州长过去并不是工会的盟友，并且美国劳工联合会在党派政治和关税问题上通常是中立的。

自 1886 年在戈佩尔斯的领导下成立美国劳工联合会以来，由于各个成员工会之间的意见冲突以及该问题可能成为阻碍美国劳工联合会成员工会团结的障碍，因此，美国劳工联合会在贸易保护主义政策上保持官方的中立立场。一些代表进口敏感行业工人的工会赞成保护，但是，由于关税对生活成本的影响以及对受保护的“强盗男爵”的普遍敌意，许多工会不赞成保护。1881 年，在美国劳工联合会的前身——有组织的贸易与工会联合会(Federation of Organized Trades and Labor Unions)——的第一次会议上，一项支持保护的决议引起了激烈的争论，保护主义者以微弱优势使这项决议获得通过。第二年，该组织再次投票，撤销了支持高关税的决议，支持中立立场。美国劳工联合会的一位早期领导人弗兰克·K. 福斯特(Frank K. Foster)读了一篇题为《保护主义与工资水平》(Protectionism vs. Wages)的支持中立立场的论文后，指出：

> 保护(政策)不保护劳动者；工资率取决于其他原因，而非取决于关税；劳动者作为财富的主要创造者，不得不支付……而资本会从中受益……我呼吁你们所有人从有组织的工人的纲领中抹去……这种培育垄断、限制自由的部分。[54]

约翰·贾勒特(John Jarret)——钢铁工人联合会主席——站在保护主义立场上，领导为了保护主义的斗争，由于这一问题，有几年时间他的工会退出了美国劳工联合会。多年来，其他工会也支持保护，但是，作为美国劳工联合会的领导人，戈佩尔斯一直坚持中立政策，直到1924年去世。戈佩尔斯认为，美国工人应该依靠劳工运动来改善经济状况，而不是政府的财政政策。显然，戈佩尔斯个人反对保护主义，认为这对工人几乎没有任何好处。他的观点似乎与另一个当代组织的观点类似，这个组织就是“劳动骑士团”(the Knights of Labors)*，该组织保持中立，以避免早期成员之间的分歧，但是，后来谴责保护性关税是工业托拉斯的(获利)工具，对工人没有任何好处。[55]

1913年的《安德伍德关税法案》

在第一次就职演说中，伍德罗·威尔逊总统概述了他的政府在实现新自由方面将完成的主要任务：削减关税、为扩大小企业信贷而进行银行和货币改革，以及加强《谢尔曼反托拉斯法案》。他承诺解决“我们的工业成就中的……人工成本问题……我们所热爱的伟大政府常常被私人和自私自利的目的所利用，并且，那些使用它的人已经忘记了人民”。他的首要任务是降低关税，对此，他指出，“这使我们在世界商业中失去了应有的地位，违反了公正的税收原则，使政

---

* 劳动骑士团是美国历史上的一个秘密团体，成立于1869年，1913年正式解散。美国劳动骑士团是一个工人组织，提出的主张都和工人的利益有关，规模曾经一度达到70多万人。——译者注

图 5.4　1912 年民主党全国代表大会上的美国劳工联合会主席塞缪尔·戈佩尔斯(国会图书馆)

府成为私人利益集团掌控的一个法器”。[56]

新总统为了通过关税改革法案这个特定目的，在就职后的一个月内立即召集国会开会。与格罗弗·克利夫兰把他大胆的关税改革演讲稿转达给了国会，由参议院秘书长朗读，几乎或根本没有积极参与制定他提出的改革方案不同，威尔逊提出了自己的观点，并行使总统的全部权力来完成改革进程。

作为一位英国议会制度的不露声色的崇拜者，威尔逊长期以来一直主张在行政部门和法律部门之间建立更为牢固的关系，并在推动立法议程方面担当首相的角色。在特别会议开幕式上，面向两院发表演讲，他成为第一位亲自向国会发表讲话的总统，托马斯·杰弗逊在他第一个任期内放弃了这一做法。威尔逊凭借自己的演讲技巧，而不是文员般的敷衍性的宣读，以更有说服力的方式传达关税改革的重要性。国会领导层中的一些人对他们所看到的情况感到不高兴，认为侵入了自己的领地，毕竟，在与威尔逊的提名之战失败后，坎普·克拉克仍然是众议院议长。共和党人的反对声音比民主党要小一些，后者更喜欢“杰弗逊简单的、民主的传统”而不是“过时的共和党传统”，这指的是联邦主义者乔治·华盛顿和约翰·亚当斯的做法。一位南方参议员将威尔逊的讲话比作“王者演说”，称之为“对英国皇室的低俗模仿”。[57] 但是，这一举动被证明是非常有效的，并确立了威尔逊的所有继任者采用的不可或缺的做法。总统亲自向国会联席会议发表年度国情咨文的做法，是威尔逊与国会个人交往创新的一项遗产，而这一创新始于推动降低关税。

图 5.5 自从约翰·亚当斯以来，威尔逊总统是第一位在国会演讲中要求 1913 年召开关税改革特别会议的总统(国会图书馆)

按照他的新自由主题，威尔逊呼吁废除保护性关税的“特权表象或……人为优势”，并将美国生产商置于“不断需要具有效率、经济和进取精神”的环境之中。他说，关税的目标应该是“有效的竞争，通过与世界其他地方的智慧竞争来激发美国的智慧”。[58] 从讲坛上下来之后，总统在整个春季继续在与众议员的非正式讨论中促成他要做的事情，同时，多数党领袖和主席奥斯卡·安德伍德在筹款委员会开始起草草案。在不到一个月的时间里，草案在高度民主的众议院通过了，平均关税税率从 40%降低到 29%，并将一些以前受保护的产品列入免税名单，包括对政治上的敏感产品，如羊毛和糖，关税税率降到了 1%，并计划于1916年免征关税。只有五位民主党人投票反对该草案，其中四人来自生产糖的路易斯安那州。

由于当时的关税占联邦政府总收入的四分之三，该草案还包括一项新的税收措施，用以补偿关税收入的减少，即根据《宪法第十六修正案》批准的所得税，这项税收措施主要是为了应对前两个月推出累退关税制度所造成的不平等。众议员科德尔·赫尔起草了众议院的所得税条款，并确保其在众议院得以通过，他称赞新的累进税是“税负的一个巨大平衡器”，经过长期斗争，“从穷人和普通大众身上卸下了消费税的巨大负担，因此，对改善社会条件将起到巨大的能动作用”。[59] 新税创造了一个累进式结构，为低工资者免除了税收，而向高收入者征收的税率高达7%。受所得税影响的人口比例不到1%，但是能够轻易产生足够的税收填补因削减关税而产生的缺口。

正如预期的那样，在参议院中，改革进程招致了受保护利益集团游说的巨大压力，民主党仅有多出6票的多数票，其中包括来自羊毛和制糖州的几位保护主义民主党人。按照历史学家H. W. 布兰德斯(H. W. Brands)的说法，“保护组织保卫着每一块钢铁、每一块布、每一双鞋、每一袋糖和每一捆棉花，似乎美国的生存保持在这种平衡之中”。[60] 威尔逊从白宫呼吁公众谴责加以回应。他宣称：“在华盛顿，很少看到如此众多、如此勤奋或如此阴险的游说团体。”“存在的每一项事实表明，钱花在了这样的游说上并且无底线，并制造了反对关税草案重要条款的公众意见压力的表象。”他指责保护主义者是“狡猾的人”，寻求“解决公众利益，实质上为了其私人利益”，而没有说客的“广大人民”在这些问题上“没有发出任何声音”。[61]

威尔逊对贸易游说者的反击算不上成功。参议院成立了一个特别委员会调查游说团体，并要求参议员们披露任何可能由关税修正案产生的个人金融利益。特别委员会发现，为了保持糖关税不变，已经支付了数百万美元。威尔逊的无情攻击将厚颜无耻的参议院保护主义者置于死地，消除了他们成功捍卫和维护封闭市场体系的传统。在前所未有的突破过去的做法中，参议院投票决定将更多的产品加入免除关税名单，将平均关税税率降低到26%，并提高备受争议的新所得税的税率。只有两名来自路易斯安那州的民主党参议员投了反对票,并且,两名进步的共和党人,包括拉·福莱特在内,投了赞成票。这个结果甚至让威尔逊的支持者都感到震惊。“想一想吧,关税毕竟降低了,”农业部部长大卫·F. 休斯敦(David F. Houston)观察道,“参议院决定的关税税率比众议院决定的更低!……累进所得税!我不过分设想我们能活着看到这些事情。”[62] 一名反对者——过去常常支持威尔逊动议的艾奥瓦州的进步共和党参议员阿尔伯特·B. 康明斯——抱怨说,国会向新总统的“个人意志”投降表明,他“在美国国会比过去任何人都更有影响力”。[63]

即便如此,1913 年的《关税法案》被称为《安德伍德关税法案》(Underwood Tariff),远远不及民主党传统的自由贸易标准,即“关税只为财政收入”。该草案的鼓吹者称之为“竞争性关税草案”,当时著名的经济史学家弗兰克·W. 陶西格曾做出这样的界定,它只是意味着“保护不应该达到不必要的高水平,但要高到足以维持国内生产”。[64]

虽然这并没有终结贸易保护主义,但是,《安德伍德关税法案》是威尔逊反对两党根深蒂固的利益集团的一次重大胜利。他精明地操纵国会,50 多年来第一次大幅削减关税。通过将应纳税产品的税率降低三分之一并扩大免税清单,将更多的消费者“必需品”(比如食品、皮革和羊毛等消费品)包括在内,他希望建立起一个前所未有的、逐步走向自由贸易的先例。1913 年 10 月 3 日晚,威尔逊签署了这项草案,他用两支金笔建立了一个新的传统,并在至少 50 位众议员和内阁成员的见证下,在一个精心设计的仪式上将两支金笔分别赠送给了安德伍德和北卡罗来纳州的参议院财政委员会主席菲尼福德·M. 西蒙斯(Furnifold M. Simmons),众议员和内阁成员中包括海军助理参谋长富兰克林·D. 罗斯福和众议员科德尔·赫尔,他们环绕在椭圆形办公室里的总统办公桌前。引用莎士比亚的《亨利五世》(*Henry V*)中的话,威尔逊说:“如果贪图荣誉是一种罪恶,那么,在这个世界上,没有任何人比我更邪恶。”他解释说:“我完成了从小就有的愿望。”

在一次 9 分钟的非正式演讲中,他赞扬并表达了“深切的感谢”,感谢在座的各位为“美国各阶层人民”做出了巨大贡献，使美国的商业“摆脱了那些不仅可能，而且从某种意义上说，容易和自然造成垄断的环境条件”。仿佛是在执行一项神圣的使命，威尔逊总结说，他觉得自己好像正处在一段旅程的中途，在旅程结束时，他会“睡上安稳觉，因为，我们已经为我们的同胞服务了，并因此努力为上帝服务”。[65]

新自由、联邦储备系统与贸易扩张

关税改革，加之第一个永久所得税，只是实施新自由改革的第一步。在他就职的 18 个月内，即在美国截至当时的历史上最长的立法会议时期，威尔逊还推动建立了联邦储备系统、通过《克莱顿反托拉斯法案》(Clayton Antitrust Act)和建立联邦贸易委员会(Federal Trade Commission)。鉴于他第一个任期内的这些改革以及后来通过的劳工和金融改革，威尔逊的传记作家小约翰·米尔顿·库珀(John Milton Cooper Jr.)将他与富兰克林·德拉诺·罗斯福和林登·贝恩斯·约翰逊列为排名前三位的伟大的立法总统。[66] 终结了一个由“强盗男爵”、垄断集团及其在国会的拥护者主导的历史时期，威尔逊的立法议程标志着美国经济史上一个全新时代的开始，并且在全球经济新时代的建立过程中，美国将发挥主导作用。

当伍德罗·威尔逊入主白宫时，在世界主要经济体中，美国是唯一没有中央银行的国家。与自由贸易运动一样，19 世纪中叶在英国自由主义者领导下，英格兰银行转变为中央银行和最后贷款人，以稳定银行体系，并将国际商务中货币波动的不确定性降至最低水平。英格兰银行最初是一家私营机构，1694 年特许向皇家海军提供融资，后来成为推动英国金融体系在世界市场上发挥主导作用的工具，特别是英国首相罗伯特·皮尔在 1844 年授予其垄断发行钞票之后。在美国，亚历山大·汉密尔顿在 1791 年说服国会成立美国第一银行(the First Bank of the United States)，当时美国还有其他四家银行。詹姆斯·麦迪逊担任总统期间的 1811 年该银行被允许退出，五年后重新恢复，在民粹主义的鼓动下，安德鲁·杰克逊总统否决了延续其特许权，该银行于1832年走向灭亡。在接下来的80年里，美国经济体系在脆弱、支离破碎的私人银行体系中生存下来。面对金融恐慌，这样的银行体系表现出周期性的脆弱性。

在1907年的金融危机中，那个时代的著名金融家J.皮尔庞特·摩根通过救助联邦政府以避免欧洲贷款违约来拯救这个国家，就像他在前10年所做的那样。一个世纪后，在2008年金融危机期间，联邦政府对华尔街的救助则是完全不同的版本，1907年摩根靠一己之力，筹集了足够的资金来拯救国家银行体系，使之免于崩溃，但是，这场危机暴露出，美国迫切需要一个更好的解决方案。

1908年，共和党控制的国会成立了国家货币委员会（National Monetary Commission），研究银行体系，提出改革建议，并任命参议员纳尔逊·奥德里奇为委员会主席。奥德里奇赞同改革的呼声，他观察道，“我们可能并不总是有一位皮尔庞特·摩根与我们一起应对国家危机”。[67] 奥德里奇受到一群纽约银行家精英的强烈影响，后者秘密与奥德里奇在格鲁吉亚海岸的杰基尔岛（Jekyll Island）上唯一的大亨休养地会面，委员会提议成立一个中央银行，但是金融系统的控制权掌握在华尔街银行手中。然而，1913年，当威尔逊就任总统时，由于奥德里奇是银行改革的忠实拥护者，他并不是新政府理想的候选人。十多年来，富有的保护主义者一直在参议院为特殊利益集团提供利益，这是威尔逊最讨厌的。民主党人和进步的共和党人反对奥德里奇计划。尽管如此，威尔逊的政党——自杰弗逊和麦迪逊创立该党以来，自安德鲁·杰克逊领导下的该党重建以来——一直反对建立中央银行，威尔逊找到了放弃杰弗逊-杰克逊反对立场的进步的理由。

正如1911年做州长时，威尔逊所宣称的那样，“在这个国家，大垄断集团就是货币垄断集团”。他指出，“资本家”小集团控制着信用，而纽约银行联合体“现在实际行使着中央银行的所有权力……没有联邦法规规定的中央银行必须承担的任何公共责任”。

> 对银行系统的控制……（银行体系）必须是公共的，而不是私有的，必须归属于政府本身，这样，银行才可能是商业、个体企业和

项目的工具，而不是他们的主人。[68]

威尔逊的观点被来自路易斯安那州的民主党众议员阿瑟内 · P. 普若(Arseene P. Pujo)完整记录下来并加以证实，阿瑟内 · P. 普若在 1912 年主持了一次众议院对控制了美国信用机构的强大的华尔街“货币托拉斯”的调查。威尔逊的重要顾问路易斯 · D. 布兰德斯在其所著《别人的钱》(*Other People's Money*)中公开了普若调查结果。[69] 该书描述了投资银行家寡头集团如何将金融资源输送给他们拥有股权的公司，从而扼杀了竞争。

除了通过《联邦储备法案》(Federal Reserve Act)为金融系统提供更多的稳定性和公平竞争，威尔逊还希望建立一个独立于欧洲的强大金融系统，旨在促进美国的出口扩张。正如就关税改革的主要目的是消除有利于特殊利益集团的不平等税赋体制加在工人阶级身上的负担，而关税改革与《美联邦储备法案》的第二个重要目的是为美国的出口商品打开新的市场。“我们需要外汇市场，”1912 年接受民主党提名的演讲时，他说，“关税曾经是保障；现在它是一个障碍。贸易是对等的，我们无法卖出产品，除非我们购买他国的产品”。[70] 为了促进美国产品打开新市场，威尔逊为提高法律管制而斗争，后者排除国民银行涉足外国银行业，以及迫使美国出口商通过外国银行为贸易融资。威尔逊要在《联邦储备法案》中改变这个不利地位，法案允许国民银行接受对外贸易产生的支票，并允许国民银行建立海外分支机构。他把《联邦储备法案》视为他在总统任职期间为促进国际贸易所做出的最伟大的动议之一。

对于托拉斯集团和垄断集团来说，威尔逊倡议打开海外市场还包括一个明显的例外。在大多数情况下，总统将自由放任的竞争视同商业效率，并相信它是强大的国内经济的根本保障。他认为，高关税、限价和其他不公平贸易行为是有利于托拉斯的市场偏离，破坏了源自公平竞争的自然效率。尽管存在一些修辞成分，但是，只要其业务的成功是基于商业竞争而非垄断的商业策略，威尔逊并非大企业的敌人。在这一点上，威尔逊看到了国内竞争和促进美国出口之间的区别。然而，为了鼓励企业走出去，威尔逊政府要支持走出去的企业豁免 1918 年《韦布一波密伦法案》(Webb-Pomerene Act)的反垄断法。这包括“出口联合体”，即多公司的商业勾结协议，这是为了出口目的成立的重要垄断组织。这项政策表明，在欧洲的贸易扩张计划下，包括联合体在内的对外竞争方式是被允许的。威廉·C. 瑞德菲尔德(William C. Redfield)——威尔逊的商务部部长，也是1913年成立独立商务部之后第一位担任该职位的人——认为大型的、一体化企业比小型企业更有能力在国外市场竞争。瑞德菲尔德还针对杰克逊民主党人反对商业-政府伙伴关系的标准做出了一个例外指示，要求加强在主要外国市场上(企业)与美国大使馆的商业联系，以帮助寻找美国产品的当地买家。

贸易和战争的后果

1914年8月欧洲爆发的战争改变了美国制造商和贸易政策制定者面对的贸易环境。战争对整个欧洲大陆的商业市场造成了巨大的破坏，并为美国出口商提供了新的机会，使美国出口商能够用从敌方不再可得的货物来供给交战各方。战争还打开了传统上由忙于战争的欧洲出口商供应的新的外国市场。到1915年年初，公共部门和私营部门的贸易重点都集中在拉丁美洲，拉丁美洲的进口市场长期以来由欧洲人主导。但是，由于战争，欧洲船只的撤离也导致了对新的航运能力的迫切需求。过去控制了国际信贷市场的伦敦金融机构专注于战争的需求，海外交易对替代性金融机构的需求也显现出来了。为了解决这些问题，财政部部长威廉姆·G. 麦卡杜(William G. McAdoo)于5月发起了泛美金融会议(Pan-American Financial Conference)；总统内阁的所有成员、美联储委员会以及著名商业领袖和金融人士出席了会议。到1916年年底，美国各银行已建立了以美元计价的外贸服务机构和外汇市场，开始取代英镑成为世界主要货币，并且国会也开始创建一个政府所有和经营的商船服务机构。

然而，在战争爆发后，交战者实施了海上封锁，对来自美国的商人和旅行者来说，跨大西洋开展商务活动越来越困难。威尔逊向英国和德国提出抗议，抗议他们因实施各自的封锁而侵犯中立国的权利和海上航行自由。1915年5

月，德国潜艇击沉了英国船只“卢西塔尼亚号”(Lusitania)，造成近 1 200 名乘客死亡，其中有 128 名美国人，这对于威尔逊来说，是一个转折点。总统向德国发出了强烈的抗议和警告。事实上，抗议和警告如此强烈，以至于促使他的国务卿威廉·詹宁斯·布莱恩辞职以示抗议，声称威尔逊发出的信息破坏了美国的中立地位。在接下来的两年里，总统通过斡旋和平解决了战争，同时，在 1916 年以微弱优势赢得了连选连任，他的竞选口号是：“让我们远离战争。”但是，当德国人发出最后通牒并在 1917 年开始攻击美国船只时，威尔逊要求国会宣战，著名的声明是：“为了民主，世界必须确保安全。”[71]

战争导致威尔逊从降低关税的战役中暂时撤退。迫于战争中军事需求的资金压力，威尔逊和国会同意修改《安德伍德关税法案》，保留利润丰厚的本来计划于 1916 年取消的糖保护关税，并提高对化学品的关税，目的是保护美国制造商免受德国竞争者的伤害。

威尔逊还逆转了建立关税委员会的立场。当塔夫脱总统提出这一建议时，威尔逊和大多数民主党人都反对这一想法，认为这是结束保护主义关税体系的另一个官僚障碍。现在，作为总统，威尔逊看到了向贸易政策的“科学方法”转变的政治的权宜之计，特别是已经用《安德伍德关税法案》废除保护主义的第一重大步骤实施以后。关税委员会将严格由两党成员组成，研究并比较美国与其他国家产品的生产成本和产品关税，以协助在战争期间与欧洲列强谈判。为了确保委员会不会成为保护主义的工具，威尔逊任命哈佛大学自由主义经济学家弗兰克·W. 陶西格为第一任主席。他还任命反贸易保护主义“黑幕揭发者”艾达·塔贝尔为委员会成员，然而塔贝尔拒绝了这一任命。

显然，威尔逊对自由贸易的热衷并没有因为战争的来临而减弱，他努力在战争结束时带来永久和平。在他著名的 14 点和平原则的建议中，他呼吁“海上航行的绝对自由”，“尽可能消除一切经济障碍，并在所有同意和平的国家之间建立平等的贸易条件”。[72]

总统的自由贸易哲学也明显体现在为战争提供资金的收入基础的转变上。尽管威尔逊受到战争推动，在糖和化学品关税保护方面做出了让步，但是他主要通过其他收入来源的大幅增加，为战争的准备提供资金。1916 年《税收法案》(Revenue Act)将个人收入的“正常”所得税率翻一番，从 1%增加到 2%，并逐步增加累进的“超额累进税”，将“超额累进税”的税率从 2%增加到对超过 200 万美元(相当于现在的 4 000 万美元)收入征收 15%(含正税和“附加税”)。法案还将 1913 年的企业所得税提高了一倍，并自南北战争以来第一次征收了房地产遗产税，同时还对军火制造商征收了战时“超额利润”税。[73] 威尔逊领导下的国会在 1917 年再次提高了税收，包括超额累进税在内的最高合并税率达到 67%。1918 年《税收法案》将最高合并所得税税率提高到 77%，将战时超额利润税提高到 65%，以打击战争逐利者。[74] 该法带来了 80 亿美元的收入，提供了战争所需资金的三分之一，其余资金的大部分是按照《胜利自由债券法案》(Victory Liberty Bond Act)发行政府债券提供的。1913 年，进口关税提供了几乎一半的联邦收入，其中不到 5%来自所得税。到 1918 年，近 70%的联邦收入来自所得税，不足 5%的联邦收入来自关税。[75]

联邦收入来源从工薪阶层消费者到富有生产者的转变导致了共和党反对派的指责，他们认为新的税收结构代表着重新分配国家财富的企图。在收入不平等达到新的高峰之际，只有前 5%的美国人需要缴纳新法律规定的所得税，尽管对于结婚后的夫妻二人来说，新法律规定的课税收入水平从 1 000 美元或 2 000 美元开始，超出了基本免税额和允许扣除额。不可否认的是，除了增加收入外，该法确实具有一个社会议程。一个新的条款规定，对 16 岁以下在矿山工作或 14 岁以下在其他就业场所工作的儿童雇主的净利润加征 10%的课税。这项税收是对不久前通过的被最高法院裁定违宪的童工禁令的一种替代措施。游艇、汽车、皮草、昂贵服装和其他“奢侈品”的购买者也面临着新的消费税负担，“罪恶”产品的购买者也面临着新的消费税负担，这些产品包括烟草、酒精和鸦片。然而，随着禁酒令的批准，酒精税收入预计将下降 5 亿美元。显然，“公平、公正分配税负”的立法涉及政治价值判断，但是威尔逊关注的是爱国需要，以最富有成效的方式支持美国军队在欧洲的战争。至于相关价值判断的党派辩论，威尔逊简单地宣称：“直到敌人被击败，并受到人类的清算……停止一切政治争论。”[76]

虽然在第二个任期内威尔逊没有享有强大的进步多数派带来的好处，但是，在战争年代的大部分时间里，他缓解了保护主义者的压力。在1917年开始的第一次会议上，民主党多数派的人数略有下降，但是，两党在关税问题上休战，关注战争。无论如何，在这一时期，关税不是一个主要问题，因为经济是繁荣的，并且在某种程度上，战争消除了欧洲的进口商品，保护实际上已经毫无意义。出于同样的原因，进口关税收入不再是美国预算需求中的一个重要因素。

战争结束后的几个月里，政治和经济环境开始发生剧烈变化。战争环境带来的结果是，在没有外国竞争的情况下，工业发展和繁荣起来，而1918年之后，态势将是增长率下降。与此同时，对美国农产品的需求急剧下降，引发了农业经济的恐慌和灾难。即使在西部的农业领域，绝望地寻求解决方案也导致了保护主义压力的出现，而在西部保护主义压力以前从未存在过。随着经济开始进入战后衰退期，民主党开始失去国会中权力杠杆的控制，威尔逊的关税改革很快受到了攻击。

威尔逊执政的最后岁月

威尔逊在其前6年总统任期内取得了诸多成就，包括经济转型改革和在欧洲的军事胜利，与之形成鲜明对照的是，他在任职期的最后两年里一定是失败的。失败的本质是，进步总统对立法部门特别是对参议院的控制力不断下降。历史学家罗伯特·卡罗(Robert Caro)写道：“关税削减草案是威尔逊与参议院的关系开始的标志；关系终结的标志是《凡尔赛条约》(Treaty of Versailles)。”[77]在第一次世界大战停战协议签署的同一个月，在1918年中期选举中，美国选民将国会两院的控制权交还给了共和党人。1919年，与顾问委员会的意见相悖，威尔逊冒着前所未有的风险，带领美国代表团参加了凡尔赛和平会议为期6个月的谈判。会议给总统带来了许多挫折和一份有缺陷的条约，但是，确保了他建立国际联盟的目标。遗憾的是，在奥德里奇退休后，作为非正式多数党领袖和外交关系委员会主席、共和党在参议院的领袖亨利·卡博特·洛奇挫败了威尔逊对参议院批准《凡尔赛条约》和加入国际联盟的希望。

洛奇不仅拥有他已故的好友和盟友西奥多·罗斯福的民族主义、单边主义思想——威尔逊在欧洲时,罗斯福突然去世,而且还拥有西奥多·罗斯福对伍德罗·威尔逊的个人和党派深深的敌意。洛奇在给一位朋友的信中说,他"从来没想过会恨政治上的任何人,而他(感到)对威尔逊怀有仇恨"。这种感觉是相互的,至少有一次威尔逊拒绝和洛奇站在同一个讲台上。洛奇拥有哈佛大学博士学位,是著作等身的历史学家。在威尔逊成为总统之前,洛奇就取得了一个非官方的头衔,被称为"政治学者"。威尔逊把洛奇与他认为"思想狭隘的、自以为是的……思想贫乏的,从未到达目的地而总是绕着圈子到处跑,并以为自己要去某个地方"的其他参议院共和党人归为一类。[78]

威尔逊坚定不移地拒绝与洛奇妥协,他用"天字第一号"讲坛的方式到处向美国人民推销国际联盟的重要性。但是,历经折磨的全国各地演讲计划完成之后,1919 年 9 月精神压力和动脉硬化,加之令人衰弱的中风结束了他的抗争,在余下的总统任期内,身体失能。

到 1920 年春天,随着美国经济进入萧条时期,共和党人夺回白宫的愿望几乎确定无疑了。战争时期的繁荣为许多经济部门创造了财富,但同时也带来了严重的通货膨胀。在 1914 年到 1920 年期间,生活费用增加了 100%以上。当过度扩张的世界经济突然崩溃时,复仇式地陷入经济紧缩,农产品价格暴跌近 60%,劳动力的收入逐年下降 20%。共和党人和保守派媒体指责道,与自己国家的经济相比,威尔逊对受战乱破坏的欧洲复苏更感兴趣,但是总统病得太重了,无法做出回应。

尽管生病了,威尔逊还是徒劳地试图获得第三次总统提名。然而,在 6 月的民主党大会上,参选人中出现的一匹黑马,即前俄亥俄州州长詹姆斯·M. 考克斯(James M. Cox),与一位年轻的威尔逊信徒富兰克林·D. 罗斯福(西奥多·罗斯福的远房侄子,其妻子是西奥多·罗斯福的侄女)获得了提名。

共和党提名俄亥俄州的沃伦·G. 哈丁(Warren G. Harding),并提名马萨诸塞州州长卡尔文·柯立芝(Calvin Coolidge)作为他的竞选搭档,沃伦·G.哈丁将完成在参议院的第一个任期。哈丁作为一流的"顽固保守分子",是一个被保守党支持的妥协派候选人,意在扭转威尔逊改革并阻止共和党进步派的任何改革意图。在1912年的共和党大会上,哈丁被选为塔夫脱的提名演讲人,当他宣称"塔夫脱总统是这个时代最伟大的进步分子"时,遭到了西奥多·罗斯福支持者的诘问。[79] 在进入参议院之前,哈丁是一名报纸出版商,曾就关税保护问题发表社论,预言继威尔逊的关税改革之后将出现萧条。在竞选期间,他承诺终结威尔逊革命时期的戏剧性行为并恢复"常态",以解决国家的问题。除了保守主义者中那些喜欢他强烈反对工会的人之外,柯立芝在他的家乡以外几乎不为人所知。他们不是一个充满活力的竞选团队,但是,对民主党来说,这不是充满竞争的一年,对于保守派的事业而言,他们是一个安全的赌注。

哈丁-柯立芝以404票选举人票对考克斯-罗斯福的127票,获得压倒性优势。民主党人再一次下野,伍德罗·威尔逊将自由贸易带到美国的神圣使命已经开始逆转了。虽然关税问题在1920年的选举中只扮演了一个小角色,但是,共和党的胜利者采取了他们的传统立场,并在1921年年初开始举行筹款委员会的关税听证会,并期待在即将到来的新政权中大展身手。在威尔逊政府执政的最后日子里,国会通过了一项《紧急状态农业关税法案》(Emergency Agricultural Tariff Act),对农产品征收保护性关税,但是,在执政的最后一天,威尔逊总统否决了该法案。

威尔逊引用了他在1882年第一次公开声明中的反保护主义命题,即该草案有利于"推动垄断自私的利益集团",他的否决信息对随后10年间将要颁布的贸易立法提出了具有先见之明的警告。他写道,这项"紧急状态"法案不会提供法案起草者承诺的救济。他认为,农场主真正需要的是一个更好的国内营销和信用体系,"尤其是他的剩余产品所需的更大的国外市场"。威尔逊认为,该项立法会对这一目标产生反作用。美国已经成为"一个巨大的债权国",拥有欧洲国家巨大的公共和商业债权。"如果我们希望解决欧洲的债务问题,"他说,

"我们必须准备从她那里购买（商品），而如果我们希望通过出口食品、原材料或成品来帮助欧洲和我们自己，我们必须准备好欢迎我们需要的商品，以及欧洲将要准备的并且毫不费力地向我们输送的商品。"就好像对他的接班人发出最后的警告，威尔逊宣称："显然，现在不是谈构筑高贸易壁垒的时候了。"[80]

注释：

1. *Des Moines Register and Leader*, March 2, 1912, as quoted in Link, *Wilson: The Road to the White House*, 397.
2. Upton Sinclair, *The Jungle*, 193.
3. Ibid., ix.
4. Ibid., 275.
5. Goodwin, *Bully Pulpit*, 339.
6. "Ida M. Tarbell's Activities Include Every Interest of the People," *Washington Times*, June 24, 1910.
7. Morison, *The Letters of Theodore Roosevelt*, vol. 1, 504, as quoted in Buchanan, *The Great Betrayal*, 232.
8. Gould, *The Presidency of Theodore Roosevelt*, 25.
9. Goodwin, 309.
10. Roosevelt to Joseph B. Bishop, April 27, 1903, in *The Letters of Theodore Roosevelt*, vol. 3, 471, quoted in Goodwin, 133.
11. Josephson, *The President Makers: The Culture of Politics and Leadership in an Age of Enlightenment, 1896–1919*, 150, 125.
12. Foner, *Mark Twain: Social Critic*, 97–98.
13. 42 Cong. Rec. 1349 (1908).
14. "Address of President Roosevelt on the occasion of the laying of the corner stone of the Pilgrim memorial monument" in Provincetown, MA, on August 20, 1907 (Washington, DC: US Government Printing Office, 1907).
15. Roosevelt to Lyman Abbott, January 11, 1905, in *The Letters of Theodore Roosevelt*, vol. 4, 1100.
16. Tarbell, 296.
17. Krass, *Carnegie*, 479.
18. Tarbell, 258–261.
19. Goodwin, 591.
20. Ibid., 586.
21. Ibid., 592.
22. Tarbell, 310.
23. Mowry, *Theodore Roosevelt and the Progressive Movement*, 247, 248.
24. Kyvig, 201–208.
25. William Howard, Taft, "Tariff Speech," September 17, 1909, in Schlesinger,
26. Caro, 49.
27. Tarbell, 326.
28. Tarbell, vii; Goodwin, 630.
29. Gould, *Grand Old Party*, 178.

30. Roosevelt, *The New Nationalism*, 3–33.

31. Mowry, *Theodore Roosevelt and the Progressive Movement*, 144.

32. "Roosevelt Expounds New Nationalism," *New York Tribune*, September 1, 1910; La Forte, "Theodore Roosevelt's Osawatomie Speech," *Kansas Historical Quarterly* 32, no. 2 (Summer 1966): 187–200.

33. "G. Fred Williams Assails Wilson," *New York Times*, March 23, 1912.

34. 关于这一评论的准确性在下面文献有不同看法：Berg, *Wilson*, 347–350; Mark E. Benbow, "Birth of a Quotation: Woodrow Wilson and 'Like Writing History with Lightning,'" *Journal of the Gilded Age and the Progressive Era* 9, no. 4 (October 2010): 509–533。

35. Diamond, *The Economic Thought of Woodrow Wilson*, 23.

36. W. Elliot Brownlee, "Wilson's Reform of Economic Structure: Progressive Liberalism and the Corporation," in Cooper, *Reconsidering Woodrow Wilson: Progressivism, Internationalism, War, and Peace*, 60.

37. Ibid.

38. *Woodrow Wilson: Essential Writings and Speeches of the Scholar-President*, Mario R. Dinunzio, ed., 323.

39. Woodrow Wilson, "The Tariff Make-Believe," *North American Review* 190, no. 647 (October 1909): 535–556, http://www.jstor.org/stable/25106485.

40. *Harper's Weekly*, May 15, 1909, 4, as quoted in Startt, *Woodrow Wilson and the Press: Prelude to the Presidency*, 59.

41. Berg, *Wilson*, 190.

42. "No Doubt Where Wilson Stands on the Tariff," *New York Times*, August 3, 1912.

43. "Gov. Wilson Derides Protection Maxims," *New York Times*, January 4, 1912.

44. "Democrats End Feuds at Jackson Banquet," *Washington Post*, January 9, 1912.

45. Witcover, *Party of the People: A History of the Democrats*, 306.

46. *Official Report of the Proceedings of the Democratic National Convention*, 131.

47. Johnson and Porter, *National Party Platforms: 1840–1972*, 168–169.

48. Wilson, *The New Freedom: A Call for the Emancipation of the Generous Energies of a People*, 18. www.gutenberg.org/files/14811/14811-h/14811-h.htm.

49. Ibid., 19.

50. *Rocky Mountain News*, October 8, 1912, as quoted in Link, 514.

51. Buchanan, *The Great Betrayal*, 235.

52. Wilson, *The New Freedom: A Call for the Emancipation of the Generous Energies of a People*, 43.

53. Ibid., 49.

54. Quoted in Lyle W. Cooper, "The Tariff and Organized Labor," *American Economic Review* 20, no. 2 (June, 1930): 212, fn. 6.

55. Robert D. Leiter, "Organized Labor and the Tariff," *Southern Economic Journal* 28, no. 1 (July 1961): 56, 62.

56. 50 Cong. Rec. 3 (1913).

57. "President's Visit Nettles Senators," *New York Times*, April 8, 1913.

58. 50 Cong. Rec. 130 (1913).

59. Hull, *The Memoirs of Cordell Hull*, vol. 1, 71.

60. Brands, *Woodrow Wilson*, 33.

61. 50 Cong. Rec. 1804 (1913).

62. Burns, *The Workshop of Democracy*, 386–387.

63. Berg, *Wilson*, 314.

64. Taussig, *The Tariff History of the United States*, 419.

65. "Wilson Signs New Tariff Law," *New York Times*, October 4, 1913.

66. Cooper, *Reconsidering Woodrow Wilson: Progressivism, Internationalism, War, and Peace*, 12.

67. Diamond, *The Economic Thought of Woodrow Wilson*, 100.

68. Ibid., 100, 102, 103.

69. Brandeis, *Other People's Money—and How the Bankers Use It* (first published as a series of articles in *Harper's Weekly* in 1913–14, and published as a book in 1914).

70. Kaufman, *Efficiency and Expansion: Foreign Trade Organization in the Wilson Administration, 1913–1921*, 73.

71. 55 Cong. Rec. 104 (1917).

72. 56 Cong. Rec. 680 (1918).

73. Revenue Act of 1916, ch. 463, 39 Stat. 756 (1916).

74. Revenue Act of 1918, ch. 18, 40 Stat. 1057 (1919).

75. Roy G. and Gladys C. Blakey, "The Revenue Act of 1918," *American Economic Review* 9, no. 2 (June 1919): 213–243.

76. "Full Text of President Wilson's Address to the Houses of Congress in Joint Session," *New York Times*, May 28, 1918.

77. Caro, *Master of the Senate*, 52.

78. Ibid., 39.

79. Dean, *Warren G. Harding*, 30.

80. 60 Cong. Rec. 4498–99 (1921).

第6章

咆哮的20世纪20年代和通向《斯穆特-霍利关税法案》之路

1929年关税调整后，不可避免地会带来繁荣……

人民选举了共和党总统和国会，为了关税重新调整能够掌控在保护主义者朋友的手中。[1]

——参议员里德·斯穆特(R-UT)，1929年9月12日

1923年5月17日，沃伦·G. 哈丁总统和他的财政部部长、亿万富翁、匹兹堡的银行家、实业家安德鲁·梅隆在财政部南面的平台上，为亚历山大·汉密尔顿的铜像揭幕。哈丁长期以来推崇汉密尔顿的人生和成就，在入主白宫之前，他经常在演讲中称赞汉密尔顿。在这篇颂词中，当着5 000名华盛顿人的面，总统大张旗鼓地赞扬了汉密尔顿作为第一任财政部部长的“无与伦比的贡献”，称他领导“年轻共和国从看似绝望的深渊走向自信的顶峰”。哈丁没有点名地责骂了像杰弗逊和麦迪逊那些人，他们称汉密尔顿为“君主主义者和自由

的敌人……民主的敌人”。鉴于汉密尔顿从未试图“呼应短暂的流行观点”，哈丁称赞他为建设一个“足以保证自由安全的强大国家”所做出的努力。[2] 铭刻在雕像底座上的汉密尔顿纪念语句补充了哈丁的观点：

他砸开了岩石，
那是覆盖国家资源的岩石，
让收入源源不断地涌出。
他触动了僵尸，
那是公共信用的僵尸，
让它跳跃起来。

美国南北战争后，汉密尔顿成为共和党的偶像，他将有钱阶级融入公共政策制定过程的哲学思想成为镀金时代指引航向的灯塔。哈丁和梅隆的揭幕仪式——在汉密尔顿研究者及其多卷著作的编辑、参议员亨利·卡博特·洛奇引领的保守派共和党人赞许目光的注视下——传达了一条象征性的信息：建立在企业-政府伙伴关系基础之上的保护主义贸易政策中汉密尔顿稳定观已经回来了，并将充分发挥威力。直到 1947 年，民主党政府才在财政部大楼的北门外竖立了自由贸易者杰弗逊执政时期的财政部部长阿尔伯特·加拉廷的雕像。

公正地说，威尔逊总统也曾经是汉密尔顿的崇拜者，并在 1917 年提议为汉密尔顿竖立雕像。随着美联储制度的颁布，威尔逊甚至重新复活了被安德鲁·杰克逊长期埋没的汉密尔顿的国民银行理念，尽管不存在汉密尔顿及其哲学思想继承者们所支持的与华尔街银行家们的伙伴关系。但是，威尔逊的进步改革时代似乎成为遥远的过去，因为哈丁在其任职的前两年中，开始实现他的政治口号，即“政府尽量少地参与企业事务，而企业更多地参与政府的事务”。

当选总统后，哈丁立即承诺“废除和消灭大量行政命令和法律，这些行政命令和法律未能有效地起到防止牟取暴利和不公平行为的作用，只会让美国企业感到恐惧和害怕”。他承诺重新调整关税，并誓言“让政府配合企业”，以及通过“重建美国公民保护的自尊措施，无论他们在哪里，都能得到正义的保护”，从而保护美国国内外的企业。[3]

1922年《福德尼-麦坎伯关税法案》

在很大程度上，威尔逊的关税改革是严格依照1913年《安德伍德关税法案》进行的，这种情况保持了9年。在比过去40年中，只有一项关税法案实施的时间超过了它。在威尔逊的第一个任期内，民主党人以压倒性多数控制了国会，而且与共和党的进步反对派一道，远离根深蒂固的保护主义制度。然而，在他执政的最后两年，威尔逊迈向更自由贸易的进步运动停滞不前了，并且哈丁总统从宣誓就职的那一刻开始，立即逆转了路线。

在威尔逊总统执政的最后一天，他否决了《紧急状态农业关税法案》，警告了高贸易壁垒的危险。在此后的就职日，哈丁总统在自己的就职演说中嘲笑"消除贸易壁垒的理论"是一个"诱惑谬误"，因为保持更高生产成本的美国标准将要求提高进口关税水平。[4] 在其后6周内新总统召开了一次特别会议，讨论税收改革和紧急关税问题。在主要来自中西部和南部联合成立的农业或农场主集团的一些参议员和众议员的大力支持下，国会通过了一项新的《紧急状态关税法案》(Emergency Tariff Act)，哈丁于1921年5月27日签署了这项法案。该法案对德国化学品和染料实施了禁运，禁止外国货物在美国市场倾销（以低于"公平价值"的价格出售），并对大约30种农产品（包括小麦、玉米、肉类、羊毛和糖）实施了禁止性关税税率。紧急状态关税本应维持6个月，但是被延长了，直到接下来的永久性关税增加。威尔逊认为这项措施不能解决农场主的问题，事实证明预言是正确的。按照经济历史学家、威尔逊的关税委员会主席弗兰克·陶西格的说法：

> 作为应对当时紧急情况的一种手段，这不过是一种和蔼可亲的姿态。几款产品的价格继续下跌；几乎没有更好的证据证明关税不能作为立即见效的补救措施。[5]

在《紧急状态关税法案》通过之前，筹款委员会举行了永久废除《安德伍德关税法案》的听证会。主席约瑟夫·W. 福德尼(Joseph W. Fordney, R-MI)在众议院介绍这项草案，他宣称："我是一名保护主义者，我是一名共和党人，对我的保护主义和共和党的观点没有任何需要道歉的。[掌声]但是，我的朋友们，这是我的真诚目标……禁止性关税税率不应被写入法律。我的目的也是要看到，关税税率足够高，从而消除国内生产成本和国外生产成本之间的差距。"[6] 按照一项严格的规则，即有限的辩论和修正，在几天内该草案基于党派路线于众议院通过。然而，由于传统做法，参议院花时间来行使它的特权，改写这项草案。

9 个月后，参议院财政委员会主席波特 J. 麦坎伯(Porter J. McCumber, R-ND)在参议院宣读了该草案。对众议院草案的修正多达 2 000 多项——在大多数情况下提高了已经很高的关税。麦坎伯观察道："我们不相信我们的税率如此之高，以至于阻止了合理的外国竞争。"[7] 无论怎样言之凿凿，与 1913 年法案下的平均关税税率相比，最终使平均关税税率提高了 64%。平均关税税率达到 38.4%，这一结果高于 1890 年、1897 年和 1909 年的保护性关税。[8] 尽管一些利益集团曾表示反对提高关税，例如，越来越有影响力的美国汽车制造商主导了市场，但是他们担心外国实施关税报复措施，因为高关税保护的压力巨大。以农业集团为代表的西部农业利益集团要求对农产品实行保护性关税措施，其程度与给予任何其他行业产品保护的程度相同。针对是否立即提高关税税率的问题，对美国商会会员进行的一项民意调查的结果显示，1 140 人赞成，723 人反对。[9] 在对该草案投票时，参议院和众议院一样，按照党派路线投票，没有民主党人投赞成票，而只有两个进步的共和党人投了反对票，其中还包括拉·福莱特的反对票。

在该草案通过后，议员福德尼为该草案辩护，反对民主党称该草案将增加美国消费者的生活成本的指责，并呼吁民族主义：

> 美国的物价已经非常高了……这项法案所要达到的目的就是从外国人的惊人利润中拿到更多，以减少我们的人民的税负……把我们数十亿美元的资金从外国渠道转移过来，以支持美国制造商、生产商和劳工，而不是建立外国工厂、帮助外国生产商和提供

给外国劳工……该法案的赞成者相信美国的制度、美国的工业、美国的劳工、美国的男人和女人，并且通过该法案，呈现出一部纯粹的美国法案。[10]

灵活的关税授权

回到《福德尼-麦坎伯法案》(Fordney-McCumber Act)的高度保护性关税，该法案可能仅仅表现为哈丁承诺的“回归常态”，但是，该法案还包括将一项前所未有的国会权力下放给总统，即在有限的情况下，总统可以提高或降低关税税率。在审议该草案的过程中，企业界的一些成员对恢复出口贸易极端保护措施的负面影响表示担忧，并警告说，可能会出现政治上的反弹，正如在通过过分的《麦金利法案》和《佩恩-奥德里奇法案》后所出现的那样。突然，哈丁变得不太习惯于采取严格的保护主义措施了，他开始寻找一种更适合出口群体的解决方案。在一位温和的贸易保护主义者和进步的共和党人、关税专员威廉·S. 卡尔伯森(William S. Culbertson)的建议下，他发现了解决方案。在冗长的备忘录中有记载，卡尔伯森说服了哈丁，在法律中加入一项灵活的关税机制将在经济上和政治上是有利的。关税委员会可以独立和“科学”地计算国内外生产成本之间的差异，从而就适当的关税提出专家意见，在关税委员会的帮助下，总统以明智的方式调整关税，从而纠正国会的政治臆断。

在参议院财政委员会开始起草该草案之前，在哈丁发表的第一份国情咨文中，他要求授权对关税进行科学的调整，目的是使关税“公平，不必(加重)我们对国外的进口商品负担和(妨碍)我们的海外贸易”。[11] 尽管国会中的民主党人强烈反对，他们认为这是违宪的，有人称之为专制主义的法案。但是，在最终被通过的法案的第 315 条包含灵活的关税授权。法案第一次以法律形式明确规定，保护性关税的预期政策旨在平衡美国和其他竞争国家的生产成本差异。尽管这项政策，如下文所讨论的，是基于不健全的经济学，但是，它至少将一片无花果的叶子盖在了纯粹反竞争的、偏袒特殊利益集团的、传统上被批评的保护性关税上面。根据法案第315条，总统被授权依照法案提高或降低不超过50%的关税，以平衡生产成本。然而，在行使这一权力之前，关税委员会需要调查生产成本，并且总统的行动要基于委员会的建议。

1922年9月21日，在白宫举行的签字仪式上，在福德尼、麦坎伯以及众议院筹款委员会和参议院财政委员会成员的见证下，16个月的立法进程后，哈丁总统明显松了一口气并充满了希望。他说："这项法律经过了长期的制定过程，我不知道有多少符合我的要求，但是，如果我们成功地制定了有效的、灵活的条款，在国家历史上它将为关税决定做出最大的贡献。"[12]

从表面上看，灵活的关税授权似乎已经为纠正和缓和政治上的过度行为提供了一种乐观的方法，并在国会贸易政策权力的授权方面，开辟了新的天地。但是，这项创新有三个致命的弱点：根本上存在缺陷的公式、存在争议的关税委员会，以及最终总统没有任何承诺。

福德尼-麦坎伯保护性关税方案的表面政策基础和灵活性关税的指导公式——美国与外国竞争者之间生产成本均等——在近年来作为共和党人的口头禅，成为保护性关税的辩护理由。弗兰克·陶西格认为这项政策已经成为"一种贸易保护主义者的崇拜"，并发现"就站得住脚的或具有一致性的理论而言，它是不健全的，这是致命的"。[13]陶西格曾担任关税委员会第一任主席，但在1919年辞职，因为共和党重新控制国会，并开始制订计划，再次提高关税。自1882年以来，他就在哈佛大学教授古典经济学，并赞同大卫·李嘉图作为贸易基础的比较优势理论。比较优势的概念作为贸易经济学的基础理论，将因均等化国内外生产成本的差异的关税而完全无效。同样重要的是，陶西格认为，要在20世纪20年代获得与外国产品有关的准确的公司会计和生产记录，以便能够可靠地确定和评估外国的生产成本，事实上是不可能的。

对于那些可能希望灵活的关税条款能从《福德尼-麦坎伯法案》的高关税中得到一些缓解的人来说，很快，哈丁所任命的关税委员会就带来了失望。当哈丁入主白宫时，委员会已经安排了四位威尔逊政府的人——唯一一位共和党人卡尔伯森，以及两位民主党人和一位进步派人士。为了安抚主张高关税的保护主义者，哈丁在两个共和党公开席位上任命了代表制造业利益集团的著名保护主义游说者。在参议员洛奇的催促下，哈丁很快任命了他们中的一位为主席，即波士顿保护主义国内市场俱乐部的秘书托马斯·O. 马文(Thomas O. Marvin)。当其中一位民主党委员辞职时，总统用一位保护主义民主党人替代他。委员会成员之间继而产生的冲突不仅涉及基本的贸易政策问题，而且涉及在决定调查哪些关税税率案件过程中委员会发挥作用的基本程序问题。马文认为，未经总统批准，委员会不能启动调查，而卡尔伯特森则寻求委员会的独立性和审查所有关税税率的自由裁量权。

1923 年年初，在进步的、自由贸易民主党委员的支持下，卡尔伯森提出了一份成本调查清单，对马文反对的几乎所有关税税率进行全面审查。卡尔伯特森呼吁总统及其内阁给予支持，这是对《福德尼-麦坎伯法案》政治上的反对以及灵活性关税第 315 条的潜在失败的警告。商务部部长赫伯特·胡佛和几位西部众议员一样，强烈支持卡尔伯特森的努力。4 月，总统同意委员会可以根据利害关系方的请求启动调查，或者在没有请求的情况下，当委员会有证据表明关税没有均等化竞争条件，在首先与总统协商后(可以启动调查)。

尽管有这份协议，委员会仍存在意见冲突，无法就所要进行的调查达成一致。卡尔伯森继续瞄准广泛修正，而马文则试图通过限制性的应用，将调查限制在最小单一目标。哈丁采纳了卡尔伯特森关于灵活性关税的建议，从而制造了混乱。然后，任命确保其失败的委员，拒绝干预以解决僵局。当委员们继续就程序议程争论不休时，哈丁正在西部各州巡回演讲。委员会最终同意进行 29 项调查，但是，关于调查，在哈丁的灵活性关税授权下，不可能知道哈丁会如何按照关税委员会的建议采取行动。1923 年 8 月 2 日，哈丁在旧金山死于心脏病发作，这个麻烦的问题留给了他的继任者卡尔文·柯立芝。

卡尔伯森委员努力说服新总统相信灵活性关税条款的政治和经济价值，但是没有成功。在 1923 年 12 月柯立芝第一次向国会发表讲话中，赞扬了《福德尼—麦坎伯法案》中的高关税，认为它确保了“丰厚的收入和……富足和繁荣”。[14] 他看不到做出调整的任何理由，认为调整只会扰乱他所认为的关税驱动的繁荣。他向卡尔伯森承认，“我们似乎必须做些什么”。但是，正如幽默作家威尔·罗杰斯（Will Rogers）的评论，他避免利用自己的权力调整关税，既不得罪制造商，也不得罪消费者。他只是忽视了关税委员会的建议，或者通过询问更多信息而拖延了对这些建议的独立行动。随着时间的推移，柯立芝得以替换威尔逊任命的人，并用保护主义多数派武装委员会，如卡尔伯森接受了驻罗马尼亚公使的任命，这样，在7年内仅按照第315条调整了38项关税税率。在这些调整中，有33项是增加关税，而其他5项是减少关税，诸如活的白喉鹌鹑和油漆刷柄等不敏感的商品。总统明确拒绝接受委员会提出的有争议的削减原糖关税的建议，对其他建议则视而不见。离任后，柯立芝在一篇评论文章中宣称，在他的判断中，试图通过比较生产成本得出“科学关税”的整个想法只是一种“幻想”。[15]

柯立芝繁荣

在柯立芝政府期间，约翰·梅纳德·凯恩斯（John Maynard Keynes）出版了基于他讲座的一本小册子：《自由主义终结》（*The End of Laissez-Faire*，1926）。在讲座中，凯恩斯介绍了自由放任原则的历史以及它如何成为古典经济学的信条。凯恩斯注意到，在亚当·斯密、大卫·李嘉图和托马斯·马尔萨斯的作品中都没有提到这个词，他观察到在19世纪这个词由于与两种对立学说——贸易保护主义和马克思的社会主义——形成鲜明对比而广受欢迎。他说，亚当·斯密倡导的自由贸易和自然自由秩序引导他反对重商主义和18世纪的贸易限制，但他不是政府参与商业管理的教条式的反对者。当时，凯恩斯仍然是自由贸易美德的虔诚信奉者，但他发现了自由放任原理基本假设的缺陷，这与不受管制的资本主义有关，这个基本假设是人们被自己的私利所驱使，从而为了公共利益而行动。凯恩斯写道：“精明的利己主义者总是以公共利益为出发点，这并不是从经济学原理中得出的正确推断。”在其早期关于赞成资本主义和政府干预相结合的观点的声明中，凯恩斯总结道：“我认为，明智管理的资本主义与目前任何一种可供选择的制度相比，在达到经济目的方面，可能会更有效率。”[16]

如果柯立芝总统有机会读到凯恩斯的小册子，他肯定不会受到影响。他致力于用一种放手、放任自由的方式来治理商业，他只知道一个限制，即保护性关税，在每年向国会发表的国情咨文中，他拒绝降低关税。众所周知，柯立芝宣称“美国人民的主业是商业”[17]，柯立芝紧随哈丁的脚步，任命大企业的拥护者加入新的联邦监管机构，包括州际商务委员会、联邦储备委员会和联邦贸易委员会。虽然柯立芝的任命并没有导致那种丑闻缠身的噩梦，如困扰哈丁遗产那样的丑闻——最糟糕的是臭名昭著的茶壶山(Teapot Dome)丑闻*，但是，他们确实设法激怒了两党中的进步人士。来自内布拉斯加州的进步共和党参议员乔治·W. 诺里斯(George W. Norris)指责柯立芝正在通过任命程序使联邦法律失去效力。诺里斯呼吁废除关税委员会和联邦贸易委员会，因为这些机构“已经落入反动派手中，不再服务于它们被创设的目的”。[18] 正如柯立芝传记作者罗伯特·H. 费雷尔(Robert H. Ferrell)所说，“柯立芝时代的监管薄弱到了看不见的地步”。[19]

柯立芝亲近企业议程的一个关键目标是降低威尔逊政府时期以及第一次世界大战期间产生的、仍在持续下去的高税率和国债。他与梅隆部长密切合作，梅隆在 1924 年出版了《税收：人民的事业》(*Taxation: The People's Business*)一书，书中有“供给侧”论述部分。按照梅隆的说法：

> 税收的历史表明，本质上超额的税收是不被支付的。高税率不可避免地对纳税人施加压力，迫使其从生产性业务中撤出资金……有些人似乎难以理解，高税率并不一定意味着政府将获得巨大的收入，而采用低税率常常可能获得更多的收入。[20]

柯立芝在减税和放松商业管制方面的坚持不懈与取得的成功，使他深受现代共和党人的喜爱。1981 年罗纳德·里根(Ronald Reagan)就任总统时，他在

---

* 美国哈丁总统任内，1922—1923 年爆发的贿赂丑闻。内政部部长亚伯特·富尔未用公开招标方式处理茶壶山以及另外两处美国海军油矿，以低价方式让石油公司承租。在 1922—1923 年期间，这项承租案成为参议员托马斯·詹姆斯·华莱士负责的国会调查案。富尔最后承认接受了石油公司的贿款。——译者注

白宫西翼的内阁会议室里挂了一幅柯立芝的画像，取代了哈里·S. 杜鲁门总统的画像。

在哈丁总统的支持下，财政部部长开始了他的税收改革，通过了1921年《税收法案》，使最高边际税率从73%降到了50%。1924年，梅隆和柯立芝说服国会再次降低个人所得税税率，但是同时增加了房地产遗产税和赠与税。最后，在强大的行政部门压力下，国会通过了1926年《税收法案》，该法案将最高边际税率降低到24%，将房地产遗产税税率减半至20%，并废除了赠与税。减税将使联邦收入减少10%，迫使人们回到依赖高关税的威尔逊之前的时代。柯立芝乐意如此。

尽管经过两党激烈的投票，1926年的减税法案通过了，但是，像众议员菲奥雷洛·H. 拉瓜迪亚(Fiorello H. LaGuardia，R-NY)那样的进步批评者指责道，该法案仅仅有利于最富有的纳税人。来自密歇根州的进步共和党参议员詹姆斯·J. 库岑斯(James J. Couzens)曾是福特公司富有的高管，他指责财政部向受青睐的企业(包括一些由梅隆控制的企业)提供了高达数十亿美元的资金和信贷。但是，尽管这些指控是真实的，这个相对普遍的繁荣的时期——被称为“柯立芝繁荣”——使其难以伤及总统的政治生涯。

在经历了1920—1921年短暂的战后大萧条之后，美国经济在各种力量的推动下开始复苏，并从其战时经历中获得了优势。19世纪晚期的美国工业部门因第一次世界大战而得到了推动，并在1926—1929年间，美国制造业产出已经上升到占世界总产出的42.2%，超过了8个竞争性工业经济体(德国、英国、法国、意大利、加拿大、比利时、日本和苏联)的总产出。[21] 大量使用电力，更高水平的机械化、装配线和其他制造业创新提高了生产效率，使经济体能够充分利用压抑的战时需求实现利润。在亨利·福特T型车的引领下，美国汽车制造业及其供应产业主宰了世界市场，并对美国经济产生了巨大影响。美联储坚持保持低利率，刺激经济增长，这样，建筑业蓬勃发展，股票市场因投机性经纪人的保证金贷款而飙升。毫无疑问，哈丁-柯立芝在企业监管方面放手的方式也激发了企业的高度自信和繁荣。

然而,在整个20世纪20年代,农业仍然是经济的一个关键薄弱点。为了满足战争需求,农场主负债扩大生产,但是,当战争结束,需求蒸发且价格下跌时,农场主剩下来的就只有债务。1922年国会通过的农产品高关税政策未能帮助提振农产品价格,哈丁也拒绝对农场主提供直接援助。许多外国政府对美国农产品实行报复性关税和进口配额,并对本国农产品生产商给予补贴。1924年,参议员查尔斯·L. 麦克纳里(Charles L. McNary,R-OR)和众议员吉尔伯特·N. 豪根(Gilbert N. Haugen,R-IA)首先提出了一种新的解决方案,以确保农产品的国内价格公平,该方案得到了农业利益集团的广泛支持。按照麦克纳-豪根草案,政府资助的公司以战前市场价格设定的关税水平基础上的价格购买农场剩余产品,然后,按照世界价格将其"倾销"到国外。随后的损失将以"均摊费用"的形式向农场主收取。尽管农业集团给予了强有力的支持,但是,该草案引起了柯立芝先发制人的反对,凸显了在华盛顿的制造业利益集团的势力超过农业利益集团。

柯立芝、梅隆、胡佛和其他批评者抱怨说,这项计划相当于限定价格和一种"恶毒"的税收形式,这增加了消费者的生活成本,并向农场主支付了一笔不劳而获的奖金。尽管这些意见都是有效的反对意见,但是这些反对意见同样适用于工业产品的保护性关税。麦克纳-豪根的国内与出口销售双重价格体系在经济上并不健全,但是反映了受保护行业的做法,如钢铁产业,这些产业在受保护的国内市场上产品销售价格很高,而将剩余产品倾销到国外。对于一些严重依赖出口市场的农产品,例如棉花,双重价格是一个更严重的问题。但是,当棉花价格在1925年急跌时,南方众议员加入了支持该草案的行列。尽管柯立芝和商界强烈反对,但是,《麦克纳里-豪根法案》(McNary-Haugen Act)最终还是于1927年2月通过了,而柯立芝否决了该法案。国会为了解决总统的一些反对意见而修改了该法案,并在1928年5月以更大的多数票再次通过了该法案,结果柯立芝再次否决了该法案。

如果总统的否决没有得到国会接受,就无关紧要了。1927年8月2日,在哈丁去世四周年纪念会上,柯立芝出人意料地宣布:"我不选择在1928年竞选总统。”卡尔文·柯立芝相信他将在执政的巅峰时刻离开。除了困扰这个国家长达10年的农业问题将被留给他的继任者之外，柯立芝繁荣作为他自由放任的遗产似乎是可以信赖的。在向国会发表的年度致辞中，他自满地说：“我们可以满意地看待现在，乐观地预测未来。”[22]

赫伯特·胡佛："神奇小子"

随着柯立芝总统神秘退出，不考虑再次提名，1928年共和党的选票明显钟情于商务部部长赫伯特·胡佛。与作为一个沉闷无情的平庸者的历史遗产相反，他的政府被普遍谴责为大萧条的罪魁祸首，在20世纪20年代的大部分时间里，胡佛被认为是在令人眼花缭乱的公众人物中的一个超级明星。

作为艾奥瓦州的一个孤儿，胡佛开始就是可怜人。胡佛非常努力，毕业于斯坦福大学，白手起家，后来因为在澳大利亚、中国和世界其他地方采矿而成为一名百万富翁。1914年第一次世界大战爆发时，他住在伦敦，帮助组织在欧洲的12万美国人返回美国。凭借卓越的管理技能和每日工作14个小时，胡佛自愿为被德国侵占的比利时的数百万饥民主持粮食救济工作。1917年美国参战时，威尔逊总统任命他为美国食品管理局的负责人，为盟军的事业有效保障了食品资源。战后，尽管遭到了共和党领导人(如参议员亨利·卡伯特·洛奇)的反对，他在欧洲组织了救援行动，并为苏联饥民组织了救援行动。1914年，胡佛因其职业而闻名，被称为“伟大的工程师”，但是，到1920年，他已经获得了国际声誉，以“伟大的人道主义者”而闻名于世。

作为威尔逊政府雄心勃勃的年轻成员，胡佛和海军部部长助理富兰克林·罗斯福在战争期间成为朋友。在民主党人中，罗斯福认为在自己的帮助下胡佛有望在1920年的民主党候选人名单上接替威尔逊。胡佛曾经是一名进步的共和党人，1912年曾经支持西奥多·罗斯福的“公麋党”而不是塔夫脱，并且曾在进步的威尔逊政府任职，甚至还会毫无保留地支持《凡尔赛条约》。富兰克林·罗斯福敦促胡佛宣布自己是一个杰弗逊式的民主党人，从而受到民主党的欢迎。爱德华·豪斯(Edward House)上校当时是威尔逊的高级助手,他认为胡佛-罗斯福的票仓为民主党控制白宫带来了最佳机会。[23] 月初胡佛与罗斯福共进晚餐,并对自己的决定保持低调,此后,于 1920 年 3 月底,胡佛宣布他是一名进步的共和党人。他在共和党人的提名中做了一次短暂尝试,在加利福尼亚州初选中落败,然后,支持哈丁。大选之后,哈丁奖励他当时商务部一个次要的内阁职位。

在胡佛处理商业事务时,他拥有的只不过是一个次要的内阁职位。他是哈丁和柯立芝两届政府内阁中的明星,他积极重组商务部,使这个新部门发挥更大的作用,为国内外的商业和工业提供新的服务。他发展了崭新的无线电广播产业,组建了航空旅行产业,并促进了美国公司的发展。1927 年,他监督使 150 万人无家可归的密西西比河泛滥后的救灾工作。他还创建了一个创新的、高效的公共关系团队,广泛宣传他的成就。虽然他得到了应得的荣誉,但是,有些人对他在帝国大厦的工作感到不满,因为他跨入了其他部门的地盘。他的竞争对手称他为"商务部部长和所有其他部门的副部长"。在对胡佛部长最不感兴趣的人中就有柯立芝总统本人,也许已经担心会被他的下属以压倒性优势所取代,他嘲笑地称胡佛为"神奇小子"(wonder boy)。当被问到是否会支持胡佛的提名来接替他的时候,柯立芝回答说:"人们 6 年来一直主动向我提出建议,所有这些建议都很糟糕!"[24]

尽管胡佛的前任心存疑虑和不安,但胡佛是不可阻挡的。胡佛甚至还得到了威尔逊支持者的鼎力支持,如艾达·塔贝尔和最高法院法官路易斯·布兰德斯,他们心悦诚服地说:"我百分之百支持他。"[25] 民主党提名纽约州州长阿尔弗雷德·E. 史密斯(Alfred E. Smith),在绝大多数方面,他代表了胡佛的反对方。与胡佛一样,史密斯也在贫困环境中长大,但是,他来自纽约下东区的城市公寓,并借助坦慕尼厅的机器政治走上了自己职业生涯的顶峰。胡佛是贵格会教徒,他认为禁令是伟大而高尚的经济实验,而史密斯是爱尔兰天主教徒,当时国内大部分地区都有反天主教和反移民的偏见,他把结束禁令作为竞选的首要议题。

只有在经济问题上，两位候选人才有相同的看法。尽管作为州长的史密斯已经实施了大量的进步改革，但是1928年他亲近企业的主张与胡佛几乎没有区别。甚至是在关税问题上，史密斯也放弃了传统的民主党立场，即"关税只为获得财政收入服务"，转而赞成最低水平的保护性关税。1928年民主党纲领的赌注基本上下在这个问题上，宣称"民主党主张的关税基于全民正义"。[26] 史密斯试图在农业问题上与胡佛保持距离，强调反对支持柯立芝否决的麦克纳-豪根计划的工业。但是，在这个国家的部分南部与西部地区，这样的立场会很有帮助，而那些深受反天主教偏见影响的地区对他不利。

胡佛在共和党全国代表大会的第一轮投票中获得提名，所依赖的竞选纲领是，相信柯立芝政府将国家从"大萧条的深渊中"托起，并再次确认"保护性关税信仰，将其作为这个国家经济生活根本的、重要的原则"。[27] 在斯坦福大学发表的提名演讲中，胡佛承诺，在共和党的领导下，当时享有的国家繁荣只会进一步变得更好：

> 今天的美国，我们比任何一个国家历史上任何时候都更接近战胜贫困的最后胜利。在我们中间，贫困的家庭正在消失。我们还没有达到最终目标，但是，如果有机会继续执行过去八年来的政策，我们很快就会在上帝的帮助下看到贫穷将从这个国家消失的那一天。[28]

胡佛以压倒性优势获胜，甚至赢得了史密斯的家乡纽约州，富兰克林·罗斯福在纽约州赢得了民主党州长的选举。在罗斯福的帮助下，胡佛将压倒性的共和党多数派带到了国会两院。

1930年《斯穆特-霍利关税法案》

受到来自各方的赞扬，就职典礼后这位"伟大的工程师"立即采取了大胆的行动，从而有别于他的两位前任。命令废除油田租赁，并要求公布大量的所得税返还数额，这些行动将防止哈丁和柯立芝治下的丑闻。自由主义杂志《新共和》(*New Public*)称赞他“行动迅速,决策果断,在白宫自威尔逊先生早期以来从未得见”。[29] 诚然,胡佛在回忆录中写道,他曾希望重振威尔逊治下的进步改革时代,威尔逊曾因战争而停滞不前,而哈丁和柯立芝则终止改革。[30] 然而,胡佛在1922年出版的《美国个人主义》(*American Individualism*)一书中对政府有限作用的强烈信念,限制了他的改革计划。他对“粗犷”的美国个人的看法是建立在强烈的志愿服务精神基础上的,因为他曾在战争期间比利时的救济工作中拥有志愿服务的经历,并对政府官僚机构或政府补贴深恶痛绝。对保护性关税的支持是胡佛坚定个人主义信念的一个显著例外。

为了解决这个国家最棘手的问题——农业问题,胡佛就职后召集国会召开为期六周的特别会议,以“兑现在最后选举中的两项承诺——农业救济和关税有限的变化”。[31] 在特别会议上总统的努力开始时取得了巨大的成功。在两个月内,通过了政府发起的《农产品营销法案》(Agricultural Marketing Act),目的是通过建立一个联邦农业委员会,加之5亿美元的循环贷款基金来稳定农产品价格。这项措施并没有取悦最激进的农业利益集团,比如国家农人促进协会(National Grange),他们主张麦克纳-豪根式的典型出口补贴。农业委员会可以向购买农产品的合作协会和特定的稳定器公司贷款,以控制农产品剩余。农业委员会没有获得定价权,但是,实际上,它有这样做的自由裁量权。然而,农业委员会的目标是阻止价格下跌,并采取相应措施,特别是在1929年10月股市崩溃之后。

总统在特别会议上修改关税法案的目标仅限于解决特定的问题。首先,为了帮助农场主,他致力于提高农产品进口关税。其次,他希望加强关税委员会和“灵活性关税”安排,目的在于限制国会的“互投赞成票”* 和过度的、任意的保护。再次,他看到了1922年《关税法案》实施以来的经济变化,并因此对工业而不是农业关税做出“一些有限变化的必要性”。胡佛认为:“修订法案必要性的测试的主要依据是,在过去几年中,一个行业的活动是否大幅放缓,以及由于该

* 当选举逼近时,扮演慈祥的圣诞老人,采取“互投赞成票策略”,联合多数强行通过法案,以讨好特定选民,为自己的选情铺路。——译者注

图 6.1　1929 年众议员威利斯·C. 霍利(Willis C. Hawley)(左)和参议员里德·斯穆特，1930 年《斯穆特-霍利关税法案》的作者(国会图书馆)

行业产品难以应对的竞争而导致的就业率下降。”[32] 胡佛的呼吁似乎是合理的，胡佛呼吁“有限的变化”引发了立法“人人参与的竞赛”，导致国会历史上最具争议性并被认为具有破坏性的立法之一：《斯穆特-霍利关税法案》。[33]

与臭名昭著的《斯穆特-霍利关税法案》的发展相关联的一个显著的讽刺是，缺乏通常促使采取重要关税措施的那种条件。正如弗兰克·陶西格在其《美国关税史》(*The Tariff History of the United States*)的最后一章中所观察到的那样，自南北战争以来，每一次关税修正案之前都有一场财政危机，或因关税问题而政党动荡。不仅在 1928 年的选举中没有政党更替，而且关税甚至没有成为主要候选人之间争论的一个问题。除了战争结束以来农场主一直承受的价格低迷之外,当国会在特别会议上调整关税时,这个国家正处于柯立芝时代繁荣的巅峰。基于总统所提出的测试方法,可能仅仅需要适度的修改。然而,在胡佛就职之前的两个月里,众议院筹款委员会已经在40天的听证会上听取了近1 100名证人的证词,积累了11 000页冗长的证词和简报。[34] 绝大多数证词来自寻求增加或维持保护性关税的特殊利益生产商,而当时绝大多数大型制造商,比如汽车行业,正寻求有利的出口市场,反对更高的关税税率。

然而,在过去70年来逐渐成熟的政治体系中,在关税的决策过程中,"互投赞成票"的传统胜过了最重要的政策辩论。在对《斯穆特-霍利关税法案》进程的经典研究中,E. E. 谢特施耐德(E. E. Schattschneider)称之为"对等互不干涉",也就是说,要想提高一种产品的关税,就需要支持对另一种产品提高关税。[35] 到了总统要求召开特别会议时,筹款分委员会的共和党主席已经在闭门会议上专门与撰写草案的多数派同事举行了会商。正是在这些秘密会议上,开始使用"互投赞成票策略"。立法委员会中有15位共和党人,每人都担任一个由三人组成的分委员会主席,这些分委员会覆盖了主席选区内涉及利益集团产品的关税计划。例如,一名来自新英格兰的委员将担任纺织分委员会主席,另外两名委员在关税计划上听从他的意见。同样,由负责钢铁关税计划的来自宾夕法尼亚州的委员担任钢铁关税计划分委员会主席,其他两名委员也会听从他对钢铁关税计划的指导性意见。听证会当着全体委员的面公开举行,但是,交易已经在私下达成,在听证会上"保护之友"无人提出反对意见。[36]

1929年5月9日,筹款委员会主席、众议员威利斯·C. 霍利(R-OR)在众议院介绍了委员会的工作成果。注意到,国家"对这样的程序给予大力支持,以大量的选票选举贸易保护主义的政党候选人当选总统",委员会的共和党成员"非常努力地交叉审查"准备修订关税计划的分委员会成员。他指出,正如少数人所提议的那样,关税修订不限于农业,因为这样做"不会使国会和国家满意,原因是我们认为法律的平等保护应该扩大到每个人和每个行业”。[37] 霍利和委员会关于该草案的报告淡化了建议书中关税修订的范围。报告称，“虽然关税的百分比已经调整，但是，应纳税进口商品的平均税率将不会发生实质性的变化”。报告还称，该草案甚至不应被“称为修订，而是重新调整”[38]。霍利对变化的描述含糊其词，但是估计变动大约仅为关税计划表中项目的“15%或20%”。然而，道格拉斯·A. 欧文(Douglas A. Irwin)在其《四处贩卖的贸易保护主义：〈斯穆特-霍利关税法案〉与大萧条》(*Peddling Protection*：*Smoot-Hawley and the Great Depression*)一书中的分析表明，霍利的草案修改了1922年法案中接近35%的关税税率，其中，超过90%的项目的关税税率都提高了。[39]

根据委员会的报告，草案中提出关税修订的目的是调整国内外竞争条件的差异，特别是外国劳动力条件。对此，委员会报告说，“(外国劳动力所得)低于美国工资的40%”。解决这种劳动力条件差异是“关税确定中最重要的因素”。报告补充道：“外国竞争对手有一种不可思议的能力，可以发现哪些商品、物件和消费品(未能受到充分)保护，并加以攻击。”

该草案被明确的主要目的之一是“保护美国劳工”，报告的结论是，共和党成员特别关注关税调整“对我们的工薪阶层”的重要性。[40] 然而，组织化的劳工对于这样的措施没有自己的立场。1929年，美国劳工联合会主席威廉·格林(William Green)证实，他的组织“从未致力于支持保护性关税或自由贸易。我们已经非常谨慎地避开了这个具有争议的领域”。在关税问题上，美国劳工联合会的创始人塞缪尔·戈佩尔斯在1906年就确立了这个立场。虽然一些工会支持保护主义，而另一些工会则支持自由贸易，但是，戈佩尔斯——与他的许多当代继承人截然不同——认为改善美国工人生活境况的最好方式是劳工运动，而非政府关税政策。[41]

众议员科德尔·赫尔(D-TN)是南方民主党人，也是曼彻斯特自由贸易经济学派的忠实信徒，他领导了反对派。来自得克萨斯州的民主党少数派领袖约翰·N. 加纳(John N. Garner)——后来成为罗斯福任期内的第一任副总统，在筹款委员会是排名靠前的民主党人，但他支持高关税，特别是在农业领域的高关税。因此，在听证会上，赫尔成为少数派领袖。E. E. 谢特施耐德在自己的研究中，赞扬赫尔在听证会期间向委员会提出了最好的问题。[42] 在霍利草案公布后的两天内，在一份少数派报告中，赫尔对该草案进行了严厉和高度的党派评论。他指出，时间不允许对提议的税率变动进行详细分析，但是他指出，农业"得到的好处完全是微乎其微的，与那些对制造业确保的好处不成比例"——这种情况也受到了中西部进步共和党人的批评。赫尔观察到，事实上，福德尼-麦坎伯关税税率中的所有禁止性关税税率都"原封不动"。共和党人无视"所有的公式和事实审查机构"并将其排除在外，而"关税税率"通常由受益人决定，实际上继续的是"互投赞成票与利益冲突集团政治压力的陈旧而糟糕的方式"。一位众议员毫不含糊地这样描述，共和党与被保护产业的"腐败伙伴关系"证据确凿，"共和党从关税受益人那里接受大量竞选资金，而后允许他们来到华盛顿，并在要求关税法案必须由其'朋友'修改的请求书上写下他们自己的关税税率"。

宣称农业和工业之间的关税收益均等的理念是"荒谬的"，赫尔明确表示，"关税是所有税种中最不平等的"。有了 1921 年和 1922 年农业关税的经历之后，试图使这些关税与收益成比例的任何尝试"现在已经没有争议了"。无论如何，他认为，较高的农业关税没有惠及农场主。"与 1920 年相比，今天的农业损失了 200 亿美元……同样是这些农场主，他们会连续被第三次愚弄吗？"

赫尔不相信这样的论点，即高关税带来了美国的高工资和高生活水平，他说，在《福德尼-麦坎伯关税法案》出台之前，这个论点已成为美国工业制度的永久组成部分。他指出，自 1923 年以来，即使在柯立芝繁荣时期，实际工资增长并没有超过 2.5%，并且在 1921 年之前，工作时间却是大幅减少的。他将更高的工资水平和经济增长归因于没有受到关税保护的产业，以及"无限的原材料和食品、大规模生产、劳动生产率提高、汽车产业扩张、大量的黄金和信贷结构、每年数十亿美元的建筑支出、高速公路、铁路建设与改进以及每年 27.5 亿美元的分期付款交易"。赫尔观察到，在这一时期，关税的主要影响是"将财富从一个阶级转移给另一个阶级,并没有影响国家财富的总量”。

赫尔谴责不断增长的美国产能过剩,估计美国产能“超出我们的消费能力达25%”,并遗憾地说,由于“我们的超级保护制度”的影响,美国产品完全被拒绝进入国外市场。在1929年华尔街大崩盘发生之前的几个月,在他富有预见性的观察中,赫尔写道,这些剩余产品“产生了大量的闲置劳动力和大量的闲置资本,其中,数十亿美元成为股票经纪人的贷款,用于赌博,从而严重影响了我们的货币和贸易结构的稳定性”。赫尔将共和党的关税壁垒与西班牙和俄罗斯的关税壁垒并列为世界上最高的关税壁垒,“过度的、令人窒息的超级保护的目的是排除所有具有哪怕一丁点竞争力的进口产品”。其结果必将是招致报复,他总结道:“对于我们的剩余产品来说,在很大程度上会自绝于所有市场。”“他们不敢以收入、公平或道德为理由为其辩护。”[43]

胡佛总统对委员会的草案也不满意,他召集共和党成员到白宫与他会面。他坚持要降低工业关税税率,提高农业税率,并增加灵活性关税授权,他在一定程度上得到了霍利主席的支持。遇到的阻力来自由议长尼古拉斯·朗沃思(Nicholas Longworth,R-OH)领导的顽固保护主义者,胡佛在投票前一周打电话给领导层,再次对他的反对意见进行了讨论,但是,没有取得任何效果。5月28日,众议院以264票对147票的多数党派路线通过了该草案,并按照惯例对修正案做出了限制性规定。主要来自佛罗里达州和路易斯安那州制糖区的13%的民主党人,投了赞成票,5%的共和党人(主要是进步派)投了反对票。[44]中西部的共和党人和保护主义的民主党人——如众议员加纳——反对这个草案,因为工业与农业的受益差距持续扩大,并且未能通过对农产品的出口补贴。

一如往常,参议院的程序要复杂得多。事实上,它变成了长达10个月的混战,在此期间,有争议的立法几乎都要终结。致力于此项工作的领导者是来自犹他州的财政委员会主席里德·O. 斯穆特,陶西格称其为“一个最不宽容的、彻彻底底的保护主义者”,在他的委员会中,“熟悉的相互让步机制”占主导地位,所有“有限修订的借口都消失了”。[45]作为摩门教12位传道者之一,近30年来，斯穆特在参议院被称为“保护主义的传道者”，并热衷于倡导他所在的甜菜糖、铅和羊毛生产地区的狭隘利益。[46]1925年，美国保护主义关税联盟出版的期刊《美国经济学家》(*American Economist*)发文称，“斯穆特参议员是美国参议院参议员中最伟大的关税专家”。[47]这个赞誉将斯穆特的地位置于诸如亨利·克莱、贾斯汀·莫里尔和纳尔逊·奥德里奇这样的参议院保护主义传奇人物之上，如此赞誉被斥责为来自一个献媚的行业协会的夸大其词，只是为了斯穆特不知疲倦地、成功地将臭名昭著的、以他的名字命名的立法引向最终通过。他甚至成功地将这一法案以《斯穆特-霍利关税法案》之名为人所知，而不是以众议院第一位作者打头的普遍做法称为《霍利-斯穆特关税法案》。

在他的委员会就这项草案开始举行听证会的时候，斯穆特的麻烦就开始了。由反对派参议员威廉·E. 博拉(William E. Borah，R-ID)领导的中西部共和党人提出了一项决议，即将财政委员会限定在只修订农业关税的范围内，将工业关税的任何变动排除在外。6月17日，不祥的困难预兆当头，一个由20名民主党人和13名反对派共和党人组成的强大联盟，仅以39票对38票的一票之差未能通过决议案。[48]

经过历时5周的听证会，包括众议院提交的几乎相同数量的证词，还有一个月秘密追加的会议，斯穆特参议员于9月12日向参议院提交了委员会草案。为了取悦总统，他在草案中加入了灵活性关税授权条款，并通过增加农业关税条款和降低众议院草案中的部分工业关税税率取悦中西部人。尽管如此，反对派共和党和民主党联盟还是立即对其进行了攻击。10月2日，参议院以47票对42票(13名共和党人和34名民主党人投了赞成票)表决将灵活性关税授权条款从草案中删除；10月19日，以42票对34票(14名共和党人和28名民主党人投了赞成票)表决增加农产品出口补贴。[49]这两次投票都是对胡佛和信奉保护主义的共和党领导人的打击。随后，联盟开始反对工业关税，要求降低宾夕法尼亚州保护主义者最欢迎的生铁和农场主常用的其他工业产品的关税税率。参议员大卫·里德(David Reed，R-PA)指控说，就降低工业关税而言，代表“所谓的玉米带”的反对派分子正试图把工业的东部拉到与农业的西部同样的“共同苦难”的水平。他宣称该草案事实上已经死亡了。[50] 当参议院于11月休会时，斯穆特承认他的委员会已经失去了对该草案的控制。胡佛拒绝干预，基本上保持沉默。

然而，1930年年初参议院复会后不久，随着“互投赞成票”的传统开始复活，反关税联盟开始失去顽固保护主义者的投票。与斯穆特一起，努力反转联盟前期胜利的领导人之一就是新任命的参议员约瑟夫·R.格伦迪(Joseph R. Grundy, R-PA)，最近他刚刚担任美国保护关税联盟副主席，任宾夕法尼亚州制造商协会主席，并且是关税的主要说客和共和党募资人。格伦迪采取的是大胆的策略，公开要求对提供竞选捐款的产业给予关税回报，并通过一些民主党人领导的“互投赞成票”权术成功地推翻了联盟取得的成果，一些民主党人开始称该草案为“格伦迪关税草案”(Grundy Tariff)。胡佛总统和斯穆特参议员经常指出，许多民主党人投票支持有利于他们选民利益的、主张增加关税的格伦迪修正案，然后，投票反对该草案的最终通过。

关于该草案的广泛辩论并不仅仅是关于关税问题的辩论。参议员斯穆特在3月花了两天时间讨论了一项修正案，该修正案将取消美国海关总署阻止任何“书籍”进口的权力，(阻止书籍进口)“被认为总体上违反了普通人的道德意识”。斯穆特在参议院会议上将英国小说家D. H. 劳伦斯(D. H. Lawrence)的《查太莱夫人的情人》(*Lady Chatterley's Lover*)作为正在进口的“令人厌恶的、可恶的”外国著作的一个例子。在斯穆特承认他只读了一页后，修正案的作者问斯穆特，他是怎么知道这本书如此可恶的。斯穆特回答说，这一页“足以表明这是一个有着病态的头脑和黑暗灵魂的人所写的，他甚至会掩盖地狱的黑暗”。来自亚拉巴马州的年轻民主党参议员雨果·L. 布莱克(Hugo L. Black)——后来因其第一修正案的意见而在美国最高法院声名显赫——反对给予海关检查人员在边境上确定哪些材料是淫秽的自由裁量权。布莱克提出了妥协方案，问题最终得到解决，斯穆特不情愿地接受了这一妥协方案，允许进口商请求对海关的决定进行司法审查。[51]

根据陶西格的说法，当该草案在参议院进行最后一轮投票时，“没有诗意，也没有推理”。[52] 参议员格伦迪曾与反对派共和党人合作，提高农产品的关税税率，以换取维持工业产品的高关税税率。但是，事实证明这种安排是高度不一致的，因为在某些情况下，这种安排被保留下来，而在其他情况下，这种安排则背道而驰，导致混乱。例如，最虔诚的进步派议员小罗伯特·M. 拉·福莱特(Robert M. la Follette Jr.)高举着他已故父亲的旗帜，不屈不挠，认为这样的关税税率对农场主来说是不公平的，仅仅是给特殊工业利益集团的另一份礼物，是国家历史上“最糟糕的关税草案”。但是，由于继续含有农产品出口补贴以及排除了总统要求的灵活性关税条款，大多数反对派分子都被安抚了下来。基于 53 票对 31 票的党派投票，参议院草案得以轻松通过。只有共和党人投了反对票，并有 7 名民主党人投了赞成票。

众议院和参议院两院协商委员会于 4 月召开会议，开始解决两院之间的分歧，并发现关税税率不是问题。在多数情况下，如果关税税率存在差异，两院协商委员会只采纳较高的关税税率。问题出在参议院坚持包括农产品出口补贴和取消灵活性关税授权的立场上，这种立场不仅遭到众议院领导层的反对，而且如果是最终妥协的一部分，肯定会遭到总统的否决。当两院协商委员会于 5 月中旬在这些条款上陷入僵局时，斯穆特在参议院会议上提出了解决方案，试图使与会者在这些问题上放弃他们的立场。以两票之差勉强通过。在出口补贴条款上，参议院以 43 票对 41 票通过，与会者放弃了取消该条款的立场。副总统打破了 42 票对 42 票的平局，允许与会者就灵活性关税授权条款进行谈判。[55] 在多数情况下没有谈及该草案细节的胡佛总统，于 5 月 24 日写下了他所希望的灵活性关税条款的条件，并发出了除非他的要求被采纳，否则他将否决该草案的消息。结果，他声称，“对于在两院协商委员会报告中的灵活性关税来说，将是一个彻底的胜利”。[56]

参议院对该两院协商委员会草案的最终投票结果是 44 票对 42 票，5 名民主党人投了赞成票，而 11 名共和党人投了反对票。由于农产品补贴问题，先前投票赞成该草案的反对派共和党人中有几位转而对两院协商委员会草案投了反对票。例如，博拉参议员宣布，该草案现对于农业的价值已经降低了。另一方面，共和党多数派领导人预言该草案将实施的30天内恢复在10月股市崩盘失去的繁荣，并攻击亨利·福特和通用汽车总裁阿尔弗雷德·P. 斯隆（Alfred P. Sloan）等反对者，称其为渴望获得廉价劳动力的“国际金融家和实业家”[55]。作为党派力量超过选区经济利益集团势力的指标，有意思的是，除了一名缺席会议的成员外，所有密歇根州代表团都投票赞成该草案，尽管福特和通用汽车反对。[56]

在众议院，最后通过草案的投票受到严格控制，辩论是可以预见的，平衡更加强烈，222票对153票的结果具有高度明确的党派标签。[57] 民主党领袖加纳说，该草案违反了常识和正义的所有内涵，指责共和党多数派把减少或消除国外市场的不平等的工业关税负担强加给了农场主。但是，按照霍利主席的说法，该草案将带来：

> 繁荣的薪新时代……每一个职业、每一个行业和每一个就业岗位上的所有美国人民都将共享……这将增加我们的财富、我们的就业、我们的舒适度、我们的必需品提供方式；这将促进我们在国外的贸易，并在世界面前，对所有人民来说，保持美国作为第一位的稳健财政、公平和正义的国家，并永远旨在为了自己国家的发展。[58]

在《斯穆特-霍利关税法案》送达胡佛总统办公桌上签字前的6周里，来自46个州和179所大学的1 028名经济学家和商人联名向总统、参议员斯穆特和众议员霍利递交公开声明，反对该草案，并敦促总统否决该草案。[59] 包括当时美国几乎每一位著名经济学家在内的公开声明签名者认为，该草案将提高生活成本，增加失业，伤害而不是帮助绝大多数农场主，给国际关系注入怨恨并损害美国的出口贸易。如果他们的意见还不够，总统还得到了无数其他人的建议和劝告，敦促他否决该草案，其中包括国务卿亨利·史汀生（Henry Stimson），他警告说，这将扰乱国际金融社会。对胡佛具有影响力的经济顾问、摩根大通代理总裁托马斯·拉蒙特（Thomas Lamont）声称：“我几乎要跪下来求赫伯特·胡佛否决愚蠢的《霍利-斯穆特关税法案》。”[60]

斯穆特、霍利和国会的保护主义领导人驳斥了经济学家的反对意见，认为这些反对意见不切实际、不爱国，与那些必须以实际工作为生的普通美国人的问题脱节。至于胡佛，即使他愿意听取学术界人士和其他有影响力的草案反对者的意见，他也已经把自己逼到了一个死角，否决是不可能的选择。尽管参议院和众议院都远远超出了他所要求的“有限修订”，但是，除了他对灵活性关税条款的否决威胁和对出口补贴条款的反对，总统在整个立法过程中一直保持沉默。他在试图限制国会有关关税条款的方面没有表现出任何领导能力，并且已经宣称“就两院协商委员会报告中灵活性关税而言，取得了彻彻底底的胜利”。[61] 当一个包含他所要求的重要条款的草案被提交时，胡佛就没有资格否决这个草案了。

1930 年 6 月 17 日，总统用 6 支金笔签署了该草案，他说，他相信灵活性关税条款可以“在合理的时间内纠正不平等”，并希望“关税问题远离政治、游说和互投赞成票”。像斯穆特和霍利一样，胡佛永远维护该草案，在他 1952 年的回忆录中将其描述为据统计可与历史上的其他关税法案相提并论，尽管他选择的用于比较的统计学是误导性的。胡佛在关于《斯穆特-霍利关税法案》一章中总结道：“不论改革的美德，从睡梦中唤醒关税是一种政治责任。”[62]

胡佛总统可能一直梦想着改革的“美德”，但是，他对《斯穆特-霍利关税法案》作为政治责任的评价是正确的，只是严重低估了这份政治责任。尽管他作为一名伟大的工程师带着很高的期望来到白宫，但是，对他在关税改革上的表现的评论却是普遍的、激烈的。1928 年，沃尔特·利普曼（Walter Lippmann）称赞胡佛是“一个改革者，他可能比现在任何一个公共生活中的人都更明确地意识到美国资本主义的缺陷”。胡佛在草案上签字后，利普曼写道，他“白白地放弃了一切。他放弃了党派的领导地位。他放任自己的权力被愚弄。他接受了愚蠢和贪婪带来的不幸和恶作剧的结果”。[63] 历史学家艾伦·内文斯（Allan Nevins）称胡佛对整个过程的处理是“惊人的笨拙”。一位有声望的传记作家哈里斯·沃伦（Harris Warren）称之为“政治灾难”，他写道：“在任职总统的前两年里，可能没有什么东西能够像处理关税问题那样，对胡佛的声誉造成如此大的损害。”传记作家威廉·E. 洛伊希滕堡(William E. Leuchtenburg)写道,在华尔街崩盘之前,胡佛在关税法案上的失败“暴露了他在政治上的无能和无力动员自己的政党”。[64] 陶西格观察道:“所有党派的清醒人士的判断,甚至顽固保护主义者的判断,都是这样的:一次令人悲伤的政治愚蠢无能的展览。”[65]

《斯穆特-霍利关税法案》的遗产

《斯穆特-霍利关税法案》或1930年《关税法案》是美国经济史上最臭名昭著的一项立法,这主要是因为它与1929年的大崩盘以及随后的大萧条有关联。由于大部分关税是“特定的”(从量税)(按每磅评估)而不是从价税(按价值评估),因价格随着经济萧条而急剧下降,应税商品的平均关税税率从1930年的45.4%上升到1932年的近60%,这个关税税率仅低于1828年可憎的关税税率。[66] 在世界经济危机时期,高得惊人的关税税率立即引起了国际社会的反应。在1934年关于外国对该法案进行报复的一项具有开创性的研究中,约瑟夫·琼斯(Joseph Jones)写道:“世界大萧条和《斯穆特-霍利关税法案》彼此之间是密不可分的,后者不仅是首要的表现形式,也是深化和加剧前者的首要原因。”[67] 琼斯引用了欧洲国家对美国出口采取的许多报复性措施为证,这些国家包括西班牙、意大利、瑞士和法国,报复性措施包括抵制、配额制度和报复性关税。美国出口商在1930年前找到了他们最好的国外市场——英国和加拿大,后者运用双边贸易协定,排挤了美国产品。许多报复性措施针对的是具有压倒性优势的美国汽车制造商,也包括美国食品出口,伤害境况不佳的农场主,并导致全国各地银行倒闭普遍发生。[68] 在1929—1933年间,美国对外贸易急剧下降,出口额从51.6亿美元下降到16.5亿美元,进口额从44亿美元下降到14.5亿美元。[69] 其中大部分下降是由于价格下跌和世界大萧条引发的需求下降导致的,但是,《斯穆特-霍利关税法案》承担的是政治上的谴责。

1932年夏天,英国在加拿大渥太华召开了一次帝国经济会议,建立了英国与其殖民地以及自治联邦领地之间全面的多边贸易优惠制度。《渥太华协定》(Ottawa Agreements)有效地将贸易限制在帝国内部，以利于其成员各方，同时，几乎将全球四分之一的市场向美国出口关闭了大门。事实证明，帝国的多边贸易优惠制度成为英美关系中几十年来的一个主要障碍。

大多数讨论《斯穆特—霍利关税法案》对股市大崩盘和大萧条影响的经济历史学家得出结论，其他经济力量(主要是美联储的通货紧缩政策)在 20 世纪 30 年代的经济灾难中发挥了更大的破坏作用。[70] 然而，在通过之后的几十年里，《斯穆特—霍利关税法案》的遗产在贸易政策的争论中继续成为密切关注的焦点。在起草 1974 年《贸易法案》的草案期间，作为筹款委员会职员中的一名年轻律师，我清楚地记得，众议员萨姆 · M. 吉本斯(D-FL)指着挂在朗沃思众议院办公大楼委员会会议室里的威利斯 · 霍利主席的画像，针对他相信的法案中的保护主义条款提出警告，并称不能令曾使美国陷入大萧条的这些政策复活。

在 1993 年美国有线电视新闻网(CNN)著名的副总统阿尔 · 戈尔与当时前独立总统候选人罗斯 · 佩罗(Ross Perot)就《北美自由贸易协定》展开的辩论中，戈尔支持《北美自由贸易协定》，而佩罗反对《北美自由贸易协定》，戈尔向佩罗展示了一幅斯穆特先生和霍利先生合影的镶金框的照片，并说道：

> 他们看起来是很好的伙伴。当时他们的论调貌似有理，很多人都相信他们。国会通过了《斯穆特-霍利关税草案》。他(佩罗)想提高针对墨西哥的关税。他们提高了关税，这是导致这个国家和全世界经济大萧条的主要原因之一，许多经济学家认为这是主要原因。现在我拿出这幅镶金框的照片，如果你想要，可以把它挂在你的墙上。[71]

无论《斯穆特-霍利关税法案》在始于 1930 年出现的“经济灾难”十年中具有什么样的影响，经济衰退和对新关税的负面反应相结合立即产生了爆炸性的政治影响。1930 年的《关税法案》被证明是胡佛政府终结的开始。对共和党人来说，1930 年的中期选举是一场灾难，即使这是在大萧条的全部后果出现之前。共和党失去了51个席位和众议院的控制权。尽管共和党人以1票之差仍然控制了参议院,但是反对派共和党人与民主党人密切合作,他们使《斯穆特-霍利关税法案》和农业问题成为选举中的主要议题,从而使进步派掌控了贸易问题。众议院主要贸易改革者科德尔·赫尔赢得了参议院的席位,并开始筹划在新一届国会宣誓就职之前重新审议《斯穆特-霍利关税法案》。

赫尔谴责"(哈丁、柯立芝和胡佛时代)经济民族主义的狭隘和自私的精神实质,视其为当今世界和平的最大危险……(并且导致)破产,与战争相比,更为严重地威胁着世界"。他主张实行"三点计划"来恢复美国出口市场,并"帮助国家摆脱萧条"。他敦促总统召开一次世界经济大会来推动贸易自由化,国会授予总统权力,基于双方的关税让步,与其他国家协商对等贸易协定,国会启动程序,逐步向下调整过高的关税。[72] 为响应参议员赫尔的呼吁,民主党和控制国会的共和党反对派联盟于1932年年初通过了《科利尔关税草案》(Collier Tariff Bill),除了其他事项之外,该联盟呼吁召开国际贸易会议,并要求总统与外国政府在相互贸易政策让步的条件下签订对等贸易协议。但是,胡佛总统强辩到底。这位四面楚歌的总统经受了一个残酷的竞选年,于1932年5月11日否决了该草案。

胡佛可能认为,这项草案只是民主党人破坏他连选连任的一个借口,但是,在贸易问题上他所传达的最后信息与他的保护主义原则是一致的。他写道,举行国际贸易会议的想法是不可接受的,而且这将是"历史性政策的激进改变"。他说,从华盛顿政府执政的那个时代以来,"我们坚持的国家政策之一就是,关税只是保护我们自己人民的一个国内问题"。至于削减关税的理念,他宣称:"在美国历史上从来没有一个时期像现在这样,关税保护对美国人民的福利更为重要。"[73] 在1930年《关税法案》的政治和经济的灾难性效果历时两年之后,赫伯特·胡佛下定决心走他自己的路,死不悔改。

里德·斯穆特和威利斯·霍利也在那一年做了最后一次关于贸易问题的官方声明。在1932年的选举中,这两个人都失败了。

注释：

1. 71 Cong. Rec. 3549, 3547 (1929).
2. "Harding Deplores Growth of Factions and Strikes at Klan," *New York Times*, May 18, 1923.
3. "Harding Outlines Policies He Favors," *New York Times*, November 5, 1920.
4. 60 Cong. Rec. 4534 (1921).
5. Taussig, *The Tariff History of the United States*, 452.
6. 61 Cong. Rec. 3478 (1921).
7. 62 Cong. Rec. 5763 (1922).
8. Taussig, *The Tariff History*, 453; Irwin, *Peddling Protectionism: Smoot-Hawley and the Great Depression*, 105.
9. Jaan Pennar, "Richard Cobden and Cordell Hull: A Comparative Study of the Commercial Policies of Nineteenth-Century England and Contemporary United States" (Ph.D. dissertation, Princeton University, 1954), 146–147.
10. "Tariff Bill Signed; Ships Speed to Port to Beat High Tariffs," *New York Times*, September 22, 1922.
11. 62 Cong. Rec. 38 (1921–1922).
12. Ibid.
13. Taussig, *The Tariff History*, 480.
14. 65 Cong. Rec. 97 (1923).
15. "Topics of the Times," *New York Times*, September 12, 1930.
16. Keynes, *The End of Laissez-Faire: The Economic Consequences of the Peace*, 24, 36, 44.
17. Gould, *Grand Old Party: A History of the Republicans*, 242.
18. Kenkel, *Progressives and Protection*, 175.
19. Ferrell, *The Presidency of Calvin Coolidge*, 72.
20. Mellon, *Taxation: The People's Business*, 13, 16.
21. Stephen A. Schuker, "American Foreign Policy," in Haynes, *Calvin Coolidge and the Coolidge Era: Essays on the History of the 1920s*, 297.
22. 70 Cong. Rec. 20 (1928).
23. Alter, *The Defining Moment: FDR's Hundred Days and the Triumph of Hope*, 45.
24. McCoy, *Calvin Coolidge: The Quiet President*, 390.
25. Alter, 77.
26. Johnson and Porter, *National Party Platforms: 1840–1972*, 272.
27. Ibid., 280, 282.
28. Gould, *Grand Old Party: A History of the Republicans*, 249.
29. *New Republic* 58 (March 20, 1929), 126; 59 (June 12, 1929), 88, quoted in Hicks, *Republican Ascendancy: 1921–1933*, 216.
30. Hoover, *The Memoirs of Herbert Hoover: The Cabinet and the Presidency 1920–1933*, 223.
31. 71 Cong. Rec. 42 (1929).
32. 71 Cong. Rec. 43 (1929).
33. 关于该法案的立法程序和历史的全面审视，可以参见 Schattschneider, *Politics, Pressures, and the Tariff: A Study of Free Private Enterprise in Pressure Politics, as Shown in the 1929–1930 Revision of the Tariff*; Irwin, *Peddling Protectionism: Smoot-Hawley and the Great Depression*。
34. 71 Cong. Rec. 1068 (1929)。

35. Schattschneider, 145.

36. Taussig, *The Tariff History*, 492.

37. 71 Cong. Rec. 1068 (1929).

38. Tariff Readjustment—1929, Report to Accompany H.R. 2667, H.R. Rep. No. 7, at 8 (1929).

39. Irwin, 36.

40. Tariff Readjustment—1929, H.R. Rep. No. 7, at 11 (1929).

41. Robert D. Leiter, "Organized Labor and the Tariff," *Southern Economic Journal* 28, no. 1 (1961): 56–57; 然而，胡佛总统在他的回忆录中写道，在所有利益集团中，促使他批准最终草案的是美国劳联。

42. Schattschneider, 40.

43. Cordell Hull, Minority Views, Tariff Readjustment—1929, H.R. Rep. No. 7, pt. 2, at 1–8 (1929).

44. Irwin, 42.

45. Taussig, *The Tariff History*, 496.

46. 1904年，斯穆特赢得了在参议院任职的资格，基于他这样的声明：在惩罚违反禁止一夫多妻法律的一个组织领导层任职期间，他不可能誓言坚持美国宪法。

47. "An Exceptional Senator," *American Economist* 75, no. 24 (June 12, 1925): 188.

48. Merrill, *Reed Smoot: Apostle in Politics*, 332.

49. Irwin, 50, 52.

50. 71 Cong. Rec. 5335 (1929); Irwin, 54.

51. 72 Cong. Rec. 5414–5420, 5491–5495, 5520 (1930); Merrill, 166–171.

52. Taussig, *The Tariff History,* 498.

53. "Senate Surrenders to House in Vote on Tariff Amendments," *Washington Post*, May 20, 1930.

54. Hoover, 296.

55. "Senate, by Two Votes Margin, Passes Tariff," *Washington Post,* June 14, 1930.

56. M. Colleen Callahan, Judith A. McDonald, and Anthony P. O'Brien, "Who Voted for Smoot-Hawley?" *Journal of Economic History* 54, no. 3 (September 1994): 683–690, at 686.

57. 72 Cong. Rec. 10789–90 (1930).

58. 72 Cong. Rec. 10760 (1930).

59. "1,028 Economists Ask Hoover to Veto Pending Tariff Bill," *New York Times*, May 5, 1930.

60. Burner, *Herbert Hoover: A Public Life*, 298.

61. Hoover, 296.

62. Hoover, 299. 胡佛写道，按照弹性关税条款，他的政府改变关税税率大约达到75次，在他任期的最后两年内"几乎都是向下变动的"，并且，"多数改变不为别的，只是为了应对萧条背景下的贸易战"。然而，按照道格拉斯·A．欧文的说法，自1930年6月18日至1933年11月30日，仅有57次关税委员会的调查是按照弹性关税条款进行的，其中，26次导致了总统决定降低关税税率，23次提高关税税率，8次关税税率维持不变。Irwin, *Peddling Protectionism*, 97, fn23.

63. Steel, *Walter Lippmann and the American Century*, 287–288.

64. Leuchtenburg, *Herbert Hoover*, 91–92.

65. Taussig, *The Tariff History*, 500.

66. Irwin. 105–108.

67. Jones, *Tariff Retaliation: Repercussions of the Hawley-Smoot Bill*, 2.

68. Jones, 35–53, 75, 112–140, 211; Gordon and Wilcox, *Monetarist Interpretations*

of the Great Depression, 105–107; Percy Wells Bidwell, "The New American Tariff: Europe's Answer," *Foreign Affairs*, 1930, 13–26.

69. Destler, *American Trade Politics*, 11–12, citing US Department of Commerce, Bureau of the Census, *Historical Statistics of the United States: Colonial Times to 1970, Part 2* (Washington, DC: US Department of Commerce, 1975), 884.

70. 参见 Irwin, 101–225; Makinen, "The Smoot-Hawley Tariff and the Great Depression of 1929-1933," *CRS Report for Congress* (June 10, 1994); 保护主义者对《斯穆特 - 霍利关税法案》和大萧条的看法，参见 Reed Smoot, "Our Tariff and the Depression," *Current History*, November 1931, 173–181; Buchanan, *The Great Betrayal*, 240–252; Eckes, *Opening America's Market: U.S. Foreign Trade Policy since 1776*, 100–139。

71. "The Free Trade Accord; Excerpts from the Free Trade Debate between Gore and Perot," *New York Times,* November 10, 1993。

72. 75 Cong. Rec. 3,504–12 (1932); Hull, *Memoirs*, vol. 1, 146.

73. Pastor, *Congress and the Politics of U.S. Foreign Economic Policy: 1929–1976*, 84.

第二部分

转变:创造自由经济秩序

第 7 章　富兰克林·德拉诺·罗斯福和科德尔·赫尔
第 8 章　智囊团
第 9 章　多边贸易体制的曙光
第 10 章　英美特殊关系
第 11 章　战后大西洋联盟
第 12 章　《关税与贸易总协定》的诞生
第 13 章　《哈瓦那宪章》

第7章

富兰克林·德拉诺·罗斯福和科德尔·赫尔

如果我是美国总统，我应该……向所有商业国家提议，在现在的欧洲战争结束之际召开国际贸易会议……为了建立一个永久性的国际贸易大会……制定协议……旨在消除和避免经济战的有害结果和危险可能性，促进世界各国之间公平友好的贸易关系。[1]

——众议员科德尔·赫尔，1916年7月8日

在1912年巴尔的摩举行的民主党大会上，富兰克林·罗斯福第一次与科德尔·赫尔会面，两人都支持当时不太可能具有总统候选人资格的伍德罗·威尔逊。罗斯福，一位30岁的进步民主党人，完成了他在纽约州参议院的第一个任期，正享受着他最初接触国家政治的乐趣。坦慕尼厅掌控的权力机构对他没有给予足够的重视，但由于他是纽约威尔逊支持者的一个小团体的主席，让他作为一名代表出席会议。在酒店和会议大厅里，罗斯福在大部分时间里与代表们相处甚欢，推介威尔逊，结交新朋友。在这些新朋友中，有两名南方人：赫尔

和一名北卡罗来纳州的报纸编辑约瑟夫·丹尼尔斯(Josephus Daniels),丹尼尔斯不久变成了威尔逊的海军部部长和罗斯福的上司。[2]

相互矛盾的共性

40 岁时的科德尔·赫尔已是一名来自以农业为主的田纳西州的第三届自由派众议员了,他迷恋威尔逊的理想主义和自由贸易观。尽管他从未见过威尔逊,而与民主党主要候选人、众议院议长坎普·克拉克和南方同僚、筹款委员会主席奥斯卡·W. 安德伍德有着密切的工作关系,赫尔还是仔细研究了威尔逊的演讲和简要的政治记录。他后来回忆说:"毫无疑问,威尔逊的原则就是我的原则。"11 月威尔逊取得了最终胜利,赫尔指出,"进步力量对强大的反动方阵的失败感到非常高兴,这个方阵就像用铁棒一样统治了国家 16 年"[3]。

在威尔逊时代,被任命为海军部助理部长后,罗斯福搬到华盛顿。他渴望得到这个职位,因为他热爱海洋,而且与其相隔五代的远房堂兄西奥多·罗斯福就曾担任这个职位,然后一路走到白宫。赫尔议员和积极进取的年轻的次内阁成员经常保持接触,尽管他们的官方职位并不需要相互接触,而且他们当然也不在同一社交圈子里。直到 1918 年,赫尔才结婚,(结婚后)很少参加华盛顿的社交活动。但是,除了民主政治和威尔逊的理想主义之外,他与罗斯福没有太多共同之处。

赫尔是在阿巴拉契亚山脚下的艰苦生活环境中长大的,在那里,他出生在一个小木屋里。母亲一边忙于纺织和家务,一边教导他们一些基础知识和《圣经》故事。与之形成鲜明对比的是,富兰克林·罗斯福出生于"镀金时代"的美国贵族家庭,成长于纽约哈德逊河谷的乡绅之家,在海德公园(Hyde Park)的一个树木繁茂的庄园内拥有 17 个房间的舒适宅邸,有私人教师和一位全职的、形影不离的母亲。在富兰克林出生时,富兰克林的父亲詹姆斯(James)已经 53 岁,在他去世前的大部分时间里疾病缠身,后来在富兰克林大学一年级时便去世了。传记作家让·爱德华·史密斯(Jean Edward Smith)写道:"罗斯福一生中最重要的人是他的母亲萨拉(Sara)。”[4] 在一生中大部分时间里,罗斯福都以“妈妈的宝贝”为人所熟知。

赫尔的性格深受其父亲威廉的影响。他父亲是一名自耕农,受不屈不挠的意志和急躁性格的驱使,后来成为一名成功的伐木工人和杂货店老板。科德尔显然很自豪,他在回忆录中用一段轶事来描述他父亲的决心和脾气。在南北战争接近尾声时,威廉遭到“北方佬游击队”(Yankee guerrilla)的袭击。他们杀死了一个和威廉同行的人,子弹射穿了他的右眼,穿透了后脑。威廉以为必死无疑,但是后来身体在一定程度上恢复了,只是右眼失明了。战争结束时,在两个州之外的肯塔基州,威廉追查到了袭击事件的责任人之一,按照科德尔的说法,“没有任何仪式,直接向他走去,开枪打死了他”。[5]

无论是著名的罗斯福气质——直觉的、几乎是女人气的和蔼,还是赫尔高冷、内敛的气质,总之,通常争强好胜的个性可能归因于家庭的影响。

类似地,他们的教育背景也具有明显差异。罗斯福自然而然地走了一条特权路径,从马萨诸塞州著名的格罗顿中学(Groton School)开始,然后,一路走进哈佛大学,最后在哥伦比亚大学法学院完成学业。尽管他的学术生涯平庸无奇,但是他曾被选为(哈佛校报)《哈佛深红》(*Harvard Crimson*)的编辑,并保持着丰富的社交履历。他经常在波士顿他母亲租来的家里举办聚会,在父亲去世后,母亲与他很亲近。在法学院的第一年,富兰克林与他的血缘关系相隔五代的远房堂妹安娜·埃莉诺·罗斯福(Anna Eleanor Roosevelt)结婚,她是西奥多·罗斯福总统11年前去世的弟弟埃利奥特(Elliott)的女儿。1905年3月,西奥多·罗斯福为埃莉诺在纽约举行了一个盛大的仪式。在富兰克林在获得法学学位之前,于1907年通过了纽约律师资格考试,并加入了华尔街一家最负盛名的律师事务所——卡特、莱迪亚德和米尔伯恩(Carter, Ledyard and Milburn)律师事务所,成为一名不取报酬的学徒。在1907年的华尔街恐慌中,该律师事务所代理摩根大通的法律事务,后来,为约翰·D. 洛克菲勒的标准石油公司和美国烟草公司(American Tobacco Company)处理反托拉斯案件。

在科德尔·赫尔父亲的农场所在地,教育机会很少。但是,在 1886 年,当科德尔还是个孩子的时候,他父亲的伐木生意非常兴旺,科德尔被送到 12 英里外的田纳西州的塞莱纳(Celina),在蒙特瓦勒学院(Montvale Institute)进行为期 5 个月的代数、几何学、三角学、高级英语、修辞学、拉丁语、希腊语和德语学习。科德尔对历史和文学产生了浓厚的兴趣,并且沉迷于吉本(Gibbon)的罗马历史和莎士比亚的作品。像大多数田纳西州人一样,他崇拜安德鲁·杰克逊,从乡村商店里讲述的退伍军人故事中了解美国南北战争。他在蒙特瓦勒学院的主要老师和最强烈的灵感来自当地众议员本顿·麦克米林的兄弟乔·S. 麦克米林(Joe S. McMillin)教授。本顿在筹款委员会任职,强烈反对高关税。他与当时的众议员威廉·詹宁斯·布莱恩合作写出的所得税条款引发了在 1895 年美国最高法院的裁决中有关条款违宪的激烈辩论。[6] 本顿的另一个兄弟是约翰·麦克米林(John McMillin),是塞莱纳的一名杰出的律师。在塞莱纳,只要有机会,赫尔就会去法庭,读他的第一份日报。他对公众事务产生了浓厚的兴趣,并决定要成为一名律师。赫尔在蒙特瓦勒的学期结束后,曾就读于肯塔基州博林格林和俄亥俄州黎巴嫩培训教师的"师范"学校,暑假期间在父亲的农场工作时,他会在约翰·麦克米林的办公室阅读法律书籍。1888 年夏天,也就是在他 17 岁之前,他发表了第一次政治演讲,支持关税改革和格罗弗·克利夫兰连选连任。1891 年,他进入位于田纳西州的坎伯兰法学院(Cumberland Law School)学习,10 个月后毕业,19 岁时通过了律师资格考试,并立即开始从事法律工作。

刚过 21 岁生日的一个月后,赫尔被选为州立法委员会委员。第二年,他第一次到华盛顿,众议员麦克米林带他去白宫楼上总统的椭圆形办公室会见克利夫兰总统。克利夫兰刚刚就任非连续的第二任期,承诺改革关税,关税改革问题是他四年前竞选连任失败的一个问题。总统亲切地接待了这位年轻的田纳西州立法委员,而赫尔极力推崇总统的关税政策,称赞总统所取得的成就是那间办公室服务过的人中最佳的。尽管赫尔对总统的贸易政策表示钦佩,但是在 1896 年的白银问题上,他跟随麦克米林和大多数田纳西州人与克利夫兰分道扬镳。

巧合的是，富兰克林·罗斯福也在白宫拜访过克利夫兰总统。詹姆斯·罗斯福是一名坚定的民主党人，也是克利夫兰纽约政界的老朋友，在克利夫兰第一个任期内的 1887 年，他带着 5 岁的富兰克林与总统会面。正如富兰克林·罗斯福后来喜欢讲的故事那样，当他和父亲正要离开这座行政大楼时，克利夫兰一边拍着富兰克林的头，一边对他说："我的小弟弟，我对你有一种异样的愿望。那就是，你永远都不会成为美国总统。"[7]

第一次访问华盛顿的 13 年之后，科德尔·赫尔被选为众议员，填补了几年前他的老朋友兼导师本顿·麦克米林退休后空下的席位。从其职业生涯伊始，赫尔就赢得了坚持不懈、勤奋和专注的名声。他承认自己是一个蹩脚的演说家；他说话尖酸刻薄，语调刺耳，口齿不清，例如，他最喜欢说的一句话就是"自由贸易"，但是，他努力掌握他认为最重要的两个政府问题——税收和公共支出问题，并确保在国会里他比其他任何人都更了解这两个问题，尽管对大多数众议员来说，这两个问题是最枯燥的。他之所以选择这些问题，是因为像威尔逊一样，他是格莱斯顿自由主义的真正信奉者，并且深信富人正在把他们的负担转移到工人阶级的肩上。进入国会仅仅 12 天之后，他就提出了一项全面的所得税草案。尽管独裁的议长约瑟夫·坎农在前两届任期内拒绝给他重要的委员会任务，但是，在这段时间内，赫尔始终确保在所有税务和关税问题上都能听到他的声音。

在首次议员演说中，赫尔强烈要求征收国民所得税，并极力攻击"邪恶之王"——保护性关税，他声称，(保护性关税)是垄断和托拉斯的"祖宗"。赫尔说："垄断的旗帜总是在保护的壁垒上飘扬。"他攻击总统西奥多·罗斯福，因为他曾大声斥责托拉斯的邪恶，却支持推动托拉斯的保护性关税。赫尔观察道，"由于总统的烟火表演，美国人民只不过是经历了一种视觉上的幻象"。赫尔称共和党为"托拉斯的谄媚者、马屁精、男仆"，他在一个极为党派化的时期发表演讲，赫尔称共和党的顽固派为"罪恶的财阀"，他们控制了国会，并且在西奥多·罗斯福一口吞下"公麋进步计划"的几年前就控制了国会。他指责总统的"父爱主义”，认为他未能压制非法的企业联合体，未能适当地控制企业财富，未能确保劳工享有其正当权利。“总统，”他说，“父爱般地永久主张如此极端的联邦主义和父爱主义的教条……这会让亚历山大·汉密尔顿本人蒙羞。”[8]

1910年的选举之后，民主党控制众议院，领导层在他们中间选择了赫尔，重组委员会体系。早在1910年3月，一个由进步的共和党人和民主党人组成的联盟就剥夺了议长的独裁权力，包括为民主党和共和党两党分配所有委员会任务的权力。新的民主党领导人并不倾向于将这一权力交给民主党议长。改革者决定将委员会任命的权力交给筹款委员会的民主党人，而他们是通过政党核心小组任命的。因此，筹款委员会成为众议院的指导委员会，提名众议院所有其他委员会的成员，但是，须经全党核心小组的批准。这一规则一直延续到20世纪70年代中期“水门事件”后的改革。赫尔立即被选为筹款委员会的成员；其他人在选拔过程中并不那么幸运，需要政党领导人进行资格面试，并做出团队合作的承诺。例如，北卡罗来纳州的爱德华·波乌（Edward Pou）被取消了筹款委员会成员的资格，因为他曾经对木材产品关税投过赞成票。

赫尔对1911—1912年间第六十二届国会通过的进步改革的记录感到特别自豪。他在回忆录中列出的众议院通过的草案包括：确立八小时工作日；创设劳工部；降低关税；对个人征收消费税；通过呼吁总统废除与俄罗斯签订的1832年条约的决议，因为俄罗斯保护了犹太人；阿拉斯加立法机构的创建；农业推广部门的建立；议会选举的竞选财政改革；通过直接大众投票选举美国参议员的宪法修正案的提案。[9]

1913年威尔逊总统就职后，赫尔在筹款委员会与安德伍德主席就制定《安德伍德关税法案》中的关税改革方案进行了密切合作，并拟定和管控众议院通过所得税的会议，用所得税弥补关税减少带来的税收损失。在这项立法中，他的作用不仅使他成为“现代所得税之父”，而且提高了他作为国家政治人物以及威尔逊进步议程关键盟友的地位。被任命为民主党全国委员会的执行委员会成员后，他动身去纽约市工作了几个月，帮助组织1916年威尔逊的连选连任活动。但是，他的主要贡献仍在众议院，在国会中他作为财政问题上的主要专家建立了自己的声誉。除其他立法成就外,他还起草和管理了遗产税和超额利润税草案——将为第一次世界大战中的美国提供资金支持奠定基础。

1916年,对于美国来说,战争迫在眉睫,指导赫尔支持降低贸易壁垒的哲学理论也随之发生了变化。尽管他之前强调在工人阶级和富人阶级之间实现税负公平的目标,但是,现在他开始突出将促进和平的目标包括在内。在第二次世界大战期间,通过担任国务卿的经历,他开始相信并实现这样的信念,即自由贸易与和平相关,贸易壁垒和不公平的经济竞争孕育了战争。因此,他提出了一项解决方案,呼吁按照今天日内瓦的世界贸易组织的路线,建立一个"永久性国际大会",审议所有产生商业争端和激烈经济战争的国际贸易惯例,并达成促进世界各国间公平贸易关系的协议。尽管这一想法超前于那个时代,并且威尔逊的国务院反驳了他的观点,但是,他在回忆录中宣称,这一想法成为威尔逊在凡尔赛和谈的14点原则主张中消除国际贸易壁垒的"三点论"的先兆。[10] 不管是真是假,赫尔的供职经历显然给总统留下了深刻的印象,所以1920年威尔逊将赫尔列为最有资格担任副总统的三位民主党人之一。

虽然道不同,但是在威尔逊的两届任期内,富兰克林·罗斯福也提高了他的国家政治人物形象。他陶醉于海军部的工作,在那里学会了复杂的官僚操纵方式,并利用他无与伦比的社交技能,将自己的(政治)基础扩展到华盛顿权力结构的各个角落。他作为部长助理的角色可能是有限的,但是,他吹嘘说,他能够"插手几乎所有的事情,没有法律反对它"。[11] 罗斯福与他的上司——部长约瑟夫·丹尼尔斯——保持着良好的关系,尽管他的一些行为接近于不服从。在关于海军事务的众议院听证会中,他观察到,一旦发生战争,为了做好海军准备,就需要更多的船只和招募士兵,这直接与他的上级所采取的立场相矛盾。丹尼尔斯和国务卿威廉·詹宁斯·布莱恩认为,这样的需求增长可能会把美国卷入欧洲战争。罗斯福意识到自己的立场可能会给他带来麻烦,于是告诉埃莉诺,但是他准备坚持这个立场。他说:"国家需要有关军队和海军的真相,而不是许多官员向易受骗的公众发出的持久和平的废话。"[12] 罗斯福是一名不露声色的自我支持者,他甚至雇了公关人员来支持自己的立场。总的来说,他在国会山上的鹰派和军事要员中,因其海军专长而赢得了巨大的声誉。最终,威尔逊总统越来越关注德国的战争计划,慢慢地同意了他的意见,并在1915年12月批准了历史上和平时期最大规模的海军扩张政策。由于罗斯福的职责包括在海军造船厂处理劳工问题,因此,作为劳工问题的解决者,他也享有解决问题的声誉,并与工会领导人建立了宝贵的关系。

1914年,《宪法第十七修正案》批准之后,参议院人选由大众投票决定,这样,当保留他在海军部职位的同时,罗斯福在纽约不切实际地竞选美国参议员。他遭到惨痛失败,败给了坦慕尼厅支持的候选人詹姆斯·W.杰拉德(James W. Gerard),杰拉德是威尔逊的驻德国大使,在竞选期间并未离开外交岗位。与看不见的候选人相竞争,进步的罗斯福痛骂坦慕尼厅"政党大佬"的政治腐败,并拒绝支持杰拉德,杰拉德在大选中以败给一名共和党人而结束。尽管他从来没有原谅杰拉德,因为杰拉德第一次让他在政治上品尝到被击败的味道,但是,罗斯福很快便认识到他的方式有误,并开始与具有势力的坦慕尼厅打交道,以拯救他在纽约的政治生涯。在关键的政治顾问路易斯·豪(Louis Howe)的敦促下,罗斯福与坦慕尼厅"政党大佬"查尔斯·弗朗西斯·墨菲(Charles Francis Murphy)和平相处,并在接下来的10年时间里支持坦慕尼厅的候选人。

20世纪20年代

在1920年的民主党大会上,罗斯福做了一场激动人心的、广受称赞的附议演讲,为墨菲青睐的候选人——纽约州州长阿尔弗雷德·史密斯——站台,并勉强获得墨菲对他作为副总统提名人的支持,最终的总统提名人是俄亥俄州州长詹姆斯·考克斯(James Cox)。那时,罗斯福仅有38岁,但是,他英俊潇洒,有着运动员身材和进步的思想,并且拥有战时受人敬重的历史记录和卓著的名声。他来自纽约州,纽约州拥有45张选举人票,比其他任何州的票数都要多。富兰克林·罗斯福的提名以鼓掌方式批准,从各个方面的政治视角来看,都得到了热烈的赞许。沃尔特·利普曼——具有影响力的《新共和》的专栏作家,后来成为罗斯福的尖锐批评者称:"这是许多天以来最好的新闻。"赫伯特·胡佛是罗斯福在威尔逊政府期间的同僚,在胡佛宣布效忠共和党之前,罗斯福与胡佛都被标记为1920年大选中民主党的候选人。胡佛在给罗斯福的信中写道,他认为这样的提名"有助于国家的利益",并指出"这样一个伟大的公共服务者走上了前台"。[13] 大选将全国的聚光灯都聚焦在年轻的、雄心勃勃的罗斯福身上,他在乡村巡回演讲的时候,赞美国际联盟和威尔逊国际理想主义的美德。

但是,对民主党人来说,1920年并不是一个好年头,罗斯福和科德尔·赫尔都因反对威尔逊的情绪和战后严酷的经济条件而受到惩罚。事实证明,和蔼可亲的沃伦·G. 哈丁承诺的"回归常态"是美国选民所希望的处方,罗斯福曾常常与哈丁在切维蔡斯乡村俱乐部(Chevy Chase Country Club)打高尔夫。考克斯-罗斯福的票以压倒性劣势输给了哈丁-柯立芝,哈丁与柯立芝联袂使共和党在国会两院中获得了占据绝对优势的多数票。众议院失去的民主党席位是科德尔·赫尔的席位,在一直被政党分裂的地区田纳西州,他因得票不到300而落选。然而,罗斯福在第二年突然患上脊髓灰质炎,失去选举的机会在这样的不幸面前黯然失色。令人备受折磨的痛苦似乎将要终止他迅速崛起为国家元首的进程,也将终止他对政治前途的伟大期许。

就赫尔的情况而言,不问政治的生活是短暂的。很快,在他再次竞选众议员失败后不久,他被选为民主党全国委员会主席,在1920年选举失败后,该委员会负债累累。在接下来的两年中,他大部分时间都在全国各地旅行,为民主党筹集资金,建立各州的组织并发表演讲,谴责当时正在审议的根植于《福德尼-麦坎伯法案》中的共和党高关税经济政策。他还在全国各地建立和发展了强大的政治关系,包括他与罗斯福和首席顾问兼密友路易斯·豪的关系。在1924年民主党会议期间,赫尔仍担任民主党全国委员会主席,但是,他回到了田纳西州,并在1922年以7 000票的优势重新获得了众议院席位。他将自己的胜利部分归因于最近批准的、威尔逊政府期间动议的《宪法第十九修正案》授权的妇女投票权。

图7.1 众议院议员科德尔·赫尔于1924年任民主党全国委员会主席(国会图书馆)

虽然有脊髓灰质炎的严重局限,但罗斯福很快又回到了政治游戏中。他以特有的乐观态度和愉快的性情忍受并掩饰自己痛苦的残疾。罗斯福逐渐从轮椅上重新建立了他在纽约的政治基础,他发起了一场向全国各地的党派人士写信运动,并得到了他敬业的助手和顾问路易斯·豪以及妻子埃莉诺的有力帮助。豪曾经做过记者,不修边幅、一根接一根地抽烟,在州参议院的任期内,他一直和罗斯福打交道。他与罗斯福的身材截然不同。按照埃莉诺的说法,豪是"一个看起来像侏儒的小矮人"[14],而且根据豪自己的描述,他的脸是纽约"四丑之一"[15]。但是,豪具有精明、质朴的政治洞察力,更不用说他对罗斯福总统入主白宫的彻底忠诚,因此深得这位雄心勃勃的年轻政治家的赏识。在罗斯福逐渐适应瘫痪的早期阶段里,豪和埃莉诺在公众场合代替了他。埃莉诺做到了，尽管她厌恶政治，不愿意在公众场露面，以及1918年她震惊地发现罗斯福和前社交秘书、迷人的露西·默瑟(Lucy Mercer)之间的秘密情书，这对她造成了永久伤害。归功于这些努力取得的成功，坦慕尼厅在1922年与罗斯福接触，让他作为其州长候选人参加竞选。罗斯福最终以健康原因得以脱身，但是，在推动1920年连选连任中被击败的阿尔弗雷德·史密斯的提名和阻止备受争议的报业巨头威廉·伦道夫·赫斯特的提名方面，他都发挥了公共角色的作用。

然而，到了1924年，罗斯福准备再次登上国家政治舞台，通过在麦迪逊广场花园举行的民主党会议上主持了史密斯总统竞选，并为史密斯做了一次戏剧性的提名演讲，他做到了这一点。在16岁的儿子詹姆斯、笨重的腿托和拐杖的帮助下，他大汗淋漓地爬上了演讲台，最后几步独自走到讲台，他稳稳地抓住讲台，把自己的重量压在讲台上。在观看这场痛苦的壮举时，花园里8 000名观众爆发出热烈的掌声。他的蓬勃向上的男高音经过电声设备放大，第一次将一场政治演讲通过收音机传播到全国，罗斯福为普通人民呈现了史密斯州长的进步成就，包括取缔童工和妇女夜班，以及主持制定工人薪酬法、单亲母亲的州养老金、建立调解雇主与雇员纠纷的劳资关系委员会以及“通过了州最佳工厂法”。罗斯福用一句话来结束他半小时的演讲，这句话借用了史密斯的演讲稿作者华兹华斯(Wordsworth)的一句诗词，但是，这句话却永远与罗斯福而不是与史密斯联系在一起。这句话是，“他是政治战场上的‘快乐勇士’”。[16] 据《纽约时报》报道，当他结束演讲时，人群中再次爆发出欢呼声，罗斯福成为“大会上最受欢迎的人”。[17]

在罗斯福患上脊髓灰质炎前后，接近罗斯福的人都注意到在瘫痪后的一段时间内他身上发生的变化。他们观察到，他变得更加真诚地关心和真正地同情病人与弱势群体。在他早期政治生涯中，许多认识他的人——包括弗朗西斯·帕金斯(Francis Perkins)，后来被任命为劳工部部长和美国历史上第一位女内阁官员——认为他是一个“对平常的希望、恐惧和愿望视而不见”的傲慢的“半吊子”。帕金斯写道：“我相信，那时富兰克林·罗斯福几乎不关心具体的社会改革……令人惊奇的是，这些障碍被生命、经验、惩罚和他的成长能力冲得一干二净了。”[18] 埃莉诺、豪和其他人开始相信，他的瘫痪使他对许多以前从未经历过的斗争更加敏感。[19] 他在佐治亚州的温泉镇休养，并在那里对脊髓灰质炎进行矿物温泉治疗。在此期间，他每天都近距离目睹农村极端贫困和吉姆·克劳的种族主义的威胁。也许正是在这段时间里，他隐藏了自己的态度，而正是这种态度让一些人公然抨击他是“自己所在阶级的叛徒”。

1925 年，他发表了一封写给民主党领导人的信，敦促该党“不折不扣地成为进步和自由思想的政党代表”：

> 换句话说，必须恢复一个明确的界限，这个界限将杰弗逊政治思想的一方面与汉密尔顿的政治思想的另一方面区分开来。民主党必须明确它主要追求普通公民的利益……这与共和党是相对的，共和党通过一个自封的财富和社会经济权力贵族控制政府，以寻求国家纯粹的货币繁荣。[20]

同年 12 月，罗斯福为《纽约夜生活》(*New York Evening World*)写了一篇评论文章，评论了克劳德·鲍尔斯(Claude Bowers)撰写的《杰弗逊和汉密尔顿》(*Jefferson and Hamilton*)一书。在这篇文章中，罗斯福描绘了第一次政党的发展情况，缘起于杰弗逊试图动员群众反对汉密尔顿的“少数人的独裁统治”。当“富有的、出身高贵的、商业的有组织紧密势力”支持汉密尔顿的政党时，杰弗逊只有依靠“一盘散沙的劳工大众，他们很难达成一致，很难被组织起来”。显然，这里所指的是 20 世纪 20 年代共和党人对政府的控制，罗斯福写道：“我们今天有汉密尔顿、杰弗逊在我们的视线里吗？”[21] 尽管罗斯福的成长得益于哈德逊河谷的财富、出身和商业力量，但是，在如今工人阶级反对资产阶级保护主义者特殊利益的斗争中，他显然站在了由杰弗逊、杰克逊、克利夫兰和威尔逊继承的亚当·斯密的传统一边。

从一个完全不同的基础上崛起的科德尔·赫尔与罗斯福的政治情操有很多共同之处。赫尔对贸易保护主义的攻击总是包含着杰弗逊和杰克逊的民粹主义观点，透视出工人和小农场主与东部工业和金融利益集团的斗争。罗斯福始终坚持关税改革问题上的民主党立场，这也是赫尔一直支持的立场。20 世纪 20 年代中期，随着他们两个人在国家政治舞台上的地位越来越显赫，他们自然地成为盟友，当罗斯福路过华盛顿前往温泉城的途中，他们常有协商。赫尔一直与路易斯·豪保持联系，而路易斯·豪则一直在指引罗斯福走向白宫的掌舵人宝座。

尽管赫尔和罗斯福都支持史密斯州长在 1928 年竞选总统，罗斯福在大会上再次为史密斯做了一次雄辩的提名演讲，但是，他们不赞同史密斯及其竞选经理约翰·J. 拉斯科布(John J. Raskob)为吸引保守派商人的支持所采取的指针。拉斯科布本人是一位百万富翁，也是通用汽车前高管，为了史密斯，他曾脱离共和党，担任民主党全国委员会主席。像史密斯一样，拉斯科布也是爱尔兰天主教徒，他赞成废除禁酒令，这两个方面都体现了史密斯在团结政党支持他的候选人资格方面的主要弱点。他还是一个贸易保护主义者，并导致史密斯采取了类似的立场。在赫尔所称的肯塔基州路易斯维尔的竞选活动期间"典型的高税收演讲"中，史密斯说，由于"世界其他地区的经济崩溃"，民主党应该"支持这样的关税计划，最大限度地保护合法的商业企业和美国劳工免受外国制造商品的毁灭性竞争"。在他的坚持下，民主党的纲领采纳了共和党长期坚持的立场，即提高关税，从而"能够平衡国内外生产成本之间的差异"。在赫尔看来，这项政策将有效地实施进口货物的禁运，因为增加了运输成本、保险和货币兑换的成本，因此表明了"民主党向关税贪婪和特权的势力无条件地投降"。[22]

1932 年的总统提名

在 1928 年的选举中，赫伯特·胡佛以压倒性优势战胜史密斯之后，科德尔·赫尔悄悄地开始了一项行动，以取代史密斯和他的盟友——尤其是拉斯科布，从而摆脱他们对民主党的控制。罗斯福不情愿地接受了民主党提名人纽约州州长史密斯所写的一个草案，该草案试图宣称史密斯在 1928 年赢得了民主党少有的一次胜利。1930年,由于当选美国参议院参议员,赫尔的政治地位也有所上升。他已经厌倦了在众议院的服务,尤其是在《斯穆特-霍利关税法案》问题上,与共和党领导人一起工作是白费力气。而当他正沮丧地考虑退休时,出乎意料的是,现任参议员去世了,参议院席位出现了空缺。同年,罗斯福以州史上最大的选票优势再次当选州长。由于史密斯采取了更为保守的立场,罗斯福通过发起一系列支持劳工的举措来解决正在发生的大萧条问题,这些举措包括工人抚恤金、失业救济和扩大公共工程项目,从而发出了在党内最进步的声音。

早在1931年,史密斯和拉斯科布就试图推动民主党全国委员会在下一次选举中采取纲领性政策,包括最突出的关税保护和废除禁酒令。史密斯认为,应当通过最小化在关税问题上的党派分歧,让关税问题退出政治领域。赫尔感到愤怒,发表了一次演讲,谴责"在'把关税从政治中拉出来'的错误但有吸引力的请求下"合并两党经济政策的想法。[23] 在史密斯的阵营摸爬滚打了多年的罗斯福打电话给赫尔,表示支持阻止史密斯和拉斯科布试图将他们的观点强加于民主党的纲领。在大会前,罗斯福给另一位朋友的一封信中解释说,政党决不能向拉斯科布屈服,不能"使我们党成为高关税的政党,成为那些多年来完全控制共和党组织的既得利益集团的朋友。如果我们赢了,我们必须赢,因为我们是进步的"。[24]

1931年3月5日的民主党全国委员会会议上,拉斯科布精心策划,期望他的提案被采纳,罗斯福派他的竞选经理和纽约民主党主席詹姆斯·A. 法利(James A. Farley)坐在赫尔旁边,以表明对他的支持。赫尔和罗斯福在会前都曾打过电话,以期获得足够的支持来击败拉斯科布。就关税和禁酒令问题,赫尔和拉斯科布发表了相互竞争的演讲,但是,拉斯科布放弃了让委员会对党的纲领采取先发制人的立场的努力。根据赫尔的说法,罗斯福在这次会议上的策略确立了他脱离史密斯机构的独立性,并且是一个转折点,在1932年吸引了南部和西部领导人支持他的总统候选人资格,从而击败史密斯,再一次获得提名。这也向赫尔证明了,尽管罗斯福观点的基础可能更多是政治上的实践主义,而不是深刻的实质性的信念，但是，他同意赫尔的反对关税以及“扫除”禁酒令的观点（“含水”甚或“不含水”，一切皆由各州决定）。正如历史学家小亚瑟·施莱辛格所观察到的，在禁酒令问题上，罗斯福“不想让老布莱恩集团（也许他们是主张‘对不含水的酒精饮料’解除禁令的人）分心于反对商业规则……因为到了 1931 年的春天，作为 1932 年的候选人，罗斯福已经遥遥领先了。罗斯福的候选资格得到了民主党自由派的强烈认同”。[25]

在接下来的一年里，在芝加哥召开民主党全国代表大会之前，罗斯福在全国广播频道上发表了谴责胡佛和共和党的演讲，并于 1932 年 1 月 23 日正式宣布了他的候选人资格。赫尔现在完全致力于罗斯福的提名，除了一次演讲之外，他赞扬罗斯福所有的演讲。罗斯福在一次演讲中表示对赫尔与包括埃莉诺在内的其他威尔逊国际主义者感到非常失望，这次演讲的目的是满足强大的民族主义出版商威廉·伦道夫·赫斯特的要求。在演讲中，候选人宣布不再支持美国参加国际联盟。在 1920 年竞选副总统时，罗斯福支持它成为“单一的首要问题”，对此，他没有道歉，罗斯福说联盟“这些年来并没有沿着其创始人设想的路线发展起来”。他说，国际联盟是威尔逊为促进世界和平而设计的，如今却已经成为只是解决欧洲政治分歧的一个工具，这是美国应该避免的一个角色。演讲的某些部分一定会让赫尔感到高兴，因为在演讲中，罗斯福还抨击了《斯穆特-霍利关税法案》，并呼吁召开国际贸易会议，以打破“瘫痪世界贸易，使数百万人在国内外失去有用工作”的关税高墙。[26] 因此，这次演讲反映了罗斯福远离政治国际主义，同时小心避开了经济民族主义。

赫尔特别喜欢罗斯福 4 月 7 日发表的“被遗忘的人”（forgotten man）广播讲话，其中部分内容是罗斯福在会议前几个月经常重复的内容。与胡佛的政策形成鲜明对比的是，他在演讲中认为繁荣应该“自下而上，而不是自上而下”。他说，胡佛忽略了工人阶级，而工人阶级是“我们经济军队的步兵”。罗斯福敦促人们“再一次相信处于经济金字塔底层的被遗忘的人”。政府应该“像现在给予大银行和大公司的支持那样，至少向这个小伙伴提供同样多的支持（以避免丧失抵押品赎回权）”。他呼吁恢复农场主的购买力，通过互惠贸易协定降低“愚蠢的关税”，从而美国人可以把他们的产品卖给那些希望将商品卖给美国人的国家。所需要的是“基于经济常识而不是政治、吹牛和欺骗的关税政策”。[27]

赫尔最近才在参议院的一次反关税的演讲中引用“被遗忘的人”，并认为罗斯福是从他那里得到了这一想法的。但是，具有讽刺意味的是，雷蒙德·莫利(Raymond Moley)——罗斯福的一位新演讲稿撰写人，“智囊团”的领导人——很快将与赫尔因罗斯福对关税问题的关注而展开战斗，莫利声称他从自己的记忆中“擦掉”了这个短语。[28]

在亚特兰大奥格尔索普大学(Oglethorpe University)毕业典礼上发表的最后一次大会前演讲中，罗斯福进一步强调了美国经济中生产者和消费者之间的不平等现象是从20世纪20年代发展起来的，过多的企业利润远远超过了工人工资的增长，并且减少了农业收入。在什么样的新政模式下，政府干预方式将解决这种不平等，并确保“所有愿意和能够工作的人都能得到……至少的生活必需品”，他敦促进行“大胆的、持久的实验”。与胡佛的不作为形成鲜明对比……胡佛的不作为依赖私营企业自愿努力解决问题，罗斯福强调影响国家的经济困境要求采取行动。“采取一种方法并加以尝试，这是常识。如果失败了，坦率地承认它，并尝试另一种方法。但最重要的是，试试看。”[29]

在那些不喜欢罗斯福谴责收入不平等言论的人中，最突出的是他的前盟友阿尔弗雷德·史密斯。史密斯还没有准备放弃自己的总统竞选，在罗斯福宣布他的候选人资格两个星期后，史密斯公开表示，在“仔细考虑”后，如果大会决定，需要他参选，他随时可以“出战”。[30] 在罗斯福求助“被遗忘的人”之后，史密斯在4月中旬宣称，他会“赤膊上阵，与坚持煽动性要求这个国家的劳动人民群众发动阶级对抗和富人对抗穷人的运动进而毁灭他们自己的任何候选人斗争到底”。[31] 罗斯福对史密斯的批评不予理睬，并继续让他的竞选更加远离致使1928年史密斯失败的保守立场。正如大会召开的一个月前雷蒙德·莫利给罗斯福的备忘录中所写的，“这个国家没有两个反对改革党派的空间”。根据莫利的说法，史密斯相信，有利于富人就会创造繁荣，就像“涓涓细流”一样，“渗透”

到劳动阶级,可是,对于他们来说,罗斯福的民主党人是"自由思想的政党,有计划行动的政党"。[32]

到芝加哥之前的几周里,科德尔·赫尔经常与罗斯福和路易斯·豪就会议的计划保持联系。赫尔和其他亲密的支持者将在周日访问居住在海德公园的罗斯福,豪将使赫尔的参议院办公室成为他经常访问华盛顿时的总部。罗斯福要求赫尔担任大会政治纲领和决议委员会主席,但是,赫尔婉转地拒绝了,他认为他在捍卫罗斯福在会议上的立场方面可以发挥更大的价值。此外,他和伍德罗·威尔逊的司法部部长A.米切尔·帕尔默(A. Mitchell Palmer)一起已经起草了政治纲领,其中包括对胡佛的关税政策的严厉谴责。

赫尔的预测是正确的,他预测围绕纲领的特定部分,特别是在禁酒令和关税问题上,将会有艰难的斗争。赫尔和罗斯福赞成允许各州决定禁酒令。然而,当赫尔勇敢地捍卫这一立场时,罗斯福却拒绝冒斗争的风险,并通过他的竞选经理詹姆斯·法利建议民主党人代表按照他们的意愿投票。反对者赢了,并且通过了一项彻底废除《宪法第十八修正案》的动议。否则,赫尔的草案将在很大程度上占优势。草案将大萧条归咎于自第一次世界大战以来共和党政府采取的"灾难性政策",另外,还呼吁根据支付能力征收所得税、失业救济、广泛的公共工程、农业援助、抵押贷款援助、证券业监管、银行存款保护以及竞选财务改革。赫尔显然是关税改革的胜利者,他采用的语言是呼吁"为了收入,需要一个有竞争力的关税制度……与其他国家的互惠关税协定,以及旨在恢复国际贸易的国际经济会议"。纲领特别谴责了《斯穆特-霍利关税法案》,称其"导致40多个国家的报复行动,造成了国际敌对行动,摧毁了国际贸易,把工厂驱赶到了国外,剥夺了美国农场主的国外市场,并且增加了生产成本"。[33]

在采纳了这项纲领之后,6月30日下午3:00,大会开始提名并进行民主投票。第二天晚上,代表们几乎没有间断地进行了演说和四轮投票,最后的投票结果是,罗斯福获得了所需的三分之二多数票,并于晚上10:32被宣布为总统候选人。罗斯福的两个主要反对者——史密斯和众议院议长约翰·南希·加纳(John Nance Garner)——都是保护主义者。当风琴手演奏新的罗斯福竞选主题曲《快乐的日子再次来临》时，赫尔彻底松了一口气。虽然史密斯从未认输，但是，加纳在第三次投票后放弃了战斗，而罗斯福承诺支持他的副总统提名，对于这个官职，加纳曾宣称不抵“一个温热的尿壶”。[34] 罗斯福在位于奥尔巴尼的纽约州州长官邸关注着会议进程，通过会议主席之口宣布，他将于第二天早上前往芝加哥亲自接受提名。这是一个惊人的举动，不仅因为1932年飞行是危险的，更重要的是因为，它打破了在大会结束数周后在提名人的家乡发表接受演讲的悠久传统。

由于恶劣的飞行气候，加之中途两次加油，罗斯福迟到了几个小时，在儿子詹姆斯的帮助下，他再次出现在舞台上，这时，热情奔放的数千人站在大厅里欢迎他，并且数百万人在收听广播。在演讲中，他综合了路易斯·豪、雷蒙德·莫利和他的首席顾问塞缪尔·I. 罗森曼(Samuel I. Rosenman)在飞机上和奔赴大会的汽车上提出的意见。罗斯福承认，他决定出现在那里可能是“前所未有的和不寻常的，但是，这是史无前例的和不寻常的时代”。这是民主党人“打破愚蠢的传统”的时代。有一种理论认为，政府偏袒富人是建立在这种希望的基础上的：“他们的一些繁荣将‘渗漏’‘渗透’到劳动者、农场主、小企业主……(这个理论)属于‘托利主义’的政党。”人民的选择是反教条或“自由思想的政党，有计划地行动的政党，开明的、具有国际视野的政党，对我们最大多数公民有着最大好处的政党”。他承诺该党将采取政府行动，积极应对大萧条的各种原因和副产品，包括证券监管、公共工程、缩短工作周、重新造林、农业生产规划和降低关税。然后，总统候选人做出了一个承诺，结束了他的演讲，媒体从中挑选出一句话，作为其政府进步经济计划的口号：

> 我向你保证，我向自己保证，为美国人民实施新政。让我们聚集在这里，成为具有能力和勇气的新秩序的先知。这不仅仅是一场政治运动，更是武装起来的号召。请给我你的帮助，不只是为了赢得选票，而是要在这场神圣的战斗中，将美利坚还给她的人民。[35]

第二天，出现了一幅政治漫画，描绘了一个农场主抬头看着一架标注有“新政”字样的飞机。

注释：

1. 42 Cong. Rec. 10,653–54 (1916).
2. Smith, *FDR*, 87–88.
3. Hull, *The Memoirs of Cordell Hull*, vol. 1, 69.
4. Smith, *xiv*.
5. Hull, 4.
6. *Pollock v. Farmer's Loan and Trust*, 157 U.S. 429 (1895).
7. Alter, *The Defining Moment: FDR's Hundred Days and the Triumph of Hope*, 18.
8. 42 Cong. Rec. 3,519–21 (1908).
9. Hull, 66.
10. Ibid., 82.
11. Daniels, *The Wilson Era: Years of War and After*, 253.
12. Brands, *Traitor to His Class*, 97.
13. Smith, 181.
14. Eleanor, Roosevelt, *This Is My Story*, 192.
15. Lash, *Eleanor and Franklin*, 178.
16. http://fdrlibrary.wordpress.com/tag/1924/.
17. "Scenes and Foibles of the Convention," *New York Times*, July 10, 1924.
18. Perkins, *The Roosevelt I Knew*, 10–12.
19. Alter, 63–65.
20. "Democrats Move to Hold Conference for Party Reforms," *New York Times*, March 9, 1925.
21. Franklin D. Roosevelt, "Is There a Jefferson on the Horizon," *New York Evening World*, December 3, 1925, reprinted in *American Mercury*, September 1945, 277–281.
22. Hull, 130–131.
23. Ibid., 142.
24. Schlesinger, *The Age of Roosevelt*, vol. 1, *The Crisis of the Old Order: 1919–1933*, 277.
25. Ibid.
26. "Roosevelt Opposed to League Entry; Also against Cancelling the War Debts," *New York Times*, February 3, 1932.
27. Roosevelt, *The Public Papers and Addresses of Franklin D. Roosevelt*, vol. 1, *The Genesis of the New Deal, 1928–1932*, Samuel I. Rosenman, ed., 624–627.
28. Hull, 147–148; Moley, *After Seven Years*, 11.
29. Roosevelt, *Public Papers*, vol. 1, 645–646.
30. "Text of Ex-Governor Smith's Announcement of His Willingness to Be Democratic Candidate," *New York Times*, February 8, 1932.
31. "Aggressive Address of Ex-Gov. Smith Features Meeting of Nation's Democrats," *New York Times*, April 14, 1932.
32. Alter, 98.
33. Johnson and Porter, *National Party Platforms: 1840–1972*, 331–333.
34. Alter, 109.
35. Roosevelt, *Public Papers*, vol. 1, 647–659.

第8章

智囊团

毕竟，世界贸易只占美国全部贸易的一小部分。这意味着我们的国内政策至关重要。[1]

——助理国务卿雷蒙德·莫利，1933年5月20日

尽管民主党大会的听众们用欢呼声表示赞同，带着希望和乐观主义的情绪离开了芝加哥，认为伴随着"为了美国人民的新政"，快乐的日子可能真的会再次来临，但是，一些观察家并不完全认同罗斯福及其承诺。许多政治行家认为他没有主见并且毫无原则。这一时期最著名的两位学者——沃尔特·利普曼和H.L.门肯（H.L.Mencken）——明显没有认同罗斯福。利普曼认为罗斯福是一个文化底蕴浅薄，"和蔼可亲的男孩"，他写道："富兰克林·D.罗斯福不是一名战士。他不是人民的捍卫者。他不是根深蒂固的特权的敌人。他是一个和蔼可亲的人，没有任何重要的资格来担任总统，而他非常想成为总统。"[2] 同样，门肯刻意地辛辣评价，认为罗斯福是"最有魅力的人，但是，像许多其他迷人

的人一样，他留给旁观者的印象是，他也有点肤浅和无用”。当然，罗斯福很适合作为门肯嘲笑的对象。门肯被称为“巴尔的摩的圣人”（Sage of Baltimore），他称第一个罗斯福总统为“美国的巴巴罗萨”（National Barbarossa），称威尔逊总统为“自我欺骗的长老会教徒，正确的思想家、伟大的道德政治家、基督教教义下的完美典范”。[3]

后来，最高法院大法官小奥利弗·温德尔·霍姆斯（Oliver Wendell Holmes Jr.）经常引用“二等智力，但有一等气质”为罗斯福贴上标签。尽管霍姆斯的引述引起了一些人的争议，他们认为这针对的是西奥多·罗斯福而不是富兰克林·D. 罗斯福，或者认为仅仅是杜撰的，但它可能最接近于描述富兰克林·D. 罗斯福的政治资产。他不是一个知识分子，但是，他坚定不移、不屈不挠的乐观态度以及在识别、操纵和受益于身边人方面的出色直觉，造就了他的一种“性情”，确实是一流的。他的气质，加之他敏锐的时代感和政策直觉，常常证明他就是政治天才的典范。

新政的枢密院

1932 年 3 月，在州长办公室的法律顾问塞缪尔·罗森曼的建议下，罗斯福召集了一个学术专家小组，为竞选中的国家问题向他提供建议。由哥伦比亚大学的雷蒙德·莫利、雷克斯福德·G. 特格韦尔（Rexford G. Tugwell）和小阿道夫·A. 贝利（Adolf A. Berle Jr.）领导的该组织被《纽约时报》记者詹姆斯·M. 凯伦（James M. Kieran）称为“智囊团”，后来通常把智慧的集体统称为“智囊团”。他们的合作为新政的经济计划奠定了概念基础。莫利是一位政治科学家，对刑事司法有着实质性的关注，他具有演讲稿撰写人的特殊才能，能写出令人难忘的语句；特格韦尔是一位具有创造力的、激进的农业经济学家；贝利曾在 1928 年投票支持胡佛，他是一位杰出的公司法教授，主要在银行业和金融改革方面提供专家咨询意见。

罗斯福最初称之为智慧集体的“枢密院”，以莫利所称的“向国内看，天使”

为指针，对大萧条做出解释，来实现它的任务，这意味着他们相信“造成(经济)疾病的原因是国内的、内部的，而且补救措施也必须是针对国内的”。[4] 这样的观点排除了胡佛总统的论断，胡佛认为大萧条是由一场国际危机造成的，并在很大程度上忽视或轻视了赫尔不断提出的扩大对外贸易以解决过剩生产问题的主张。特格韦尔认为，美国企业未能通过提高工资或降低价格来分配生产力提高的收益，导致消费者购买力下降，从而消费不足，不可避免地导致大萧条。解决方案必须集中在提高国内购买力上，而贸易促进政策并不是“智囊团”的主要目标。他们通常被视为经济民族主义者，并不迷恋自由贸易的理念，担心对关税改革的关注可能与他们自己的新政恢复计划相互矛盾。

然而，在芝加哥会议之前，由于民主党的低关税传统和《斯穆特-霍利关税法案》是一个如此有吸引力的政治目标，因此，贸易问题在演讲中起着不可忽视的作用。罗斯福特别需要来自支持贸易的南部和西部代表的强有力的投票，以使自己在提名的主要竞争对手史密斯和加纳议长中脱颖而出，以便获得必要的三分之二的多数票。正如特格韦尔所观察到的，在贸易问题上，采用“科德尔·赫尔不折不扣的自由放任主义”存在困难；“不走老路的民主党人能够重蹈传统主义的覆辙，即使几乎没有人愿意看到它的实施”。[5] 在获得提名后，罗斯福让莫利负责他的所有演讲，来自他人的所有政策建议都必须通过他的筛选。这使得莫利和“智囊团”能够将清晰的政策构想呈现在罗斯福面前，这一点胜过最接近赫尔的路易斯·豪和詹姆斯·法利。“智囊团”基本上避开了赫尔，而特格韦尔将其视为“田纳西州山区的政治家，一个笨拙的自由贸易倡导者”。[6]

在成为民主党总统候选人的第一次重要演说中，罗斯福支持涉及关税的政治纲领，他敦促通过谈判，“尽快而果断地”降低贸易壁垒，“以使国际贸易再次运转起来”。[7] 但是，很快他就开始在这个问题上犹豫不决，因为他在“智囊团”和其他顾问的竞争性影响之间左右为难。8月，莫里准备了一份新的关税演讲稿，并通过美国糖蜜公司(American Molasses Company)总裁查尔斯·W. 陶西格(Charles W. Taussig，著名经济学家弗兰克·陶西格的一名亲属)征求了在田纳西州的赫尔的意见。陶西格从田纳西州回来时，带来了一篇他和赫尔撰写的关税演讲稿，这让莫利团队“大吃一惊”。莫利写道，当把陶西格-赫尔起草的演讲稿宣读给大家时，感到的是“痛苦的呻吟”。它建议富兰克林·D. 罗斯福单方削减所有关税达 10%。他们立即开始起草一份替代演讲稿，呼吁进行双边谈判，利用“老式的北方佬讨价还价”，以降低外来进口商品关税为代价，为国内过剩产能寻找市场，“这将最小限度地干扰国内体系”。莫利将两份演讲稿都交给了富兰克林·D. 罗斯福，后者阅读后，要求“将二者糅合在一起”，面对“不可能完成的任务”，莫利“无语”。[8]

基于两位保护主义倾向的民主党参议员——蒙大拿州的托马斯·J. 沃尔什(Thomas J. Walsh)和内华达州的基·D. 皮特曼(Key D. Pittman)——的进一步修订，莫利拿出了罗斯福接受的新的演讲稿。州长称之为“自由贸易者和贸易保护主义者之间的妥协”[9]，但是，除了将《斯穆特-霍利关税法案》中的一些关税税率描述为“高得过分，让人无法忍受”，事实证明，赫尔和其他自由贸易者对此感到非常失望。从本质上讲，这份演讲稿代表了退却到史密斯-拉斯科布的立场，最大限度地减少了共和党与民主党立场之间的分歧。罗斯福说，“尽管在每一次竞选中都指责民主党是一个自由贸易党”，但在关税法案中总是有征收关税的条款，“目的是使美国生产商比其外国竞争对手更具优势”。他承诺，修改后的法案“不会损害任何合法利益”。[10]《国家》杂志的一名自由主义专栏作家指责罗斯福放弃了民主党的反保护主义传统，并消除了罗斯福和胡佛在关税问题上的分歧。该作家观察道，“总统选举通常是被关税利益相关的大人物收买的”，在这种情况下，没有哪一位候选人希望“冒犯那些拿着钱袋子的受保护的大人物”。[11]

在竞选的最后几周，当胡佛总统要求他列出将从《斯穆特-霍利关税法案》中削减的关税时，罗斯福继续回避。大选前一周，胡佛宣称，如果罗斯福当选总统，并采用民主党的关税政策，“荒草将在 100 个城市、1 000 个城镇的街道上生长；如果取消关税保护，杂草将在数百万个农场的田野上泛滥”。[12] 罗斯福无视挑战，用农场主的立场来支持自己的立场，他说，“谈论降低农产品关税是荒谬的……我知道事实上没有对农产品征收过高的关税。我并不打算降低这种关税”。他承诺“继续保护美国农业和美国工业”，并主张“采取措施给予农场主额外的利益，使关税对他的产品产生影响”。[13] 同时，在某些方面继续模糊他与共和党关税政策的分歧，但是，罗斯福毫不犹豫地继续攻击《斯穆特-霍利关税法案》的关税水平，并呼吁与其他国家进行互惠贸易谈判。就在大选的前几天，在接受《纽约时报》杂志采访时，罗斯福为自己的矛盾态度辩解。他说禁止贸易的关税“扼杀文明”，并且是“经济疯狂的症状”。州长预测道，如果“现在的关税战争继续下去，世界将倒退一千年”。然而，他总结道，“农产品必须有紧急保护”，直到“疯狂的制度整体上得到修订”。[14]

当选总统和指定国务卿人选

时常有点闪烁其词但具有磁铁般吸引力的候选人罗斯福对这位难缠的现任总统表现出失望。总统称他的挑战者为“苏格兰格子纹变色龙”[15]，并警告说，他的威尔逊时代的老同事将为了未来几百年而推翻美国的经济和社会制度。对于胡佛来说，问题是，随着大萧条的到来和柯立芝繁荣的终结，人们对这种革命性的变革寄予了希望。胡佛断言，随着经济自行复苏，就业正在反弹，并否决了联邦救济和公共工程草案。那些在大城市边缘失业的无家可归的人形成的等待施粥的队伍和肮脏的营地通常被称为“胡佛村”，增强了这样一种信念：总统并没有采取任何措施来解决国家的经济困境，而罗斯福承诺要进行“大胆的试验”，克服“被遗忘的”数百万失业者所处在的困境，尽管这个“大胆试验”没有一个清晰的界定。选举之日，罗斯福的压倒性胜利是不可避免的。除了6个州以外，胡佛在其他州都输了，罗斯福领先了700万张大众选票，在选举人投票中，罗斯福获得472票，胡佛获得59票，罗斯福获胜。选举结果还有：民主党以2比1的多数进入众议院，以多出15席的多数进入参议院。“所有知情的观察家都同意，”《新共和》在报道中写道，“这个国家不是投票支持罗斯福，而是投票反对胡佛。”自由主义杂志对忠于民主党的新当选总统领导这个国家摆脱巨大而复杂的困难局面几乎不抱有希望,观察道,“在宪政史上,民主党是最坏的各种各样的联盟之一”。[16]

在选举到1933年3月4日就职之间漫长的四个月中,在日益严重的经济危机中,罗斯福开始组建他的政府。在11月下旬温泉镇举行的一次会议上,他告诉莫利,他已决定将总统秘书的头衔授予路易斯·豪和詹姆斯·法利,罗斯福把竞选胜利归功于他。为了让豪高兴,罗斯福说他将与总统的三个行政助理撇清关系。当选总统继续说,他一直在“通过国会目录挖掘信息”,并发现“助理国务卿办公室是唯一看起来完全没有法定职责的一个重要办公室”。罗斯福说,如果莫利接受这个任命,他可以继续像竞选期间那样工作,提供秘密协助,只对总统负责。然后,国务院被安置在白宫隔壁的海军和战争部,于是,莫利与总统成为近邻,反之亦然,从而有助于制定和执行新政政策。根据莫利的说法,罗斯福说:“你必须有一份拥有足够声望的工作,使你有可能帮我同重要的人物打交道。”[17]

与此同时,大选后,法国和英国向胡佛提出建议,他们希望就第一次世界大战期间对美国的债务重新谈判,并希望推迟12月15日的到期日安排,这样,外交危机爆发了。为了避免欧洲经济进一步恶化和可能的崩溃,胡佛在1931年批准了偿还债务延期一年,而现在已经到期。“即将届满而未卸任的总统”要求与当选总统举行一次会议,就应对困境的计划进行合作。罗斯福同意了,带着莫利一起去见胡佛和他的财政部部长奥格登·米尔斯(Ogden Mills),但是,他决定不卷入胡佛的计划。罗斯福认为,任何实质性合作都会先发制人,或者至少会限制他在就职典礼后可能采取的行动。他不愿参与一项合作行动,以避免大萧条对经济造成进一步损害。这与当选总统巴拉克·奥巴马愿意与即将离任的乔治·W. 布什政府合作并制定解决2008年大衰退危机方案形成了鲜明对比。罗斯福和莫利不情愿的一个主要原因是,“智囊团”反对传统的“国际主义”。尽管胡佛坚定地致力于贸易保护主义,但是与罗斯福相比,现阶段他更像是一个国际主义者。罗斯福和“智囊团”相信,恢复计划的核心必须是针对国内的措施。他们担心,涉足外国的复杂谈判只会危害到这一计划。

胡佛对继任者做了一个小时的关于国际金融错综复杂的演讲后，提议他们共同指定一个债务委员会处理外债问题。第二天，罗斯福发表了一份公开声明，否决了共同指定委员会，并将这个问题交给胡佛和“即将届满”的国会处理。12月中旬，胡佛再次向罗斯福发出请求，请求他们共同选出一个代表团，代表美国参加计划于次年6月举行的备受期待的世界经济大会（World Economic Conference）。罗斯福再次提出异议。此外，在3月3日——就职前夕——胡佛要求与他共同发布一项公告，即关闭受到全国银行挤兑风潮威胁的银行，罗斯福也拒绝了。罗斯福和他的“智囊团”不想与被玷污的胡佛政府结成联盟，因为这样的联盟可能会限制罗斯福自己应对日益增长的危机的计划中的行动自由。

在这个过渡时期，实际上，在整个提名后的竞选期间，科德尔·赫尔并没有经常与罗斯福接触。在此期间，赫尔感到与罗斯福的内部顾问圈子有些疏远，他正准备于12月继续在参议院提出动议，建议将所有永久性关税税率降低10%，宣布“停止”增加新的关税，并通过基于无条件的最惠国待遇的互惠协议，进一步减少贸易壁垒。在战争债务问题上，赫尔宣称，在要求减少债务之前，欧洲借款人“应该表明他们在更广泛和更根本的减少贸易壁垒计划上的态度”。[18] 然而，罗斯福没有就涉及欧洲债务问题的外交问题征求赫尔的意见。

1月中旬，赫尔惊讶地接到罗斯福的一个请求，希望在前往温泉镇的途中与他在华盛顿梅奥威尔酒店会面。几乎没有事先告知会面的目的，一见面，罗斯福就提出委任参议员担任国务卿。赫尔后来写道，对此任命，他“几乎大吃一惊”，没有迹象表明他会被考虑担任这一职务。他对此表示感谢，但是要求花些时间考虑一下。“国务卿一职，”他对当选总统说，“并不在未来个人计划之中。”[19] 对于罗斯福与罗斯福顾问班子中参议员的主要支持者路易斯·豪来说，赫尔是领导国务院的第一人选。他们二人都对赫尔的理想主义和高尚的品格很尊重，并且他们也很感激他所发挥的影响力，在芝加哥大会上他带领南部民主党人支持罗斯福的提名。“科德尔·赫尔是内阁中唯一的成员，”罗斯福会说，“给我带来了我自己没有权力拥有的政治力量。”[20] 但是，对于其他人来说，尤其是对雷蒙德·莫利来说，这项任命完全没有意义。莫利看到了罗斯福的新政计划与被他称为的“赫尔的亚当·斯密斯经济学”之间存在的一个根本冲突。[21]

在向赫尔提供职位后的过渡时期，莫利从五位不知名的民主党参议员那里得到了他对赫尔看法的支持。他们告诉莫利，他们喜欢赫尔，认为财政部工作很适合他，但是，他们非常担心赫尔能否胜任国务院的工作。参议员们认为，赫尔对外交政策基本不了解，只关注降低关税，因此他不太可能扩大自己的视野。“至于为什么，这是一个公开的秘密，他的弓上只有一根弦，”有一位参议员说，“每次关于关税问题的演讲，他都会澄清参议院的反对意见。”但是，当莫利打电话给在温泉镇的罗斯福并转达这些意见时，这位当选总统简单地回答说：“好吧，你告诉参议员们，我很高兴在国务院有一些好的理想主义。”[22]

鉴于当选总统对赫尔的任命决心已定（正如莫利所说，罗斯福的这个决定是“暴脾气”的决定），莫利随后前往温泉镇单独与罗斯福会面，对自己被任命为赫尔的助理国务卿表示担忧。莫利认为自己就是“新秩序的象征”，他相信“与并非新政的生动体现的人共处一室是冒险的”。此外，他说，赫尔自然会讨厌成为莫利“名义上的老板”。他不会因为有一个助手经常见总统而不是见他而“欣喜若狂”，“这个人比他更了解总统的思想，还被要求处理国务卿一无所知的事务”。但是，罗斯福不会改变态度。“赫尔对此了如指掌，”罗斯福回答说，“如果他接受了这项工作，他就不会产生误解。你将来是和我一起工作的。”在罗斯福口述一份简短的声明后，莫利最后默认了，声明说，莫利的职责包括处理“外债、世界经济会议、经济顾问办公室的监督，以及在外国和国内政府事务一般领域内总统可能指示的其他职责”。[23]

赫尔参议员让当选总统等了一个月，最后才接受任命。他主要关心的是，大会之后罗斯福及其顾问对他的忽视，以及似乎意在破坏或贬损对他任命的消息泄露。莫利被任命的消息也使他泄气。莫利在哥伦比亚政治科学系的一位杰出同事联系了赫尔最亲近的田纳西州的政治同党、《查塔努加新闻》(*Chatta-*

nooga News)的编辑乔治·福特·米尔顿(George Fort Milton),并通过米尔顿敦促赫尔不要让莫利进入国务院。他警告说,莫利对国际事务一无所知,由于他“极度的自悲综合征”,当人们不同意他的观点时,莫利就会“大发雷霆”。[24]

赫尔还担心这项工作所需的招待费用,直到罗斯福同意任命富有且经验丰富的前威尔逊政府的外交官威廉·菲利普斯(William Phillips)担任副国务卿,负责国务院的社会职能。罗斯福的高级顾问,包括詹姆斯·法利,甚至莫利,都与赫尔会面,以缓解他的担忧。2月中旬,赫尔与当选总统再次在温泉镇会晤之后,最终在从里士满到华盛顿的火车上同意接受这个职位,罗斯福向他保证,他将在制定和执行总统的外交政策方面成为一个全权的伙伴。

第一个一百天

即将上任的劳工部部长弗朗西斯·帕金斯将罗斯福的就职典礼比作一次复兴会议。她追踪罗斯福的发展历程,他从一个自命不凡、傲慢自大的州参议员,似乎通过架在鼻梁上的眼镜“低头看大多数人”,到20年后成为州长,她为他工作,他成为富有同情心的社会改革者。关于对罗斯福的记忆,帕金斯写道,他是一个“毫无疑问”的宗教信徒。“他只相信不会给他带来痛苦或斗争的确定性和简单性。”[25] 在他著名的第一次就职演说中,有一句最常被引用的话,就是罗斯福表达的信心、希望和勇气,他向美国人民保证,“我们的国家过去经得起考验,今后还经得起考验,复兴起来,繁荣下去”。他宣称,他坚信,“我们唯一值得恐惧的就是恐惧本身”。罗斯福唤起了耶稣清洗耶路撒冷圣殿的形象,并与人类签订了新的契约,他指责华尔街“无耻的货币交易者”,他们仅仅知道“自私自利者的规则”,他们作为“人类货物交换的统治者”,无力使用和公平地分配美国经济所能获得的丰富资源。由于“顽固”和“无能”,他们失败了,撒手不管了。“货币兑换商已经从我们的文明殿堂的高处落荒而逃。我们要以千古不变的真理重建这座殿堂。”

新总统说,最为首要的任务是“让人们工作”。他观察到,为了完成这项任

图 8.1　1933 年 3 月 4 日，胡佛总统和罗斯福在前往美国国会大厦参加罗斯福总统就职典礼的途中（国会图书馆）

务，“国家需要行动起来，现在就行动起来”。他表达了“智囊团”的观点，呼吁开展项目来刺激和重新组织对国家自然资源的使用；努力提升农产品的价值，同时提高国家的购买力；统一实施救济活动，他说，（过去的救助活动）“常常是分散的、不经济的、不平等的”；以及实施国家规划和监督交通、通信和其他公共事业。为了“防止旧秩序的魔鬼卷土重来”，他说，有必要对银行业和投资进行严格的监督，以“终结用别人的钱进行的投机活动”，并且要“提供充足而稳健的货币”。他将建议国会采取措施来执行他的计划；但是，如果国会没有做出回应，他承诺要求“向非常状况开战的广泛行政权力，就像在实际遭受外部敌人入侵时所应援予我的大权”。

在外交政策上，罗斯福除了说他会奉行“睦邻友好政策”之外，没有更多表述。他将“睦邻”界定为“尊重他的义务，尊重他的协议以及所有协议的神圣性的邻国”,“睦邻友好”政策不是一个新概念。胡佛总统曾在拉丁美洲用这个词来缓和因柯立芝政府对海地和尼加拉瓜的武装干预引起的外交问题。不管是不是原创性的,这项政策都让科德尔·赫尔满意,他在后来的几年里有效利用了这项政策。然而,令赫尔感到非常麻烦的是总统演讲中的一段话,强调了政府的优先事项,将影响对外贸易。

> 我们的国际贸易关系虽然非常重要,但在时间性和必要性方面从属于健全国民经济的任务。我主张采取切合实际的政策,分清轻重缓急。我将竭尽全力通过国际经济调整来恢复同世界各地的贸易,但是国内的紧急情况等不到这项工作完成。

新总统结束了他简短而有力的复兴演讲,这场演讲将国家投入“直接而有力的行动”之中,提振经济和备受打击的国家精神,并且请求上帝保佑:“愿上帝在未来的日子里指引我。”[26] 新国务卿一定希望这个神圣的指引能够超越雷蒙德·莫利和“智囊团”对贸易政策的影响。

第二天,罗斯福发布了一份公告,呼吁国会召开特别会议,开始履行他承诺的行动。在特别会议开始后的100天里,在总统的领导下,国会颁布了15项重要的新法案,这是历史上最全面的经济改革方案。从《紧急银行法案》(Emergency Banking Act)开始,在该法案被印刷之前,众议院以口头投票全体一致通过,参议院以压倒性优势批准了法案,总统签署了法案,所有这些在8个小时内完成,签字后罗斯福把法案交给了国会。国会赋予总统管理国家金融体系的广泛权力,因此就职典礼后不到两周,就结束了银行业的恐慌。

罗斯福提出了失业救济的建议,呼吁成立民间资源保护队(Civilian Conservation Corp),让失业青年从事林业、保护、水土流失控制和公园项目的工作。同样,他呼吁成立联邦紧急救济管理局(Federal Emergency Relief Administration)来管理和加强联邦失业援助。新的公共工程管理局和田纳西流域管理局为发展和公共就业提供了新的来源,同时《农业调整法案》和农业信贷管理局(Farm Credit Administration)也为长期低迷的农业经济提供了帮助。随着废除禁酒令的《宪法第二十一修正案》在各州的通过,国会通过了《啤酒与葡萄酒税收法案》(Beer-Wine Revenue Act)，啤酒和清淡酒销售合法化，并征收 3.2%的销售税。为了平衡新的支出计划，总统要求授权从 36 亿美元的联邦预算中削减约 5 亿美元，削减退伍军人的福利，取消一些政府机构，并降低所有联邦雇员(包括文职和军人)的工资。

"百日新政"还包括：设立联邦存款保险公司(FDIC)，为银行存款提供担保，罗斯福最初是反对这项提议的；建立业主贷款公司(Home Owners Loan Corporation)，对抵押贷款进行再融资，并避免丧失抵押品赎回权；颁布《格拉斯—斯蒂格尔银行法》(Glass-Steagall Banking Act)，以阻止投资银行的商业贷款活动。国会通过了《联邦证券法》(Federal Securities Act)，要求投资发起人全面披露有关新股票发行的财务信息，并授权联邦贸易委员会(后来权力移交给 1934 年成立的证券交易委员会)监管股票交易。

这段狂热的立法行动时期强烈反映了一年前罗斯福在奥格尔索普大学演讲中的承诺，当时他呼吁进行"大胆、持久的实验"，也就是说，尝试一种方法，如果失败了，承认失败，并尝试另一种方法，但是，坚持下去，"最重要的是，尝试一些做法"。正如一位参议员在他的日记中描述的那样，罗斯福在特别会议上向国会提出了如此多的建议，以致"有人感到头晕。我们还没来得及分析来自白宫的一条信息，就转而分析收到的另一条信息，接二连三"。[27] 幽默作家威尔·罗杰斯开玩笑说，"国会不再是通过立法，他们只是在法案通过时挥挥手"[28]。

这位新总统与他的前任形成了鲜明的对比，后者坚持认为经济正在自我改善，并且在他的"顽固的个人主义"概念指导下，认为救济应该主要来自国家和私人慈善机构。尽管胡佛最终签署了一项法案，将重建金融公司的 3 亿美元用于各州发放贷款，以缓解失业问题，但是，他始终反对并否决了这些救济措施。新闻界和公众普遍描述他的抵制行为旨在应对萧条。甚至，《华尔街日报》在 3 月中旬也写道，罗斯福的行动"标志着一个国家三年的经济衰退从坏到更坏的结束，标志着一个国家面对厄运而无助的结束……我们必须看到的是，应对这样的局面，华盛顿的新政府已经取得了卓越的成就"。[29]

在过去的 100 天里，雷蒙德·莫利一直担任罗斯福的政策顾问，负责制定和实施新政立法战略。现在,他已经走在了前面,不再是竞选期间领导智囊团的幕后角色。5月,《时代》(*Time*)杂志为莫利做了一个封面报道,称他为总统“最亲密的、最紧密的顾问”,并观察道,“他不是伟人,但他是个有权势的人……他的耳朵是通往白宫心脏最短、最快捷的途径”。[30] 但是,莫利声称,他没有参与起草春季新政的最后一项也是最具争议的立法案——《国家工业复兴法案》(National Industrial Recovery Act,NIRA)。他称之为“一系列旨提供政府经济刺激的条款,旨在为永久性商业-政府伙伴关系和计划奠定基础的条款”。[31]《国家工业复兴法案》代表了对反对汉密尔顿商业-政府伙伴关系和亨利·克莱推动公共援助以促进私人发展的民主党传统的突破。

罗斯福在白宫前的检阅台上看到了他的就职游行,这个检阅台是安德鲁·杰克逊在纳什维尔附近的隐士种植园的门廊的复制品。但是,两个月后,他似乎采取了“老胡桃木”(Old Hickory)* 的政敌的政策。前民主党总统伍德罗·威尔逊坚持让政府与商界相分离,让企业相互竞争,而政府干预只是防止出现垄断和其他权力滥用行为。当莫利评价罗斯福第二次炉边谈话的文本时,文本中罗斯福计划捍卫政府与商业新伙伴关系,他对总统说:“那么你意识到你正在偏离平等主义和自由放任主义的哲学一大步吗?”沉默片刻之后,总统严肃地回答说:“如果这一哲学没有被证明破产了,那么现在坐在这里的就会是赫伯特·胡佛。”[32]

该法案的主要目的是应对全国紧急情况,反映在巨大的失业数字中。正如罗斯福所描述的那样,目的在于摆脱混乱,重建工业经济秩序。为了实现这一目标,首先要放松反托拉斯法,允许各行业协会制定“公平竞争守则”,旨在避免“灾难性的生产过剩”和“残酷的价格竞争”,并严格执行政府许可的规定。参议员雨果·布莱克发起了一项草案——将从事州际商务的雇员每周工作时间限制为30小时,罗斯福对此表示反对,但是,在强大的劳工支持下,该草案很容易在参议院通过,为了抵消其影响,《国家工业复兴法案》的条款中将包括最低工资、最长工作时间和儿童劳动保护。《国家工业复兴法案》还保证集体谈判和组

---

* 安德鲁·杰克逊的绰号。——译者注

织工会的权利。该法案还授权公共工程管理局管理 33 亿美元的公共工程项目,罗斯福认为这将“使尽可能多的人有工作”。商界和有组织的劳工都热情地支持该法案。美国商会主席在寻求取消集体谈判担保的同时,认为这是“历史上向国会提出的最重要的法案之一”。美国劳工联合会主席也给予它类似的美誉,并预测它将创造 600 万个就业机会。[33]

罗斯福称这些守则为“现代同业公会”,在这种“公会”中,每一个行业的雇主都会约束自己,并认同共同行动。与重商主义制度中的一个令人震惊的要素加以比较,很好地提醒人们,在反托拉斯和反垄断的长期斗争中,《国家工业复兴法案》向后倒退了一步。总统的顾问们,包括莫利和特格韦尔,都反对“反托拉斯能手的怀旧哲学”和“传统的威尔逊-布兰德斯哲学,即如果美国能够再次成为一个小业主国、街角杂货店和散布在栗树下的史密斯家族的国家,我们应该已经解决了美国的问题”。[34] 参议院两党的进步主义者反对该法案的反托拉斯豁免条款,对限价以及该法案提供了大企业兼并破产小企业的机会提出警告。雨果·布莱克最后投了反对票,认为这将是“向财富的最终集中迈出的很大一步”。[35] 根据历史学家 H. W. 布兰德斯的说法,对于商业领袖来说,罗斯福的工业推动计划“从根本上说,是美国主要产业的卡特尔化,而联邦政府则是一个无利润的合伙人。大政府将与大企业(也许是大劳工组织)联合起来,以支撑价格、分配市场,并防止小经营者削弱新政”。[36] 然而,在企业和劳工的大力支持下,政府推动国会通过该草案,在众议院以大幅度的票差通过,在参议院以较接近的票差通过,参议院投票中只有 15 名民主党人反对该草案。

在接下来的两年里,作为新政“实验”之一的《国家工业复兴法案》被证明是失败的。批评人士指责道,该草案制定的 750 项法规有利于大企业,阻碍了经济增长。大型生产商利用这个制度,提高价格,降低产出。该计划正迅速变得越来越不受欢迎。1935 年,最高法院一致决定,将法规起草权限授予总统是违反宪法的,做出此决定的人包括自由大法官路易斯·布兰德斯和本杰明·卡多佐(Benjamin Cardozo)。[37] 此时,罗斯福意识到相关规则与他们的反托拉斯豁免是错误的,他向弗朗西斯·帕金斯描述道,规则制定过程是“混乱的”和“令人头疼的”[38]，事实上，最高法院的判决让他松了一口气。然而，他仍把推进公共工程项目放在优先地位。在罗斯福的大力支持下，工人权利条款最终在参议员罗伯特·F. 瓦格纳(Robert F. Wagner，D-NY)的1935年《国家劳动关系法案》(National Labor Relations Act)中的“劳动大宪章”(“Magna Carta for Labor”)和参议员雨果·布莱克的1938年《公平劳动标准法案》(Fair Labor Standards Act)中得到了恢复。

伦敦经济会议

在宣誓就任国务卿后的前3个月里，科德尔·赫尔完全忙于外交事务，并开始了他在政府中的新角色。罗斯福在海军部的8年中学会了如何操作和操纵联邦官僚机构，与罗斯福不同的是，在立法战壕里度过20年的赫尔没有准备好应对在获得总统关注方面的激烈的人际政治斗争。他保守、谦恭，像儒家一样尊重等级制度，缺乏将自己的观点强加于影响外交政策并且侵犯了他的贸易政策优先权的国内问题所需的个性特征。在这几个月里，他仅有一次被邀请参加白宫会议，讨论一项国内经济问题。在静静地听了关于改变金本位制来调整商品价格的讨论后，赫尔最后质疑这一理论的有效性，以后再也没有收到邀请。他声称，他很高兴没有收到邀请去参加白宫会议，他称“白宫会议”为“极端自由或半激进”的集团，是莫利和特格韦尔的化身，贴近总统并为总统提供建议。

赫尔是一名南部自由主义者，有着强烈支持劳工的立法记录，融合了杰克逊的民粹主义和威尔逊的国际主义。像威尔逊一样，他学习并钦佩格莱斯顿自由主义学派的思想。赫尔告诉罗斯福，“在所有需要的改革和社会福利立法中”，他“与格莱斯顿以1 000%的比例站在一起”，正如他在1910年民主党控制众议院时支持改革那样。他批评了新政拥护者的改革方法，他称之为“政府的父爱主义”，他看到了“金融家和大企业的掠夺集团……”在威尔逊总统执政前的几十年里，“背弃了联邦规则”，他不想看到相反的极端情况，即“把他们”置于资本家的位置上，作为他们的父爱主义的继承人。他的反对意见部分源于他的南方哲学，即对杰弗逊有限政府的承继，还源于他的财政保守主义和对健全货币的看法。他愿意在某种程度上缓和对父爱主义的反对立场，因为1933年存在着非同寻常的经济危机，但是，他认为，在某些情况下总统“为了治病，采用的治疗方法过于广泛，治疗方法可能导致其他疾病”。[39]

根据雷蒙德·莫利的说法，在4月公开宣布他将取消国家金本位制的前一天，当总统告诉他的金融顾问和高级内阁成员时，“国务卿赫尔什么也没说，但是，看起来他像是如芒刺背”。[40] 就在两周前，赫尔提交给总统一份国务院备忘录，备忘录中表明，“保持某种形式的国际金本位制对世界经济复苏至关重要”。[41] 批发商品价格比大萧条前的水平下降了40％，并且提高价格还面临国内外的压力，罗斯福最初计划通过经济复苏计划来解决这一问题，但是，他开始意识到他需要一个更直接的解决方案。国会中的许多人在政府“智囊团”的支持下，迫切要求采取通货膨胀措施来拯救长期萧条的农业经济地区。通过禁止美国黄金出口和取消海外美元的黄金支持，罗斯福预计黄金价格将下跌，其他商品价格将提高，美元将贬值。美元贬值将带来对美国农产品出口的更大需求，随着需求的增加，对于苦不堪言的农场主来说，国内价格也随之上涨。在罗斯福对赫尔宣布他的决定的那天早晨，沃尔特·利普曼的一篇文章可能影响了总统。利普曼认为，在捍卫海外美元黄金含量的同时，不可能保持国内价格上涨。[42]

尽管“智囊团”的顾问们希望将国内的经济复苏计划与国外的影响因素隔离开来，但是其他国家在《斯穆特-霍利关税法案》颁布后的行动以及全球范围经济萧条的爆发都是导致美国物价水平崩溃的因素。到罗斯福采取行动时，大约有30个国家已经停止实施金本位制，他们操纵本国货币，以增加出口和限制进口。英国在1931年9月放弃了金本位制。自20世纪20年代初以来，约翰·梅纳德·凯恩斯就在推动这一行动，称金本位制是“野蛮的遗存”和“陈旧的教条”，正是这些教条牺牲了价格、商业和就业的稳定。[43] 1932年，英国议会还放弃了其关于自由贸易的传统观点，对所有进口商品采取保护性关税，并建立了帝国特惠制，在英国的势力周围筑起了一道墙。这种优惠制度削弱了美国生产商在加拿大和所有其他英联邦国家的竞争地位。尽管法国仍坚持金本位制，但是它与许多其他美国贸易伙伴一道,启动了进口配额制度和其他非关税贸易限制措施,在这样的重商主义复兴时期,严重限制了美国的出口机会。

赫尔对总统的决定感到失望,其他主张“稳健货币”的顾问也是如此。预算负责人刘易斯·道格拉斯(Lewis Douglas)说,这一举动标志着“西方文明的终结”。[44] 赫尔向驻伦敦、柏林、巴黎和罗马的外交事务办公室发送了电报,紧张地解释说,这一行动“是环境所要求的……出于提高价格的打算”,而不是为了“寻求任何特殊的美国优势”。[45]

为了维持他的贸易改革主要目标的影响力,赫尔拒绝改变他的决定。然而,他的贸易目标已经被百日来采取的新政立法削弱了。《农业调整法案》(The Agriculture Adjustment Act)授权总统对进口产品征收补偿关税和配额措施,以抵消该法案的价格提高措施。同样,《国家工业复兴法案》授权总统限制或禁止可能违反新工业法规的进口。这些措施旨在将国内价格复苏计划与外国进口隔离开来,这让国务卿赫尔陷入困境,但是,总统继续公开支持授权互惠贸易协定的立法,这给他提供了一些慰藉。赫尔开始起草这项立法,并深信总统很快就会推出这项法案。

雷蒙德·莫利得出了不同的结论。他认为,鉴于正在采取的新政的关税措施,赫尔关于降低关税的无休止的讨论是毫无意义的,更不用说英国新的保护主义贸易方式了。诚然,罗斯福已经授权赫尔开始起草互惠贸易协定草案,但是,他要求赫尔寻求经农业、商业和劳工部部长批准的机构间一致认同的草案。在莫利看来,获得这一批准很难。莫利得出结论说,罗斯福的“策略是让赫尔降低关税的话语掩藏政府其他部门在另一个方向上的动作”。但是,由于罗斯福在策略上保留了自己的建议,这通常是本能地临时下定决心的,这是莫利无法确定的。“我突然想到,”他后来写道,“也许是罗斯福拉住我的腿,而不是赫尔的腿。(最终证明,是我们两人的腿)。”[46] 事实上,当时还不清楚总统在这个问题上的真实感受是什么,因为正如雷克斯·特格韦尔所观察到的,当时他“没有为任何政策辩护,他试图到达某一个目标”。[47]

对赫尔来说,在伦敦召开的世界经济会议给了他一个机会,让他开始思考

30年来在贸易改革方面所提出的观点。4月下旬和5月上旬，他向美国国际法学会和美国商会发表了被广泛报道的演讲，主题是以促进“公平、友好和正常的贸易关系”作为解决世界经济困境和避免军事冲突的手段。在国际联盟的主持下，胡佛政府提出了这次会议的想法。为了准备会谈，罗斯福邀请了11个国家的领导人，包括德国的新法西斯领导人阿道夫·希特勒。希特勒拒绝了，但是，在4月派了一名代表到华盛顿就要讨论的问题进行磋商。英国首相拉姆齐·麦克唐纳——当时的工党领袖与保守党一道领导一个全国联合政府——能够让总统同意于6月12日在伦敦举行会议。罗斯福本来希望晚些时候在华盛顿举行这次会议，因为国会仍在开会，并正在制定他的国内计划，但是，麦克唐纳坚持说，任何晚些时候都会与松鸡狩猎季节相冲突，因此英国代表团的全面参与受到威胁。与总统拒绝就欧洲对美国的战争债务问题进行谈判以及限制货币稳定和减少贸易壁垒的谈判相比，罗斯福在会议地点和日程上对麦克唐纳的让步在当时显得微不足道。但是，由于限制罗斯福直接参与在伦敦举行的会议，并安排会议在明确的政府目标确定之前开始，这一让步将被证明是一个致命的错误。

虽然初步会谈没有取得推进伦敦议程的实质性成果，但是，英国和法国同意支持在会议期间暂时停止新关税措施和其他贸易限制。对于预期只持续两三个月的谈判来说，这样的“暂停协议”似乎不是很重要，但是，对于欧洲人来说却是一剂苦药，他们对美国放弃金本位制感到愤怒，对美国全面的保护主义体系感到失望。英国人近来采取的保护主义政策几乎没有到位，他们担心，即使暂时接受现状，也容易受到来自更先进的保护主义国家的竞争。法国仍然坚持金本位制，法国尤其受到疯狂的币值波动的影响，主要是美元大幅贬值的影响。在每一次会谈之后发表的联合声明主要是陈词滥调，几乎没有任何关于各国如何履行其承诺的协议，即“为解决问题提供新的动力，而这些问题积重难返……压迫着世界上的所有人”。在5月7日第二次炉边谈话中，总统在描述即将举行的会议时说，会议的意图是寻求减少贸易壁垒和稳定货币，以“重新启动国家间农产品和货物交换”。[48]

在这个月的晚些时候，罗斯福开始意识到，他可能在给人们灌输希望的过程中走得太远了，即这次会议将为世界问题带来伟大的解决方案。美元汇率跌至新低，而国内商品价格和股市则在上涨。总统私下里告诉莫利，在新的购买力和讨价还价的地位正在增强的时候，他并不急于稳定货币。“刺激举措一定不能停止，”莫利说，“这是复苏，而不是危险的狂热投机！”随着美元持续走低，法国和英国都要求在会议召开前暂时稳定美元，但是，他们被完全忽视了。现在，罗斯福关税谈判的立场似乎也在让步。此前，他曾公开表示，他将在本届会议上推出赫尔的贸易立法，但是，在5月底，他只会说，他“可能”会将其提交讨论。

没有征求赫尔的意见，而是在得到了罗斯福的批准后，莫利自己抑制了对会议目标的乐观情绪。莫利在一篇联合写就的文章中——在5月20日发表的一篇广播讲话中他也重述了这篇文章的实质内容——写道：

> 大多数问题的解决都与贸易、贸易壁垒和这些壁垒的调整有关。关税和其他限制性措施深深植根于各国的政治，并且是与各国经济生活紧密结合的一部分。所有的国家，包括我们自己的国家，很长一段时间以来一直走向自我支持的道路。工农业生活正朝着这个方向发展，后期发展速度非常快……因此，有一种力量组合被用来应对贸易壁垒的广泛攻击。必须预见到适度的结果。许多双边协定和更具启发性的观点的基础是可以打下的。但是，我们在七大洋上将不会有一个巨大的新贸易局面，即使在一个经济会议成功召开之后。[49]

当他读到这篇文章的草稿时，罗斯赞成这篇文章的观点，令莫利吃惊的是，他评论道：“科德尔在会议开幕式上要做的演讲将是一次盛大的演讲。”莫利“从未见识过他使用讽刺的手法”，但是，他后来意识到总统不是在讽刺，而是“非常认真的”。莫利意识到，罗斯福“回到了一个我无法理解的知识领域”。[50] 主张自由主义、自由贸易的媒体对莫利演讲的反应是，立即认识到并对所反映出来的赫尔和他的助理国务卿之间的“冲突”表示遗憾。赫尔很生气。他认为这破坏了美国在伦敦的地位和他作为代表团团长的地位。“莫利应该受到总统的严厉训斥，”赫尔写道，“但不幸的是，罗斯福有时对他的密友们给予了过度的自由。”[51] 然而，国务卿主要是生自己的气，他坚持不懈地希望这次会议能够实现降低关税的所有目标，来补偿在达到这些目标过程中他所承受的蔑视。

另一个妨碍赫尔对伦敦抱有激情的障碍是，在没有征询赫尔自己意见的情况下，罗斯福选择赫尔担任这个折中的代表团团长。为了避免威尔逊在凡尔赛曾经犯下的不含国会代表在内的错误，总统挑选了两名参议员和一名众议员加入代表团。但是，在总共 6 名成员中，赫尔不确定他们是否支持他的低关税目标。两名参议员，包括外交关系委员会主席基·皮特曼，都是贸易保护主义者。皮特曼来自内华达州，也是一位热情的银币政策支持者，他不断唠叨地支持银币政策的论调让其他代表打瞌睡；由于他在参议院的突出地位和严重的酗酒问题，他将成为赫尔领导代表团的一股破坏性力量。前俄亥俄州州长詹姆斯·考克斯将是赫尔的副团长，他与罗斯福一起参加了 1920 年的总统竞选。考克斯支持赫尔推动贸易的观点，代表团中的另外两名成员也是如此，他们是副总统加纳推荐的众议员和一名得克萨斯州商人。代表团中没有一位代表参加过国际会议，并且除赫尔外，没有一位代表在将要讨论的国际经济问题上有任何专长。

对赫尔来说，唯一的安慰就是他最麻烦的对手雷蒙德·莫利留在了华盛顿协助总统，国会仍然在召开会议以完成 100 天的立法计划。但是，在支持他的观点的代表中，尽管赫尔占了微弱多数，可是他不得不担心莫利与罗斯福继续在华盛顿暗中破坏他要达成的目标。

在前往伦敦的前一天，罗斯福与代表团举行了最后一次会面，罗斯福指示他们不要讨论战争债务，这是欧洲人最优先考虑的话题。取而代之的是，他们要将话题限定于讨论与货币政策和财政政策协调有关的问题，旨在刺激增长和提高价格、稳定货币以及达成逐步废除包括进口配额和出口补贴在内的人为贸易壁垒的协定。赫尔对总统施加的限制感到失望；他本来想利用战争债务问题从债务国获得贸易让步。然而，他对自己的任务感到满意，他相信必须开始实施贸易改革梦想。他非常期待授权他达成贸易协定的草案能在会议开始时出台，并有可能颁布实施。

赫尔于5月31日启航前往伦敦，口袋里装着一份互惠贸易协定草案。他渴望把这一草案展示给他在伦敦的谈判对手，作为美国决心废除其高关税体制的证据。在离开时，他预测，“几周后”在货币稳定和贸易壁垒的基本问题上会达成一致。[52] 然而，老资格的智囊团领导人莫利和雷克斯·特格韦尔持有不同的观点。“阿尔戈英雄们今天早上离开，”特格韦尔在日记中记录道，“莫利用挖苦的口吻说出这句话，我认为我们的感觉很相似，会议的结果肯定是毫无价值的，对此，赫尔是模糊的、迷糊的。他漫无边际的、口齿不清的关于保护之邪恶的演讲，以及他对过时的自由放任的国际主义的颂扬，已经变得越来越难以忍受了。”[53]

在抵达伦敦之前，赫尔开始收到国务院他的职员发来的令人不安的电报，电报显示总统还没有向国会提交贸易草案，似乎正急于尽早休会。赫尔在伦敦谈判成功几乎完全建立在这项草案的基础上，所以，他变得心烦意乱，给总统发了电报，希望能消除谣言(带来的疑虑)。他写道，他相信这些报告是没有根据的，因为把草案通过推迟到1934年将是“一个重大的错误”，而且“严重地阻碍了我们代表团的使命”，会将代表团降格为“会议上的被动角色，而不是所设想的主动角色”。罗斯福回答说，虽然他理解赫尔的焦虑，但是在“本届会议即将闭幕的日子里，形势充满了火药味，因此有必要立即休会”，以避免通过损害其计划的其他立法。罗斯福写道，“因此，关税立法不仅极不可取，而且不可能取得成功”。总统告诉赫尔，他有充分的权力基于共同关税减让就一般的互惠商业条约进行谈判，这些条约将在下一届会议上提交国会批准。[54] 但是，赫尔知道，要获得参议院三分之二多数通过这类商业条约是“一件令人沮丧和没有希望的事情”。参议院从未批准过由行政部门谈判达成的一项实质性削减关税的贸易协定。“这样的关税减让协定，”赫尔观察道，“在受保护的利益集团向他们的众议员施加压力之后，总是被彻底击败或阻挠至死。”[55] 赫尔相信，受制于要得到参议院的绝对多数批准，没有任何国家会签订关税让步协定。

不管正确与否，赫尔在罗斯福的决定中看到莫利的影响力感到非常不安。虽然保护主义者利益集团正排着长队反对或拖延该草案的通过，但是赫尔相信该草案的通过不会遇到困难。另外，莫利观察道，“国会领导人对罗斯福直截了当地说，无论他和赫尔国务卿同意什么，国会都会拒绝授予政府削减关税的权力”。[56] 赫尔向他的朋友、美国驻英国大使罗伯特·W. 宾厄姆（Robert W. Bingham）吐露，如果他能想到没有国会授权来谈判贸易协定，就不来伦敦了。赫尔开始对他放弃参议院席位而加入内阁深感遗憾，并向詹姆斯·考克斯吐露，他正准备辞职。认识到辞职对新政府造成的破坏性影响，考克斯和赫尔的特别助理威廉·C. 布利特（William C. Bullitt）给罗斯福发电报，敦促他立即向赫尔保证自己对他的忠诚，并继续支持贸易改革。在（伦敦）会议开幕的前一天，赫尔收到了总统的第二封信，这是在考克斯和布利特的敦促下所写的，他促请赫尔不要“担心这里的情况，至于关税减让和消除贸易障碍……我完全支持你，这里无论说什么和做什么都不会妨碍你的工作。你的政策，或者说我的政策，没有任何改变”。[57] 布利特向总统发出了一封密信，感谢他缓解了与赫尔的关系，他说赫尔已经处于“完全崩溃”的状态，他要立即辞职，并准备发电报给罗斯福。[58] 赫尔克制了辞职的想法，但是，他没有得到安慰。“我满怀希望地去伦敦，”他写道，“但是空手而归。”[59]

国务卿在几个方面都感到沮丧。首先，他不仅缺乏就关税协议进行谈判的法定权力，而且总统甚至违反了关税休战协议，根据新的《农业调整法案》增加了棉花关税。其次，法国和其他金本位制国家阻止了贸易改革讨论，直到货币稳定问题得到解决。赫尔认为这个问题超出了国务院的所有权限，将货币问题推给了派出自己代表的财政部。再次，英国和其他欧洲国家继续寻求就债务解决问题进行谈判，但是总统禁止美国代表讨论这个问题。最后，赫尔自己的代表团内部在关键问题上出现了强烈的意见分歧。他和支持白银利益集团的保护主义者皮特曼在抵达伦敦之前公开发生争执，皮特曼醉酒后的狂欢每晚都令人尴尬，并且时常失控。参议院外交关系委员会主席不仅用 6 发式左轮手枪打掉了伦敦街灯，还用一把博伊小刀在代表团总部驻地、克拉里奇酒店的大厅里追逐美国代表团的高级顾问。在赫尔看来,会议“大部分时间都是在浓雾中移动和运行的”。[60]

然而,赫尔没有错过一个用来阐述自由贸易给世界带来和平与繁荣的好处的机会。尽管白宫在他向出席会议的66个国家的代表发表第一次演讲之前,对他的讲话进行了大幅删减和降调,但是,他的讲话似乎更多的是指导他在华盛顿的新政同僚,同时也是对外国代表们的指导。他宣称,这是“宝贵的想法……每一个国家都可以通过自助方法摆脱围绕它的困境,事实证明这是徒劳的”,他敦促大会“宣布经济民族主义……是一个受到多方质疑的政策”。尽管赞扬罗斯福总统在3个月内采取了“一份最全面的促进商业改善的有效的国内计划”,他指出,“同样重要的国际补救计划则具有同等必要性”。[61]国务卿的演讲在大西洋两岸都不被完全接受。尽管发言者个人致力于这一事业,但是欧洲国家对世界上保护程度最高的发达国家的代表所做的关于自由贸易的布道并不认为有多大价值。在华盛顿,特格韦尔驳斥了这一说法,称其为“赫尔对自由贸易卑躬屈膝”。[62]莫利说,演讲的主旨是“更糟的事情还在后头”。至于猛烈抨击复苏的“自助方法”,在莫利看来,很明显,尽管白宫进行了编辑,赫尔已经“决定在伦敦发表自己的言论”。[63]

在英、法两国的坚持下,在财政部代表团抵达后,就货币稳定问题展开了三方谈判,并先于对关税问题的任何讨论。6月中旬,有消息透露,美国财政部谈判代表已同意达成一项临时协议,以稳定美元与法郎的汇率,并将其与英镑挂钩,1英镑大约兑换4.00美元,波动幅度为3%。6月12日美元兑英镑的汇率跌至4.18美元。协议的消息提升了美元价值,6月16日美元兑英镑的汇率升至4.02美元,导致美国股票和大宗商品价格立即下跌。罗斯福将该协议视为欧洲对其国内复苏计划的攻击,限制了他将货币灵活性作为一种政策工具来使用,在看到这一协议之前,罗斯福就将其拒之门外了。于是,在6月16日国会休会后,罗斯福前往新英格兰海岸,来到远离缅因州海岸的加拿大水域坎波贝罗(Campobello)的家中小岛,度假两周。

在罗斯福否决临时稳定协议之后,赫尔再次加入了这场争论,他向大会提议全面削减关税 10%。这项提议类似于他在 1932 年总统竞选期间向罗斯福提出,在总统就职典礼后又向罗斯福提出的一项没有取得成功的提议。但是,这项动议在很大程度上没有获得支持,因为代表团中的两名参议员都向新闻界表达了反对意见,因此,这项动议很快就被撤回了。现在,美国代表团和这次会议似乎毫无希望,完全失去了方向。

在莫利的建议下,罗斯福决定派莫利奔赴伦敦,参加会议,传达一个信息,即他的主要国际目标是提高世界价格水平。罗斯福说,如果美元能够在不阻止脱离金本位制以来发生的美国价格上涨的情况下保持稳定,他会考虑达成这样的协议。随着莫利此行的消息传开,大西洋两岸的媒体都报道了这个传言,报道称助理国务卿即将接管代表团并挽救会议。莫利的戏剧性旅程加强了谣言的传播——每一个步骤都会被媒体全面报道。据说,在前往英国之前,(莫利)乘坐美国海军飞机和驱逐舰前往总统的帆船接受最后的指示。赫尔在《纽约时报》的密友亚瑟·克罗克(Arthur Krock)批评政府"公然改变主意,羞辱其在伦敦的特使,然后,派莫利博士去英国淹没什么或打捞什么呢"。[64]

当然,不管最糟糕的谣言是真是假,赫尔都为莫利的旅行所传达的信号感到羞辱和沮丧。赫尔后来写道,"(莫利)在伦敦受到的接待规格,只有国王才能超越……在随后的几天里,首相和其他政府高层官员成群结队尾随着莫利,就好像他是花衣魔笛手(Pied Piper)*"。国务卿的外在反应是刻意压制的,而他体内的血液是沸腾的。赫尔"像是会议上最不重要的人物一样,待在幕后"。他决定给莫利"所有他想要的一切,看看他在伦敦的局面下能够坚持多久"。[65]

对于莫利来说,他做了表面的努力,让赫尔知晓"他这次任务的目的",莫利说,"在任何意义上,国务卿赫尔都不是我的上司"。[66] 为了表明他不是赫尔代表团的一员,而只是总统与会议的"联络人",他住在美国大使馆,而不是在克拉里奇酒店同其他美国代表团成员住在一起。

莫利几乎立即开始就货币问题与外国主要代表会谈,在罗斯福拒绝了财政部官员的货币稳定建议之后,由于美元继续暴跌,这些代表处于高度焦虑状态。

---

* 通常用来指代善开空头支票的领导者。——译者注

罗斯福曾在帆船上对莫利的建议是，他可能愿意同意将（汇率）稳定在每英镑4.05～4.25美元，但是，当莫利到达伦敦时，美元汇率已经跌至每英镑兑4.43美元。莫利到达伦敦的第二天，（英国）时任财政大臣内维尔·张伯伦（Neville Chamberlain）来到大使馆会见了莫利，并拿出一份声明，声明说不会对罗斯福通过货币行动提高价格的举措施加任何限制。声明向总统承诺只是要求美联储在限制投机行为诱发的波动方面进行合作。财政大臣还表示，相信这一声明将结束金本位制国家对欧洲大陆的恐慌。当天晚些时候，莫利在唐宁街10号会见了情绪非常激动的首相麦克唐纳，首相恳求他敦促罗斯福发表声明，以避免会议陷入困境，结束当时席卷欧洲的恐慌。考虑到这一声明毫无恶意，并且肯定不是一项限制美国货币政策的稳定协议，莫利同意这样做，并且他知道"罗斯福的思想状态"，即罗斯福毫无疑问会批准这一声明。[67] 但是，当时总统还在坎波贝罗，那里没有电话服务，所以莫利是通过电报和承诺支持这个声明的纽约财政部高级官员的电话传达了这一信息。

在接下来的两天里，莫里与赫尔进行了几次非常激烈的交谈。在各自的备忘录中，他们对谈话做了非常不同的描述，莫利描述道，谈话是防御性的，但不失尊重，而赫尔的描述尽管轻描淡写，但表现出掩饰不住的愤怒和刻薄。莫利首先要求赫尔，一旦总统批准了这项协议，就在唐宁街10号签署协议，莫利完全预期到罗斯福会签署协议。赫尔坚决拒绝，说他自己与稳定货币谈判无关。

第二天，罗斯福发来了一封电报，拒绝接受那份声明。美元要继续下跌，支持他的复苏计划，总统认为，这项声明是朝着限制美国提高国内价格自由的稳定协议迈出的第一步，此外，他说，他不知道各国政府如何能阻止投机。了解到总统目前与他的主要经济顾问处于分离状态，莫利将总统的拒绝归责于他的白宫竞争对手路易斯·豪，他观察道，路易斯·豪"对货币问题一无所知"。[68] 莫利再次向赫尔寻求帮助。但是，国务卿对莫利的愤怒无论如何已不再能够平息。按照赫尔后来向田纳西州一位朋友所做的谈话描述，他回答说：

> 我从未递交过稳定货币计划。我对这件事一无所知，现在我和它一点关系也没有。从你进入国务院的那一刻起，你就一直是

我的叛徒。你一直当着我的面假装为了我，而你一直在背后阴谋反对我。你一直用广播讲话反对我的政策。你和你所有的稳定货币协议都可以直接下地狱了。[69]

赫尔和莫利各自开始准备一份呈献给外国代表的声明，以各自的方式解释总统的决定，以避免会议瓦解。这不是一件容易的事情。他们中没有人认同他们有义务支持这个政策举动。无论如何，这将被证明是一种徒劳的行为。罗斯福抢占先机，先于他的伦敦代表们所要做出的任何外交解释，在返回华盛顿途中，他从印第安纳波利斯号战舰上发表了自己的讲话，这次讲话立即成为众所周知的"爆炸性消息"，部分内容如下：

世界将不再被仅靠少数几个大国来实现暂时的、可能是人为的外汇稳定这一似是而非的谬论所麻痹……对所谓的国际银行家的过时的盲目崇拜正被计划本国货币的做法所取代，目的是为这些货币提供一种持续的购买力，而这种购买力并不是根据商品和现代文明的需要而出现很大变化……客观上对其他国家来说，这比一个月或两个月的英镑或法郎的固定比率更有好处……无论是在手段上还是在结果上，恢复世界贸易是一个重要因素。这里，暂时汇率固定不是真正的答案。我们必须消除现有的禁运，使一个国家拥有而另一个国家没有的产品交换更容易。[70]

这次讲话不仅否定了莫利，而且其好战的语气，加上其不妥协的实质，在其他国家的高级代表中引起了强烈的不满。代表们开始呼吁休会，纷纷谴责罗斯福。欧洲媒体猛烈抨击罗斯福的"布道"。只有约翰·梅纳德·凯恩斯在一篇文章中称赞了这次讲话，宣称美国总统"极其正确"。对此，莫利评论道，"凯恩斯的意思是，极其'左'"。[71] 为了挽回美国的立场并挽救这次会议，莫利请求凯恩斯和沃尔特·利普曼提供帮助。利普曼在伦敦为《纽约先驱论坛报》(*New York Herald Tribune*)报道这次会议，他们对总统的立场做了一次不那么具有攻击性的重申，至少可以团结非金本位制国家，并有助于挽救这次会议。为了起草声明，他们工作到黎明，这是一份积极而又具有外交辞令的声明，为促使罗斯福采取行动的新政货币政策基本原理辩护，之后莫利把它发给总统。[72] 在得到总统的批准后，莫利把它交给了赫尔，向与会代表发放。尽管继续批评在总统的讲话中反映出来的美国立场，赫尔还是为罗斯福的决定进行了积极的辩护，并从内维尔·张伯伦和法国领导的金本位制国家以外的其他代表那里获得了大力支持，会议得以继续召开。

在离英返美之前，莫利发了一封电报，电文上写着"专送总统一人，别无他人，不送国务院"。在电文中，他对大会上的博弈状态做了简要评估，包括对美国代表团的严厉批评。在对代表团团长的间接攻击中，他提出，皮特曼参议员是"代表团中唯一一个有智力和积极性向会议表达您的想法的成员"。他建议休会 10 周，并且建议"重组"整个代表团，包括作为团长的赫尔。为了重新得到总统的支持，莫利采取了奉承的姿态，他在电报中总结说，"我认为您的讲话很精彩。这是让人们觉悟起来的唯一方法，不要被语言上的犀利抱怨所扰乱。您的讲话是真实的、坦率和公正的"。[73] 可是，莫利对国务院传递信息的渠道的信任是错误的，赫尔的朋友宾厄姆大使很快就把它交到了国务卿的手上。

用历史学家迈克尔·A. 巴特勒(Michael A. Butler)的话来说，"愤怒的赫尔随后开始了教科书式的毁灭政敌的案例"。赫尔决心重新审视父亲在南北战争后追捕北方佬袭击者的决心，他随即启动了一项战略，在伦敦和华盛顿破坏莫利的形象。他立即与其他被攻击的对象分享了包含莫利攻击美国代表团的信息。他把莫利描述成一只"撒尿的蚂蚁"，他"蜷缩在我的脚边，让我像抚摸猎狗一样抚摸他的头，然后他就去咬我的屁股"。[74] 在宾厄姆的帮助下，他在美国大使馆成立了一个游说团，向每一位来到伦敦的重要的美国人重复对莫利的指控。向媒体透露莫利在伦敦期间支出过多、未经批准的消息来源可能也是赫尔和宾厄姆。但是，国务卿将主要反对莫利的活动引向了白宫。借助他的盟友路易斯·豪，抱怨他在伦敦的工作承受的困难，包括"某些有影响力的人蓄意破坏和摧毁我的计划"。赫尔提到他放弃"在参议院的无限制任期"所做的牺牲时，暗示如果这些限制其发挥能力开展工作的条件得不到改善，他可能会辞职。[75] 在向总统发了一封电报后，赫尔列出了一份针对"莫利教授"具体有哪些不满的清单。媒体描绘了这个戏剧性事件，赫尔写道，莫利出来“为您说话和采取行动，并在伦敦对美国的利益负责……今天上午和下午的头条新闻都是关于莫利如何分散挽救使得美国代表团不可能发挥作用的世界各方”。赫尔的结论是，他的部下在公开表示友谊和忠诚的同时，试图“秘密地破坏和摧毁”他，对他来说，这样做是“完全愚蠢的”。[76] 综合各种信息，实质上传达了一份最后通牒，即明确表示，如果赫尔继续担任国务卿，莫利必须被清除出国务院。

与此同时，赫尔因“爆炸性消息”发布后挽救了濒临死亡的大会的外交成功而受到新闻界和国务院里盟友的赞扬。虽然会议只持续了三个星期，然后无限期休会，而且从未重新召集会议，但是赫尔因保护总统和美国免遭破坏整个会议的谴责而受到赞扬。休会前灰暗的几天里，赫尔做出了最后的努力，通过一项决议案，呼吁降低世界关税水平，将贸易带回谈判桌。然而，在白宫批准这项决议之前，这项决议以持保留态度而被泼冷水，包括《全国工业复兴法案》和《农业调整法案》中的新关税保护授权例外条款。虽然这项措施没有他希望的那么有力，但是至少在国际论坛上把美国的贸易改革记录在案，为未来的双边贸易谈判奠定了基础。

当赫尔和代表团乘船跨越大西洋回来时，宾厄姆大使继续与莫利展开战斗，与豪保持沟通，并且直接与总统沟通。现在，罗斯福知道他必须做出选择，支持他来自田纳西州的老朋友将是一个具有沉重压力的选择。莫利在新政倡导者中有许多支持者，但是，政治上，赫尔被包括南方人和威尔逊国际主义者在内的民主方阵很好地隔离起来了。莫利凭借自己的才华，在竞选中以及总统就职后的100天里都为总统服务得很好，但是罗斯福无法承受失去赫尔所体现的政治代价。作为对他即将做出的决定的强烈暗示，总统邀请国务卿赫尔及其夫人抵达纽约后到海德公园探望他，并进一步保证他“对此事非常关心……并信任赫尔”。“你已经勇敢地面对了巨大的困难，”罗斯福在给赫尔的信中写道，“通过你自己的勇气和诚意，使国际社会继续讨论令人困惑的世界问题的原则，使进一步的讨论变得不可能的会议崩溃局面得以避免。”[77] 在赫尔访问总统位于哈德逊河谷的家的过程中，罗斯福向赫尔暗示，莫利在伦敦的所作所为和他周围的喧闹声“让他大吃一惊”，之后，赫尔向宾厄姆发送了一份会谈报告。“关于你和我谈过的人事问题，”他在写给大使的信中说，“正在以最令人满意的方式解决。”[78]

在莫利从伦敦回来后的几周内，总统把他暂时调到司法部，从事刑事司法项目的工作。[79] 几周后，3个月未露面的助理国务卿莫利出现在《时代》杂志的封面上，总统“最亲近、最亲密的顾问”向罗斯福总统递交了辞呈。在辞职后的几年里，莫利继续与总统保持着关系，偶尔还向总统提供建议和演讲稿。但是，随着时间的推移，年轻时就崇拜威廉·詹宁斯·布莱恩的左派民粹主义的“智囊团”创始人开始转向新政自由主义的右派。

到了1939年，随着他重新审视他与罗斯福相处时光的回忆录《七年之后》(*After Seven Years*)的出版，莫利最终与前任老板断绝了关系。《纽约时报》称这本书是“对(总统的)政策及其动机和智慧的冗长而充满敌意的分析”。[80] 观察到莫利的“忠诚变成了仇恨，进步主义变成了复古主义”，甚至他的朋友和“智囊团”成员雷克斯·特格韦尔在被问到“莫利发生了什么事”时，都无法回答。“事实上，《七年之后》是我所知道的最残酷的一本书。”特格韦尔写道。他称莫利走向方面的举动是“根本的政治背离”。[81] 罗斯福本人称之为“泄露秘密”的书。[82] 莫利继续朝着政治右翼的方向不断前进，直到20世纪60年代成为巴里·戈德沃特(Barry Goldwater)的共和党人。

1970年4月22日，理查德·M. 尼克松(Richard M. Nixon)总统宣布莫利是他“非常亲密的私人朋友和非常有价值的顾问”，并授予罗斯福曾经的高级助手以总统自由勋章。[83]

至于科德尔·赫尔，伦敦会议的结论带来了复杂的情绪。在莫利与罗斯福断绝关系和离开之后的几个星期里，赫尔的领导力和执着完善了他的公众形象，提高了他在政府内部的地位，甚至奠定了他在未来贸易谈判中实现目标的基础。但是，在会议开始的前几周里，总统的冷漠和决策过程是令人不安的，并使他对未来的道路有一种不确定的看法。赫尔继续相信罗斯福从根本上是支持贸易自由主义的，但是随着白宫继续在政治上对冲赌注，这个问题仍然存在变数。对于赫尔来说，令人欣慰的是，没有莫利这个过滤器，向总统提出的建议不再被压制或阻隔。正如一位记者所说，“赫尔瘦削的形象和下垂的眼睛足以让人落泪，直到人们想起莫利背后的动作”。[84]

注释：

1. “Text of Radio Broadcast by Raymond Moley on Prospects of World Economic and Monetary Conference May 20, 1933,” Appendix E, Moley, *After Seven Years*, 414.
2. “The Candidacy of Franklin D. Roosevelt,” *New York Herald Tribune*, January 8, 1932, quoted in Steel, *Walter Lippmann and the American Century*, 291–292.
3. Schlesinger, *The Age of Roosevelt*, vol. 1, *The Crisis of the Old Order: 1919–1933*, 291, 149; Alter, *The Defining Moment*, 80–82.
4. Moley, 23.
5. Tugwell, *The Democratic Roosevelt: A Biography of Franklin D. Roosevelt*, 231.
6. Ibid, 411.
7. Roosevelt, *Public Papers*, vol. 1, 665.
8. Moley, 47–48.
9. Ibid., 51.
10. Roosevelt, *Public Papers*, vol. 1, 767, 769.
11. Oscar G. Villard, “The Pot and the Kettle,” *Nation*, November 2, 1932, 418.
12. “Hoover Attack Sweeping,” *New York Times*, November 1, 1932; “President Draws 13 Minutes of Cheering: Says Churches and School Houses Would Rot,” *Washington Post*, November 1, 1932.
13. Roosevelt, *Public Papers*, vol. 1, 836, 853–854.
14. Anne O’Hare McCormick, “The Two Men at the Big Moment,” *New York Times Magazine*, November 6, 1932.
15. Smith, *FDR*, 286.
16. *New Republic*, November 16, 1932.
17. Moley, 81.
18. Hull, *Memoirs*, 155.
19. Ibid., 156–157.
20. Morgan, *FDR: A Biography*, 371.
21. Moley, 112.
22. Ibid., 114.
23. Ibid., 115–116.
24. Lindsay Rogers to George F. Milton, February 2, 1933, Milton Papers, Library of Congress, quoted in Butler, *Cautious Visionary*, 20.
25. Perkins, *The Roosevelt I Knew*, 11, 141.
26. Roosevelt, *Public Papers*, vol. 2, 11–16.
27. Henry F. Ashurst, *A Many-Colored Toga: The Diary of Henry Fountain Ashurst*, 333, ed., George Sparks (Tucson: University of Arizona Press, 1962), as quoted in

G. Dunne, *Hugo Black and the Judicial Revolution*, 148.
28. Caro, *Master of the Senate*, 355.
29. "A Week of Great Events," *Wall Street Journal*, March 13, 1933.
30. "Couch and Coach," *Time*, May 8, 1933, 11.
31. Moley, 190.
32. Ibid., 189.
33. Cohen, *Nothing to Fear*, 242–243.
34. Moley, 24.
35. Cohen, 245.
36. Brands, *Traitor to His Class*, 346.
37. *Schechter Poultry Corp. v. United States*, 295 U.S. 495 (1935).
38. Perkins, 252–253.
39. Hull, 196–199.
40. Moley, 159.
41. "State Department Memorandum on United States Monetary and Economic Policy," April 3, 1933, in Nixon, ed., *FDR and Foreign Affairs*, vol. 1, 35–37.
42. Walter Lippmann, "Today and Tomorrow," *New York Herald Tribune*, April 18, 1933, quoted in Smith, 328.
43. Keynes, *Essays in Persuasion*, 208.
44. Moley, 160.
45. "Hull Tells Powers No 'Club' Was Sought in Our New Monetary Legislation Moves," *New York Times*, April 23, 1933.
46. Moley, 198.
47. Butler, *Cautious Visionary*, 41.
48. Dallek, Robert, *Franklin D. Roosevelt and American Foreign Policy, 1932–1945*, 42.
49. Moley, 208–209.
50. Ibid.
51. Hull, 249.
52. Moley, 217.
53. Rexford G. Tugwell, "Notes from a New Deal Diary," May 31, 1933, quoted in Leuchtenburg, *Franklin D. Roosevelt and the New Deal 1932–1940*, 200.
54. *Foreign Relations of the United States* (hereafter *FRUS*) *1933*, vol. I, 923–924.
55. Hull, 252.
56. Moley, 193,
57. *FRUS 1933*, vol. I, 633–634.
58. Orville H. Bullitt, *For the President: Personal and Secret*, 35.
59. Hull, 255.
60. Ibid., 254.
61. Ibid., 256–257.
62. Tugwell, *The Democratic* Roosevelt, 316.
63. Moley, 227.
64. "Vacillation Is Observed in Our London Program," *New York Times*, June 25, 1933.
65. Hull, 260.
66. Moley, 241.
67. Ibid., 250.
68. Ibid., 257.

69. Memorandum of George F. Milton-Hull conversation, October 13, 1933, Milton Papers, Box 17, as quoted in Butler, 61; Hull, 261.

70. Roosevelt, *Public Papers*, vol. 2, 264.

71. Moley, 262.

72. See Appendix G in Moley, 419–421.

73. Moley to FDR, July 4, 1933, *FRUS 1933*, vol. I, 680.

74. Butler, 69.

75. Ibid., 70–71.

76. Nixon, 298–300.

77. Hull, 267.

78. Ibid., 268; Butler, 79.

79. "Moley Takes Reins in Drive at Crime," *New York Times*, August 5, 1933.

80. "Books of the Times: Political Autobiography, the Parting Gallery and Record," *New York Times*, September 20, 1939.

81. Tugwell, 238.

82. Alter, 323.

83. http://www.webcitation.org/query?url=http%3A%2F%2Fwww.presidency.ucsb.edu%2Fws%2Findex.php%3Fpid%3D2482&date=2011-12-25.

84. Brands, 372.

第9章

多边贸易体制的曙光

曾经从远离中世纪重商主义的道路上起步……现在，进步应该更迅速，运动应获得动能。[1]

——国务卿科德尔·赫尔在《互惠贸易协定法案》约束下签署的第一份贸易协定，1935年2月2日

在处理他的主要对手雷蒙德·莫利的问题上，在伦敦科德尔·赫尔取得了个人的胜利；并且，通过避免总统因会议外交失败而受到指责，他当然增强了自己的政治可信度，但是在返回美国后，他还远远没有准备好继续推进贸易改革议程。关于贸易问题，尽管罗斯福继续向他说出了鼓励的话，但国务卿不能相信白宫的关键支持何时或是否会成为现实。总统继续强调，国内经济复苏是他的首要目标，机构间贸易政策控制权的竞争仍然是激烈的。赫尔小心翼翼地、勉强地推进他的贸易议程，这反映了他沉闷的个性特质、对总统权威的尊重以及国务院需要全面应对各种外交政策关注点——包括欧洲裁军、日本侵略中

国、对苏联的外交承认以及拉丁美洲的政治动荡等。

蒙得维的亚

1933年12月，美国计划参加在乌拉圭首都蒙得维的亚举行的第七次泛美会议(Pan-American Conference)。然而，在会议召开前几个月，鉴于拉丁美洲的政治动荡，阿根廷、巴西、哥伦比亚和智利政府建议推迟会议。玻利维亚和巴拉圭正在交战，秘鲁和哥伦比亚因边界争端处于冲突边缘。古巴政府在9月被推翻，随后的暴乱威胁到生命和财产，促使美国根据1903年《古巴-美国条约》(Cuban-American Treaty)有争议的普拉特修正案进行干涉。甚至乌拉圭的当地政府也面临着革命的威胁，但是，乌拉圭反对会议推迟召开。

赫尔本人对阻碍蒙得维的亚会议成功举办的因素深感担忧。他的一些朋友劝他不要赴会，告诉他，在伦敦发生一系列事情之后，他无法再一次承受外交失败了。他的顾问认为，许多拉丁美洲国家很可能联合起来，阻止美国提出的任何经济建议，因为美国的任何经济建议都会被视为干预其各自政权的另一种霸权策略。上一次泛美会议于1928年在哈瓦那举行，在前国务卿兼美国代表团主席查尔斯·埃文斯·休斯(Charles Evans Hughes)为美国干涉的权利辩护之后，大会主要是针对"美国帝国主义"的攻击。蒙得维的亚会议已经比通常四年一度的时间表推迟了一年。赫尔观察到，"哈瓦那成了一个火药桶，很容易爆炸，并在21个美洲国家中生出许多不和谐的派系"[2]。然而，在与罗斯福商谈后，他同意率领美国代表团，尽管总统对可能实现的目标抱有非常有限的希望。

就在赫尔前往乌拉圭的前几天，路易斯·豪代表罗斯福与他接触，并说："我们认为你不需要在蒙得维的亚承担太多责任。只要和他们谈谈泛美高速公路从美国到中美洲和南美洲的路线就行了。"[3] 虽然罗斯福提议将高速公路作为会议的目标，但是在派代表团参加会议时，"只授权修建一条道路"，从中赫尔没有看到任何智慧。[4] 在接下来驶向蒙得维的亚的12天里，国务卿通过国务院的电报请求总统批准代表团提出一个关税停战的全面解决方案，并协议消除美洲的贸易限制。起初罗斯福拒绝了这一提议,理由是伦敦的这类提议失败了,并有危及政府国内经济复苏努力的风险。他指示赫尔,通过双边协议,而不是在这个不可预测的国内经济形势下的多边承诺,来寻求解除贸易壁垒。后来,赫尔注意到,总统的信息表明,"关于总统的新政集团的民族主义哲学与我的国际经济哲学之间存在已久的斗争仍然尖锐"。[5]赫尔明白,参议院不可能批准双边贸易协定,于是,在他的回应中促请提出一项更广泛的建议,以使减少贸易限制措施的政策在未来仍能够继续谈判下去。总统被赫尔的坚持不懈搞得筋疲力尽,最终批准发一份电报,批准降低关税的提案,只要认同他的《国家工业复兴法案》和《农业调整法案》中的紧急关税例外条款。赫尔对这一授权感到高兴,这是他在伦敦所没有的授权,于是,他花了数天时间撰写了这一决议,打算最终将其应用于全世界。

在会议开始前四天,代表团的船驶入蒙得维的亚时,巨大的广告牌上写着"与赫尔一起沉没",用来欢迎代表团。当地报纸警告说,来自北方的"大恶霸"带着自私的意图。赫尔深知,他有许多工作要做,以赢得这个半球上的其他国家的信任和合作。他记得,"整个大气层和周围的环境就像1月一场令人沮丧的雪"。[6]

在代表团成员的建议下,他立即亲自拜访了出席会议的其他20个国家的每一个代表团。作为参加会议的最大国家代表团的团长,赫尔在他们入住的酒店对代表们的非正式访问打破了一个大国势力传统,即允许小国家代表团做听众,而不是谦虚地要求与小国家代表团一起做听众。考虑到(美国)在这个半球的统治地位,他决心克服对美国意图的普遍怀疑,使谈判的气氛平静下来,从而达成他的主要目标。

国务卿个人外交的一个主要对象是精明且意志坚定的阿根廷外交部部长卡洛斯·萨韦德拉·拉马斯(Carlo Saavedra Lamas)。萨韦德拉·拉马斯将美国看成阿根廷在拉丁美洲领导地位的竞争对手,在1928年哈瓦那会议上,他在阻止美国的外交目标方面发挥了关键作用。赫尔在与阿根廷驻华盛顿大使的讨论中了解到在会议上阿根廷外交部部长的主要兴趣是他起草的一项区域反战协定(Antiwar Pact)获得批准,该协定谴责签署国之间的侵略行为,并致力于按照国际法和平解决争端。在蒙得维的亚会议之前,美国一直拒绝批准《反战协定》,而主张放弃战争作为国家政策工具的 1928 年《凯洛格-白里安条约》(Kellogg-Briand Pact),阿根廷拒绝签署该条约。

最初,阿根廷人甚至不愿参加会议,并计划在布宜诺斯艾利斯阻止美国可能提出的每一项建议案。然而,在会议开始的前一天,由萨韦德拉・拉马斯率领的阿根廷代表团进驻了距会议地点 14 英里的一个度假胜地。一听到他们的到来,赫尔就让他的秘书先打电话通知外交部部长,他正在前往拜访后者的路上。萨韦德拉・拉马斯以外交方式接待了他的美国来访者,但是,对赫尔的意图仍然保持冷淡和怀疑。赫尔向他保证,美国代表团的目标是促进地区和平和经济福利,符合罗斯福的睦邻友好原则,该原则承认这个半球上各国的领土和政治主权。赫尔称赞阿根廷人为"一位杰出的拉丁美洲政治家与和平倡导者",声誉卓著,赫尔表示他是来寻求后者的建议的。萨韦德拉・拉马斯穿着考究的服装,有着高高的领口,他不停地抽烟,当赫尔说美国现在准备签署他的反战协定时,他愉快地听着,显得很满意。

赫尔告诉这个阿根廷人,他已经起草了两项决议:一项是关于经济的建议案,其中包括他的贸易建议;另一项是批准五项和平协议,包括《凯洛格-白里安条约》和萨韦德拉・拉马斯的协定。他建议由外交部部长介绍和平决议,因为他以和平倡导者而闻名于世,并承诺美国会给予最大的支持。在等待答复时,赫尔提出,如果萨韦德拉・拉马斯认为不适合提出这项和平决议,就必须选出另一个发起人,例如,巴西代表团团长,他是一名在拉丁美洲内部堪为对手的外交官。萨韦德拉・拉马斯要求给出时间考虑这个想法,在 24 小时内,萨韦德拉・拉马斯来到赫尔入住的酒店,拜访赫尔,同意提出和平决议并支持赫尔的经济决议,尽管他说他的政府不赞成其中的某些部分。"我们将成为和平鸽的两翼,"他对赫尔说,"你是经济一翼,我是政治一翼。"[7]

在阿根廷人以及赫尔亲自争取的大多数其他代表团的支持下,用罗斯福的话说,这次会议取得了"辉煌的成功"。[8] 避开两院协商委员会的领导,国务卿在幕后工作,以实现他的目标,直到站起来为他的经济提案发表言论。在那个时刻,赫尔热情地敦促在美洲通过双边协定消除贸易壁垒,这将最终导致全世界的自由贸易,他还支持批准了一项会议公约,目的是为了美国,禁止外国干预其他国家的国内事务。为了实现对萨韦德拉·拉马斯的承诺,赫尔同样热情地支持和平建议,他声称,按照新政的“开明自由主义”,“所谓的征服权一定永远从这个半球被消除”。[9] 这两项决议轻易通过了,赫尔赢得了拉丁美洲领导人和美国媒体的赞扬。报道这次会议的《纽约时报》记者指出,会议成功的最重要原因是“国务卿科德尔·赫尔的性格”,他具有谦逊以及“明显真诚”的外交风格。[10] 然而,最重要的是白宫认可赫尔的“辉煌成功”。

《互惠贸易协定法案》

基于蒙特维的亚的巨大成功以及赫尔在会议上广受欢迎的贸易演讲,罗斯福同意采取行动,为国务卿的贸易谈判计划取得立法权。到 1934 年 2 月底,一个机构间委员会就总统 3 月 2 日送交国会的一项草案达成一致。与该草案一道,罗斯福传达的信息指出,自 1929 年以来,世界贸易额“惊人地”下降了 70%,美国出口额下降了 52%,“这意味着人手闲置、机器停止工作、船只绑在了码头上,还有绝望的农户和饥饿的产业工人家庭”。总统宣称,“完全和永久的国内经济复苏一定程度上依赖于国际贸易的恢复和加强”,并补充说,“如果没有相应的进口增长,美国出口就不能永久增长”。承诺不会干扰任何“合理而重要的美国利益”,他坚持认为,这项立法是“国家经济复苏计划的一个重要步骤……作为我们正在经历的经济危机所必需的紧急计划的一部分”。[11] 由于民主党在国会两院都拥有超级多数的优势,《互惠贸易协定法案》(Reciprocal Trade Agreements Act,RTAA)在不到三周的时间内就以 274 票对 111 票的党派投票高票在众议院通过。两个半月后,经过了一场旷日持久的政治两极分化的辩论,参议院以 57 票对 33 票通过,5 位民主党人投了反对票,5 位进步的共和党人投了赞成票。《纽约时报》称之为“从开始到结束都是民主党的胜利”。[12]

筹款委员会著名共和党人、众议员、众议院反对党领袖艾伦·T.特雷德韦(Allen T. Treadway, R-MA)谴责该草案表明国会放弃了其在国际贸易方面的权力。他引用了科德尔·赫尔和其他著名的民主党人的国会演讲，他们也同样谴责共和党贸易草案赋予总统更多的有限“灵活性关税”权力。特雷德韦观察到，就在不到两年前，赫尔曾敦促废除灵活性关税授权，称之为“自英国下议院从一个专制国王手中夺走征税权以来最大的财政权力放弃”。特雷德韦宣称：“这项草案赋予总统对国内所有产业的生杀予夺的权力，无论是制造业还是农业，以及全国各地的(制造业和农业)……[而且]只能让他去疯狂地追逐已经不复存在的国外市场，所有这些都是以牺牲国内贸易和工业为代价的。这个世界上，我们想要或需要的东西比较少。”[13]

在参议院，威廉·E.博拉(R-ID)、希拉姆·W.约翰逊(Hiram W. Johnson, R-CA)和亚瑟·H.范登堡(Arthur H. Vandenberg, R-MI)领导了反对党的斗争。博拉是一名进步的西部民粹主义者，曾支持关税改革，并投票支持新政的某些部分，他用其著名的演讲技巧，从孤立主义的视角抨击该草案，就像他反对国际联盟时所做的那样。此外，他认为，对于一名西部参议员来说，为了有利于东部工业出口商而放弃保护农业选民的权力是不可想象的。尽管有报道称，加利福尼亚人在情感上普遍支持这项草案，但是，约翰逊回应说，他不会将农业关税权力“交到两位热情的国际主义者以及像(农业部部长)华莱士和赫尔这样热情的自由贸易商手中”。他认为赫尔“有着比狗身上的跳蚤还要多的幻想”。[14] 范登堡称该草案为“哲学上的法西斯主义，客观上的法西斯主义”“经济独裁来到了美国”“明显违反宪法”。[15] 但是，当国会授权涉及宪法问题时，最高法院已经批准了代表团贸易谈判权，包括灵活性关税权力。[16] 在“美国诉柯蒂斯-赖特出口公司(Curtiss-Wright Export Corporation)案”[17] 中，法院解释说，总统通过国际谈判来执行的国会授权必须授予“一定程度的自由裁量权和不受法定限制的自由权力。如果只是国内事务，则是不被允许的”。[18]

赫尔强调要把这项草案推销给国会和公众，不是为了向自由贸易理想主义迈进，而是为美国出口打开新市场，为美国工人创造就业机会。筹款委员会关于该草案的多数意见采用了赫尔的论点，强调了该措施对于“通常从事为我们的对外贸易生产商品的农业和工业的数百万农民和工人”摆脱困境的重要性。[19]

赫尔着意将草案写得简短而又简单，最初只有三页。非常简单，它授权总统谈判互惠协定，在个别产品的基础上提高或降低关税，可以达到《斯穆特-霍利关税法案》规定的关税水平的50%，也就是说，不允许全面的一致性削减。总统的草案建议将权力永久化，只能由未来的立法废除权力，但是，众议院修改了该草案，将授权限制在三年内。由于该法案不要求国会批准，并且进行关税修订立法采用的是该授权下的谈判协定，因此，这个时间限制为国会提供了监督该计划的唯一手段。与1922年和1930年《关税法案》授予总统更大的提高和降低关税的限制性“灵活性关税”权力不同的是，总统在决定修改关税税率时，不需要考虑平衡“生产成本”的因素。因此，在根据该法案谈判互惠贸易协定时，重点关注的是较低关税，以促进美国在国外市场的出口。与许多新政立法一样，《互惠贸易协定法案》只规定了宽泛的政策大纲，而把许多具体的实施细节留在总统的自由裁量权范围内。

实际上，赫尔更倾向于立法，赋予行政权力，签署多边协议，大幅削减关税，甚至单方削减《斯穆特-霍利关税法案》规定的税率，但是，他意识到这在政治上是不可行的。基于开启关税立法改革议程出现灾难性后果的历史经验，他害怕一项更全面的草案可能会导致失败，并回归到“互投赞成票立法”。

6月12日晚上，赫尔看着总统在白宫签署这项草案，笔的每次挥动，都让赫尔觉得有一丝幸福沁入心房。他相信：“自己多年来一直致力于互惠贸易政策和降低贸易壁垒的战斗，终于取得胜利。”[20] 但是，这场胜利是短暂的。

乔治·皮克：一个新的雷蒙德·莫利？

《互惠贸易协定法案》要求总统在谈判贸易协定时，向关税委员会以及国务院、财政部、农业部和商业部征求建议。为此，罗斯福成立了由国务院领导下的由指定机构代表组成的贸易协定委员会(Committee on Trade Agreements)，从而将该项目置于国务卿赫尔的监督之下。可是，1933 年 12 月，当总统任命乔治 · N. 皮克(George N. Peek)为他自己的对外贸易特别助理时，问题出现了。“如果罗斯福先生用大锤砸我的脑门，”赫尔会回忆说，“他不可能比这次任命更让我感到震惊。”[21] 赫尔看到了他的贸易协定计划的最大威胁，现在不是来自政治上重要的共和党人，也不是来自受保护的工农业利益集团，而是像他与雷蒙德 · 莫利的冲突一样，将再次来自罗斯福政府内部。赫尔的担心得到了证实。在 1934—1935 年的贸易政策辩论中，他与皮克的内部斗争占据了主导地位，表现为赫尔的国际主义观点与皮克的民族主义观点的斗争。

皮克原来是农具制造商，曾任约翰迪尔公司(John Deere and Company)副总裁和莫林犁公司(Moline Plow Company)总裁。他曾是《麦克纳里-豪根法案》的主要支持者，该法案支持农业双重价格体系——国内农产品高于市场价格，而出口农产品低于市场价格。20 世纪 20 年代，该法案被柯立芝总统两次否决。作为通过出口补贴和向国外市场倾销剩余农产品来维持贸易的良好平衡的坚定信仰者，在进入白宫成为罗斯福的对外贸易特别助理之前，皮克曾任农业调整管理局局长，他一直试图践行他的贸易信仰。他早在农业调整管理局时，就与农业部部长亨利 · A. 华莱士(Henry A. Wallace)和副部长雷克斯福德 · 特格韦尔存在直接冲突。华莱士是一名进步的共和党人，也是哈丁和柯立芝政府期间农业部部长的儿子，在贸易问题上他已经成为赫尔的盟友之一。他写的小册子《美国必须选择》(*America Must Choose*)很具有影响力，他支持《互惠贸易协定法案》，甚至得到了胡佛的国务卿亨利 · L. 史汀生的支持。[22] 特格韦尔作为智囊团的最初成员之一，对赫尔的“自由贸易政策”并不友好，他认为这个政策是落伍过时的，但是，因为他试图提高农产品价格水平，并通过国内生产控制来降低农业剩余，所以，他强烈反对皮克的倾销政策建议。他向华莱士建议说，倾销“在每一次国际会议上都会受到谴责”，(倾销)只会招致报复。总统意识到他需要撤销皮克在农业调整管理局的职务，但是出于政治原因，他不想开除皮克。当特格韦尔提出建议说皮克可以做一些与发展外国市场有关的事情时，罗斯福回答说："上帝啊，科德尔·赫尔会多么喜欢这个事情。"[23]

罗斯福经常选择与其有冲突观点的下属，这样，他就可以玩"一个斗另一个"的游戏，从而自由地做出自己的决定。总统挑选皮克，第一次可能是为了抗衡华莱士，那么现在是为了抗衡赫尔，这完全吻合其决策机制。

在他的新工作中，乔治·皮克看到了接手贸易政策协调并中和赫尔自由贸易目标的机会。当赫尔还在南美洲的时候，皮克向总统提交了一份重新调整政府的贸易政策机构的计划，从而让他自己掌舵。对皮克计划的反对自然来自国务院，华莱士和商务部部长丹尼尔·C. 罗珀(Daniel C. Roper)也站在赫尔一边。罗斯福最终表示，赫尔和国务院将负责《互惠贸易协定法案》下的贸易谈判，但是，在他进一步确定皮克作为新成立的对外贸易特别顾问办公室负责人之前，情况并非如此。此外，总统还为皮克的办公室提供了大量预算用于统计分析，并任命他为新成立的华盛顿进出口银行(Export-Import Bank of Washington，Exim Bank)行长。进出口银行最初是为向苏联和古巴出口销售提供融资而设立的，但是皮克立即开始使用它来追求自己的贸易计划，这与赫尔的计划正好相反。

对赫尔来说，贸易计划的一个关键方面是他要求根据《互惠贸易协定法案》，谈判的协定应遵循无条件"最惠国待遇"原则，即在非歧视的基础上，与所有不歧视美国的贸易伙伴谈判。这个条件可以使赫尔通过双边协定达到多边关税减让。简单地说，运作机制如下：如果在与 X 国的双边协定中，美国同意减少某一特定产品的关税税率，它也承诺给予从美国进口的产品实行非歧视性关税税率的所有其他国家同一产品的关税税率减让。同样，如果 X 国后来降低了针对第三国产品的关税税率，并低于与美国签订的协定中规定的税率，X 国承诺在从美国进口该产品时给予同样的关税减免。这样在实行非歧视性贸易政策的国家集团中，双边协定中减少的贸易限制有助于所有国家的贸易。

最惠国待遇条款包含在几个世纪的双边贸易协定之中。第一份使用这项原则的美国条约是 1788 年与法国签订的协定，之后在 1794 年与英国签订的有争议的《杰伊条约》(Jay Treaty)中也有使用。乔治·华盛顿在他著名的告别演说中赞同这一概念，在演说中他宣称，“我们的商业政策应该是平等的、公正的，既不寻求也不给予排他性的优待或优惠”。[24] 但是，自18世纪以来，这些条款中的大部分是有条件使用的。根据这一做法，在双边贸易协定中美国给予的减让扩展到第三国，而仅限于第三国通过给予美国同等价值的减让为其“给予”的条件下。虽然有条件的做法在理论上听起来是合理的，但是要求非歧视性贸易减让需要特定“给予”的实际做法导致了永久性的市场扭曲，因为在谈判中各国就每一项减让的可接受“价格”讨价还价，每次一个国家给予削减关税税率的新的减让时，即使原来的协定中已经存在，也必须重复这种做法。即使一项协定解决了税率扭曲问题，但在歧视期间出口商也失去了市场份额，而且这一过程永无休止。有条件的方法，如果不说不可能实现普遍的关税减让，也使实现普遍的关税减让存在困难。

在哈丁政府期间，国务卿查尔斯·埃文斯·休斯最终放弃使用有条件的最惠国待遇政策，转而采用无条件的办法。在这个决定做出后，美国于1923年12月与德国签署了第一份无条件最惠国协定，并将一些既有的优惠协定转为非歧视性协定。但是，在接下来的10年里，过高的关税税率盛行，狂热的参议院保护主义者控制关税税率政策，几乎没有兴趣或希望批准任何形式的贸易协定。与主要贸易伙伴签订的许多协定，比如与英国的协定，仍然继续着传统样式，并且有些协定根本就没有最惠国待遇条款，与加拿大的协定也是如此。

与赫尔对减少贸易壁垒、无优惠或歧视的国际贸易体系近乎宗教般的狂热形成鲜明对比的是，乔治·皮克将互惠贸易计划看成一个通过“一对一的讨价还价”销售过剩的美国产品的机会，为国家利益而不考虑更普遍的多边贸易体系。他敦促总统“回到有条件最惠国待遇的传统而又现实的政策”，指责赫尔的无条件最惠国待遇政策等同于“无条件经济裁军”。[25]《互惠贸易协定法案》规定，根据协定达成的关税与根据该法宣布的关税将适用于来自“所有外国”的进口商品，除了歧视美国商业的国家和已经建立了美国关税优惠计划的古巴。这个条款似乎支持了赫尔的观点，但是措辞含糊，足以做出不同的解释，特别是考虑到法案表述的“为美国产品扩大国外市场”之目的。[26]

皮克认为外汇管制对贸易的损害比关税更大，因此，互惠协定应侧重于在国与国基础上选择特定产品的易货安排，而不减少美国对所有外国进口商品的限制。他直言不讳地批评国务院的政策，他告诉人们，美国不能处理其多余的农产品，“因为在这个国家，我们有一个国际利他主义学派，他们仍然相信自由贸易，并把它作为提高全世界生活水平的一种手段，尽管事实上，这样的做法只会导致我们的力量因世界的弱点而被削弱”。[27]

赫尔抱怨说，皮克会把有关双边贸易平衡账户的“一篮子统计数字”带到白宫，用于支持他的观点，然后，“危险来临，几乎要取代我的一整套国际经济政策以及我欲在全世界范围内推广它们的计划”。[28] 到1934年秋天，赫尔开始担心，罗斯福如果不是失去信仰，就是已经失去了总统选举前在其竞选期间主张的对外贸易政策的兴趣，因为他正全神贯注于他的国内复苏改革，并且容易受到来自皮克的经济民族主义的持续呼吁的影响。11月底，罗斯福发给他的一则非正式信息证实了他的担忧：

> 在很多年里，就像你和我一直联系在一起的大多数问题一样，观点都有两个方面。在纯粹的理论中，你和我的想法是一样的，但是，偶尔我们必须修改原则，以应对一个困难和不愉快的事实！……我倾向于认为，如果你和乔治·皮克能在某个晚上花几个小时讨论这个最惠国条款的问题，将会在许多方面非常有帮助。[29]

按照总统的要求，赫尔确实与皮克进行了会谈，但是会谈毫无成果，而且此后，国务卿还向罗斯福发出了三份备忘录，以强调他的立场，此时罗斯福正在佐治亚州的温泉镇疗养。他写道，政府中所有参与贸易政策决策的负责人以及新闻界都支持他的观点，“除了我们的好朋友皮克之外”。然而，总统继续支持皮克的做法，他在一次新闻发布会上说，在目前的国际现实中，大多数国家退出了经济民族主义和自给自足的政策，他对贸易计划的最大希望是“与不同国家达成一些特殊协议……以易货为基础”。[30] 12月中旬，在从田纳西州演讲回来的路上，赫尔接到了副国务卿威廉·菲利普斯的紧急信息，即总统已经批准了一项由皮克与德国谈判达成的易货协议。幸运的是，菲利普斯已经从白宫得到了一个承诺，那就是最后的批准还要等到赫尔回来再做出。

重要的是，这项协定规定通过进出口银行销售80万包棉花，采用一个复杂的方式，允许德国人以美元支付四分之一的价格，其余则以德国马克支付。进出口银行将以折扣价出售德国货币给美国进口商，专门用于从德国购买葡萄酒、化肥和其他商品。在阿道夫·希特勒及其经济部部长、德国国家银行行长哈贾马尔·H. G. 沙赫特(Hjalmar H. G. Schacht)为帮助德国复苏和重整军备而实施的、极端的民族主义经济政策下，德国正在签订双边易货协议。德国最近宣布终止与美国的无条件最惠国待遇承诺。新政有效地补贴了德国对美国的出口，从而对来自其他外国产地的竞争性出口加以区别对待。赫尔感到震惊和愤怒。他知道皮克一直在与德国谈判，而他自己全神贯注于同巴西的谈判，他希望这将产生依据《互惠贸易协定法案》的第一份协定。[31] 如果与德国的协议通过，将停止巴西的谈判进程，并有可能破坏赫尔的整个贸易计划。

与巴西达成的潜在协定对双边贸易的实际影响并不显著。巴西出口到美国的大部分产品都已经在免税清单上。对美国出口商来说，巴西对其贬值货币的外汇管制带来的问题比巴西进口关税更为严重。可是，对赫尔来说，这个问题比双边贸易利益大得多。这种协定——向拉丁美洲最大的经济体承诺无条件的最惠国待遇的协定——将为他在美洲的政策奠定基石。还将发表一份重要声明，推动实现他结束新世界经济秩序中贸易限制的目标。相反，皮克支持与巴西的双边外汇安排，而不是普遍的最惠国贸易协定，并发布了一份报告，向总统鼓吹他的做法。机构间委员会以7比1的投票通过了赫尔关于巴西贸易协定的提案，皮克是唯一的反对者。尽管明显倾向皮克的观点，但总统还是在温泉镇批准了提案。

当巴西谈判代表得知皮克与德国达成的协议时，他们向美国国务院提出抗议，提醒巴西也是一个主要的棉花出口国，他们耽搁了一个德国代表团寻求与巴西进行同样优惠的易货贸易的谈判。如果美国同意与德国达成的协议，巴西人说他们将不得不接受自己的德国协议，并无限期推迟与美国的谈判。其他国家紧随其后，用报复性威胁来回应美国可能对德国进口产品给予的优惠待遇，这些产品与他们自己的产品形成竞争。例如，智利威胁如果需要，将不得不与在优惠条件下海运来的德国产品竞争，要向美国市场倾销化肥。

赫尔会见了总统，并提出了德国协议对巴西谈判和《互惠贸易协定法案》下所有其他可能的协定构成毁灭性威胁的情况。他认为，该协定违反了《互惠贸易协定法案》要求平等商业待遇的规定，而且《互惠贸易协定法案》没有预设歧视性的易货贸易。国务卿认为，为了把美国棉花出售给德国，给予德国进口商品差别性市场准入的协议甚至是不必要的，因为德国急需棉花。他认为，德国公开拖欠美国 20 亿美元的债务，而德国却在与一个先前遭到冷落的债权人达成贸易协议，这是出于恶意。赫尔说，这项协议“对德国来说，是一项非常好的贸易协议，但对美国来说，几乎没有收益，风险很大……所提出的计划几乎肯定会引起美国广大民众的极端不满，他们强烈反对希特勒政权”。[32] 在赫尔观点的影响下以及所有相关内阁秘书的支持下，罗斯福让步了，撤回了对皮克协议的批准。

皮克并没有优雅地接受失败。几个月后，他试图再次向罗斯福提出易货建议。但是，总统拒绝重新考虑这一问题，并回答说，这一提议“与美国的对外贸易政策相抵触，而且该提议的具体形式明显与经济目标严重冲突”。[33] 到了 7 月，皮克提出辞职，但是，罗斯福请他继续担任进出口银行行长，即使在取消对外贸易顾问办公室之后，罗斯福说，“我们的观点相去不远”，并暗示这些观点从长远来看可能会成为普遍观点。赫尔与皮克之间的争端在《纽约时报》等媒体上有广泛的报道，《纽约时报》的一篇社论宣称，“冲突已经变得如此尖锐和不可原谅，以至于有正在迅速成为一个一级政府丑闻的迹象”。[34]《纽约时报》的观点与《华盛顿邮报》一篇早期重要社论的观点不谋而合，这篇社论的题目是“赫尔先生与皮克先生”，在这篇文章中，《华盛顿邮报》反对皮克“基本上不可行的行动计划”，而认为赫尔站在“坚实的基础”上。虽然赫尔的希望“似乎是不切实际的”，《华盛顿邮报》观察到，“但只有按照他所指出的路线，未来任何可观的（贸易）扩张都是可以期待的”。[35] 绝大多数经济学者也赞成赫尔的政策，并且把他的反对者的观点嘲讽为“皮克经济学”(Peekonomics)。但是,皮克有自己的政治和学术支持者,主要来自孤立主义和保护主义阵营。具有影响力的历史学家也是后来的罗斯福的著名的孤立主义批评家查尔斯·A. 比尔德(Charles A. Beard)称皮克为“从事对外贸易方面的政府人员中的现实主义者”,他观察到,“皮克的思想似乎不受 1 000 条不再是现实世界的、爆炸式的经济教条的羁绊”。[36]

皮克决定暂时留任进出口银行行长,但是他继续公开无情地贬低国务院的贸易政策。在停战日的演讲中,他最终越过了界线。他宣称,美国在贸易政策和其他广泛的问题上的选择介于美国主义和国际主义之间。“当我们美国人选择——让我们选择美国时”,他总结道,这意味着美国政府正朝着一个非美国的方向发展,其自由放任的政策向外国优势商品开放了美国市场。亲共和党的《华盛顿先驱报》在对皮克演讲的报道中,强调了倾向性的细节选择,一篇支持性的社论的标题是《理智的民族主义或愚蠢的国际主义,应该是哪一种?》。[37] 罗斯福写了一封信给皮克作为回应,谴责他对政府政策的错误陈述,并称这番讲话“相当愚蠢”,声称这听起来“像是一篇赫斯特的论文”。总统谴责皮克演讲中的一个观点是“蓄意的谎言”。[38] 这时,皮克提出辞职,总统立即接受了他的辞呈。

皮克继续反对赫尔的贸易政策,最终,像莫利一样,竭尽全力要击败罗斯福。他与极端孤立主义者威廉·克劳瑟(William Crowther)合著了一本书,书名为《为什么放弃我们自己》(*Why Quit Our Own*),这本书被保护主义利益集团广泛传播。但是,随着皮克的离开,赫尔在罗斯福政府内部取得了胜利。正如小亚瑟·施莱辛格在《罗斯福时代》(*The Age of Roosevelt*)中所写:“又一次,一个冷酷无情的政治斗士成为科德尔·赫尔长刀下的牺牲品。”[39]

赫尔对皮克的胜利标志着他的贸易计划的一个转折点,在新政的经济结构中嵌入了国际主义,预示着世界贸易治理中一场革命的开始。由于赫尔的贸易哲学如今在政府内部占据了主导地位,不再受到挑战,他于 1935 年 2 月 2 日签署了巴西协定,并在年底前与另外 7 个国家签署了无条件最惠国待遇协定。

图 9.1 在罗斯福总统、巴西财政部部长亚瑟·索萨·科斯塔(Arthur Souza Costa)、巴西大使奥斯瓦尔多·阿兰哈(Oswaldo Aranha)见证下,按照《互惠贸易协定法案》,国务卿赫尔在椭圆形办公室同巴西签署了第一份贸易协定(国会图书馆)

但是,在未来的道路上,他的最终目标成功实现依然远非定数。巴西协定引起了与根据协定获得关税优惠的进口产品竞争的美国制造商的强烈反应。在皮克的推动下,国内生产商担心最惠国待遇协定有利于第三国的进口商品,并将他们的担忧提交给国会,在那里爆发了两党的强烈批评。作为回应,赫尔和仍然对无条件最惠国待遇毫不满意的罗斯福决定,当赫尔将该计划带到欧洲时,在与比利时的谈判中做出适度减让。考虑到一份适度减让协定比冒协定带来政治上反对风险会更好,赫尔从他的建议草案中撤掉了降低 30%的钢铁关税条款。然而,就在这个转变过程中,罗斯福要求赫尔在协定中保留这些敏感的关税削减,目的在于降低国内建设成本,以振兴美国经济。

比利时协定之后,各国开始排队欲成为美国最惠国制度的一部分,以便摆脱按照《斯穆特-霍利关税法案》对没有对美国做出非歧视性承诺的国家进口货物征收的关税税率。到 1936 年底，赫尔已与 14 个国家达成协定，在这些国家的市场上，美国的出口开始迅速增长，特别是与其他国家的贸易相比。

1936 年的(总统)选举

国务院贸易计划的主要目标是英国及其帝国。赫尔的职业生涯始于一个多世纪以来美国政治中的恐英症猖獗之时，赫尔曾经常歌颂英国自由贸易政权的辉煌，并对自由党中自由贸易的拥护者(如理查德·科布登、威廉·格莱斯顿和劳埃德·乔治)表示崇拜般的赞美。继英国在 1931 年放弃金本位制之后，英国越来越多地采用保护主义关税政策，并在 1932 年渥太华帝国会议上建立了环绕英联邦的贸易壁垒，然而赫尔的观点发生了变化。作为对《斯穆特-霍利关税法案》的回应，渥太华协定增强了帝国的贸易优惠，并建立了一个"英镑集团"，这对美国出口几乎是不可穿透的(贸易壁垒)。即使在英联邦以外，英国也忙于签署双边优惠贸易协定，从而有效限制了美国的进入。在当时，对第二次世界大战期间形成的美英"特殊关系"是不可能预见到的，当时英国是强劲的商业对手，并对美国的贸易政策构成威胁。由于渥太华会议的优惠承诺延长到 1937 年 10 月，总统权力到期，并且 1936 年是一个选举年，敏感的谈判将被推迟，赫尔和总统决定等到大选之后再试图与伦敦谈判。

但是，加拿大提供了一个不同的机会。1934 年年底，加拿大政府向(美国)国务院发出了贸易谈判的官方请求。作为帝国贸易优惠计划的主要支持者和受益者，加拿大的请求是重要的。在《斯穆特-霍利关税法案》之后，加拿大的自由党和保守党都支持对美国采取报复性贸易措施，但是在赫尔的新贸易政策开始形成之后，美国市场的规模和相邻地位引致(加拿大)政策转变。加拿大也面临着选举，并且现在北美贸易协定在两党都很受欢迎。然而，代表传统自由贸易党的自由党人占据了优势，并赢得了选举。

鉴于巴西协定的重要影响，赫尔拖延了与加拿大人的谈判，并让谈判拖过

1935年的大部分时间。最后，新当选的自由党总理麦肯齐·金（Mackenzie King）亲自来到华盛顿，声明他致力于赫尔的贸易计划，并计划在签署协定之前一直留在华盛顿。尽管加拿大暂时保留其帝国优惠政策，但是它同意对帝国领土以外的贸易实行无条件最惠国待遇。罗斯福和赫尔都认为这项协定总体上有利于美方，并且这项协定一开始就得到了公众的赞许。尽管自19世纪60年代以来，这是两个邻国首次正式达成协定，协定签署之后，两国每年的双边贸易大幅增加，但是这也为共和党人反对罗斯福竞选连任提供了宣战素材。

虽然早期的协定为美国出口取得了实质性关税减让，并且给予进口商品最小的新市场机会，但是它们几乎没有缓解国内农业的不满情绪。对美国农场主来说，这是一个特别艰难的时期，他们正在忍受毁灭性的风沙侵蚀区干旱，并最终持续到整个20世纪30年代。在加拿大协定中，赫尔将农业关税保持在1922年《福德尼-麦卡姆法案》中设定的高水平，并向总统建议说，在这一协定的基础上，共和党人很难“提出政治问题”。[40] 现在，他无法想象共和党要求恢复到广受质疑的《斯穆特-霍利关税法案》的关税水平。然而，参议院少数党领袖查尔斯·L. 麦克纳里（R-OR）恢复了西部农业利益集团经常重复提及的标准，即为了东部工业家的利益，协定牺牲了农业生产者。这种批评促使农业部的一些官员抱怨说，新贸易政策作用发挥得不够充分，需要以出口补贴的形式加以推动。部长华莱士坚决拒绝这一建议，但是赫尔对这些攻击做出了谨慎回应，决定在1936年选举年的大部分时间内暂停未来的协定。

可想而知，这种暂停并没有阻止批评。像钢铁行业这样的保护主义利益集团大声反对比利时协定中的让步，他们预测道，这是整个国家工业区域高收入工作的末日。全国各地涌现出“美国制造”组织，在小商人和农业生产者中，普遍显示出民族主义热情。批评家们把重点放在了赫尔的无条件最惠国待遇上，称之为“赠品计划”，并且是建立在秘密谈判基础上的，他们认为这是不具民族性的，对他们所影响到的经济利益集团的声音充耳不闻。前总统胡佛抓住了这一点，抨击罗斯福“在没有公开举行听证会的情况下，通过所谓的对等关税谈判，在密室里秘密决定关税，向外国农民开放美国市场”，并“通过秘密达成的契约剥夺美国人的生计”。[41] 作为共和党总统候选人,参议员博拉和范登堡都抨击了加拿大协定和互惠贸易计划,试图使罗斯福的贸易政策成为竞选中的一个重大问题。博拉宣称:“我们有责任保持美国的生活水平,维护美国的生活方式,维持美国文明,我们必须保护我们的人民免受来自廉价劳动力国家的进口竞争,为此我们必须做些什么。”[42] 范登堡曾经常与乔治·皮克磋商,并赞成皮克的贸易政策,他敦促采用一个出口补贴计划和“真正的选择性贸易政策”,以处理国家的农业产品过剩问题。他问:“如果一个私营企业像许多企业一样依赖于关税保护,当它不知道什么时候一个主张自由贸易的国务院会为了回应国际商务的‘转椅理论’(swivel chair theory)而放弃所有的基本保护措施时,它怎么能保持健康呢?”[43]

尽管如此,大量具有影响力的共和党人现在支持赫尔的贸易政策。胡佛内阁中的两位高级官员——亨利·史汀生和财政部前部长奥格登·米尔斯——都公开支持赫尔的贸易政策,这是有记载的。尽管来自商界的支持态度是复杂的,但是一些杰出的领导人直言不讳地表达了他们的支持,包括胡佛的前金融顾问、摩根大通公司的托马斯·拉蒙特,以及国际商业机器公司的总裁托马斯·J. 沃森(Thomas J. Watson)。他们在一份对该计划的明确支持书中宣称:“我们不能在美国周围筑起一道墙,继续改善和发展。”[44] 尽管美国商会抨击大多数新政计划,但是它通过了一项支持互惠贸易协定计划的决议。[45] 1936 年 10 月下旬,就在大选前几天,200 名商界领袖,其中大多数是共和党人,还包括柯立芝和胡佛政府的前官员,宣称他们热情支持赫尔的贸易政策,并承诺支持罗斯福的连任。该群体的发言人警告说,如果共和党人获胜并将其废除,那么,“保守派商人就会闹革命”。[46]

1935 年对美国报纸(态度)的一项调查显示,绝大多数人支持赫尔的计划,包括不少共和党人的报纸。事实上,一些赞成计划的报纸还批评赫尔的动作太慢。自由周刊《国家》(*Nation*)甚至责骂美国国务院为达成协定而做出的努力,这些努力给了美国太多的好处。在一篇主要社论中,该杂志的编辑谴责美国谈判代表增加了美国与比利时之间已经巨大的贸易顺差,并指责他们把关税互惠政策“作为一种武器来打击债务国的防御”。同时,他们赞扬“国务卿赫尔和他的助手们尽职尽责地工作,带来真正的关税削减”。编辑们认为,迄今为止达成的协定中的一个根本弱点是,“与它所给予的让步相比,美国明显获得了更大的让步”。《国家》杂志警告说,除非谈判人员抑制了他们的“民族主义热情”,否则“就会有真实的危险,即(美国)政府的关税计划的重要性就会下降”。[47]

从另一个角度看,《新闻周刊》(*Newsweek*)的前身、报道每周新闻的杂志《今日》(*Today*)成为该计划的无条件最惠国待遇和谈判的“贼头贼脑”特性的主要批评者。《今日》的编辑就是对罗斯福不满的前密友雷蒙德·莫利,在1935年全年向赫尔最直言不讳的反对者征求批评文章。11月下旬,甚至在协定条款被公布之前,莫利写了一篇严厉的专栏文章反对加拿大协定,谴责该协定的保密性与“一个致力于人民群众的政府的自由主义声明”不一致。莫利写道,这试图“彻底地背离在国会委员会特别辩论的过去做法”。罗斯福政府拒绝承认那些被该协定所影响的人的“合法权利”。此外,他还说,在拒绝远离无条件最惠国待遇原则的情况下,国务院不是在谈判互惠的双边协定,而是给予“关税减让”,使“一群不起眼的蠢货”受益,而他们没有为这一特权付出任何代价。这名前智囊团领导人写道:“低关税政策是更为不祥的国际主义政策的一个组成部分,国际主义正从各个方面威胁着新政的完整性和统一性。”他引用乔治·皮克对“这种国际主义的危险”提出的“令人钦佩而明确”的警告,莫利称皮克为“这届政府中缓慢但无情的官员灭绝进程的受害者”。专栏文章激起了总统和莫利之间尖刻的信件交流,标志着他们之间关系终结的另一个阶段。[48]

尽管党内有一些反对意见,但是共和党全国代表大会通过了一个纲领,承诺废除《互惠贸易协定法案》,称该法案是“徒劳和危险的”,并承诺“时刻保护美国农场主和美国工薪阶层”,以防止在商业中来自进口商品的竞争。该纲领谴责“互惠贸易条约的秘密谈判”,并承诺“为了应对不断变化的经济环境,恢复灵活性关税原则”。[49] 针对一位受欢迎的总统,共和党对贸易计划的攻击比反对其他新政中的经济改革方案抱有更大的希望，因为其他新政中的经济改革方案在情绪低落的选民中受到了高度赞赏。该纲领甚至认可社会保障、商业规管和劳动者组织权。由于最高法院在1月宣布《农业调整法案》违宪[50]，共和党人希望提供一个更好的替代方案来解除心烦意乱的农场主因加拿大贸易协定而承受的潜在破坏性负担。这个问题也为对"独裁"总统过度集权的抱怨提供了机会。

民主党纲领在贸易上的立场令赫尔感到失望。几十年来，国务卿一直致力于政党政治，他是一个真正相信"纲领信条"重要性的人。他为该纲领的外交政策部分起草而努力工作，该纲领称赞政府的贸易协定计划为"世界上最强大的单一力量，以促进稳定繁荣与和平"。[51] 但是，赫尔起草的内容在很大程度上被忽视了，他们赞成对该计划更温和的认可，增加了一项承诺，即"像过去一样，继续为我们的农场主和制造商提供充分的保护，防止不公平的竞争"。[52] 设想他的政党中的民族主义者在起草委员会中占了上风，他称这些保护主义的语言为"几乎逐字逐句都是共和党的用语"。[53]

1936年，堪萨斯州州长阿尔弗雷德·M. 兰登(Alfred M. Landon)是领导共和党争取选票的最终人选，他是唯一一位在1934年赢得连任的现任共和党州长。兰登是和蔼可亲的温和派，期望在与罗斯福的对阵中有出色的表现。在贸易方面，他通常采取进步的立场，甚至向1930年唯一一位反对《斯穆特-霍利关税法案》的堪萨斯州共和党议员表示祝贺。据报道，早在共和党全国代表大会召开的一个月前，兰登就要求共和党纲领支持签署互惠贸易协定。但是，为了在激烈的竞选中获得来自农业地区的投票，共和党的提名人承诺比罗斯福农业计划提供更多的"现金收益"，尽管他曾谴责总统是一个鲁莽的挥霍者。按照顽固党内保守派的建议，兰登发起了对赫尔互惠贸易计划的攻击。尤其是，他反对无条件最惠国待遇原则和谈判的"星室法庭"性质。他认为，赫尔的计划颠覆了保护主义制度，并"把美国农场主出卖了"。[54] 兰登宣称自己不是一个孤立主义者，他说他支持更为有限的互惠谈判，大概像乔治·皮克的讨价还价易货贸易方式，乔治·皮克现在正为兰登提供咨询。

赫尔本来不打算积极参加这场争斗，但是兰登的指责把他拉了出来。他立即对这些言论进行反击，称这些言论“混乱、失准、语无伦次”，声称这些言论“是由《斯穆特-霍利关税法案》背后的同一利益集团所构想的”。赫尔在两周前兰登演讲的同一地点发表的演讲中宣称：“兰登州长是对的。美国农场主已经被出卖了……出卖发生在胡佛政府时期，这正是斯穆特-霍利之流干的事情。”[55] 赫尔对兰登的每一项批评进行了详细的分析并具体反驳，第二天在《纽约时报》的一篇社论中，赫尔受到了称赞。《时代周刊》称赫尔的评论是“最有效的”，用“具体的证据”增强了“说服力”，表明共和党候选人的指责“基于不充分的信息”。[55] 无论如何，罗斯福忽略了兰登的竞选攻击，更喜欢宣扬他的行政当局的国内恢复政策，并一再攻击“经济保皇派”的专横，但是在选举前不到一个月，总统为加拿大协定中所包含的工农业利益进行辩护，并指出在所有至今签署的协定中都为美国出口商提供了强大的优势。“但是，我的朋友们，”他继续说道，“贸易、工业和就业的不断恢复不仅仅是为了经济目的……（它使）我们美国和其他国家摆脱了导致战争的经济冲突的路径，转向了促进国际和平的经济合作。”[57] 简而言之，该计划代表了开明的利己主义。

在最后的分析中，贸易协定计划不是 1936 年总统选举中的决定因素。选举是对罗斯福及其新政实验的全民投票检验。正如詹姆斯·法利所说，“竞选中唯一的议题就是富兰克林·罗斯福”。[58] 而且经济趋势坚定地支持他。尽管大萧条会持续下去，并且在第二次世界大战之前某些方面变得更糟，但是，1936 年比 1932 年的情况有了巨大的进步。失业率几乎减少了一半，就业人数比 1933 年增加了 600 万人；国民收入提高了 50%以上；并且自罗斯福入主白宫以来，公司利润和股票市场几年来前景光明。[59] 在传统的、白人民主党的南方成长起来一个新政选举联盟，随着黑人人口迁移到北方城市，这个联盟是建立在非裔美国人抛弃了林肯党的基础上的，并且在可预见的将来，将吸收有组织的劳动力加入民主党联盟。尽管有些人预期这将是一场势均力敌的竞选，甚至兰登会取得胜利，最终，罗斯福还是以 2 800 万张对 1 700 万张大众选票和 523 张对 8 张选举人票的压倒性优势再次当选。对于总统的政党来说，国会选举同样令人印象深刻。在 1932 年和 1934 年取得了巨大胜利的基础上，1936 年的选举后，民主党领导层在参议院拥有80对16的多数席位，在众议院拥有331对89的多数席位。

虽然这可能不是选举中的关键因素，但是赫尔宣称，压倒性胜利是“美国人民明确支持”总统的外交政策，特别是贸易改革计划。当谈到贸易在解决世界问题中的重要性时，国务卿以夸张的方式声称该计划“已被证明是促进国际贸易复兴最有效的工具，从而刺激了总体经济繁荣，并为世界和平奠定了越来越稳固的基础”。他承诺：“以我们迄今为止所具有的同样认真、坚持不懈、小心和谨慎的方式推进这项计划，推进这项伟大事业。”[60] 阿尔弗雷德·兰登也将贸易问题视为导致他巨大失败的一个因素，并对他攻击赫尔的贸易计划的决定表示遗憾。在第二年的选举中，兰登承认，他采取这种立场“是为了改变政治局势”，而且这“并不是一种真正表达了他个人观点的立场”。[61]

但是，在与国会接洽，要求恢复总统在《互惠贸易协定法案》下的谈判权限时，赫尔仍保持谨慎。保护主义的热情被再次点燃，尤其是在西部的农业和矿业选区，孤立主义盛行。1935年1月，参议院拒绝了罗斯福加入世界法院(World Court)的建议；8月，国会否决了他申请中立立法的自由裁量权。在《互惠贸易协定法案》实施后的前3年达成的协定中，赫尔一直保持谨慎，不让关税水平下降得太快。在1936年，他甚至劝说日本自愿减少对美国的纺织品出口。大多数协定都是与较小的经济体达成的，虽然在与达成协定的国家之间的贸易中美国出口和贸易平衡有所上升，但是美国总贸易量仍比大萧条前水平低40%。尽管如此，赫尔宣布，贸易计划有助于减少失业率，失业率从《互惠贸易协定法案》实施时的26%降低到1937年的16%。由于失业率仍然保持在无法接受的高水平，他认为，严重的经济紧急情况需要更多的时间才能使该计划取得成功。鉴于欧洲大陆和太平洋地区战争局势风起云涌，他重申了自己的主张，即新的贸易协定对促进和平与继续推动经济复苏是同样重要的。这些协定在提高进口竞争中产生的有限度影响缓解了贸易保护主义者的担忧，和平前景有助于缓和孤立主义者的反对。[62] 尽管在两院存在着激烈的辩论，由于民主党人拥有强大控制力，许多反对者被击败，1937

年 3 月 1 日通过联合决议，国会轻易通过了为期 3 年的《互惠贸易协定法案》延续实施的决议。

英国协定

由于受到来自农业集团的强烈批评，即贸易协定有利于工业利益集团，其得利高于农业生产者，国务院开始寻求与主要工业国家的谈判，并避开以农业经济为主的国家。英国成为主要目标。然而，在赫尔的领导下，现在的贸易计划比以往任何时候都更强调扩大世界贸易的更广泛的目标，即通过更广泛地应用非歧视最惠国待遇，而不是推进特定的双边贸易目标。赫尔拟定的计划主要是基于 19 世纪英国的贸易协定，其中包含无条件最惠国待遇条款，然而，具有讽刺意味的是，英国政府现在已经放弃了这些条款。这一目标是与英国自 1931 年以来日益奉行的优惠贸易政策背道而驰的，其中包括最重要的渥太华协定中的帝国优惠安排。这些歧视性优惠政策在大英帝国内部形成了一个英镑集团，拒绝美国出口商品进入市场，然而，在帝国领土范围内也限制了必要原材料的可得性。

最近，英国与阿根廷、德国、意大利和其他国家签订的协定严格设计为平衡纯粹的双边易货贸易，从而限制了与其他国家的贸易，阻碍了多国贸易的扩大。早在 1936 年，赫尔就开始向英国驻华盛顿大使罗纳德·林赛(Ronald Lindsay)勋爵讲解他的计划对国际和平与繁荣的重要性。他以美国拒绝与德国进行易货贸易协议时对大量美国棉花出口做出的牺牲为例，类似于当前英国协议。此外，他提到美国-巴西协定中没有易货条款，这样，赫尔指出，无论双边贸易平衡状况如何，允许巴西利用向美国出口的收益，购买英国或其他国家的出口商品，从而扩大多边贸易。他估计，国际贸易有 200 亿美元的增长空间，可以为 1 200 万～1 400 万人提供就业机会，并且，这“很可能标志着在不久的将来欧洲战争与和平之间的差异”。[63]

英国人并没有被赫尔的布道所触动，尤其是因为他们是代表一个国家的高级官员，而这个国家仍然保持着世界最高水平的禁止性关税。反对恢复非歧视性贸易政策的主要力量来自英国财政部和贸易委员会，他们的高级官员对美国消减保护主义的可能性抱悲观态度。英国财政大臣内维尔·张伯伦是议员约瑟夫·张伯伦的儿子，后者在20世纪初担任殖民地事务大臣，领导了促进帝国贸易优惠运动，并敦促结束英国的自由贸易政策。

然而，尽管财政大臣反对在殖民地贸易关系上做出任何妥协，英国外交部却抱着更加开放的态度协调与赫尔的关系。就像大西洋两岸的许多官员和评论员一样，外交大臣安东尼·伊登(Anthony Eden)发现赫尔关于贸易对世界和平的益处的令人不悦的演讲不仅令人厌烦而且不切实际。然而，1936年3月，德国全国重整军备，伊登急于加强英美战略关系。当赫尔提出一项在非法西斯经济体之间最终将趋向非歧视性的贸易实践的商业合作联合声明时，伊登做出了积极的回应，直到被张伯伦推翻。失望的赫尔警告林赛说，如果英国拒绝在经济上与美国合作，它可能会助长美国“在战争时期全方位的孤立主义”。[64]

1936年9月，美英贸易谈判的前景明显改善，当时美、英两国与法国达成三方协定，结束20世纪30年代早期干扰三国之间贸易的货币战争。在1931年英国取消金本位时，英镑对美元急剧下跌。在1933年罗斯福放弃金本位制后，美元走势不稳定，主要是下跌趋势。法国仍然保持金本位制，法郎被明显高估，直到美国和英国接受了法郎贬值30%的安排与订立三方稳定协定。“以邻为壑”的货币操纵——曾是3年前在伦敦经济会议上接受赫尔关税改革建议的主要障碍，并且罗斯福在其“爆炸性”讲话中拒绝稳定货币——现在被消除了，至少暂时被消除了。在取得了压倒性胜利后，罗斯福又回到了白宫，另一个障碍已经被消除。

11月，两国政府开始交换作为谈判基础的可能的贸易减让清单。圣诞节后的第一天，英国政府向(美国)国务院发出通知，表示希望启动贸易谈判。对赫尔来说，这是圣诞节的礼物，然而，由于送礼物的人明确表示不打算放弃其帝国贸易优惠政策，赫尔很恼火。随着德国加速重整军备，欧洲战争迫在眉睫，加之1935年美国通过中立法案的可能性，这会关闭美国市场的准入，英国认为，一旦战争爆发，他们的殖民地就是唯一确定的供应来源。赫尔默许了，但是坚持认为英国必须同意缩小其殖民地优惠的范围。在相互理解的基础上，英美协定的前景变得更加光明，但是，必须等待英联邦国家批准在定于1937年夏季举行的下一次帝国会议上修改渥太华承诺。

5月下旬，内维尔·张伯伦被升任为首相后，立即开始与赫尔达成协定，并敦促英联邦领导人认同帝国优惠安排的必要放松。后来，他因对希特勒的绥靖政策声名狼藉。但是，在这一点上，他出人意料地放弃了他父亲的帝国优惠政策，以寻求与美国的经济和解。在这项事业中，他找到了加拿大总理麦肯齐·金作为强大盟友，但是，金支持修改加拿大在英国市场的优惠待遇，条件是美国愿意与加拿大就1935年的协定重新谈判，以便美国在向加拿大农产品出口开放美国市场方面做出进一步让步。赫尔最终同意了加拿大的要求，但是，要求谈判在与英国达成允许美国向英国出口农产品的协定之前保持在秘密状态。

事实证明，随后与英国和加拿大进行的三角谈判是国务院根据《互惠贸易协定法案》进行的最麻烦的谈判。大西洋两岸爆发了强烈的对抗。双方都强烈反对对方雄心勃勃的目标，谈判拖了一年，一次又一次地接近破裂。最后，1938年11月17日，赫尔担心英国将要放弃谈判，在罗斯福出席的情况下，与英国和加拿大在白宫签署了协定。赫尔认为，这项协定证明了英国“在过去8年中发展起来的保护主义趋势的逆转，并使1932年在英国周围建立的优惠关税墙发生了重大破裂”。[65] 助理国务卿弗朗西斯·B. 塞尔(Francis B. Sayre)总结说，英国和加拿大的协定总体上提供了“对美国农产品的(关税减让)，这意味着超过25亿美元的农产品出口”。[66] 张伯伦也对与美国达成协定的前景持乐观态度。他在下议院宣布，这“不仅仅是试图达成一项商业协定……这对两国都是大有裨益的，但我把它看作一项任务，表明两个伟大的国家有可能在一个任务上合作的可能性……这会被证明为一项政策的先行者，并得到更广泛应用”。[67] 遗憾的是，协定生效8个月后，希特勒入侵波兰，英国向德国宣战，协定中适当的贸易利益的最终效应被埋葬了。

在德国发动袭击的几周内，罗斯福总统召集国会召开特别会议，对 1935 年颁布的《中立法案》(Neutrality Act)进行修订，并在 1936 年和 1937 年进行了扩展和加强。总统和国务卿赫尔反对这项法案，该法案禁止向交战国家出售美国武器，但是由于当时强烈的孤立主义和非干涉主义情绪形成压倒之势，罗斯福默许并签署了该法案。许多美国人认为，追逐利润的银行家和军火商把美国拖入了第一次世界大战，并担心放松《中立法案》将导致美国军队重返欧洲战场。经过 6 个星期的激烈辩论，在 11 月初罗斯福说服了足够多的立法者取消对交战国家的禁售禁运，但是，孤立主义者在要求销售以“现金提货、运输自理”为基础方面占了上风。不允许为武器销售提供信用，包括政府或私人渠道的信用，也不允许美国船只将武器运往交战国的港口。虽然后一项规定确保了只有其海军在大西洋上占主导地位的英国才能以“中立”授权的名义采购，但是，“仅用现金”交易的要求甚至阻碍了向英国的销售，因为英国的美元和黄金储备在几个月内就耗尽了。

注释：

1. Hull, *The Memoirs of Cordell Hull*, vol. 1, 375.
2. Ibid., 308.
3. Ibid., 319.
4. Butler, *Cautious Visionary*, 87.
5. Hull, 321.
6. Ibid., 324.
7. Ibid., 329.
8. Nixon, *Franklin D. Roosevelt and Foreign Affairs*, vol. 1, 560.
9. Butler, 90.
10. “Friendship for US Grows at Parley,” *New York Times*, December 10, 1933.
11. 78 Cong. Rec. 3,579–80 (1934).
12. “Tariff Bill Voted by Senate, 57 to 33; Adjournment Dims,” *New York Times*, June 5, 1934.
13. 78 Cong. Rec. 5,262–70 (1934).
14. Schatz, “Cordell Hull and the Struggle for the Reciprocal Trade Agreements Program, 1932–1940,” 109–110.
15. Scheslinger, *The Age of Roosevelt*, vol. 2, 254.

16. 例如，*Field v. Clark*, 143 U.S. 649 (1892); *Hampton & Companyv. United States*, 276 U.S. 394 (1928)。

17. 299 U.S. 304 (1936).

18. Ibid., at 320.

19. Rothgeb, *U.S. Trade Policy: Balancing Economic Dreams and Political Realities*, 44.

20. Hull, 357.

21. Ibid., 370.

22. "H. I. Stimson Urges Tariff Authority for the President," *New York Times*, April 30, 1934; Stimson and Bundy, *On Active Service in Peace and War*, 298–299.

23. Schlesinger, *Age of Roosevelt*, vol. 2, 58.

24. Sayre, *The Way Forward: The American Trade Agreements Program*, 100.

25. Fite, *George N. Peek and the Fight for Farm Parity*, 276.

26. Sayre, 205–206.

27. Fite, 276.

28. Hull, 370.

29. Ibid., 372.

30. Dallek, *Franklin D. Roosevelt and American Foreign Policy, 1932–1945*, 92.

31. 在《互惠贸易协定法案》成为法律之后，达成的第一个贸易协定就是对古巴的优惠贸易协定，在罗斯福将贸易协定草案提交国会审议之前，已经就该协定进行谈判，并且，其中的条款也不是赫尔最惠国贸易项目的构成部分。

32. Hull, 373–374.

33. Butler, 119.

34. "Divided Counsels," *New York Times*, May 13, 1935.

35. "Mr. Hull and Mr. Peek," *Washington Post*, September 21, 1934.

36. Fite, 278–279.

37. "Sane Nationalism or Fatuous Internationalism—Which Shall It Be?" *Washington Herald*, November 26, 1935.

38. Fite, 281–285.

39. Schlesinger, *The Age of Roosevelt*, vol. 2, 259.

40. Schatz, 234.

41. Hoover, *Addresses upon the American Road, 1933–1938*, 155.

42. "Wisconsin Appeal Is Made by Borah," *New York Times*, April 7, 1936.

43. "Vandenberg Urges a 'Coalition' Vote," *New York Times*, June 1, 1936.

44. "Watson Appeals for World Trade," *New York Times*, January 27, 1935.

45. "Chamber Denounces Plans of New Deal but Advisers of President Uphold Him," *New York Times*, May 3, 1935; "Views of C. of C. on NRA," *New York Times*, May 3, 1935.

46. "200 Trade Leaders Back New Deal Aims; Republicans Join in Praise of Tariff Policy," *New York Times*, October 29, 1936.

47. Editorial, *Nation*, March 13, 1935, 289; "One Year of Tariff Reciprocity," *Nation*, June 26, 1935, 731.

48. Raymond Moley, "Open Covenants, Limited," *Today*, November 23, 1935, 12–13; Moley, 321–330.

49. Johnson and Porter, *National Party Platforms, 1840–1972*, 368; "Republican Shift on Tariff Is Urged," *New York Times*, April 11, 1936; "Money and Tariff Platform Issues," *New York Times*, June 5, 1936.

50. *United States v. Butler*, 297 U.S. 1 (1936).

51. Nixon, *Franklin D. Roosevelt and Foreign Affairs*, vol. 3, 326–329.

52. Johnson and Porter, 363.

53. Hull, 486.

54. "Gov. Landon's Address on the Reciprocal Trade Program," *New York Times*, September 25, 1936.

55. "Hull Sees Trade Rebuilt by Reciprocity Treaties; Says Old Tariff Ruined It," *New York Times*, October 8, 1936.

56. "Hull's Address Upholding Foreign Trade Policy," *New York Times*, October 8, 1936; "Mr. Hull's Reply," *New York Times*, October 8, 1936.

57. "Roosevelt Praises Pacts," *New York Times*, October 10, 1936.

58. Schlesinger, *The Age of Roosevelt*, vol. 3, 578.

59. Ibid., 571.

60. "Hull Holds Vote Backs Trade Pacts," *New York Times*, November 5, 1936.

61. Schlesinger, *The Age of Roosevelt*, vol. 3, 612–613.

62. Rothgeb, *U.S. Trade Policy: Balancing Economic Dreams and Political Realities*, 47–48.

63. Hull, 521.

64. Schatz, 283.

65. Hull, 530.

66. Sayre, 150.

67. "Text of Leading Passages in Chamberlain Speech," *New York Times*, July 27, 1938.

第10章

英美特殊关系

我想向你完全清楚地表明，我认为最具深远意义的事情是，无论如何，我们正试图要求你考虑将帝国优惠原则作为租赁的对价进行交易。[1]

——富兰克林·罗斯福致温斯顿·丘吉尔，1942年2月11日

新世界大战的威胁越来越大，从不同的方面来看，都需要总统的贸易协定授权，而该权力将于1940年到期。在罗斯福对其密友财政部部长摩根索的坦诚评论中，他的焦虑显露出来。“亨利，这些贸易条约签订得太慢了。世界前进得太快了。他们太慢了。”[2] 德国已经建立了一个由国家银行行长哈贾马尔·H. G. 沙赫特博士协调的广泛的物物交换协议网络，为战争时期的生产提供原材料，其中包括在南美洲的几个协定，而美国在关键时期正被排除在这些市场之外。在美国-巴西协定之后，政府开始关注与工业国家的谈判，主要是为了遏制政治上敏感的农业产品的进口。现在是时候把注意力转回到拉丁美洲了，不仅是为了原材料供应，也是为了削弱希特勒在西半球的经济影响力。日本在整

个亚洲的扩张侵略使得美国在整个西半球获得资源变得更加重要。

但是,美国农业问题仍然是一个严重的政治问题,并表现为国会延续《互惠贸易协定法案》最令人生畏的反对因素。新的经济衰退重新点燃1937—1938年大萧条之后,在1938年中期选举中民主党失去了他们在前两次选举中获得的大量席位。在西部各州,政党领导人普遍指责贸易计划,特别是美国-加拿大协定造成的损失。国家农人促进协会——全美最古老的农场倡导组织——在国会开始讨论延续法案的一个月前,就要求停止进口外国农产品。罗斯福政府估计,大约有40个地方和全国性组织反对继续实施现有的贸易计划。[3] 在众议院和参议院都有西部两党的反对派。熟练的投票反对者赫尔,以及对政治情绪的直观判断者罗斯福,都担心这个计划不会以现在的形式而存在下去。尽管如此,赫尔在参议院的一些朋友的建议下,拒绝接受修正案作为参议院批准他的协定的条件。在私下里,罗斯福表达了严重的关切:"赫尔完全被这种互惠贸易协定的想法捆绑住了。这是他感兴趣的一件事。但是,公众是反对它们的,我希望赫尔不会对此施压。我认为,他会被击败,这会伤到他的心。"[4] 尽管他很担心,但是,在1940年1月向国会发出的年度致辞中,总统全力支持延续《互惠贸易协定法案》的决议,在一次党派投票中众议院轻松通过了这项决议。

在参议院,一些犹豫不决的民主党人想要对决议进行修订,要求国会对协定有某种形式的批准权。外交关系委员会主席、民主党保护主义者、参议员基·皮特曼提出了要求参议院批准的一项修正案,但是,以41票对44票的微弱劣势失败。随后,皮特曼与共和党人一起试图扼杀该决议。但是,即使15名民主党人加入反对派,加之所有20名共和党人投了反对票,最终42票对37票决议获得通过。[5] 这被证明是赫尔在国务院任期内就延长贸易计划进行的最后一场有争议的斗争。

租借法案

当希特勒的军队在欧洲快速推进时,由于绥靖政策,张伯伦政府踟蹰不前,主战的温斯顿·斯宾塞·丘吉尔(Winston Spencer Churchill)于1940年5月10日成为首相。几周后,英国远征军被迫从法国敦刻尔克港撤离了近34万英法军队,这是一次奇迹般的撤退,但是大量的英国武器装备被德国人缴获。早前,丘吉尔作为海军大臣,与罗斯福开始了私人通信,现在他正强烈地向请求总统帮助阻止英伦三岛成为希特勒帝国的附庸。罗斯福对此表示同情,但是他被国会中的孤立主义者束缚了手脚,国会中孤立主义者的热情被受欢迎的飞行员查尔斯 A. 林德伯格(Charles A. Lindbergh)恶意的电台讲话所点燃。罗斯福认为,林德伯格是一个秘密的纳粹分子,他的父亲查尔斯·库格林(Charles Coughlin)是一名反犹主义煽动者。

限制罗斯福应英国请求介入战争的另一个因素是1940年的总统选举。在法国向德国投降后,罗斯福决定寻求史无前例的第三个任期。对于罗斯福和英国来说,都是幸运的。共和党提名自称为国际主义者、印第安纳的温德尔·L. 威尔基(Wendell L. Willkie),之前是民主党人,因与罗斯福新政的国内政策意见不合加入共和党。共和党全国代表大会推出的是更为著名的孤立主义参选人——俄亥俄州的参议员范登堡和罗伯特·A. 塔夫脱(Robert A. Taft),后者是前总统和最高法院前首席大法官威廉·霍华德·塔夫脱的长子,还有一位参选人是年轻的纽约检察官托马斯·E. 杜威(Thomas E. Dewey)。共和党人选择威尔基这名之前没有任何公共事务经验的公司律师作为黑马,很大程度上基于他更加现实的应对潜在战争威胁的方法。但是,6月19日,大会正在进行过程中,罗斯福增强了两党对国家安全的信心,任命在塔夫脱和胡佛两届政府分别任海军部部长和国务卿的亨利·史汀生为他的新任战争部部长,并任命西奥多·罗斯福古巴义勇骑兵队成员、1936年的共和党副总统参选人 W. 弗兰克·诺克斯(W. Frank Knox)担任海军部部长。罗斯福和威尔基都主张义务兵役制,同时,承诺不送美国青年赴国外战场参战。尽管威尔基拒绝支持罗斯福与丘吉尔在8月签署的贸易协定,在没有国会批准的情况下,罗斯福答应用超龄美国驱逐舰交换位于西半球的英国军事基地,共和党在选举时没有把这一点当回事。在选举日,与1936年的兰登相比,威尔基显然在大众投票中表现更

图 10.1　当着农业部部长(很快成为副总统)亨利·华莱士、参议员兼参议院财政委员会主席帕特·哈里森(Pat Harrison)、众议员兼众议院筹款委员会主席罗伯特·L. 道格顿(Robert L. Doughton)的面,罗斯福赠送给赫尔一支他自己用过的钢笔,令其将 1940 年《互惠贸易协定法案》的计划再延长至少三年(国会图书馆)

好,但是,罗斯福再一次赢得了具有压倒性优势的选举人票。

这个结果为总统支持英国、保卫自己寻求另一条道路扫清了障碍,现在,"现金交易、运输自理"的方法不再可行。在不列颠战役爆发后,整个夏天和秋天英国皇家空军都在防御德国空军猛烈的攻击,这是意图入侵领土的前奏,丘吉尔再次请求罗斯福以武器装备形式提供直接军事援助。总统用政治把戏加以回应,从而回避了为不列颠战役需要提供现金和信用支付,维持着阻止法西斯在欧洲全面胜利的"不战"策略。在 12 月的新闻发布会上,他给出一个简单类比,在邻居房子着火的时候,借给邻居一根用于花园里浇花的软管,大火被浇灭后,让邻居把它还回来。在接下来的著名炉边谈话中,他说,"我们必须是伟大的民主兵工厂……以至于我们和我们的孩子免于其他国家不得不忍受的战争的痛苦和磨难”。[6] 由于英国拖欠其在第一次世界大战期间向美国举借的债务，因此，这个时候提供所需的物资，没有直接付款或贷款。相反，对战争物资的考虑将达成另一种形式的补偿协议。罗斯福的建议广为人知，即“租借”。

在1941年1月6日向国会发表的年度讲话中，总统正式透露了该计划，宣布他将把《租借草案》——标题是《促进美国国防法案》(An Act to Promote the Defense of the United States)，编号是爱国者的讽刺(即 H. R. 1776)——送达众议院。该草案面临着孤立主义者和仇英者的强烈反对。著名共和党人包括前总统胡佛和参议员亚瑟·范登堡均反对该草案。在罗斯福总统签署了“驱逐舰交换基地协议”后，他们还成立了美国优先委员会(American First Committee)，采取任何可能的抗议步骤，阻止美国自身重整军备。在3月初国会通过了租借法案，两院都进行了一次主要是党派路线的投票，参议员塔夫脱领导的参议院多数共和党人投了反对票。

正如富兰克林·德拉诺·罗斯福所预期的那样，这项立法没有要求英国以美元或贷款对援助进行支付。相反，该法案允许“以实物或财产支付或偿还，或总统认为令人满意的任何其他直接或间接利益”[7]。由赫尔和国务院监管“间接利益”——后来通常称为“对价”——如何在战争结束后得到解决，这项规定将对战后的经济重建产生巨大影响。赫尔立即抓住这一话语权作为在未来贸易谈判中消除英联邦帝国优惠政策的杠杆——他在战前与英国达成双边贸易协定时没有这样的杠杆。尽管租借现在已经成为法律，国会仍然不得不批准70亿美元的拨款，为尚未谈判的《美国-英国互助协定》(US-UK Mutual Aid Agreement)意欲达成的援助提供资金。国务院将寻求将非歧视性贸易做法的承诺作为“对价”。

凯恩斯

5月，英国财政部派约翰·梅纳德·凯恩斯作为财政大臣金斯利(Kingsley)勋爵的个人代表前往美国，旨在商谈援助协定。作为主动对话者，凯恩斯的选择是令人好奇的。作为一名大西洋两岸皆知的知识分子，他闪烁其词，善用机智言语，却没有官方的政府立场。尽管卓越的经济学家应当具有谈判技能，但是他所具有的外交互动技能却被他爱好诙谐所掩盖了，这是傲慢的讽刺。他的美国谈判对手常常被他的智力感染而偏离话题，并非因他的滔滔不绝而被冒犯和感到烦恼。哲学家伯特兰·罗素(Bertrand Russell)了解他，是因为他是剑桥大学的同事以及他属于伦敦布鲁姆伯利自由主义知识分子群体。罗素写道："凯恩斯的智力是顶尖的，头脑是最清楚的，这是我所了解的。当我与他辩论的时候，我觉得我在自杀，我很少感到自己不是那么愚蠢。"罗素对凯恩斯进一步观察道："他的蝰蛇之舌会让出言不逊的观点脱口而出。"[8]

图 10.2　参议员罗伯特·塔夫脱和直到珍珠港事件之前一直是共和党孤立主义者领袖的亚瑟·范登堡，珍珠港事件之后范登堡成为支持贸易的国际主义者，时常同党内塔夫脱派的观点不一致(国会图书馆)

财政大臣之所以选择凯恩斯，是因为他的经济政策与富兰克林·罗斯福的新政有许多共同之处，新政经常被称为“凯恩斯主义”。但是，美国新政设计者中的主要人物似乎对罗斯福的经济政策源自凯恩斯的说法感到不满。智囊团成员雷克斯·特格韦尔将关于新政经济学的“凯恩斯主义神话”归因于罗斯福主张“平衡经济而非平衡预算”以及他们主张增强购买力和提高价格水平必要性的相应观点。按照特格韦尔的说法，罗斯福“在听说凯恩斯之前就已经有了这些想法……（而且）在他的一生中，从来没有读过凯恩斯写的任何东西，也许除了一些评论罗斯福自己行为的报纸上的文章”。[9] 另外一个具有影响力、更接近总统的人物是盐湖城的银行家马瑞纳·伊寇斯（Marriner Eccles），罗斯福任命他为美联储主席，并在罗斯福整个总统任期内任职。伊寇斯也从未读过凯恩斯的任何著作，在他听说这位英国经济学家之前，他就提出了与凯恩斯类似的经济观点。

然而，凯恩斯无疑对“新政人”（New Dealers）产生了影响，尤其是在 1936 年他的开创性著作《就业、利息和货币通论》（*The General Theory of Employment, Interest, and Money*）出版之后。在伦敦经济会议之前，雷蒙德·莫利曾向即将主持伦敦货币谈判的州长詹姆斯·考克斯推荐凯恩斯 1930 年的《货币论》（*Treatise on Money*），因为莫利知道，关于货币问题，罗斯福受到了这本书的思想影响，即使总统没有读过这本书。除了提议结束金本位制并敦促货币汇率的公共管理外，凯恩斯的《货币论》还呼吁大幅降低利率、涨价（通货膨胀）和公共工程计划，以将投资恢复到超过储蓄并带来繁荣的水平。

尽管凯恩斯对美国政客的看法总体上是令人不愉快的，但是，他对英国媒体报道的 1932 年罗斯福总统发表的呼吁紧急救济和公共工程以恢复美国人的购买力的竞选演讲印象深刻。与欧洲对罗斯福在伦敦会议上阻止货币稳定的“爆炸性”消息几乎普遍持否定态度的评论完全不同，凯恩斯对此表示赞赏。1933 年 12 月下旬，凯恩斯向总统发出了一封信，发表在《纽约时报》上，表达了对美国“百日新政”的希望和赞扬。凯恩斯写道：“在过去的一百天里，您让自己成为每一个国家的受托人，这些国家寻求通过在现有社会制度框架内进行合理的实验来改善我们的糟糕境况。”他补充道：“如果您成功了，新的、更大胆的方法将到处被尝试，我们将记住新经济时代的第一章是由您的执政而开启的。”他敦促美国总统增加国家购买力，通过赤字支出来刺激产出，他写道：“与此相比，没有什么比这更重要的了。”[10]

带着总统的朋友兼顾问、哈佛大学法学教授费利克斯·法兰克福特（Felix Frankfurter）的介绍信，1934 年 5 月 28 日凯恩斯第一次在白宫见到了罗斯福。作为一名忠诚的威尔逊主义者，罗斯福并不欣赏凯恩斯在其著名的著作《和平的经济后果》（*The Economic Consequences of the Peace*）中对《凡尔赛条约》的批评，在书中凯恩斯把威尔逊贬为“既盲又聋的堂吉诃德”，他的“思想和气质本质上是神学的而不是知识分子的”。[11] 但是，在他们的会面之后，用他的圆滑方式，罗斯福向法兰克福特说，他们进行了一次“隆重的会谈”，他“非常喜欢”凯恩斯。[12] 如果换成其他人，他给出的会是不太赞成，也许会是更坦率的评价。他向弗朗西斯·帕金斯抱怨说，凯恩斯“留下的尽是胡言乱语的数据”，并且说，他“一定是一名数学家而不是一名政治经济学家”。凯恩斯也回报了罗斯福，在同罗斯福会面后，他告诉帕金斯，他发现总统的“文化、经济问题的表达能力”比他预想的要差。[13]

然而，罗斯福对政治经济的直觉方法与凯恩斯的方法不相上下，甚至在贸易政策上也是如此。自早年在剑桥大学做学生和讲师以来，凯恩斯一直是一名正统的自由贸易者，在剑桥大学凯恩斯就担任自由贸易协会（Free Trade Association）秘书。在 40 多岁时，凯恩斯成为越来越直言不讳、具有影响力、时常与人争论的经济评论员，1923 年他抨击保守党对保护主义政策的要求，并明确支持自由贸易：

> 我们必须坚持自由贸易，对其做最广泛的解释，作为一个不可变通的教条，不允许任何例外，无论何地，决定取决于我们。我们必须坚持这一点，即使在我们没有得到互惠待遇的地方，甚至在极少数情况下，在那些侵犯了互惠待遇的地方，实际上我们可以获得直接的经济优势。我们应将自由贸易视为国际道德原则，而不仅仅是经济优势原则。[14]

凯恩斯进一步宣称："如果说有一件事是保护做不到的，那就是解决失业问题……通过对制成品征收关税来解决失业问题的建议……是一个巨大的骗局。"[15]

然而，对于凯恩斯来说，正如对于托马斯·杰弗逊来说，一致性不是美德。1916—1922 年任自由党领袖兼首相的大卫·劳埃德·乔治（David Lloyd George）描述他"反复无常、冲动"，并观察道，他"以杂技般的轻巧，匆忙做出结论。他又以同样的敏捷迅速得出了相反的结论，这并没有使事情变得更好"。[16] 劳埃德·乔治的评价似乎可以证实，在 20 世纪 30 年代初，凯恩斯在《耶鲁评论》（*Yale Review*）上发表了一篇题为《国家自给自足》（National Self-sufficiency）的文章，文章中他总结道："我们不希望……听任世界各方势力的摆布……按照自由放任资本主义的理想原则，达到某种同一的均衡。"凯恩斯得出了一个与科德尔·赫尔相反的结论，凯恩斯遵循了在拿破仑战争期间托马斯·杰弗逊对自由贸易的背叛，凯恩斯写道："我倾向于这样的信念……与 1914 年相比，更大程度上国家自给自足和国家之间的经济孤立可能会有助于和平事业，而不是相反。不管怎样，在避免战争方面，经济国际主义时代并不是特别成功的。"像杰弗逊一样，以及许多"新政人"转向经济民族主义以对抗失业，凯恩斯开始相信，"只要是合理的和方便的，好东西就应当是朴实的"。[17]

在英国实现充分就业的几个选项中，凯恩斯的第一个选择是将英镑对黄金贬值，以实施扩张性货币政策，扭转英格兰银行通过将汇率与黄金挂钩并使之处于高估的战前水平，从而控制通货膨胀的做法。然而，在 1930 年，他并不认为有任何政治上的可能性会采取这种措施。因此，他建议提高进口关税和工业补贴，以降低失业率。虽然他仍然"害怕保护作为一项长期政策"，他认为："我相信，如果你有足够的长期眼光，这是完全不健康的，但是，我们无法总是具有长期眼光……在我看来，问题在于，为了获得对当前形势的帮助，我准备在多大程度上去冒长期不利的风险？"[18] 正如他用另一种方式所做出的著名表述那样，"长期是对世事的一种误导。从长期来看，我们都死了"。[19] 他转向保护主义措施"是一个选择问题，在不同方案之间的选择"，他写道，"这些方案本身都没有吸引力……关税是对自由放任的粗暴背离，我们不得不采取这种做法，因为我们现在手中没有更好的武器”。[20]1931年为了增加国内就业，他建议：“对所有工业制成品和半制成品征收15%的进口税，绝无例外；对所有食品和某些原材料征收5%的进口税，而其他原材料可以豁免。”[21]

1931年9月，英国政府突然放弃了金本位制，英镑开始在外汇市场上崩溃，之后，凯恩斯停止了提高关税的呼吁。凯恩斯解释说，他对打破“我们的黄金枷锁”感到高兴，这是多年来他一直敦促的，“对高关税的提议已不再紧迫了”。但是，在1932年年初，当议会通过一个基础广泛的关税法案，开始走保护主义道路时，凯恩斯没有反对。凯恩斯在1932年的一次广播讲话中指出，关税保护“是解决一个国家经济生活中缺乏平衡和安全问题的一种危险而昂贵的方法”，但是，他说，“有时，面对经济力量的盲目性，我们无法安全地相信自己；这个时候，关税手段就在手边，而我们又没有其他可选择的手段”。然而，在同样的广播讲话中，他称大多数保护主义观点为“诡辩”，于是，证实了他仍然认为：

> 全世界范围内的关税体系会增加失业，而不是减少失业。但是，现在我应该承认，如果我们在严重失业的时候实行关税制度，很可能会将失业负担的一部分转嫁给其他国家。[22]

凯恩斯还提到了刚刚结束的渥太华帝国会议的结果，这次会议采纳了歧视性的帝国关税优惠制度，称之为很难逆转的愚蠢的做法，他的讲话更加令人费解。然而，后来，他为这些优惠政策辩护，称其是在英镑集团内将英国经济与国际市场势力隔离开来的手段，使英国经济不再依赖美国。

尽管凯恩斯的警告、保留和明显自我矛盾的看法存在局限，但是，他关于使用保护主义关税政策作为一种应对失业和实现经济复苏的紧急手段的不断演变的声明影响了政治辩论。根据经济史学家道格拉斯·A.欧文的观点，“凯恩斯的观点对经济理论和政策产生了深远的影响，并被认为是几十年来削弱自由贸易的原因”。[23]

(援助协定)第七条

凯恩斯了解到赫尔在美国国务院的团队期望得到什么,他在抵达华盛顿时,曾试图不再与赫尔纠缠。他首先安排会见财政部部长亨利·摩根索(Henry Morgenthau),摩根索被认为是一个亲英分子,他并不像赫尔那样,在贸易方面很少教条。但是,摩根索对凯恩斯的意图持怀疑态度,会面毫无进展。凯恩斯在这次会面的报告上说,这是他"很少遇到的较为棘手的事情"。于是,凯恩斯走向最高层,安排与罗斯福总统的会面。丘吉尔命令凯恩斯坚决不做任何财政承诺,将援助的补偿限定在模糊的军事和政治考虑以及不明确的经济合作上。罗斯福总统一般喜欢做出模糊的承诺,这样可以在未来有回旋余地,他同意凯恩斯的要求,即对价不涉及金钱债务,并且"不应干扰国家之间或其中一个国家与其他国家之间的经济和商业关系"。[24]

在假定总统会批准的情况下,凯恩斯安排会见助理国务卿迪安·G.艾奇逊(Dean G. Acheson),并告知艾奇逊,总统要求他向国务院报告他们的协定,(要知道)赫尔指派他起草援助协定。后来,艾奇逊挖苦地说:"凯恩斯显然并不认为我通过英国大使馆接受总统的指示是不正常的。"[25] 他相信,白宫会面的结论只是凯恩斯的一面之词,而不是总统的观点。几天后,凯恩斯提出了一项草案,其中包括英国没有义务为援助提供对价,除了战后归还根据租借计划提供的、对他们来说切实可行的武器,并且还要"讨论其他事项"。[26]

艾奇逊对凯恩斯的策略和建议感到愤怒,3周后,在凯恩斯计划返回英国的前一天,他打电话给凯恩斯要求会面,并向凯恩斯提交了国务院的草案。艾奇逊说,这份协定是一份简短的文件,旨在为启动援助运输提供一个临时基础,已经得到总统的批准,以便与英国政府讨论。凯恩斯浏览草案,几乎未做评论,直到他读到第七条,该条规定,作为对援助的回报,美国应获得收益,最后的决定是:

> 不应这样加重两国之间的贸易负担,而应该推动两国间互利

> 的经济关系和世界范围内经济关系的改善；这些条款和前提应该包括美国或英国都要反对任何针对原产于其他国家产品的进口歧视。同时应该规定实现上述目标的明确措施。[27]

凯恩斯注意到反歧视条款提出了“非常认真的对价”，他问，这项条款是否旨在解决战后英帝国的贸易优惠、汇率管制和其他贸易管制问题？艾奇逊确认，确实如此，但他声明，该条款并非“强加单方面义务”，仅仅要求最后清算的各方审查该问题，并“尽其所能按照该条款去做，以避免歧视和民族主义的做法，而不是在阻止这样的做法中采取合作行动”。凯恩斯异常气愤，用一个冗长的观点加以回应，他说，英国不能真诚地做出这样的承诺，这需要召开一次帝国会议来获得批准，这将构想回归金本位制，并且非歧视性最惠国原则“给未来加上19世纪的铁甲”。艾奇逊冷冷地回答说，凯恩斯采取了“极端的、不公正的立场”，并且，凯恩斯提出的不含任何回报义务的援助建议“在这个国家是不可能得到保护的”。他补充说，“英国人应该认识到，我们租借项目的大量工作施加在他们身上的是保持良好愿望做出未来计划的义务”。凯恩斯说，他将把这项建议带回伦敦，但他指出，对未来的贸易方向，英国的意见存在相当大的不同，包括一些人希望回归自由贸易政策；一个包括他自己在内的中间集团相信在进口和货币上使用“控制机制”；以及第三个支持帝国政策的集团。[28]

这样，开始了为期6个月的斗争，以解决在第七条意义上的不同意见。在前往伦敦之前，凯恩斯给艾奇逊写了一封道歉信，对他“在‘歧视’这个词上吹毛求疵”表示歉意，他不希望人们认为他漠视了文件中所体现的“卓越和宽宏大量”。但是，以其独特的风格，他解释说，他对这个词的热情回应是受到驱动的，它唤醒了“所有的朽木、最惠国条款以及其他，这是一次臭名昭著的失败，并造成了一个杂乱无章的旧世界……这是死者的手，或者至少是垂死者的手”。凯恩斯用“手”一词，大概是指斯密的“看不见的手”，宣称这种“朽木”将为“我们两国所有非建设性和真正反动的人们”提供庇护所。最后，他要求艾奇逊原谅，他在结尾说道，“请原谅我的愤怒，这有着深刻的原因，原因都在我对未来的希望之中。这是我的主题。我知道，或者部分知道，我想要什么。我知道，也清楚地知道,我害怕什么”。[29] 然而,私下里,凯恩斯很少用到外交辞令,他把第七条称为“赫尔先生的疯狂提议之一”。[30]

凯恩斯的预想是正确的,正如艾奇逊后来写道,被建议的用语是“赫尔学说最纯粹的本质”体现,旨在在解决方案中禁止被“赫尔先生认为是邪恶的”事情,特别是贸易歧视。[31] 但是,持有这种观点的不仅是国务院的赫尔。在担任国务卿的8年中,赫尔组建了一支志同道合的多边贸易自由主义信徒团队,其中包括艾奇逊、国家商业政策和贸易协定司司长哈里·C. 霍金斯(Harry C. Hawkins)、经济顾问赫伯特·费斯(Herbert Feis)、赫尔的首席助理和演讲稿撰写人利奥·帕斯沃斯基(Leo Pasvolsky),以及在非贸易问题上与赫尔发生冲突的副国务卿萨姆纳·威尔斯(Sumner Welles)。事实上,在赫尔休假期间,第七条的早期草案是艾奇逊和威尔斯批准的,特别包含了消除帝国贸易优惠政策。凯恩斯还错误地认为,美国国务院的自由贸易者是在他们自己的世界里,处在一个没有其他部门和总统支持的世界里。尽管并非出于赫尔的强烈意愿,但是赫尔的观点得到了商务部部长、财政部部长和农业部部长以及1940年大选后成为副总统的亨利·华莱士的赞同。尽管在第七条谈判的大部分时间里,罗斯福主要关注与战争有关的其他优先事项,但是,当需要时,他就会支持赫尔的方法,尽管并非赫尔喜欢的教条主义解决方案。

《大西洋宪章》

1941年8月,总统在纽芬兰海岸的普拉森提亚湾(Placetia Bay)的战舰上与丘吉尔秘密会面,这是自双方成为各自政府首脑以来的第一次会面,这次会议被称为大西洋会议(Atlantic Conference)。为了讨论战争目标,罗斯福花了几个月时间安排这次会晤。他打算发表一份联合声明,旨在教育美国公众关于这场冲突中的利害关系,并提出反对国会中的孤立主义者的公众意见。丘吉尔也热切地期待这次会晤,但是,他心里有一个更具体的目标,即把美国与战争捆绑在一起。尽管会晤开始塑造两位领导人之间亲密的个人关系,这对未来的联盟和战争的进行至关重要，但是，每个领导人关于世界事务的历史观所表现出的鲜明差异，特别是有关殖民主义的看法，也引起了人们的注意。

会晤在“奥古斯塔号”(USS Augusta)和“威尔士亲王号”(HMS Prince of Wales，一艘载有丘吉尔及其随行人员的战舰)上交替举行，会晤几天后，美国总统和首相发表了一份未签署的联合声明，后来被称为《大西洋宪章》(Atlantic Charter)，提出了在战后世界里“他们希望有一个更好的未来”的指导原则。他们承诺不进行战后的领土扩张；不进行违背人民意愿的领土变更；自决，恢复被希特勒剥夺的自治政府；平等条件下，为了实现经济繁荣，参加世界贸易和获得世界的原材料；全球合作，为所有人确保更好的经济和社会条件，包括改善劳动标准；结束纳粹暴政之后，确保所有人免于恐惧和不虞匮乏的自由；海洋航行自由；放弃使用武力和解除侵略者国家的武装，直到建立更广泛和永久的一般安全制度。[32]

平等贸易原则被证明是在两位政治家世界观的冲突之间最难以解决的问题。罗斯福的儿子埃利奥特出席了会议，后来描述了他们在一次晚宴上一边喝白兰地、一边抽雪茄，争论贸易和英国帝国主义问题。根据埃利奥特的说法，他父亲告诉首相，“战后，持久和平的先决条件之一必须是最大可能的贸易自由……没有人为障碍”。接着，罗斯福说到了导致摩擦的看法：“优惠经济协定要尽可能少”，这是应当被许可的。丘吉尔试图对英国的贸易协定提出一点看法，但是，总统打断了他的话。“是的，”罗斯福说，“这些帝国的贸易协定就是一个很好的例子。正是因为它们，印度和非洲的人民，包括近东和远东地区的所有殖民地的人民，仍然和他们过去一样落后。”1904年，作为一名年轻的保守党议员，丘吉尔强烈反对张伯伦关于帝国特惠制的主张，他大力阻止保守党关于这个问题的决议，并加入了支持继续推行英国19世纪自由贸易政策的自由党达20年。但是，现在，他突然成为这个问题的捍卫者。“总统先生，英国暂时不打算放弃她在英国领土范围内的特惠立场。使英国变得伟大的贸易将在英国首相认可的条件下继续下去。”总统不为所动。他回应道：“正是在这里的某个地方，你和我之间很可能会有一些分歧。”

图 10.3 1941 年 8 月 10 日,在大西洋会议期间,罗斯福和首相温斯顿·丘吉尔登上威尔士亲王号战舰(美联社)

罗斯福谴责英国人遵循 18 世纪的政策,“从殖民地国家获得原材料,攫取财富”,而“没有考虑拿任何东西回报给殖民地人民”。之后,罗斯福总结道:“我不能相信我们能够打一场反法西斯主义的奴隶制战争,同时不去将全世界的人民从倒退的殖民政策中解放出来。”丘吉尔迅速回应道:“不可能篡改帝国的经济协定……它们是我们伟大帝国的基础。”[33] 然而,丘吉尔并非一直持有这一观点,尤其是当他还是一个年轻的自由贸易者时,他关注的是关税对工人阶级的伤害。在 1907 年的帝国会议上,丘吉尔作为一名自由党下院议员,担任负责殖民地事务的副大臣,他在一次演讲中说:“正是因为我们相信特惠原则对大英帝国有着显著的伤害,并且会造成这样的后果:不是联合,而是不和,所以,我们抵制[帝国特惠]的建议。”[34]

在赫尔因治病而缺位期间,陪伴总统的副部长威尔斯敦促罗斯福在贸易语言的使用中直接使用“消除任何歧视”，但是，罗斯福更倾向于不太明确的要求，即贸易要“无歧视且条件平等”。丘吉尔坚持使用这样的贸易语言，即允许尊重《渥太华协定》中的特惠安排，认为非歧视承诺将需要召集英国自治领各方会议以获得批准。这样就需要时间，而任何一方都没有这个时间，因为丘吉尔希望尽快开始援助，罗斯福希望尽快公布这份宣言，以便开始利用它，动员国内对他的支持，代表盟军抗击希特勒的事业。面对威尔斯的持续反对，总统对丘吉尔做出了让步，接受在第四节中用以下贸易用语来描述贸易原则：

> [美国和英国]将尽最大努力，在适当尊重现有义务的情况下，促进所有国家，无论大小，无论胜利者还是被征服者，在平等的条件下，为了实现经济繁荣，参加世界贸易和获得世界的原材料。[35]

尽管这一原则要求贸易“以平等的条件”进行，但是没有明确表示禁止“歧视”；并且其中包含丘吉尔要求的用语，即“适当尊重他们现有的义务”，这是一个漏洞，即允许渥太华优惠政策继续存在。

在赫尔回忆录的低调陈述中，赫尔指出，他对宪章最终版本中的贸易原则“极度失望”，并指出，丘吉尔所插入的用语“剥夺了该条款几乎所有的重要意义”。[36] 他决心在《租借援助协定》中纠正这个问题。在大西洋会议之后，谈判拖延达几个月，第七条是谈判的主要障碍。10月中旬，英国最终提交了一份修订的草案，修改了艾奇逊在7月底向凯恩斯提出的建议。只是粗略地看了一眼，艾奇逊就发现草案中添加了“狡猾的词语和术语”，取消了禁止贸易歧视的所有含义。[37] 美国驻英国大使约翰·G.温南特(John G. Winant)后来向艾奇逊报告，由于政治原因，第七条遭到反对，“基于对保守党分裂的恐惧”，保守党是由帝国主义的托利派(Tories)领导的，代表着“保守的议会成员中一小部分但具有影响力的少数派”。[38] 这个派系群情激奋并坚定不移地反对用帝国特惠安排，也许是帝国本身，来换取美国的军事援助。尽管他们可能只代表少数人，且丘吉尔声称，充其量只是对他们的事业不热心，但是首相不愿意疏远他在下议院联盟的任何一部分势力。

12月2日，艾奇逊向新驻华盛顿的英国大使哈利法克斯勋爵(爱德华·弗雷德里克·林德利·伍德)递交了一份由总统批准的新的草案,该草案接受了一些英国用语,如《大西洋宪章》原则的主张,但是,也提议,通过两国"达成一致的行动",消除"国际贸易中所有类型的歧视待遇,并降低关税和其他贸易壁垒"。此外,新草案邀请"所有其他志同道合的国家"加入"这个达成一致的行动",使其可能成为多边努力的结果。赫尔发电报给驻伦敦的温南特大使,敦促丘吉尔迅速加入该协定,并指出在歧视条款方面,"我们所要求的是,英国人和我们坐下来解决将来的问题,以便我们可以避免代替目前战时合作的是和平时期的贸易战"。[39]"然后开始了,"用艾奇逊的话说,"两个月的盲人的虚张声势的游戏。"[40]

随着12月7日日本对珍珠港的袭击以及随后美国进入战争,对于谈判各方来说,世界发生了改变。对美国人来说,武装和供应自己军队的需求变得更加迫切,而且按照租借协定向英国提供的援助不得不缩减,至少短期内如此。英国人很高兴有一个新的盟友作为交战者参与战争,而不仅仅是作为供应源参与战争,认为租借计划及其对价问题将被终止或改变。但是,在日本袭击发生后的几天内,来自华盛顿的电报抵达伦敦,并提及罗斯福决定继续将租借协定作为提供援助的工具,并声明有必要完善援助协定,以便国会发放援助拨款。由于首相有更加迫切的军事要求,温南特在伦敦未能向丘吉尔通报这一问题,赫尔敦促罗斯福在自12月22日起至1942年1月中旬于华盛顿举行的两位领导人的会议上与丘吉尔讨论这一问题。总统后来告诉艾奇逊,他在访问期间多次试图提出租借协定,但是遭到丘吉尔的断然拒绝,借口是有更为紧急的事情。

哈利法克斯勋爵应赫尔的请求,一直敦促他的同事解决第七条的问题,在1月10日致哈利法克斯勋爵的一封密信中,丘吉尔写道:

> 所有关于战后将要发生什么的过分关心,在目前还为时过早,我们可能还有很长的路要走,才能得出令人满意的结论。只有国务院在施压……我告诉总统,如果现在作为一个单独的问题提出来,帝国特惠安排会在英国引起很大的难题,但是如果作为一个大的经济解决方案的一部分提出来,在这个经济解决方案中,美国将

成为一个低关税国家，这很可能是容易处理的。他似乎认为这是非常明智的，我相信他和我一样，认为我们最好集中精力于决定着人民生活的斗争。我建议你用通常的外交手段阻止国务院的任何要求……每过去一个月，随着盟军的发展，两国之间的友谊不断加深，关于租借协定的争论也将逐渐减弱。毕竟，现在实际上《租借法案》已经被废弃了。[41]

然而，到了1月底，丘吉尔策略的核心“盲人的虚张声势的游戏”就结束了。国会定于2月初就援助拨款问题举行听证会，政府必须解释是什么阻碍了协定的达成。罗斯福给哈利法克斯发了一封信，说他“强烈希望”英国接受最新的美国草案第七条，因为拖延面对歧视问题将使“他们在未来的经济形势中处于更为不利的境地”。英国人推测，最后一句话意味着慷慨的租借计划和战后援助将成为问题并具有不确定性。哈利法克斯发电报给伦敦，再次敦促按照美国的条件解决问题。[42] 与此同时，赫尔发电报给温南特，要求他向英国外交大臣安东尼·伊登和财政大臣金斯利·伍德爵士解释此事的紧迫性，并指出《租借法案》是美国唯一向盟国提供援助的立法授权。“这是重要的，”赫尔总结道，“法案的条款必须遵守，按照本法案所设想和要求的协定必须迅速达成。”[43]

2月2日，在丘吉尔内阁的一次紧张的会议上，伊登反对财政大臣的反对意见，提议接受第七条。首相后来告诉温南特，超过四分之三的内阁成员反对让帝国特惠安排作为租借协定的一部分。一位大臣认为，要求取消帝国特惠政策以换取美国只降低关税和减少其他美国贸易壁垒的做法是不公平的，会激起人们要求从“美国富豪民主”中解放出来的热情。[44] 2月6日，内阁最终达成妥协，接受了第七条，但是，在解释性说明中有一项保留，即有效地排除了“同一联邦或联邦成员之间特别安排的贸易歧视消除，比如英联邦或美利坚合众国及其属国之间特别安排的贸易歧视”。[45] 后者提及自美西战争以来，在美国控制下与菲律宾的贸易往来中美国的优惠政策。第二天，当哈利法克斯在国务院提交这一答复时，艾奇逊立即予以拒绝。

现在，只有通过罗斯福和丘吉尔之间独特的个人关系才能解决僵局。自

1936年路易斯·豪去世以来，哈里·霍普金斯(Harry Hopkins)是总统最亲密的私人顾问，在哈里·霍普金斯的帮助下，罗斯福草拟了一份电报，电报上写的是给"前海军人员"。那是丘吉尔的代号，是根据这两位领导人分别曾任前海军部大臣和前海军部助理部长的共同关系而拟定的。正如英国经济历史学家L. S. 普瑞斯奈尔(L. S. Pressnell)所写的，罗斯福的电报在敦促接受国务院起草的第七条时，呈现出"清晰和有说服力的巧妙语言组织"。[46] 在第一段中，总统说他希望"向你清楚地表明，这是我认为最深远的事情，我们无论如何试图要求你将帝国特惠原则作为对价来交换租借计划"。在表达了理解"你的宪法要求处理与自治领的关系"之后，他说，"我所敦促的是与你们达成一项谅解，即我们将进行一次大胆、直截了当和全面的讨论，期待建构你们所谓的'战后世界的自由、繁荣的经济政策'"。他表示，美国没有要求事先做出消除帝国特惠政策的承诺，"并且，我可以说，第七条并不包含这样的承诺"。罗斯福说，他意识到英国政府"现在不可能"做出这样的承诺，即使它想做出这样的承诺，就如同他"站在自己的立场上，不可能做出任何与对关税进行重大修订有关的承诺一样"。他敦促在不交换文书的情况下，基于他的保证，签署协定，这样可能给"我们的敌人"一个假象，淡化向世界展示"美国和英国人民联合起来"的目的。

丘吉尔向内阁宣读了罗斯福的来信，并建议在不交换解释性说明的情况下执行协定。尽管这一来信在实质上与国务院外交官此前传达的立场并没有不同，但是，总统的保证消除了在美国经济政策制定者中赫尔的强硬态度被孤立的看法。即使是梅纳德·凯恩斯，现在也赞成接受。2月23日，英国签署了包含第七条中以下文字的《互助协定》(Mutual Aid Agreement)：

> 根据1941年3月11日国会法案，英联邦政府将向美利坚合众国提供援助的收益进行回报的最终决定，其条款和条件不应加重两国间的贸易负担，而应促进两者之间的互利经济关系以及世界经济关系的改善。为此目的，它们应包括规定美利坚合众国和英联邦采取协商一致的行动，向所有其他志同道合的愿意参加的国家开放，通过适当的国际和国内措施，扩大生产、就业以及商品交

换和消费，这是所有人民的自由和福利的基础；消除国际贸易中各种形式的歧视待遇，降低关税和其他贸易壁垒；以及总体而言，实现1941年8月12日由美利坚合众国总统和英国首相签署的(《大西洋宪章》)联合声明中确定的所有经济目标。[48]

虽然总统的信打破了阻碍租赁援助协定清算的僵局，但是，它模糊了第七条的含义，第七条将是战后贸易谈判中的一个关键因素和摩擦的根源。尽管美国国务院的许多人一直引用这项条款作为英国结束歧视性的帝国特惠政策的承诺，但是，英国同样不准确地在其内阁会议记录中记录着罗斯福已经确认这些特惠政策“应该从我们的讨论中排除”。[49]

布雷顿森林

在接下来的3年里，随着战争在欧洲和太平洋地区的激烈展开，在大西洋两岸的英国和美国专家就战后世界新的国际经济秩序问题继续讨论和辩论。双方都认为有必要解决两个关键问题，即汇率不稳定和关税壁垒，这些问题困扰着世界经济，并在战争期间加深了各国之间的冲突。然而，在原则上同意这一需要的同时，民族主义偏见以及相互竞争的政治和经济利益集团阻碍达成一个共同的解决方案。有一件事很明确：首先必须解决货币问题，因为如果货币操纵继续扭曲贸易价格，消除贸易壁垒就不能恢复公平贸易竞争。正如20世纪30年代已经证明的那样，高关税和货币贬值都是破坏贸易的有效选择。

在华盛顿，总统把货币问题交给财政部去解决。正如1933年伦敦经济会议上谈判管辖权的划分一样，财政部拥有货币投资组合的权力，而国务院监管贸易关系。财政部部长摩根索将有关这一问题的实质性细节委派给他的助理兼货币研究主管哈里·德克斯特·怀特(Harry Dexter White)，怀特是一位经济学家，负责财政部的对外事务。同样，在伦敦，英国财政部处理货币事务以及政策规划和谈判的负责人是梅纳德·凯恩斯，1942年6月成为凯恩斯勋爵。摩根索于1941年12月指示怀特开始制订稳定计划，而在秋季早些时候，即从华盛顿举行的有关租赁援助协定的会议返回不久，凯恩斯就开始制订一项计划。除了偶尔穿越大西洋的谣言外，他们各自独立工作，彼此不知道对方正在做什么。

哈里·怀特和凯恩斯有很多共同之处。怀特不仅是凯恩斯经济学的信徒，而且与凯恩斯有着共同的才智和个性，在捍卫自己的观点时常常表现出粗鲁、容易发火和傲慢。[50] 他们各自制订的计划也有许多共同特点，但是在新的经济秩序中，他们都极力促进各自民族主义利益，这是他们的关键分歧。直到第一次世界大战，英镑一直主导着国际金融市场，并在两次世界大战期间继续发挥着重要作用，同时，美国崛起成为世界的债权国，美元开始在英镑区外成为主导货币。凯恩斯明白，战后英国将面临严重的国际收支平衡问题，英镑无法恢复到战前的地位，但是他希望保持伦敦首要的金融中心地位，避免世界经济完全依赖美元价值。相反，怀特希望确保汇率稳定在美元或美元估价的黄金基础上，美国控制了绝大多数美元估价的黄金储备。摩根索和怀特希望凭借在战后世界里美元作为共同的兑换货币，把世界金融中心从伦敦转移到华盛顿（而不是华尔街）。

凯恩斯的计划被称为“建立国际清算联盟的建议”，即创设一个基金对国际收支不平衡提供融资，并监督汇率。该基金将使用他命名的一种新国际货币“班科”(bancor)，以黄金定价，但是不能按照金本位制兑换黄金。联盟成员国将被要求保持国际收支平衡，以便有盈余的国家需要接受更多的进口商品，而那些赤字的国家可以向基金借款，以弥补其国际收支差额，直到他们找到新的出口市场。美国和英国将是清算联盟的创始成员国，并认同其货币的初始“班科”价值和“班科”的黄金价值。尽管凯恩斯没有放弃将双边的、非最惠国待遇理论运用到易货贸易协议，但是这个货币联盟将是多边的。随着新成员加入联盟，新成员和原有成员之间将达成协议，确定新成员货币的“班科”价值。未经监管理事会批准，不得更改汇率。凯恩斯解释说，入盟成员国必须放弃“那些时至今日仍在我行我素地运行着的准则。这些准则加剧了无章可循、无序可依、以邻为壑的状态，对大多数人是不利的”。[51] 凯恩斯的计划还倡议建立第二个机构，为战后重建提供资金，促进经济增长与发展。

怀特的计划建议成立两个新的国际组织，并且目的大致与凯恩斯建议相同，一个是国际联盟稳定基金，作为稳定汇率的工具；另一个是国际联盟银行(Inter-Allied Bank)，为盟国的经济重建提供资金，并为增加贸易提供必要的短期资本，当然，是对无法以合理的利率从私人来源获得此类资本的国家提供增加贸易所需的资本。然而，两个计划之间的组织结构和程序有所不同，怀特的建议确保美国将通过该基金的份额分配的投票权来控制稳定基金的决策。并且，怀特的计划没有提出一种新的国际货币。摩根索在看到凯恩斯的计划之前曾向怀特建议计划中包括一种国际货币，尽管他可能通过消息泄密或传言听说过凯恩斯的"班科"计划。怀特不会考虑这个建议。"'贸易美元'(trade dollar)、德莫斯(Demos)或维克多(victor，罗斯福建议的名称)或'你提出的货币单位'来支持美元，无论其不同名称还是不同价值，"怀特在给他的老板的信中说，"与采用一个新的旗帜相比，于对外贸易不会有更多的帮助。"他补充说，英镑作为一种国际货币起作用已经有几十年了，但是，一旦失去了稳定性，它就失去了效用。"现在，只有美元才有机会发挥这样的功能。"但是，如果美国提议将美元作为记账单位，他说，这将招致"那些出于声望或预期货币损失的国家不愿意在国际上推广使用其他国家的货币单位"。[52] 怀特建议多边稳定汇率建立在以美元计价的具有固定价值的黄金基础上。他提出了一个账户单位，名曰"优尼塔斯"(unitas)，作为基金成员国黄金储蓄的凭据。但是，它的价值也与美元绑定，而这个账户单位除了谈判中同"班科"对抗之外，似乎没有其他用途。

凯恩斯的计划于 1942 年 9 月正式提交美方，两个月后，怀特将他的计划非正式地提交英方。凯恩斯一看到这个计划，立刻表示对怀特的计划不屑一顾，称之为"完全没有希望"的计划，尤其是固定汇率基于黄金，这意味着最终将回到凯恩斯所认为的金本位制的"野蛮遗存"。然而，一段时间后，凯恩斯变得柔和了，并希望寻求妥协，他相信自己可以说服怀特相信一种不与美元绑定的国际货币的优势。他受到的鼓励是，在怀特的计划中，"对赫尔主义的方针是非常温和的"，而且怀特对"19 世纪经济信条的遗产"表示不赞同，它认为政府"干预贸易、资本和黄金流动等都是有害的”。[53] 双方的技术人员在接下来的一年里围绕相互竞争的两个计划进行了广泛的谈判。在更多的参加者加入之前，英国人想双边解决计划之间的分歧，但是美国国务院不想给人一个盎格鲁－撒克逊阴谋协定的形象，即提供给其他人的是“要么接受，要么放弃”的协定。到 1943 年中期，讨论范围扩大，增加了其他盟国，包括加拿大和法国，他们提出了自己的计划，还有俄国人和中国人，他们接受咨询，但是很少参与制订计划。

然而，关键谈判继续在怀特和凯恩斯之间进行，直到 1944 年 4 月下旬达成协议，发表一份联合声明，概述了建立稳定基金的原则，这就是双方的技术专家准备向各自政府提出的建议。当时的一位英国高级官员对这个协定表现出来的独特过程发表了评论：

> 通常情况下，政治家们首先确定他们认为什么样的行动路线在他们的国家里会得到大众认可，然后指示技术人员做出安排，以实施行动路线，但是，就此情况而言，过程被反转了；技术人员共同检查问题，并试图在提交内阁、部长之前，找到他们认为的恰当的解决方案。[54]

创立国际货币基金组织（名称是凯恩斯建议的）和国际复兴开发银行（World Bank for Reconstruction and Development）或世界银行的原则基本上遵循了怀特的计划，对凯恩斯几乎没有让步。经总统批准，摩根索邀请了 44 个国家参加会议，就新组织的细节问题达成一致；会议于 7 月在布雷顿森林风景如画的新罕布什尔州白山上的华盛顿山酒店度假村举行。虽然摩根索主持这次会议，但是，哈里·怀特实际上主导了讨论，并在大多数实质性问题上达到了他的目的。

在为期 3 周的激烈会谈后，参加国达成了基本符合美国意愿的协议。会议决定设立国际货币基金组织，根据每个成员国的经济规模和黄金或美元储备分配份额，以黄金或美元（25%）和国家货币（75%）的货币量向该基金注资，并且以黄金或美元作为国际储备。投票权与成员国的份额成比例。美国同意向该基金总额 88 亿美元中注资 30 亿美元，从而拥有超过三分之一的投票权。没有国际货币。成员国货币被赋予主要与美元挂钩的固定价值，每盎司黄金的价值确定为35美元。各成员国同意将其货币价值维持在±1%的变化幅度内，未经国际货币基金组织理事会批准，其货币贬值不得超过10%。贸易逆差国家可以向国际货币基金组织借款，以解决国际收支问题，但是，与英国的提议相反，债权国（如美国）不被要求从债务国进口货物。会议同意在华盛顿设立国际货币基金组织和世界银行的总部，拒绝了凯恩斯至少在伦敦设立一个机构的要求。为了限制华尔街大亨们的影响力，摩根索和罗斯福与他们与之间时常存在着分歧，所以在纽约设立机构的要求也遭到了拒绝。

结果就是这么明显，美国掌握了所有必要的杠杆，以便在布雷顿森林会议上达到自己的目的。美国控制了世界上三分之二的黄金供应量，并且注定在战后仍是世界上最强大的经济体。也许，更重要的是，当战争结束时，英国和其他饱受战争蹂躏的国家需要美国的贷款和慷慨援助，重建家园。摩根索和怀特机智而坚持不懈地指责国会，为的是必须达成一项艰难的协定。国会的民主力量正在减弱，在两党中国际主义者的影响力也在减弱。国会是否会批准任何协定确实是不确定的。

纽约的银行家们担心新的国际金融机构的建立可能会干扰他们自己的商业机会，他们已经站在了反对派一方。凯恩斯对会议前公布的原则声明态度不明确，1944年共和党主要的提名总统候选人、纽约州州长托马斯·E.杜威支持华尔街的主张，即促进私人贷款、战后重建和稳定贷款。怀特敦促英国迅速批准这一原则声明，从而阻止这样的努力。银行家们甚至向英国人提出了战后私人贷款重建英国的理念，显然，他们希望夺取布雷顿森林会议的先机。然而，凯恩斯拒绝了这一想法，他说："当纽约银行家们提供礼物的时候，我们对礼物挑剔了。"[55] 当《布雷顿森林协定》在次年提交国会批准时，摩根索和怀特所提到的政治风险将被证明远远不是吓唬人的。

同样，凯恩斯发现协定不容易获得英国议会的批准。在布雷顿森林会议的闭幕式晚宴上，代表们为凯恩斯起立鼓掌，当凯恩斯起身离开时，大家唱起"愉快的好伙伴"（For He's a Jolly Good Fellow）。回到伦敦后，他一定以为自己身处异国他乡。关于这一协定的争议围绕着他，批评不仅来自已经预料到的托利党帝国主义者，也来自那些坚持认为战后英国需要政策灵活性的人们，他们主张实施外汇管制、进口限制和双边易货协议。他们认为，国际货币基金组织没有足够的信贷工具来满足未来几年的预期需求。布雷顿森林体系恢复了金本位制，在处理潜在的贸易灾难时，限制了政策自由裁量权。尽管这些批评反映了他自己过去的许多论点，但是，凯恩斯尽职尽责地为该协定辩护，声称会议只解决货币兑换政策，不限制贸易政策的自由裁量权。进口限制和易货安排不受布雷顿森林体系的影响。当且仅当具有"补偿优势"的前提下，英国谈判代表才会同意在未来的贸易谈判中放弃这些政策。

10月，英国财政大臣约翰·安德森(John Anderson)勋爵从现实条件的角度总结了政府对布雷顿森林体系的看法。他指出，该协定是"一份有难度的文件，是不可避免的冗长且技术性的""语焉不详……这就导致了误解，必须澄清"。他警告说："在整个问题必须由议会辩论时，详细解释的时间就会到来……如果我们发现美国和其他在国际贸易和金融领域具有重要地位的国家认为这是他们可以接受的，我们决不能轻率地拒绝它。"[56]

赫尔退休

在布雷顿森林会议的最后一周，国务卿赫尔宣布，美国、英国、苏联和中国将在下个月举行会议，讨论建立一个国际安全组织。1944年8月21日，赫尔在国务院前外交官位于乔治敦的家(即敦巴顿橡树园)召集了会议，在接下来的6个星期里，四方会谈为联合国(UN)组织奠定了基础。"联合国"这个名称最早是罗斯福提到的，指的是1942年1月签署了大西洋公约的26个盟国。为了避免威尔逊总统未能让国会参与其组建之后的国际联盟的命运，赫尔认真地与两党的国会领导人就组建这样一个组织进行了磋商。

1939年9月希特勒入侵波兰后不久，关于该组织的讨论就开始了，赫尔很有手段，1943年通过了一项支持美国加入的国会决议。赫尔甚至认真地与罗斯福将在1944年竞选的共和党对手托马斯·E.杜威及其外交政策顾问约翰·福斯特·杜勒斯(John Foster Dulles)磋商,而杜威在会面前发表了一份声明,批评四方会谈。尽管赫尔在政治生涯的大部分时间里走得都是极其明显的党派路线,但是,他决定在安全事务方面保持一种无党派的政策,并巩固两党对创设联合国的支持。

敦巴顿橡树园的会议代表了赫尔近12年来担任国务卿的最后行动。对赫尔这样的国际主义者来说,第二年在旧金山建立联合国无疑是梦想成真了,就在25年前,赫尔亲眼看到国会拒绝加入威尔逊的国际联盟。在国会中国务卿的尊重态度证明了他的手段,为批准(加入联合国)奠定了可信的政治基础。在9月底,当他告知总统,他已经精疲力竭,健康状况很差,不得不辞职时,罗斯福请他至少留任到次年1月他们的第三任期结束。1932年赫尔就已经被诊断出患有肺结核和糖尿病。1939年,由于他的病情开始恶化,被迫一次休几个月的长假,进行治疗和康复。赫尔明白,他的状况不再允许他履行作为国务卿的所有职责。他同意只留任至11月的选举之后。73岁生日的3天后,他又开始了另一段时间的修养和恢复,首先是在他的公寓里,然后,在接下来的6个月里,他住进了贝塞斯达海军医院(Bethesda Naval Hospital)。在接受赫尔正式辞职的信中,总统提议:"在联合国组织成立时,我将继续祈祷作为联合国之父的你,能够主持第一届会议。"1945年,经罗斯福提名,赫尔因其通过国际贸易、睦邻政策和联合国组织促进和平的成就获得了诺贝尔和平奖。

然而,罗斯福和赫尔的关系是复杂的,常常令赫尔感到沮丧。罗斯福的领导风格和在下属之间制造矛盾的习惯不断激怒国务卿。总统开始支持他的亲友和副国务卿萨姆纳·威尔斯的建议,而不是国务卿的建议。赫尔最终成功地迫使威尔斯辞职,正如之前他迫使雷蒙德·莫利和乔治·皮克辞职一样,他将自己的辞职作为最后通牒。但是,尽管在威尔斯离开之后,总统仍然拒绝赫尔参与战争期间的军事战略讨论,并将他排除在与丘吉尔和约瑟夫·斯大林(Joseph Stalin)举行的主要盟军会议之外。

赫尔被排除在外的部分原因是他的医疗造成的缺席以及军事与外交政治

事务的分离，但是，总统之所以会避开他，是因为他认为赫尔的教条令人厌倦，时常强烈呼吁促进贸易为解决绝大多数世界问题的方法。政府中的许多人把赫尔视为乏味的、可预测的、讨厌的人。无论出于什么原因，在珍珠港事件后的战争期间，罗斯福忽略了赫尔，这伤害了赫尔的感情。“我觉得，”赫尔后来写道，“国务卿不出席重要的军事会议是一个严重的错误。”[57] 在1969年出版的《回忆录》中，迪安·艾奇逊指出，“实际上，在战争期间，将赫尔国务卿排除在高层政策决策之外”导致赫尔领导的国务院“陷入柏拉图式的乌托邦计划之中，这是一种机械的理想主义”。这样脱离“当前问题的实际解决和权力关系”，艾奇逊观察到：“强化了国务卿和国务院的孤立态势。”[58] 但是，对赫尔的理想主义的批判性的观点是在冷战正酣的时期的后见之明，鉴于国务院组织起来的联合国和寻求一个没有贸易保护主义壁垒的世界时，这似乎被夸大了。

毫无疑问，赫尔与总统关系中的主要资产是他对国会的政治影响力和他在公众中的声望，特别是在南部，那里可是罗斯福最弱势的地区。如果总统不决定在1940年竞选第三个任期，赫尔很可能接替罗斯福。这项资产是赢得内讧斗争的关键，赫尔努力消除挑战他的权威的对手，以促进他的贸易目标。尽管直到1945年4月总统去世，两人一直保持着热情，彼此相互理解，尊重才能和各自的观点，但是，公正地说，赫尔对被禁止进入白宫顾问的内部圈子深表不满。赫尔的密友、助理国务卿布莱肯里奇·朗(Breckinridge Long)在他们见面后的日记中描述了赫尔辞职前的心理状态。他“不是一个好男人”，在谈到他的上司时，朗写道：“他厌倦了阴谋……厌倦了被漠视……厌倦了不被欣赏的争斗……厌倦了服务……漫长的职业生涯即将结束，结束得并不满意，并不像应该的那样，而是在苦涩中结束。”[59]

然而，回想起来，赫尔漫长的职业生涯在心满意足中结束了，他满意于为促进和平与繁荣的多边贸易体制打下基础的主要目标。在罗斯福时常犹豫但最终坚定支持下，经历党派的国会票决、与新政对手的战斗以及来自盟国的反对，赫尔成功地达成了他的贸易协定计划。到他担任国务卿的近三个任期结束时，国务院已经达成了28项互惠贸易协定，将平均关税税率从1932年的近60%降至 1945 年的约 28%。《互惠贸易协定法案》已经越来越成为一个两党的制度。1943 年，国会恢复了总统的贸易权力，尽管只维持了两年时间，对于恢复这项权力出现了压倒性的票决优势，145 名众议院共和党人和 18 名参议院共和党人投票赞成。到 1944 年，与传统形成鲜明对比的是，共和党的纲领甚至呼吁“世界贸易的大发展”，并承诺“与其他国家共同领导每一个合作项目，以消除对国际贸易不必要和具有破坏性的障碍”。该党不再呼吁废除《互惠贸易协定法案》，而是警告说，“针对外国竞争的保护性关税应当改变，并只能通过国会批准的双边贸易协定来改变”。[60] 在 1955 年去世之前，赫尔看到了在共和党总统的执政期间，两届共和党控制的国会延长了这一计划。

赫尔实现了在 1916 年的国会演讲中首次公开提到的梦想，他还目睹了战后一些机制的创设，这些机制接近于他提议的“国际贸易大会”，目的在于达成“促进世界各国之间公平友好贸易关系”的协定，这一点在《关税与贸易总协定》中体现出来了。在描述《关税与贸易总协定》创设的主要文本中，其作者总结道：“由于在 20 世纪 30 年代几乎单枪匹马地重新定位了美国的贸易政策，并在 20 世纪 40 年代鼓动了战后计划，赫尔是最终成就《关税与贸易总协定》的最重要的人。”[61]

注释：

1. *FRUS* 1942, vol. I, 535.
2. Blum, *From the Morgenthau Diaries: Years of Crisis, 1928–1938*, 524.
3. “Trade Pacts Safe, Officials Declare,” *New York Times*, December 17, 1939.
4. Ickes, *Secret Diary of Harold L. Ickes*, vol. 3, 68.
5. 86 Cong. Rec. 4,105 (1940); Pastor, 97.
6. Roosevelt, *Public Papers and Addresses*, 1940 volume: *War—And Aid to Democracies*, 607–608, 643.
7. An Act to Promote the Defense of the United States, Pub. L. No. 11, §3(b), 55 Stat. 32 (1941).
8. Skidelsky, *Keynes: The Return of the Master*, 57; Woods, *A Changing of the Guard: Anglo-American Relations, 1941–1946*, 27.
9. Tugwell, *The Democratic Roosevelt*, 374.
10. “From Keynes to Roosevelt: Our Recovery Plan Assayed,” *New York Times*, December 31, 1933.
11. Keynes, *The End of Laissez-Faire: The Economics Consequences of the Peace*, 87.
12. Schlesinger, *The Age of Roosevelt*, vol. 3, 406.

13. Perkins, 225–226.
14. Keynes, *The Collected Writings of John Maynard Keynes*, vol. 17, 451.
15. Keynes, *Collected Writings*, vol. 19, 151–152.
16. George, *War Memoirs*, 410.
17. John Maynard Keynes, "National Self-Sufficiency," *Yale Review* 22, no. 4 (June 1933): 755–769; Keynes, *Collected Writings*, vol. 21, 233–246.
18. Keynes, *Collected Writings*, vol. 20, 120.
19. Skidelsky, 80; Keynes, *Collected Writings*, vol. 4, 65.
20. Keynes, *Collected Writings*, vol. 20, 494–495.
21. Keynes, *Essays in Persuasion*, 278.
22. Keynes, *Collected Writings*, vol. 21, 204–210.
23. Irwin, *Against the Tide*, 189.
24. *FRUS* 1941, vol. III, 7.
25. Acheson, *Present at the Creation*, 29.
26. *FRUS* 1941, vol. III, 12.
27. Ibid., 15.
28. Ibid., 11–13.
29. Ibid., 16–17.
30. Harrod, *The Life of John Maynard Keynes*, 512.
31. Acheson, 29.
32. http://avalon.law.yale.edu/wwii/atlantic.asp.
33. Roosevelt, *As He Saw It*, 35–37.
34. Churchill, *Liberalism and the Social Problem*, 54.
35. http://avalon.law.yale.edu/wwii/atlantic.asp.
36. Hull, vol. 2, 975.
37. Acheson, 31.
38. *FRUS* 1942, vol. I, 528.
39. *FRUS* 1941, vol. III, 49.
40. Acheson, 32.
41. Pressnell, *External Economic Policy since the War*, Vol. 1, 50–51.
42. Ibid., 54.
43. *FRUS* 1942, vol. I, 527.
44. Pressnell, 52.
45. *FRUS* 1942, vol. I, 531.
46. Pressnell, 57.
47. *FRUS* 1942, vol. I, 535–536.
48. http://avalon.law.yale.edu/wwii/angam42.asp.
49. Pressnell, 59.
50. 然而，与凯恩斯不同，必须指出的是，怀特是苏联同情者，并且，后来被确信为苏联线人，根据是前苏共间谍惠特克尔·钱伯斯（Whittaker Chambers）和其他人在针对众议院非美活动特别调查委员会面前的供词。除了为了让苏联参加布雷顿森林协定极力放松条件之外，在协定谈判过程中，这种同情没有影响他的民族主义策略。最终，苏联拒绝批准布雷顿森林协定。关于怀特所谓间谍活动的调查记录，参见Steil, *The Battle of Bretton Woods*, 317–329。
51. Van Dormael, *Bretton Woods: Birth of a Monetary System*, 37.
52. Ibid., 46.
53. Steil, *The Battle of Bretton Woods*, 159–160.
54. Van Dormael, 108.

55. Ibid., 121.
56. Ibid., 266.
57. Hull, 1110.
58. Acheson, 88.
59. Israel, *The War Diary of Breckinridge Long*, 386–388.
60. Johnson and Porter, 411.
61. Irwin, Mavroidis, and Sykes, *The Genesis of the GATT*, 12.

第 11 章

战后大西洋联盟

华盛顿的情况与伦敦的情况有很大的不同，人们很容易误解彼此的艰难以及彼此解决这些艰难问题的方式背后的真正目的。[1]

——约翰·梅纳德·凯恩斯，上议院，1945 年 12 月 18 日

1945 年 4 月，富兰克林·罗斯福去世，美国总统哈里·S. 杜鲁门(Harry S. Truman)入主白宫，不久即要求助理国务卿威廉·L. 克莱顿(William L. Clayton)就战后国际商业关系计划做一个简单报告。克莱顿 1944 年 12 月才开始在国务院任职，但是，自 1940 年以来他一直是罗斯福政府经济和贸易问题的资深顾问。克莱顿向新总统详细报告了国会尚未批准的《布雷顿森林协定》，并向他简要介绍了即将到来的贸易谈判，其间，杜鲁门仔细倾听并做了大量的记录。1940 年，科德尔·赫尔就把杜鲁门列入了他担心的对象，当时杜鲁门是一名参议员，他担心杜鲁门不会投票赞成延续不附加任何条件的贸易协定计划。然而，杜鲁门对赫尔希望的计划延续投了赞成票，就像他一直所做的那样。他

声称，自从他领导高中辩论小组为“关税只为财政收入”的主张进行辩论以来，他对自由贸易的理念就“特别感兴趣”。[2] 像赫尔一样，杜鲁门是一名政治自由主义者、国际主义者，并且对罗斯福的绝大部分新政计划投了可靠的赞成票。

在克莱顿结束了他的呈报后，杜鲁门以他特有的谦逊和坦率的态度承认，“我对这些事情一无所知。我当然不知道我要为它们做什么。我需要帮助”[3]。克莱顿得到了这样一个公开表白以及恳切的请求，于是两人建立起了相互尊重的纽带，这对实现赫尔的国际贸易目标至关重要。

威廉·克莱顿身材高大，英俊潇洒，风度翩翩，有着棱角分明、与众不同的面部特征，就像是由一位古典希腊雕刻家雕刻出来的。1945 年，克莱顿时年 60 岁，满头银发，中分发型。1880 年克莱顿出生于密西西比州图佩罗附近的一个棉花农场，1886 年他的父亲因债务而将棉花农场抵给了债权人，克莱顿被迫在八年级时放弃了正规教育。他的父亲在放弃了图佩罗的农场后搬家到田纳西州杰克逊市，他学习速记并自学打字，12 岁时在田纳西州杰克逊市成为速记员和法庭记者。除了法庭工作外，这个年轻的少年还在当地酒店为客人打字，这不仅帮助他的家庭养家糊口，而且认识了至少两个人，他们后来对他的职业生涯起到了帮助作用。第一个熟人是威廉·詹宁斯·布莱恩，当时他是竞选美国参议员的内布拉斯加州的民主党人。布莱恩雇克莱顿打一篇政治演讲稿，从这篇政治演讲稿中这个年轻人学到了关于高关税弊病的第一课。他长期谈论布莱恩把南方糟糕的农业经济归因于保护关税的观点。第二个熟人是一位棉花商人，他对克莱顿所展示的才能和活力印象深刻。在克莱顿 16 岁时被雇用为他的私人秘书，并把克莱顿带到了他位于纽约市的美国棉花公司（American Cotton Company）总部。

1904 年，克莱顿离开美国棉花公司，与他的姐夫一起在俄克拉荷马市创办了自己的经纪公司，后来公司搬到了得克萨斯州的休斯敦。在 20 年内，一家新的公司［即安德森-克莱顿公司（Anderson，Clayton & Co.）］成为世界上最大的棉花商，并使其所有者成为千万富翁。[4] 克莱顿的成功激怒了竞争对手，他们声称他是为了自己的利益操纵市场，并促使国会对他从 1928－1936 年的商业行为发起四次国会调查。所有调查形成了 3 450 页的证词记录，克莱顿自愿出场，冷静地详细解释了他的生意是如何运作的。调查彻底证明了他的无辜，在国会大厦，他留下了良好的印象。被称为“全部是从普通赌徒到经济上的保皇党的故事”，按照《新闻周刊》报道：“在每一次调查中，他都赢得了清清楚楚的健康体检报告，并因其商业道德而受到众议员的赞扬。”[5]

到 20 世纪 20 年代末，威廉·克莱顿的影响力开始从棉花市场延展到政治领域，尤其是与农业和贸易有关的政治领域。不同于那些支持哈丁-柯立芝-胡佛放任商业自由的商人，作为威尔逊民主党人的克莱顿认为，资本主义需要监管。1936 年，克莱顿在哈佛商学院校友会（Harvard Business School Alumni Association）的一次演讲受到《纽约时报》社论的赞扬，演讲中他严厉批评了企业的关税游说和垄断行为，批评这些行为在寻求家长式政府保护的同时，削减了产量、捆绑了价格、扭曲了竞争。[6] 他强烈反对政府干预市场，然而，无论是民主党人还是共和党人，都极力操纵农产品市场。正是因为这个原因，在罗斯福政府第一任期内，就《国家工业复兴法案》和农业调整局的问题，他与罗斯福政府发生争执。克莱顿强烈反对通过削减产量和“少耕而减少”作物来提高价格。他甚至短期加入了美国自由联盟（American Liberty League）这个由保守派民主党人阿尔弗雷德·史密斯和约翰·J. 拉斯科布等发起的、两党反罗斯福的组织——主要由杜邦家族资助。

多年来，克莱顿在公共舞台上承担着一些角色，基于批评家的政治视角，批评家对他的政治观点得出了不同的结论。在左派看来，用《国家》杂志的话说，他被认为是一个“南部的反动分子”。[7] 站在右派立场上，孤立主义的共和党人把他称为“不切实际的社会改良家圈子里的著名的一个人的世界”。[8] 但是，《美国杂志》（*American Magazine*）可能给出了最准确的描述：“克莱顿会把他的头发中分，并且他会走同样的政治路线。”[9] 晚年他曾表示，他对为穷人开发经济适用房和促进世界和平非常感兴趣，但是，对克莱顿来说，最重要的政治问题是贸易。他是在公开信上签字敦促胡佛总统否决《斯穆特-霍利关税法案》的 1 028 名经济学家和商人之一。当 1936 年共和党总统候选人阿尔弗雷德·兰登抨击赫尔的贸易计划并赞扬乔治·皮克的经济民族主义时，克莱顿立即回到民主党阵营，支持罗斯福连选连任。

1940 年，克莱顿离开了他的棉花经纪公司，作为一名富有的商人自愿在政府工作，“年薪一美元”，因为需要应对战争威胁引起的经济紧急情况。他的工作范围从在纳粹占领欧洲大陆后帮助拉丁美洲国家寻求新的市场，到领导海外采购重要的国防物资和管理战时过剩资产的处置。1942 年 7 月，参议院批准了他作为商务部部长助理的任命，在科德尔·赫尔退休一个月后，罗斯福于 1944 年 12 月将克莱顿调到国务院担任助理国务卿，负责经济事务。长期以来，克莱顿是赫尔自由贸易哲学的信徒，也是互惠贸易协定计划的忠实信徒，他写信给当时正在贝塞斯达海军医院接受治疗的前国务卿赫尔说：“我在国务院信笺上签名的第一封信是写给您的……我想向您保证，您的外交政策是如此根深蒂固地根植于我的系统，我将始终为此而工作，为此而奋斗。”[10] 这份保证与克莱顿的任命被证明对推进赫尔的目标尤其重要，因为赫尔的直接继承人爱德华·R. 斯特蒂纽斯(Edward R. Stettinius)和詹姆斯·M. 布莱恩斯(James M. Byrnes)如果不是没有兴趣，就是对贸易缺乏关注。

贸易协定计划的延续

1945 年 3 月 26 日，罗斯福总统在他去世前不到三周的最后一次国会咨文中，要求继续授权谈判贸易协定三年期限。现有的授权将于 6 月到期，原法案下的大部分权力——至 1943 年关税税率降低到 1934 年关税税率的 50%——已经用尽。按照 1934 年以来签订的 28 份协定，关税税率已经从《斯穆特-霍利关税法案》近 60%的平均水平下降到低于 30%。按照新的要求，罗斯福提出了一项重大改革，允许 1945 年实际关税税率降低 50%。如果国会同意，总统将被允许将平均关税税率降低到 15%以下，这将低于威尔逊政府期间《安德伍德关税法案》制定的关税税率。罗斯福认为，这一大胆的要求“对我国对外贸易大幅增长是至关重要的，这是充分就业和提高生活水平所必需的”。他承诺追求“在我们所面对的其他一些国际贸易问题上，与世界友好国家达成共识的可能性”。由于这一可能性是由贸易协定立法、布雷顿森林体系提案和联合国组织一道推动的，总统指出：“我们将很好地开始为我们所期待的国际合作的新世界创造一套可行的工具。”[11]

对于该计划，商界的支持比以往任何时候都要强烈，起初似乎没有多少党派对立。在过去三次选举中，共和党总统候选人阿尔弗雷德·兰登、温德尔·威尔基和托马斯·杜威都支持赫尔的贸易计划。事实上，在1944年竞选期间当被要求对“民主党的贸易计划”发表评论时，杜威回答说：“你所指的是共和党的互惠贸易协议计划，而赫尔国务卿一直执行的就是这个计划。”[12] 杜威所指的可能是在先前的共和党提案中被批准但很少实施的互惠协定。但是，在1943年前，两院的共和党人中只有不超过5人投票支持赫尔的计划，当时，18名共和党参议员投票赞成将该计划仅仅延长两年。随着战争削弱了孤立主义的流行态势，现在共和党对保护主义利益集团的支持似乎也在减弱。

根据他们认为有利于自由贸易的政治趋势，国务院的经济规划者们向总统提议向前走一步，要求授权以“横向的”或跨国的多边方式而不是赫尔的双边逐项方式进行关税谈判。然而，罗斯福并不那么乐观，他坚持双边的做法，担心如果他走得太远，会受到保护主义的强烈反对，正如赫尔所经受的那样。总统的直觉又一次是准确的。尽管人们越来越接受国际主义，但是当时的民意调查发现，61%的受访者反对增加进口。[13] 众议院筹款委员会主席、众议员罗伯特·L.道格顿警告说，赫尔的缺席（他认为赫尔是“实力之塔”），以及国会决心从行政部门夺回宪法权力的复兴，将削弱以扩展形式延长授权的机会。参议院财政委员会主席沃尔特·F. 乔治（Walter F. George，D-GA）在两院中表达了国会希望收回其权力的观点。[14] 由于他们选区的一些保护主义利益集团中一直有少数民主党人反对该贸易计划，但是，当罗斯福在他提出的立法要求中把这项措施列为“必须”措施时，他们就找到了支持该计划的理由。在罗斯福和赫尔缺席的情况下，创造具有说服力的杠杆使提案在两院得以通过，被证明是杜鲁门在国会山的第一次严峻考验。

杜鲁门接任总统后不久，会见了他的老朋友、众议院议长萨姆·雷伯恩(Sam Rayburn，D-TX)、参议院财政委员会主席道格顿和其他一些国会的领导人，说服他们有必要继续实施罗斯福-赫尔贸易政策。对雷伯恩来说，这并不是一个艰难的选择；这位议长一直是保护性关税的死敌，他称保护性关税为"世界上已知的最不可辩护的制度"。在第一次在众议院发表的演说中，支持威尔逊总统 1913 年通过的关税法案，在宣誓就职仅几周后，雷伯恩就谴责了"共和党错误地使用规则"，成为站在制造业者背后的"抢劫墙"和"用更多的不义之财使他们已经膨胀的钱包增肥，这些不义之财是从劳苦大众的手上夺来的，这些人一直被无情地踩在税收的脚下"。[15]

立法程序一开始，情况变得很明显，延期辩论将是一场激烈的党派斗争。与赫尔个人参与推进该计划的做法形成鲜明对比的是，新任国务卿爱德华·斯特蒂纽斯为自己解脱的理由是，准备建立联合国的旧金山会议，"紧迫的责任压在自己身上"。他对自己不能亲自出现在筹款委员会鼓动更新授权而遗憾。筹款委员会中的资深共和党人似乎很愤怒，认为斯蒂纽斯的书面陈述不应该被记录在案，除非他"能亲自到这里来，读给大家并接受盘问"。委员会中排名靠前的共和党人哈罗德·克努特森(Harold Knutson，K-MN)指责斯蒂纽斯未能出席，认为这可能给人们留下"遗憾的印象，即他对该法案的运作没有足够的信心，因此不出现在为其辩护的场所"。在一场长篇演说中，克努特森要求威廉·克莱顿代表国务卿出场，将准备好的声明放在一边，针对贸易计划的"完全失败的让步"开起听证会。对于克努特森来说，贸易计划旨在将经济恢复到"在 20 世纪 20 年代共和党关税制度下"的水平。他说，过去为该计划辩护的理由不过是"闪烁其词的谬误、闪烁其词的一般性和闪烁其词的荒谬"。

当轮到克努特森质问克莱顿时，他把大部分时间用于询问克莱顿有关其棉花商业的实际情况，试图表明克莱顿更愿意帮助巴西经济，而不是美国的经济。克努特森质问的重点集中在捍卫共和党的保护主义制度，他说这项制度使美国变得伟大和繁荣。克努特森反驳了科德尔·赫尔关于《互惠贸易协定法案》将促进和平的承诺，他夸口说，贸易计划未能阻止第二次世界大战。克莱顿对这位议员的指控做出了清晰而坦率的回应，这表明他对这些问题的理解深度和非凡的耐心。[16]

在听证会结束时，委员会以微弱优势否决了16项修正案，这些修正案可能会稀释或彻底破坏该计划，并且被报告的措施以14票对11票得到了赞成，所有共和党人和1名民主党人反对。这个结果是一次重大的转折，与上周相比，当时克努特森和迪安·艾奇逊(现为处理同国会的关系的助理国务卿)都认为共和党人在委员会的投票权中将击败该草案。[17] 据《纽约时报》报道，关于草案的众议院公开辩论持续了三天，议长雷伯恩不断地为公开辩论上下活动，"乐见于再次从立法火线上退却下来"。艾奇逊说，这是一场"沉闷的、完全不切实际的辩论"，并补充说，"该草案所声称的一些观点很少是真实的，没有任何幻想中的危险"[18]。道格顿主席主导了这场辩论，针对的是在委员会中被否决的多项修正案，在反对党领袖代表克努特森高喊"不公平"的同时，一再采取限制辩论的措施，所有的修正案都没有通过，其中包括赋予国会贸易协定否决权，以及减少或取消谈判权。有些修正案落空，赞成票不到20票。

杜鲁门总统担心该计划可能因修正案而被终止或取消，他在给议长的一封信中发出强烈呼吁，议长在公开辩论会上读了这封信，信中声称《贸易协定法案》的更新和加强"对我的政府的成功是首要的"。雷伯恩议长对这封信加以说明，他说：

> 如果我是一个摇摆不定的民主党人，有了这个人(总统)的保证——他不仅抓住了美国人民的想象力，也抓住了世界人民的想象力，我将毫不犹豫地服从他的排在第一位的主要要求。如果我是这个众议院的共和党成员，意识到这个人肩负着巨大的责任，在他以及你和我面前存在着世界性的伟大工作，我会犹豫是否要在他的前进道路上抛掷任何东西，可能妨碍他带来世界秩序、和平和商业的努力。

在媒体所称的杜鲁门"迄今为止国会对他的计划支持的最大考验"中，草案以239票对153票轻松通过，33名共和党人冲破束缚，加入了多数党。[19]

在参议院，杜鲁门的根据地，财政委员会以 10 票对 9 票通过了参议员罗伯特·塔夫脱的修正案，延长法案的有效期，但是不做削减关税的任何新的授权，从而构成了几乎致命的威胁。三位民主党人投票赞成。草案在为期一周的公开辩论中被保存下来，在该辩论中，在两党共同努力下，参议院以所需的 47 票对 33 票恢复了授权，并否决了所有其他限制或否决该计划的修正案。参议院以 54 票对 21 票最终通过了这项草案，15 位共和党人投赞成票，5 位民主党人投了反对票，使杜鲁门总统获得了第一次重大胜利。随着新的授权的获得，国务院承诺“在贸易关系领域，为了共同政策，寻求各国之间尽可能最广泛的协定”。[20]《纽约时报》宣称，通过授权将《斯穆特-霍利关税法案》规定关税税率降低 75%，“国会已经采取了过去未采取的最重要的措施，使实现战后繁荣和全球经济合作成为可能”。[21]

有关第七条的谈判

在 1942 年签署实施租借计划的《英美互助协定》之后的几年里，大西洋两岸的专家针对该协定有争议的第七条和《大西洋宪章》中的原则，就战后国际经济关系的形式和实质在高级官员层面进行了定期磋商。哈里·霍金斯是第一任商业政策和贸易协定局(Division of Commercial Policy and Trade Agreements)局长，领导着国务院的工作组，自 1944 年以来，在美国驻伦敦大使馆担任经济事务顾问。胡戈·道尔顿(Hugh Dalton)是工党下院议员兼贸易委员会主席，与他一道工作的莱昂内尔·查尔斯·罗宾斯(Lionel Charles Robbins)和詹姆斯·爱德华·米德(James Edward Meade)均来自主要代表英国的战时内阁秘书处经济科。他们都是著名的学院派经济学家。此前，霍金斯在弗吉尼亚大学任教，道尔顿和罗宾斯在伦敦政治经济学院任教[22]，米德在牛津和剑桥任教，他们都对国际贸易组织管理战争后各国之间的商业关系的必要性持非常相似的观点。

1977 年，米德因在伦敦政治经济学院和剑桥大学从事国际经济政策研究工作而获得诺贝尔经济学奖，1942 年 7 月，米德提出了一份“关于建立国际商业联盟建议”的提案。该提案旨在与凯恩斯提出的建立国际货币清算联盟的提案并行，向任何接受非歧视原则（有一定的例外，包括“温和的帝国特惠”）以及降低有利于国内产品而不利于国外产品的贸易壁垒的国家提供成员国资格。[23]按照米德的建议，贸易委员会制作了一份报告，该报告在适当的英国部委的官员层面流转传阅，并获得了与美国人在 1943 年秋季进行讨论的初步批准。9 月和 10 月间，一个英国代表团聚集在华盛顿，与美国国务院和财政部的同行非正式地交流意见。代表英国财政部的约翰·梅纳德·凯恩斯在美国财政部会见了哈里·德克斯特·怀特，讨论了将带到 1944 年布雷顿森林会议上的货币问题，与此同时，罗宾斯、米德和贸易委员会的其他人则会见了哈里·霍金斯和国务院贸易政策局的其他官员。在国务院磋商的结果是，在大多数问题上取得了显著的一致性，包括希望成立一个国际机构，以促进减少贸易壁垒，限制进口配额的使用，以及在战争结束时致力于确保充分就业的方式。

两个存在严重分歧的问题是进行关税谈判所采用的方式和第七条中提出的终结贸易歧视问题。英国致力推动在多边会议上与所有参与谈判的各方协商全面削减关税。尽管霍金斯对此表示赞同，并且这是赫尔在哲学上的倾向，罗斯福与政治上谨慎的赫尔坚持在《互惠贸易协定法案》中采用双边产品对产品的谈判方法。赫尔赞成通过包含在一个又一个双边协定中的无条件最惠国条款施加的多边结果。在第七条的问题上，美国人坚持以渥太华的帝国特惠制为目标，消除这些特惠制，它被视为根据租借协定转移给英国的巨额资金的政治对价。罗宾斯和米德都不喜欢帝国特惠制度的经济学和政治学。在 20 世纪 30 年代，当出台这个制度时，罗宾斯就“深表遗憾”。然而，他们发现了“美国方案中的教条主义因素……很难接受”，并坚持任何消除（帝国特惠制）的步骤必须取决于美国愿意在多大程度上降低自己的高关税。[24]

尽管磋商的基调总体上是积极的，至少在专家中建立了一个共同原则框架，但是在英国代表团返回伦敦一年多之后，谈判才重新开启。在听闻华盛顿取得进展后，英国战时内阁中的保守派发起了针对讨论的“反对运动”。比弗布鲁克(Beaverbrook)爵士[威廉·麦克斯韦·艾特肯(William Maxwell Aitken)]是一位显赫的媒体大亨和内阁大臣,罗宾斯称之为"英国政治的邪恶天才,具有反复无常的热情和恶毒的仇恨,尤其憎恨美国和美国人"。[25] 比弗布鲁克爵士在负责印度事务的大臣利奥波德·S. 阿米里(Leopold S. Amery)的大力支持下领导了这场"反对运动"。他们二人都是顽固的帝国主义者和经济民族主义者,都致力于(帝国)特惠制。尽管丘吉尔首相个人对专家的自由贸易观点表示同情,并特别希望与美国建立强有力的伙伴关系,但是他全神贯注于指挥战争,并对比弗布鲁克坚持与华盛顿举行进一步的贸易谈判表示沉默。

由于他们对伦敦的沉默应对感到失望和沮丧,在整个1944年国务院官员们继续他们的工作,为战后贸易体制制定计划。时任负责经济关系的助理国务卿迪安·艾奇逊任命了一个机构间委员会,负责起草推进英美专家讨论的可选提案。1944年秋季,该组织批准并向艾奇逊提交了一份题为"拟议的商业政策多边公约"的备忘录。[26] 该提案要求以10%为底线,再降低50%的关税税率,取消大部分关税优惠,减少其余优惠,限制补贴,以及取消绝大多数进口配额,但对临时配额规定了免责条款,允许防止进口激增对国内产业造成损害,还呼吁建立一个国际组织来监督这些措施的实施。在11月底的国会听证会中,艾奇逊披露了这项提案的摘要,哈里·霍金斯在12月将其提交给詹姆斯·米德。米德和其他英国专家都很喜欢这项提案,认为这项提案符合他们的观点,但是,内阁高层的反应基本上是消极的,或者说完全不同。远离贸易谈判的凯恩斯也表示反对。对于美国将大幅削减其关税,他保持悲观,并认为战后英国可能需要利用进口限制措施以及米德和国务院建议中都禁止的其他措施。在写给贸易委员会的信中,凯恩斯说,"你知道,对于回归到19世纪的自由放任政策,我恐怕是一个毫无希望的怀疑论者,对此,你们和国务院似乎有一种怀旧的感觉"。[27] 尽管罗斯福总统呼吁丘吉尔首相重启第七条讨论,但是,英国人继续拖延。

英国贷款

罗斯福去世与德国投降之后，1945 年 7 月，在波茨坦会议上，杜鲁门总统第一次会见了丘吉尔。他还会见了丘吉尔的继任者克莱门特·理查德·艾德礼（Clement Richard Attlee），在波茨坦会议期间结束的选举中，他领导的工党出人意料地战胜了保守党。在这次会议上讨论的关键议题是租借计划。英国敦促美国战后继续提供租借支持，以帮助对战败领土的武装解除和占领，以及欧洲经济重建的巨大资金需求。美国人坚持认为，他们没有立法授权，超出与日本的实际军事对抗用途而使用租借基金。继美国在广岛和长崎投下了原子弹，日本表示投降的意图之后，8 月 21 日杜鲁门总统声称对租借业务不满，这让丘吉尔和艾德礼感到震惊。[28] 新闻报道也令一些美国官员震惊，特别得知此事的威廉·克莱顿，此时他正在伦敦进行战后财政救济与重建工作。大西洋两岸的许多人都认为，如果罗斯福还活着，他会找到一种延长计划的方法。就在 11 个月前，在魁北克与丘吉尔举行的一次会议上，罗斯福同意提供 30 亿美元的租借援助，用于在德国投降和日本最终战败之间拟议的“第二阶段”租借期内以国内和出口为目的的非军事工业复苏。后来，杜鲁门承认，他的突然取消是“一个严重的错误”，但是，在限制性的租借立法目的下，英美经济合作的新方案无论如何都是不可避免的。[29]

美国的工业能力因战争而得到了大幅提升，与美国不同的是，英国由于战争而失去了五分之一的国家财富，大部分工业遭到了破坏。如果没有在战争中为英国人民提供支持的租借计划，英国就没有资源来支付关键的粮食和能源进口。按照他们的估计，英国的经常账户赤字达 50 亿美元，并预测即使采取“紧缩的”进口计划，未来几年的累计赤字也接近 60 亿美元。[30] 如果没有必要的储备来购买重要的进口品，生活水平可能会达到新低，甚至比战争时期还要糟糕。

在英国，许多人认为应该承认他们国家在与共同敌人的战斗中所做的牺牲。毕竟，在 1942 年援助开始前的三年战争中，他们耗尽了绝大部分的外汇储备。除了大约 200 亿美元的租借援助外，英国在接下来的三年中为了赢得战争的胜利，还与其他盟国和中立国家发生了 40 亿英镑(160 亿美元)的债务。[31] 凯恩斯勋爵是那些认为英国应该以补偿性金融援助的形式得到这样的承认的人之一。凯恩斯以其特有的傲慢态度，立即说服大臣们把他派往华盛顿，向他的美国朋友陈情，要求以直接拨款的形式提供财政援助，如果这样做不到，至少基于"对等牺牲"原则提供无息贷款。凯恩斯和英国驻美国大使哈利法克斯伯爵要求获得 50 亿～60 亿美元的援助，旨在提供一个统计数据，表明英国在击败轴心国方面的贡献远远超过美国。[32] 这让他的英国同事特别是莱昂内尔·罗宾斯和詹姆斯·米德感到震惊，他们一直在与(美国)国务院进行商业谈判，凯恩斯还计划凭借一己之力解决在建立非歧视性多边贸易体制中涉及帝国特惠政策的第七条问题。[33]

9 月抵达华盛顿后，关于战胜德国哪个国家做出的贡献最大，凯恩斯很快认识到大西洋彼岸的美国盛行的公众观点与他的观点是不一致的。一项盖洛普民意调查显示，60%参与这项调查的人甚至反对向英国提供贷款。[34] 同样，美国国会的主导意见是不赞成(向英国提供贷款)，而对援助或贷款的任何拨款都必须获得(国会)批准。两党的众议员已经表示反对注销因非战争物资而产生的租借债务，比如在德国投降后运往英国的预制房屋。[35] 过去的 12 年里，在罗斯福统治的行政部门主导下，国会已经非常嫉妒行政部门行使的特权，因此，不容易说服国会违背公众意见。取代基于"正义"的理由要求补偿英国所做出的伟大牺牲，凯恩斯的美国朋友说服他着重于未来的需要，而不是与过去的牺牲比较，以此来证明贷款的正当性。正如罗宾斯在其回忆录中所观察到的，凯恩斯具有"像变色龙一样的快速适应环境颜色的能力"，从而转变了他的诉求，呼吁为了美国商业利益，创建注定有利于美国经济的一个多边贸易体系。[36] 他认为，如果没有美国的财政援助，英国将别无选择，只能继续其战时限制性贸易政策和着重于国际收支的双边协定。然而，通过美国不断的支持，英国有了稳固的财政基础，凯恩斯说，英国可以"尽早回到无歧视的正常贸易实践中，并在商业和关税政策中回到更大自由和自由度"。[37] 这种方式的转变造成了英国媒体对凯恩斯的攻击，特别是来自弗布鲁克勋爵的攻击，他是《每日快报》(*Daily Express*)和《标准晚报》(*Evening Standard*)的出版商，相关讨论紧随其后。[38]

从9月中旬到12月初，无论是有关贷款的金融条款谈判，还是有关商业贸易政策的谈判，均以令人痛苦的速度久拖不决。虽然凯恩斯勋爵继续领导金融谈判，但是，美国人和他的英国同事都反对凯恩斯凭借一己之力进行商业谈判。[39] 英国贸易委员会(Board of Trade)的莱昂内尔·罗宾斯和珀西瓦勒·列辛(Percivale Liesching)勋爵与威廉·克莱顿以及新任美国财政部部长弗雷德·M. 文森(Fred M. Vinson)领导的美国团队在很大程度上接管了此次谈判。克莱顿个人赞成向英国提供财政援助，但是，他坚持援助与贸易让步联系起来，尤其是取消帝国特惠制，他以至少相当于科德尔·赫尔的宗教式狂热谴责(帝国特惠制)。尽管英国人试图坚持将贷款谈判与贸易政策讨论分离开来，但是，克莱顿不断收到来自商界和国会的呼吁，要求他坚持立场。例如，美国制造商协会要求国会不批准任何援助，除非"从美国工业界的角度来看，英国对放松和消除歧视性贸易做法所做的承诺是明确的、切实的和实际的"。同样，美国众议院战后经济政策与计划特别委员会(Special Committee on Post-War Economic Policy and Planning)建议"给予英国大规模贷款的先决条件应该是取消歧视性待遇、配额、外汇管制和关税优惠"。[40]

然而，即使是那些反对帝国特惠制的英国代表团成员，也不愿意在没有得到美国关税大幅让步的情况下，为了财政支持，被讹诈进而放弃(帝国特惠制)。正如罗宾斯观察到的："在看到将得到的回报之前，我们不准备签下任何东西。"[41] 英国人仍然高度怀疑美国会实施足以有利于英国工业的关税减让。英国人争辩说，如果不是《斯穆特-霍利关税法案》和美国其他保护主义关税措施，就不需要首先建立帝国特惠制。凯恩斯对文森部长说："如果签署这些协定，三个月后马(帝国特惠制)就死了，你希望我们怎样(在关税问题上)讨价还价？"[42] 即使美国国务院行使全部权力将关税税率在现行税率基础上降低50%，政治敏感产品的某些关税税率仍将对英国出口是禁止性的。英国人也不喜欢美国提出的逐项产品双边谈判，而赞成一个全面的多边框架，他们认为这更有可能导致广泛的关税削减，并可以使他们少雇用一些技术专家来实现满意的关税削减。同样，他们也对“免责条款”持谨慎态度，该条款允许在进口对国内工业造成严重损害时，临时实施进口配额和其他限制措施。为了应对来自国会的政治压力，自 1942 年以来，国务院就在赫尔的贸易协定中包含了这一条款。事实上，英国人发现，可以反对的每一个方面都被美国人视为国会批准的政治必要条件，这只会加剧英国人的焦虑。

最后，用外交上的模糊方法解决了帝国特惠制问题。双方同意国务院“扩大世界贸易和就业提案”中的用语，该建议呼吁联合国为协调政策和建立国际贸易组织而发起一次贸易和就业问题国际会议。大会的召开不迟于 1946 年夏季。为了在会议上进行讨论，“提案”概述了国际贸易组织的结构和指导原则，包括以下关于“关税和优惠”的一节：

> 根据《互惠协定》第七条所规定的原则，各成员国应就重要的关税减让和消除关税优惠做出安排，采取行动消除关税优惠，并采取充分措施大幅减少世界贸易的壁垒，作为本文件所述的互惠互利安排的一部分。[43]

这样的用语为美国人宣称英国已经承诺取消其帝国特惠制留有余地，但是，如果英国人认为美国对关税的削减“不足”、不具“实质性”或没有“互惠互利”，也为英国留下了出路。

12 月，美国总统杜鲁门和英国首相艾德礼宣布，最终敲定了 37.5 亿美元的贷款协议，利息率为 2%；可是，考虑到贷款条件包括最初的五年无息宽限期，这笔交易实际执行的利率略高于 1.6%的五年期贷款利率。在英国出口不足以支付最低水平进口的任何一年里，利息都被完全免除。加拿大政府以类似的条件追加了 1.25 亿美元的贷款，使北美的援助总额达到 50 亿美元。此外，杜鲁门同意取消英国在日本投降前支付租借货物的任何进一步的义务，这些货物价值超过 200 亿美元，并将战争期间以租借方式转让的货物和资本资产的所有权赠予英国。租借清算方案还以低估的价格转让了日本投降后所得的资产的所有权。尽管英国在 11 月初批准了呼吁建立国际贸易组织的建议，并通过谈判可能终止歧视性贸易优惠政策，作为《租借援助协定》第七条的对价[44]，国务院在《租借协定》生效的同时公开宣布了这些提案，以证明英国已同意终止帝国特惠制作为贷款条件的贸易让步。在杜鲁门和艾德礼的联合声明中宣布了贷款协议，两国领导人指出："他们的政府在建立一个世界贸易和货币体系方面具有共同利益，所有国家的贸易都可以从中受益，所有国家的贸易都可以在多边、非歧视性的基础上进行。"[45]

议会辩论

认为作为贷款的交换条件，英国放弃了帝国特惠制，无疑有助于杜鲁门政府将其贩卖给国会，但是，这种看法几乎在英国议会中被扼杀了。英美联盟内部几乎不可能存在比双方都从自己的角度看待本协议条款而产生的更深层次的分裂。在英国，众多议会议员、大量媒体和公众都认为美国的贷款是吝啬的和不足的，贷款条件不仅不现实，而且冲击了英国主权。用保守党下院议员和负责印度事务的前国务大臣利奥波德·阿米里的话说："美国对消除帝国特惠制的要求是对大英帝国存在权的直接否定……是对我们自己的国内事务的不可容忍的干涉。"剥夺英联邦对贸易优惠的支持，阿米里写道，将使帝国的每一个部分"被分割吞并，成为美国工业开发的领地，美国金融的附庸，最终成为美国的一个附属国"。[46] 美国要求议会批准有关贷款、租借清算协定和布雷顿森林协定，同时，在年底前批准(美国)国务院关于贸易的提案，只剩下三周时间，这使英国更加为难。丘吉尔说："我憎恶这种不体面的急躁，同时，这些最严重、最复杂的事情被推到我们面前。"这反映了保守党许多人的观点。"我认为这是对政府抱怨的一个原因，在这个时间问题上，他们受到了威吓。"[47]

虽然在自由党下院议员的支持下，执政的工党在下议院能够获得足够的投票来批准贷款协议，许多保守党人却强烈反对。大多数保守党人(托利党)，包括反对党领袖丘吉尔，对于此项批准投了弃权票。事实上，在议会之外，丘吉尔公开表示支持贷款协议，并告诉美国大使约翰·G. 温南特，如果没有他的党派义务，他倾向投票赞成这项决议。[48] 但是，在下议院相对较为简短的辩论中，丘吉尔说，他“震惊于美国认为在我们所处的特定环境下，从他们的债务人那里获得相当于1.62％的利息是值得的”，并且认为“非常遗憾”的是，贷款与布雷顿森林体系的批准和贸易建议联系起来。他强烈暗示说，他本可以得到比现在政府所拥有的更好的条件，因为“作为资本主义最后的幽灵”，与美国的关系已经恶化，这是自工党“以集体主义和极权主义为基础、以社会主义政策为动力的观念”接管政府以来的事情。他敦促保守党人对该决议投弃权票，使其政党“对这些提案不负任何责任，同时使我们的政党对英语世界的另一个伟大分支不抱有任何敌对态度”，因为注意到“保守党成员对提案投出的任何激烈的反对票都会特别损害我们在美国的利益”。[49]

在下议院辩论中，右翼和左翼反对这项措施的其他人声称，美国将其主要盟友英国视为战败的敌人。他们中没有一人提到美国取消了英国的租借清算义务，除了指出“在美国，租借是作为‘美国防卫法案’通过的”。引领保守党人反对意见的罗伯特·J. G. 布思比（Robert J. G. Boothby）认为，新的义务不可能得到满足，并且《布雷顿森林协定》“将意味着伦敦作为金融中心的终结”。他预言，终结帝国特惠制将“导致英国的分裂”。他敦促保守派同事不要投弃权票，而要和他一起投票反对批准决议。布思比哀求道：“如果保守党不再相信帝国，那么在帝国的经济扩张和发展中，在这个国家它就不再有任何意义了。”布思比指责工党的“政府（领导）我们回到国际经济无政府状态，并且回到19世纪的经济制度，即自由放任的资本主义，这个制度在1929年崩溃了”。他声称，要求非歧视性贸易原则的协定的目的“是为了瓦解、撬开世界市场，为了美国的利益，美国具有强烈的愿望去摆脱他们的剩余产品”，英国缺少的来自美国的进口商品只有“烟草、棉花和电影”。也许工党在选举中赢得了授权，进行工业国有化，布思比总结道，“但是，有一项授权是他尊贵的政府从来没有从这个国家的人民那里得到的，那就是你为了一包烟而出卖英国”。

同样，工党的后座议员H. 诺曼·史密斯（H. Norman Smith）也站起来挑战他的政党领导地位。谈到现任新的工党政府的财政大臣、支持批准美国贷款及其条件的辩论领袖休·道尔顿,史密斯认为,这位财政大臣“张贴海报,海报上写着‘为道尔顿和自由贸易投票’,但是他没有赢得农村的选票”。史密斯痛斥美国的贷款条件,特别是建立国际贸易组织和布雷顿森林体系的国际货币基金组织的建议。1944年,史密斯出版了一本书,其中含有对凯恩斯在布雷顿森林会议上提出的“建立一个超国家金融机构(国际清算联盟,后来发展成为国际货币基金组织)的建议的危险性的警告,(认为)主权国家政府将从属于这个组织”。史密斯称凯恩斯的计划“强加给世界一个隐藏的、不负责任的、全能的政府”。[50] 在当时的辩论中,史密斯对国际贸易组织给予了极大的关注,他说,国际贸易组织将阻止英国“发展我们从自治领大量购买进口商品的政策”。接受这一条件只意味着“这个国家的工党政府将对美国资本主义做出让步”。史密斯敦促他的同事通过投票反对这些提议,开展“反对美国资本主义统治的英国独立战争”。[51]

在上议院,保守党有力量阻止这项决议,最终将最后的批准推迟,以至于超过12月31日的截止日期。凯恩斯勋爵因未能像他在去华盛顿之前所承诺的那样获得财政援助或至少是无息援助而遭到了左右两翼人士的攻击,在返回英国的途中,他开始撰写演讲稿,敦促上议院批准决议。尽管凯恩斯仍然是自由党的一员,但是他在下船后的当天上午发表了讲话,领导了支持工党政府的辩论。整个夜晚,他彻底重写了在船上准备的草稿,为了解决他在抵达英国时听到的对交易失控的误解。一名记者甚至问凯恩斯,传言是否真实,他是否真的把英国变成了美国的第49个州。凯恩斯愤怒地说:“没有这样的运气。”[52]

凯恩斯在演讲开始时,他说观察到“我们这里与华盛顿的气氛存在多么大的差距呀……华盛顿的情况与伦敦的情况是多么不同呀,并且相互不理解彼此的困难又是多么容易呀”。整个上午基于简明而清晰的分析,凯恩斯耐心地解释了导致贷款条款的决策背景和国际贸易组织建议背后的合理性。“只要我还活着,”他说,“我就永远不会后悔这不是一笔无息贷款。”然而,他明白,“如果杜鲁门政府向我们提供了国会会拒绝的东西,那将引发致命的后果”。他强调了贷款的慷慨条款,特别是与美国给予其他盟国的贷款相比,以及基于战争期间的租借援助而取消任何进一步的义务。

> 除了租借之外，我们对这些建议的要求和合理预期是否有点过高，而这仅仅是一种前所未有的自由行为？有没有一个国家这样对待另一个国家，在和平时期为了重建另一个国家的实力和恢复其竞争地位？

凯恩斯转而谈到布雷顿森林体系和他称之为“长期商业和货币政策蓝图”的贸易提案时，强调它们“在我们与美国的关系中是最重要的”，并表示这是“第一个将自由的商业优势与防止自由放任制度带来灾难性后果的保障措施相结合的精心而又综合的设想”。尽管在过去 20 年的大部分时间里，他反对提出更自由的多边贸易计划，无论这些计划是来自他所称的科德尔·赫尔的“疯狂提议”，还是来自他在贸易委员会的英国同事，他现在把这些建议看作“实现亚当·斯密的智慧”的一种途径，并用“现代经验和现代分析”加以更新。他认为拟议中的国际贸易会议是一个巨大的机遇，因为“这是现代历史上的第一次，在削减关税的方向上美国将发挥其充分的、强大的影响力，不仅美国自己削减关税，而且所有其他国家削减关税”。凯恩斯认为，多边贸易的恢复符合英国的“首要利益”，并代表了“本质上英国商业所依赖的制度”。在谈到消除帝国特惠制时，他总结道，“这个决定使贸易真正具有国际性，避免建立约束和限制对外贸易往来的经济集团，这显然是世界最美好希望的一个重要条件，这个最美好希望即英美之间的理解，在国际机构中使我们和其他国家走到一起”。[53]

反对这项决议的比弗布鲁克勋爵对凯恩斯做出了主要回应，他承认他的阵营可能会被击败，因为“社会主义者和银行家”已经联合起来，力挺在“社会主义政党发展的新阶段”中的政府。他的反对意见完全基于决议对帝国的影响。他认为，只要英国的需求能像过去一样由自治领满足，美国的贷款就没有必要了。按照比弗布鲁克称为“最美好生活的鼓动家”的凯恩斯勋爵的计划，美国将替代英国殖民地的地位。承认美国在战争中慷慨大方的同时，比弗布鲁克告诫说：“可以这样说，并且一再强调，与美国所做的相比，包括租借和互助，英镑集团为英国提供了更多——更大程度的财政援助。”现在，政府提议取消帝国特惠制，换取美国关税减让。这样，换来的是“苏格兰威士忌出口的些许增加，以及绅士西服出口微不足道的增长”，比弗布鲁克指出，“我们让出了帝国市场”。他总结道，“摧毁英镑集团……消除帝国特惠制，我们就抛弃了这个帝国”。[54]

《英镑-美元外交》(*Sterling-Dollar Diplomacy*)通常被视为一本最综合、最客观分析战后英美经济协定的著作，在这本书中，作者理查德·N. 加德纳(Richard N. Gardner)总结道，“比尔弗布鲁克不令人信服的表现和凯恩斯大师级的陈述之后”，反对不吉祥的金融安排的阵营崩溃了。[55] 除了比弗布鲁克的报纸，几乎整个英国媒体都赞同批准决议，正如后续的民意调查所证明的那样，普通公众也是如此。

1946 年 1 月 11 日，温南特大使在给国务卿伯恩斯的一封电报中描述了在双边金融和贸易问题上伦敦的政治状态，其中包括以下观察，反映了经常与凯恩斯打交道的美国人持有的共同观点：

> 最近发生的事件表明凯恩斯在第七条问题上的作用非常重要。从第七条签署来看，我们认为，凯恩斯的积极支持和参与比英国任何其他个人的支持和参与都更重要。可以这样说，我们充分认识到他在 1933 年和 1941 年对国际贸易的看法的有失偏颇，以及他偶尔的易怒和自大，都是因为在争论和谈判中因健康问题而加剧的。他思想的力量和涵盖的范围足以抵消这些缺陷，总是使他从一个偏颇的观点回到一个全面的观点，把经济问题放在世界背景下，而不仅仅是在国家背景下。在谈判过程中，英国谈判团队中的其他经济学家更为圆滑；在英国，在争取协定被接受方面，无人能够达到凯恩斯影响力的十分之一。[56]

但成功的代价是巨大的。凯恩斯在华盛顿就贷款协定谈判的付出，以及确保在上议院获得批准，这对于他本人来说被证明是他个人最大的牺牲。尽管已经身怀病重多年了，但是他不听医生的警告，在很大的压力下继续工作，与此同时，在整个过程中，他还承受着一次又一次的心脏病发作。尽管在工作中他与许多美国谈判对手有着建设性的友情，其中包括艾奇逊和克莱顿，但是他时常与其他人发生冲突，尤其是与财政部部长文森发生冲突，围绕着协定的每一部分没完没了、夜以继日地谈判，这些谈判往往一直持续到凌晨。在英国他被普遍尊崇为 20 世纪最有影响力的经济学家，但是当他回到英国时，由于他为国家经济复苏寻求唯一现实选择得到批准而面临纷争，受到了来自各个方面的诋毁。

图 11.1 逝世前一个月，约翰·梅纳德·凯恩斯勋爵和凯恩斯夫人丽迪雅·乐甫歌娃(Lydia Lopokova)在格鲁吉亚萨凡纳召开的国际货币基金组织第一次会议上，1946 年 3 月 10 日(美联社)

1946 年 4 月的一天，莱昂内尔·罗宾斯拿起一份报纸，读到了头版头条《贷款杀死了凯恩斯》，于是，他立刻明白了，“去年秋天华盛顿的斗争和紧张局势”已经耗尽了这位同事最后的精力，尽管罗宾斯与他常常发生争执，但是，罗宾斯视其为他所见过的最杰出的人。[57]

国会辩论

如果英国议会批准贷款条件近乎奇迹,那么,美国国会批准贷款的前景也同样令人望而生畏。反映了广泛的公众观点的国会情绪并不赞同帮助英国摆脱经济问题,大多数美国人并不认同或至少严重低估了解决英国问题的价值。在私下里,一些政治家认识到在战后不确定的世界中继续维持英美联盟的潜在好处,但是,在公开场合,他们中的许多人反对仅仅为了保护英国而提供财政支持,特别是现在英国正处于工党的控制之下。在退役军人回国寻找工作和经济适用房的时候,为什么以很低利息或没有利息的条件贷款给外国呢?关于英国议会辩论的报道进一步加剧了反对意见,表现出了讨厌英国人的态度,并制造了不确定性,即在承诺终止对美国出口歧视性贸易做法的条件下,方可提供贷款。报道使贷款的支持者们不再抱有幻想,反对者开始要求新的让步。

在这种氛围下,杜鲁门总统于1946年1月底向国会提交了贷款协定草案,敦促国会尽快批准贷款协定,不是基于(美国)战时盟友的关键需要,而是基于它将给美国生产商带来的好处。杜鲁门认为,贷款协定将能够使英国废除其贸易限制,以及"全力支持(国务院)关于扩大世界贸易和就业的建议……并尽其最大努力与美国合作,以使基于此的国际讨论得到圆满的结果"。[58]

在参议院银行和货币委员会的听证会上,所有的政府官员都严格遵守(总统)传达的信息。国务卿文森宣称,"这项金融协定是对世界和平与繁荣的一项稳健的投资",通过为我们的出口商打开"英国和许多其他国家的市场",将为美国企业"带来丰厚的红利"。艾奇逊说,该协定提供的是"恢复世界贸易的最后的、明确的机会",并且如果没有它,英国"将不得不把帝国成员拉得越来越近,把我们和其他所有国家排除在这个贸易范围之外"。按照克莱顿的说法,这笔贷款将:

> 有可能使英国在财政上消除目前在英镑区所有市场上针对美国贸易的歧视,并且英国政府同意消除这些歧视……国会批准金

融协定将意味着这两个最大的贸易国决定不发动经济战争，而是在一个对他们和世界上其他国家都有利的平台上共同合作。

商务部部长亨利·A. 华莱士表达了类似的观点，吹捧该协定“对于扩大世界贸易，使其摆脱控制，并建立一个和平的世界贸易共同体”的重要性。[59] 具有讽刺意味的是，政府向国会提出其政治主张的方式似乎就是为了证实英国议会反对者反对该贷款协定的论点，也就是说，终止帝国特惠制将削弱英国，并开放殖民地市场，从而被美国出口所控制。

然而，参议院的反对派忽视了政府推动的贸易利益，而主要关注英国是否需要这笔贷款。共和党的主要反对者罗伯特·塔夫脱支持对美国出口生产补贴，并进行双边易货协定。按照拟议的多边贸易体制的原则，他的两个替代方案都将被禁止，他认为(多边贸易体制的原则)是对美国贸易的不明智的政府间干预。在某种程度上按照比弗布鲁克勋爵的分析，塔夫脱试图将金融援助金额减少三分之二，降至12.5亿美元，并使其成为赠与，而不是贷款，他认为该金额应当与英国殖民财产所提供的援助相当。此外，鉴于英国拖欠第一次世界大战的债务，许多人认为英国无论如何都不可能偿还债务。虽然塔夫脱的替代方案并不具有吸引力，但是，政府也没有提出自己的贸易观点。在参议院听证会接近尾声之际，为了英国读者而密切追踪这个问题的《经济学人》杂志报道说，关于贷款协定的政治关注已逐渐淡化，有关贷款协定的贸易利益的新闻报道“被降为美国报纸的后几页版面”。《经济学人》杂志指出，一项非正式的民意调查显示，21名参议员(包括15名民主党人和6名共和党人)赞成批准，20名反对批准，其余的仍摇摆不定。[60] 除了塔夫脱的建议外，其他人还要求以英国在美国的投资为担保获得贷款，或者以美国永久拥有英国大西洋军事基地以及美国在英国建造机场为贷款条件。如果通过这些修正案中的任何一项，都将需要对贷款协定重新谈判，这将要么扼杀此项协定，要么协定至少耽搁一年。

令人惊讶的是，在春末时参议院的情绪开始转向赞成，当时另一位占据主导地位的共和党上流人士亚瑟·范登堡正式与塔夫脱分道扬镳，并在参议院的公开辩论中宣布支持贷款协定。范登堡首先宣称，在决议中有许多他不喜欢的内容，对于现在正被要求签字认可的协定，国会应该在谈判协定的过程中磋商。作为一个改弦更张的孤立主义者，范登堡说，美国不能只在自己的边境内寻找市场来维持其繁荣："这不是珍珠港事件之前的日子了，那样的岁月一去不复返了。"

出于经济和战略两个方面的原因，这位密歇根州参议员赞成贷款协定，视其"作为一个聪明的美国人的自利问题"。他指出，美国拥有"世界上所有国家中最大的工业生产能力"，拥有"世界工厂产量的60％"，这将产生"工业和农业产品的巨大剩余"。在他所在的州，20％的工作岗位依赖出口。通过这笔贷款，竞争性的世界市场将得以恢复，以美元或英镑进行的国际贸易将高达四分之三。没有这笔贷款，英国就不能也将无法消除其限制性贸易做法，而美国"将被推入双边易货的世界……与我们美国人所珍视的每一个愿望完全相反的国家组织联系在一起"。他预言，苏联和东欧各国将继续实施苏式国家贸易体系，并且，如果没有拟议中的金融援助，英国可能会被迫加入这一趋势。那时，美国人可能会"利用他们所有的防御和限制性手段，应对集团安排和贸易联盟的主导浪潮"，可能导致新的贸易战。他认为，美国必须"在一个动荡世界中，接受经济领导权和道德领导权，对我们和对他们一样必要的是，这个世界必须稳定"。[61]

《经济学人》杂志兴高采烈地报道说，范登堡在最后一刻支持这项贷款的决定"得到了更多可预测的消息来源的支持"，而且来自"最重要的共和党外交事务发言人"。该杂志指出，这位参议员的"声音振聋发聩，有助于政府的申辩"，而且对"可能已经签署了(决议的)死刑令的敌对者来说，(也是振聋发聩的)"。相反，求助于自身利益和"几乎不加掩饰地提到英国有可能被投入不可名状的极权主义势力的怀抱中"来支持贷款协定，他注定会引起同情的回应，有助于(贷款协定)通过。[62]

范登堡的演讲是在其他一些事件发生之后进行的，这些事件有助于使一些尚未决定的立法者加入支持协定的行列。2月，苏联领导人斯大林在莫斯科发表了一次罕见而令人震惊的公开演说，他呼吁重新武装苏联，为资本主义与共产主义不相容所引发的不可避免的战争做准备。不到一个月后，在总统的家乡密苏里州富尔顿市，在哈里·杜鲁门热情介绍了温斯顿·丘吉尔之后，温斯顿·丘吉尔发表了他著名的演说，谴责了“铁幕”，这一“铁幕”已经降临到欧洲大陆，笼罩了苏联的势力范围，由莫斯科强行实施的专制控制越来越强大。丘吉尔呼吁建立一个西方民主国家联盟，特别是，建立一个讲英语的英美联盟加以回应。起初，丘吉尔的讲话并没有得到美国媒体的完全接受，并且公众对任何可能导致另一场战争的联盟都持谨慎态度。面对公众的拒绝，杜鲁门错误地否认他事先知晓丘吉尔的演说内容。然而，随着苏联继续对西方做出威胁的姿态，美国人对丘吉尔警告的最初负面反应开始消除。在杜鲁门的内阁，包括詹姆斯·伯恩斯和亨利·华莱士在内的一些人继续敦促杜鲁门避免与苏联对抗，同时保持着战后与这个战时盟友合作的希望。然而，副国务卿艾奇逊，以及即将离任的美国驻莫斯科大使 W·埃夫里尔·哈里曼(W. Averell Harriman)和前往莫斯科赴任的乔治·F. 凯南(George F. Kennan)都对丘吉尔的演说表示强烈的赞同。当年 2 月，凯南从莫斯科发来的 8 000 字的“长电报”在华盛顿政界广为传阅，电报中警告说，苏联的全球目标是建立在意识形态和俄罗斯历史上的不安全感基础上的，除非武力展示，否则，这种不安全无法消除。

5 月 10 日，也就是在范登堡表示支持的三个星期之后，参议院投票否决了 9 项修正案，其中包括塔夫脱的修正案，因为这些修正案可能会损害贷款协定，并且，以令人满意的 46 票对 34 票的两党投票，批准了该方案。

在众议院银行和货币委员会关于这项决议的听证会上，政府继续把重点放在贸易利益上，敦促批准贷款协定。在四个多星期的听证会中，委员会记录了“大约 70 个商人、银行家、农场主、工人、公民、教会以及和平群体组织”的陈述和证词。[63] 它们主要关注贸易，从而支持金融协定。基于贷款协定的贸易影响，有组织的劳动工会站出来，有力地支持决议。美国劳工联合会主席威廉·格林宣称，在贷款协定条件下英国答应支持拟议的国际贸易组织“对于未来世界经济具有重要意义，因为它不仅带来全世界的贸易，而且带来全世界的就业”。产业组织联合会主席菲利普·穆雷(Phillip Murray)指出，国际贸易组织的建议包含了“在扩大的世界经济基础上建立公平贸易规则的目标”，并且说，向英国提供贷款是“扩大世界经济的第一个重要步骤，而其中关乎美国劳工的重大利益”。美国纺织工人联合会(Textile Workers Union of America)的发言人向委员会提出建议称，尽管“在过去不同的时期，由于面对来自英国纺织业的竞争，美国纺织产业承受了损失，并且纺织品进口将威胁美国纺织产业普遍存在的较高工资和生活水平，但是，他的工会与具有同样的经济与政治愿景的所有其他劳工组织一道，鼓动这个国家采取一切可能的措施支持恢复英国经济”。[64]

6月13日，在长达25页的委员会报告中称，在决议的公开辩论中，强势多数票要求通过决议，完全是基于政府的贸易观点。援引英国承诺终结损害美国出口的歧视做法并支持旨在削减贸易壁垒、消除贸易歧视的国际贸易组织的美国提案，委员会宣称该协定将成为“美国国际经济政策的一个重要组成部分”。[65] 报告还包含了四名孤立主义共和党人的少数反对派观点，他们预言贷款协定“为英美帝国主义分子提供动力”。按照这些反对者的看法，“此后，美国人民将被告知，这个贷款协定是提供美国的钱、枪和年轻人的预先担保，以满足未来英国的全部需要或愿望”。[66]

然而，一个月后，到了众议院举行决议案公开辩论的时候，赞成者已经超越了政府重要的经济理性，基于不断增加的苏联威胁，他们赞成将它作为一项战略加以通过。多数派领袖约翰·W. 麦考马克(John W. McCormack, D-MA)在演说开始时说，他注意到贷款协定“纯粹是一种商业安排，在这种安排中，美国和英国都做出并得到了重要的经济让步……讨论中排除了所有关于情感和政治文化关系的考虑”。协定中美国谈判者的一个主要目标已经实现，即“在公正与平等的基础上向世界所有国家开放英国和英镑区的贸易”，以及“原则上英国同意进一步推动落实成立一个国际贸易组织的提案”。但是，麦考马克宣称，“批准金融协定……对我们和世界其他地区有着更深刻、更广泛的影响”。他描述道，不断增加的来自莫斯科的霸权意图可视为“直接挑战我们的文明，间接挑战其他文明”。他说：“美国要么以‘远见卓识和勇敢的领导力’在世界上占据一席之地，要么我们将再次回到乡土主义和孤立主义……让其他国家和人民成为极权主义的牺牲品。”[67]

在前后四天16小时的辩论结束时，出现了两次最重要的演说。杰西·P.沃尔科特(Jesse P. Wolcott，R-MI)是银行和货币委员会的少数党成员，他坦诚地谈到了他和其他人在理解协定中涉及的问题时的经历，并表示他与许多人对协定的经济和政治影响有着共同的高度关切。然而，他很快意识到，(协定)具有“超越美元和美分对价的重要后果”。在最后的分析中，他得出的结论是，这笔贷款将避免英国从属于苏联的经济和政治影响。“英国已经向左翼迈出了第一步，让我们承认这一点……我不想将英国推到更糟糕的境地。”认识到为美国出口打开欧洲和亚洲市场的潜在好处，他得出结论说，超越协定的好处是，“在自由企业经济下，使我们有可能阻止那些势力的扩张，你和我以及每一个美国公民应该认识到，那些势力对美国的生活方式是致命的和破坏性的”。议长萨姆·雷伯恩做了总结性的演说，他赞同沃尔科特演说中的“每一句话”：

> 当今世界的领导地位已经提供给了我们。全世界善良的人们都需要美利坚合众国这个伟大的民主国家去领导他们。我们要夺取领导权，还是让别人夺取领导权？如果我们不与伟大的英国民主国家结盟，我担心会有其他人将会去做，当我们没有大西洋彼岸的盟友时，上帝会可怜我们；反之，上帝会可怜他们。[68]

按照《纽约时报》的约翰·H.克里德(John H. Crider)的话说：“当议长回到自己座位时，众议院的每一位议员都站了起来，一起为议长鼓掌。”众议院通过了决议，两党投票结果是219票对155票，其中，61名共和党人赞成，32名民主党人反对。[69]

2006年12月28日，英国首相托尼·布莱尔(Tony Blair)领导的工党政府向美国财政部偿还了最后一笔贷款。[70]

注释：

1. 138 Parl. Deb., H.L. (1945) 777 (U.K.).

2. Truman, *Memoirs*, vol. 1, 153, 156.

3. Fossedal, *Our Finest Hour: Will Clayton, the Marshall Plan, and the Triumph of Democracy*, 152.

4. 有关克莱顿商业成功之路的更多描述，参见 Fossedal, 15–46, and Garwood, *Will Clayton: A Short Biography*, 43–95。

5. "What's Clayton Doing," *Newsweek*, March 27, 1944, 64.

6. "Clayton's Talk to Harvard Men on Business Evils and the Remedies," *New York Times*, September 17, 1936; "A Case for Capitalism," *New York Times*, September 20, 1936.

7. "The War Surplus Bill," *Nation*, August 26, 1944, 228.

8. Congressman Paul Shafer (R-MI), quoted in *Time*, January 27, 1947, 21.

9. *American Magazine*, May 1945, 134.

10. Fossedal, 136.

11. *1945 Extension of Reciprocal Trade Agreements Act: Hearings on H.R. 2652 Superseded by H.R. 3240 before the H. Committee on Ways and Means*, 79th Cong. 2–4 (1945); Pastor, *Congress and the Politics of U.S. Foreign Economic Policy: 1929–1976*, 95; Lansing Warren, "Roosevelt Seeks Powers to Slash Tariffs 50%," *New York Times*, March 27, 1945.

12. Richard L. Strout, "Senate Faces Showdown on Reciprocal Tariffs," *Christian Science Monitor*, June 12, 1945.

13. Zeiler, *Free Trade Free World: The Advent of GATT*, 46.

14. John H. Crider, "Opposition Grows over Trade Pacts," *New York Times*, February 24, 1945.

15. 50 Cong. Rec. 1247–49 (1913).

16. *1945 RTAA Extention Hearings*, 5–46, *supra* note 11.

17. Frederick R. Barkley, "Trade Act Passed by Ways and Means," *New York Times*, May 17, 1945; "Trade Agreements," *Washington Post*, May 18, 1945; Acheson, *Present at the Creation*, 106.

18. Acheson, 107.

19. William S. White, "House, after Truman Plea, Votes Tariff Bill, 239–153," *New York Times*, May 27, 1945.

20. Robert C. Albright, "Senate Sends Trade Act to Truman Unchanged," *New York Times*, June 21, 1945.

21. "A Victory for World Trade," *New York Times*, June 20, 1945; see also "President Signs Bill to Extend Reciprocal Trade Act Three Years," *New York Times*, July 6, 1945.

22. 我有幸参加了罗宾斯勋爵1977年在伦敦政治经济学院关于国际经济理论和历史的著名演讲，极大地激发了我对本书主题的兴趣。

23. Irwin, Mavroidis, and Sykes, *The Genesis of the GATT*, 29, 213–221.

24. Robbins, *Autobiography of an Economist*, 201–203.

25. Ibid., 204.

26. See reprint in Irwin, Mavroidis, and Sykes, 239–244.

27. Harrod, *The Life of John Maynard Keynes*, 567.

28. *FRUS* 1946, vol. VI, 109.

29. Acheson, 122.

30. *FRUS* 1945, vol. VI, 126–127.

31. Harrod, 606.

32. John H. Crider, "British Base Plea for Aid on Justice over War's Costs," *New York Times*, September 21, 1945.

33. Robbins, 204.

34. 引自Gardner, *Sterling-Dollar Diplomacy*, 194, 转引自the *Chicago Daily News*, October 10, 1945。

35. Bert Andrews, "Truman Stirs Bi-Party Row on War Debts," *New York Herald-Tribune*, September 1, 1945.

36. Robbins, 206.

37. Gardner, 191.

38. *FRUS* 1945, vol. VI, 134.

39. *FRUS* 1945, vol. VI, 110, 117.

40. "British Warned U.S. Will Act if Trade Barriers Continue," *Journal of Commerce*, October 29, 1945; Special Comm. on Postwar Economic Policy and Planning, *Economic Reconstruction in Europe*, H.R. Rep. No. 79- 1205, at 29 (1945).

41. Robbins, 203.

42. John H. Crider, "Proposals on British Loan Go to the London Cabinet," *New York Times*, October 26, 1945.

43. "Proposals for Expansion of World Trade and Employment," State Dept. Publication No. 2411 (December 1945), 12; reprinted in Dep't St. Bull. XIII, No. 337 (December 9, 1945), 913–929.

44. James B. Reston, "Britain's Cabinet Approves U.S. View on World Trade," *New York Times*, November 7, 1945; John H. Crider, "New Hope Held Out on Loan to Britain," *New York Times*, November 22, 1945.

45. "Conclusion of Anglo-American Financial and Trade Negotiations," Dep't St. Bull. XIII. No. 337 (December 9, 1945), 905.

46. Amery, *The Washington Loan Agreements*, xi, xv.

47. 417 Parl. Deb., H.C. (1945) 714–715 (U.K.).

48. *FRUS* 1945, vol. VI, 199.

49. 417 Parl. Deb., H.C. (1945) 713–728 (U.K.).

50. Smith, *Politics of Plenty*, 74.

51. 417 Parl. Deb., H.C. (1945) 455–471 (U.K.).

52. Harrod, 617.

53. 138 Parl. Deb., H.L. (1945) 777–795 (U.K.).

54. Ibid., 857–870.

55. Gardner, 235.

56. *FRUS* 1945, vol. VI, 202.

57. Robbins, 193 and 211.

58. H.R. Doc. No. 79–429; Dep't St. Bull. XIV, No. 345 (February 10, 1946), 183–184, 216.

59. S. Rep. No. 79-1144, at 12 (1946); John H. Crider, "Vinson Calls Loan to Britain a 'Must,'" *New York Times*, March 6, 1946.

60. "The Loan Hearings," *Economist*, March 23, 1946, vol. 150, 455.

61. 92 Cong. Rec. 4079–4082 (1946).

62. "Delaying the Loan," *Economist*, April 27, 1946, vol. 150, 669.

63. Comm. on Banking and Currency, H.R. Rep. No. 79-2289, at 18 (1946).
64. *Anglo-American Financial Agreement: Hearings on H.J. Res. 311 and S.J. Res. 138,*
65. Comm. on Banking and Currency, H.R. Rep. No. 79-2289, at 1, 12.
66. Ibid., at 31.
67. 92 Cong. Rec. 8823–8824 (1946).
68. Ibid., 8913–8915.
69. John H. Crider, "Nonpartisan Vote," *New York Times*, July 14, 1946.
70. Philip Thornton, "Britain Pays Off Final Installment of US Loan—after 61 Years," *Independent*, December 28, 2006.

第12章

《关税与贸易总协定》的诞生

……国际经济关系史上的里程碑。以前从来没有这么多的国家联合起来，持续努力降低贸易壁垒。以前各国从未就关税和贸易优惠的行动达成一致，协定的覆盖面如此广泛，并且协定的影响如此深远。[1]

——哈里·S. 杜鲁门总统宣布达成《关税与贸易总协定》，1947年10月29日

国会批准了由杜鲁门总统和艾德礼首相于1945年12月签署的《英美贷款协定》，这是任何一项重要的战后贸易协定必要的前提条件。在接下来的7个月里，国会是否会批准还远不能确定。然而，在签名的墨迹未干之前，国务院的规划者们就向15个国家发出了邀请，邀请参加拟议于1946年3月举行的多边会议。几周内，14个被邀请的国家接受了邀请，分别是澳大利亚、比利时、巴西、加拿大、中国、古巴、捷克斯洛伐克、法国、印度、卢森堡、荷兰、新西兰、南非和英国。仅有苏联没有理会邀请。在同英国和加拿大人磋商之后，美国选择了

占美国贸易三分之二以上的这一群体组成主要贸易国的“核心”，就降低关税与管制关税和非关税贸易壁垒的多边原则达成初步协定。而后，核心集团之间达成的协定将在这些国家和希望参与新多边贸易体系的其他国家之间的国际会议上提交批准。

两条轨道上的选择性核心-多边方法

初步协定的谈判将在一个新的程序下进行，使用经典的官方术语，国务院称之为“选择性核心-多边方法”(the selective nuclear-multilateral approach)。在 1945 年 7 月举行的初步协定的讨论中，加拿大人提出了这种谈判方法，由一小部分具有影响力的国家主导谈判，事实上，这样的谈判变成了 20 世纪余下时间里多边贸易谈判的模式，成为罗斯福和科德尔·赫尔在政治上支持的严格双边谈判方法与英国坚持的更广泛的多边谈判方法之间的一种折中方法。美国人认为他们受到《互惠贸易协定法案》的具体要求以及更为普遍的国会中的政治现实的限制，从而只能在逐项基础上就选定的关税协定进行双边谈判。

英国要求通过多边公约来解决关税削减问题，在多边公约中，所有参与国都同意按照横向的、全面的削减方式将其所有进口关税降低一定百分比。美国方面认为，“就横向削减关税协议而言，很难获得美国国会批准”，而且，事实上，在《互惠贸易协定法案》的范围之外，如果协定必须“作为一项条约提交参议院，要求参议院三分之二的议员同意”。与英国一样，加拿大人担心美国的做法对于谈判者来说太耗时，也太费力，因此，建议在一个小型核心集团内进行削减关税的双边谈判，以加快进程，并将双边协定中达成的关税削减通过最惠国待遇条款在小型核心集团所有成员国中普遍化。其他国家可以后来加入，但是必须接受核心集团协定的条款，然后才能与初始会议成员国就他们自己的让步举行双边谈判。

美国接受了加拿大的折中建议方案，并将这种谈判方法简单地纳入了选择性的、双边关税谈判的政治范畴。这样举行双边谈判，接着在核心集团内就选择性、逐项削减关税同时进行循环谈判。于是,在多边最惠国待遇基础上,整个核心集团将采用双边协定中达成的关税削减。[2]

在 1946 年 2 月 6 日的一份书面备忘录中,温斯洛普·G. 布朗(Winthrop G. Brown)领导的国务院商业政策司概述了其有关核心集团初始会议的战略。会议的主要目的是,为在联合国召开的世界贸易会议上所有国家通过商业行为守则奠定基础。谈判将涉及一系列贸易问题,包括政府贸易壁垒、卡特尔以及政府间商品协定。核心集团还将为建立一个"永久性国际机制"而设定基本框架,以便在今后管理相关事务。商业行为守则和管理框架将遵循(美国)国务院于 1945 年 12 月 6 日发布的《关于扩大世界贸易和就业的建议》(Proposals for Expansion of World Trade and Employment),该建议强调了"贸易水平与就业条件之间的密切关系",并"明确了维持就业水平的国内措施的重要性,以及针对就业政策持续进行国际磋商的必要性"。

初始会议的目的是,形成主要贸易国组成的核心集团对(美国)国务院提出的建议的承诺,即建议可被纳入被称为《国际贸易组织宪章》(Charter of the International Trade Organization)的具体的国际文件。像国际货币基金组织的协定条款那样,《国际贸易组织宪章》不仅包括有关本组织管理的条款,也包括关于减少贸易壁垒的实质性承诺,以及成员国国内就业政策国际治理方面的政策。

(美国)国务院商业政策司的备忘录指出,任何减少贸易壁垒举措的基本要素必须涉及实际的关税减让。但是,由于这一过程必须在"选择性的、逐项产品的基础上"进行,涉及数千个关税税目,因此,备忘录提议关税减让谈判与宪章谈判分离开来,并在议定书中仅仅包括由此产生的新的关税减让安排,该议定书随后可附于宪章。该议定书还将包括宪章中与贸易壁垒有关的某些原则和规则,"旨在保护关税减让的价值,以及过去习惯上被包括在贸易协定中的内容"。这个议定书包括关税削减、对未来提高关税的约束以及关键的贸易规则和原则(例如,无条件的最惠国待遇、对进口和国内生产的货物的非歧视待遇,以及对进口配额的使用限制),旨在一旦出现参与国延迟批准《国际贸易组织宪章》的情况，可以独立于《国际贸易组织宪章》加以执行。这样，谈判将分为两条轨道：第一条轨道是处理《国际贸易组织宪章》；第二条轨道是议定书的谈判，议定书包含削减关税以及为建立贸易体系的重要的商业治理原则。[3]

然而，很快就显而易见的是，3 月开始核心国家谈判的前景是不现实的。参加国需要更多的时间为关税谈判做准备，英国首先需要安排一次会议，与帝国的附属国讨论会议问题。由于国会继续拖延批准金融协定，在满足这一先决条件之前，英国人甚至不会考虑(会议)时间表。1946 年 2 月 19 日，联合国经济与社会理事会在伦敦的第一次会议上采纳了美国代表团起草的一项决议，在这项决议中，理事会决定“在 1946 年下半年召开一次国际贸易和就业会议”。同样是这个决议决定成立一个筹备委员会，筹备委员会由美国国务院邀请参加初步谈判的核心国家集团(加上智利、挪威和黎巴嫩)构成，以制定议程草案。同意发展中国家的诉求，理事会要求筹备委员会“考虑到制造业仍处于发展初期的国家普遍存在的特殊情况”。[4]

4 月初，助理国务卿威廉·克莱顿及其国际贸易政策办公室主任克莱尔·威尔科克斯(Clair Wilcox)准备了一份秘密备忘录，提交给杜鲁门总统，提议核心集团的关税谈判于 9 月 15 日开始，这一日期只有在国会未能批准或过度推迟对英国人的贷款协定时才有可能改变。《互惠贸易协定法案》要求国务院提前 90 天正式公布谈判贸易协定的意向，包括所涉国家名单和考虑美国关税减让的产品。克莱顿备忘录建议，当国会批准英国贷款协定时，就立即发出公告并安排听证会。然而，克莱顿提醒总统，一旦这份国家名单公布，“少数利益集团将对政府施加巨大压力，要求政府承诺不会削减特定的关税税率”。他敦促所有内阁成员注意做出任何此类承诺的危险，因为这些承诺“可能很容易使《贸易协定法案》的目标落空，破坏悬而未决的谈判，使我们关于扩大世界贸易和就业的建议毫无成果”。[5]

4 月 12 日，杜鲁门总统批准了该备忘录的提议，告知其他国家政府开始谈判的建议日期[6]，但是，这是在他与参议院的老同事、国务卿吉米·伯恩斯讨论此事之前的事情。伯恩斯仅仅看到了一系列潜在的贸易让步公开后所带来的政治危险,其中,许多让步都具有高度敏感的政治后果。维持国会控制权的民主党前景已经暗淡,于是,伯恩斯敦促杜鲁门避免因关税减让增加进一步的风险。4 月 14 日,消息透露给了媒体,即总统和伯恩斯已经决定推迟谈判,直到 11 月的中期选举之后。

克莱顿对推迟谈判感到愤怒,并向伯恩斯发送了一份维持拟议时间表的理由清单,其中包括以下理由:

> 公众意见已经为采取行动做好了准备。为了《贸易协定法案》的延续、英国贷款协定以及主要基于我们计划来扩大世界贸易的建议,我们已经争取到商界、农场、劳工、教会、和平组织和妇女组织的积极支持。如果我们再拖延下去,我们的朋友就会泄气甚至怨恨,我们可能会失去他们强有力的支持。[8]

伯恩斯常常对与自己政见不同的政见,尤其是那些他曾称之为"国务院那些小混蛋"的职业外交官们的政见表示傲慢的蔑视[9],因此,伯恩斯漠视了克莱顿的请求。这样,要进行关税削减的产品的公告被推迟到 11 月中旬,而在 1947 年春之前,关税谈判将不会做出安排。然而,为了维持这一进程的势头,国务院成功召开了核心国家筹备委员会会议,从而避开了关税谈判的公告要求。

主要基于 1945 年 12 月的建议,在联合国主持下,10 月 15 日在伦敦选定的国家开始讨论(美国)国务院准备的国际贸易组织"建议宪章"草案。18 个国家参加会议,这 18 国家被正式称为国际贸易和就业会议筹备委员会,会议为期 6 周,就宪章的大部分条款达成了一致。考虑到充分就业与高需求之间的关系是促进国际贸易的一个关键条件,与会国首先同意采取适当的国内行动,促进各自经济体的高就业水平。筹备委员会同意在制定国家之间贸易和关税谈判规则的同时,限制使用数量限制(进口配额)、外汇管制和出口补贴措施。他们同意,为鼓励发展中国家的工业发展,提供一个不受宪章中禁止使用保护措施约束的限制性例外程序。他们还商定了用一章的内容规定国际贸易组织的组织结构。

美国代表团通过电报向威廉·克莱顿——不久前他从助理国务卿被提拔

为负责经济事务的第一副国务卿——报告，称新的伦敦草案是“所有代表做出贡献的一份真正的国际文件”。报告中称，该宪章草案包含了“美国立场的基本原则”，并且现在该宪章“与初始的美国草案相比，是一份更平衡、更完整的文件”。[10]

在给国务卿伯恩斯的一封秘密电报中，美国代表团主席克莱尔·威尔科克斯报告说，对美国做法最强烈的反对来自印度和澳大利亚，威尔科克斯说，印度和澳大利亚是“在会议上两个最有影响力的代表团”。威尔科克斯观察到，印度人“是来叫板的”，他们把建议案视为“美国和英国准备的一份文件，旨在通过保持落后国家的经济依赖性，从而为高度工业化国家的利益服务”。考虑到印度正在进行的其他方面斗争的背景，这种观点是可以理解的，甚至是可以预见到的。在此后不到10个月的时间里，印度经过长期的斗争，最终实现了政治独立。

威尔科克斯指出，英国代表团“在公开声明正式支持”美国立场时表现得非常谨慎，但是，在非正式谈判中，(英国)“采取了相当独立的立场，在一些问题上支持我们，在其他问题上反对我们，并且在一些其他问题上充当了我们和反对者之间的调解人”。威尔科克斯认为，英国对美国的承诺是“是不可接受的，英国部分重要的意见和(英国)政府……不得不顺应强势的公众情绪”。他在报告中总结说，筹备委员会初步同意的计划是始于1941年和1942年的一项美国计划，即《大西洋宪章》和《租借互助协定》第七条。最重要的是，会议的成功“取决于在美国国内得到的支持”。[11]

共和党人接管国会

威尔科克斯有充分的理由担心未来美国对该项目的支持。就在中期选举前，在盖洛普民意测验中杜鲁门总统的支持率下降到32%[12]，在伦敦会议召开之际，民主党人承受了一次惨痛和耻辱的失败。15年来共和党人第一次控制了国会两院，贸易保护主义者将接任具有贸易管辖权的委员会主席：尤金·D.

图 12.1 杜鲁门总统(右)与前任参议院同事商谈,国务卿詹姆斯·伯恩斯(左)、参议员阿瑟·范登堡(中)(哈里·S. 杜鲁门总统图书馆)

米利金(Eugene D. Millikin, R-CO)将担任参议院财政委员会主席,哈罗德·克努特森(R-MN)将担任众议院筹款委员会主席。

在选举后,《经济学人》一篇主要社论中追问的第一个问题是,"这是 1918 年的情景重现吗?"在那一年,编辑们观察到,美国放弃了进步政策,并且"背弃了……国际义务……沉溺于繁荣的狂欢,政府几乎完全放纵"。随着主张高关税的政党重新掌权,"英国同意放弃'歧视性做法'的美国低关税政策条件不太可能成为现实"。[13] 同样的理由,在共和党接管政府之后,丘吉尔领导的英国保守党反对工党政府在渥太华特惠制度上所做的任何妥协行动。

然而,在选举日,杜鲁门总统并没有放弃批准将在次年 4 月举行的关税谈判中考虑做出让步的产品清单。产品清单包括关税表中一些最具政治敏锐性的进口产品——奶制品、肉类、糖、铜、羊毛、纺织品和鞋子。在国务院向总统提交的、附呈建议项目的备忘录中指出,该清单有意地"庞大",而对"该项目的重要性不做任何隐瞒”。为了让其他国家批准宪章中的贸易原则，备忘录宣称，“重要的是，我们必须给予它们关税减让，关税减让是大范围的，涵盖广泛的产品细目”。[14] 对此，新崛起的共和党多数派立即做出反应，他们声称，选举是对杜鲁门政府贸易计划的抛弃。参议员休·巴特勒(Hugh Butler，R-NE)写信给威廉·克莱顿说，谈判应该暂停，直到新的国会有时间起草一项新的贸易计划，呼吁要利用《互惠贸易协定法案》的谈判授权，这是“过去被民主党国会扭曲的授权，破坏了我们的关税保护制度”，在选举中要明确表示这是“对公众直接的侮辱”。[15]

在众议院担任筹款委员会贸易分委员会主席的众议员伯川德·W. 吉尔哈特(Bertrand W . Gearhart，R-CA)警告说，“当我们国务院的‘小子们’与其他18个国家的代表一起坐下来，并拿美国经济开始秘密交易时，日内瓦会发生什么”：

> 我们是不是要袖手旁观，允许这场巧妙构思的、超级骗人的宣传运动实现它的目标——当美国保护关税制度的最后残余物从我们的法规中被抹去时，让美国人民噤若寒蝉？[16]

次年，杜鲁门总统在一定程度上做出了回击，击败了杰尔哈特，吉尔哈特是七届众议员，此前六次任职未曾遭到反对。1948 年，旅行中，杜鲁门在吉尔哈特所在选区进行了一次著名的短暂停留，他对加利福尼亚中央谷(Central Valley)的农场主说：“这里，你们有一位糟糕的众议员。他已经极尽所能地割断农场主和劳动者的喉咙。”[17] 杜鲁门演讲引发了棉农的沮丧，作为律师和坚定的保守主义者的吉尔哈特第一次遭遇了竞逐政治职位的失败。

吉尔哈特议员并不是唯一一个猛烈指责在日内瓦的克莱顿代表团的政治批评家。在参议员约瑟夫·R. 麦卡锡(Joseph R. McCarthy，R-WI)以对受雇于国务院的共产主义者的无事实依据的指控而声名鹊起的三年之前，众议员丹尼尔·A. 里德(Daniel A. Reed，R-NY)在众议院的公开辩论上说：“我有可靠的信息表明，(克莱顿)集团中有相当一部分成员要么是共产主义者，要么是共产主义者的同情者，要么以前和共产主义组织有过联系。”以克莱顿谈判的严格保密性为引证，里德认为："如果我们的商人不能被信任，如果国会不能被信任，为什么让这个集团中具有同样立场的那些共产主义者及其同路人去警告反对这个国家利益的、来自其他国家的共产主义者呢？"里德提议"通过一项决议，设立一个特别委员会，调查负责经济事务的副国务卿的某些助理和顾问的忠诚度"。[18]

对杜鲁门来说，幸运的是，他在参议院时的一位老朋友、参议员亚瑟·范登堡出面救援。和杜鲁门一样，范登堡出身卑微，后来成为上流社会中最受尊敬的领导人之一，担任外交关系委员会的新主席，他还是共和党中外交事务的高级权威。响应艾奇逊和克莱顿的迫切请求，范登堡与参议员米里金一起向杜鲁门提出折中建议。如果总统将未来的贸易协定中拟议的关税减让提交关税委员会，并听取"超过某一危险点，降税和让步可能导致'对国内经济伤害'的"建议，那么在1948年计划被提交重新设计之前，按照《互惠贸易协定法案》的规定，参议院就不会干预已经授权的贸易谈判。折中建议还提出，所有贸易协定均包含一个"免责条款"，当激增的进口对国内工业造成严重伤害或威胁国内工业时，允许取消或改变贸易让步。[19] 杜鲁门拒绝了第一项提议，即获得关税委员会有关"危险点"的建议，但是遵从第二项提议，即"免责条款"的要求，并且发出行政指令去实现这个要求。自1942以来，科德尔·赫尔已经将"免责条款"纳入贸易协定之中，没有允许作为独立于两党的机构——关税委员会——成为国内工业潜在危害的事实发现者，这是谈判机制中的新问题。

3月初在得克萨斯州韦科的贝勒大学(Baylor University)，总统发表了重要时点上的演讲，白宫宣称这是一次"重要演讲"，总统重申了"减少贸易壁垒"以及在马上到来的谈判中确立"国际贸易好的行为准则"的重要性。在誓言"在扩大贸易的进程中……保障国内利益"的同时，他承诺"不是(完全)自由贸易，而是比较自由的贸易"。他警告说："出于党派利益而寻求破坏这个政策并想要回到高关税和经济孤立时期的那些人……小心！时代已经变了。人民的性情改变了。1930年或1896年的口号已经彻底过时了。两次世界大战后，孤立就是承认精神和道德破产。"[20]《纽约时报》和《华盛顿邮报》的主编都盛赞总统的演讲,《华盛顿邮报》称这个演讲是"富有说服力的、划时代的演讲"。[21]

在1948年总统选举之前,折中建议为国务院的谈判人员安排核心集团国家下一轮谈判赢得了时间,但是,对此,对政府贸易政策提出批评的绝大多数共和党重要人物并不满意。共和党在参议院的国内事务领袖罗伯特·塔夫脱、筹款委员会主席哈罗德·克努森与众议院议长约瑟夫·马丁(Joseph Martin, R-MA)一直在寻找机会去摧毁这个计划。同时,许多进步的声音,如《国家》杂志的编辑认为免责条款会"剥夺贸易协定的大部分价值"。《国家》杂志认为,虽然折中"暂时摆脱了关税贩子的纠缠",但是,试图破坏拟议中的国际贸易组织的共和党众议员依然生活在过去的时代,他们听到的只是"受保护选民的哭诉"。[22]

杜鲁门采取了缓和党派反对的行动,接受国务卿伯恩斯的辞职,接替他的是罗斯福战时陆军总司令乔治·C. 马歇尔(George C. Marshall)将军。马歇尔实行严格的非党派军事传统,他甚至不进行投票表决,他受到政治派别的双方和广大民众的高度尊重。尽管在不到两年的时间里(马歇尔)成了白宫的第三任国务卿,但是,这是杜鲁门做出的谨慎选择。参议员范登堡甚至在没有召开听证会的情况下就匆匆通过了委员会对马歇尔的提名,并且在暂停相关规定的前提下,参议院全体成员在同一天一致通过了对马歇尔的任命。在三周内,总统的民意调查数字上升了16个百分点,达到了48%的支持率。[23]

杜鲁门学说和马歇尔计划

当副国务卿克莱顿及其国务院团队正在准备将于1947年4月开始的日内瓦关税谈判时,欧洲的经济危机正接近灾难性的境地。欧洲一国又一国要求获得更多的美国援助,欧洲访问回来之后,在3月5日的一份备忘录中,克莱顿对源于经济危机和直接来自莫斯科的干预威胁的战略危险提出警告:

> 美国必须在世界上发挥领导作用,迅速避免世界灾难……无可争辩的事实是,现在正在进行一场制度性竞争,破坏力来自许多

> 国家的完整性和独立性的内部……源自饥饿、经济上的痛苦和挫折，在一些解放了的国家，其中一些攻击已经取得了成功，现在，在其他一些国家，它们可能取得成功，这是严重的危险。[24]

在2月的最后一周，英国人清楚说明了危机的紧迫性，他们通知马歇尔将军，他们不再能够支持希腊和土耳其政府，他们将不得不在几周内从这些国家撤出军队并撤销向这些国家提供的援助。希腊正处于内战之中，用艾奇逊的话说，“处于危急名单上的一个半清醒的病人的位置上，他的亲属和医生一直在讨论他的生命能否得到拯救”。[25] 土耳其虽然较为强大，但是，没有维持对保卫其与苏联边境至关重要的一支军队的手段。最近几个月里，苏联开始在巴尔干、伊朗、希腊北部和整个地区施加威胁。在收到英国的撤离通知之前，杜鲁门已经要求国会向饱受战争蹂躏的欧洲提供3.5亿美元的经济救助。显然，现在这一数额将远远不够。3月12日，杜鲁门向国会联席会议传递了一个具有历史意义的信息，他要求在次年向希腊和土耳其追加4亿美元的援助，而当时国会两院都建议削减总统预算达数十亿美元。

总统提出了广为人知的杜鲁门学说，描述了对希腊和土耳其独立性的军事上和政治上的威胁。虽然没有指名道姓地提到苏联，但杜鲁门详细描述了该地区经济恶化的重要情势，以及如果这些民主国家陷入未被提名的外国威胁之下，对于自由世界来说将是怎样可怕的后果。为了明确学说核心就是美国支持下的经济稳定，他宣称：

> 我相信，美国的政策必须是支持那些抵抗少数民族武装或外界压力的自由人民。
>
> 我相信，我们必须帮助自由人民以自己的方式安排他们自己的命运。
>
> 我相信，我们的帮助应主要通过经济和金融援助，这对经济稳定和有序的政治进程至关重要。[26]

尽管遭到了强烈的口头反对，在两个月后国会还是以压倒性优势通过了《希腊-土耳其援助法案》(Greece-Turkish Aid Act)，并再次表现出参议员范登堡的大力支持和参议员塔夫脱的强烈反对。

与此同时，4月威廉·克莱顿重返欧洲，开始了在日内瓦的关税谈判，同时，他、马歇尔和艾奇逊开始进一步考虑在欧洲实现经济复苏的途径。在莫斯科举行的四大国（美国、英国、法国和苏联）外交部部长理事会为期六周的会议上，马歇尔确信斯大林对欧洲经济危机持有不同的立场，除了它将为共产主义扩张提供机会。在4月底返回华盛顿时，马歇尔要求乔治·凯南在国务院内成立一个政策规划班子（Policy Planning Staff），提出应对因欧洲贫困和苦难而产生的威胁的建议。应总统的要求，5月8日，艾奇逊向密西西比三角洲委员会发表了一次演讲，总统后来称之为“马歇尔计划的序曲”，演讲中副国务卿描述了为“维护我们自己的自由和我们自己的民主制度，为欧洲复苏而提供进一步经济援助的必要性”。[27]

至于克莱顿，“对他而言，”根据《纽约时报》报道，“总统向他寻求有关外国经济事务的建议，以作为马歇尔关于外国政治事务意见的补充。”[28] 从正在进行的日内瓦关税谈判飞回华盛顿的途中，克莱顿便开始起草关于欧洲危机的第二份备忘录。在很大程度上是基于最近欧洲旅行和会议上的个人观察，克莱顿开始写道：

> 现在很明显，我们严重低估了战争对欧洲经济的破坏。我们……没有充分考虑到生产上的经济错配的后果……欧洲正在进一步恶化……一场又一场政治危机仅仅表明存在着严重的经济危机。城市里数以百万计的人正在慢慢地处于挨饿状态。

克莱顿估计，在提供绝对最低生活标准方面，欧洲主要国家每年的总赤字额超过50亿美元。他预测，“将会发生革命”，而且“迅速减少”的英国和法国的黄金和美元储备将在年底前耗竭。克莱顿写道，如果没有美国及时和大量的援助，“经济、社会和政治的解体将蔓延至整个欧洲”。克莱顿要求总统和国务卿“向美国人民发出强烈的精神呼吁，自己做出一点牺牲，勒紧自己的裤腰带，以拯救欧洲免于饥饿和混乱……同时，为我们自己和我们的孩子们保留自由美国的光荣遗产”。他建议美国每年给予60亿美元或70亿美元的商品捐助，为期3

年，根据“欧洲经济联合会”(European Economic Federation)制定的计划分配，这预示着在10年内创造欧洲经济共同体(European Economic Community)。“如果欧洲经济像今天这样继续被分隔成许多小的密封舱，”他总结道，“她无法从这场战争中恢复过来，并且重新独立。”[29]

为了达到惊人的效果，克莱顿于5月27日向艾奇逊和马歇尔将军递交了备忘录。第二天，克莱顿、艾奇逊和凯南(对该问题，凯南刚刚完成并提交了他自己的更谨慎的研究[30])与马歇尔及其特别助理查尔斯·E. 波伦(Charles E. Bohlen)等人会面，讨论应对危机所要采取的行动。在会议上，艾奇逊发现克莱顿是“自己听过的最有力的、最具说服力的鼓吹者之一”，克莱顿用“对这个问题的掌握和信服的程度”说话，用“高度复杂的欧洲工业社面对解体”的详细描述来证实他的论点。[31]

在这次会议之后，马歇尔将军要求波伦起草关于这个论题的一份演讲稿，他将于6月5日在哈佛大学毕业典礼上发表演讲，届时马歇尔将获得荣誉学位。波伦在准备这篇短小但充满活力的演讲稿时，大量引用了克莱顿备忘录[32]和凯南的报告，描述了危机令人绝望的状况、原因和可能的影响。在杜鲁门的批准下，马歇尔发表了演讲，其中包括这样的核心信息：

> 事实是，未来三四年欧洲对外国食品和其他主要产品(主要来自美国)的需求远远超过了她目前的支付能力，她必须获得大量的额外帮助，否则，她将面临经济、社会和政治的严重恶化……合理的做法是，美国应尽其所能，帮助世界恢复正常的经济健康状态，没有这一点，就不会有政治稳定，也不会有可信的和平。我们的政策不是针对任何国家或学说，而是针对饥饿、贫穷、绝望和混乱。其目的应该是复兴世界经济运行，从而实现自由制度能够存在的政治和社会条件。[33]

马歇尔的演讲向公众展示了杜鲁门政府施政纲领的转变，重点从政治或思想上的关注转变到以实现经济稳定为基础的战略。正如5月9日詹姆斯·莱斯顿(James Reston)在《纽约时报》上报道的那样，虽然在过去的8周里，公开辩论关注的是杜鲁门学说，但是，“我们官员之间的私下讨论是，美国如何帮助工业的、民主的欧洲作为一个足够强大的联合体与美国交易，并阻止苏联的扩张”。[34]

现在，克莱顿的工作涉及将马歇尔的演讲变成“马歇尔计划”(Marshall Plan)，同时挽救因欧洲经济崩溃和美国贸易政治而受到威胁的日内瓦谈判。

羊毛

在前往日内瓦会谈之前，4 月 3 日威尔·克莱顿与迪安·艾奇逊、温斯洛普·布朗(国务院商务政策司司长)一起面见了总统，他们向杜鲁门建议了克莱顿代表团计划做出的“政治上的重大让步”，包括羊毛和棉花纺织方面的关税削减。克莱顿说，由于国内羊毛生产者在国会的代理人行使的政治影响力，他们只打算以现有的保护率来约束(即冻结)原毛关税。然而，他提醒说，为了应对其他羊毛出口国的预期需求，他可能不得不进一步降低羊毛关税。尽管克莱顿进一步提醒说，这些建议肯定会招致“来自全国许多组织良好、有权势的特殊利益集团声势浩大的政治抗议”，但杜鲁门还是批准了这些建议。他令克莱顿确信了自己的决心，并迎接预计的抗议，杜鲁门说：“对此，我做好了准备。”[35]

日内瓦谈判在万国宫(Palais des Nations)举行，这是一个在 20 世纪 30 年代为国际联盟建造的极具装饰艺术性的建筑，坐落在一座山上，俯瞰着被白雪覆盖的阿尔卑斯山环绕的浩渺的日内瓦湖。就在会议召开前一年，联合国接管了这座大楼，作为其日内瓦总部。在春天，日内瓦的环境是令人吃惊的，在会议上的大多数代表团一定期望能够欣赏到风景并吃到瑞士和里昂丰盛的菜肴，同时等待着沉重谈判的开始。通常情况下，贸易谈判中的各方都会尽量克制提供自己最大的让与，直到其他代表透露出他们在多大程度上愿意匹配自己的最大让与。在开始的时候，各方几乎都没有实质性的让与，就像在环法自行车赛中与骑自行车的人一起巡游，直到其中一个冲出去，冒险突进成为引领者，其他人紧随其后，于是，比赛变成比赛。

威廉·克莱顿打破了传统，早早地冲了出去，一开始就向其他国家的代表们展示了他认为美国关税减让的最大程度让与。克莱顿相信自己的让与是很慷慨的，于是选择了这一策略，以增进善意，并希望加快谈判进程。不仅代表着世界上最强大的经济体，同时，也是这次会议的主要组织者，(大家)对美国公开让与的期望非常高。然而，对克莱顿考虑的让与，大多数对手的回应是令人失望的。鉴于美国普遍认为是世界上保护程度最高的市场，其他国家的代表们将美国的提议视为谨慎和愤世嫉俗的混合物。他们中的大多数人都渴望得到美元来支付急需的进口商品，并且在金融灾难的边缘徘徊。尽管克莱顿具有政治风险让与的慷慨大方是史无前例的，但是，为了更好地进入没有受到战争影响的世界上最健康的经济体，对于其他代表团绝望中的希望却不容易满足。

关于羊毛关税的问题，最能说明克莱顿的困境。由于羊毛在英联邦(尤其是澳大利亚、新西兰和南非)的经济重要性以及在新国际贸易体制中英联邦终结贸易歧视的相应的政治重要性，羊毛成为日内瓦会议考虑的最重要的一种商品。澳大利亚是这次会议上最机敏与参与度最高的代表团之一，澳大利亚几乎一半的出口收入依赖羊毛出口，其中绝大部分出口收入来自美国进口商。在战争期间，美国和英联邦羊毛生产商都主要从扩大的、由战争驱动的需求和促进市场的政府政策中获益匪浅，(促进市场的政府政策)包括美国的价格支持计划和英联邦的商品卡特尔。随着战后需求的减少，全球各地的羊毛生产者都把美国市场视为救星。澳大利亚参加日内瓦会议的唯一原因是通过降低羊毛关税从而更好地进入美国市场。当他们看到克莱顿仅想以每磅34美分的现行关税税率绑定美国关税，这比澳大利亚养羊者生产一磅羊毛的成本还要高，因此，澳大利亚代表团威胁要返回堪培拉，从而引发英联邦国家大规模地退出谈判。

克莱顿解释称，在当前的政治环境中，在国会中当强大的政治利益集团推动提高关税的时候，实际上，冻结进一步提高关税是重大的让步。事实上，当克莱顿刚到日内瓦时，就收到一封电报，通知他众议院农业委员会报告了一项草案，草案提出对进口羊毛征收50%的从价“费”。一项由杜鲁门支持的、旨在更新和扩大对羊毛价格支持的参议院提出的措施已经进行到了公开辩论阶段，这给了克莱顿希望，如果该草案获得通过，在会议上他就可以答应降低关税。然而，当众议院委员会在参议院法案中增加了进口费时，澳大利亚人中止了谈判，于是克莱顿回到华盛顿，寻求一种避免谈判破裂的方法。在给众议员的一封信（投票前在众议院宣读的信）中，克莱顿警告说，如果这项草案获得通过，"美国在世界上的道德领袖地位将受到严重的打击"。[36] 然而，无视这个警告，众议院在5月23日以151票对65票通过了《羊毛草案》(Wool Bill)。一个月后，克莱顿出现在众议院与参议院两院协商委员会面前，并再次警告说，该草案将对日内瓦会议造成"悲惨后果"。然而，两院协商委员会采用了一个新版本，既包括价格补贴，也包括50%的进口费，参议院以两党12票的优势票通过了1947年《羊毛法案》(Wool Act)。

澳大利亚代表团团长立即通知美国代表团："美国政府应意识到，如果这项草案成为法律，所有关注国际贸易未来的国家都将有必要重新审视其立场……鉴于我们看来情况发生了重大变化，我认为有必要将当前的日内瓦会议延期……"[37] 英国代表团代理团长詹姆斯·R.C.赫尔默(James R.C. Helmore)进一步强化了澳大利亚的立场，对克莱尔·威尔考克斯说，这项立法的颁布将"动摇(人们对)美国政府通过一系列多边有利的协定有效实施减少贸易壁垒政策的能力的信心"。他也明确提及这是英国在开始消除帝国特惠制之前必须满足的条件。为了更清楚地说明这一点，赫尔默还提醒说，允许《羊毛草案》成为法律，

> 将对过去几年内为消除《大西洋宪章》中贸易壁垒的努力以及在日内瓦举行的本次会议上所做的所有努力构成严重的挫折，不仅会危及关税谈判，还会危及与《国际贸易组织宪章》有关的谈判。[38]

在参议院投票的前一天，杜鲁门把克莱顿和农业部部长克林顿·P.安德森(Clinton P. Anderson)叫到他的办公室，讨论赞成和反对否决该草案的理由。赞成该草案并反对否决的安德森认为，日内瓦谈判无论如何都将失败，该草案可以帮助农场主与澳大利亚羊毛进口的竞争。在政治上，安德森观察到，在

1948 年即将到来的总统选举中，对杜鲁门来说，签署该草案可能会在多达 8 个西部农业州产生不同的反响。克莱顿反驳说，为了增强美国更广泛的外交政策利益和挽救谈判，从而使他能够继续在日内瓦取得成功，否决该草案是必要的。[39] 总统最终赞同克莱顿的观点，并在 6 月 26 日的否决讲话中做了以下评论：

> 在呼吁减少贸易壁垒和起草旨在恢复世界经济和平的国际贸易组织宪章的日内瓦联合国会议上政府起到领导作用之际，颁布一项规定羊毛进口追加障碍的法律将是一个悲剧性的错误。这将打击我们在世界事务中的领导地位。这将被全世界理解为朝着经济孤立主义道路迈出的第一步，第一次世界大战后我们和其他国家沿着这条道路走下来，造成了如此灾难性的后果。我不能批准这样的行动。

参议院的投票不足以推翻否决权，于是，6 周后通过了一项羊毛价格补贴草案，总统批准了该草案。很快，在羊毛关税的问题上，杜鲁门更进一步，大胆地同意克莱顿的要求，在日内瓦会议上答应将羊毛关税削减 25%。

英美联盟危机

随着羊毛问题的解决，副国务卿克莱顿以《纽约时报》称为"特别经济大使"的身份返回欧洲，重启在日内瓦的贸易谈判，并在伦敦停留，探讨实施国务卿马歇尔哈佛大学演讲的办法。在这个阶段，马歇尔传达的信息只是一个想法，还不是解决危机的"计划"。在国务院内部，"马歇尔计划"被比作"一个没有人知道它长什么样、有多大、朝什么方向移动、是否真的存在的飞碟"[42]。为了制订一个可行的计划——可以贩卖给国会和美国公众，克莱顿意在要求欧洲人做出如下事项的决定性声明：(1)欧洲重新站稳脚跟的确切需要是什么；(2)这些需要中有多少可以从欧洲内部提供，有多少必须从外部提供；(3)实现自给自足需要多长时间。

7月1日,在唐宁街10号首相官邸与英国内阁举行的一次会议上,曾在丘吉尔联合战时内阁担任劳工大臣的前贸易联合会领导人、现任外交大臣厄内斯特·贝文(Earnest Bevin)与现任财政大臣休·道尔顿敦促副国务卿克莱顿相信,英国当前的金融危机根本不同于"欧洲的长期问题"。他们认为,英国的问题是暂时的,源于帝国义务、世界美元短缺以及造成美国贷款价值减少了10亿美元的批发价格上涨40%。由于这些问题造成的后果,当双方就《英美贷款协定》谈判时,这些问题都没有预料到,按照目前的提款速度,贷款"将在年底用尽"。贝文和道尔顿希望与美国建立一个独立的金融合作伙伴关系——"某些方面类似于租借协定",并正在寻求"一些临时解决方案",使英国能够在"欧洲大陆经济复苏"中发挥作用。贝文认为,英国持有诸如橡胶和羊毛等大宗商品的库存,在物资上可以帮助拯救欧洲其他国家。他说,他们不想牺牲"我们拥有的一点点尊严",参加马歇尔计划而不作为解决欧洲大陆问题的合作伙伴做出贡献。一位英国财政部高级官员表达了担心,担心(英国)被归入"欧洲池"(European Pool),在其中英国的地位将"降至欧洲最低水平"。

然而,克莱顿却没有给他们单独达成协定的希望,宣称,"对欧洲来说,另外的零碎援助是可行的"。杜鲁门政府绝不能在欧洲计划之外,为了英国向国会和美国公众推销另一个临时安排。克莱顿还说,要说服国会批准进一步的援助,有必要制订一项促进欧洲经济一体化的坚定计划。然而,英国的大臣们表示,他们"没有打算加入欧洲关税联盟"。贝文提出疑问,像帝国特惠制一样,欧洲国家之间的这种类型的经济一体化是否违反了《国际贸易组织宪章》草案中反对贸易歧视的规则?克莱顿说,比利时、荷兰和卢森堡在建立一个经济和关税同盟方面取得了进展,该联盟促进了"荷比卢经济联盟"(Benelux)内部的自由贸易,并为从联盟以外国家进口货物设定了共同关税。克莱顿坚持认为这个关税联盟不会违反国际贸易组织的规定。他提出与日内瓦的英国代表团"共同审视此事",推动一些工作,使"具有非歧视的临时特别例外性质的一些方面逐步向关税联盟发展",这样可能减少或消除欧洲内部的贸易关税。无论如何,马歇尔援助计划的最终成功取决于多边贸易谈判的成功,因为多边贸易谈判的成功有助于产生贸易收入和外汇,从而取代对美国援助的需要。援助计划和日内瓦贸易谈判是相互依存的(两个)倡议。克莱顿得出的结论是,为了说服国会提供额外的金融援助,一份坚定的欧洲经济一体化计划将是必要的,因为美国公众意见赞成解决欧洲贸易和生产问题的"(欧洲)大陆"方法。然而,英国继续反对加入欧盟关税同盟,因为英国"不仅是一个欧洲国家,而且是一个国际贸易国"。[43]

在贸易问题上,日内瓦谈判的英国代表团副团长詹姆斯·赫尔默表示,"英国政府中的一些人认为,此时英国最好还是遵从双边贸易协定基础上的政策"。[44] 这一想法是基于英国持有经济杠杆的假设,即与欧洲其他国家相比,具有更高的议价能力,并且与在美国主导的多边框架下相比较,与供应商的双边交易中可以获得更有利的贸易条件。赫尔默的进一步评论印证了日内瓦美国代表团的观点,即目前的英国谈判代表没有像他们的前任特别是詹姆斯·米德、珀西瓦尔·列辛爵士和莱昂内尔·罗宾斯在前政府中所表现出的那样,以同样的合作精神和诚意来参加会议。威尔科克斯和霍金斯认为,赫尔默无意大幅修改帝国特惠制,并希望羊毛关税问题能给他一个借口,指责美国破坏了这次会议。威尔科克斯还对贸易委员会主席、日内瓦英国代表团团长理查德·斯塔福德·克里普斯(Richard Stafford Cripps)爵士的立场表示了令人吃惊的担忧,他在 6 月 11 日发表的一次演讲中说,威尔科克斯在特意发给克莱顿的一封电报中"尖锐批评(美国),并且贬低关税谈判和国际贸易组织的重要性"。[45]

考虑到工党对帝国主义的普遍蔑视,克莱顿的团队有理由对他们在工党政府中的对手为帝国特惠制辩护的决议感到吃惊。自 1900 年成立以来,工党就强烈反对保护主义政策,特别是反对当时约瑟夫·张伯伦帝国特惠制的斗争。[46] 在 1940 年年初的一次演讲中,工党领袖克莱门特·艾德礼解释了工党支持反对希特勒侵略的战争的原因,尽管工党憎恨战争,并且对内维尔·张伯伦领导下的保守党政府不信任。工党领袖克莱门特·艾德礼在谴责德国帝国主义的同时,也挑战了英国自大和自夸的殖民主义,包括"渥太华经济帝国主义政策"。他警告说:

> 如果我们……要说服别人相信，我们希望世界不受帝国主义的统治，我们必须纠正自己……我们必须放弃任何对特殊权利的要求……我们必须消除帝国主义的任何污点。只有这样，我们才能使自己处于要求按照民主原则组织起来的世界的立场上。[47]

然而，后来，作为丘吉尔联合政府的副首相，艾德礼改变了他的关注点。像休·道尔顿、斯塔福德·克里普斯和丘吉尔政府的其他工党大臣一样，并且与一些保守党大臣不同，艾德礼支持贸易关系中的多边主义，并支持英美协商以寻求战后多边贸易协定。然而，在经历了三年半的毁灭性战争之后，帝国为生存提供了生命线，如果没有英联邦，英国作为世界强国的角色将在战争中消亡。艾德礼不再致力于消除他的国家的"帝国主义污点"。1943 年 6 月在分发给内阁的一份文件中，他写道：

> 我认为这是一个基本假设，即无论战后建立了什么样的国际组织，保持英联邦作为一个国际实体的地位是我们的目标，并得到外国的承认……如果我们要在战后世界与美国和苏联并驾齐驱，(我们)就只有作为一个一体化的英联邦。[48]

对于斯塔福德·克里普斯爵士，《经济学人》称之为"毫无疑问，艾德礼政府最能干、最勇敢的成员之一"，他似乎也在战争结束时掩盖了他的一些反殖民主义观点。克里普斯是一个复杂的人物，常常展示出看似矛盾的政治倾向。他曾是一名富有的公司律师，据报道他每年的收入相当于 20 万美元，但是，他在 20 世纪 30 年代放弃了这项工作，因为他厌倦了"从一个资本家那里拿大笔钱给另一个资本家"的工作。在政治上，他持有的是工党的极左立场。1932 年，他帮助建立了社会主义联盟，1939 年因倡导与共产党人联合起来形成反法西斯人民阵线而被工党开除。然而，丘吉尔任命他为驻苏联大使，部分原因是克里普斯的(观点)与马克思主义经济观的相容性，他后来作为下议院领袖和空军生产部部长，在联合战争内阁任职。

克里普斯与丘吉尔的关系变得紧张，主要原因是克里普斯的禁欲主义的人格特征，而不是他们明显的政治分歧。出于健康原因，克里普斯是一个素食主义者,不吸烟,不喝酒。对此,丘吉尔说:“他有我不喜欢的所有美德,并且没有我钦佩的任何恶习。”首相也因克里普斯虔诚的宗教信仰而被冷落,曾经有一次,当斯塔福德爵士走过时,他俏皮地说:“在那里,除了上帝的恩典,(什么都没有)。”[49]

艾德礼还评论了克里普斯“深深的宗教”信仰,指出,作为“一个热心的社会主义者,他的基督教信仰和社会主义是他生活的指导力量”。[50] 艾德礼的结论是,克里普斯与其说是一个利己主义者,不如说是具有“利他主义的利己主义者”[51]。在战争结束时,克里普斯被工党重新接纳,按照《经济学人》的说法,“他过去公开炫耀的一些非常离奇的偏见”已经“被人遗忘”。[52] 克里普斯曾在印度从英帝国独立的谈判中起过主导作用。在他担任新工党政府贸易委员会主席时,贸易委员会主席被认为是英国政府中第二高的经济职位,他顽强抵抗变革,控制着帝国特惠制的所有权,这使保守党的帝国主义者蒙羞。

在日内瓦会议开始前两周举行的下议院辩论中,贸易谈判的一位批评者问克里普斯:“如果按照(政府的谈判人员)的观点,即认为他们将获得一笔值得的交易,那么政府的谈判人员会尽可能消除(帝国特惠制)吗?”尽管在《大西洋宪章》《租借互助协定》第七条和《英美贷款协定》中承诺通过谈判终止贸易优惠制度,但是,斯塔福德爵士回答说:“如果说成员国正在讨论取消所有优惠安排,但是,我们看不到任何此类事情发生的前景。”[53] 尽管就先前承诺的取消优惠安排的实际意义,大西洋两岸的观点一直存在分歧,但是在长期计划的谈判前夕,这种对解决这一问题的明确否定表明,似乎不仅仅是一个政治回避问题,而且极其明显地预测了会议的前景。

在他们返回瑞士不久之后的 7 月 12 日,克莱顿第一次与克里普斯会面时,双方发生了严重的冲突。美国人的会议记录中将克里普斯的态度描述为“完全没有边界,公开敌视日内瓦会议目标”,并且“完全颠覆了英国谈判代表在讨论过程中商定的政策,这一政策在 1945 年《英美贷款协定》的总结部分得到了确认”。在帝国特惠制问题上,克里普斯发表“长篇大论”,他认为,如果没有所有属国和受影响的领地的事先批准,任何修改都是不可能的,而且在任何情况下,

(帝国特惠制)都不能忽然减少或取消。他说,在拥有时间调整生产成本之前,如果没有贸易优惠制度提供的市场优势,英国贸易商就无法竞争。

克莱顿对克里普斯说,到目前为止,英国在谈判中所做的关税让步是“无关紧要的”,只不过是“象征性的”,这进一步增强了会议的紧张气氛。尽管美国对英国出口的几乎所有重要产品都削减了50%的关税,但是在向美国出口商品开放英国市场方面,实际上英国没有做出任何值得考虑的让步。

斯塔福德爵士回应说,虽然从统计上看,英国的给予可能是无关紧要的,但是,从更大的美国经济实力和战争期间美国出口的巨大增长的视角加以考量,英国给予美国的完全可以比拟美国给予英国的。克里普斯说,如果美国不满意从英国得到的给予,唯一的办法就是美国取消部分给予,从而使相互给予处于同一个水平,他请求美国这样做。克里普斯说,英国已经尽了最大努力。[54]

在随后的一个月里,达成令人满意结论的关税谈判前景越来越令人沮丧。克里普斯和赫尔默继续保持顽固的坚持,坚持认为在这种情况下每一方都做了公正的平衡,如果美国谈判代表希望获得更好的平衡,并对适度的结果感到满意,他们应该终止谈判,并取消或减少他们的给予。

8月6日,在提交克莱顿的一份备忘录中,威尔科克斯总结道,“在优惠制度下建立起来的既得利益集团是强大的,并且英国已经表现出不愿意承担政治风险,即根据他们所享受的优惠来减少或取消保护所涉的政治风险”。他说,与此同时,美国公众舆论将《斯穆特-霍利关税法案》和渥太华帝国特惠制视为战争期间贸易惯例滥用的相关部分。美国正准备清算《斯穆特-霍利关税法案》,并将关税税率恢复到低于威尔逊政府期间颁布的《安德伍德关税法案》规定的水平,但是,如果没有“一个头版头条的标题为《帝国特惠制在日内瓦被打破》”,就无法在政治上取得成功。威尔科克斯写道,如果没有这个头版头条的标题,“就存在着一个严重的危险,整个贸易计划将以失败告终”。他敦促克莱顿将日内瓦会议失败的风险告知斯塔福德爵士,包括“国会批准马歇尔计划下的额外援助的前景将受到严重损害”。威尔科克斯写道,两国政府都必须采取行动,“重新建立相互尊重和相互信任。这对我们在重建西方世界方面的合作是至关重要的”。[55]

一个不同的、带有日内瓦一行字的头版头条标题出现在《纽约时报》上，日期是8月7日，即威尔科克斯向克莱顿发出这份备忘录的次日。(《纽约时报》)称：“英国人被指控在日内瓦拖延关税谈判：危及谈判，他们拒绝在削减帝国特惠制上进行现实的谈判危及与美国和国际贸易组织的贸易协定。”引述“地位很高的观察者”的话，记者写道，“英国人坚持拒绝就降低帝国特惠制进行现实的谈判，使日内瓦贸易会议面临成为关税谈判的闹剧的危险”[56]。显然，记者所称的“(英国谈判代表)拖延和操纵的、中途回避与美国进行会谈”，是因为英国对美国在解决英国短期金融问题中提供支持施加最高水平的压力，这条消息的披露旨在使英国采取一种更为灵活的姿态。但是，这样做并不起作用。

斯塔福德爵士坦诚地告知克莱顿，在政治上，他的政府不可能采取任何实质性的行动来消除优惠制度，此后，副国务卿向国务院发送了一份紧急的绝密电报，列出了美国公开回应的四个备选方案：

1. 在不含有实质性取消特惠制的情况下，根据现有的让与订立协议。

2. 在不含有实质性取消特惠制的情况下缔结协议，但是，按照克里普斯的建议，削减美国的让与。

3. 告知英国不采取实质性取消特惠制的行动，谈判就无法继续；告知其他代表团中止美英谈判的原因，并寻求与其他代表团达成可能的最佳协议，最好还是基于多边协议。

4. 关税谈判休会，直到哈瓦那会议召开后，或无限期休会。

主要基于他已经向国会承诺英国将履行其承诺，结束特惠制，打破英镑集团的歧视性贸易体系，克莱顿建议采用第三种方案。其他替代方案威胁了贸易协定计划的更新和《国际贸易组织宪章》谈判的进展。他承认，他的建议也具有严重风险，可能危及哈瓦那会议的成功，并由于“相应广泛的政治影响”而危及美国对马歇尔计划的支持。然而，他认为，他们必须把英国不采取行动的问题弄清楚，并“直面”问题。克里普斯把政治观点视为不采取任何行动的借口，他写道：“(政治观点)滥用，近乎冷酷无情地无视他们在特惠制上的承诺。”[57]

关于克莱顿的四个备选方案的评价,根据罗伯特·A. 洛维特(Robert A. Lovett)的建议,杜鲁门总统拒绝了方案1和方案4,与方案3相比,更赞成方案2,因为"两害相权取其轻"。在7月1日迪安·艾奇逊重返私营部门任职时,洛维特担任高级副国务卿职务。在战争岁月里,洛维特曾与马歇尔将军密切合作,担任战争部部长助理,他的建议更多的是受与欧洲有关的地缘政治问题所驱动,而不是受赫尔/克莱顿贸易自由化理想的纯粹性所驱动。洛维特解释说,由于英国目前面临的绝望的金融困境和相应的政治问题,工党内阁不太可能控制克里普斯,也不可能改变他的贸易优惠政策立场。英国人已经明确表示,如果挨过这个困难时期是至关重要的,那么他们准备违反任何国际义务。杜鲁门总统和马歇尔将军正试图帮助他们避免"对他们的长期地位造成无法挽回的损害"。总统感到,按照克莱顿建议的替代方案3,将与这样的努力不一致,不可能达成协议。

此外,洛维特指出,克莱顿的首选方案"可能会引起英国公众的强烈不满,并在美国引起相当大的困惑和批评",这将使国会批准向英国和欧洲提供更多援助变得更加困难。关于更广泛的地缘政治影响,洛维特写道:

> 正如你所知的,现在英国政府面临着来自工党左翼成员的巨大压力,要求大幅缩减英国的对外承诺,减少武装力量,并从希腊和意大利撤出英国军队。我们担心一种可能性,苏联充分利用我们和英国之间的任何分歧,正如他们试图通过增加整个东欧和近东地区的压力来利用英国的弱点。

他敦促克莱顿争取抓住他所能获得的最佳协议,并保留一些谈判空间,"以便通过相应削减我们的让与,在更有利的时候使用这个谈判空间"。从国会的立场来看,在这个阶段,即使一个"瘦身的协定"也比没有达成协定好。[58]

洛维特关于英国危机的敏锐评价是克莱顿无法反驳的。7月15日,英国政府开始履行其在《英美贷款协定》下的义务,使英镑具有可兑换性,这一点英国很久之前就有能力去做。结果,此时由于进口需求的增加和出口产量极少,英国的经常账户赤字上升到历史水平,持有英镑的国家兑换美元,出现了银行挤兑。由于外汇的迅速消耗——克里普斯预测，他们将在 10 月初出现美元短缺，仅在 5 周之后，他们将被迫暂停(英镑)的可兑换性。正在崛起的年轻众议员、海外贸易大臣哈罗德·威尔逊(Harold Wilson)警告日内瓦的其他代表们，英国可能不得不在当前的困难时期使用某些方式，这些方式"可能看起来与《国际贸易组织宪章》草案的原则和方法相悖"，并且"与英联邦的其他国家进行更加密切的经济合作是必要的和可取的"。[59] 外交大臣贝文甚至建议在帝国内部建立一个关税同盟，作为将帝国特惠制纳入国际贸易组织非歧视原则的例外条款的方式，而这样的例外条款是威尔·克莱顿针对欧洲的情况提出的。

在英国的两个主要政党中，反对美国要求取消帝国特惠制的呼声日益高涨。反对者常常引用美国对古巴和波多黎各保持优惠待遇的事实，并且，不顾克莱顿的反对，刚刚达成了一份与菲律宾的贸易协定，将其特惠关税待遇延长 20 年，在共和党接管国会和杜鲁门加强使用"免责条款"、保护国内工业以满足共和党的要求之后，(英国)议会越来越怀疑杜鲁门的自由贸易政策是否会继续存在下去。根据《互惠贸易协定法案》(该法案将于 1948 年到期)，美国关税减让授权只能持续三年，而英联邦认同的任何优惠减让没有到期日。

尽管从白宫和国务院高层传出的信息敦促接受"瘦身的"协定，但是，克莱顿和威尔科克为了优惠制度方面的更大让步而继续施压。9 月 15 日，在日内瓦，威尔科克向英联邦国家的代表们发表了长篇的、教学般的演讲，分析了在减少优惠方面所做出的让与，用一国又一国的详细统计数据，强调了他们并不重要。他反复重申了英联邦消除帝国特惠制的多边承诺换来的是关税削减，并夸大其词地说，美国的提议将降低贸易壁垒至"美国 40 年来贸易保护的最低水平"，并且"逆转了美国过去一个半世纪所采取的国际经济政策"。按照过去 5 年所做出的承诺来加以判断，"(基于目前的让与)，日内瓦的预期结果将是失败的"。由于这个失败，将出现政治问题，他总结说："是否美国人和美国国会将默许暂时回到美国关税的双边减让……(并且)，当他们看不到立刻为美国带来收益时，是否同意向欧洲提供 150 亿或 200 亿美元的额外援助，(将不得而知)。"

然而，谁都不愿意接受这个失败，威尔科克宣称，克莱顿意在向克里普斯提出一项新的建议:美国暂时可以接受英国在优惠制度上的让与,但是,要在更宽泛的优惠清单上达成协议,三年后这个清单要在10年内慢慢取消。这样,一个宽限期有助于度过当前的金融危机,并且让英联邦总共有13年的时间去采用多变的、非歧视性的贸易惯例。

此时,已经变得很明显,希望维持帝国特惠制对英国比对英联邦绝大多数成员国更加重要,英联邦中的大多数成员国,比如加拿大,视增加同美国的贸易比保持英帝国内部的优惠制度具有更大的价值。还显而易见的是,维持帝国,或者,维持某些帝国的表象,让许多拥有民族自豪感的英国政治家不堪重负,两次世界大战造成的灾难性的经济损失已经伤害了伦敦的国际声望。美国代表团希望在向斯塔福德提出新的建议之前,向英联邦表明他们的情况,从而在劝说英国改变优惠制度立场方面,能够获得策略优势,而优惠制度立场就是威尔科克斯所说的"日内瓦会议成功的一个障碍"。在对英联邦代表们的演讲结束时,他告诉他们:"这个计划成败的最终决定取决于你们。"[60]

在克莱顿与斯塔福德爵士个人会面并提出建议之前,斯塔福德爵士已经阅读了威尔科克斯的演讲稿,这个建议寻求取消影响了美国与英帝国属国在战前三分之一的贸易的优惠制度,措施是从协议签订之日的三年后开始,以每年取消10%的优惠幅度,直至优惠完全取消。克里普斯说,他仔细研究了威尔科克斯的观点,但是,认为迄今为止做出的让步"达到了一个平衡",任何进一步的优惠削减都必须通过美国关税的相应削减加以补偿。他说,他会把克莱顿目前的提议提交他的内阁,并建议不接受这个提议。克莱顿回应说,在美国,这将被解释为英国对优惠制度方面的承诺的否定,并要求与外交大臣贝文讨论此事。

于是,克莱顿、美国驻伦敦大使刘易斯·W. 道格拉斯与斯塔福德爵士一道,会见了贝文,并向这位外交大臣提出了他们各自的看法。克莱顿和道格拉斯都强调消除帝国特惠制在政治和经济上的重要性。克莱顿说,他将被迫告知国务卿马歇尔,对于日内瓦协定来说,克里普斯的建议是不可接受的,并且整个事件"无疑将严重损害有利于英国参与马歇尔计划的公众意见和国会行动"。毕竟,马歇尔计划的最终成功取决于加强多边贸易的日内瓦会议的成功。

道格拉斯在《斯穆特-霍利关税法案》通过期间曾是众议员，他曾反对该法案，他讨论了该法案对 1932 年渥太华帝国特惠计划的影响。他告诉贝文，日内瓦会议上提出的美国建议增加了自 1934 年以来达成的先前贸易协定的关税减少幅度，“去除了”《斯穆特-霍利关税法案》中的关税税率，并将关税降到第一次世界大战以来的最低水平，“以至于特惠制产生的条件不复存在了”。

贝文的私人秘书在日记中用一句话总结了这次会面，即“办公室里忙碌的一天，隔壁的克莱顿和道格拉斯试图讹诈贝文和克里普斯，在马歇尔计划不向英国提供帮助的威胁下，让他们放弃帝国特惠制”。[61] 贝文与克里普斯一样担心在经济处于如此不稳定的状态时取消特惠制的(影响)，但是，贝文似乎被美国人的论点所打动，或者，至少受到了英国被排斥于马歇尔援助计划的潜在后果的困扰。他指出，英国有许多人认为，在目前的情况下，英国最好的选择是“独裁政策”。然而，他一直认为，尽快重返多边贸易符合英国的最佳利益。他说，无论如何，英国人要遵守他们向美国做出的承诺，“如果有可能这样做的话”，他承诺会马上答复。[62]

然而，两天后克里普斯传递给克莱顿的回答又是否定的，尽管语气有点温和，但不是实质性的。如果没有足够的美国让步作为回报，克里普斯说，在当时无法预见的情况下，他们不能承诺三年后开始减少优惠。克里普斯承诺，将在“互惠互利”的基础上，就再次削减优惠与美国进一步关税减让进行谈判，并承诺在此期间不增加任何优惠措施。

在克莱顿收到拒绝的一天后，他和美国驻英大使道格拉斯启程回华盛顿，《基督教科学箴言报》(*Christian Science Monitor*)在伦敦报道称，“在没有确切证据的情况下，这里的人们普遍相信”，针对“英国承诺开始废除帝国特惠制”，克莱顿一直在对英国援助方面讨价还价。文章观察道，英国内阁拒绝了克莱顿关于特惠制的提议，并首次报告说，华盛顿认为法国和意大利的需要比英国更为紧迫。美国政府认为，“英国可以用现在拥有的美元资产度过寒冬”。《基督教科学箴言报》的报告提出了这样一个问题：“在接受美国的临时援助上，英国是不是‘排在队伍的最后面’，而且，不可能得到任何援助？”[63]

解决——《关税与贸易总协定》诞生

在这一点上，两位主要的谈判代表处于交锋状态，在他们周围一个背后努力渠道开始出现。双方都担心会出现的后果是：联盟的瓦解，以及更广泛的政治影响，这将不可避免地危及各自的战略利益。在克莱顿的代表团内部，对与英国的谈判破裂存在着重大关切，即使这将对抗克里普斯的顽固性，但是，会造成灾难性的后果，美国削减多边关税的计划会推迟多年。在9月24日写给克莱顿的一份绝密备忘录中，在伦敦的哈里·霍金斯和温斯洛普·布朗提醒说，美国终止与英国的谈判将“在全世界显现出夏洛克叔叔(Uncle Shylock)的形象……将要我们的一磅肉”，这“将向苏联人提供他们所需要的宣传材料”，也“将在痛苦和失去幻想中结束与我们最好的朋友的合作”。[64]

如果国务卿马歇尔听从了克莱顿提出的建议，英美谈判将中止，贝文对由此产生的影响也深感担忧。贝文让英国驻华盛顿大使告诉马歇尔，英国没有关闭进一步提议的大门，并且在马歇尔做出决定之前，他想与马歇尔会谈。英联邦重要成员——包括加拿大、澳大利亚和印度在内——也非常关注谈判崩溃的后果。加拿大总理麦肯齐·金发电报给首相艾德礼，敦促做出一切努力，避免结束谈判。

在英联邦代表的鼓励下，级别较低的英国和美国之间的谈判者詹姆斯·赫尔默和温斯洛普·布朗达成了一项意向性协议，即如果美国同意控制国内生产合成橡胶占美国消费量的25%，英国将把从殖民地获得的优惠减少25%。英国殖民地的橡胶出口一直是一个宝贵的收入来源，直到战时美国生产合成橡胶的生产减少了对殖民地出口的天然橡胶产品的需求。尽管这份协定有点像科德尔·赫尔在其贸易计划中规定要取消的管理贸易类型，但是，副国务卿克莱顿还是勉强同意了。

英国内阁再一次拒绝同意降低优惠的做法，因为他们担心威斯敏斯特和殖民地的政治反弹。然而，该协议的英国谈判代表赫尔默认为，内阁大臣们拒绝的理由是不可信的,并"强烈暗示"他的美国谈判对手,他们坚决支持殖民地做出的让步。加拿大代表还与澳大利亚和印度的谈判代表一起,建议美国人站稳立场,提出了新的双边让步,以改进协定,从而避免谈判破裂。

图 12.2 英国外交大臣厄内斯特·贝文和财政大臣斯塔福德·克里普斯爵士(1949 年)(国会图书馆)

然而,在内阁否决了这份协定的 5 天之内,10 月 15 日英国驻华盛顿大使向(美国)国务院传递了一则来自贝文的绝密信息,其中提道:"他的政府已经重新考虑了……并决定接受美国在有关殖民地优惠的让步建议的基础上提出的建议,换取美国对橡胶(生产)的让步。"[65] 贝文的信息最终使日内瓦谈判收官。

相对于美国出口总额来说,最终英国让步的美元价值很小,因为竞争性英国产品在英联邦享有优惠优势。然而,英国和加拿大还同意免除彼此维持现有优惠幅度的渥太华协定义务,从而使未来与这些主要贸易伙伴的谈判可以达成非歧视性条款，从而推进了协定进程。更重要的是，最终在特惠制方面的让步使6个月谈判的关键问题解决成为可能，涉及23个参与国之间的、以最惠国待遇为基础签署的106份大幅降低关税的双边协定。

1938年，这些国家合计拥有了世界贸易近四分之三的份额，并就《国际贸易组织宪章》的主要治理原则达成了一项协定，主要依据的是赫尔先前的《互惠贸易协定》中的条款。同时，《国际贸易组织宪章》中包含的关税减让计划和商业政策原则被命名为《关税与贸易总协定》(GATT，下称《关贸总协定》)。按照商定的临时适用议定书的条款，从1948年1月1日起，《关贸总协定》将管理缔约国之间的国际贸易关系，直到一批重要的参与国正式批准在哈瓦那协商的《国际贸易组织宪章》(ITO Charter)。

美国副国务卿罗伯特·洛维特带着"非常高兴"并很有可能非常宽慰的心情，于10月24日向杜鲁门总统提交了这份协定，他认为该协定"代表了迄今为止为减少贸易壁垒而采取的最广泛的行动"，并补充说，"该协定是在面临极大的困难时达成的"。[66] 在《国务院公报》公布的《关贸总协定》条款的概要分析中，作者声称，"影响美国与英联邦国家的贸易很大部分的关税优惠已经被大幅降低了，而且美国对英联邦各国出口的相当多的清单产品的优惠已经完全取消"。

在大西洋的另一边，正如预期的那样，英国的谈判代表用一个英式旋转球向他们的听众解释了协定。10月29日，在斯塔福德·克里普斯爵士被提升为经济部部长，随后又被提升为财政大臣之后，现在任贸易委员会主席的哈罗德·威尔逊先生向议会表示，该协定包括了"在某些方面提出"的建议：

> 一些帝国特惠的一般方式，包括我们在殖民地或附属国市场享有的优惠幅度的全面削减……是相当不准确的和误导的……如果说这些谈判的进展以任何方式削弱了英联邦的经济合作，那当然是不正确的。[67]

并不是每个人都同意威尔逊的观点，尤其是比弗布鲁克勋爵的一家报纸《每日快报》的编辑们，后者在一篇文章中采用了这样的标题《一笔糟糕的巨额交易促成了！一项重大的邪恶协定签订了！大英帝国最惠国所界定的范畴被突破了！》。

然而，《经济学人》持更积极的观点，同时也指出，《关贸总协定》"一定是有史以来发布的最长、最复杂的公共文件之一，也是最难理解的文件之一"。即使是仔细研究过该协定的专家，"在没有审查其在接下来的几年里对贸易影响的情况下，也很难对其重要性发表声明。"《经济学人》观察到。与《每日快报》的描述相反，《经济学人》的编辑们宣称："尽管帝国特惠有所减少，但是，实质上'城堡'仍然完好无损；70%的帝国特惠关税税率完全没有受到影响，并且只有5%被取消。"至于外国的让步，《伦敦日报》(*London Journal*)称，"迄今为止，最重要的让步是美国做出的让步"，并得出结论，美国国务院似乎正在放松其"神学"学说，以应对"象征性壁垒"(即帝国特惠制)。[68]

因《关贸总协定》在国会共和党人中引起的反应是可以预见的。参议员爱德华·V. 罗伯逊(Edward V. Robertson，R-WY)称之为"通过削减关税来实现绥靖政策"，这将降低美国的工资和生活水平。众议院筹款委员会主席哈罗德·克努森说，协定是在"秘密的铁幕背后谈判达成的……是对'民主'一词的嘲弄"。克努森指责道，"行善者和流血的心……(现在是谁)坐在马鞍上，除非他们向其他国家的人民扮演圣诞老人，否则他们是不会高兴的"。众议员伯川德·吉尔哈特指控说，从其他国家获得的每一次让步"都是以美国工业的牺牲为条件的"，他特别提到了合成橡胶工业、羊毛业、珠宝和手表业，把它们作为产业牺牲的例子。[69]

注释：

1. "Statement by the President on the General Agreement on Tariffs and Trade," October 29, 1947, *Public Papers of the Presidents of the United States* (Pub. Papers), (Washington, DC: Government Printing Office, 1947), 480.
2. *FRUS* 1945, vol. VI, 61–76, quotations from 62, 72, and 75.
3. *FRUS* 1946, vol. I, 1280–90, quotations from 1280, 1281, and 1283.
4. Ibid., 1291–1292.

5. Ibid., 1307.
6. Ibid., 1312.
7. Ibid., 1313.
8. Ibid., 1312.
9. Robertson, *Sly and Able: A Political Biography of James F. Byrnes*, 443.
10. *FRUS* 1946, vol. I, 1359.
11. Ibid., 1360–1366.
12. McCullough, *Truman*, 520.
13. "The Republicans Return," *Economist* 151 (November 9, 1946): 737–738.
14. *FRUS* 1946, vol. I, 1350, 1352, 1354.
15. Quoted in Irwin, Mavroidis, and Sykes, 81.
16. 93 Cong. Rec. House 773 (1947).
17. "The Congress: Face of the Victor," *Time*, November 15, 1948.
18. 93 Cong. Rec. House 5630 (1947).
19. 93 Cong. Rec. 912 (1947)；参见刊发《国会纪录》(*Congressiondl Record*)关于支持妥协的三家媒体：*New York Times*, February 1, 1947; *New York Herald Tribune*, February 8, 194; and *Washington Post*, February 8, 1947, 93 Cong. Rec. 912–13 (1947)。
20. "Peace, Freedom, and World Trade: Address by the President," Dep't St. Bull. 16 (March 16, 1947), 481–485.
21. "Mr. Truman at Waco," *New York Times*, March 7, 1947; "Persuasive and Timely," *Washington Post*, March 7, 1947.
22. "G.O.P. Saboteurs," *Nation*, February 15, 1947, 171–172.
23. "The Presidency: Marked Change," *Time*, February 10, 1947; McCullough, *Truman*, 532–536.
24. Garwood, 116–117.
25. Acheson, 221.
26. Felix Belair Jr., "Truman Acts to Save Nations from Red Rule," *New York Times*, March 12, 1947; "Recommendations on Greece and Turkey: Message of the President to the Congress," 16 Dep't St. Bull. (Supp., May 4, 1947), 831.
27. Acheson, 228–229.
28. Lester Markel, "Truman, as the Crucial Third Year Opens," *New York Times*, March 16, 1947.
29. *FRUS* 1947, vol. III, 230–232.
30. Ibid., 223–230.
31. Acheson, 231; see also, *FRUS* 1947, vol. III, 234–235.
32. 参见克莱顿的备忘录与马歇尔在福斯代尔（Fossedal）的演讲中语言的比较分析，第228–229页。
33. "The Address of Secretary Marshall at Harvard," *New York Times*, June 6, 1945; *FRUS* 1947, vol. III, 237–239.
34. James Reston, "Administration Now Shifts Its Emphasis on Foreign Aid," *New York Times*, May 9, 1947.
35. *FRUS* 1947, vol. I, 913–915.
36. Ibid., 948–950; "Beyond the Truman Doctrine," *New York Times*, May 24, 1947.
37. *FRUS* 1947, vol. I, 956.
38. Ibid., 957.
39. Zeiler, 94–103; Fossedal, 237–238.
40. Harry S. Truman, "Veto of the Wool Act," June 26, 1947, Gerhard Peters and

John T. Woolley, *The American Presidency Project*, http://www.presidency.ucsb.edu/ws/?pid=12683.

41. "Economic Ambassador," *New York Times*, October 16, 1947.

42. *FRUS* 1947, vol. III, 239.

43. Ibid., 268–287.

44. Ibid., 275.

45. *FRUS* 1947, vol. I, 953–955.

46 关于艾德礼政府和工党在第一次关贸总协定谈判时对帝国特惠制的全面讨论，参见 Richard Toye, "The Attlee Government, the Imperial Preference System and the Creation of the GATT," *English Historical Review* 118, no. 478 (September 2003): 912–939; Richard Toye, *The Labour Party and the Planned Economy: 1931–1951*, Chapter 7, 156–184。

47. Attlee, *As It Happened*, 154.

48. Bullock, *Ernest Bevin: Foreign Secretary: 1945–1951*, 64–65.

49. "Cripps Once Called England's Most Dangerous Revolutionary," *New York World-Telegram*, February 20, 1942; Schneer, *Ministers at War: Winston Churchill and His War Cabinet*, 117.

50. Attlee, 279.

51. Bullock, 87.

52. "No Motive Power," *Economist* September 20, 1947, vol. 153, 465.

53. 435 Parl. Deb., H.C. Deb. (1947) 892 (U.K.).

54. *FRUS* 1947, vol. 1, 964–966.

55. Ibid., 974–977.

56. Michael L. Hoffman, "British Accused of Stalling in Tariff Parley at Geneva," *New York Times*, August 8, 1947.

57. *FRUS* 1947, vol. I, 977–979.

58. Ibid., 980–982.

59. Second Session of the Preparatory Committee of the United Nations Conference on Trade and Employment, Plenary Meetings, Verbatim Report, Sixth Meeting, August 23, 1947, E/PC/T/PV.2/6, p. 31; Gardner, 357.

60. *FRUS* 1947, vol. I, 983–993.

61. Bullock, 462.

62. *FRUS* 1947, vol. I, 993–996.

63. Saville R. Davis, "Britons Sobered by Hint U.S. Stopgap Aid Unlikely," *Christian Science Monitor*, September 26, 1947.

64. *FRUS* 1947, vol. I, 997.

65. Ibid., 1014.

66. Ibid., 1015.

67. 443 Parl. Deb. H.C. (1947) col. 874 (UK).

68. "Tariffs and Trade" and "Trade under the New Tariff," *Economist* November 22, 1947, vol. 153, 827–828, 848–850.

69. 93 Cong. Rec. 10674, 11482 (1947).

第13章

《哈瓦那宪章》

在哈瓦那缔结的宪章是这个阶段我们的国际关系所能达成的最好和最可行的协定。[1]

——威廉·克莱顿致乔治·马歇尔将军,1948年3月24日

1947年10月15日,英国外交大臣厄内斯特·贝文释放出他的口信说接受美国提出的关于帝国特惠制的建议的同一天,实际上完成了1947年日内瓦关税谈判并建立了《关税与贸易总协定》,威尔·克莱顿正式结束了他的官方服务。克莱顿辞去国务院职务的时间并非一种巧合。

《关税与贸易总协定》谈判的结果和帝国特惠制问题的解决——克莱顿对于后者并不满意——最终结束了克莱顿令人沮丧的16小时工作日和几个月精疲力竭的旅行。在过去7年里,克莱顿基本上一直自愿将自己的时间奉献给公众。现在,在他将近60岁的时候,在过去一年的大部分时间里,克莱顿的健康状况一直不好,并且他的妻子苏(Sue)多年来一直敦促他退休,让他回到休斯敦

的家中,过一种更轻松的生活。对于他的辞职,他给出的公开原因是他妻子的健康状况,但是,他在国务院和白宫的朋友都知道,她已经严肃地提出,如果他不辞职,就和他离婚。他告知马歇尔将军和杜鲁门总统,一旦解决了谈判问题,他就打算离职。然而,在他正式辞职时,他同意继续担任马歇尔的经济事务顾问。他还同意在下个月的哈瓦那会议上领导美国代表团,开始完成制定《国际贸易组织宪章》。

克莱顿的离开引起了参加日内瓦贸易会议和巴黎马歇尔计划会谈的官员们的广泛痛惜。按照一名记者的话说,在过去关键的几个月里,追踪这些会议的美国和外国官员具有"全体一致的"观点,即克莱顿"成为最大的个人力量,使欧洲向着有序的方向走出经济混乱"。《纽约时报》的一篇社论称赞克莱顿是"日内瓦贸易会议上杰出的、成功的劳工",并称之为"美国未来建设性能量和信仰的象征"。《新闻周刊》发表了关于克莱顿的离任和《关税与贸易总协定》会议的配对文章,标题为《再见了! 克莱顿先生》和《自由世界更加自由的贸易》,称该协定作为"美国战后对外经济政策的第一号设计",成为他职业生涯的"完美高潮"。《新闻周刊》观察道,英国已经屈服于克莱顿公开他们拒绝降低帝国特惠的"大胆威胁",并称赞"基本上基于美国的条件"与经济排名靠前的"世界自由国家"达成最终协议,"为世界贸易的三分之二……确立了削减的关税"。在巴黎,《世界报》(*Le Monde*)称他为"自由主义的拥护者"和"最了解欧洲事务的美国人之一……他为国际问题的讨论带来了智慧和节制的精神"。[2]

然而,并非所有媒体对克莱顿任期的报道都是赞许的。《经济学人》特别提出批评,因为它的编辑们评价说,"他带来的伤害远远超过了他做的好事"。这份具有影响力的杂志承认克莱顿的功劳,认为"他是1945年向英国提供贷款的最有力的支持者之一,也是1947年向欧洲提供大规模紧急援助的最有力的支持者之一"。但奇怪的是,一本1843年创建的杂志,建立在亚当·斯密经济自由主义原则基础上,特别是以摆脱英国《谷物法》为目的的杂志的编辑们却指责克莱顿"以如此狂热的态度"推行"从科德尔·赫尔先生那里继承的"两个基本经济政策:货币可兑换性和(贸易)非歧视性。他们诟病克莱顿根据美国贷款协定的条款,迫使(英国)“过早地试图将英镑与美元可兑换”,只是因为英国货币“在世界大部分地区正在开始恢复其(作为交换媒介的)职能”。至于非歧视性,编辑们谴责克莱顿“受到虚假学说的推动,即优惠(不管多么小)比非歧视性关税(不管多么高)更有害”。这可能是一种正确的观点,除了克莱顿团队与英国谈判代表就历史上美国关税大幅降低与帝国特惠相对较小削减而在日内瓦达成的协定。在他们发表这些批评意见的时候,编辑们并没有完全意识到美国在协定中做出的让步(协定直到下个月才公布),但是,他们对克莱顿的看法似乎是基于经济原则,而不是基于他们所说的“对克莱顿先生确保达成协定策略的愤怒”所引发的国家偏见。[3]

诚然,克莱顿确实从科德尔·赫尔那里继承了非歧视性贸易原则,非歧视性贸易原则深深地融入《国际贸易组织宪章》和《关税与贸易总协定》的商业政策条款。无条件最惠国待遇原则要求所有《关税与贸易总协定》缔约方奉行非歧视性待遇,这个原则在《关税与贸易总协定》第一条中确立,是协定的基石。然而,重要的是,该协定设定了英联邦帝国特惠制、其他国家的殖民地优惠制度以及美国对古巴和菲律宾的优惠待遇的重大例外条款。国民待遇原则还要求在国内税收和法规方面奉行进口和国内生产的货物之间的非歧视待遇。反倾销和反补贴税程序标准以及免责条款和其他保障措施的提出,为缔约方确立了非歧视行为守则。[4] 对英国人来说,这些原则并不新鲜,1945 年他们的专家与(美国)国务院合作形成《国际贸易组织宪章》提案,此后,筹备委员会在伦敦、纽约和日内瓦连续举行起草会议。根据《互惠贸易协定法案》,赫尔在谈判的贸易协定中加入了类似的条款,并且在第一次世界大战后退出自由贸易之前,英国就已经采用了非歧视原则。

奔向哈瓦那

在《经济学人》杂志对克莱顿的批评中提出的问题暴露了试图执行赫尔议程的国务院理想主义者所面临的核心问题。建立多边贸易体系在任何时候都是一个艰巨的任务，但是，在大多数国家的经济正经历着广泛而持久的失业、货币价值高估和严重的贸易逆差之际，废除世界贸易壁垒似乎是一个不可能的幻想。在经历了大萧条和第二次世界大战之后，这些绝望的国家正在试图让数以百万计的公民重返工作岗位，维持本国货币的价值，并通过保护处于挣扎中的国内产业、安排易货贸易和优惠贸易协定、实施进口配额和维持其他的战时管制措施来恢复国际储备，而这些措施违反了他们正在起草的《关税与贸易总协定》及《国际贸易组织宪章》的原则和许多明确规定。

1942 年至 1943 年，美国和英国的高级专家为了共同目标进行合作，他们开始起草《大西洋宪章》所描述的“商业同盟”(Commercial Union)和多边贸易协定的大纲，以实现战后世界的经济目标。战争对世界经济的毁灭性影响使这些计划变得不太具有可行性。参加联合国筹备会议(带来了在日内瓦形成的《关税与贸易总协定》和在哈瓦那举行的国际贸易组织谈判)的大多数国家这样做的目的要么是避免被排除在马歇尔计划等援助计划之外，要么是避免被排除在美国(在世界上拥有最大进口市场的国家)组织的贸易协定之外。很少有国家被吸引到哈瓦那的原因是，他们与赫尔和克莱顿有共同的信念，即在《国际贸易组织宪章》中规定的公平交易的统一原则下，更加自由的贸易将给世界带来和平与繁荣。

56 个国家派代表团到哈瓦那参加 1947 年 11 月 21 日在古巴国会大厦(Capitolio Nacional)召开的联合国贸易和就业会议(United Nations Conference on Trade and Employment)。(古巴国会大厦)是一个巨大的大理石结构建筑，有一个中央穹顶，模仿了美国国会大厦和巴黎的先贤祠，在 1929 年经济大萧条之前古巴的“糖业繁荣”时期所建。建筑的大厅装饰着世界第二高的室内青铜雕塑，上面镶嵌着 22 克拉的金叶，一颗 25 克拉的钻石(曾属于俄国沙皇尼古拉斯二世)被嵌入地板的中央，作为哈瓦那的中心标记。在这个华丽的场景中，舞台是为盛大的庆祝活动而设的。

在革命前的腐朽时期，哈瓦那是著名的娱乐天堂，它让游客们在朗姆酒的刺激下，享受各种各样的消遣和欢乐，让游客醉心于赌博和狎妓。然而，威尔·

克莱顿(他甚至都不喝酒)和他的代表团都非常专注于使命,并且计划每周工作6天,即使在即将到来的假日里,也没有多少时间休息。在日内瓦会议之后仅3周,接着就是哈瓦那会议,他们希望迅速达成根据《国际贸易组织宪章》草案而修改的商业政策原则,这些原则已经并被列入日内瓦的《关税与贸易总协定》,从1948年1月1日起临时管理23个签署国之间的贸易,直到《国际贸易组织宪章》正式通过。除了这些《关税与贸易总协定》的基本原则外,哈瓦那谈判的《国际贸易组织宪章》的规定还涉及更广泛的问题,旨在促进国际经济协调,重点是就业、经济发展、外国投资、限制性商业(反垄断)做法、政府间商品协定和国际贸易组织的组织架构。

组织者最初的希望是,筹备委员会在过去14个月里举行的三次谈判会议上的工作仅仅是被评价、稍加润色并在哈瓦那1月中旬的会议上被批准为最终成果,但是在他们到达古巴不久,希望便灰飞烟灭了。根据美国代表团的副主席克莱尔·威尔科克斯的记述,会议在30个"发展中"国家的代表的"谴责的合唱"中开始了。这些代表团强烈反对在日内瓦会议上批准的《国际贸易组织宪章》草案,称之为片面的、仅为大工业国的利益服务,发展中国家看不到任何希望的(宪章)。这些代表们对《国际贸易组织宪章》草案提出了800个修订项,其中,威尔科克斯注意到,"多达200项……会破坏企业的基础"。他们挑战《国际贸易组织宪章》中的每一项具体承诺,并试图将国际贸易组织降格为一个纯粹的咨询组织。"以此为发端,"威尔科克斯叹息道,"会议开始了。"[5]

拉丁美洲集团

在第一周里,克莱顿做东,举办了与拉丁美洲代表团共进的一系列非正式午餐会和晚餐会。美国代表团向华盛顿报告说,所有拉丁美洲代表团团长似乎都很友好,因此美国人最初相信,与他们达成理解不会有太大的困难。然而,这个发现的重大例外是阿根廷代表团团长、参议员迭戈·路易斯·莫利纳里(Diego Luis Molinari)。作为热情的民族主义者和胡安·多明戈·贝隆(Juan Domingo Peron)总统的忠诚卫士,莫利纳里在会议的第一天就开始组织一个由 18 个国家组成的拉丁美洲投票集团,其明显的使命是将宪章埋葬在古巴。该集团不断重复的口头禅是,该宪章的设计意在阻碍拉丁美洲国家的发展。美国代表团在给华盛顿的外事电报中报告说,拉丁美洲代表团的立场不同于欧洲复苏,不满于美国与欧洲在贸易政策上达成的任何协定。在参加哈瓦那会议的拉丁美洲国家中,只有巴西、智利和古巴被邀请参加核心集团出席早先的几次预备会议,这一事实引发了这种不满,其中可能掺杂了一些嫉妒。只有巴西和古巴对日内瓦会议批准的《国际贸易组织宪章》草案给予了普遍支持。[6]

在一般性辩论阶段的第二天,克莱顿发表了演讲,对墨西哥代表团主席拉蒙·贝泰塔·昆塔纳(Ramon Beteta Quintana)提出的挑战做出了回应。贝泰塔寻求对《国际贸易组织宪章》进行修正,使发展中国家有权在未经国际贸易组织事先批准的情况下,实施进口配额和高关税,以保护其幼稚产业。贝泰塔认为,美国和其他工业化国家要否定他们这种权利,使他们永远处于经济的奴役之中。克莱顿否认了这一指责,并回应说,"开明的利己主义"使美国支持其他国家的工业化,因为"我们最好的客户一直是发达国家"。阿根廷代表团主席莫利纳里也声称,美国的繁荣来自 19 世纪美国工业化期间采取的保护主义政策,因此应当允许发展中国家在发展初期自由地保护其工业。

当然,贝泰塔和莫利纳里都正确引用了在强盗男爵时代汉密尔顿关于保护幼稚产业和保护主义政策的主导地位的观点。他们只是遵从了保守派经济学家亨利·C. 凯里提出的观点,这个观点受到保护主义辉格党和后来的共和党人的支持,认为自由贸易是英国阻止美国工业化的一项计划。但是,克莱顿反驳美国工业化起源于保护主义的观点。他解释说,"如果说我们的发展是 48 个州自由贸易的产物,那就更准确了"。克莱顿敦促大会在不"以多种例外和免责条款使其超载"的情况下通过《国际贸易组织宪章》草案,并警告说,美国不能接受"名义上经济合作的,事实上容忍经济冲突的安排"。[7]

几天后,莫里纳里发表了 69 分钟的演讲,挑战《国际贸易组织宪章》中所体现的华盛顿在重建世界经济和社会结构方面的领导地位。应当特别指出的是,他认为,这个宪章迫使整个世界生活在"在美元符号下",生活在"一张挤压饥饿大众心脏的夏洛克国际蜘蛛网"之中。莫里纳对发展中国家的反资本主义部分国家发出了煽动性呼吁,他指责说,这个宪章是美国资本主义的企图,是在租借谈判期间与英国秘密设想的,将其经济制度强加给世界。在他的演讲之后,阿根廷人提出了一长串拟议的《国际贸易组织宪章》修正案,一个允许完全自由地使用进口配额和外汇管制并区别对待其他国家的修正案,旨在建立优惠关税制度以及在没有任何形式的国际贸易组织监督的情况下从事国营贸易。[8]

在会议进行的最后4周里,会议在解决各代表团之间的重大分歧方面几乎没有取得什么成果。最具争议的问题是使用包括进口配额在内的数量限制措施促进经济发展的问题,这个问题甚至在1946年10月的伦敦筹备会议之前从没有在宪章提案中讨论。澳大利亚、印度、巴西和智利领导了发展中国家,在伦敦会议上试图在《国际贸易组织宪章》中增加了关于经济发展的特别章节,作为国际贸易组织的一个主要目标。这个新的部分带来了大量的新的争议问题。

在日内瓦会议上,在美国商业团体的推动下,美国代表团提出了一项关于外商投资待遇标准的新条款,而发展中国家坚持实施对投资者不利的严格限制和征收权。发展中国家重新开启对投资问题的讨论,他们的新提案遭到了美国企业界的反对。在促进经济发展的目标下,他们还寻求一个广泛的例外,即禁止以帝国特惠制为榜样在区域贸易制度中使用新的关税优惠制度的例外。

然而,最具争议的是关于自由使用数量限制促进经济发展的要求。[9]根据日内瓦会议批准的《国际贸易组织宪章》草案,除非在非常有限的情况下,发展中国家不能在没有国际贸易组织批准的情况下实施进口配额措施。在哈瓦那会议上,当一些发展中国家主张在未经国际贸易组织事先批准的情况下,对奢侈品进口和与国内新兴产业产品竞争的进口产品实施数量限制时,谈判最终陷入僵局。

12月23日,就在圣诞节前夕,克莱尔·威尔科克斯(克莱顿不在时的美国代表团代理团长)非常沮丧地参加更公开辩论。尽管拥有以镀金时代的保护主义强盗巨头之一约瑟夫·沃顿命名的斯沃斯莫尔学院教授职位,威尔科克斯和克莱顿一样，是自由贸易的理想主义者，也是赫尔议程的真正信奉者。作为谈判者，他是一名不知疲倦、专注的技术员，他具有开朗的性格。在被延长的教学假期里，他喜欢外交游戏，并相信他的外交游戏玩得很好。他特别喜欢利用适当的泄密和控制负面报道的侵略性意图来操纵媒体。然而，有时，他的教授式的自信被认为是学究式的、高傲的，甚至是傲慢的。

演讲当天，这位圆胖体型的中年经济学教授穿着他的三件套西装，缓步走上前台，就像他在斯沃斯莫尔学院的教室里所做的那样。他面向"落后国家"发表的关于数量限制的演讲变成了对大学生的直言不讳的讲课，很大程度上就像他在日内瓦会议上就帝国特惠制问题向英联邦代表发出的最后通牒。他将允许限制进口的数量限制修正案称为"经济无政府主义的处方"，于是开始了他的演讲：

> 如果这是我们在这里谈判的结果，我说，我们对扩大贸易、提高生活水平、促进经济发展、实现经济和平的所有希望都注定要失败……
>
> 我必须承认，我们完全无法遵循这里的那些人的逻辑，他们主张，我们可以通过禁止出口商出售和进口商购买(通过使用数量限制)来扩大贸易……由此也能够带来经济的发展。逐字阅读这些会议记录可能会让人得出这样的结论：简单而仅仅通过对其贸易施加数量限制，一个发展中国家可以实现快速和深度工业化……除非能进入足够的市场，否则，新的产业不会有成功的希望。如果每个人、每个地方都求助于数量限制，他们将无法进入足够的市场。数量限制不会打开市场，它会关闭市场……
>
> 几个代表团……把数量限制称为"武器"，并说这种"武器"是一种不可被剥夺的武器。这样的隐喻太恰当了。武器是人们在战争中使用的东西，而当每个人都诉诸数量限制时，经济战争将是贸易关系的正常状态……
>
> 辩论……似乎是基于这样一个假设：小国和弱国将获得运用

> 数量限制的完全自由，而大国和强国将自愿放弃对它的使用。我担心，这是最可怕的幻影。
>
> 在1945年12月发表的建议中，我国政府表示，将签署一项国际协定，根据该协定，我国将放弃使用数量限制进行保护的目的。在伦敦会议上，我国政府维持了这样的让与。在日内瓦会议上，我国政府维持了这样的让与。在哈瓦那，我国政府也将维持这样的让与。如果接受这个目标，就没有哪个国家需要担心美国会以对他们有害的方式使用数量限制。但是，如果拒绝这个建议，那么会发生怎样的情况呢？[10]

威尔科克斯打算警告不加区分的经济战的后果，但是，拉丁美洲代表团认为这是一个工业巨头对发展中国家的敌对威胁。这只能起到进一步强化他们的立场的效果。在与美国驻蒙得维的亚大使的一次秘密谈话中，乌拉圭工业部部长后来将会议上随后发生的许多困难归因于威尔科克斯的演讲及其“不友好的演讲方式”。[11]

到12月底，威尔科克斯似乎认为，很可能无法就宪章达成令美国代表满意的协定。他提出了三个备选方案，供在华盛顿的克莱顿考虑：(1)设法让25～30个国家同意一份强有力的且令人满意的宪章；(2)就某些章节达成普遍一致意见，并将其余章节推迟到晚些时候考虑；(3)接受一份没有实质性内容的“框架式”宪章，仅仅设立磋商机构。威尔考克斯建议，如果采用第一个备选方案，在1948年的会议上国会可以采取行动，并有50％的机会获得批准。然而，这需要国务院高层付出最大努力加以推动，因此他敦促马歇尔将军与范登堡参议员协商。他说，如果采取第二种备选方案，他相信《关税与贸易总协定》的大多数缔约方（除三个或四个缔约方外）都会同意，但是，延期考虑的章节将需要等到1949年才能寻求国会的批准。[12]

在华盛顿的国务院官员们将哈瓦那会议上制定《国际贸易组织宪章》的潜在失败视为美国的“严重外交倒退”、联合国的“声誉受损”以及自由企业制度的“决定性倒退”。一份内部备忘录称国际贸易组织项目是“战后经济计划的核心”以及“适应当今条件的经济自由主义在国际领域的重要体现”。备忘录指出，在冷战背景下，制定国际贸易组织的《哈瓦那宪章》(也称《国际贸易组织宪章》)的失败将产生严重后果：

> “苏联以外的世界”将在国际经济海洋中失去方向舵……苏联人将利用哈瓦那会议的失败大力宣传，并将处于更加有利的地位，将其他国家置于其经济或政治影响力之下。[13]

克莱顿和副国务卿罗伯特·洛维特在与国务院其他同僚磋商后，决定继续推动制定一个强有力的、可接受的宪章，只要有必要，就留在哈瓦那，以便在代表至少四分之三世界贸易的多数国家之间达成协定。

1 月初，克莱顿带着新的战略回到了哈瓦那。他下令向所有驻拉丁美洲国家的美国大使馆发送秘密电报，敦促美国大使馆外交官鼓励驻在国政府对美国在哈瓦那会议上的提议采取更具建设性的态度。(美国)大使馆的外交官们被要求解释哈瓦那会议失败的影响以及即将在哥伦比亚波哥大举行的美洲会议可能带来的苦果，因为在这个会议上，对参会的拉丁美洲国家的金融援助和贸易来说，美国的善意是很重要的。电报提供了以下背景，供(大使馆的外交官们)与当地官员讨论使用：

> 在支持美国立场或建议方面一直缺乏兴趣，这令人不安。特别值得注意的是拉丁美洲代表团急于相互支持的做法，即使这个问题对给予支持的国家来说无关紧要。在会议之外，一些代表表明，他们的政府指示他们普遍支持拉丁美洲的立场。

电报称，如果就建立国际贸易组织下的贸易规则达不成协定，美国将“因哈瓦那会议失败的影响而受到干扰”，这也将干扰在波哥大会议上的贸易议题。“的确如此，”电报强调，“波哥大议程的贸易议题是未决的，直到哈瓦那会议有了结果。”对于那些需要外交关注的官员来说，每个大使馆都得到了关于驻在国代表团所采取的立场的情报。[14] 克莱顿和其他国务院的外交官也接近驻华盛顿拉丁美洲大使馆的官员，采取类似的外联活动，旨在影响哈瓦那代表团的行动，否则，他们可能会受到哈瓦那会议上阿根廷在拉丁美洲集团的领导力的影响。

到2月中旬,针对利用贸易保护主义的进口配额措施促进经济发展的辩论,双方开始呈现出妥协态度。最后,双方达成一致:商品不包括在贸易协定中,国际贸易组织将自动批准在限定条件下为经济发展或重建目的而实施的进口配额。允许实施进口配额的条件之一是这样的规定,即受配额保护的产业必须是在战争期间或战后最近几年(即在1939—1948年之间)新建立起来的产业。[15] 克莱顿和威尔科克斯做出的另一个重大让步是,通过国际贸易组织成员三分之二多数票,允许达成带有歧视性关税制度特点的新区域优惠协定,但是,时间是限定的,且在相互毗邻或在同一经济区域内的国家之间为了经济发展的目的。[16]

英国人的反对意见

然而,对于美国谈判代表来说,拉丁美洲集团和其他发展中国家寻求非歧视性最惠国贸易规则的例外条款并不是在哈瓦那会议取得成功的唯一障碍。英国和其他工业化的战时盟国也提出了自己的意见,形成了对达成决议的障碍。与英国一样,法国也寻求在其重建和恢复期间取消或推迟对歧视政策的限制,以应对国际收支危机。英国、法国、波兰、捷克和中国代表团都强烈反对美国提出的、给予德国和日本被占领区最惠国地位的建议。[17]

达成决议的另一个障碍是,按照《农业调整法案》规定的生产控制和价格支持计划的新政制度,美国坚持将农产品贸易从禁止出口补贴和进口配额中划出来。这个观点与美国在工业部门贸易自由化问题上的原则立场存在重大不一致。农业例外是国会和农业部强迫国务院的理想主义者要做到的,这给谈判代表造成了尴尬的障碍。拉丁美洲代表团"一次又一次地争辩说",美国保留无须国际贸易组织批准而维持农业产品进口配额的权利,同时坚持禁止工业产品进口配额,这对主要是农产品出口国和工业产品进口国的发展中国家显然是不公平的。

2004年在世界贸易组织的一场争端中,巴西将成功挑战美国的棉花出口补贴，而在哈瓦那会议上巴西代表团就曾提出了禁止没有获得国际贸易组织批准的此类补贴。在一封由国务卿马歇尔签名、转交给美国驻里约热内卢大使馆的电报中，马歇尔指示说，告知巴西政府，这一提议不可能被美国接受："美国国会不可能接受须经国际贸易组织批准的宪章……使用出口补贴是美国的权利。"英国人也反对美国的补贴，但是，威尔科克斯认为，他们这样做，只是为了"提高他们在歧视问题上讨价还价的地位"。[18]

克莱顿在哈瓦那时，威尔科克斯和克莱顿一道在无数次谈判会上不停地工作，以就华盛顿在政治上可以接受的这些反对意见达成妥协。到了 2 月的最后一周，大部分问题得以解决，克莱顿返回华盛顿。威尔科克斯几乎筋疲力尽，在当地的海滩度过了周末，这是他在紧张的三个月中的第一次休息。当威尔科克斯休假回来后，他召集了英国、欧洲的代表团和其他一些代表团开会，他们对达成最终决议至关重要。他向华盛顿报告说，他"像足球教练在赛季最后一场比赛前与球队交谈一样与这些人交谈"。他相信，达成协定的每一个严重障碍都已解决，并预计 3 月 14 日将作为结束会议的目标日期。[19]

然而，正如在日内瓦谈判中的最终解决方案一样，强烈反对意见来自同样的伦敦官员，他们曾经几乎阻止了《关税与贸易总协定》，他们是财政大臣斯塔福德・克里普斯爵士和贸易委员会主席哈罗德・威尔逊。美国大使刘易斯・道格拉斯给在华盛顿的克莱顿发电报，告知他刚刚与克里普斯和威尔逊举行了一次会谈。在会谈中，他们告诉道格拉斯，包括哈瓦那妥协在内的新宪章文本有"许多最不令人满意的特点，对于英国是否[可以]接受它，表示非常怀疑"。克里普斯列出了他们关于新宪章的三条主要反对意见：(1)过渡期。在这个过渡期，歧视性贸易将由于《国际贸易组织宪章》条款的语言模棱两可，不适用于英国；(2)对允许发展中国家不经国际贸易组织批准、为发展目的采取数量限制的让步造成了严重的漏洞，将所有发展中国家从禁止进口配额中解放出来，使他们认为必要时，就能够实施限制措施；(3)对发展中国家在拥有共同边界的国家的一个经济区域内为发展目的而设定新的优惠制度所做出的让步，是单独地针对英联邦成员和殖民地成员实施的歧视，它们只是没有相邻而已。由于这些反对意见，克里普斯告知道格拉斯，“向议会提交宪章，在政治上是不可能的”。为了解决这些问题，克里普斯促请哈瓦那会议休会，在两个月或三个月后再召开会议。否则，英国人别无选择，只能拒绝签署《国际贸易组织宪章》，并且克里普斯表示，这样的行动路线是他所不愿采取的。[20]

威尔科克斯显然义愤填膺，立即用秘密电报向华盛顿的克莱顿反映了这些问题。威尔科克斯希望在3～4天内50多个国家就所有悬而未决的问题达成完全一致，他告知克莱顿，他认为英国现在只是在“不顾一切地试图获得额外的让步或阻止成功地结束谈判”。至于允许过渡时期歧视性贸易做法的反对意见，威尔科克斯指出，在哈瓦那会议上克莱顿已与英国、欧洲和英联邦代表团就这一条款进行了谈判，他们完全同意，没有代表团提出异议。

第二条反对意见，即对为发展目的而实施进口配额的反对，也涉及克莱顿谈判达成的妥协，该妥协已获得英国、英联邦、西欧、拉丁美洲和所有发展中国家代表团的认同。妥协的一些条款“仅与协定没有包括的一小部分贸易相关”。他指出，这是“一个关键的妥协，使我们能够在发达国家和发展中国家之间获得几乎完整的协定”，这“可能是克里普斯挑出来加以攻击的原因”。

第三条反对意见是关于建立新的优惠制度。关于建立新的优惠制度，类似于英国的帝国特惠制，也是与英国代表充分合作起草的。按照威尔科克斯的说法，这个章节的目的是为了确保阿拉伯国家和中美洲国家的加入，这些国家的贸易“没有产生巨大的经济影响”。威尔科克斯报告说，当英国代表在前一天向英联邦和欧洲代表团提出克里普斯的反对意见时，“澳大利亚和新西兰完全拒绝了英国的立场，加拿大和南非保持沉默，欧洲人只是笑了笑”。

威尔科克斯指出，自1941年《大西洋宪章》以来，英国政府一直公开承诺作为美国在这一项目中的正式合作伙伴，他认为，“难以置信”的是，他们“会在最后时刻承担试图摧毁它的责任”。于是，关于他们的行动，他向克莱顿提出了自己的意见：

> 就我的判断而言，英国现任政府在口头上支持多边贸易原则的同时，实际上认为英国永远无法面对自由竞争，必须通过优惠安

> 排、歧视性双边协议和易货交易,寻求受庇护的市场。出于这个原因,它从未希望该宪章被采纳或建立国际贸易组织。在伦敦、日内瓦或哈瓦那,英国代表团没有给予美国代表团全心全意的或真正的支持。显然,英国认为,在如此多的国家之间,在如此多的重大问题上,无法达成协定。现在,一切都在掌握之中,他们试图摧毁它。幸运的是,他们做得太晚了。

威尔科克斯敦促立即拒绝克里普斯将会议延期2~3个月的提议,简单地说:"哈瓦那蒸汽压路机不能停止。"[21]

事实上,蒸汽压路机并没有停止,但是,由于华盛顿、伦敦和哈瓦那之间的协商和电报传输继续进行了两周时间,确实放慢了速度,几乎停止了。争论的中心点之一为,在最不稳定的政治基础上,哪一方做出让步。在一封电报中,道格拉斯大使要求国务院"最紧急地"电告他们对"美国风险与英国风险"的重要性的看法,以便准备明天的晨会,与克里普斯讨论政治风险问题。威尔科克斯立即回答说,在哈瓦那,所有代表都知道英国是唯一现存的完成协定的障碍。拉丁美洲代表们坚定地与美国立场保持一致,并且他们一致支持达成协定。同意英国立场的代表团会疏远大多数其他代表团,他们已经在抱怨英美串通,损害他们的利益。威尔科克斯认为,如果没有交换条件,在华盛顿就不可能保证接受英国的立场。他警告说,在国会,《国际贸易组织宪章》和即将到期的贸易协定立法的更新都将受到严重威胁。[22]

在最终的解决方案中,英国撤回了对克莱顿妥协的反对意见,允许发展中国家为发展目的而使用有限的进口配额。关于在某些经济区域内为发展目的而做出新的优惠安排的问题,在得到拉丁美洲和其他代表的批准后,美国同意在文本中添加解释性说明,说明国际贸易组织"无须解释'经济区域'一词来要求紧密的地理比邻性,如果它满足了有关国家之间存在相当高的经济一体化程度"。[23] 在理论上,这个说明可以允许将不相邻的大英帝国的一些部分考虑在同一经济区域内,旨在根据这一条款创设新的优惠安排。但是,正如一位评论家所观察到的那样,由于对英联邦内的这种新优惠安排缺乏热情,"这只不过是一个政治上的无花果树叶而已”。[24] 在会议最后几天美国代表团给予英国的最大让步是为国际收支平衡的目的，选择继续实行歧视性进口限制，直到 1952 年 3 月 1 日，从而将有效地实施非歧视性限制措施的战后过渡期延长了 4 年。

因美国商业界而出现的争议问题

《哈瓦那宪章》是一份冗长而复杂的文件，包括 6 份独立的协定，其中，仅有一份协定表述了《哈瓦那宪章》约三分之一的内容，涵盖了《关税与贸易总协定》的商业贸易政策规则。其余章节涵盖了就业和经济活动、经济发展和重建、垄断和限制性商业惯例、政府间商品协定以及新成立的联合国机构——国际贸易组织——的架构和职能。[25] 在美国，这些最具政治敏锐性的条款涉及：(1)美国在国际贸易组织治理方面的让步；(2)为国际收支和经济发展目的而规定的规则例外条款；(3)海外投资的安全；(4)呼吁各成员方在各自领土内保持充分就业。

关于国际贸易组织治理问题。《哈瓦那宪章》赋予大会上每个成员国一票的投票权力，管理机构是由所有成员国的代表组成的，负责审议决定本组织的各项政策。美国代表团提出了一个基于每个成员国参与的经济重要地位的权重投票制度，类似于国际货币基金组织的投票制度。与一国一票制相比，这个制度给予美国在国际贸易组织决策过程中更大的影响力。然而，绝大多数由大会决定的重要问题，比如放弃义务或修订《哈瓦那宪章》，需要以三分之二多数票通过，这将最小化美国关键决策意见被否决的可能性。此外，美国在负责执行国际贸易组织政策的大会执行委员会中拥有永久席位。大会执行委员会由 18 个成员国的代表组成，其中，大会执行委员会席位中的 8 个席位留给“具有经济重要地位”的成员国，决定于其在国际贸易中所占的份额。确定经济重要地位的方式确保了美国、英国、加拿大、法国、比荷卢关税联盟、印度、中国和苏联获得席位，当然，如果它们加入的话。苏联不可能加入，因为苏联没有参加任何会议，并且，由苏联政府控制的媒体一再嘲笑国际贸易组织项目是一个主宰世界的资本主义计划。

尽管《哈瓦那宪章》和《关税与贸易总协定》首次在多边协定中确立了无条件最惠国待遇原则(并且美国代表团否决了大量关于去除最惠国待遇的例外条款的建议),但是,正如前面所讨论的,美国做出了重大让步,这些让步削弱了对歧视性贸易政策的禁止,当被用于经济发展或解决国际收支问题的目的时,可以采用进口配额限制措施。这些让步将对美国批准《哈瓦那宪章》构成重大政治障碍。

另一项有争议的条款导致了会议上的长期争论以及来自涉及外国投资安全的美国商业利益集团的批评。尽管《哈瓦那宪章》承认国际投资在促进经济发展和重建以及随之而来的社会进步方面具有"巨大价值",但是,它规定,成员国有权"采取任何必要的适当保障措施,以确保外国投资不被用作干预其国内事务或国家政策的基地"。《哈瓦那宪章》禁止成员国在其领土内采取"不合理或不正当的行动来损害其他成员国国民获得其提供的企业、技能、资本、艺术或技术的收益权"。但是,在投资的所有权要求和"现有和未来投资的充分保障"方面,它只要求作为东道国的成员国给出"公正条件"。[26] 这样的语言不足以确保外国投资者免于受到歧视性待遇或受到具有本土优势的政府在无充分补偿下的任意征收。

充分就业

在宗旨和目标声明之后的第一章中,《哈瓦那宪章》提出了 6 项关于劳动者和失业的条款。这些条款最终会引发美国商界最严重的抗议,而这些抗议针对的是许多代表认为的战后世界最险恶的经济威胁。这些代表认为,在基本层面上,避免失业和就业不足是实现《哈瓦那宪章》目标的必要条件,包括扩大国际贸易。大萧条给美国带来了 25%的失业率,世界其他地区的失业率甚至更高,在大萧条之后,在战争的最后几年里人们产生了一种巨大的恐惧,那就是糟糕的时期很快就会回来。只有军工生产的需求才结束了大萧条,促进了国内经济的发展。随着第二次世界大战接近尾声,战时生产的缩减是不可避免的。与此同时,美国经济正面临着1 000多万名士兵和水手从战争中归来。经济学家们担心,军工生产的减少和作为平民寻找工作的前军事人员进入劳动市场的结合只会带来灾难性的经济后果。(军人)复员已经导致美国经济衰退。在哈瓦那会议上,许多代表都在考虑这些大规模失业问题。[27]

在会议的第二周,澳大利亚代表团主席H.C.库姆斯(H.C. Coombs)发表了演讲,敦促其他国家采取行动,防止他所谓的美国经济"本质上不稳定"的性质而可能引发的失业问题。

在美国,应对大规模失业风险的行动几年前就开始了。在1944年1月向国会发表的年度演讲中,罗斯福总统就已经谈到了这一威胁,他指出:"没有经济安全和自主,就不可能存在真正的个人自由……饥饿和失业的人是独裁统治的对象。"他呼吁制定"第二个权利法案",即一项经济权利草案,草案的第一条将是"在国家的工业、商店、农场或矿山中获得有用且有报酬的工作的权利"。[28]在第四个任期的竞选中,罗斯福鼓吹"经济权利草案",那一年,在民主党的竞选纲领中承诺"保证充分就业,提供(经济)繁荣",以及和平与取得战争的胜利。[29]

国会两院都任命了战后经济政策和规划特别委员会。参议员沃尔特·F.乔治任参议院特别委员会主席,特别委员会中还有参议院共和党领袖罗伯特·塔夫脱和亚瑟·范登堡,他们与特别委员会中保守派民主党人联合,掌控特别委员会的方向。乔治主席长期反对罗斯福新政的各项提案,这促使总统在1938年的连任竞选中试图击败乔治,但没有成功,乔治从未原谅或忘记这件事。乔治委员会的报告和建议(众所周知)避开了凯恩斯式的增加联邦开支以创造更高的需求和更多的就业机会,而凯恩斯方式是罗斯福政府大多数经济学家虔诚遵循的方式,并且是经济权利草案的基础。尽管乔治委员会主动与其他委员会抗争,试图主导战后经济议程的规划,但是它没有就政府主导的充分就业提出任何立法建议。

相反,1945年1月22日提出的1945年《充分就业法案》(Full Employment Act)来自军事委员会的战争合约分委员会(War Contracts Subcommittee)发布的一份报告。参议员詹姆斯·E.穆雷(James E. Murray, D-MT)是该法案的主要发起人,(当时)他是该分委员会主席,该分委员会中还有升任副总统之前的哈里·杜鲁门。在这个分委员会以及后来在白宫,杜鲁门都支持充分就业立法。作家史蒂芬·肯普·贝利(Stephen Kemp Bailey)对《充分就业法案》的政治史进行了杰出的分析,他将穆雷描述为参议院中一个巨大的反常现象:(穆雷)作为参议院机构中最富有的人之一,"具有一种异常敏感的社会道德良心,在过去的几年里,为了社会正义,它已经发展成为一种近乎救世主般的狂热"。[30]

与穆雷一起指导该法案在参议院获得通过的是获得该法案管辖权的银行和货币委员会及其充分就业分委员会主席罗伯特·瓦格纳(D-NY),他是最具影响力的自由派成员之一,特别是在劳工问题上的影响力。1935年,他撰写了《国家劳资关系法案》(National Labor Relations Act),即众所周知的《瓦格纳法案》(Wagner Act)。尽管塔夫脱和其他人对瓦格纳分委员会及其公开辩论中的观点表示强烈反对,但是,草案的提出者有能力以71比10的压倒性票差使该草案获得通过。[31]甚至在几项修正项被采纳后,参议员乔治、塔夫脱和范登堡也投了赞成票。参议院通过的草案宣称,"所有有能力工作和寻求工作的美国人,有权获得有用的、有报酬的、定期的和全职的就业机会"。措施包括这样的用语,确保如果私营部门未能提供足够的工作,联邦政府将通过"投资和支出"实现充分就业。这项草案的表态让人想起了在社会主义国家盛行的五年计划,草案还确保国家经济计划在这一过程中发挥关键作用。[32]

随着草案提交众议院,支持和反对草案的外部影响势力开始出现并加强了。参议院"充分就业草案"得到了一系列团体的支持,这些团体包括主要的劳工组织(美国劳联和产业工会联合会)、全国农场主联盟、民主行动联盟(美国民主行动组织的前身)、全国有色人种进步协会和其他进步团体以及自由媒体,如《新共和》和《国家》。然而,保守的亲商业组织联合成了一股更强大的力量。全国制造商协会、全国和地方商会以及美国农业局联合会出来了,强烈反对参议院草案。保守的媒体和同情反罗斯福的专栏作家也对草案表示强烈反对。雷蒙德·莫利在《新闻周刊》的每周专栏中以《愚蠢的就业草案》为题写道：

> 我反对的是伪善地将政治口号制定成法律，这意味着一无所有，或者没有人们真正想要的一些东西。至于“充分就业”，按照字面的（意义）被实施，将意味着所有阶层的美国人的自由终结。[33]

还有一个因素影响了这项立法在政治上受欢迎的程度，那就是伦敦经济学院弗里德里希·冯·哈耶克（Friedrich von Hayek）于 1944 年出版的《通向奴役之路》（*The Road to Serfdom*）。这本书是大西洋两岸的畅销书，成为凯恩斯勋爵在其《就业、利息与货币通论》中提出的日益流行的理论的保守主义的“解毒剂”。1945 年 4 月，《读者文摘》（*Reader's Digest*）出版了一本 20 页的浓缩本，每月读书会（Book-of-the Month Club）* 售价 5 美分一本，同年，《看看》（*Look*）杂志甚至复制了这本书的漫画版，原著由在底特律的通用汽车公司出版。数百万名美国人接受了哈耶克的言论。

在众议院，一个由南部民主党和共和党组成的保守派联盟在委员会中控制了该草案，并产生了一种淡化的替代参议院方法。尽管在自由民粹主义者、众议员赖特·帕特曼（Wright Patman, D-TX）的领导下，极力争取公开投票将参议院版本作为替代方案，但众议院还是拒绝了。1945 年 12 月中旬，众议院通过了委员会的替代草案，其中不含有工作权和政府主导的充分就业。12 月 20 日，杜鲁门总统致函众议院和参议院两院协商委员会主席，指出大幅度降格参议院版本的草案是不可接受的。在随后的一次广播讲话中，他敦促美国人用基本相同的口吻联系他们在国会中的代表。一个月后们，在国情咨文中，杜鲁门再次呼吁两院协商委员会通过一项强有力的充分就业草案。

然而，2 月 6 日，当草案在会议上出现后，众议院以压倒性多数票通过了 1946 年《就业法案》（Employment Act），两天后参议院也随之通过了该法案。尽管不像众议院的替代法案那样弱化，但是最终版本既取消了美国人有工作的“权利”，也取消了充分就业的目标。它还回避了参议院的凯恩斯主义方法，即如果私营企业无法创造就业，就通过提供公共资金来创造就业机会，并且强调

---

* 美国一个推销书籍的组织。——译者注

需要保持"购买力"。当政治保守派反对增加政府开支时,这就是一个用来遏制通货膨胀的暗语,是政治保守派养育的传统"怪物"。参议院的支持者们对这个结果并不满意,但是,他们支持这个结果,因为他们相信法案的语言足够宽泛,足以实现他们的目标。在法案的政策声明中,国会将责任赋予了联邦政府:

> 联邦政府使用一切可行的手段……协调和利用其所有计划、职能和资源,目的在于促进自由竞争企业和一般福利的建立和维持,在这种情况下,将为那些有能力、有意愿和正在寻找工作的人提供有用的就业机会,包括自主就业,进而最大限度地促进就业、生产和提高购买力。[34]

该法案要求总统在每届国会常规会议上提交一份经济报告,以代替经济规划,在经济报告中阐述美国的就业、生产和购买力水平,以及经济趋势、相关的政府计划和有关该法案政策的立法建议。为了协助总统履行这一义务并提出建议,法案设立了白宫经济顾问委员会和国会两党联合经济委员会(包括众议院和参议院成员在内),以监督与总统经济报告有关的事项。

这里,重要的是要回顾围绕充分就业问题的政治问题,特别是 1946 年《就业法案》的颁布反映出来的政治问题,因为在商谈《哈瓦那宪章》中的就业条款时,这一问题严重影响了美国代表们的思想。正如克莱尔·威尔科克斯所描述的,"以'充分就业'的名义提倡贸易政策可能是不明智的。但是,它们深深植根于其他国家的政治之中,必须被注意到"。[35] 澳大利亚工党政府于 1945 年出台了自己的充分就业法,其在哈瓦那会议上的代表团要求以最激进的方式,采取积极行动,扩大就业。在哈瓦那会议上,英国代表团还敦促采取充分就业措施和一项单独的免责条款,即允许限制导致失业和国际收支平衡困难的进口。他们主张增加这样的语言,要求贸易顺差国家——明确所指美国——增加来自就业下降和贸易逆差国家的进口。

英国的就业建议在国内得到了广泛的支持,正如 1944 年威廉·H. 贝弗里奇(William H. Beveridge)在其名著《自由社会中的充分就业》(*Full Employment in a Free Society*)中所鼓励的那样。两年前,贝弗里奇就发表了一份由政府委托撰写的报告,该报告的题目是《社会保险和联合服务》(Social Insurance and Allied Services),该报告被称为"贝弗里奇报告"(Beveridge Report),并被认为激励了战后工党政府制订的福利国家计划。具有讽刺意味的是,贝弗里奇曾在 1931 年担任伦敦政治经济学院院长,当时他和莱昂内尔·罗宾斯从维也纳大学聘请来弗里德里希·冯·哈耶克,以支持伦敦政治经济学院经济学者与剑桥大学的凯恩斯开展对抗。

美国代表团作为罗斯福-杜鲁门政府的下属单位,对充分就业政策表示同情,但是,不愿意重新考虑充分就业的政治因素,在 1946 年的选举后,以获得由共和党控制的国会的批准,这样会为《哈瓦那宪章》制造新的争议。在 6 个多月前,国会通过了保守主义的《塔夫脱-哈特利法案》[Taft-Hartley Act,即 1947 年的《劳资关系法案》(Labor-Managment Relation Act)],并在南方民主党的大力支持下,推翻了杜鲁门总统的否决。在联合倡议人、参议员塔夫脱结束辩论之前,参议员乔治做了最后一次支持该法案的演讲。乔治注意到自己在 12 年前就投票赞成《瓦格纳法案》,他声称通过这项法案严重限制了《瓦格纳法案》下劳工组织的权利,通过这项法案是"打破对劳工的老板控制的一种方法"。就其本身而言,为了击败被称为"奴役劳工"法案的《塔夫脱-哈特利法案》,有组织的劳工领导了一场高代价而失败的斗争。[36]

《国际贸易组织宪章》所采用的语言要求各成员国"采取行动,在其领土内实现和维持充分的、生产性的就业,以及大规模、稳定地增加需求",但是,实现这一目标的方式交给了各成员国,各成员国可自行决定采用"适合其政治、经济和社会制度"的方式。《国际贸易组织宪章》中使用的一些用语直接取自(美国)国会在 1946 年《就业法案》中已经批准的用语,例如,"为有能力和愿意工作的人提供有用的就业机会"的目标,而不保证获得工作的权利。由于保守派领导人普遍抱怨"充分就业"与"创造工作"政策是同义语,因此,《国际贸易组织宪章》提出了一个更广泛的目标,即"充分的、生产性的就业"。克莱尔·威尔科克斯意识到用越来越保守的国会所能接受的术语来描述《国际贸易组织宪章》中这一章的重要性。因此,他强调,他所写的"充分就业"的共同口号"还深植于无法被消除的大众心理之中”，实际上，这个口号应该理解为意在“工业稳定”。

就业一章的最后一条规定，各成员认识到就业措施“必须充分考虑政府间声明、公约和协定规定的工人权利”，以及“不公平的劳动条件，特别是在出口生产方面，在国际贸易中制造的困难”。因此，规定要求每一个成员国“采取适当和可行的行动，消除其领土内的此类条件”；要求还是国际劳工组织（International Labor Organization，ILO）一部分的成员国在执行这一章规定的过程中与国际劳工组织合作；并且要求国际贸易组织在所有与劳动标准有关的事项上与国际劳工组织协商和合作。

在这一条款的协商过程中，有关方面提出了一些不成功的建议，包括鼓励实施社会保障立法、规定同工同酬的具体义务、控制外来工人的流动和保护他们不受歧视，以及一项关于谴责强制性劳动的美国建议。按照威尔科克斯的说法，这些建议没有得到其他代表团的支持。虽然《国际贸易组织宪章》关于就业的章节没有对国际行动做出承诺，也没有赋予任何执行劳动标准的国际机构新的权力，但是劳动标准的条款要求国际贸易组织与国际劳工组织协商和合作，以解决任何成员国对另一个成员国在其境内采取不公平劳工条件的指控。威尔科克斯指出，这一条“可能会对低标准国家的标准改善起到一定的作用”，这是可能的。[37] 鉴于在随后几年争端解决过程中《关税与贸易总协定》法律的发展，可以想见，这一条款将变化为管理贸易和劳工之间关系的一套法律。

最终法案

1948 年 3 月 24 日，参加在古巴举行的联合国贸易和就业会议的 56 个国家中的 53 个国家的高级代表签署了最终法案，同意将被称为《哈瓦那宪章》的法案提交参与国批准。只有波兰——在苏联影响下——以及阿根廷拒绝签字；土耳其在晚些时候签字。签字日这一天标志着一个里程碑式的步骤，实现了《大西洋宪章》和《租借互助协定》第七条中所表达的梦想，即为了达成一项多边协定，以减少贸易壁垒，并结束在战争期间已经被证明的、对经济和平和世界和谐造成严重破坏的歧视性贸易做法。《哈瓦那宪章》不仅强化了《关税与贸易总协定》的规则，在《哈瓦那宪章》正式批准之前，《关税与贸易总协定》只是临时管理贸易壁垒和歧视性做法，而且，《哈瓦那宪章》还试图解决《大西洋宪章》的更广泛目标，“在经济领域内所有国家之间实现最充分的合作，目标是为所有成员国提供安全保障、提高劳动标准、实现经济发展和社会安全”。[38]（美国）国务院新闻稿中宣称，最终法案的签署表明，该宪章的主要目标是，“通过在多边主义和普遍非歧视的基础上促进国际贸易的扩展，通过促进生产和就业的增长以及鼓励落后地区的经济发展，提高全世界的生活水平”。[39]

图 13.1 1948 年 3 月 24 日在哈瓦那威尔·克莱顿与克莱尔·威尔科克斯签署《国际贸易组织宪章》(哈里·S. 杜鲁门总统图书馆)

在签署《哈瓦那宪章》前发表的最后评论中，克莱顿指出，虽然每个成员国“将放弃其采取可能对其他国家有害的行动的部分自由”，但是，他预测，如果被批准并付诸实施，这个协定“将成为历史上最伟大的一步，迈向有序和正义的经济关系，并促进在全世界范围内商品的生产、分配和消费的巨大扩张”。许多代表，包括英国代表斯蒂芬·L. 霍姆斯（Stephen L. Holmes），对美国提出国际贸易组织的构想并推动完成《哈瓦那宪章》表示敬意。然而，霍尔姆斯提醒说，他的政府对其关于优惠和为发展目的而给予进口配额的一些规定并不满意。霍尔姆斯说，他们将密切关注，以确保英联邦得到公平对待。霍尔姆斯还提醒说，由于战后国际收支不平衡问题，他的政府将不得不充分利用非歧视规则的例外条款。[40]

注释：

1. *FRUS* 1948, vol. I, 900.
2. Michael G. Hoffman, “Europe Will Feel Loss,” *New York Times*, October 15, 1947; Felix Belair Jr., “Clayton Resigns U.S. Economic Post,” *New York Times*, October 15, 1947; “Economic Ambassador,” *New York Times*, October 16, 1947; Bertram D. Hulen, “Clayton Agrees to Stay on Call,” *New York Times*, October 16, 1947; “Freer Trade for the Free World,” “Good-by, Mr. Clayton,” *Newsweek*, October 27, 1947, 23; *Le Monde*, October 17, 1947, as quoted in Garwood, *Will Clayton: A Short Biography*, 31.
3. “Mr. Clayton Goes,” *Economist* October 18, 1947, vol. 153, 630–631.
4. 《关税与贸易总协定》条款、谈判历史和法律意义的全面探讨，参见Dam, *The GATT: Law and International Economic Organization*; Jackson, *World Trade and the Law of GATT*; Irwin, Mavroidis, and Sykes, *The Genesis of the GATT*。
5. Wilcox, *A Charter for World Trade*, 47–48.
6. *FRUS* 1948, vol. I, 804, fn. 3, 818, fn. 3, 830–831.
7. Russell Porter, “Clayton Warns ITO on ‘Diluted’ Rules,” *New York Times*, November 28, 1947.
8. Russell Porter, “Argentina Rejects Draft ITO Charter,” *New York Times*, December 3, 1947.
9. Russell Porter, “Fight for Quotas Pushed in Havana,” *New York Times*, December 21, 1947.
10. Dep’t St. Bull. 18, No. 445 (January 11, 1948), 39–42.
11. *FRUS* 1948, vol. I, 837.
12. Ibid., 824.
13. Ibid., 825.
14. Ibid., 829–833.
15. Article 13, 7 (a) (i), Havana Charter for the International Trade Organization, reprinted in Wilcox, *A Charter for World Trade*, 239.
16. Ibid., Article 15, in Wilcox, 243–245.
17. *FRUS* 1948, vol. I, 855–858.
18. Ibid., 840, 848–850.
19. Ibid., 872–874.
20. Ibid., 869–872.
21. Ibid., 875–879.
22. Ibid., 881–883.

23. Ibid., 882.

24. Richard Toye, "Developing Multilateralism: The Havana Charter and the Fight for the International Trade Organization, 1947–1948," *International History Review* 25, no. 2 (June 2003): 299.

25. 关于《国际贸易组织宪章》条款的全面评论和分析，参见 Wilcox, *A Charter for World Trade*, and Brown, *The United States and the Restoration of World Trade: An Analysis and Appraisal of the ITO Charter and the General Agreement on Tariffs and Trade*。

26. Articles 11 and 12, Havana Charter, in Wilcox, 236–237.

27. Russell Porter, "Argentina Rejects Draft ITO Charter: Havana Delegate Lashes Out at U.S. Economy and Offers Crippling Amendments," *New York Times*, December 3, 1947.

28. "Franklin D. Roosevelt State of the Union Message," January 11, 1944, reprinted in Schlesinger, *History of U.S. Political Parties*, Vol. 3, *1910–1945: From Square Deal to New Deal*, 2054.

29. "Democratic Platform of 1944," Johnson and Porter, *National Party Platforms: 1840–1972*, 402.

30. Bailey, *Congress Makes a Law: The Story behind the Employment Act of 1946*, 38–39; Wasem, *Tackling Unemployment: The Legislative Dynamics of the Employment Act of 1946*.

31. 91 Cong. Rec. 9153 (1945).

32. Full Employment Bill of 1945, S. 380, 79th Cong. (1945), as passed in the Senate, September 28, 1945, and referred in the House of Representatives to the Committee on Expenditures in the Executive Departments on October 1, 1945.

33. Raymond Moley, "A Fool Employment Bill," *Newsweek*, June 18, 1945.

34. 92 Cong. Rec. 975 (1946).

35. Wilcox, 133.

36. William S. White, "Bill Curbing Labor Becomes Law as Senate Overrides Veto, 68–25; Unions to Fight for Quick Repeal," *New York Times*, June 23, 1947; "National Affairs: Barrel No. 2," *Time*, June 23, 1947.

37. Havana Charter, Chapter II, Articles 2–7, Wilcox, 131–139, 232–234; see also Brown, *The United States and the Restoration of World Trade*, 93–96; Russell Porter, "ITO Group Finishes Employment Study," *New York Times*, January 10, 1948.

38. http://avalon.law.yale.edu/wwii/atlantic.asp.

39. "Completion of ITO Charter Hailed as Hope for Troubled World," Dep't. St. Bull. 18, No. 457 (April 4, 1948), 441.

40. Russell Porter, "Clayton Acclaims Cooperation in ITO," *New York Times*, March 24, 1948.

第三部分

体系的存续

第 14 章　真的是一个新经济秩序吗?
第 15 章　失去了劳动者的热爱
第 16 章　超越 WTO 的劳动者权利

第 14 章

真的是一个新经济秩序吗?

我的判断是,国际贸易组织不再具有实际上的可能性。[1]

——国务卿艾奇逊致总统杜鲁门,1950 年 11 月 20 日

就在《哈瓦那宪章》出台前一年,《纽约时报》的头版刊登了一篇文章,描述了美国商界对“杜鲁门政府日内瓦会议计划的原则和目标”的支持,日内瓦会议将于此后一个月召开。全国制造商协会(NAM)、美国商会(USCC)、国际商会(ICC)和国家对外贸易委员会(NFTC)是参与《纽约时报》调查的主要协会。他们均赞同拟议的国际贸易组织的目标,并表示了支持最终达成成果的希望。他们认为,谈判代表面临的主要问题是,“基于最大限度地鼓励自由企业和竞争”的美国更自由的世界贸易概念与“英国和欧洲对社会化和卡特尔化的偏好”之间的根本性差异。尽管许多企业继续支持高关税,但是,文章指出,“广泛的共识是,美国作为世界上最大的债权人,有责任在试图解除国际贸易壁垒方面负起领导责任”[2]。

在一定程度上，1947年《纽约时报》的这篇文章捕捉到了商业前景的真实写照，到1948年春天，显然主意发生了转变。随着从哈瓦那传来美国为获得发展中国家和英联邦的会议参与者的同意而做出让步的消息，在新批评派系中的反对意见开始增强，他们支持更自由的贸易政策，反对《哈瓦那宪章》允许存在主要自由贸易规则的过多例外条款。这个派系包括《纽约时报》文章中提到的所有团体——后来被称为"完美主义者"，具有讽刺意味的是，他们却与保护主义批评者合力反对《哈瓦那宪章》。[3] 杜邦公司的埃尔温·H. 基尔赫夫(Elvin H. Killhefer)博士(曾担任私营行业顾问，成为美国商会的一名代表，作为哈瓦那会议的美国代表)于《哈瓦那宪章》签署六周后在全国纺织品研讨会上面向贸易保护主义者听众发表讲话，呼吁国会否决《哈瓦那宪章》，重新开始谈判。他认为："有必要建立一个全新的谈判小组，以消除政府计划经济和国家控制的许多哲学理念。"他补充说："在提交给其他国家之前，应邀请企业界和工业界起草初步草案。" 面对同样的听众，棉纺织研究所的另一位经济学家警告说，对美国纺织业来说，国务院是危险的，甚至国务院就不应该管理贸易协定项目。在后来的一次讲话中，基尔赫夫谴责道，《哈瓦那宪章》是"对自由企业原则的重大侵犯"，"从事财富生产的美国人民依然坚信这个原则"。当商会公开反对《哈瓦那宪章》时，在商会有自己的线人的克莱尔·威尔科克斯写信给威尔·克莱顿说，(商会的)决定"是由基尔赫夫决定的"。[4]

杜鲁门政府中的克莱顿和其他一些人受到了他们从商业界获得的负面报告的严重干扰。事实上，他们在《布雷顿森林协定》、英国贷款项目以及过去的贸易协定计划续签方面，已经面对过类似的抗议。但是，今年的威胁比前几年要大得多，那时的民主党国会受到将"必须执行"罗斯福议程扛在肩上的赫尔的影响。今年6月，贸易计划第一次被提交共和党国会决定延续，筹款委员会主席哈罗德·克努特森(R-MN)在宣称日内瓦会议做出了"该国历史上最彻底的关税削减"之后，承诺要进行一场苦战。"对美国公众来说，当这些关税削减的全部含义显而易见的时候，"克努特森在反对《关贸总协定》下第一次关税削减的声明中说，"反应很有可能得到证明……令'做好事者'感到不安的是，他们把我们出卖了,换来的是非常可疑和模糊的贸易让步,这样的做法可能永远实现不了。”[5] 正当克莱顿准备签署《哈瓦那宪章》时,科努特森主席以党派投票的方式,领导“筹款委员会”通过了一项决议,发出了这样的警告:

> 在国会对国际贸易组织审议前,就众议院筹款委员会而言,总统或国务院的任何行动,不应被解释为美国承诺接受《哈瓦那宪章》的全部或任何条款。[6]

在即将到来的1948年选举中,尽管杜鲁门和民主党的前景并不乐观,马歇尔将军和克莱顿还是决定让总统等待,直到下一届国会会议批准《哈瓦那宪章》。

1948年《贸易协定计划延期法案》

在5月下旬和6月,总统贸易授权的延续之争可以预见是激烈的,并且最终令国务院感到不满。政府要求三年延长期(自1934年以来通常批准的期限),但是并非如此,仅仅得到一年的延长期。在贸易谈判中提出关税减让之前(此前,在共和党人控制了参议院时,参议院财政委员会主席米利金曾要求限制关税减让,而杜鲁门总统拒绝了这一要求),两党关税委员会审查了提出的新的关税减让,这一限制措施进一步限制了当局的权力。如果关税委员会发现任何被建议的让步具有严重损害国内工业的威胁或损害国防(从而达到“危险点”的地步),委员会必须向总统报告这一情况,虽然总统仍可以在贸易谈判中提出这个建议,但是必须向国会解释。[7]

在马歇尔将军的率领下,杜鲁门政府全力反对新的限制措施,他指责说,计划中的这个改变是一个严重的错误。马歇尔给筹款委员会民主党高级官员R. L. 道格顿写了一封信,道格顿在众议院的公开辩论中读到了这封信,信中马歇尔说,贸易协定计划“是我们14年来对外经济政策的基石。通过这个项目,我们在世界经济事务中发挥了重要的领导作用”。他说,贸易计划的原则被纳入了1948年的《经济合作法案》(Economic Cooperation Act,即“马歇尔计划”),

而国会刚刚在一个月前通过了该计划，该计划决定于欧洲生产的大幅度扩张。相应地，该计划决定于通过降低各国贸易壁垒而扩大的市场。按照马歇尔的说法，尽管这项决议将《贸易协定法案》(有效期)延长了一年，“但这项决议所做的重大修改使原来的《贸易协定法案》只保留了一个影子，而实质却被破坏了”。实际上，“它使纯粹的保护成为关税行动的唯一标准，并禁止关税委员会参与贸易协定委员会的审议，在现行制度下，(贸易协定委员会)还要考虑到国家利益的其他重要方面”。在这种情况下，马歇尔得出结论，贸易计划将是“不可行的”，而且，与根据这些修正案而将其有效期延长一年相比较，宣布失效则更好。

众议员道格顿也卷入了这场辩论，支持来自广泛的商业和劳工组织的声明，他们寻求以目前形式维持贸易计划。代表美国产业工会联合会的詹姆斯·B. 凯里(James B. Carey)在一份声明中指出，实现“公平工资的充分就业和充分生产的目标的途径是通过互惠贸易协定鼓励的国际贸易”。凯里称消除外国竞争的《斯穆特-霍利关税法案》高关税哲学是“谬误”。道格顿还提供了商会、美国进口商全国委员会(National Council of American Importers)、国家对外贸易委员会和其他商业协会的支持意见。事实上，1948 年 5 月 12 日进行的盖洛普民意调查显示，80%的选民赞成继续执行赫尔的贸易协定计划，只有 8%的人反对这一计划。[8]

在很大程度上通过党派投票，众议院通过了“重大修改”的贸易协定计划的延期法案，而对国务卿或其他任何人提出的反对意见几乎未加考虑。然而，在参议院辩论中，共和党领导人对实质性问题给予了更多的关注。财政委员会主席米利金通过宣读他和外交关系委员会主席范登堡在 16 个月前发表的联合声明，开始了这场辩论，很快，共和党人就主导了这场辩论。在声明中，他们敦促杜鲁门总统：(1)在美国签署的每一份贸易协定中加入“免责条款”，允许在某些进口对国内经济造成损害的情况下撤销或修改关税减让条款；(2)要求关税委员会审查在未来的贸易谈判中拟议的关税减让，并就不损害国内经济的情况下的关税减让点(“危险点”条款)，向总统提出建议。参议员米利金提醒他的同事说，关于关税委员会在关税提案“危险点”限制中的作用的建议，杜鲁门总统没有接受。他抱怨说,尽管总统已经正式下令加入“免责条款”,但他还是用许多不切实际的条件来规避免责程序。米利金说,与范登堡的联合声明提到了即将在日内瓦会议上安排的谈判,因此解释了所谓的重大修正案和贸易协定计划延长一年期限的重要理由:

> 请记住,我想说的是,我们提议修改的拟议《哈瓦那宪章》《日内瓦协定》和《贸易协定法案》是如此紧密地联系在一起,它们必须经过统一的审议,一项又一项全面的审议,我们要到明年才能审议,因为我们还没有拿到拟议的《哈瓦那宪章》,而且在明年之前我们将没有这个《哈瓦那宪章》。[9]

范登堡的评价

在战后时期所有关于贸易的国会演讲中,参议员范登堡于 1948 年 6 月 14 日的讲话是最率直的,且是最不具有党派色彩的。这些评价尤其重要,因为它们记录了来自国会最重要的外交政策声音之一,是对国际贸易组织早期的、客观的观点。他先解释说,他对有条件地延长(《贸易协定法案》)的支持并不意味着他放弃了两党在外交政策上的做法,也不意味着他正“转向经济孤立主义”,那曾经是他在珍珠港事件之前的做法。他说,他更愿意(《贸易协定法案》)延长三年,或至少两年,但是,由于在今年的选举之前没有任何协定提交审议,在目前情况下,这段时间是学术休假时间。

范登堡说,他同意米利金参议员提出的“危险点”条款,因为它只是让关税委员会向总统提出建议。只要总统向国会陈述事实,即使削减关税是危险的,总统仍然有权就削减关税做出决定。范登堡说,如果取消了总统的最终决定权并完全交给关税委员会,那么他会反对这项条款。事实上,他已经阻止了众议院草案中由筹款委员会贸易分委员会主席伯川德 · W. 吉尔哈特提出的一个条款,该条款建议授予国会对贸易协议中关税税率的否决权。尽管他曾是 1934 年原《互惠贸易协定法案》的主要反对者之一,现在的范登堡宣称:“应当维护互惠贸易协定原则不被弱化。在今天的世界里，这是不可或缺的。”在随后的演讲中，他阐述了这一观点：

> 关于关税税率的决定，这个方案让国会一锤定音，我不会支持这样的方案。在国会中确定关税税率是粗暴的行为。这样缺乏经济科学的元素或有效性。我怀疑参议院的10名成员，包括我自己，挣扎11个月时间能够写出最终的国会关税法案(《斯穆特-霍利关税法案》)，在他们想要解决另一部国会关税法案之前，总统先生会和我一起辞职……因为，我碰巧就是他们中的一员，而总统先生认为在战后的世界里互惠贸易协定的做法是非常必要的。

范登堡参议员总结了国际贸易组织的重要性，他预计国际贸易组织的《哈瓦那宪章》将于1949年提交国会表决。“我怀疑参议院成员是否充分赞成所谓期待中的国际贸易组织的惊人的重要程度……这是经历了许多个月的初步努力，最终明确规定在《哈瓦那宪章》中的……《国际贸易组织宪章》在其适用范围和经济应用上几乎与《联合国宪章》在集体安全领域具有同等重要性……我们讨论的是全球经济的根本性重构。”在逐句展示了《哈瓦那宪章》各章的提纲并给予更多热情赞美之后，他总结道：“如果这是一个悬而未决的局势，而且我相信就是这样的局势，那么悬而未决的延期建议应该通过。”[10] 情况确实如此。

也许正是范登堡参议员对国际贸易组织的热情洋溢的评价，影响了不情愿签署延期一年的《贸易协定法案》的杜鲁门总统。事实上，杜鲁门签署了这个法案，尽管按照《华尔街日报》的说法，“来自政府信息源的广泛预测，他将否决这项措施”，并且说，威尔·克莱顿指责这样的延期“比没有更糟糕”。在签署声明中，杜鲁门指出这样的延期做法存在“严重的缺陷”“不明智的改变”和“复杂的、耗时的及不必要的程序”，他相信将在明年得到纠正，将互惠贸易协定计划恢复为重要的国家政策之一，并“作为永久性美国政策的一个完全有效的工具”[11]。

1949年

然而，由此看来，甚至杜鲁门次年留在白宫的可能性很小。当时的几项民意调查预测，杜鲁门将输掉1948年的总统选举——以巨大的票差输给纽约州州长托马斯·E.杜威。[12] 预计民主党人将失去更多的国会席位。在1948年的民主党竞选纲领中，民主党承诺“恢复互惠贸易协定计划……被共和党第80届国会破坏了的计划”，同时，该纲领支持建立国际贸易组织[13]，这似乎要与民主党其他希望一同破灭。然而，由于杜鲁门11月取得著名的令人沮丧的胜利，当民主党重新控制国会两院时，国务院理想主义者似乎又迎来了快乐的日子。

随着1949年开始了新一届国会，国际贸易组织的前景似乎立即得到了改善。1月4日《纽约时报》报道称，众议院外事委员会的一个特别分委员会“敦促即将到来的国会支持对美国两党的外交政策至关重要的《哈瓦那宪章》”。虽然它指出来自企业界的支持充其量是喜忧参半的，但文章的结论是，自选举以来，这种氛围似乎更有利于批准《哈瓦那宪章》。然而，在披露即将到来的辩论的要旨时，记者观察到，《哈瓦那宪章》的反对者“谴责《哈瓦那宪章》是一个集体主义思想的例证，这种思想会摧毁或削弱私营企业，并导致一种极权主义国家和国际官僚机构对世界贸易的统治”。[14]

事实上，在接下来的几个月里，国际贸易组织的支持者如航行遇到涡流，被迫逆流而上。尽管一些传统的保护主义利益集团，如美国关税联盟[15]，已经与“完美主义者”联手，形成了一个奇怪的联盟，并宣称强烈反对《哈瓦那宪章》，在新的国会里贸易政治的气氛增强了，这一点是非常真实的情况。（贸易政治的气氛）增强最明显地表现在延长《贸易协定法案》立场的立即转变。众议院两个保护主义者领袖哈罗德·克努特森和伯川德·吉尔哈特在11月份遭到挫败，众议员罗伯特·道格顿再次成为（众议院）筹款委员会主席。道顿在1月10日提出一项将《贸易协定草案》自1948年6月12日起延长整整3年，且不含“严重”的“危险点”条款的草案。经过6天的听证会后，筹款委员会报告了这个草案，2月9日一天的公开辩论后，众议院通过了该草案。参议院财政委员会也明智地采取了行动，他们在3月11日报告称关于众议院草案为7比6的党派投票结果，没有改变，接着举行了两周多的听证会。即便如此，该草案直到9月才提交参议院公开表决。

存在两个障碍阻碍了贸易倡议以应有的速度向前推进：第一，在安排优先事项时出现了冲突；第二，反对派开始从一个意想不到的方向上获得了力量。1948年春天哈瓦那会议结束时，杜鲁门政府聚焦在获得马歇尔计划的批准上面。1949年，总统的首要任务变成了获得北大西洋公约组织（简称北约）的批准。这个优先任务的转变伴随着国务院的人事变动。1948年底，马歇尔将军因健康原因辞去了国务卿一职，杜鲁门总统让迪恩·艾奇逊接替他。艾奇逊支持批准国际贸易组织，但这已不再是头等重要的事项。他的注意力集中在北约上。1949年4月28日，杜鲁门总统向国会提交了《哈瓦那宪章》，该宪章被搁置了12个月后，众议院才开始就其批准建议进行听证。[16]

北约计划的冲突可能提供了一个机会，从而引起人们对国际贸易组织战略重要性的关注。这就很像冷战被有效地用于支持国会关于英国贷款计划和马歇尔计划的论点一样。事实上，1948年3月29日，也就是从哈瓦那会议回来5天之后，克莱顿在底特律发表演讲，宣称美国的世界经济领导地位需要反对苏联的“压倒性力量”的支持。他指出，国际贸易组织可能是“世界共同体成员国经济关系方面在历史上朝着秩序和正义迈出的最大的一步”。他声称，马歇尔计划和国际贸易组织都将为世界和平与繁荣做出巨大贡献。[17] 国务卿艾奇逊也提出了类似的论点，在华盛顿特区美国商会全国大会的演讲中，他强调了“经济与政治的相互关系”，这正是杜鲁门向国会递交《哈瓦那宪章》几天后的事情。他说：“苏联的阻挠，以及出乎意料的重建的严重困难，促使美国采取额外的措施。”实质上，他所指的是对希腊和土耳其的紧急援助以及马歇尔计划，但是，随后他强调了国际贸易组织的战略重要性：

> 必须恢复世界经济、工业、金融和商业结构。但是，即使如此，也是不够的。我们知道，在战前最好的时期，世界生产和世界贸易不足以满足人类社会的基本需要。我们可以肯定，广大人民不再满足于吃半块面包了……一个解决世界经济问题的积极方法是我们这个时代的迫切需要。在制定这种方法方面，美国政府已经起到了领导作用……我们要建立的经济结构的顶点就是《国际贸易

组织宪章》。[18]

尽管斯大林通过媒体抵制并公开反对日内瓦会议和哈瓦那会议[19]，但是，在寻求对加入国际贸易组织的支持方面，艾奇逊的论点从来没有吸引力。

事实上，这是针对国际贸易组织的一种主要的违逆趋势，这个趋势与冷战时期的意识形态斗争和战后社会主义政府的崛起有关。这是在自由企业和社会主义计划之间真实的和可以预见的冲突，一些反对者在《哈瓦那宪章》中读到了社会主义计划。在哈瓦那会议上签署最终法案 6 周后，美国商会特别委员会做出了一个早期判断，认为"目前的宪章不符合（世界商业中自由竞争企业的）这些原则，美国应拒绝接受并寻求重新谈判"。[20]（美国）全国制造商协会理事会也采取了类似的做法，他们通过了一份报告，敦促国会拒绝《哈瓦那宪章》，尽管他们认为（美国）全国制造商协会对组建国际贸易组织的提议抱有很高的希望。报告解释说，《哈瓦那宪章》"为世界社会主义计划提供了安全保障，并使其成为一个从事私营对外贸易的非常危险的地方，特别是，它为国民经济计划超越有序世界经济要求提供了通行权"。[21]

1948 年 8 月 9 日《华尔街日报》发表一篇社论，总结了"完美主义者"的观点，该社论首先宣称《哈瓦那宪章》（下称《宪章》）的目的是"建立一个世界规划机构，即国际贸易组织"。以下是这篇文章的代表性片段：

> 《宪章》的每一项声明都受到一个例外的制约，即例外中有例外，并且，最极端的是在最后出现了一个全面例外，似乎是说，无论《宪章》的哪一个部分都不会被认真对待。所以，在我们看来，所有这些都源于一种尝试，调和不可调和的（矛盾），在一个地方包含两个相互对立的事物。这两个相互对立的事物是不受限制的贸易和所谓的"充分就业"。
>
> "充分就业"具有特殊的含义。特殊含义是，不仅在生产和交换中可以得到工作岗位，而且无论他们对生产和交换是否有贡献，也无论是否必需，他们都应当得到工作。进一步而言，在工作的产出可能无法支持的（劳动）时间和工资条件下得到这些工作……

> “充分就业”……它本身就是一个目的，为了达到这个目的，而无视为达此目的而出现怎样的扭曲……
>
> 为了保护这种内部设置，有管理的经济必须制定规则，防止外部干扰，这些规则的形式是配额、关税、禁运以及一系列其他措施，所有这些措施都是与不受限制贸易相对立的。
>
> 《宪章》的起草人试图调和不存在调和基础的问题。结果是，文本违背了共同理解和常识。[22]

如果《华尔街日报》的社论似乎夸张了，那么，与另一个批评者的著作中称《哈瓦那宪章》听起来像《共产党宣言》(*Communist Manifesto*)相比，它的过度评价是相形见绌的。1949年3月，活跃于国际商业舞台的制造商菲利普·科特尼(Philip Cortney)出版了《经济慕尼黑》(*The Economic Munich*)一书来攻击《哈瓦那宪章》，称其为对“人类自由”的威胁。科特尼是一名国际主义者，他写道，他“极其”不喜欢成为“孤立主义者、民族主义者、心怀高关税人群中的议员”，除了反对《国际贸易组织宪章》之外，“(他)与他们毫无共同之处”。但是，他解释道，“为了捍卫自由”，他要出版这本书。他写道，支持《哈瓦那宪章》诸多条款的思想和学说是“凯恩斯的教条，加之，也许更甚，被狂热者、无知者、略显聪明的政客或慈善家扭曲的结果”。批准这个文本会让官方采纳这些“经济学谬误和经济理论”，他说，这些“经济学谬误和经济理论”所支持的“政策”将导致“我们生活方式的毁灭”，并“将被证实为我们人类自由的掘墓人”。书中的绝大部分章节是科特尼在过去几年里所写的文章，涵盖了他对大萧条成因的观点、对凯恩斯勋爵理论的观点[对于凯恩斯的理论，科特尼相信，如果(凯恩斯)的寿命足够长，他就会重写其理论，从而符合自己的观点]，等等。除了有关“充分就业”的两项条款之外，他很少关注《哈瓦那宪章》中其他条款，对于有关“充分就业”的两项条款，他写道：“在经济学派之间的斗争中，在社会主义和个人竞争制度之间的斗争中，《哈瓦那宪章》无疑站在了一方立场上，并且提出的措施有助于扩散经济学谬误和错误的政策。”[23]

最近几个月，在两个不同的时间里，《纽约时报》强烈支持《哈瓦那宪章》，刊印了科特尼为反驳《纽约时报》第一次支持意见而写给编辑的提示信件，并于1949 年 3 月 20 日发表了威尔·克莱顿对《经济慕尼黑》的评论。在评论中，克莱顿写道，他同意作者的某些经济观点，但是，（像《华盛顿邮报》上的另一位评论者的观点一样）他发现，科特尼对“充分就业”条款的具体批评并不清楚，也不明确。克莱顿认为：“只有很少几页涉及《哈瓦那宪章》，没有描述或分析《哈瓦那宪章》的主要条款。”克莱顿补充说：“《哈瓦那宪章》有 400 段，但是，科特尼先生把注意力集中在其中的两段上。”另外，克莱顿的评论解释了为什么科特尼关于《国际贸易组织宪章》的一些建议在政治上完全是不现实的。尽管如此，在公共领域里，在反对《宪章》方面，科特尼继续发挥潜移默化的影响力。[24]

如前所述，克莱顿是一名非常成功的、自力更生的商人，从他的记录来看，他对美国自由企业制度的了解比绝大多数人都要多。斯沃斯莫尔学院的约瑟夫·沃顿政治经济学教授克莱尔·威尔科克斯也对自由市场的运作和好处丝毫没有怠慢。他们一直谨慎地确保《国际贸易组织宪章》的就业条款与美国现行法律相一致，当他们得知这个批评，即他们过去两年的谈判结果将威胁西方文明的经济秩序时，一定会感到惊讶。然而，正如人们所料，克莱顿和威尔科克斯从完全不同的角度看待事物。事实上，在哈瓦那会议结束不到 3 个月的时间里，克莱顿向华盛顿特区的美国商会经济研究院发表了一次演讲，在演讲中他警告说，如果没有国际贸易组织，美国“在国家控制的国际贸易海洋中，不可能长久地成为自由企业岛”。他认为，要在两条路中做出一种选择。其中一条道路，按照《国际贸易组织宪章》，“导向自由企业和维持民主原则。另一条道路通向社会主义和国营贸易”。[25] 显然，存在一种倾向，争论的双方都夸大了陷入通往另一条道路的危险。

支持自由贸易的许多商业组织都赞同国际贸易组织概念，但是，现在却强烈要求拒绝《哈瓦那宪章》。美国商会、全国制造商协会、全国对外贸易委员会和其他“完美主义”派别对美国代表团做出的让步表示不满。[26] 他们的观点反映在保守的商业媒体猛烈谴责代表团工作的社论中。刊登在《财富》（*Fortune*）杂志上的一篇社论称《哈瓦那宪章》“毫无价值”“都是例外条款”，并且是“现代最虚伪的国家文件之一”。它批评了《哈瓦那宪章》允许成员国实施贸易壁垒的例外条款的3个主要目的，尽管以下原则可以禁止这些例外条款，这些原则是：(1)保障国际收支平衡；(2)促进“充分就业”；(3)促进重建和经济发展。社论没有提到使用这些例外条款的限制条件。社论只注意到第三个“漏洞”对除美国以外的任何国家都是可用的(因为美国没有承受战争的破坏，并且美国已经是发达国家了)。《财富》杂志的这篇社论总结写道，就让步而言，美国国务院“爱上了一个伟大的理念：捍卫贸易中普遍性的理念是美国的职责”。但是，按照《财富》杂志的看法，这并不现实，“我们应该控制我们自己的保护主义者集团，并且……向那些愿意接受我们的自由资本主义条件的国家做出大胆的单边承诺，承诺更自由的贸易，并通过谈判，消除所有形式的贸易管制”。[27]

在此后一期《财富》杂志上，迈克尔·A.海尔佩林(Michael A. Heilperin，经济学家，担任国际商会国际贸易组织问题顾问，参加了日内瓦会议和哈瓦那会议)做出了回答，他的文章的标题是《美国如何在国际贸易组织会议上失败的》(How the US Lost the ITO Conferences)。海尔佩林承认，美国谈判代表受到了例外条款和免责条款的阻碍，在华盛顿他们被例外条款和免责条款拖累。在政治上，涉及农业、航运、政治敏感的高关税项目，以及美国对古巴和菲律宾的优惠政策的议题都是不可谈判的。由于这些设定的阻碍，谈判人员难以在要求别人让步时保持立场的纯洁性。但是，按照海尔佩林的说法：

> 由于我们的谈判人员过度急于就《哈瓦那宪章》达成广泛的一致认同，以及他们捍卫基本原则的不够坚决，我们的谈判地位受到了损害。在日内瓦以及在哈瓦那，人们普遍接受的观点是，美国代表非常渴望得到一份《宪章》，最终他们将接受该文件获得普遍认可所必需的所有变更。[28]

随着商界与保护主义者和完美主义者结成非正式联盟，商界的反对势力日益增强，所以克莱顿开始组建自己的商业游说团，以寻求国会的批准。在12月，美国进口商全国委员会已成为第一个支持《哈瓦那宪章》的全国对外贸易组织。即使进口商认识到《哈瓦那宪章》存在“不完善之处”，但是，美国进口商全国委员会认为,接受《哈瓦那宪章》,这个世界所得大于所失,并敦促国会尽快批准《哈瓦那宪章》。在杜鲁门连任后,美国进口商全国委员会领导者认为新国会接受《哈瓦那宪章》的机会"相当大",并且他认为国际贸易组织将导致"超级国家"的指责是"胡说八道"。[29]

然而,商界反对《哈瓦那宪章》的呼声日益高涨,因此克莱顿在寻求更多支持的过程中,其请求遭到了大量的拒绝。最终,他招募了费城实业家威廉·L.巴特(William L. Batt),由后者来领导游说团队。20世纪40年代初,克莱顿就已经与巴特建立了联系,那时他们都作为"领取象征性薪俸的官员",为解决战时生产和采购问题而工作。在总统向国会提交《哈瓦那宪章》之前的3个月里,克莱顿和巴特耗去了很长时间(并且花费了相当大的费用),建立了一个由124名成员组成的委员会,其中包括商业、银行业、工业、公民和劳工领袖,以及教育工作者和出版工作者,他们来自53个城市、28个州。巴特担任主席,克莱顿担任副主席,5月2日宣布成立国际贸易组织委员会,特别强调要消除公众认为"整个商业界"反对《哈瓦那宪章》的印象。"在纽约及其周边地区,"巴特说,"对于那些表达意见的人,大多数商人都表示反对。当你进入整个国家时,则有着巨大的支持",特别是来自劳动者和农业领域的支持。他以美国产业工会联合会和农业局联合会的支持为例。[30]

2月27日,美国产业工会联合会在其官方出版物《经济展望》(*Economic Outlook*)上宣布了对《宪章》的支持,还(宣布)支持马歇尔计划中所涵盖的欧洲复苏计划和扩展了的互惠贸易协定计划。《经济展望》称这三个步骤为"美国经济政策的三脚架"。《基督教科学箴言报》的一篇文章将美国产业工会联合会的出版物描述为两个"宣传阵营"之一,这个宣传阵营发起了在劳工和商业利益集团之间关于是否参加国际贸易组织的宣传运动,商界阵营宣传的是菲利普·科特尼的《经济慕尼黑》。除了上面提到的科特尼的一些评论外,文章还重述了科特尼的一些反劳工观点。例如,文章指出,科特尼把《哈瓦那宪章》中的缺陷归咎于英国工党政府,并指出,科特尼主张阻止工资水平的上升。

《基督教科学箴言报》引用美国产业工会联合会报告中的描述,即反对《宪章》的人抱怨《宪章》侵犯自由竞争企业，因为“在战争前，大型公司与德国卡特尔有关联，现在因违反《谢尔曼反垄断法》而受到起诉”。美国产业工会联合会报告称，经济实力的集中度越来越高，少数几家企业控制了更多的美国工业产品的生产。《经济展望》称，1947 年不少于 250 万个美国非农就业岗位“直接依赖”美国出口贸易，与 1939 年相比，增长了三倍。美国劳工也从进口中获益，据说，限制许多原材料的进口将导致工业生产的减少、失业和更高的价格。美国产业工会联合会的研究结论是，降低关税不会导致廉价的外国商品在美国泛滥，“因为我们的竞争实力源自美国劳动力和工业效率，而这与丰富的自然资源和较大的国内市场相关联”。[31]

另一个重要的支持力量在 6 月中旬出现，当时经济发展委员会(Committee for Economic Development，CED)敦促批准除了两项投资条款外的《哈瓦那宪章》所有条款。经济发展委员会指责说，这两项条款之规定存在“空白支票”的含糊性，即美国有义务从财政上援助“落后地区”，然而，没有避免作为东道国的外国政府的任意和歧视性行为的强制反对措施。经济发展委员会是一个由商界领袖和教育工作者组成的独立性组织，旨在研究国家经济政策并提出政策建议。领导这个小组的人是美国一些最著名的公司的负责人，比如大陆公司(Continental Inc.)和通用电气公司的负责人，但是，他们的评价并不那么热情。他们称之为“大量的妥协”，并说，即使不考虑投资条款，《哈瓦那宪章》依然不完美。不过，他们承认，“经济发展委员会认为，与完全没有这份文件相比，它是一份较好的文件”。[32]

除了组织支持《哈瓦那宪章》游说团体的工作之外，投入大量的精力驳斥完美主义者的批评。威尔·克莱顿一直在用面对面和写信的方式与这些批评争辩。在杜鲁门图书馆存放的克莱顿的文档中，有许多盒克莱顿为巴特委员会(Batt Committee)寻找成员的信件。许多人很荣幸地接受了邀请，但是不少人出于意识形态的原因拒绝了。例如，美国银行行长马里奥·吉安尼尼(Mario Giannini)就拒绝了，并写道，他认为《哈瓦那宪章》应该被修改，从而“更广泛地承认自由企业可以发挥的作用”，“应该改变对‘世界计划’的重视”，并且，他反对在制定国际贸易规则的《哈瓦那宪章》中设立关于就业的章节。得克萨斯州休斯敦石油公司的总裁也拒绝了，他有类似的抱怨，他说，“一个组织——其签署成员国由独裁政府主导的组织”不可期望“对我们的自由企业制度给予哪怕很少的支持”。[33]

推动《哈瓦那宪章》的绝大部分重任落在了克莱尔·威尔科克斯的肩上。1949 年 1 月，威尔科克斯出版了他的著作《世界贸易的宪章》(*A Charter for World Trade*)，解释并捍卫《哈瓦那宪章》的每一项条款，并给出了它们的变化背景。在《华盛顿邮报》的一篇短小而又受到高度赞赏的评论中，评论员写道，“威尔科克斯博士有时认为这一新的宪章是世界复苏最重要的部分。但是，他足够坦诚地说，它的一些条款是妥协条款，远不理想，并且，他说明《哈瓦那宪章》强有力的理由是其作为促进繁荣与和平的长期工具”。评论员继续预测道，对于预计“几周后”国会的重要辩论来说，这本书将是权威资料。[34]

对于国会辩论何时开始，评论员的估计显得过于乐观了。在国会听证会之前，公众辩论持续了一年多。在一篇文章中，威尔科克斯回应了一些针对《哈瓦那宪章》的批评。他承认《哈瓦那宪章》的某些条款“比它们应当订立的标准要弱一些，并且其例外条款容易被滥用”。然而，在 6 项最重要的例外条款中，他说，美国坚持其中 3 项例外条款，另外 3 项例外条款是为了满足国际收支差额国家和处于经济发展进程的国家的需要。美国谈判代表坚持采纳的例外条款是：(1)在进口激增而出现威胁、损害国内生产商时，“免责条款”允许暂停关税减让；(2)农产品进口配额和农业出口补贴；(3)国家安全例外。其他三个重要例外条款与以下三个方面有关：(1)受货币储备严重损失威胁的国家使用进口配额；(2)在发展中国家建立新产业所需的配额和优惠政策的使用；以及(3)建立关税同盟，比如计划建立欧洲共同市场的关税同盟。与美国要求的例外条款不同，根据威尔科克斯的说法，其他例外条款受到许多先决条件的限制，并且范围和持续时间都更加有限。威尔科克斯暗示，如果有什么不同的话，《哈瓦那宪章》更偏向利于美国。[35]

参议院关于延长《贸易协定法案》项目的辩论

夏末临近时，仍没有任何关于国际贸易组织的国会活动，参议院也没有关于延长《贸易协定法案》的公开辩论活动，《贸易协定法案》已于6月12日正式到期。国务院负责贸易政策的官员们对正在进行的贸易谈判感到紧张不安。几个月前，日内瓦会议之后的第二轮《关税与贸易总协定》的关税谈判就已经在法国的安纳西开始，在继续敲定新的关税协定的同时，美国谈判代表不确定他们是否能够落实这些协定。此外，一场新的货币危机迫使英国将英镑贬值30%，并在国际贸易组织没有适用规则的情况下，寻求涉及商品交易的双边易货安排（包括拟议与苏联的粮食交易）的替代方案。美国国务院对是否试图援引未经批准的国际贸易组织规则和行政程序来应对危机深感困惑。他们担心，如果援引国际贸易组织的规则和程序做出回应，只会向那些指责他们试图在没有得到国会批准的情况下将《哈瓦那宪章》付诸实施的国会中批评者提供攻击弹药。[36] 最终，9月7日，参议院财政委员会主席参议员、沃尔特·F. 乔治（D-GA）将《贸易协定法案》的延长草案提交参议院公开讨论，引用的理由是英国货币危机和（法国）安纳西关税及贸易总协定谈判。目前，参加（法国）安纳西关税及贸易总协定谈判的国家已经从最初23个缔约方增加到33个国家。

参议员乔治强调了继续这个项目的紧迫性，他说，“没有通过这项草案所度过的每一天都会增加对外国的担心，我们向这些国家鼓吹世界合作，但是并不打算在具体执行方面使其成为现实”。在回顾该项目在过去15年取得的成功之后，他宣称，在这段时间内，从来没有“国家因进口而陷入困境”。预计“危险点”修正案将再次被提出来，他补充说，“我相信‘危险点’报告是完全没有必要的，它所要求的计算无法做到科学的精确性，并且在贸易协定项目方面，实施这一要求严重偏向保护主义者，且偏向的仅仅是保护主义者”。乔治进一步指出，修正案将挫败该法案所要达到的主要目的，并将成为“一种反动的行动，只会进一步加剧非常严重的国际经济和政治问题，这是未来几个月我们面临的问题”。[37]

在为期 6 天的关于该草案的辩论中，大部分涉及大幅修正，参议员米利金毫不意外地恢复了“危险点”条款，以防止欧洲进口商品降低“美国工资水平”。鉴于这一理由，参议院多数党领袖斯科特·W. 卢卡斯(Scott W. Lucas, D-IL)提出了一个问题，即为什么“每一个大的劳工组织已经正式批准了互惠贸易计划？毫无疑问，劳工组织同来自科罗拉多州的参议员一样把劳动者放在心上”。米利金提到几家工会支持他的修正案，但是就大量有组织的劳工而言，这样的提法无法使卢卡斯满意，卢卡斯指出，以美国劳工联合会和产业工会联合协会为代表的劳工组织的领导已经在“筹款委员会”面前作证，支持目前提交参议院通过的众议院草案。[38] 确实如此，筹款委员会报告记录道，除支持延长法案的商业组织(包括美国商会和国家对外贸易委员会)之外，美国劳工联合会和产业工会联合会都支持延长法案。在以下证词中，产业工会联合会明确谴责较低的关税将产生与美国劳工不公平竞争的商品泛滥的观点：

> 受降低关税影响的美国工人数量是非常有限的，而作为消费者的所有工人都受到了高关税的伤害……美国产业工人的工资，特别是受到高度保护的产业工人的工资，低于几乎没有或完全没有关税保护的产业工人的工资……美国对外贸易的大幅减少将在整个国内经济中产生反射作用，并使在这个国家无法实现充分就业。[39]

参议员乔治把许多反对“危险点”修正案的进步组织、宗教组织和劳工组织的信件记录在案，这些组织包括美国民主行动组织(Americans for Democratic Action)、美国妇女选民联盟(League of Women Voters of US)、年轻妇女基督教组织、全国犹太妇女委员会、全国农场主联盟、全国妇女工会联盟、美国纺织工人联盟和联合纺织工人协会。[40]

关于米利金修正案的长期辩论引发了尖锐的党派论争。参议员范登堡对修正案的支持甚至更加强烈，与在 1948 年的支持情况相比更具党派色彩。然而，除了参议员米利金之外，延长贸易计划的最激进的反对者是参议员罗伯特·塔夫脱,他称之为“完全放弃了国会与征收关税相关的立法权力”。他声称,他不想采取国会制定关税的做法,这个做法产生了全国不同地区之间为了更高的关税而交换投票的“互投赞成票”机制。他赞成授权关税委员会,当他们发现“其他国家大幅减少美国商品进入这些国家的关税”时,可以锁定关税税率,也可以降低关税税率。他反对现行法案中的方案,因为,它“(可能赋予)总统自由裁量权,从而毁掉美国工业”。塔夫脱认为,国务院“急于取悦某些国家和地区……为了让他们处于这样一种心态,他们(将)在其他方面与我们合作”,以至于“表现出”毫不犹豫地牺牲美国工业。即使“危险点”修正案会通过,塔夫脱说,正如他过去所做的那样,他倾向于投票反对该草案。最终,修正案被否决,投票结果是 43 票对 38 票。[41]

在参议院的这场辩论过程中,关于国会批准国际贸易组织的悬而未决的状况,有几条评论。有趣的是,参议员乔治曾一度表示,他认为国际贸易组织事项“在 4 月或 5 月的某个时候已经作为一项条约提交给了参议院”。(当说这个话时)米利金参议员插话说,他知道该事项不是作为一项条约提交(参议院)的,并且要求得到一个准确的答复,他指出,这是“与整个商业界相关联的一个相当重要的情况”。如果它是作为一项条约提交的,在参议院批准将需要达到参议院三分之二的赞成票。在寻求国务院高级官员的建议之后,参议员乔治确认,《国际贸易组织宪章》已经提交,寻求参众两院联合决议批准,并且不是作为一项条约提交的。

乔治还提到,他已被告知,政府“希望国际贸易组织协定也能在本次会议上审议”,但是,他补充道,总体上,他没有承诺支持或反对《国际贸易组织宪章》。乔治说,他认为自己“不会支持”投资条款,而且,他可能还会反对《哈瓦那宪章》的其他部分。在后来的辩论中,参议员米利金严厉批评杜鲁门政府试图将国际贸易组织作为“所有世界贸易困难的最终解决方案”而贩卖,在提交给国会之前,“将其掩埋”了一年多,而此时外交事务委员会陷入困境而无法实现目标。米利金得出的结论是,“当国际贸易组织事项出现在国会面前时,关于国际贸易组织事项,已经存在巨大的信任缺失”。[42]

9 月 26 日，杜鲁门总统签署了《贸易协定计划延期法案》，同时，他敦促国会立即采取行动，批准《国际贸易组织宪章》，向世界提供“最有力的保证，为了所有人民的共同福祉，即美国承认其世界经济的领导地位，并准备在重建世界经济关系中发挥作用，将世界经济关系建立在健全的竞争基础上”[43]。

国际贸易组织听证会

然而，在国会就审议《国际贸易组织宪章》采取正式行动之前，又过了 7 个月的时间。在听证会举行之前的几个月里，由于来自担心竞争加剧的国内工业界的反对声音越来越强烈，公开辩论继续激化。还有一些人继续攻击《哈瓦那宪章》是“社会主义”的《哈瓦那宪章》，认为《哈瓦那宪章》的支持者是“幻想的或幻想变种的世界计划者”。[44] 国务院的支持者正在进行一场艰苦的战斗，以打败一场日益残酷的意识形态攻击。在此期间，温斯洛普·布朗（国际贸易政策办公室主任）在合成有机化学品制造商协会（其发言人是一直反对《宪章》的埃尔温·H. 基尔赫夫）面前发表了题为《为什么私营企业应该支持国际贸易组织》的演讲。布朗的演讲以一个简单的回答开始：

> 你应该支持它，因为你是私营企业制度和美国的信仰者。你与私营企业制度和美国的繁荣有巨大的利害关系……至于《国际贸易组织宪章》，本质上是对政府使用限制和控制方式的权力的限制……这个重要性，我想重复一遍。《哈瓦那宪章》没有给予政府干涉商业活动的任何新权力。它限制了政府现在拥有的权力以及政府用来干涉商业的权力。[45]

威尔·克莱顿也参与进来了，他从休斯敦向《华盛顿邮报》的编辑发出了一封信，对《华盛顿邮报》社论中敦促推迟对国际贸易组织决议的观点做出回应。鉴于《哈瓦那宪章》包含了如此多“所谓的”过渡性的和永久性的豁免条款，编辑们写道：“现在就为一个基于未来希望而不是立即实现的计划而敦促采取行动还为时过早。”编辑们说，“商业集团、贸易组织和公民组织之间意见的尖锐分歧”也增强了推迟对国际贸易组织决议的理由。克莱顿回应说:“让我提醒你们,两年前《哈瓦那宪章》就达成了,花了三年多的时间并举行了几次国际会议才达成一致意见。”他写道,在所有这些努力和等待之后,进一步的推迟批准很可能会导致所涉及的50多个其他国家得出这样的结论:不会有国际贸易组织了。克莱顿承认,该宪章包含“某些豁免和免责条款,但是并没有超越任何国家已经拥有的权利,《哈瓦那宪章》确保就多边贸易的许多重要原则达成一致”。关于令人惊讶的建议,即应推迟行动,因为对国际贸易组织有不同的看法,他问道:“美国在国际贸易问题上是否一直没有不同的观点?”他指出:“如果国会推迟审议1934年《互惠贸易协定法案》,直到有关该法案的意见不再有分歧,那么该法案将永远不会获得通过或更新。”[46]

1950年4月19日,几乎是总统向国会提交了《国际贸易组织宪章》的一年之后,众议院外事委员会开始就众议院第236号联合决议举行为期15天的听证会。如果通过决议,将授权美国参加国际贸易组织。在历时两年多公开讨论《哈瓦那宪章》所呈现出来的问题之后,委员会大约拥有了800页的证词、书面陈述、表格和图表,几乎再也找不到更多新的证据。到目前为止,出席听证会的绝大多数企业、公民和劳工团体支持美国参加国际贸易组织,尽管绝大多数支持者承认《哈瓦那宪章》存在缺陷。在反对者中,传统保护主义者和具有影响力的完美主义者独特联盟依然是强大的。

在国务卿迪安·艾奇逊领导下的杜鲁门政府巧妙地提出了这样一个理由,即批准《哈瓦部宪章》对维持美国在世界经济中的领导地位、提高美国在国际贸易中的利益以及在冷战初期保持自由企业制度至关重要。但是,杜鲁门的团队在国会山的影响力不足,而国会山正是科德尔·赫尔在推动罗斯福新政下自由民主党的贸易倡议起作用的地方。事实上,在这些听证会上,艾奇逊已经成为共和党反对共产主义攻击的一个有争议的目标。例如,1949年中国共产党在国内战争取得胜利后,他就因“失去中国”而受到指责。参议员米利金甚至指责艾奇逊违反两党的外交政策原则,在《国际贸易组织宪章》问题上,要求国会采取行动之前,没有与共和党参议员磋商。米利金承诺在参议院要强烈抵制“高度有争议的”[47]《哈瓦那宪章》。

另外可能削弱政府表现的有效性的因素是威尔·克莱顿的缺席。作为前副国务卿，他曾在《哈瓦那宪章》发起和谈判中起着重要作用，他在国会山享有相当高的声望和尊敬。在陈述复杂而有争议的证词时，他是一个特别有效的沟通者。事实上，克莱顿对《哈瓦那宪章》不遗余力的支持使其付出了个人代价，这使他被排除在听证会之外。在向妻子承诺退休后，他还一直参与《哈瓦那宪章》的工作，最终导致其妻子于 1949 年 4 月提出离婚。次月，离婚获准，但是这种状况并没有持续多久。8 月，这对夫妇复婚，从此，威尔很少从妻子的身边离开。[48]

在国际贸易组织的支持者一边，他们有一个很有价值的优势，那就是委员会中两位共和党大佬提供的有效支持，他们分别是来自宾夕法尼亚州的众议员詹姆斯·G. 富尔顿(James G. Fulton)和纽约州的众议员雅各布·K. 贾维茨(Jacob K. Javits)。富尔顿和贾维茨都参加了在日内瓦举行的《关税与贸易总协定》谈判，并在哈瓦那会议上担任美国代表团成员。他们参加了大会所有分会、工作委员会和代表团会议。1948 年 10 月，他们向外事委员会提交了一份 120 页的会议报告，其中包含了对《哈瓦那宪章》及其条款的全面评价。报告的结论是强烈支持在哈瓦那会议上美国谈判代表们的工作，按照该报告的说法，(美国谈判代表们)“决心创造一个有助于保护和加强美国私营企业制度的《哈瓦那宪章》”，按照富尔顿和贾维茨的说法，这不是一项容易的任务，他们观察到，在哈瓦那会议上美国代表的这种做法“不是完全孤立的”，但是，他们“关于私营企业制度的立场常常将[美国]置于少数派的境地”。为了有利于《哈瓦那宪章》的评价，报告提供了以下依据：

> 对《哈瓦那宪章》的要求不应该是要《哈瓦那宪章》清除所有问题和消除所有分歧，而应该是提供一个框架，以缓解由分歧引起的问题。一个消除所有难题的《哈瓦那宪章》显然是不可能的。国家必须以一种现实的认识方式来评价《哈瓦那宪章》，即《哈瓦那宪章》一定要表现出这样一种方式，将不同的利益和观点结合在一起

> 的方式,而不是向各国发出命令或干预其国内制度的方式……关键不在于这份拟议的宪章如何与完美的方式比较,而在于与《哈瓦那宪章》不付诸实施的情况比较。[49]

富尔顿和贾维茨的努力并没有结束于他们的报告。在整个听证会的15天里,他们固执地抓住每一个反对国际贸易组织的证人,用他们老练的反诘问技术,展示他们多年的立法经历。委员会中的一些民主党人可能已经像富尔顿和贾维茨一样支持《哈瓦那宪章》,但是,没有一个人表现出他们那样的热情和坚持。事实上,富尔顿和贾维茨似乎在一个团队中分工合作,在他们履行各自的众议员职责的同时,竭尽全力地说服所有反对《哈瓦那宪章》的证人。在委员会中,他们独立于其他共和党人的立场是令人吃惊的,并预示了他们处于共和党自由的、进步一翼的政治生涯。他们解释说:"我们认为,《国际贸易组织宪章》享有超越党派的地位。""它并不完美,但是,在现有的世界条件下它可能是最好的,并且,与一无所有相比,这个贸易宪章较好地服务于美国的利益。"[50]

如前所述,反对派包括传统的保护主义者在内。传统的保护主义者似乎正从20年的昏迷状态中恢复过来,20年的昏迷状态是《斯穆特-霍利关税法案》尘埃落定的创伤导致的,并因在大萧条和第二次世界大战期间缺乏进口竞争而沉静了下来。在听证会上作证的保护主义者利益集团包括美国关税联盟、工薪阶层保护联盟,以及一个新的组织——国家对外贸易政策劳动管理委员会(National Labor-Management Council on Foreign Trade Policy),它代表了十几个行业的工会和管理层,关心的是保护自己的市场免受外国生产商的影响。其他一些对进口敏感的行业也独立参加了进来,比如合成有机化学制造商协会,以埃尔温·H. 基尔赫夫为代表,他的反对立场源自保护主义者利益,但是,常常采用"完美主义"的言辞。在听证会上,贸易保护主义者提出的反对国际贸易组织的论点与他们的先驱在"镀金时代"提出的论点没有明显不同,即其他国家的低工资水平是外国进口产品的主要"比较优势",从而使他们能够与未受保护的国内产业竞争,这样只会降低美国的生活水平。有一名贸易保护主义者认为,国际贸易组织不仅是不必要的,而且它"只是一种不太可能实现的意图的表达而已”。[51]

实际上，第二个反对者派别——主张自由放任的完美主义者担心政府市场任何形式的干预——与反对阵营中的同床异梦者相比，他们更威胁着《哈瓦那宪章》的批准。在这个历史时点上，即因《斯穆特-霍利关税法案》彻底失败及其余波而广为诟病的贸易保护主义者统治的时期之后，单靠保护主义者不可能成功击败国际贸易组织。但是，完美主义者将这幅图景带来了一个全新审视维度：现在，一个支持自由贸易的组织加入了贸易保护主义者的行列，反对向更自由的贸易体制迈进。由于自由贸易者和保护主义者都反对，人们对《哈瓦那宪章》的不完善可能导致的后果产生了疑虑。它真的要把美国带向社会主义道路吗？至少，这群人搅浑了水，以至于去向如何，没有明确的答案。为了达到目的，赫尔和他在国务院的追随者辛勤工作了 15 年，面对这一意想不到的变化，他们已经怒不可遏了。

在听证会上的证词中，美国商会前主席、完美主义者厄尔·O. 什里夫(Earl O. Shreve)解释说，商会“首要的、明确的反对意见”是，《哈瓦那宪章》“试图以太多的细节来解决太多的经济问题”。1945 年 12 月，当英国贷款方案宣布时，商会支持公布的最初建议案。但是，经过各种会议之后，草案一个接着一个，范围被扩大，在他们看来，也越糟糕：“更深远、更复杂、更不明智。”商会跨部门委员会对《哈瓦那宪章》提出的主要批评意见如下：

1. 例外条款和免责条款的数量如此之多，以至于使非歧视性多边贸易的总体目标变得模糊，成为次要目标。

2.《哈瓦那宪章》未能消除或减轻特惠关税制度的歧视，甚至创造了建立新优惠制度的机会。

3.“在《哈瓦那宪章》对国家计划、控制和贸易哲学的让步中”存在着“严重的危险”。

4.《哈瓦那宪章》的外国投资条款未能为美国资本流向发展中国家提供积极激励。

5. 美国被置于不利地位，美国仅有一票，特别是考虑到条款文本的模糊性，这将受制于国际贸易组织的进一步解释，在该解释中，美国可能会被多数票否决。

正如绝大多数完美主义者的反对意见所反映出来的那样，美国商会的主要抱怨是，《哈瓦那宪章》“过度接受了经济计划”。什里夫指出，不可能不得出这样一个结论，即《哈瓦那宪章》许多条款的基本哲学是假设存在“不同的国家”，“干预竞争性贸易体制是他们的权利和义务”。他说，“美国是自由企业制度最后一个伟大的倡导者”，并补充道，“我们应该捍卫和推进我们的理想，而不是与他们妥协”。他提到了《哈瓦那宪章》中影响就业、经济发展以及运用数量限制措施章节的条款。他说，如果不放弃自由企业的原则，就不可能实施。他敦促重新就《哈瓦那宪章》进行谈判，限制所涉及的主题的数量，以消除“试图解决所有可能想到的问题的世界计划和控制的意图”。他特别质疑“是否真正需要……应对经济发展和重建问题”。在其证言的质疑中，什里夫提出，应由国际商会重新谈判，所有谈判代表都应当是商人，他暗示，商人更有“能力”理解“日常的商业真实情况……从商业的角度得出有用的结论”。[52]

看起来像是团队制作，其他完美主义者反对派的代表在他们的攻击中采用了几乎相同的思维方法。代表全国制造商协会的李·H. 布里斯托尔(Lee H. Bristol)称《哈瓦那宪章》是“危险的”，代表“国家社会主义战胜了私营企业制度，经济民族主义战胜了良好的国际经济关系原则”。他指责就业条款“规定了每个成员国履行政府计划其经济生活的义务”。并且，他认为，杜鲁门政府“在1945—1946年实际上就被否决了这样的权利，当时备受争议的主张计划的《莫利草案》(1945年参议院的《充分就业法案》)被1946年的《就业法案》所取代，在该法案中，政府计划的权力相当小”。布里斯托尔认为，社会主义国家给予就业条款极大的重视，而对于就业条款，“美国代表从来就不应该接受”。[53]

伊利诺伊州制造商协会的国际贸易委员会主席盖洛德·C. 惠普尔(Gaylord C. Whipple)更详细地阐述了他对《哈瓦那宪章》中的就业和劳工条款的反对意见。在回答众议员富尔顿的一个问题时，惠普尔说：“我认为，我们不应该把进口与任何国家的劳动力状况联系起来。我认为，任何人都不应该被允许告诉我们如何处理我们的生产。”富尔顿问他是否同意《大西洋宪章》中罗斯福和丘吉尔希望的“在经济领域实现所有国家之间最充分的合作,目的在于确保所有国家改善劳工地位、经济进步与社会安全”。惠普尔回答说:“我不赞成将关于劳动者的规定包含在与外国交往有关的任何事项之中。”[54]

国家对外贸易委员会主席 R. F. 洛雷(R. F. Loree)的证词是关于《哈瓦那宪章》的最全面的声明之一,几乎对文件中的每一项条款都进行了负面分析。国家对外贸易委员会的反对令国务院的理想主义者特别失望。这个委员会成立于 1914 年,是美国历史最悠久的主张贸易的协会。与其他完美主义的反对者一样,国家对外贸易委员会也抱怨非歧视性贸易规则的例外条款,并特别关注就业条款。洛雷说:

> 《哈瓦那宪章》强加给美国一项义务,采取行动,不仅在该国境内,而且在所有其他成员国,实现和保持充分就业……有义务通过合作,在所有成员国实现充分就业,这可能要求美国在商业活动下降期间,参与涉及操纵货币和信贷以及政府大量支出的计划,从而使该国处于危险的通货膨胀压力之下。

国家对外贸易委员会的正式声明重复了这一反对派别的共同主题,预言这些就业条款“不可避免地”将“这个国家的自由企业制度转变为计划经济制度,从而导致主动破坏组织体系、降低生产产出和生活的水平,进而对自由制度和美国人民的自由造成威胁”。[55]

自然而然地,保护主义者和完美主义者的反对路线也面临着许多挑战。委员会中的资深民主党人,包括西弗吉尼亚州的民主党主席约翰·基(John Kee)在内,通过礼貌的提问,让大家知道,他们欢迎并同情商业团体的证词,但是不相信他们所认为的《哈瓦那宪章》所带来的威胁。约翰·基是国际贸易组织的支持者,但是由于生病而没有参加很多听证会。在筹款委员会中排名第二的民主党人、曾在哈瓦那谈判中担任美国代表和国会顾问的众议员杰瑞·库珀(Jere Cooper)是听证会上的最后证人,并对《哈瓦那宪章》给予了有力的支持,这是他所在的委员会发出的一个重要信号。

然而，在国会与《哈瓦那宪章》反对者的战斗中，最坚定的战斗者是自由派共和党众议员富尔顿和贾维茨。他们可以随时为《哈瓦那宪章》的支持者提供支持性的问题，并对反对者进行有力的反诘。在李·布里斯托尔代表全国制造商协会陈述证词过程中，贾维茨将几项独立的研究载入记录，这些研究反驳了布里斯托尔的结论，并支持接受《宪章》，这些包括布鲁金斯学会最新出版的研究成果，由小威廉·亚当斯·布朗（William Adams Brown Jr.）编写，一本共557页的书，这是迄今为止出版的关于《关税与贸易总协定》和《国际贸易组织宪章》最全面和最客观评估的著作。[56]

布朗的书具体论述了他所说的"对《哈瓦那宪章》的极端解释"所引发的批评。例如，这些解释预测国际贸易组织将指导美国政府干预私营企业，干涉美国的就业政策，并促进建立一个国际性的项目管理工作机构（WPA，为失业者创造公共就业机会的新政项目管理工作机构）。布朗写道："这些解释中没有一个得到文件文本的证实……这个组织无权强迫美国采取任何形式的积极行动。"他明确表示，没有理由担心就业条款会允许美国的国内政策出现国际干预，或者"《宪章》中的任何条款会创造一个国际官僚机构强加其意志于这个国家"。布朗指出，《哈瓦那宪章》只是制定了一套国际行为准则，使自由企业和开展国营贸易的国家能够朝着多边、非歧视性的贸易体系前进。[57]

布朗对就业条款的看法与美国政府的官方立场是一致的，正如克莱尔·威尔科克斯对《哈瓦那宪章》的分析以及杜鲁门政府劳工部部长莫里斯·J. 托宾向外国航空委员会提交的声明所反映的那样。威尔科克斯确信《哈瓦那宪章》中使用的语言与1946年《就业法案》中所述的承诺相符，即提出"为那些有能力和愿意工作的人提供有用的就业机会"。威尔科克斯宣称："《宪章》本身不包含对国际行动的承诺，也不赋予任何国际机构新的权力。"托宾部长写道，《哈瓦那宪章》的就业条款

> 完全符合1946年《就业法案》所规定的保持高生产力的就业水平的国内政策……《哈瓦那宪章》保持了在我们自己认为明智的政府干预最少条件下寻求充分就业的权利……我们不会同意任何我

们自己发现是不必要的计划……我们将继续自由地制定自己的政策和计划。[58]

斯坦利·H.拉滕伯格(Stanley H. Ruttenberg)是支持《哈瓦那宪章》最有力的证人之一,他是产业工会联合会的首席经济学家兼教育与研究主管。拉滕伯格将产业工会联合会对国际贸易组织的支持描述为提供政府间标准的必要步骤,以促进联合国在经济领域的目的实现,并为和平和促进世界繁荣奠定坚实的基础。他指出,产业工会联合会及其国际工会正通过与其他国家工会的接触,积极促进民主、自由贸易工会主义和提高生活水平的原则和做法。3月,产业工会联合会和美国劳联加入了伦敦成立的国际自由贸易工会联合会(International Confederation of Free Trade Unions,ICFTU),联合会代表了53个国家的大约5 000万名工人。在伦敦,各国通过的《国际自由贸易工会联合会章程》主要观点之一是:

我们反对狭隘的民族主义,因为狭隘的民族主义导致了受高关税壁垒和其他贸易限制措施保护的国家市场。由此造成的对国际货物和服务交换的限制,以及由此导致的原材料来源的不可获得性,使得各国之间无法实现合理的共享工作成果。解决办法在于,创造更加扩大的国际经济合作领域。

产业工会联合会有自己的代表,作为哈瓦那会议美国代表团的一员,他报告了美国代表团极力寻找“切实可行的、有效的解决办法”,来应对《哈瓦那宪章》一项又一项条款中出现的无数问题。考虑避免回到灾难性的战前贸易惯例的替代方案,拉滕伯格说,产业工会联合会相信《哈瓦那宪章》作为“世界贸易行为规则的本质是健全的”。产工工会联合会支持就关税税率下降、减少优惠和“所有重要的免责条款”达成协定。

关于就业章节,拉滕伯格批评《哈瓦那宪章》未能规定国际贸易组织成员国真正维持充分就业的义务,而只是规定采取“设计的”措施来实现充分就业。因此,有组织的劳工批评就业章节没有做商界批评者指责它所做的事情。产业工会联合会认为,与1946年的《就业法案》相比,《哈瓦那宪章》关于就业和劳动标准的条款甚至对维持充分就业的义务规定得更少。按照拉滕伯格的说法：

> 《宪章》中条款的模糊性不能使美国劳工满意，美国劳工在实现劳动立法条款方面取得了胜利；我们争取充分就业的斗争仍必须在国内通过更具体的措施而进行。我们对结果感兴趣，而不是对意图感兴趣。

尽管如此，拉滕伯格说，产业工会联合会理解这些条款的重要性，“虽然它们很模糊”，但有助于减轻国际上普遍存在的对又一场美国大萧条的担忧。拉滕伯格说，“20 世纪 30 年代失业的幽灵，以及对失业率可能再次上升的担忧”，还存留在美国每一个工会会员的心中。基于这种担心，许多工会成员认为，贸易应该受到限制，但是，产业工会联合会认为，更可靠的做法是“采取一切可能的积极措施扩大贸易，并以在美国和其他国家充分就业所产生的需求和购买力为基础”进行贸易。“如果我们不能实现充分就业和生产的目标，”他说，“我们增加对外贸易概念的整个基础将受到损害，因此，我们的整个外交政策也将受到损害。”

产业工会联合会也提出《哈瓦那宪章》中有关劳动标准的条款存在缺陷。产业工会联合会的一贯立场是建立一个专门的最低公平劳动标准规范，以支持国际贸易组织的工作。《哈瓦那宪章》承认，“不公平的劳动条件，特别是在出口生产条件下，制造了国际贸易中的困难，因此，相应地，每个成员国都应采取一切可能适当和可行的行动，在其领土上消除这样的劳动条件”。产业工会联合会认为，这一原则的承认很重要，但是，还要提供更多的保障措施，以促进其实施。

拉滕伯格指出，《哈瓦那宪章》的就业条款受到了与攻击《就业法案》概念相同的利益集团的攻击。他观察到在 1945 年和 1946 年，“人们表达了对我们陷入社会主义的恐惧”。他说，“国家控制的妖魔化又一次被提出来了”。现在，批评者指责其他国家正在用这个协定推动美国走向社会主义。然而，由于每个国家都可以自由选择自己的方法来实现充分就业目标，拉滕伯格说，“这样的指责是没有根据的”。[59]

结　局

当听证会于5月12日结束时，支持美国加入国际贸易组织的证人人数两倍于反对的证人人数。尽管缺乏赫尔时代的强烈热情和压倒性影响，但是政府已经做出了有效的努力，让人们欢迎国际贸易组织，这成为战后重点关注西方世界的全面复苏和繁荣的外交政策中“经济结构方面的顶峰”，这个经济结构包括《布雷顿森林协定》、马歇尔计划与联合国。[60] 即使认识到《哈瓦那宪章》不完善，来自商业、劳工和农业的私营部门的支持者也确立了接受《哈瓦那宪章》的一个坚定的理由。在众议院，民主党领导层似乎对加入国际贸易组织表示了极大的支持，并且，富尔顿和贾维茨等进步共和党人对《哈瓦那宪章》有着重要的支持，他们对《哈瓦那宪章》具有强烈的兴趣。然而，两党的大多数高级成员对《哈瓦那宪章》知之甚少，对《哈瓦那宪章》也没有明显的兴趣。尽管如此，媒体的评价中预计众议院将在几周内采取行动。[61] 在参议院方面，前景似乎较为糟糕。参议员米利金正积极寻求机会攻击《哈瓦那宪章》，并且财政委员会的民主党主席沃尔特·乔治和外事委员会的托马斯·T. 康纳利(Thomas T. Connally, D-TX)对接受《哈瓦那宪章》完全不抱有热情。

在国际贸易组织听证会结束6周后，发生了一件改变一切的事情。1950年6月24日晚，杜鲁门总统正在密苏里州独立城的家中度周末，收到了消息称，朝鲜人民军对大韩民国发动了突然袭击，越过了“三八”线。几天之内，总统根据联合国安理会在苏联抵制安理会因而无法否决时通过的一项决议，授权美国军队保卫韩国人民。在最初的3个月里，随着朝鲜人对毫无准备和人数处于劣势的韩国和美国的军队具有压倒优势，占领了朝鲜半岛的大部分地区，来自战争的消息是毁灭性的。9月中旬，在美国大胆的两栖登陆仁川和跨过三八线成功地向北反攻行动之后，朝鲜人的命运开始逆转。尽管指挥官道格拉斯·麦克阿瑟(Douglas MacArthur)将军预言美国军队到了圣诞节就可以回家，但是，11月下旬，命运再一次发生了惊人逆转，此时，大约26万中国人民志愿军跨过鸭绿江,加入了保卫朝鲜的战争。

战争带来的混乱,加之杜鲁门总统议程上对其他政策的追求遭遇的挫败,民主党在11月的中期选举中遭遇了严重的挫折。约瑟夫·麦卡锡以其有效的谎言和歪曲,攻击国务院窝藏共产主义者,他的行为接近自己的最高水平,他将"韩国的死亡陷阱"归责于艾奇逊和杜鲁门。麦卡锡发誓,在贸易问题上,要在参议院彻底击败杜鲁门最强大的两个盟友——多数党领袖斯科特·卢卡斯和马里兰州的米勒德·泰丁斯(Millard Tydings)。他用来对付泰丁斯的一个战术是散发泰丁斯和共产党领导人厄尔·布劳德(Earl Browder)谈话的假照片。民主党人保持着对两院的控制权,但是,他们在众议院的优势从17票减少到了12票,在参议院的优势从12票减少到了2票。不幸的是,杜鲁门也失去了他可靠的共和党朋友和两党外交政策盟友亚瑟·范登堡,亚瑟·范登堡患了肺癌。[62]

共和党在选举中获胜后,贸易利益集团的报告预言,不仅《国际贸易组织宪章》将"死亡",而且马歇尔援助计划也将缩减。贸易利益集团的报告指出,许多"企业高管从一开始就不喜欢《哈瓦那宪章》",报告预测"明年赞成《哈瓦那宪章》审议的机会几乎为零"。预计保守的南部民主党人将与共和党人一起反对《哈瓦那宪章》。绝大多数人认为,《贸易协定法案》将存续下来并在1951年得到更新。根据贸易政治界的评论,如果《哈瓦那宪章》被抛弃,将导致"世界贸易的严重混乱"。然而,该计划的扩展将是"艰难的",而且"如果共和党人争取在计划的扩展中纳入'危险点'立法"也就不足为奇了。[63]

1950年11月20日,国务卿艾奇逊向总统发送了一份秘密备忘录,敦促总统就下一届国会关于贸易协定计划和《国际贸易组织宪章》的立法计划做出快速决定。他提醒总统,国际贸易组织听证会是在众议院外事委员会举行的,但是,在本届国会会议上不会对此事采取任何行动。主席约翰·基早些时候给杜鲁门写了一封信,提出委员会由于紧急事务的压力,必须将行动推迟到下一个年度。考虑到美国的贸易计划既是美国在世界经济改善中领导地位的象征,也是"对美国在世界经济改善中发挥作用意愿的检验",他强调了这一决定的紧迫性。他写道，在“创造自由世界的力量和联合”中，贸易扩展是不可或缺的。

备忘录继续指出，在下一届国会中，重要的是政府要“面对立法问题”，为了维持贸易计划的继续进行，要做到两件事：一是继续推进降低贸易壁垒的授权；二是与其他国家一道参与建立一个国际论坛，讨论并解决贸易问题与纠纷。第一件事可以通过《互惠贸易协定法案》某种形式的更新加以解决。第二件事可以通过《哈瓦那宪章》加以解决。然而，他指出：

> 我的判断是，国际贸易组织不再具有实际的可能性。在下一届国会上再次提出对《国际贸易组织宪章》的批准，要么意味着《宪章》直接被否决，要么意味着建立国际贸易组织的事项被无限期推迟。无论哪一种结果都将损害我们的外交政策。

艾奇逊说，需要建立一个拥有永久秘书处的贸易组织，这是一件急迫的事情。到目前为止，美国主导的主要贸易协定就是《关税与贸易总协定》，这个协定是暂时的，并且，没有创设一个具有执行委员会的组织。目前，33 个缔约方在英国的托基小镇进行《关税与贸易总协定》的谈判，在谈判结束时，(预计)将有 40 个国家加入《关税与贸易总协定》。他写道，在没有行政管理结构的情况下，“存在真正的危险，即《关税与贸易总协定》会变得无法运行”。他敦促放弃国际贸易组织，取而代之的是，鼓吹获得必要的立法变化，获得授权将《关税与贸易总协定》变成一个国际组织，使之成为联合国的一个专门机构。如果这可以实现，国际贸易组织的所有功能都可以以这样或那样的方式得到实施。按照艾奇逊的说法，《哈瓦那宪章》中充分就业一章的目标可以通过联合国经济与社会发展理事会得以实施。《哈瓦那宪章》中经济发展与重建一章的目标将通过旨在推动受苏联影响和干预的发展中国家工业化的一个杜鲁门新计划来完成。《哈瓦那宪章》中商业政策一章的内容已经内在于《关税与贸易总协定》。限制性商业惯例(反托拉斯)条款和商品协定的规则可以在此后的《关税与贸易总协定》中添加进去。

艾奇逊还预测道，使《关税与贸易总协定》成为履行这些职能的常设组织的建议一定会得到支持《贸易协定法案》以加强贸易计划的那些人的“坚定支持”。

他还说，有理由相信，如果国际贸易组织被取消，一些反对国际贸易总协定的显要团体，如全国对外贸易理事会和一些众议员，将支持《关税与贸易总协定》的扩充。尽管如此，他预期，在关于《互惠贸易协定法案》的更新问题上，“国会将有一场重大战斗”。为了使计划不被贸易保护主义反对党的“浅滩”搁浅，“必须在必要时提出这一建议，以实现这一目标……通过扩大世界经济来增强自由世界”。[64]

杜鲁门总统读了备忘录，并给艾奇逊回了信，要求他在定于第二天召开的内阁会议上提出这一问题。在会议上提出这个问题时，艾奇逊解释说，他采用的是内阁级别讨论的方法，而不是启动一个较低级别的政府部门间厘清程序，就是要减少这个观点被公开曝光的可能性。经过一番讨论，总统要求所有成员表达意见。所有出席的内阁成员都同意艾奇逊的建议。总统决定的秘密指示立即发给了在托基的美国代表团，并于12月4日发给了38个美国外交官员。12月6日，正式宣布，虽然拟议中的《国际贸易组织宪章》“不应再提交国会，但是国会应考虑立法，使美国更有效地参与《关税与贸易总协定》”。对这一决定的官方解释是，“我们的国会面临许多严重的问题，而且其他国家的立法机构要求我们专注于贸易计划，这是最迫切的需要，并将最迅速产生具体结果”。政府当局将要求国会通过提供行政管理机制，包括一个小规模的永久性工作团队，来加强《关税与贸易总协定》，以批准立法，简化遵守《关税与贸易总协定》的海关程序，并延长将在6个月后到期的《互惠贸易协定法案》。[65]

临时的新经济秩序

艾奇逊把《关税与贸易总协定》升格为一个具有行政秘书处的国际组织，从而被国会批准的想法没有得到任何支持。6月之后，国会通过了1951年《贸易协定延期法案》。该法案所附的一项参议院修正案明确阐明，该法案的延期“不应被解释为国会批准或不批准《关税与贸易总协定》”。[66] 作为“缔约方”(1951年39个国家)之间的一项执行协定，《关税与贸易总协定》一直处于未适配、模糊的地位。根据美国法律，其集体行动和决定不是自动执行的。换言之，在《关税与贸易总协定》谈判中消除的任何贸易壁垒都必须由国会根据《互惠贸易协定法案》批准，或随后通过立法加以批准。这个要求也适用于国际贸易组织的决策，但是，《国际贸易组织宪章》更为全面，并包含了行政管理机构条款。由于《关税与贸易总协定》只打算被临时使用，直到国际贸易组织获得批准，那么，它存在着一些功能缺陷，这些缺陷需要随着时间的推移加以解决。

尽管存在这些缺陷，但是，在 1995 年被世界贸易组织替代之前，《关税与贸易总协定》接下来的 50 年的演变适应足以证明在习惯于经济战争和混乱的世界中建立了一个自由的多边贸易体制的重要性。早期，作为具有创造力的《关税与贸易总协定》的第一任执行秘书（后来作为第一任秘书长）的英国经济学家埃里克·温德汉姆·怀特（Eric Wyndham White）利用临时委员会职员的身份为国际贸易组织提供行政支持。这个临时委员会在哈瓦那会议最终定案后不久便成立了，以便为国际贸易组织做出组织安排。在接下来的几年里，怀特建立了一个更为正式的行政结构和争端解决系统。为实现其主要功能，在 1947－1994 年期间，《关税与贸易总协定》安排了八轮多边贸易谈判，大幅减少了关税和非关税贸易壁垒。最后一轮谈判即乌拉圭回合，创建了世界贸易组织这个具有行政结构和成熟的争端解决机构的全面的国际组织。《世界贸易组织协定》包括 1947 年《关税与贸易总协定》的全部文本，这些文本基本上基于亚当·斯密所支持的原则，并仿效了科德尔·赫尔的《互惠贸易协定》。

注释：

1. *FRUS* 1950, vol. I, 783.

2. Russell Porter, "Business Backs U.S. in Stand on Trade," *New York Times*, March 24, 1947.

3. 关于企业对《国际贸易组织宪章》反对意见的卓越记录，参见Diebold, *The End of the ITO*。

4. Herbert Koshetz, "Ask Sharp Revision of Charter of ITO," *New York Times*, May 13, 1948; "U.S. Chamber Group Opposes Approval of ITO Charter by Government," *Wall Street Journal*, May 10, 1948; Dryden, *Trade Warriors: USTR and the American Crusade for Free Trade*, 25–29.

5. “Knutson Indicates GOP to Seek Revised Reciprocal Trade Act,” *Christian Science Monitor*, November 19, 1947.

6. “Support for the ITO,” *New York Times*, December 22, 1948.

7. H.R. 6556, 80th Cong. (1948).

8. 94 Cong. Rec. 6504–05 (1948).

9. 94 Cong. Rec. 8032–35 (1948).

10. 94 Cong. Rec. 8049–51 (1948).

11. “Truman Signs One-Year Extension of Trade Agreements Act but Points to ‘Serious Defects’ in Amendments,” *Wall Street Journal*, June 28, 1948; Harry S. Truman: “Statement by the President upon Signing the Trade Agreements Extension Act,” June 26, 1948. Online by Gerhard Peters and John T. Woolley, *The American Presidency Project*, http://www.presidency.ucsb.edu/ws/?pid=12943.

12. McCullough, *Truman*, 657.

13. Johnson and Porter, *National Party Platforms: 1840–1972*, 431–432.

14. Russell Porter, “Better U.S. Prospects Now Seen for Ratification of Trade Charter,” *New York Times*, January 4, 1949.

15. “Tariff League Hits Proposed ITO Charter,” *Washington Post*, October 28, 1948; “Demands Congress Reject ITO Charter,” *New York Times*, October 28, 1948.

16. 95 Cong. Rec. 5234–35 (1949); H.J. Res. 236, 81st Cong. (1949).

17. “Clayton Says U.S. Must Keep Strong,” *New York Times*, March 30, 1948.

18. “Economic Policy and the ITO Charter,” address by Secretary Acheson (delivered May 3, 1949), Dep’t St. Bull. 20 (May 15, 1949), 623–624.

19. 例如，苏联媒体对苏联在国际贸易组织代表的引用和评述，参见Membership and Participation by the United States in the International Trade Organization: Hearings on H.J. Res. 236 Before the H. Comm. on Foreign Affairs, 81st Cong. 53– 63 (1950) (Documentation submitted by Department of State of remarks made by representatives of the Soviet Union on the ITO)。

20. “U.S. Urged to Stay Charter Approval,” *New York Times*, May 10, 1948; “Faults of Havana Trade Charter Exceed Merits, Says U.S. Chamber,” *Wall Street Journal*, August 15, 1949.

21. “ITO Charter Fought by NAM on 6 Points,” *New York Times*, March 31, 1949.

22. “Reconciling Opposites,” *Wall Street Journal*, August 9, 1948.

23. Cortney, *The Economic Munich: The I.T.O. Charter: Inflation or Liberty: The 1929 Lesson*, ix–xi, 17, 34.

24. W. L. Clayton, “Economic Pitfalls: *The Economic Munich*. By Philip Cortney,” *New York Times*, March 20, 1949; “Support for the ITO,” *New York Times*, December 22, 1948; Letters to the Times, “International Trade Charter: The Instrument Signed at Havana Is Criticized as Restricting Trade,” letter from Philip Cortney, December 29, 1948, *New York Times*, January 4, 1949; “For Freedom of Trade,” *New York Times*, January 10, 1949; Morris Katz, “Trade Charter Assailed as Threat to Freedom: *The Economic Munich*, by Philip Cortney,” *Washington Post*, September 25, 1949; George Ericson, “Is Trade Charter Open Door to Freer Trade?” *Christian Science Monitor*, June 11, 1949; “Ratification of ITO Charter Assailed as Threat to Trade,” *Washington Post*, October 12, 1949.

25. “Why and How We Came to Find Ourselves at the Havana Conference,” address by William L. Clayton, Adviser to the Secretary of State, delivered June 15, 1948, Dep’t St. Bull. 18 (June 27, 1948), 826.

26. “Export Group Asks Ban on ITO Charter,” *New York Times*, January 26, 1949.

27. “The ITO Charter,” *Fortune Magazine*, July 1949, 61–62.

28. “How the U.S. Lost the ITO Conferences,” *Fortune*, September 1949, 81.

29. “Import Unit Backs Adherence to ITO,” *New York Times*, December 21, 1948.

30. “Group Formed to Ratify ITO Charter,” *Washington Post*, May 3, 1949; “Committee Set Up to Promote ITO,” *New York Times*, May 3, 1949.

31. Harlan Trott, “U.S. Participation in ITO Stirs Capital Controversy,” *Christian Science Monitor*, March 1, 1949; “World Trade Plea Made by CIO Organ,” *New York Times*, February 28, 1949.

32. Brendan M. Jones, “CED Favors Most of Trade Charter,” *New York Times*, June 12, 1949.

33. L. M. Giannini to W. L. Clayton, March 16, 1949; George A. Hill Jr. to W. L. Clayton, March 15, 1949, William L. Clayton Papers, Harry S. Truman Presidential Library.

34. Ferdinand Kuhn Jr., “A Strong Case Is Made for ITO Charter: A Charter for World Trade, by Clair Wilcox,” *Washington Post*, January 30, 1949.

35. Clair Wilcox, “Why the International Trade Organization?” *Annals of the American Academy of Political and Social Science*, 264, World Government (July 1949): 70–72, http://www.jstor.org/stable/1028090.

36. Michael L. Hoffman, “U.S. Embarrassed at Tariff Parley,” *New York Times*, August 1, 1949.

37. 95 Cong. Rec. 12615–19 (1949).

38. 95 Cong. Rec. 12632–33 (1949).

39. H.R. Rep. No. 81–19, at 8 (1949).

40. 95 Cong. Rec. 12872 (1949).

41. 95 Cong. Rec. 12631–34, 12759–63, 12925 (1949); H. Walton Cloke, “Taft Fears ‘Power’ in Trade Pact Bill,” *New York Times*, September 10, 1949.

42. 95 Cong. Rec. 12620, 12632 (1949).

43. Harry S. Truman: “Statement by the President upon Signing the Trade Agreements Extension Act of 1949,” September 26, 1949. Online by Gerhard Peters and John T. Woolley, *The American Presidency Project*, http://www.presidency.ucsb.edu/ws/?pid=13313.

44. Brendan M. Jones, “Opposition Grows to I.T.O. Charter,” *New York Times*, January 22, 1950.

45. Winthrop G. Brown, “Why Private Business Should Support the ITO: A Definite Code of Rules for International Trade,” *Vital Speeches of the Day* 16, no. 9 (February 1950): 279–280.

46. “Acheson’s Plea for ITO,” *Washington Post*, April 21, 1950; W. L. Clayton, “A Communication: Clayton Urges ITO Charter Approval,” *Washington Post*, May 2, 1950.

47. Charles E. Egan, “Acheson Accused of Ignoring G.O.P.,” *New York Times*, April 22, 1950.

48. Fossedal, *Our Finest Hour*, 259–260.

49. James G. Fulton and Jacob K. Javits, Committee on Foreign Affairs, 80th Cong., Rep. on the International Trade Organization: An Appraisal of the Havana Charter in Relation to United States Foreign Policy, with a Definitive Study of Its Provisions, at 56–57 (Comm. Print 1948).

50. “U.S. Support of ITO Charter Urged in House Unit Report,” *Washington Post*, October 28, 1948.

51. Membership and Participation by the United States in the International Trade Organization: Hearings on H.J. Res. 236 Before the H. Comm. on Foreign Affairs, 81st Cong. 172 (1950) (testimony of O. R. Strackbein, chairman, National Labor-Management Council on Foreign Trade Policy).

52. Membership and Participation by the United States in the International Trade Organization: Hearings on H.J. Res. 236 Before the H. Comm. on Foreign Affairs, 81st Cong. 172 (1950), 407, 409–410, 425, 427, 429, 431–432 (testimony of Earl O. Shreve, United States Chamber of Commerce).

53. Membership and Participation by the United States in the International Trade Organization: Hearings on H.J. Res. 236 Before the H. Comm. on Foreign Affairs, 81st Cong. 172 (1950), 561, 562, 565, 568 (testimony of Lee H. Bristol, representing The National Association of Manufacturers); "ITO Charter Supported and Opposed, in Hearing before House Committee," *Wall Street Journal*, May 12, 1950.

54. Membership and Participation by the United States in the International Trade Organization: Hearings on H.J. Res. 236 Before the H. Comm. on Foreign Affairs, 81st Cong. 172 (1950), 499, 506, 507 (testimony of Gaylord C. Whipple, chairman, International Trade Committee, Illinois Manufacturers Association).

55. Membership and Participation by the United States in the International Trade Organization: Hearings on H.J. Res. 236 Before the H. Comm. on Foreign Affairs, 81st Cong. 172 (1950), 177, 192, 259 (testimony of R. F. Loree, chairman, National Foreign Trade Council).

56. Membership and Participation by the United States in the International Trade Organization: Hearings on H.J. Res. 236 Before the H. Comm. on Foreign Affairs, 81st Cong. 172 (1950), 592 (statement submitted by Hon. Jacob K. Javits).

57. Brown, *The United States and the Restoration of World Trade: An Analysis and Appraisal of the ITO Charter and the General Agreement on Tariffs and Trade*, 371–372; "Brookings Report for Joining I.T.O.," *New York Times*, April 24, 1950.

58. Wilcox, *A Charter for World Trade*, 135–136; Membership and Participation by the United States in the International Trade Organization: Hearings on H.J. Res. 236 before the H. Comm. on Foreign Affairs, 81st Cong. 482–83 (1950) (statement of Maurice J. Tobin, Secretary of Labor).

59. Membership and Participation by the United States in the International Trade Organization: Hearings on H.J. Res. 236 before the H. Comm. on Foreign Affairs, 81st Cong. 172 (1950), 269–273 (statement of Stanley H. Ruttenberg, director of the Department of Education and Research, CIO).

60. Acheson, "Economic Policy and the ITO Charter," *supra* note 18.

61. "Hoffman Appeals for US to Join I.T.O.," *New York Times*, May 13, 1950.

62. McCullough, *Truman*, 813–814.

63. Thomas F. Conroy, "Revival Forecast of 'Peril Point' Bill," *New York Times*, November 12, 1950.

64. *FRUS* 1950, vol. I, 782–786.

65. Ibid., 786–788; "Future Administration of GATT" (Released to the press December 6), Dep't St. Bull. 23, No. 598 (December 18, 1950), 977, https://archive.org/details/departmentofstat2350unit; "Truman Backs Plan on I.T.O. Substitute," *New York Times*, December 8, 1950.

66. "Trade Agreements Extension Act of 1951," Conference Report to Accompany H.R. 1612, Rep. No. 82-537, at 4 (1951).

第15章

失去了劳动者的热爱

国会必须迅速而果断地采取行动，减缓大量进口商品流入美国市场的速度，因为美国市场正在大规模地清除就业机会和工业……“自由贸易对保护主义”的概念主宰了20世纪30年代和40年代的思想和行动，已经与70年代变化巨大的世界严重脱节……游戏被操纵，有利于海外生产商和跨国公司。[1]

——I. W. 阿贝尔(I. W. Abel)，美国钢铁工人联合会主席，美国劳联-产联经济政策委员会主席，1973年5月17日

从围绕建立自由贸易体系的政治斗争中可以汲取诸多教训，这有助于缓解当前对贸易和更广泛的反全球化紧张局势的焦虑。然而，在得出结论之前，重要的是回顾和评价在贸易政策斗争中两个主要的战斗员——商界和劳工——的演进的政治运动，以及国际贸易组织被抛弃的后果。

《哈瓦那宪章》和国际贸易组织的流产是由几个不同的弊病造成的，其中最

突出的是:(1)因冷战而呈现出来的相互冲突的优先考虑事项;(2)因科德尔·赫尔和威尔·克莱顿继承人在美国国会的影响力减弱,政治上急剧转向右翼;(3)美国商业团体反对美国谈判代表接受《哈瓦那宪章》中的一些让步。[2]

冷战日益增加的严重性和相应的影响无疑是国际贸易组织得到批准的主要障碍,如果它不是国际贸易组织未获批准的首要原因,也是主要原因。在1944年和1945年布雷顿森林体系和联合国分别成立时,这种威胁的突出性还没有完全显现出来。但是,在接下来的3年里,苏联的领土扩张问题开始成为国会议程中压倒性的议题,不仅影响《国际贸易组织宪章》的谈判,而且影响《国际贸易组织宪章》的批准过程。如果在1945年甚至1946年该宪章准备接受国会的审查,那么它作为战后制度的重要的第三条腿——"经济结构的设计",政治环境将更有利于其获得批准。迪安·艾奇逊、威尔·克莱顿以及政府中的其他人强调国际贸易组织下贸易关系稳定对通过自由世界的经济实力来促进和平的重要性,这在很大程度上被忽视了。

到1948年3月在哈瓦那达成最终方案时,杜鲁门政府和艾奇逊的国务院(同时抵御麦卡锡主义的攻击)的优先事项已经明显地转变为建立一项以马歇尔计划和北约为基础的集团性国家安全基础设施,以遏制苏联的扩张。1947年夏天,在第一轮《关税与贸易总协定》谈判期间,总统签署了统一新国防部下属国家军队的立法,并成立了中央情报局(CIA)和国家安全委员会(NSC)。1950年6月,正是被拖延了很久的国会《哈瓦那宪章》听证会结束后,随着冷战的爆发,加之,朝鲜半岛爆发了致命的武力冲突,这项安全优先事项突然成为热点。到年底,在中国人民志愿军的干预之后,美国和韩国军队被迫大幅撤退,杜鲁门总统从提交国会审议的议题中撤回了《哈瓦那宪章》。

在后罗斯福时代,保守政治和经济民族主义的复活也是导致国际贸易组织消亡的一个因素。这个政治转变的力量在1946年和1950年中期选举时共和党获得强劲的胜利中得到了彰显,同时,也在南部民主党的势力不断壮大中得到彰显。这些南方人中的许多人从未支持过罗斯福新政的政策,在科德尔·赫尔退休后,他们开始远离对自由贸易政策的传统支持阵营。因《斯穆特-霍利关税法案》的过度行为，以及罗斯福和赫尔成功的贸易自由化，贸易保护主义被推翻达 20 年，之后贸易保护主义似乎在政治上卷土重来了。1951 年《贸易协定法案》的延续事项表明了杜鲁门总统任期内最后阶段的贸易政治博弈的状况。即使是在保护主义的复苏中，对于完全放弃赫尔的贸易协定计划，以及重新回到国会制定关税的"互投赞成票"岁月，人们几乎也没有什么兴趣。国会以两党的多数票轻易通过了《互惠贸易协定法案》的延期，但是，延长两年，并增加了免责条款，恢复了参议员米利金"蹩脚的"危险点限制条款。令国务院失望的是，国会还明确表示不赞成《关税与贸易总协定》，并违反《关税与贸易总协定》原则，扩大了美国农产品进口配额。

然而，即使承认冷战所带来的重大冲突和战后保护主义在国会的复活阻碍了国际贸易组织的批准，而在阻碍了国际贸易组织的批准中起着根本决定作用的是公开宣称"完美主义的"商业利益集团的强烈反对。如果这些商业利益集团与其他支持贸易的商业团体（包括威尔·克莱顿组织的商业游说团体）以及大多数劳工组织一起支持接受《哈瓦那宪章》，那么很可能国会在其时间表中找到时间来批准该宪章。毕竟，即使保护主义复活了，当时两党的多数都支持赫尔的贸易计划。完美主义者的反对使本来在批准国际贸易组织方面占多数的政治人士感到困惑。

正如我们所看到的，在哈瓦那谈判过程中，完美主义者对美国接受的妥协提出了大量的反对意见。根据他们在听证会上的证词，完美主义者希望就《哈瓦那宪章》进行重新谈判，这次由"有能力"进行商业交易的商人来领导谈判。他们希望加强对外投资的保护，不要就业或劳工条款，不为经济发展或重建做出任何让步，终结歧视美国商业利益集团的所有优惠安排，并实现美国在国际贸易组织决策机制中的投票控制。

虽然承认《哈瓦那宪章》并不完美，但是美国谈判代表们认为，《哈瓦那宪章》规定的例外条款有助于经济发展，并且严重的国际收支平衡问题主要是在临时的、过渡的基础上被接受的。这些例外条款对发展中国家和仍在从战争破坏中恢复的工业化国家至关重要。美国也坚持有利于自身利益的例外条款，比如农业，并且不能合理地要求别人接受这些例外条款以有利于美国的政治利益，并拒绝对他人至关重要的例外条款。在冷战背景下，出于战略目的，重要的是大量基础广泛、关键的成员国加入国际贸易组织，包括发展中国家和工业化盟国，其中许多成员国选举出了社会主义政府，并可能被吸引到苏联的轨道上。无论如何，受这些例外条款的约束，这些国家不可能采取不允许采取的任何行动。没有国际贸易组织和《关税与贸易总协定》，根本就没有约束性的规则，并且对任何熟悉这些问题和谈判过程的人来说，《哈瓦那宪章》的重新谈判没有实际意义。

完美主义者和亚当·斯密

从公开辩论、国会听证会和亲商界媒体的社论中的完美主义阵营反复提出的论点中可以明显看出，他们反对的主要原因是《哈瓦那宪章》关于劳动和就业条款的规定。完美主义者并不关注与经济发展和重建有关的所有条款，他们的主要不满涉及的是《哈瓦那宪章》的充分就业目标。

按照当时流行的理论，完美主义者声称，促进国家经济计划的这些条款将在某种程度上取代自由企业制度。

然而，一位著名的商业代表称这一理论为“胡说”，威廉·布朗撰写的独立的《布鲁金斯分析报告》称，这个理论是基于对《哈瓦那宪章》的“极端”解释，而非其文本所证实的。但是，无论这一理论是否提出了一个合理的威胁，完美主义者对充分就业目标的不懈反对，使他们与美国劳工和世界上经济萧条地区的工人阶级利益集团的立场完全不一致。根据前一章引述的产业工会联合会代表在国际贸易组织听证会上的发言，当时大多数劳工组织都强烈支持《哈瓦那宪章》中“所有可能的积极措施来扩大贸易”，但是，“如果没有充分就业目标，就会危及增加对外贸易的(劳工)概念的全部基础”。

正如亚当·斯密在1776年所描述的利益冲突一样，有钱的特殊利益集团的利益与普通劳动者的利益又一次发生了冲突。将自己的政治经济学建立在简单的观察之上，斯密在其书的引言中写道："为了促进一个国家的一小部分人的利益，损害了该国所有其他人以及所有其他国家所有人的利益。"

除战争时期外，自从斯密出版了这些文字不久后建立的美国第一届政府开始执政以来，这个冲突一直是贸易政治的核心。亚历山大·汉密尔顿的《关于制造业问题的报告》向国会阐释了建立政府与商业伙伴关系的理由，这样的伙伴关系是全面实施贸易性关税，实施公共补贴，甚至偷窃外国技术来为新国家建立工业基础。与之形成鲜明对比的是，托马斯·杰弗逊向国会提交了他的《关于商业问题的报告》，报告遵循了斯密的情操，敦促实现自由贸易的自然权利，以改善在这个地球上劳动的人类的状况。杰弗逊还敦促与各国进行互惠贸易谈判，以消除贸易限制，但是在很大程度上因拿破仑战争这一想法被排除了。1812 年战争之后，亨利·克莱继续了汉密尔顿通过政府保护来实现工业化的斗争，直到"可憎的关税"——美国历史上最严重的保护性关税——引起危机之后，安德鲁·杰克逊和他的追随者捍卫平民的民粹主义利益，使这个国家重新走上自由贸易的道路。

在南北战争结束后关税强盗男爵盛行的时期，这样的冲突仍在继续。在美国历史上，这场斗争进入了政治上最腐败的时期。"镀金时代"的政治家们声称他们支持美国劳工，因为他们维持着由受保护的产业实际拥有和管理的、由"互投赞成票"国会程序创造的保护性关税的不一致的"大杂烩"。正如在 1888 年的关税大辩论中格罗弗·克利夫兰所指出的，只有不到 15％的制造业工人受雇于受保护的产业。像所在产业没有受到保护的农场主和工人一样，工资仍然很低的受保护工人支付了更高的生活必需品价格，而政府贸易政策带来的关税收益却直接落入了他们雇主的口袋。事实上，正是在这个充斥着极端收入不平等、低工资和恶劣工作条件的时代，美国劳工运动呈现出历史上最激烈的劳工冲突。

在随后的进步时代，常常疏离学术的伍德罗·威尔逊在贸易政策上成为工人阶级的卫士。他的政府把美国关税降到了自南北战争以来的最低水平，并实施了重大的劳工改革和其他进步的改革。在 1924 年去世前，组织内部一直在贸易保护和自由贸易问题上保持中立地位的美国劳联主席塞缪尔·戈佩尔斯一直是威尔逊的朋友和政治支持者。关于威尔逊1913年的关税改革法案，戈佩尔斯在美国劳工联合会的官方杂志上撰文称赞道，关税降低不一定会导致更低的工资，因为他认为，减薪是“雇主为维持关税保护而精心构思和执行的计划的结果”。[3]

20世纪20年代，沃伦·哈丁恢复了共和党贸易保护主义的“常态”，卡尔文·柯立芝解除了威尔逊监管改革对商业的束缚，从而使汉密尔顿主张的（政府）与大企业的伙伴关系得以复兴。赫伯特·胡佛通过签署《斯穆特-霍利关税法案》来巩固这一商业-政府伙伴关系，并因未能阻止伴随大萧条而来的大规模失业而备受指责。20世纪30年代，富兰克林·罗斯福成为“他所属阶级的背叛者”，新政使他成为工人（“被遗忘的人”）的捍卫者，并随着科德尔·赫尔被任命为国务卿，开始向新的自由贸易秩序转型。随着政治演变的继续，在美国背景下印证了亚当·斯密描绘的、贸易领域的工人阶级与富裕的商业利益集团之间的阶级冲突，美国劳工运动逐渐加入了斗争，站在了自由贸易立场上。

威廉·格林是美国劳联主席塞缪尔·戈佩尔斯的接班人，直到劳工领袖开始作证支持赫尔的互惠贸易协定计划的20世纪40年代，他一直坚持中立的贸易政策。然而，1928年，在美国劳联副主席马修·沃尔（Matthew Woll）的领导下，几个美国劳联下属的、所在行业受到进口产品影响的工会组织（例如玻璃瓶吹制工、制鞋工和制罐工）成立了工薪阶层保护大会（Wage Earner's Protective Conference），寻求更高的关税保护。这个集团发展到13个工会，占美国劳联成员不到10%，但是它不包括最重要的工会组织，如煤矿工人联合会、女装工人工会和纺织工人工会。

纺织工人工会反对向制造商提供关税保护，主要是因为这个行业的反工会策略。“如果保护性关税意味着高工资，那么在美国，纺织工人将获得最高的工资，”纺织工人工会主席托马斯·麦克马洪（Thomas McMahon）说，“我们知道，在我们的行业中，在我们所穿的衣服受到保护的情况下，对美国公众所犯的欺诈行为，我们也知道，当报纸上大量出现‘保护关税’意味着高工资的字样时，对工人所做的更大的欺诈行为。”[4]

尽管美国劳联是无党派的，但是，在 1896 年的大选中威廉·詹宁斯·布莱恩被提名之后，除了两次选举外，它的执行委员会在每一次选举中都支持民主党。1924 年，委员会支持进步党候选人——参议员罗伯特·拉·福莱特；1928 年，委员会既没有支持民主党的阿尔弗雷德·史密斯，也没有支持共和党的赫伯特·胡佛。据报道，委员会拒绝支持阿尔弗雷德·史密斯，是因为受到工薪阶层保护大会之父马修·沃尔的影响。沃尔希望在 1928 年的竞选中保持他的选择权，因为他被认为是胡佛未来内阁中可能的劳工部部长。沃尔集团甚至支持《斯穆特-霍利关税法案》，这使得一些人认为美国劳联支持该法案，但是，更大范围的该组织仍然保持着坚定的中立立场。一些当代批评家认为，沃尔和保护大会的宗旨是“阶级协作”，以配合管理层的保护要求，并破坏了要求改善工作条件的劳工运动的目标。[5]

产业工会联合会成立于 1938 年，是在煤矿工人联合会主席约翰·L. 刘易斯(John L. Lewis)领导下成立的，主要是将大规模生产行业的工人组织起来，与美国劳联中技术工人所在行业占主导地位的成员不同。从一开始，产业工会联合会就支持贸易计划和削减关税。在 1949 年延长贸易计划的参议院听证会上，产业工会联合会秘书长詹姆斯·B. 凯里的声明解释了该团体的支持理由：

> 美国工人的数量受到降低关税(的不利)影响是非常有限的，而作为消费者的所有工人都受到高关税的伤害……工资……在通常受高度保护的行业中的工资水平低于那些几乎没有或根本没有受到保护的行业……美国对外贸易的大幅减少将在整个国内经济中产生反响，并使该国无法保持充分就业。[6]

美国劳联代表还“明确”支持延长《互惠贸易协定法案》，只是提出警告，即其成员可能会反对某些关税削减，特别是对在劳动条件差、威胁美国劳动标准的情况下生产的进口产品的关税削减。[7]

可以说，直至今日在《关税与贸易总协定》的国际贸易体制以及后来的世界贸易组织中，促进公平劳动标准的规则的缺失一直是贸易抗议活动背后的推动力。遭到了支持贸易的完美主义者的坚决反对的《国际贸易组织宪章》中的劳动和就业条款已经潜在地演变成为贸易和劳动标准之间缺失的联系。同样，在国际贸易组织背景下的充分就业目标也有助于促进和发展一个更有效的贸易调整援助计划，以保护工人免受自由贸易政策造成的失业的影响。相反，自由贸易准则已在《关税与贸易总协定》公认的经济秩序中根深蒂固，而没有国际贸易组织的劳动和就业目标，有组织的劳动者以此为基础来调整其支持贸易的立场。

艾森豪威尔的贸易观

1952年，德怀特·艾森豪威尔将军当选总统，开启了一个两党对罗斯福和杜鲁门建立的新自由贸易秩序越来越支持的时期。像他所处的时代绝大多数高级军官一样，艾森豪威尔曾固守自己的政治观点，排除了任何竞选总统的兴趣。然而，在1952年6月，他宣布自己是一名温和的共和党人，并接受了一个竞选总统的方案。艾森豪威尔曾是欧洲盟军的前最高指挥官，后来又是北约的最高指挥官，他之所以竞选总统，是因为共和党的主要参选人是参议员罗伯特·塔夫脱，艾森豪威尔认为他的孤立主义观点不适合冷战时期。与许多由塔夫脱领导的共和党老派人物不同，艾森豪威尔是一名国际主义者，他相信扩展贸易的经济安全支持下的集体安全协议的重要性。艾森豪威尔成为美国第一位支持更加开放的贸易政策的共和党总统。

在大选中，这位受欢迎的将军轻松获胜，共和党人在参众两院以微弱多数重新控制了国会，然而，大选之后，在贸易问题上，新总统很快就遭到了党内的强烈反对。后来，他在自己的回忆录中写道："一些人甚至希望我们能恢复《斯穆特-霍利关税法案》，我知道，这一举动将是毁灭性的。"艾森豪威尔认为，扩大国际贸易对于维持自由经济体系至关重要，艾森豪威尔认为贸易协定计划的延长“对(美国)经济和(美国)对外关系的开展是极其重要的”。[8] 他呼吁“贸易而非援助”,认识到在阻止苏联扩张过程中贸易对于经济发展的战略重要性,以及美国慷慨的局限性。

应艾森豪威尔的要求,共和党领导下的国会不情愿地延长了1953年的《互惠贸易协定法案》,但是期限仅有一年,并且,条件是总统承诺在收到他同意创设的对外经济政策立法执行委员会关于贸易政策的建议之前,不参加任何新的《关税与贸易总协定》谈判。艾森豪威尔任命内陆钢铁公司(Inland Steel Corporation)主席克拉伦斯·B.兰德尔(Clarence B. Randall)为委员会主席。对美国钢铁业来说,在进口钢材不是一个主要问题的时代,兰德尔是自由贸易政策的著名支持者,并且他能够推动委员会编制一份主要是支持贸易的报告。

委员会中的一名委员是美国钢铁工人联合会主席大卫·J. 麦克唐纳(David J. McDonald),他强烈支持委员会降低关税的提议,他成为最早提议修订贸易计划的劳工领袖之一。他主张向受到进口增加和国际贸易中劳动标准要求负面影响的工人提供政府资助的调整援助,以应对不公平竞争。委员会拒绝了调整援助的建议,但是部分接受了麦克唐纳的劳动标准建议,并表示,“我们的谈判代表应该简单地明确表示,对于在出口国领取低于劳动标准的工资的工人所生产的产品,将不能得到关税减让”。[9] 对此,来自国会的十名委员中的一些人也存在强烈的异议,其中包括能干的、老派的保护主义参议员尤金·米利金。然而,选举年的政治和国会贸易委员会的保护主义者的控制力最终除了阻止在1954年《互惠贸易协定法案》再延长一年之外,没有能够阻止任何事情。

在参议院多数党新领袖林登·约翰逊(Lyndon Johnson,D-TX)及其导师、众议院议长萨姆·雷伯恩同情支持贸易的背景下,中期选举将国会两院的控制权重新交给了民主党(此后40年,民主党保持着国会两院的控制权)。然而,即使在这个更可以接受的环境中,在国会的贸易议程上总统也只取得了微弱的成功。在军事指挥方面,艾森豪威尔受过几十年的教育,他不喜欢国会两党权力中心的有效接触所必需的给予和接受的持续不断的变化。他对他们本能地、愤

图 15.1　总统艾森豪威尔、参议院多数党领袖林登·约翰逊和国务卿约翰·福斯特·杜勒斯在两党代表的白宫午餐会上探求更容易被接受的贸易政治环境(1955 年)(国会图书馆)

世嫉俗地反对来自白宫的提议日益感到沮丧，事实证明，他更愿意妥协，而不是与自己党内的反对者斗争来推动他的议程。艾森豪威尔声称，当国会给予他的贸易授权三年延期时，他感到满意，但是，这一延期将关税的降幅限制在 1955 年关税的 15%，且在三年内逐步实施。这一延期还扩充了免责条款，并赋予总统对可能威胁到对国家安全至关重要的国内产业的进口产品实施配额的广泛自由裁量权。

贸易合作组织(OTC)

为了加强《关税与贸易总协定》，总统要求国会批准(美国)成为一个新的贸易合作组织(Organization of Trade Cooperation，OTC)的成员，该组织是于 1955 年 4 月日内瓦会谈中提议的。按照放弃国际贸易组织之后迪安·艾奇逊提出的建议，这个贸易合作组织将是管理关贸总协定贸易规则的行政机构，由它发起贸易谈判,并安排贸易争端的磋商。在请求批准的口信中,艾森豪威尔赞扬了《关税与贸易总协定》的成就,到当时为止,(《关税与贸易总协定》成员国)包括35个国家,占世界贸易的80%,并吹捧贸易合作组织对于"自由世界"的重要性。筹款委员会主席杰瑞·库珀(D-TN)立即提出立法授权(美国)加入贸易合作组织,但是,在1955年国会没有采取任何行动。次年,总统继续敦促批准,包括在1956年的国情咨文中还在敦促批准。(一边是总统敦促批准)一边是强大的保护主义者力量团结起来,加以反对。

在3月的头两周里,当筹款委员会就库珀主席提出的批准贸易合作组织(HR 5550)的决议举行听证会时,国务卿约翰·福斯特·杜勒斯警告说,美国拒绝参与贸易合作组织将在当前经济问题已变为冷战前沿问题的时代产生"严重后果"。这是第二次试图建立一个国际贸易组织,其目标比第一次试图建立的国际贸易组织要温和得多,这一次似乎反对意见要少得多。贸易合作组织主要是为了提供一个行政机构,以安排《关税与贸易总协定》的商业政策规则,因此,排除了国际贸易组织关于充分就业与劳动标准、投资、反垄断以及其他更广泛的问题等的有争议的条款。这一次,反对国际贸易组织的美国国际商会委员会(U. S. Council of the International Chamber of Commerce)的发言人支持(美国)加入贸易合作组织,并表示"为了解决国际贸易壁垒问题,《关税与贸易总协定》是有史以来达成的、最重要的协定"。所有农业协会,包括保守的农场联盟,以及美国争取民主行动组织和妇女选民联盟等自由团体,都支持贸易合作组织。

1955年美国劳联与产业工会联合会合并之后,乔治·梅尼(George Meany)领导下的执行委员会宣布了一项政策,要求逐步降低贸易壁垒。然而,委员会还提出了一项调整援助计划,以保护受贸易自由化不利影响的工人,并要求作为国际贸易基础的全球范围内公平的劳动标准。[10] 代表新合并的美国劳联-产联的斯坦利·拉滕伯格表示,联合会"全心全意支持"美国成为贸易合作组织的成员,认为美国从国际限制性贸易惯例的审查中获得的多于失去的。然而,他继续强调,"美国劳联-产联坚定地认为,出口国未能建立和维持至少最低的劳动标准应是撤销美国关税减让的一个正当理由”。

美国关税联盟和美国纺织制造商协会(ATMI)领导下的传统保护主义团体仍然保持着强烈反对态势。他们在国会的支持者坚持认为,对贸易合作组织的批准将被解释为构成了对关贸总协定的批准,即使其条款从未提交给国会审议。他们认为,加入贸易合作组织将促使美国进一步削减关税,并将国会对外商业的权力移交给一个国际组织。他们进一步认为,贸易合作组织将成为“一个永久性的国际官僚机构,容易被用作直接反对美国工业基本保护措施的强大宣传机构”。

虽然筹款委员会以17票对7票赞成通过贸易合作组织的决议,修正案解决了反对者提出的问题,但是众议院没有采取任何行动。7月8日,多数党领袖约翰·W. 麦考马克说,将其付诸表决是无用的,因为它将被击败。他指出,在共和党党团会议上,共和党的票数统计显示,2比1的票差反对,并且,他知道还有大量的民主党人反对。在纺织业反对的情况下,许多东南部各州和新英格兰的代表们都会支持美国纺织制造商协会的观点,除非总统施加强烈的压力使之逆转。尽管总统警告少数党领袖约瑟夫·马丁,让他拒绝来自不支持其贸易合作组织提案的成员的政治支持请求,但是,在这样的威胁之后,他很快就把此事从他的立法优先事项清单中删除了。[11]

劳工开始后退

在艾森豪威尔的第二个任期接近尾声时,有组织的劳工开始重新确立其对自由贸易政策的传统支持立场。1959年8月,四个重要的长期以来都支持贸易扩张的纺织和服装工会——纺织工人工会、国际女装工人工会、美国服装工人联合会——提出了一项提案,呼吁对低于劳动标准的劳动条件下生产的进口货物实施配额限制。作为回应,美国劳联-产联执行委员会通过了一项决议,呼吁立法实施此类保障措施。委员会指出,联盟已批准马歇尔计划和其他旨在帮助发展和重建外国经济的项目,但是,许多国家未能让其工人公平分享经济增长成果并提高他们的生活水平。这样的“未能”正在威胁到美国工业的稳定性。

决议声称，美国已经成为出口商品的“一个主要目的地”，而出口商品是在“低于标准工资和工作条件”下生产的。决议还谴责“一小群国内盈利者”通过从国外进口“血汗工厂”生产的商品来使自己致富。最坏的例子包括从日本和中国香港进口的服装，售价是国内生产商售价的三分之一。除了纺织品和服装外，人们对汽车、照相机、电子设备和其他产品不断增加的进口日益关注，这也增加了对来自一些国家补贴出口商品泛滥的担忧。[12]

纺织业一直处于寻求保护的前沿。1937 年，甚至成功地让科德尔·赫尔与日本签订了一项“自愿”出口配额协议，以减少战前日本纺织品出口的激增。1955 年，当日本加入《关税与贸易总协定》并开始得到最惠国待遇时，美国纺织业根据《农业调整法案》寻求进口配额，直接对象就是以农产品棉花制成的服装进口。这样的做法导致了另一项“君子协定”来限制日本服装出口，但是结果并没有令纺织品制造商满意。美国纺织制造商协会继续反对延长对艾森豪威尔的贸易授权以及批准美国加入贸易合作组织。

然而，当时的纺织工人工会很大程度上反对的是纺织制造商的保护主义政治，纺织制造商强硬的反工会活动态度、低工资和恶劣的工作条件引发了持续的劳资冲突。在 1959 年，这些工会加入了由纺织工业管理层——制造业中最大的雇主——领导的反贸易的政治斗争，政治家们注意到了这一点。随着工业革命时期美国第一波工业的兴起，从新英格兰到佐治亚，在东海岸各地，纺织业都是一支重要的经济和政治力量。在 1960 年的总统选举中，两党的提名人——参议员约翰·F. 肯尼迪和副总统理查德·M. 尼克松——都赞成扩大贸易政策，并明确提出，应优先保护纺织和服装行业。肯尼迪来自美国纺织业开始并持续繁荣的新英格兰，按照他的说法，这些行业“特别容易受到来自进口的竞争压力的影响”。[13]

贸易扩张法案

当肯尼迪总统第一次进入白宫时，贸易问题并不是他最优先考虑的问题，

图 15.2 当选总统约翰·F. 肯尼迪与任美国劳联-产联特别顾问后又成为劳工部部长的亚瑟·高柏(Arthur Goldberg)、美国劳联-产联主席乔治·梅尼在其位于乔治敦的家中(1960 年)(美联社)

但是,在执政的第一年里,他就坚定地相信扩大贸易的重要性。1961 年 12 月 6 日和 7 日,在向全国制造商协会和美国劳联-产联接连发表的演讲中,他敦促将在 6 个月后到期的《互惠贸易协定法案》"不只是被简单地更新,必须予以替换……(采用)一个新的、大胆的美国贸易政策工具"。[14] 这项新的动议是必要的,他认为,如果西方要领导世界经济,美国就要领先于世界各地发生的革命性变化,并且美国出口商品要保持和扩大在世界市场上的地位。他提出的一项大胆的(美国贸易政策)工具就是 1962 年《贸易扩张法案》(Trade Expansion Act, TEA),该法案最初由国务院起草,授权总统在 5 年内将 1962 年的关税水平降低 50%,并消除关税种类,使之不超过 5%。[15] 为了加快这一进程,谈判人员将首次获得授权,使用英国先前提出的"线性"削减方法,全面削减关税,而不限于科德尔·赫尔因政治原因支持的烦琐的逐一互惠方法。争取通过《贸易扩张草案》成为1962年政府首要的立法动机。

肯尼迪的主要兴趣是扩大与西欧的贸易，以增强北大西洋联盟的实力，遏制苏联扩张。在1962年的国情咨文中，他告诉国会："两个大西洋的大市场，要么共同成长，要么分崩离析。决策要么标志着开启自由国家联盟的新篇章，要么对西方统一体的成长构成威胁。"[16] 著名记者约瑟夫·克拉夫特(Joseph Kraft)将这一论点称为"宏大的设计"[17]，这项"宏大的设计"指的是跨大西洋两岸经济、政治和军事防御的共同追求，以对抗共产主义。威尔·克莱顿和约翰·福斯特·杜勒斯去世后担任艾森豪威尔的国务卿的克里斯蒂安·A. 赫特(Christian A. Herter)一致赞同这一概念，并提出了一项两党联合的建议，即建立美欧贸易伙伴关系。

为了鼓励英国加入1957年由6个欧洲大陆国家建立的(欧洲)共同市场——正式称谓为欧洲经济共同体，并鼓励欧洲经济共同体接纳英国，(美国)国务院提议取消美国和欧洲经济共同体生产的、占世界贸易份额80%的产品关税。为了在(世界贸易中的)大多数产品中消除关税的比例达到80%，英国需要加入欧洲经济共同体。然而，法国总统查尔斯·戴高乐(Charles de Gaulle)另有想法，并以阻止美国霸权通过英美特殊关系对欧洲经济共同体进行渗透为借口，在其有生之年否决英国的成员资格。

除了在涵盖范围的广度和灵活性以及5年的授权期限方面体现出前所未有的谈判权限外，该草案还在很大程度上取消了"危险点"条款。草案要求总统考虑关税委员会关于关税削减提案可能对美国工业、农业和劳工产生的影响的建议。草案还要求国内工业证明从关税减让中受益的进口产品造成或威胁到闲置生产设施的"严重"损害程度、合理利润水平的降低程度并导致失业或不充分就业的程度，从而使根据《互惠贸易协定法案》的免责条款规定可以获得的进口救济变得相当困难。

为了获得劳工的支持，该草案首次包含了一项计划，为因贸易协定的关税减让诱发的进口竞争带来的严重伤害而受到严重损害或威胁的工人和工业提供贸易调整援助。在艾森豪威尔的兰德尔委员会(Randall Commission),钢铁工人工会的大卫·麦克唐纳成功地提出这一计划,为受影响的工人和厂商提供联邦财政援助、再培训和搬迁津贴。许多共和党人反对这项计划,他们认为这正是迈向计划经济的又一步,但是,自由贸易的支持者们支持这项计划,将其作为一种替代方案,而不是使用免责条款来恢复保护主义的关税和进口配额。

在筹款委员会上支持《贸易扩张法案》的证词中,美国劳联-产联主席乔治·梅尼指出,25年来,劳工运动已经支持科德尔·赫尔贸易计划反映出来的逐步实现的贸易自由化。他的组织支持在肯尼迪总统的草案中反映出来的大胆的新贸易扩展计划,他说,因为"现在是对我国贸易政策进行根本性修改的时候了"。最近的一次美国劳联-产联大会的代表们通过了一项决议,要求制定一项与《贸易扩张法案》的内容非常相似的计划。他指出,即使是受到进口产品压力最大的工会,如纺织工会,也支持这项决议。梅尼承认,"进口可以而且确实会导致某些行业的失业",但是,劳工运动支持贸易扩张,因为"我们和整个国家的所得将远远超过我们的所失"。但是,他补充了如下劳工支持的条件:

> 贸易调整援助计划对成功的对外贸易政策是绝对重要的,正如我们反复说过的,对这一政策,我们的支持是必不可少的。贸易调整援助基于广泛的道德原则,即如果政府采取某些旨在促进国家整体福利和安全的政策,它有义务向那些受到这些政策惩罚的人提供有效的补救措施。

梅尼还敦促通过在《关税与贸易总协定》中设立的程序,听取因违反国际公平劳动标准而引起的不公平竞争的投诉。他提出,《关税与贸易总协定》采取实质性行动是可能的,但是,总体上看,在《关税与贸易总协定》(成员国)面前公布这类投诉的道义效果"很可能是决定性的"。他建议,该草案将改善劳动标准作为《关税与贸易总协定》中的一个关键考虑因素,并且"建立改善世界贸易公平劳动标准的国际机制应该是美国的一个主要目标"。[18] 如果国际贸易组织的劳动和就业条款被包括在《关税与贸易总协定》中,该草案将是一个更具可行性的提议，但是，在这个阶段没有国际贸易组织作为基础，它是不可行的。

除了主要的劳工组织外，肯尼迪还能够获得贸易扩张的主要工业对手（即纺织品制造商和纺织工会）的支持。在整个 20 世纪 50 年代，具有强大政治势力的工业界都在努力建立一个正式的配额制度，以保护自己免遭战后日益激烈的竞争。当选总统后，肯尼迪对他们的要求做出了回应，任命北卡罗来纳州州长卢瑟·H. 霍奇斯（Luther H. Hodges）为商务部部长和一个跨（政府）机构的小组主席，霍奇斯曾经是纺织厂工人，并最终成为纺织业高管，去解决纺织业的问题。与此同时，众议院非正式纺织委员会[House Informal Textile Committee，后来很出名，也被称为纺织核心小组（Textile Caucus）]在具有影响力的军事委员会主席卡尔·文森（Carl Vinson，D-GA）的领导下，威胁要反对任何进一步的贸易授权，除非制定纺织品进口配额。1961 年 5 月，肯尼迪提出了帮助该行业的“七点计划”。该计划的一项原则性承诺是在日内瓦启动《关税与贸易总协定》谈判，以制定一项更全面的多边自愿出口限制协定，限制向美国出口纺织品。1962 年 2 月签订了一份长期协议，随后于 7 月签署了一份短期协议，该协议将棉纺织品进口冻结两年，此后，在目前的水平基础上，仅允许每年增加 5%。这样的结果让文森、纺织核心小组的大多数其他成员、纺织业游说者以及纺织工会都很高兴。虽然来自纺织区的一些众议员会投票反对《贸易扩张法案》，但是，在很大程度上，包括工会在内的纺织业利益集团消除了他们对该草案的反对立场。

特别贸易代表(STR)

《贸易扩张法案》中引入的美国贸易政策有一个最显著的改变，从而缓和了国会中的反对意见，这个变化就是终止国务院在贸易谈判管理中的领导作用。在科德尔·赫尔和威尔·克莱顿退休后的几年里，国会对国务院在贸易政策管理方面采取的高压做法越来越恼火。受到面临进口竞争的商业利益集团煽动，许多众议员认为国务院官员对他们的担忧没有任何回应，并对来自国务院的一种决定了哪些贸易政策符合美国最佳利益的自以为是的态度耿耿于怀。负责经济事务的副国务卿乔治·W. 鲍尔(George W. Ball)在回忆录中强调说，当他吹嘘其有意“穿着英国制造的西装、英国制造的衬衫、在中国香港定制的鞋子并系着一条法国领带”出现在纺织团体面前时，就是想弄清楚国会意图的理由。他写道，他陶醉于他们对他的批评，把它当作是“热情洋溢的”赞扬。[19]

在艾森豪威尔时期，冷战的优先事项控制了国务院的议程；而在肯尼迪的领导下，国务卿迪恩·拉斯克和副国务卿鲍尔都是自由贸易的拥护者，他们的主要目标是增强西方联盟的经济实力，并将日本重建为东部的强大盟友。来自农业、商业、财政和劳工部门的机构间的相互嫉妒和竞争政策优先权，加之国会的不满，对国务院在贸易政策决策上的霸主地位构成了经常性的威胁。

最终，正是众议员威尔伯·D. 米尔斯(D-AR)迫使美国国务院结束了从科德尔·赫尔开始的贸易政策主导地位。米尔斯是一位由哈佛大学培养出来的、才华横溢的律师，并且是一位政治头脑敏锐的权力经纪人，他在1958—1974年间一直担任筹款委员会主席。他是委员会管辖范围内的所有实质性问题的专家，特别是税收、社会保障和后来的医疗保险方面，他还是一名支持贸易的自由主义者。最重要的是，他在政治派别的两翼获得了高度尊重，他是一位将复杂且有争议的立法问题在其委员会解决的专家，并在众议院举行的公开辩论中获得通过。他的部分权威来自这样一个事实：自从1911年科德尔·赫尔第一次在筹款委员会任职以来，委员会中的民主党人就充当了“委员会中的委员会”，控制着众议院委员会为民主党人分配的所有任务。此外，在米尔斯的领导下，筹款委员会仅限于20名成员，不存在任何分委员会，最终将控制权交给了知道如何倾听和领导成员支持其议程的主席。

为了表明国会关于国务院所扮演角色的集体意愿，米尔斯后来解释说，“我对国务院如何利用我们的经济优势换取政治优势感到恶心”。另一次，他抱怨《贸易扩张法案》的巨大权威以及谁将管理这样的权威。“没有人信任商务部，因为他们太愚蠢了，”他说，“也没有人信任国务院，因为他们总是把(权力)送给外国人。”[20] 他会见了总统，并提出了一项要求任命一名特别贸易代表(Special

Trade Representative,STR)的修正案,在参议院确认的情况下,特别贸易代表从总统的行政办公室产生,代替国务院管理贸易谈判。他说,如果不满足这个条件,他不会把这项草案提交公开讨论。肯尼迪支持继续国务院的领导角色,希望将白宫与具有政治风险的贸易政策决策隔离开来,但他还是勉强答应了米尔斯的条件。

图 15.3　众议员威尔伯·米尔斯,一位具有权势的众议院筹款委员会主席(1971 年)(国会图书馆)

在长达 9 个月的立法过程中,国会对该草案做出了其他重大的调整,这使得前所未有的总统贸易权力的授权更令人满意。草案规定了通过众议院和参议院的多数票,对关税委员会建议的任何反对免责条款救济的总统决定进行立法否决。在即将到来的《关税与贸易总协定》谈判中,它还增加了来自两院的、代表每一个政党的两名成员,让他们加入美国官方代表团。过去,国会代表只作为观察员出席。按照《贸易扩张法案》，国会是谈判中的关键角色，与之前在国务院谈判团队中担任的外部顾问角色不同。

由于有了这些变化，《贸易扩张法案》很容易在两院通过，因为有了占压倒性多数的民主党人和共和党少数派的支持。1962年10月11日，在白宫的签字仪式上（在U-2飞机的侦察照片发现苏联在古巴建设导弹发射场导致古巴导弹危机的3天前，即冷战最黑暗的时刻），肯尼迪总统解释了这项立法的战略重要性：

> 通过该法案授权的协议方式，我们可以与大西洋共同体的国家建立伙伴关系。加之（欧洲）共同市场，我们占自由世界工业产品贸易的90%。我们一起构成了——我认为，在这个重要的时期，这是最重要的——世界历史上经济力量的最大聚集体……在自由世界里至关重要的经济扩张是对世界共产主义运动威胁的有力对抗。因此，这项法案是推进自由事业的一个重要的新武器。[21]

在出席签字仪式的立法者和其他出席签字仪式的议员中，肯尼迪总统感谢他们帮助推动该草案的通过，他指出，乔治·梅尼“对该草案的通过起到了非常重要的作用”。事实上，参与《贸易扩张法案》通过的美国劳联-产联代表了有组织劳工对贸易扩张立法支持的最高水平。

肯尼迪回合

1963年年初开始的《贸易扩张法案》授权的《关税与贸易总协定》的关税谈判被称为肯尼迪回合，以向主要推动者约翰·F. 肯尼迪致敬，并作为其遭遇暗杀后纪念他的贸易遗产。肯尼迪的继任者林登·约翰逊总统是一位忠实的自由贸易支持者，但是，在这一轮谈判的大部分时间里，他全神贯注于制定民权立法和他的伟大社会计划以及起诉越南战争。实际上，本轮谈判是在1967年6月即《贸易扩张法案》授权到期前的最后时刻才达成协议的，4年的艰难谈判以及与欧洲人令人沮丧的妥协几乎导致这轮谈判的失败。主要工业国家——美国、欧洲经济共同体 6 个成员国、英国和日本——的谈判代表同意将工业产品的平均关税水平降低 35%～39%。这些降税产品占世界贸易总额的四分之三,这样的降税使这些国家的每一个国家总体平均进口关税下降到 10%,这标志着作为自由世界贸易的一个重要障碍的关税的作用急剧下降。[22] 约翰逊称赞这个谈判是历史上最成功的贸易谈判。

但是,事实证明,关税不是贸易自由化的最大障碍。自 1955 年加入《关税与贸易总协定》以来,通过一套精心安排的非关税壁垒——进口配额、不透明的海关和制造标准条例以及歧视性税收,日本事实上仍然是一个对外国进口产品的封闭市场。欧洲经济共同体在 1962 年采取其共同的农业政策,与美国的农业政策一样,该政策都是对进口的非关税限制措施。对于美国谈判代表来说,肯尼迪回合谈判的主要目标之一是为美国打开对欧洲的农产品出口和对日本的所有产品出口的市场。事实上,美国的谈判代表只带着降低关税的成果回国,而在这些目标上没有任何进展,这就在政治上引起了对该轮谈判结果的强烈反对。

政治家们再次指责国务院为了换取其战略政治优先目标而牺牲了国内经济利益。尽管现在的谈判由来自白宫的一名特别贸易代表领导,而肯尼迪任命的第一任特别贸易代表是前国务卿克里斯蒂安·A. 赫特,他是国务院对自由贸易的宗教般狂热和强有力的大西洋伙伴关系(信念)的真正信奉者。此外,肯尼迪还指示,所有与欧洲的谈判,包括贸易,都要通过美国副国务卿乔治·鲍尔协调。

与之前的《互惠贸易协定法案》一样,《贸易扩张法案》只授权降低关税,不包括对非关税壁垒进行谈判的任何授权,这就需要对非关税政策的变化进行单独立法。然而,这个限制并没有阻止谈判者一并讨论非关税壁垒。这里有一个例子,在肯尼迪回合谈判期间,美国谈判代表同意让美国的反倾销做法符合一项新的国际反倾销规则,这就改变了 1921 年国会通过的美国反倾销法的相关规定。根据总统安排外交事务的宪法授权,他们为这个协议进行辩护,并认为新的国际反倾销规则与美国法律是一致的。另一个重要的例子是,作为对欧共体关税减让的交换条件，美国谈判代表承诺，国会废除1922年为保护美国化学工业而颁布的有争议的"美国销售价格"(American Selling Price，ASP)的海关估价制度。"美国销售价格"的海关估价制度要求，进口化学品的美国关税按可比的美国生产的化学品的销售价格计算，而不是按实际进口价格计算。例如，如果"美国销售价格"是实际进口价格的两倍，美国海关将使关税翻一番，导致进口化学品的价格更高。国会通过了一项决议，宣布经谈判的反倾销法只有在与1921年的反倾销法相一致的情况下才具有可执行性，并拒绝废除"美国销售价格"的海关估价制度，因此，这些减让的任何一项都没有被国会接受。

《贸易扩张法案》中提供的援助国内工人和受进口损害的生产商的补救措施没有起作用，加剧了因关税减让而产生的政治之争，关税减让就是向有竞争力的进口美国市场开放，针对美国出口的非关税壁垒造成了日益严重的问题。在《贸易扩张法案》颁布后的头5年里，乔治·梅尼所认为的、劳工对《贸易扩张法案》的支持"不可或缺"的调整援助计划被证明是无用的。从1963年到1968年，关税委员会拒绝了所有13份请求贸易调整援助的请愿书，其中6份是由工会提出的。13份请愿书中的10份被关税委员会委员们一致否决，另外3份请愿书甚至在委员会对它们进行投票之前就被撤回了。1969年，委员会开始批准一些请愿书，但是，微薄的援助资金不足以支付搬迁费用，而且援助资金给得太晚，于事无补。

同样，委员会甚至对根据"免责条款救济"提出的请愿书的处理更加糟糕，因为《贸易扩张法案》规定的要求获得关税救济或配额救济的标准更加苛刻。从1963年到1968年，12份免责条款救济的请愿书声称贸易减让导致进口激增而受损，没有一份请愿书获得任何一名委员会委员的一张支持票。[23]

国会的反应

到1967年，贸易保护主义者要求救济的压力达到了20世纪20年代以来的最高水平。美国商品贸易顺差已经开始蒸发了，这是20世纪第一次出现的现象。到1971年,当肯尼迪回合的关税减让谈判进入最后阶段,美国贸易逆差时代正式开始了,除两年外,一直持续到今天。贸易逆差不单单是肯尼迪回合的关税减让造成的,在越南战争上的通货膨胀性支出、美元价值日益高估、消费者对进口的需求增加、能源进口成本增加以及阻碍美国出口的非关税壁垒都促成了贸易赤字,但是主要的政治谴责都给了肯尼迪回合的谈判代表。

甚至在谈判结果还没有完全公布之前,众议院教育和劳工委员会劳工分委员会主席约翰 H. 丹特(John H. Dent,D-PA)就称肯尼迪回合为“出卖”(美国),称其为“对美国经济释放的定时炸弹”。[24] 丹特从一开始就对《贸易扩张法案》和这轮谈判持严厉批评态度,他提出了一项修正《公平劳动标准法案》(Fair Labor Standard Act,FLSA)的草案,(建议)授权总统对低于《公平劳动标准法案》要求的劳动标准在国外生产的进口商品征收关税或实施配额限制,并且对威胁到生产具有竞争力的国内产品的美国工人就业的进口商品征收关税或实施配额限制。由于丹特在其劳工分委员会就这项措施发起了冗长的听证会,该草案得到了两党的大力支持。

丹特要求第一个出庭作证的证人是美国纺织工人联合会主席乔治·巴尔丹齐(George Baldanzi)。巴尔丹齐指出,他曾在1962年站在肯尼迪总统的贸易扩张计划立场上作证,证明他的工会“可以同意废除所有限制性的关税,如果建立了一个世界范围的公平(劳动)标准体系”。然而,为了实现扩大互惠贸易的目标,他强调说,美国工人一定“不可被要求接受世界其他地区工人的剥削”。他说,美国纺织工人联合会打算尽其所能,确保在纺织业工作的数百万人“不会因为美国目前的贸易政策促进了外交政策的发展而受到不可承受的伤害”。他认为,当前的贸易政策“愚蠢地”补贴了“来自低工资国家的企业家的贪婪”,他们不在乎提高受剥削者的生活水平。由于没有建立起一个世界范围内可执行的劳动标准体系,纺织工人只能通过“基于国别和类别的配额的行业进口控制计划”得到救助。[25]

丹特主席由衷地赞同巴尔丹齐对国务院政策优先事项的批评,因为他强调了这样的事实:副国务卿乔治·鲍尔是“共同市场的早期倡导者”。这意味着与保持美国的就业水平相比较，鲍尔更关心的是建立欧洲的力量和统一，丹特补充说，副国务卿"有记录地公开声称"，按照自由贸易理论，"纺织品是可以扩大(贸易)的产业之一"。丹特明确表示，自由贸易哲学是"世界上最具破坏性的力量"。他赞扬巴尔丹齐从他以前对扩大贸易的支持中退却：

> 在你真切的话语里，似乎你第一次认识到，从美国出口的我们的两种主要产品是工作岗位和货币，而我们的两种主要进口产品是失业和扶贫拨款。[26]

众议院以340票对29票压倒性的点名表决票通过了丹特的草案，但是，参议院从未审议过这项草案。[27] 参议院和众议院都全神贯注于一系列保护主义的配额草案，这个时期正进入危机阶段，并威胁"把时光倒转……一直回到1930年《斯穆特－霍利关税法案》的时代"，威廉·A. 罗斯(William A. Roth)如是说。威廉·A. 罗斯在1966年12月克里斯蒂安·赫特去世后接替赫特成为特别贸易代表。预期在肯尼迪回合的关税让步刺激下的竞争，两院提出对进口产品实施配额的40多项草案。100名参议员中的90名和半数以上的众议员最终签署支持至少一项配额，配额涵盖了纺织品、手表、石油、肉类、乳制品、锌、貂皮和棒球手套等广泛的产品。该清单的一个重要增加项是拟议中的钢铁进口配额，钢铁进口最近增加到占美国钢铁市场总量的11%。[28]

钢铁问题重返(贸易之争的)战场尤为重要，因为在20世纪的大部分时间里，钢铁行业已经放弃了"强盗男爵"时代的保护主义传统，采取了自由贸易战略，以占领更多的出口市场。然而，由于外国市场上强加的歧视性非关税壁垒导致出口开始下降，在外国补贴的帮助下，钢铁进口增加，美国钢铁公司和美国钢铁协会从自由市场上退却了，并寻求政府保护。

与纺织工人的情况一样，钢铁工人也加入了由他们所属的管理层领导的保护主义者游说，他们通常是在工资和利益问题上进行斗争。美国钢铁工人联合会主席I. W. 阿贝尔说，虽然他的工会"完全致力于自由世界贸易"，但是，它寻求政府援助，以消除外国钢铁生产商以"痛苦的"价格向美国市场倾销剩余钢铁并剥削国外劳动者从而破坏美国钢铁市场的不公平贸易做法。

约翰逊总统强烈反对这些配额提案，宣称这些提案“一定不可以成为法律，只要我是总统，它们就不会成为法律”。他从威尔伯·米尔斯主席那里得到了宝贵的支持，米尔斯本人也支持几项配额提案，只是为了确保他能控制自己的委员会。米尔斯支持与出口国就“有序的市场营销协议”进行谈判，实施“自愿”出口限制，取代进口配额，包括他发起的相关进口配额。反对力量还来自参议院自由派共和党人，由参议员查尔斯·H. 珀西(Charles H. Percy，R-IL)和雅各布·贾维茨(R-NY)领导，他们攻击30年前就被否定的、现在正被用来获得对各种配额支持的“互投赞成票”策略。贾维茨敦促建立一个商业劳工“紧急联盟”，与保护主义进行斗争。《纽约时报》也刊登了一篇社论，参与斗争，敦促人们挫败所谓的“国会的保护主义狂热”，坚持“很好地为这个国家服务的自由贸易政策”。

在参议院财政委员会审议配额立法的听证会上，国务卿迪恩·拉斯克和其他三位内阁官员领导了一场政府的反击。援引从世界各地的全球贸易伙伴那里收到的外交抗议，包括英国大使馆发出的“严重关切”的威胁性声明，拉斯克警告说，这项立法将损害从肯尼迪回合谈判中获得的优势，激发对美国出口进行大规模报复，并对国民经济造成严重损害，对外交关系造成严重损害。所提出的配额严重破坏并直接违反了作为《关税与贸易总协定》基本原则的非歧视要求。

财政委员会主席、参议员拉塞尔·B. 朗(Russell B. Long，D-LA)在他的公开声明中抱怨外国限制阻碍了美国出口，并认为“是时候有人开始对我们自己的人民表现出一点关心了”。他警告说，如果美国不建立与其他国家对抗的非关税壁垒，就有可能成为世界上其他国家的“牺牲品”。“要向失去工作的美国纺织工人解释，只是因为进口的增加导致了失业，”朗说，“这样做完全符合国家利益。”[29]

最后，所有的配额草案都没有获得通过，约翰逊的否决威胁最终阻止了任何一项配额草案的通过。参议院少数党领袖埃弗雷特·M. 德克森(Everett M. Dirksen，R-IL)提议将所有配额纳入一项综合配额草案，并将其作为约翰逊的高优先级社会保障草案的修正案，但是，总统让人们知道，如果德克森坚持这样做并取得成功，他甚至会否决社会保障草案。虽然支持贸易的力量能够阻止配额，但是，他们无法推进《贸易扩张法案》项目。1968 年 5 月底，约翰逊提议将《贸易扩张法案》下的谈判授权延长至 1970 年，并修改调整援助计划的标准，从而使因贸易优惠而受伤害的产业和工人更容易获得救济。

米尔斯主席在筹款委员会就这一提议举行了 19 天的听证会，超过 300 多名证人出面作证。钢铁产业发言人表示，管理层和美国钢铁工人"对向美国进口生铁和钢厂产品的严重性持一种看法，并呼吁采取合理的进口配额"。同样，美国纺织工人联合会的乔治·巴尔丹齐也呼吁制定纺织品配额，并宣称："美国劳联-产联不能忽视这样一个事实，即不断增长的进口已经扰乱国内市场，并且……使成千上万的美国工人面临严重的困难。"[30]

当约翰逊总统在 3 月宣布不再接受总统的提名并深陷于试图结束越南战争的泥潭中时，约翰逊总统突然变成了一只"跛脚鸭"。国会没有对其延长《贸易扩张法案》的提议采取任何行动，在总统任期剩下的时间里也没有就实施保护主义配额采取最后的行动。

米尔斯·比尔和伯克·哈特克

肯尼迪回合之后的几年里，自由贸易秩序被新重商主义(neo-mercantilism)征服了，进入了新重商主义时期。曾任几届民主党和共和党总统高级贸易官员的哈罗德·B. 马尔格伦(Harald B. Malmgren)在《外交政策》杂志上发表的一篇综合性的、富有影响力的文章中写道："今天，我们正在看到重商主义的复苏，因此，各国政府通过有意识的操纵政策来满足国内经济需求，将这些政策的成本转嫁给其他国家。"马尔格伦称，欧洲经济共同体的共同农业政策是一种"重商主义机器"，旨在减少进口、刺激国内农业生产和增加出口。他提到的另一个例子是日本实施的"与《关税与贸易总协定》不一致的一系列进口数量限制"，到 1970 年，日本国内生产总值已经位列世界第三。他还提到，肯尼迪回合之后，国会中保护主义情绪突然急剧升温，对于肯尼迪回合，马尔格伦称之为“历史上最大的贸易自由化”。[31]

虽然尼克松总统与艾森豪威尔一样倾向于更自由的贸易政策，但他肯定不是自由贸易的理想主义者。事实上，在很大程度上，他似乎是贸易优点的不可知论者。除了他所致力的国内政治和在处理苏联和中国问题上更广泛的战略外交政策目标之外，贸易政策问题在他优先考虑的事项清单上排名是靠后的。作为他的“南方战略”(Southern Strategy)的一部分，在1968年的总统竞选中，由南卡罗来纳州政治战略家哈里·S. 丹特(Harry S. Dent)精心策划，尼克松承诺限制纺织品进口，程度超过肯尼迪-约翰逊时期实施的限制。尽管在自己的政府内存在重要的反对意见，但是，总统在其执政的头两年试图通过与日本和其他纺织品出口国达成“有序的市场协议”，从而“自愿”限制其纺织品出口，以实现自己对纺织业的承诺。当日本抵制时，总统鼓励威尔伯·米尔斯提出一项进口配额草案，以提高谈判代表与出口国谈判的砝码。实际情况是，无论限制来自外国生产纺织品竞争的是进口配额还是出口配额，对国内生产商几乎没有什么不同，但是，有序销售协议中的自愿出口限制更可取，因为根据《关税与贸易总协定》，这些限制是允许的，而进口配额一般是不被允许的。

米尔斯主席在1970年4月提出了一项草案，将《贸易扩张法案》中的谈判授权延长至1973年，并放宽对出口救济和调整援助的免责条款的要求，并且对纺织品和鞋子实施进口配额，这显然远离了近30年的渐进贸易自由化趋势，更不用说他突然放弃了自己的自由贸易观点。经过广泛的听证后，在听证会闭门会议期间，筹款委员会扩大了《米尔斯草案》，正式命名为1970年《贸易草案》(Trade Bill)，强化了关税委员会为任何受到进口威胁的行业建议实施配额并迫使总统接受这些建议的权力，除非总统发现这些建议违背了国家利益。尽管自由贸易者强烈反对该草案，但是，在1970年11月19日，该草案以令人满意的票差在众议院获得通过。[32] 在参议院届满之前的很短时间内，拉塞尔·朗在他的委员会将《米尔斯草案》中的配额条款附在了《社会保障草案》上，但是参议院的冗长辩论阻碍了参议院全会的审议。

如果《米尔斯草案》在两院获得通过，目前还不清楚尼克松是否会签署或否决。商务部部长莫里斯·斯坦斯（Maurice Stans）强烈支持该草案，而美国国务院和特别贸易代表则反对该草案，但是，在该问题很快平息后，总统维持了自己的策略。在接下来的一年里，与多数纺织品和服装出口国（或地区）（包括日本、中国香港、中国台湾和韩国）达成了双边出口限制协议。然而，与此同时，政府的贸易政策变得更加混乱和不可预测。

1971 年 8 月，尼克松向全国发表讲话，宣布一项“新的经济政策”，后来被称为“尼克松休克”（Nixon Shock）。这项政策是在他的新任财政部部长、激进的民族主义者约翰·B. 康纳利（John B. Connally）的敦促下提出的，康纳利近来曾任得克萨斯州的民主党州长，过去曾经是林登·约翰逊的追随者。面对日益提高的失业率、通货膨胀、贸易逆差、美元高估以及一触即发的国际收支危机，现在高调宣称自己是凯恩斯主义者的尼克松中止了美元兑换黄金，对进口商品征收 10％的附加税，并且，自第二次世界大战以来第一次实行工资和价格冻结。[33] 尽管这些行动对贸易政策有直接影响，但是总统在宣布这些行动之前既没有征求特别贸易代表的意见，也没有征询国务院的意见。到 1971 年年底，10％的附加税被取消，并且美元贬值了，但是继“尼克松休克”之后，1973 年美元再次贬值。尼克松的行动最终终结了布雷顿森林体系的固定汇率制度，并导致了当前的浮动汇率制度。[34]

保罗·A. 萨缪尔森是一位真正的凯恩斯主义者，他是麻省理工学院经济学教授，他编写了我这一代大多数学生使用的经济学教科书。他认为，20 世纪 60 至 70 年代表现为一个弗洛伊德时代，“无名恐惧”的焦虑主宰了普通公民的潜意识。“在每一个行业生活的美国人，”他写道，“面对外国竞争，都有很大的不安。”他观察到，在 20 世纪 50 年代，似乎每个人都接受了自由贸易具有好处的信念，但是，这个信念如今一去不复返，取而代之的是“雨后春笋般的保护主义”。然而，即使“最悲观的人相信，美国现有的许多行业只有在普遍保护性配额下才能生存，这一点是正确的”，他得出这样的结论：“……认为这些措施将提高而不是降低美国人民的实际生活水平，这是一种可悲的错觉。”[35]

“尼克松休克”和《米尔斯草案》中配额限制措施的近乎成功，催生了一项更甚的保护主义草案，即由两位坚定的劳工支持者、众议员詹姆斯·A. 伯克(D-MA)和参议员 R. 万斯·哈特克(R. Vance Hartke，D-IN)提出的《对外贸易和投资法案》(Foreign Trade and Investment Act)。众所周知，《伯克-哈特克草案》由美国劳联-产联起草，不仅通过大幅扩大强制性进口配额，实施贸易保护主义的进口限制措施，还首次为管制美国制造商的对外投资提供了一条重要的途径，取消了美国制造业转移到国外与出口美国就业岗位的税收激励。

美国劳联-产联经济政策委员会在 1970 年 2 月发布了一份重要报告，报告谴责了美国海外投资在美国工作岗位丧失中的作用，该报告指出，美国劳联-产联对“有序”扩大贸易的传统支持不包括“用公共支出促进私人的贪婪以及削减美国的工资和劳动标准”。报告将美国公司对海外子公司投资的急剧增长以及美国跨国公司的扩张视为导致美国在世界贸易中地位恶化的一个主要原因。[36] 在参议院国际贸易分委员会面前的证词中，一名工会的高级官员指出，美国劳联-产联一直“全力支持自由贸易政策”，直到 1969 年，自由贸易政策显然危及工人，创造了来自海外的竞争，并且“许多海外竞争来自美国的跨国公司”。他认为，美国的跨国公司正在关闭美国的生产工厂，将技术、资本和工作岗位出口到海外，将商品再出口到美国，而这些商品以前是由美国工人生产的。[37]

《伯克-哈特克草案》通过取消对“跑路工厂”(runaway plants)的外国资源产生的收入所纳外国税的国内税收抵免，并要求美国税收在现值基准上支付，而不是推迟到收入被返回美国后再支付，从而使跨国公司成为贸易攻击的主要目标。该草案还创造了一个统一的监管框架，管理跨越美国国境的资本和技术转移。虽然《伯克-哈特克草案》从未获得正式的审议，但是多年来，它一直是贸易立法审议过程中激烈辩论的主要来源。对“跑路工厂”的税收优惠以及跨国公司出口工作岗位所引发的问题——在 20 世纪 70 年代，有组织的劳工给跨国公司贴上了一个标签，即“吃掉美国工人工作岗位的现代恐龙”——仍然存在，至少今天这些问题与 50 年前一样具有煽动性。[38]

1973年《贸易改革法案》

《贸易扩张法案》的贸易谈判授权在1967年6月终止近6年后，继恢复这一授权的两次立法工作失败之后，(1973年)4月10日尼克松政府向国会提出了1973年《贸易改革法案》(Trade Reform Act，TRA)的立法动议，在美国历史上，这是对谈判权最昂贵的要求，以此来减少或消除所有关税以及非关税贸易壁垒。政府官员们认为，这项立法提议的时机有所改善，因为失业率下降到5%以下，并且自美国"镀金时代"以来，在前两年贸易逆差之后，1973年正在转向增加贸易顺差。

为了提高立法的概率，尼克松总统向劳工领袖们伸出了援手，希望通过向《伯克-哈特克草案》中关于"跑路工厂"的条款迈出一步，来获得他们对其贸易草案的支持。在总统向国会提交贸易草案的同一天，政府还提议取消对外投资的"人为激励"，即如果外国所得收入超过25%是来自出口美国市场的收入，则以现值为基准，通过子公司向在国外经营工厂的美国公司的收益征税，并且需缴纳低于美国企业税率80%的外国所得税。[39]

乔治·梅尼代表美国劳联-产联拒绝了美国政府的提议，并再次确认工会联盟明确支持《伯克-哈特克草案》的立场。[40] 虽然支持商业的游说团体普遍支持新的贸易草案，但是最终却极力挫败政府的跨国公司税收改革建议。美国制造商协会、商会以及代表60多家美国最大跨国公司的一个组织——成立于1967年、与国会中日益增长的保护主义倾向斗争的美国贸易紧急委员会(Emergency Committee for American Trade，ECAT)——准备在国会山与劳工组织一决胜负。一开始，国会对美国劳联-产联的税收提案表示了极大的同情。许多人不禁要问，为什么美国应该推迟对在外国避税港经营并将以前由美国工人生产的货物出口到美国的"跑路工厂"的收入征税，而这些工厂的任何损失都可以从目前的美国所得税中扣除？米尔斯主席支持的办法更接近《伯克-哈特克草案》，而不是尼克松的提议，他最初坚持将跨国公司税收改革条款纳入贸易草案。

唐纳德·M. 肯德尔(Donald M. Kendall)——百事公司主席、尼克松总统的私人朋友,以及通过广受赞誉的百事可乐交换苏联伏特加的尼克松国际关系缓和政策的受惠者——作为美国贸易紧急委员会主席,为跨国公司的行为辩护。他提出了一个论点,即对外投资对通过扩大出口销售来增加美国国内就业至关重要,并称美国政府的税收建议是"不可接受的"。如果没有在外国市场的制造业投资,许多美国制造业商将无法扩大或维持其在这些市场中的销售份额。他认为,税收优惠并不是海外投资的动机,但是,如果没有税收优惠,许多美国公司将把市场让给来自其他国家的外国投资者。[41] 尽管税收建议得到了初步支持,但是劳工组织的游说活动与大企业的斗争不可匹敌;劳工在斗争中处于下风,战败了。在执委会的历次会议上,筹款委员会悄悄地放弃了对跨国税收改革的审议。

尽管自肯尼迪回合之后的贸易保护主义反弹以来,新的贸易谈判的气氛已经有所改善,但是,远不能确定国会会批准总统要求的谈判授权。到 5 月 9 日贸易听证会开始时,华盛顿的注意力已经都在被不断披露的有关尼克松白宫在"水门事件"中滥用权力的消息上了。4 月 30 日,尼克松发表了第一次有关"水门事件"的电视讲话,电视讲话传到了我参加的在谢拉顿公园酒店为佐治亚州议会代表团及其职员举办的商会招待会。在会上,总统宣布白宫办公厅主任鲍伯·霍尔德曼(Bob Haldeman)、首席国内政策顾问约翰·埃利希曼(John Ehrlichman)、白宫法律顾问约翰·迪恩(John Dean)和司法部部长理查德·克莱因丁斯特(Richard Kleindeinst)被迫辞职的消息,作为观众的我非常震惊。

我作为众议员菲尔·M. 兰德鲁姆(D-GA)的工作班子成员参加了佐治亚州议会的招待会,但是,我正在转到筹款委员会为贸易草案而工作的过程中。在招待会上,民权运动偶像人物、新任议员安德鲁·J. 杨(Andrew J. Young, D-GA)的行政助理斯通尼·库克(Stoney Cooks)把我介绍给他的老板,告诉他的老板我是筹款委员会工作班子的一员。杨立即做出反应说:"我要你告诉你的主席,今年,人民需要税收改革,他们不需要强加给他们的贸易草案。告诉他给人民税制改革!”我出于对杨的尊重做出回应,表示我将传达这一信息,尽管我知道自己不敢向米尔斯提出改变其委员会优先事项的建议。无论如何,米尔斯已经很清楚杨所表达的观点,这也是许多众议员所持的观点。当委员会开始审议贸易草案时,恰恰是进行了 30 天的税收改革听证会之后,主席评估了委员会成员的态度。“我们大多数人认为,(总统)必须有(贸易)自由裁量权,”但是,他补充说,“国会的情绪不利于通过贸易草案……现在要求总统的自由裁量权,时机未到。”[42]

委员会用了 24 天听取证词,听取了高级行政官员、特殊利益集团和各类公众对贸易政策的证词,并在整个夏季和秋季的执行会议上修订该草案,对我来说,这段经历让我对贸易政治感受颇深。与今天不同的是,当时筹款委员会负责贸易问题的工作班子按照党派配置了丰富的人力资源,而 1973 年这个委员会唯一的全职负责贸易问题的职员哈里·拉马尔是一位经验丰富、强硬且非常能干的贸易经济学家。我为拉马尔工作,那时我才 20 岁,刚从法学院毕业,带着幼稚的观点,是一个充满幻想的国际主义者,信奉自由贸易的理念。我很快就从强烈的、强制灌输的政治现实主义中觉醒。我的工作之一是为委员会归纳听证会上的证词。这是一项艰巨的任务,但是它让我更好地了解贸易政策所影响的复杂利益集团。这份工作更具启发性的是,与拉马尔一起参加委员会的执行会议,把委员们讨论和通过的修正案记录下来,我们随后将在立法顾问的帮助下,将这些修正案写进草案,并向众议院报告。

在回看这一时期的笔记和日记时,我发现当时的贸易政治分歧与 20 年后我作为众议员时的贸易辩论形成了一种有趣的对比,20 年后我作为众议员审议了《北美自由贸易协定》和世界贸易组织的实施的立法。主要的区别是,在米尔斯的领导下,党派偏见是可以忽略不计的,在委员会中,少数强烈的保护主义者和更少的自由贸易者之间几乎没有任何明显的意识形态斗争。众议员兰德鲁姆先生当时担任纺织核心小组的主席,他与另一位南方民主党人、佛罗里达州的萨姆·M. 吉本斯——一名直言不讳的自由贸易派——就保护纺织业的好处进行个人辩论,但是,他们都是该草案主要目的的坚定支持者。在委员会的 10 名共和党人中，众议员巴伯·B.康纳布尔(R-NY)有效推动了政府草案进程，是委员会中最有能力的成员之一。

然而，到目前为止，主席是整个进程中最关键的角色。米尔斯像指挥交响乐团一样指挥着委员会，在众议院引导着乐队的每一个部分通过演奏完成最后的作品。我注意到，毫无例外，全部 20 名委员会成员都向他寻求一般指导，并对他具有明显的尊重。他总是向证人提出最相关和最尖锐的问题，这些问题的实质反映了他对扩大贸易的兴趣，但是，着眼于《关税与贸易总协定》的规则范围内保持美国工业的实力。然而，1973 年夏天，由于背部疼痛导致腰椎间盘手术，这限制了他在委员会工作的时间，并放慢了草案进程推进的速度。[43] 实际上，他的一些朋友认为，当他在 1972 年短暂、不切实际地竞选民主党总统候选人时，他开始失去理智。“威尔伯，你为什么要竞选总统，”他们问道，“并放弃所有的权力？”然而，他的朋友、筹款委员会排名第三的民主党人詹姆斯·伯克认为，米尔斯的参选是一个好主意，甚至，他运作了米尔斯的竞选。

伯克——《伯克-哈特克草案》的众议院发起人——是委员会中最有趣的成员，他非常勤奋、坚持不懈、夸夸其谈，尤其有趣。他的演讲充满了民粹主义的陈词滥调，例如，他经常提到“肥猫一路哭到银行”，并告诉哈佛大学的教授们，“从长满常青藤的校园里与长满了青草、风景秀丽的查尔斯河边走下来，来到罗克斯伯里(Roxbury)富丽堂皇的公寓里”。他还经常自己重复一遍。萨姆·吉本斯曾经告诉他，他应该给自己的演讲编号，然后根据它们的编号来引用，这样他就不必一遍又一遍地重复这些话了。

通过在委员会中提出修正案，伯克试图将《伯克-哈特克草案》的部分内容纳入该草案，修正案要求将配额维持在目前的进口配额水平上。这些配额提议实际上是更具有贸易保护主义倾向的《伯克-哈特克草案》中配额的折中方案，将进口额退回到 1965—1969 年的平均水平。然而，修正案只获得了 7 票赞成票。美国劳联-产联随后放弃了进一步改进该草案的努力，仅仅想着扼杀该草案，希望能够重新复活《伯克-哈特克草案》。由于这一战略转换，伯克在行政会议上采取了一种新的反驳方式，并用他那不可捉摸的波士顿土腔经常重复这样的话：

> 对于此草案，你们这些人可以做任何你们想做的事情。你们不会从我这里得到任何观点。对这件该死的东西，我不会发出两声欢呼。我坐在后面，静观一切。你们可以从这里改到世界末日。我不介意。但是，我警告你们，当这项草案拿出来公开表决时，我要吹口哨。当它拿出来公开表决时，前途艰难。我告诉你们这些。[44]

调整援助计划

在尼克松的《贸易改革法案》和《伯克-哈特克草案》问题上，劳工组织之间并没有完全统一的方略。美国汽车工人联合会(UAW)主席伦纳德·伍德科克(Leonard Woodcock)曾就《贸易改革法案》向筹款委员会作证，称他的工会"仍然支持自由的国际贸易政策"，但是，贸易自由化必须伴随着工人免受"伤害"的措施。这样的规则要求"首先要有一个适当的调整援助计划"，以及"要求国际贸易中公平劳动标准"的条款。美国汽车工人联合会(乔治·梅尼与伍德科克的前任沃特·卢瑟意见不一致之后，脱离了美国劳联-产联)反对《伯克-哈特克草案》的保护主义配额。伍德科克认为，"我们认为，(配额)会导致一场报复性的贸易战，损害这个国家和所有其他相关国家的利益"。然而，美国汽车工人联合会支持《伯克-哈特克草案》规定的取消美国跨国公司的外国投资税收优惠。伍德科克认为，这些激励措施减少了"美国就业机会"。伍德科克说，他"对自由市场体系的运作有着充分的信心"，但是，他敦促委员会控制跨国公司，"给资本主义一张人的脸"。[45]

伍德科克向筹款委员会作证的两天后，钢铁工人联合工会主席兼美国劳联-产联经济政策委员会主席I.W.阿贝尔出现在委员会面前，乔治·梅尼没有出面，他生病了。在回应一名委员会成员的咨询时，阿贝尔对美国汽车工人联合会关于《伯克-哈特克草案》的反对意见给出了解释。他说，美国汽车工人联合会“碰巧有许多成员受雇于这个国家最大的跨国公司”，他提到，其中包括世界上最大的跨国公司——通用汽车公司。当被问及其他大型劳工组织可能会同意美国汽车工人联合会的意见时，阿贝尔说，有些工会已经摆脱了外国竞争的威胁，他们没有花时间全面分析问题的整体影响。他认为，“我们仍在美国老旧的理论下运作，我们都曾是伟大的自由贸易者”。[46] 他没有提到美国汽车工人联合会支持《伯克-哈特克草案》废除有利于跨国公司的税收优惠政策，也没有提到伍德科克提出的反对进口配额条款的理由是为了避免报复性的贸易战。

除了在《伯克-哈特克草案》实施的进口配额问题上的分歧外，美国汽车工人联合会和美国劳联-产联在调整《援助对贸易法案》的重要性上也存在分歧。与 1962 年梅尼代表美国劳联-产联所采取的方法很相似，伍德科克坚持认为，有效的贸易调整援助计划对美国汽车工人联合会支持《贸易改革法案》来说至关重要。然而，美国劳联-产联已经转变了过去 10 年所持有的立场，这从其立法主任安德鲁 · J. 比米勒(Andrew J. Biemiller)在一年前众议院外事委员会对外经济政策分委员会举行的听证会上所做的声明中得以反映：“贸易调整援助是对因进口而失去就业机会的一个有意义的回应，这样的理念已经过时了。在这一想法上的任何修补都不能满足 1972 年国家新的对外贸易和投资政策的需要。”[47] 有两件事促发了这样的观点：第一，自《贸易扩张法案》颁布以来，调整援助申请的成功率很低；第二，反映在《伯克-哈特克草案》中实施保护性进口配额以及通过税收改革防止跨国公司造成的工作岗位丧失的策略转变。

关于调整援助，在行政部门内部也有广泛的意见分歧。为了得到对更自由的贸易政策的广泛支持，避免更多的贸易保护主义替代品，国务院和劳工部以及特别贸易代表都强烈支持《贸易调整援助计划》，并主张减少批准的限制条件。然而，美国商务部管理与预算办公室和财政部部长乔治 · P. 舒尔茨(George P. Shultz)对二者的合理性持怀疑态度。舒尔茨反对将因贸易而失业的人与因自动化等其他原因而失业的人区别开来。白宫在基本上接受舒尔茨立场的竞争性机构之间达成了妥协。政府的草案建议继续实施这一计划，稍微改善收益，并且减少限制条件，但是只有在全面的失业保险立法出台之后，才能将贸易调整援助计划与其他失业福利合并，移交给各州出资并加以管理。

舒尔茨的方法在委员会或共和党中几乎没有什么吸引力。政府甚至难以找到愿意提出修改失业补偿计划的建议人。一个具有更自由的福利和更少的限制条件的永久性贸易调整援助计划得到了两党的大力支持。商会甚至对一项类似于美国汽车工人联合会提出的计划的支持力度超过政府草案。商业团体反对政府草案，因为它增加了由雇主资助的失业救济金。委员会的贸易调整援助计划的资金来自美国海关的关税收入。即便如此，两党仍有政治保守派继续反对调整援助计划。菲尔·M. 兰德鲁姆(D-GA)(曾遭到工会强烈反对的1959年《兰德鲁姆-格里芬法案》的共同起草人)经常说贸易调整援助计划“只不过是光荣福利”，但是，他属于独树一帜的少数派，并通过加强的贸易调整援助计划来支持最终的委员会草案。[48]

一些工会仍然不满意。在代表美国劳联-产联发言时，I. W. 阿贝尔总结道：“调整援助充其量是安葬保险，而不是就业计划。”在提到梅尼对贸易调整援助计划的认可是以一个有效的调整援助计划为条件时，他说，该计划的10年记录相当于一个失信的承诺和“骗局”。虽然阿贝尔批评了舒尔茨关于废除贸易调整援助计划并用一般失业保险取代贸易调整援助计划的提议，但是，美国劳联-产联却默许了委员会的修正案，因为其领导人承诺要推翻整个草案，支持《伯克-哈特克草案》。[49] 在委员会中每次提出调整援助问题时，保持对劳动者忠诚的詹姆斯·伯克都会把雪茄从嘴里抽出来，说道：“这是一个残酷的骗局。这是一个残忍的骗局！”[50]

《杰克逊-瓦尼克修正案》

考虑到冷战问题在战后美国贸易政策决策中所扮演的复杂角色，尼克松总统及其国家安全顾问(很快便将成为国务卿)亨利·A. 基辛格(Henry A. Kissinger)推动缓和与苏联关系的努力激发了草案中有争议的问题,这并不奇怪,尽管有点讽刺意味。1972 年 10 月 18 日,在尼克松再次当选的 3 个星期前,在 5 月份美苏史诗般的首脑会议和签署《反弹道导弹和战略武器限制条约》之后,两个超级大国的官员们签署了一份贸易协定,美国同意给予苏联最惠国地位,并且进出口银行向苏联提供信贷。自 1951 年以来,来自大多数社会主义国家的进口商品被剥夺了最惠国待遇,并受到过高的《斯穆特-霍利关税法案》规定的关税税率的制约。在另一份协议中,苏联同意偿还第二次世界大战期间的债务,即 7.22 亿美元的租借债务。大部分债务的支付被推迟到获得最惠国待遇并取决于所获得的最惠国待遇。当然,最惠国待遇承诺只能通过国会法案来履行,并且政府将其纳入《贸易改革法案》的提案。

在贸易协定签署的两周前,曾在 1972 年竞选民主党总统候选人并计划在 1976 年再次参选的军方鹰派参议员亨利·M. 杰克逊(Henry M. Jackson, D-WA)提出了一项由 70 多名参议员共同发起的立法动议,以拒绝任何非市场经济国家享有最惠国地位,它们禁止移居国外或对想要移居国外的个人征收超过名义税的税收。众议员查尔斯·A. 瓦尼克(D-Oh)是筹款委员会的高级成员,1973 年 1 月他在众议院提出了同样的措施,60%的众议员作为共同提案人签了字。这些措辞的目的是帮助那些试图移民以色列的苏联犹太人,他们被禁止性的教育税(即"文凭税")以及其他障碍所阻碍而不能移民。当总统提议将最惠国待遇作为其贸易改革提案的一部分时,瓦尼克将杰克逊的措施作为《贸易改革法案》的一项修正案,并得到了米尔斯主席的赞成。结果所形成的《杰克逊-瓦尼克修正案》(有时称之为《杰克逊-米尔斯-瓦尼克修正案》,以示该修正案更重要)遭到了尼克松和基辛格的强烈反对,他们将这项修正案视为外交战略的重要障碍。

有关《杰克逊-瓦尼克修正案》的政治动态既激烈又复杂。首先,政府部门内部存在着激烈的辩论,国务卿基辛格试图推迟对该草案的任何行动,直到其中反苏联条款被取消,而财政部部长舒尔茨、特别贸易代表威廉·D. 埃贝尔(William D. Eberle)和总统国际经济事务助理彼得·M. 弗拉尼根(Peter M.

Flanigan)都敦促尼克松采取行动,推动这个草案。基辛格主张推迟,并希望能够削弱或消除《杰克逊-瓦尼克修正案》,因为他觉得缓和(与苏联的)关系太重要了,而(与苏联的关系)太脆弱了,以至于无法承受众议院关于人权的激烈辩论。经济顾问们认为,贸易草案对国家经济来说太重要了,再拖延下去就会危及国家经济。新一轮的《关税与贸易总协定》谈判在东京开启,随着时间的推移,对贸易草案的支持力量可能会消失。事实上,在10月初,筹款委员会通过了这项草案之后,随着美国汽车工人联合会加入美国劳联-产联反对《贸易改革法案》的阵营,有组织的劳工力量反对变得更加统一。在这个问题上,劳工的最佳策略是推迟行动,游说更多的反对者。乔治·梅尼认为缓和关系的"绥靖政策……纯粹而简单的……屈服,通过美国资本和苏维埃劳工的结合,为我们的公司寻求利益"。[51] 梅尼是《杰克逊-瓦尼克修正案》支持者的自然盟友,原因有很多,其中包括尽可能推迟对《贸易改革草案》的投票。尼克松最终同意用公开投票的方式继续推进草案,但是,他向众议院议长卡尔·B. 阿尔伯特(Carl B. Albert, D-OK)表示,如果该草案带有反苏联条款,他将否决该草案。[52]

基辛格在回忆录中承认,"国际贸易的主题是一部百科全书,他对此是无知的",同样可以说,他对国会的政治优先事项缺乏见识。[53] 虽然基辛格在众议院和参议院都成功地推迟了行动,但是,在整个过程中两党对修正案的支持仍然不可动摇。众议员巴伯·B.康纳布尔提出的、从草案中删除《杰克逊-瓦尼克修正案》的修正案以3比1的投票被否决。对《杰克逊-瓦尼克修正案》的支持一直持续到冷战结束。中国(2000年)和俄罗斯(2012年)加入世贸组织,在美国授予他们永久的、无条件的最惠国待遇地位之前,《杰克逊-瓦尼克修正案》规定的最惠国待遇的限制条款不得不被废除。

实际上,《杰克逊-瓦尼克修正案》的存在增强了支持通过《贸易改革法案》(TRA)的力量,《贸易改革法案》以272票对140票的票差获得通过,而这个票差比删除《杰克逊-瓦尼克修正案》失败的投票的票差稍小。劳工的反对力量还不足以强大到击败该草案,但是它在民主党人中的作用是显而易见的。第一次,多数民主党人(121票对112票)反对一项重要的贸易授权草案,尽管绝大多数共和党人(160票对19票)对该草案投了赞成票。[54]

由于许多同样的原因,推迟了众议院的投票,在众议院以77票对4票通过草案一年之后,在参议院里,《贸易改革法案》几乎到了死亡的边缘。为了回应有组织的劳工支持《伯克-哈特克草案》而持续反对《贸易改革法案》,参议员哈特克投出了《贸易改革法案》4票反对票中的1票。经过数月的讨论,参议员杰克逊和国务卿基辛格宣布了关于《杰克逊-瓦尼克修正案》的妥协方案,即允许总统确认苏联给予其公民移民自由后,给予其临时的最惠国待遇。这样的妥协足以使该草案摆脱财政委员会的钳制,并于1974年12月13日获得参议院全体议员的批准,但是,一个月后,苏联拒绝了妥协的条款,并背弃了1972年的贸易协定。[55]

快速通道和"自由保护主义"

《贸易改革法案》——重新命名为1974年《贸易法案》——的最后通过,标志着美国参与和领导自由世界贸易体系的一个重要的新的里程碑。就扩大涵盖非关税壁垒、增加国会监督和私人行业的投入以及提供更广泛的途径以加强贸易救济方面的谈判权限而言,该法案从《互惠贸易协定法案》和《贸易扩张法案》向前迈出重大一步,奠定了现代美国贸易政策的基础。

最终,在1975年1月3日由杰拉尔德·R. 福特(Gerald R. Ford)总统签署的《贸易法案》中,国会授权总统5年内消除关税税率为5%或5%以下的商品关税,并将降低更高的关税税率,最高可达60%的降幅。总统要求5年内无限制性地提高和降低关税的授权,以及消除或修改某些非关税壁垒(比如海关估价的美国销售价格制度)的授权,而无须国会再批准。至于其他与非关税壁垒有关的法律变更,最初,尼克松要求授权修改他认为在谈判中必要的法律,只接受随后国会两院投票否决的约束。哈里·拉马尔是第一个看到这项提议的人,他对起草这项提议的国际贸易法专家、特别贸易代表的总法律顾问约翰·杰克逊(John Jackson)说:"如果你认为国会将批准这项提议,你的脑子一定有病。”当然，拉马尔是对的，筹款委员会确实缩小了被要求的不限成员名额的代表团，但是，仍然授予了自由主义的关税授权，并接受了国会对非关税壁垒修正案的否决。然而，参议院却没有这样做。

在参议院，该草案面对的是财政委员会持怀疑态度的领袖，他们是主席朗和国际贸易分委员会主席、参议员赫尔曼·塔尔梅奇(Herman Talmadge, D-GA)。由于继承了他们的父亲休伊·朗(Huey Long)和尤金·塔尔梅奇(Eugene Talmadge)热情高涨的南方民粹主义，他们对自由贸易之于他们的农业选区的好处越来越悲观，对国务院和特别贸易代表关于预示着欧洲市场将出现新的出口机会的承诺几乎没有信心。草案在众议院提出不久，基辛格就呼吁签订《新大西洋宪章》(New Atlantic Charter)，其中，贸易政策将与美国在欧洲的军事安全联系在一起，但是，如果这意味着向美国农产品出口开放(欧洲)市场，欧洲拒绝这种联系。在财政委员会就这项草案举行的听证会上，主席朗在开幕词中说：“‘大西洋伙伴关系’的玫瑰开放了……我仍然希望建立一个‘开放、非歧视和公平的世界经济体系’，但是，我对美国在这个充满歧视的世界上成为‘最不受青睐的国家’已经感到厌倦……委员会听证会上的贸易立法成为沉重负担。”[56]

参议员塔尔梅奇此前的形象一直是安静的，是一位代表咬着雪茄的农场主的参议员，而他的佐治亚州同僚、参议员理查德·B. 拉塞尔(Richard B. Russell, D-GA)则使其黯然失色，但是，最近他的形象闪闪发光，成了媒体上的名人，在电视直播的“水门事件”委员会听证会上成为最有影响力的调查者之一。塔尔梅奇强烈反对授予总统修改与非关税壁垒有关的法律的权力，尽管这个权力会受到国会否决的约束。这样，财政委员会将国会的角色转变为一个规范的批准程序，以确保在协商过程中进行更多的立法合作。按照这样的程序，在签署一项协定之前的3个月，国会被告知允许就最终协定和实施法案与筹款委员会和财政委员会磋商。国会的批准还将涉及两院委员会之间的前期合作，以便在固定的时间表内起草一份草案，以供上上下下的表决，而不具有修改的可能性。在最终草案中被采用和批准的程序后来被称为“快速通道授权”(fast-track authority),直到 1998 年被冠以一个更委婉动听的名称,即“贸易促进授权”(trade promotion authority)。

正如已经所介绍的,在为期 6 年的“新重商主义”结束时,在有组织的劳工完全反对且美国正经历其 20 世纪的第一次贸易逆差时,拥有 1974 年《贸易法案》中的谈判授权的代表团是非常自由的。将关税降低 60%的权力是有史以来授予的最高权力,而且关税的平均水平已经低于自杰弗逊总统第一任期以来的历史水平。降低和消除非关税壁垒的“快速通道授权”也是前所未有的。值得注意的是,在草案表决通过后 21 个月的时间里,这个国家经历了“水门事件”的创伤,并目睹为了避免因滥用拥有的权力而被弹劾,他们的总统辞职。这帮助了杰拉尔德·福特,杰拉尔德·福特在(国会的)过道两边都很受欢迎和尊重,在第九十三届国会的最后一天举行了最后的投票,杰拉尔德·福特占据椭圆形办公室。这也在政治上帮助了拉塞尔·朗,拉塞尔·朗修改了该草案,将特别贸易代表提升到内阁级别,以使贸易问题与国务院的外交政策偏好更好地隔离开来。但是,立法中最重要的政治优势是贸易救济措施的增强,在科德尔·赫尔任职期间,其中一些救济措施被认为是保护主义的措施。

一名贸易问题记者将该草案——自由谈判权和贸易保护主义倾向的贸易救济——描述为一种“自由的贸易保护主义”的混合政策。[57] 最终法案赋予总统征收最高可达 15%的进口附加费,并在某些情况下,实施进口配额期限可以长达 150 天,以便应对“大量而严重的国际收支逆差”或防止“美元突发而又大幅的贬值”。对于受到进口损害的国内公司和工人来说,贸易救济条款与《贸易扩张法案》中的救济条款相比,有了显著改进。按照《贸易扩张法案》,授权调整援助或免责条款保障措施,进口造成的伤害如工作岗位和商业利益丧失,必须与拟议谈判的关税减让有关联,并且进口必须是造成伤害的“主要”原因。按照 1974 年《贸易法案》,符合调整援助的条件是,现在工人、企业和社区只需证明进口对损害有“重要”影响,而无须将其与贸易让步联系起来。该法案还大幅增加了《贸易调整援助计划》中提供的好处。同样,新的法律也放宽了《贸易扩张法案》条款中免责条款救济的资格条件。新的免责条款规定不需要与以前的关税减让有任何联系，现在只需要进口成为“实质性”的伤害原因（比《贸易调整援助计划》规定的“重要”原因稍严格一些）。在这些情况下，关税委员会[由于非关税贸易壁垒阻碍贸易的重要性日益增加，改名为国际贸易委员会（International Trade Commission，ITC）]是实际情况的调查者，并向总统提出了是否采取行动的建议。基于国际贸易委员会的积极调查，总统被授权实施一些可选的免责条款补救措施，包括提高关税（最高可以达到50%），实施有限的配额，或谈判有序的市场协议。如果总统发现这样做符合国家利益，他仍然有权拒绝国际贸易委员会的建议，但是他的决定可能因国会否决而被推翻。

该法案加强了对“不公平贸易做法”造成的损害的补救措施，这使进口激增造成的损害得到了补救。正如美国劳联-产联在《伯克-哈特克草案》中所提议的，该法案通过对决定过程施加严格的时间限制，收紧了反倾销和反补贴税（反补贴）案件的程序安排。并且，当行政裁决对申请人不利时，增加了法院复审权。最重要的是，《贸易扩张法案》第301条授权总统采取“所有适当和可行的行动”（通常是撤销贸易减让、提高关税或实施配额），从而执行任何贸易协定下的美国权利，或回应任何“不公正、不合理或歧视性以及为美国商业造成负担或限制”的外国做法。这种对违反国际贸易法的外国政府报复的广泛授权就是对类似的《贸易扩张法案》条款进行彻底的改革和加强。在20世纪60年代，《贸易扩张法案》的报复条款基本上被忽视了，为此，拉塞尔·朗和国会的其他人猛烈抨击行政部门，并设计出了这个新的补救办法。尽管存在争议，但是在世界贸易组织的争端解决程序成熟之前，根据法案第301条，美国采取的单方面行动已成为可用补救措施中最后保障的有效手段。国会不仅保持这一手段作为一种可能的威胁发挥效力，而且多年来一直在扩大这一手段的效力。

有趣的是，在这项立法中，国会比以往任何时候都更接近于正式批准《关税与贸易总协定》。第121条特别授权“美国支付其在《关税与贸易总协定》缔约方费用中所占份额所必需的款项”的年度拨款。但是，只是为了澄清，该条补充道："这项授权并不意味着国会同意或不同意《关税与贸易总协定》的所有条款。"为了促进"一个开放、非歧视和公平的世界经济体系的发展"，国会指示总统寻求对《关税与贸易总协定》进行一些修订，包括"采用国际公平劳动标准，并在《关税与贸易总协定》中采用公开申诉和抗诉程序"。当上述建议被加入该法案所采取的调整援助改进措施中时，似乎对乔治·梅尼在1962年代表美国劳联-产联作证、支持贸易扩张时提出的条件做出了准确的回应。尽管这些条款为时已晚，无法在1973年转变有组织的劳工坚定不移地致力于唯一措施的《伯克-哈特克草案》的立场，但是在这条道路上，劳工只是吸引了极少的追随者。

事实上，甚至一些标准行业的贸易反对者，特别是纺织业，也没有激烈反对这项草案。1973年12月20日，美国完成了与其他《关税与贸易总协定》成员国的谈判，并在日内瓦签署了《多种纤维协定》(Multifiber Agreement, MFA)[即《国际纺织品贸易协定》(Arrangement Regarding International Trade in Textiles)]，该协定确立了未来4年纺织品配额的多边协定，涵盖了棉花、羊毛、人造纤维或混纺织物制造的产品。这个协定为纺织品提供了一个可以预见的稳定市场，并持续了30多年。《贸易法案》还取消了纺织产品以及某些钢铁产品和其他一些进口敏感部门享受的免税优惠待遇——根据《关税与贸易总协定》法案给予发展中国家的普惠制。结果是，代表纺织业的美国纺织制造业联合会(ATMI)在12月初表示支持1974年《贸易法案》。这恰恰在参议院就《贸易法案》投票之前。

在众议院和参议院最后通过草案的会议上，参议院以压倒性的票数支持该草案，只有4名参议员反对。4名参议员中有一位是哈特克，他代表有组织的劳工立场，他宣称："我相信，目前的贸易草案继续着过时的经济哲学，它是推动我们沿着高速公路快速走向西方经济体系崩溃的一个因素。"在众议院，民主党的支持票比去年大幅增加。只有少数人在最后的投票中与劳工站在一起，直到最后，该草案以323票对36票获得通过。[58]

1974年的《贸易法案》进一步扩大了减少贸易壁垒的授权，其条款鼓励贸易救济保护措施，确立了美国继续参与1947年建立的世界贸易体系的基本框架。经本法案授权并于1973—1979年进行的《关税与贸易总协定》东京回合谈判，再次使85个缔约国的关税降低了近40%，主要工业化国家的工业产品平均关税从10.4%降至6.4%。关税降低甚至包括一些农业进口产品关税的降低。比关税行动更重要的是，东京回合首次有效地解决了非关税壁垒问题。谈判代表就9个单独的“规则”达成了协议——对于每一个“规则”，签署国可任意选择，解决影响贸易的非关税问题，如海关估价（如美国的销售价格估价问题）、进口许可证、政府采购与倾销税和反补贴税等贸易救济的应用。东京回合还通过了4份适用于所有缔约方的谅解备忘录，包括为国际收支目的而采取的贸易措施的决定，以及为解决争端而制定的惯例和程序的汇编。在《贸易法案》通过后的20年签署的《世界贸易组织协定》里，所有这些措施（在某些情况下是逐字的）都被采纳了，几乎没有删减和增加，加上1947年《关税与贸易总协定》的规定，作为所有世界贸易组织成员方负有义务的“一揽子”措施。

1979年7月，国会通过了1979年《贸易协定法案》，该法案将东京回合达成的重要非关税协议纳入美国法律，众议院以395票对7票通过，参议院以90票对4票通过。吉米·卡特（Jimmy Carter）总统领导下的特别贸易代表罗伯特·S. 施特劳斯（Robert S. Strauss）的政治技能明显推动了这一巨大票差，罗伯特·施特劳斯凭借其不断提高的声望，第一个执掌美国贸易代表办公室。除了他敏锐的政治洞察力和强烈的说服力外，这位得克萨斯州民主党人和前民主党全国主席还与总统以及来自两党的国会领袖有着密切的工作关系。他早先对自由贸易政治抱有偏见，包括罗斯福、山姆·雷伯恩和杰克逊的贸易政治，但是，他同时也敏锐地意识到对国会选区做出回应的政治需要。

在最后的分析中，可以这样说，正是这种融合了自由贸易理念的好处和（至少潜在地）有效的公平贸易补救措施，使美国在世界经济秩序中保持了领导地位。这些问题在历史长河中变化不大，理想和补救办法永远不会完美，但是政治斗争还在继续。

注释：

1. *Trade Reform: Hearings on H.R. 6767 before the H. Comm. on Ways and Means,* 93d Cong. 1210, 1212 (1973) (statement of I. W. Abel, chairman of AFL-CIO Economic Policy Committee).

2. 例如，参见 Zeiler, *Free Trade, Free World: The Advent of GATT*, 180–189; Diebold, "The End of the ITO," *Essays in International Finance*, No. 16, October 1952, published by the International Finance Section of the Department of Economics and Social Institutions in Princeton University; Toye, "Developing Multilateralism: The Havana Charter and the Fight for the International Trade Organization, 1947–1948, *International History Review* 25, no. 2 (June 2003): 282–305。

3. Lyle W. Cooper, "The Tariff and Organized Labor," *American Economic Review* 20, no. 2 (June 1930): 212, fn. 4.

4. Ibid., 215, fn. 16.

5. Ibid., 222–223, fn. 32.

6. *Extension of Reciprocal Trade Agreements Act: Hearings on H.R. 1211 before the S. Comm. on Finance,* 81st Cong., 627–28 (1949) (statement of James G. Carey, secretary-treasurer, CIO, presented by Stanley H. Ruttenberg, director of Research and Education, CIO).

7. *Extension of Reciprocal Trade Agreements Act: Hearings on H.R. 1211 before the S. Comm. on Finance,* 81st Cong., 675–77 (statement of Walter J. Mason, national legislative representative, AFL).

8. Eisenhower, *Mandate for Change, 1953–1956*, 195, 208.

9. US Commission on Foreign Economic Policy, Report to the President and the Congress, H.R. Doc. No. 83–290, at 53–64 (1954).

10. Robert D. Leiter, "Organized Labor and the Tariff," *Southern Economic Journal* 28, no. 1 (July 1961): 58.

11. "Trade Organization," *CQ Almanac 1956*, 12th ed., 09-485-09-488 (Washington, DC: Congressional Quarterly, 1957); Kaufman, *Trade and Aid: Eisenhower's Foreign Economic Policy 1953–1961*, 75; see also George Bronz, "An International Trade Organization: The Second Attempt," *Harvard Law Review* 69 (1956): 440–482.

12. A. H. Raskin, "Union Chiefs Seek Quotas for 'Sweatshop' Imports," *New York Times*, August 17, 1959.

13. Brandis, *The Making of Textile Trade Policy: 1935–1981*, 17.

14. 引自 Pastor, *Congress and the Politics of U.S. Foreign Economy Policy: 1929–1976*, 107。

15. Trade Expansion Act of 1962, Pub. L. No. 87–794, 76 Stat. 872 (1962).

16. Schlesinger, *A Thousand Days*, 847.

17. Kraft, *The Grand Design: From Common Market to Atlantic Partnership* .

18. *Trade Expansion Act of 1962: Hearings on H.R. 9900 before the H. Comm. on Ways and Means,* 87th Cong. 1145–52 (1962) (statement of George Meany, president of AFL-CIO).

19. Ball, *The Past Has Another Pattern: Memoirs*, 190–191.

20. Lewis, *Office of the United States Trade Representative: America's Frontline Trade Officials*, 13.

21. John F. Kennedy, "Remarks upon Signing the Trade Expansion Act," October 11, 1962. Online by Gerhard Peters and John T. Woolley, *The American Presidency*

Project. http://www.presidency.uscb.edu/ws/?pid=8946.

22. 尽管取得了上述成就，一名观察家批评道："关税削减并没有涉及主要参与方30%的应税进口商品……肯尼迪回合的全面削减关税原则有大幅妥协。" Dam, *The GATT: Law and International Economic Organization*, 77. 关于肯尼迪回合谈判涉及的政治态势，参见 Dryden, *Trade Warriors*, 61–113。

23. Frank V. Fowlkes, "Economic Report/Administrative Escape Valves Relieve Pressures of Imports on Domestic Industries," *National Journal*, July 24, 1971, 1548, cited in Pastor, *Congress and the Politics of U.S. Foreign Economic Policy: 1929–1976*, 117–118.

24. 113 Cong. Rec. 16,526–27 (1967).

25. *Impact of Imports on American Industry and Employment: Hearings on H.R. 478 and H.R. 479 before the General Subcomm. on Labor of the H. Comm. on Education and Labor,* 90th Cong., 4–22 (1967) (statement of George Baldanzi, president of United Textile Workers of America).

26. Ibid., 22–24.

27. "Low-Wage Imports," *CQ Almanac 1967*, 23rd ed., 07-816-07-817 (Washington, DC: Congressional Quarterly, 1968), http://library.cqpress.com.proxy-remote.galib.uga.edu/cqalmanac/cqal67-1312932.

28. "Roth Stresses the Perils of Retaliation," *New York Times*, October 6, 1967; Edwin L. Dale Jr., "Congress's Drive for Import Quotas," *New York Times*, November 2, 1967.

29. "U.S. Industries Seek Protection Legislation," *CQ Almanac 1967*, 23rd ed., 07-810-07-816 (Washington, DC: Congressional Quarterly, 1968), http://library.cqpress.com.proxy-remote.galib.uga.edu/cqalmanac/cqal67-1312924; John D. Morris, "4 in Cabinet Condemn Bills Asking Stiff Import Quotas," *New York Times*, October 19, 1967; "Again, the Protectionists," *New York Times*, November 2, 1967; Gerd Wilcke, "Protectionist Moves in Congress Assailed," *New York Times*, November 2, 1967.

30. "Trade Expansion, Protectionist Moves Both Blocked," *CQ Almanac 1968*, 24th ed., 08-729-8-736 (Washington, DC: Congressional Quarterly, 1969), http://library.cqpress.com.proxy-remote.galib.uga.edu/cqalmanac/cqal68-1282185.

31. Harald B. Malmgren, "Coming Trade Wars? (Neo-Mercantilism and Foreign Policy)," *Foreign Policy*, no. 1 (Winter 1970–71): 115–143.

32. "Trade Bill Foes Lose Hard Fight on Amendments," *Wall Street Journal*, November 19, 1970; "House Approves a Controversial Trade Measure," *Wall Street Journal*, November 20, 1970.

33. Richard Nixon: "Address to the Nation Outlining a New Economic Policy: 'The Challenge of Peace,'" August 15, 1971. Online by Gerhard Peters and John T. Woolley, *The American Presidency Project*, http://www.presidency.ucsb.edu/ws/?pid=3115.

34. "U.S. Devalues Dollar 10% by Raising Price of Gold; Japan Agrees to Let the Yen Float," *Wall Street Journal*, February 13, 1973.

35. Paul A. Samuelson, "Freud, Fear and Foreign Trade," *New York Times*, July 30, 1972.

36. Damon Stetson, "Labor Report Calls for Revised World Trade Policy," *New York Times*, February 22, 1970.

37. *Multinational Corporations: Hearings before the Subcomm. on International Trade of the S. Comm. on Finance*, 93d Cong. 299–300, 302 (1973) (statement of Andrew Biemiller, director of legislation, AFL-CIO).

38. Richard S. Frank, "Washington Pressures/Multinationals Mobilize to Preserve Favorable Tax Status on Overseas Income," *National Journal*, July 14, 1973, 1019–1028.

39. "Presidential Statement to Congress: Nixon's Trade Reform: New Tariff Adjustment Powers Asked," *CQ Almanac* 1973, 29th ed., 42-A-47-A (Washington, DC: Congressional Quarterly, 1974); *Prepared Statements of Administration Witnesses Submitted to the Comm. on Ways and Means at Public Hearings Beginning on May 9, 1973 and Other Materials Relating to the Administration Proposal Entitled the "Trade Reform Act of 1973" (H.R. 6767)*, 93d Cong. 118–20 (1973) (statement of George P. Shultz, Secretary of the Treasury).

40. Brendan Jones, "Business Lauds, Assails Trade Plan; Meany Scores Bill," *New York Times*, April 12, 1973.

41. "House Passes Trade Act; USSR Denied Tariff Concessions," *CQ Almanac 1973*, 29th ed., 833–845.

42. *CDJ Journal*, May 13, 1973; Donald Johnson, "Congress Putting Democracy Back into Foreign Trade Policy," *Atlanta Journal*, December 15, 1973, 2-A.

43. 米尔斯告诉他的朋友们，腰椎间盘突出非常痛苦，以至于即使坚持，在这一任期结束后他也不得不退休。必须指出的是，在接下来的一年里，为了减轻痛苦，他患上了严重的酒精依赖症，被迫退休。一个具有决定性的事件导致他的职业生涯在窘迫中结束了，事件涉及一名艺名为芬妮·福克斯（Fanne Foxe）、号称"阿根廷烟花"的脱衣舞女。一天夜里，在华盛顿此人与米尔斯同在一辆轿车里，跳出轿车，走进杰斐逊纪念堂对面的潮汐盆地。参见 Stephen Green and Margot Hornblower, "Mills Admits Being Present during Tidal Basin Scuffle," *Washington Post*, October 11, 1974。

44. From *CDJ Journal*, September 6 and 13, 1973.

45. *Trade Reform: Hearings on H.R. 6767 before the H. Comm. on Ways & Means*, 93d Cong. 849, 851, 880, 887 (1973) (statement of Leonard Woodcock, president, International Union, United Automobile, Aerospace & Agricultural Implement Workers of America [UAW]).

46. Ibid., 1269 (statement of I. W. Abel, chairman, Economic Policy Committee, AFL-CIO).

47. Richard S. Frank, "Trade Report/Administration Torn between Domestic, Overseas Interests in Drafting Trade Bill," *National Journal*, January 13, 1973, 50.

48. *CDJ Journal*, July 18, 1973. 兰德鲁姆并不是总是站在保守派一边。例如，他起草了1964年《经济和机会法案》(Economic Opportunity Act)。该法案是林登·约翰逊总统"向贫困宣战"(War on Poverty)立法的重要组成部分。Charles Culhane, "Labor Report/ Labor Readies Stronger Jobless-Pay Plan, Rejects Version Offered with Nixon Trade Bill," *National Journal*, June 9, 1973, 821–830.

49. *Trade Reform: Hearings on H.R. 6767 before the H. Comm. on Ways & Means*, 93d Cong. 1217–1218 (1973) (statement of I. W. Abel, chairman, Economic Policy Committee, AFL-CIO); see also Charles Culhane, "Trade Report/ Labor Shifts Tactics on Administration Bill, Seeks Concessions on Imports, Multinationals," *National Journal Reports*, July 28, 1973, 1091–1098.

50. 例如，参见 Burke's questioning of the former director of the Office of Trade Adjustment Assistance, Department of Commerce, in *Trade Reform: Hearings on H.R. 6767 before the H. Comm. on Ways & Means*, 93d Cong. 1195–1202 (1973) (Statement of Andrew L. Gray)。

51. Stern, *Water's Edge: Domestic Politics and the Making of American Foreign Policy*, 132–133.

52. Edwin L. Dale Jr., "Foreign Trade Bill: Nixon Accepts Risks," *New York Times*, December 15, 1973; Richard S. Frank, "Trade Report/Administration's Reform Bill Threatened by Dispute over Relations with Russia," *National Journal Reports*, November 24, 1973, 1741–1752; Ed Townsend, "Labor Leaders Oppose Nixon Trade-Reform Bill," *Christian Science Monitor*, October 26, 1973.

53. Kissinger, *White House Years*, 330.

54. "House Passes Trade Act; USSR Denied Tariff Concessions," *CQ Almanac 1973*, 29th ed., 833–845.

55. Richard M. Weintraub, "Senate Panel Set to Clear Trade Measure," *Washington Post*, November 20, 1974; Spencer Rich, "Senate Votes Long-Stalled Bill on Trade," *Washington Post*, December 14, 1974; Ewin L. Dale Jr., "Senate Approves Trade Bill Giving Benefit to Soviet," *New York Times*, December 14, 1974.

56. 引自 Pastor, 166–167。

57. Brendan Jones, "U.S. Trade Policy Faces an Airing in Congress," *New York Times*, July 5, 1973.

58. "Congress Clears Trade Bill on Final Day," *CQ Almanac 1974*, 30th ed., 553–562.

第 16 章

超越 WTO 的劳动者权利

亚当·斯密在写关于"看不见的手"的论著的同时,也在写道德观念,即人类生态学,它令市场运行……它也与我们的政治和文化有关,一旦它开始受到侵蚀,就会抑制经济增长。[1]

——参议员巴拉克·奥巴马,2008 年总统竞选演说

反对当前自由贸易秩序的劳工抗议行动确实有其道理。诚然,当前的国际贸易体制患有严重的先天缺陷,这是商界反对国际贸易组织的《哈瓦那宪章》而造成的后果。针对公司游说者在贸易中过大的影响力,民粹主义者抱怨的诸多原因中,有些是相当合理的。例如,在关于美国商业利益集团要求的投资者保护的哈瓦那辩论提出的问题中,美国投资者过分要求起诉东道国的私人法律权利,以阻止为保护公共健康和环境安全而采用相关法规。制药公司也成功地要求过多的专利保护,以至于发展中国家的穷人无法获得重要的药物治疗。正如前面的第 14 章中所讨论的,在很大程度上,商业"完美主义者"有效阻止了《哈

瓦那宪章》的通过，因为该宪章的条款规定促进充分就业和采纳公平劳动标准。与拟议的国际贸易组织做出的承诺消除不公平的劳动条件的规定不同，《关税与贸易总协定》只允许进口国禁止进口监狱中的劳动者生产的商品。

20 世纪 50 年代初期，美国提议修改《关税与贸易总协定》，旨在使用与《国际贸易组织宪章》类似的语言，解决低于劳动标准的劳动条件问题，但是，未能获得其他缔约方的必要共识。[2] 在随后的几十年里，越来越明显的是，在《关税与贸易总协定》和后来的《世界贸易组织协定》包含公平劳动标准可能为今天威胁到该体系的许多劳工抗议行动提供解决方案。

乌拉圭回合谈判于 1994 年收官，并就建立世界贸易组织（简称世贸组织）达成协定，在乌拉圭回合谈判中，美国和其他发达国家再次提出了劳动条件问题，但是，又一次没有成功。甚至，他们的谈判代表推动成立一个委员会来研究贸易和劳动标准之间的联系，也失败了。国会已经授权，将尊重工人权利作为乌拉圭回合的目标之一。在向国会提交拟议完成的立法时，克林顿政府承诺继续将劳工权利列入世贸组织的议程。两年后，在新加坡举行的世贸组织第一次部长级会议上，各成员国同意促进“国际认可的核心劳动标准”宣言，但结论是，“国际劳工组织是制定和处理这些标准的主管机构”。《共同宣言》特别指出：“我们拒绝以保护为目的使用劳动标准，并认同各国的比较优势，特别是低工资发展中国家的比较优势，在任何情况下都不会被质疑。”[3]

《北美自由贸易协定》

随着劳工问题不断被排除在《关税与贸易总协定》/世贸组织议程之外，美国已寻求在其他场合（即通过双边和区域贸易协定）解决劳工权利和环境保护问题。有趣的是，在形成非歧视性的国际贸易秩序方面，英美关系中最麻烦的问题——英联邦的帝国特惠制——现在在多边体系中宽容的，甚至鼓励的世贸组织成员国双边和区域自由贸易协定中几乎被遗忘了。帝国特惠制的重要性消除了，很大程度上是由于战后通货膨胀的影响。当价格上涨时，以重量而设定的特定关税(例如每磅 10 美分)而非从价税,在价格上涨和优惠幅度保持较低时,则变得无足轻重。虽然美国的谈判代表遵循科德尔·赫尔和威尔·克莱顿的哲学,憎恶歧视性关税,但是,《关税与贸易总协定》特别允许他们建立关税同盟和自由贸易区,主要目的是促进战后欧洲经济一体化。威尔·克莱顿领导下的《关税与贸易总协定》/国际贸易组织高级谈判代表克莱尔·威尔科克斯解释了这种明显不一致:"关税同盟有助于在多边主义和非歧视的基础上扩大贸易;优惠制度并非如此。"[4] 换句话说,关税同盟和自由贸易区可能是歧视性的,但是,它们扩大了自由贸易,并鼓励其他国家参与多边贸易体制,降低贸易壁垒。威尔科克斯、克莱顿和之前的科德尔·赫尔都认为,帝国特惠制旨在通过隔绝来自体系之外国家的竞争,限制贸易。在所谓"竞争自由主义"概念下,世贸组织内部的自由贸易协定开始受到青睐,这一概念鼓励了其他国家也这样去做。

不管理由如何,在近几十年里,《关税与贸易总协定》第 24 条有关关税同盟和自由贸易区的自由贸易协定存在的漏洞已经明显扩大。双边和区域自由贸易协定提供了一个现成的工具,填补了世贸组织的空白,特别是在劳工权利方面的缺陷。在世贸组织成立前一年,美国、加拿大和墨西哥达成了肇始于 1994 年的《北美自由贸易协定》,旨在加强北美的经济一体化。《北美自由贸易协定》从一开始就具有争议性,主要是因为墨西哥作为一个发展中国家与北部富裕而又发达的伙伴国家相比,存在经济差异。

作为众议员,1993 年我投票支持《北美自由贸易协定》,主要是因为我所在国会选区的经济利益集团大多支持该协定,领导支持力量的是农场主和纺织纤维生产商,农场主希望出口更多的农产品,纺织纤维生产商希望在该协定条件下能够更好地与亚洲进口产品竞争。我还相信,加强与墨西哥和加拿大的经济关系有利于美国在世界政治经济中的战略利益。当然,并非所有的选民都同意我的观点。一名服装制造商——约翰·伯奇协会(John Birch Society)* 的追随者——反对政府对私人商业任何形式的干预,除了保护他的生意免遭外来竞

* 美国一个保守的反共团体。——译者注

争。他在我华盛顿的办公室外抗议，要求我投票反对《北美自由贸易协定》。我的许多同事也不同意我的观点，在众议院里，60%的民主党人在多数党领袖理查德·A. 格普哈特(Richard A. Gephardt, D-Mo)和多数党干将大卫·E. 博尼奥(D-Mi)的领导下，投票反对《北美自由贸易协定》，对于这些人，我非常尊敬，但是在许多贸易问题上，我不同意他们的观点。

自《北美自由贸易协定》达成以来，它一直是所有所谓的国际贸易弊病的政治招贴代言人和替罪羊。有组织的劳工支持者和反建制的十字军如拉尔夫·纳德尔(Ralph Nader)站在左派立场上，极端民族主义者，包括总统候选人帕特·布坎南(Pat Buchanan)和罗斯·佩罗，站在右派立场上，一直在不断地攻击这份协定。由于这本书重点关注的是贸易政治学，在很大程度上，我将听取其他人对《北美自由贸易协定》的经济影响的看法，但需要注意的是，美国国际贸易委员会和国会预算办公室的独立分析发现，《北美自由贸易协定》"对美国整体经济有着小而积极的影响"。[5] 这个结果正如大多数经济学家在1993年对《北美自由贸易协定》投票时预测的那样。300名经济学家——包括米尔顿·弗里德曼(Milton Friedman)这样的保守货币主义者和保罗·萨缪尔森这样的自由凯恩斯主义者——的观点非同寻常的一致，他们写信给克林顿总统，请求支持《北美自由贸易协定》，同时驳斥辩论双方夸大了的政治主张。当时在麻省理工学院工作的保罗·克鲁格曼称，对美国经济而言，这项协定"在经济上不重要"，但是在某种程度上，支持它是为了支持墨西哥自由市场改革者的政治力量。20世纪80年代末，墨西哥开始从国有化工业和贸易保护主义的国家主义经济政策转向更加开放的经济。克鲁格曼和其他人正确地预测到，这项协定将增强墨西哥中产阶级的实力，减少非法移民的压力。在描述这场辩论时，克鲁格曼说，"反对《北美自由贸易协定》的人在说恶意的谎话。主张《北美自由贸易协定》的一方在说一些善意的谎言"。[6]

毫无疑问，由于协定的达成，墨西哥失去了一些工作机会，正如一些行业和美国工人从中受益一样。[7] 除了《北美自由贸易协定》外，其他因素也在这一时期的北美经济和工作岗位转移中起到了重要作用，其中包括《北美自由贸易协定》

生效后的墨西哥比索的崩溃以及生产自动化的技术进步。无论如何,《北美自由贸易协定》生效后的 5 年里,美国失业率逐渐降至 4.1%,这是 30 年来的低水平。[8] 我记得,当时在我的家乡佐治亚州的雅典(Athens)的一份报纸上看到了一条头版新闻,内容是当地一家蓝色牛仔裤工厂倒闭导致工人失业,而该公司的管理层将倒闭归咎于《北美自由贸易协定》。然而,在同一报纸的几页中,出现了一篇关于另一家当地纺织相关的工厂扩张的文章,这家工厂的管理层在同一个劳动力市场找不到足够的工人来完成新的工作。可以这么说,正如经济学家们预先预测的那样,无论是《北美自由贸易协定》支持者的乐观预测,还是罗斯·佩罗预测的数以百万计工作岗位向南转移的可怕"前景",都没有成为现实。

在 1992 年第二任期的竞选活动中,布什总统批评他的对手比尔·克林顿州长拒绝在《北美自由贸易协定》上持有立场,而后者此前曾在 1991 年支持《北美自由贸易协定》。随着在协定制定过程中有组织的劳工和环保组织对协定进行攻击,克林顿说,他希望在支持协定之前先研究一下完成的作品。在大选前的最后一个月,克林顿说,他支持《北美自由贸易协定》,但是,他不赞成不增设旨在提高墨西哥劳工和环境标准的条款。1992 年 12 月,也就是竞选失败的一个月后,布什总统在没有任何劳工和环境条款的情况下迅速签署了该协定,这使克林顿更难以修改该协定的文本。然而,在克林顿就职后的两个月内,克林顿政府与墨西哥人开始了会谈,并在接下来的 5 个月之后,与两国就劳工和环境问题达成了附属协议。

这些谈判的主要问题围绕着美国的要求,即如果一个国家未能执行本国劳动法和环境法,每一个国家都可以对其实施制裁。加拿大最反对这一要求,因此几乎破坏了谈判。这个问题最终得到了解决,并达成协议,成立三个国家环境合作委员会和劳动合作委员会,分别监督环境法和劳动法的遵守情况。关于其他事项,委员会将有权制定最低标准,涉及美国和墨西哥的情况下,委员会将拥有争议解决权。如果在委员会内部无法解决争端,将成立一个仲裁小组,如果一个国家不执行其法律,该小组有权实施有限的贸易制裁和高达 2 000 万美元的罚款。然而,对加拿大提起诉讼的情况下,加拿大的法院系统将不得不强制执行任何处罚。除了劳工方面的附属协议外，墨西哥总统卡洛斯·萨利纳斯·德戈塔里(Carlos Salinas de Gortari)还表示愿意在墨西哥采取措施，提高最低工资水平。

在国会，美国劳工支持者的回应是及时的。多数党领袖迪克·格普哈特曾基于一个支持劳工、反对贸易的平台，参加1988年民主党总统候选人竞选，他宣称："附属协议在一些重要方面存在不足……我不能支持现在这样的协议。"美国劳联-产联主席莱恩·柯克兰(Lane Kirkland)解释说："附属协议将工人权利和环境保护委托给没有实际执行机制、没有权力实施贸易制裁和不采取有效补救措施的委员会。"[9] 事实上，因为附属协议不是《北美自由贸易协定》的内在构成部分，不具有商业纠纷解决条款同等的执行效力，所以《北美自由贸易协定》的劳工条款只是一个适度的第一步，被证明在很大程度上是不起作用的。

《美国-柬埔寨纺织品协定》

《北美自由贸易协定》生效后，当下一个机会出现时，我担任美国贸易代表办公室的纺织业代表，将美国贸易关系中的劳动标准向前推动。这项事业涉及与柬埔寨的纺织品贸易，柬埔寨还不是世贸组织成员国，因此，超出了世贸组织的管辖范围。柬埔寨经历了20年的残酷混乱局面之后，1996年从一穷二白的荒芜中崛起。为了鼓励发展并将该国带入20世纪，1996年10月美国与柬埔寨签署了一项全面的贸易协定。次年，克林顿总统将柬埔寨列为美国普惠制(GSP)计划中最不发达的受益发展中国家。

1974年《贸易法案》第一次授权实施普惠制计划，普惠制计划对从发展中国家进口的某些产品(例如，不包括纺织品和服装等政治上进口敏感产品)给予免税地位或优惠关税待遇，并对最贫穷的国家，即被指定为"最不发达"的国家给予额外的特殊贸易优惠。在1979年的东京回合谈判中，这种有利于发展中国家和最不发达国家的非对等(互惠)、差别性待遇被授权作为《关贸总协定》最惠国待遇条件的例外。采用普惠制计划的工业化国家制定他们自己的标准和给予优惠待遇的条件。按照美国的计划，国会要求总统在选择受益国家之前考虑一些标准，例如，该国是否提供了充分和有效的知识产权保护。当前讨论中最重要的问题是，自 1984 年以来，总统必须考虑受援国是否“已经或正在采取措施对工人进行保护……保护国际公认的工人权利”。[10] 根据普惠制计划，将柬埔寨指定为一个受益国之前，美国要求柬埔寨政府承认工人权利，用符合国际劳动标准的劳动法取代其现有的劳动法，柬埔寨国民议会要在美国劳工部和劳工权利非政府组织的严格监督与援助下这样去做。

遗憾的是，在一个历史上没有劳动管理法规、没有必要的培训和执法资源的国家，一部强大的劳动法对改善劳动条件几乎没有作用。美国驻金边大使馆经常收到有关服装厂侵犯劳工权利的报告，内容包括不安全的工作条件、管理层对工人的虐待、强迫加班、擅自开除车间管理人员和工会代表、劳工检查员的腐败、拖欠或少付工资以及管理层对车间管理人员选举的干预。1998 年 6 月，美国劳联-产联与一个由人权、劳工、学术团体和宗教团体建立的组织，为国际贸易中的劳工权利而斗争，现在这个组织被称为“国际劳工权利基金”(International Labor Rights Fund)，该组织与美国贸易代表办公室一起提出请愿，暂停对柬埔寨实施普惠制，因其未能达到劳工权利资格标准。

随着劳工请愿活动的进行，美国纺织业开始大声要求保护自己免受柬埔寨进口激增的影响。在贸易协定签署后的两年里，随着新的外国投资进入，柬埔寨的经济迅猛发展，在工业领域占主导地位的外国投资总是首先发展贫穷国家的服装制造业。在短短的时间内，柬埔寨服装厂从 25 家增加到 114 家，雇用了 7.2 万名工人，待审批的新投资是这一数字的两倍还要多。服装对美国的出口额从 1996 年的 240 万美元增至 1998 年的 3.08 亿美元，约占柬埔寨服装总产量的 75%。对于一个失业率居高不下、人均年收入估计为 252 美元的国家来说，这种新的投资和生产在创造就业岗位方面具有强大的作用，尤其是对于没有其他就业前景的妇女来说(更是如此)。

作为美国贸易代表办公室的首席纺织谈判代表，我主要负责制定解决方案，以解决美国纺织业的需求和劳工问题，其方式不会阻碍柬埔寨从其悲惨的近期历史中崛起的进展。我对柬埔寨的关注可以追溯到1970年,我和我未来的妻子在就读的大学参加学生抗议游行,反对尼克松/基辛格在越南战争期间入侵柬埔寨。尼克松总统下令的最初秘密轰炸和最终美国入侵柬埔寨动摇了这个国家的稳定,导致内战与波尔布特(Pol Pot)红色高棉的灾难性接管。

与往常一样,我们与柬埔寨就纺织品问题进行的谈判引起了众多利益集团的关注,并涉及了战略外交政策优先事项问题。至于后者,在多年的混乱和集权控制之后,柬埔寨拥有健全的经济和稳定、民主的政治制度符合我们的战略利益。

在两个主要的竞争利益集团中,美国进口商和零售商站在继续对柬埔寨不进行贸易限制的立场上,这样就可以为他们提供一个新的服装来源,从而不再局限于世贸组织成员方的纺织品出口。世贸组织成员方的生产商一直受到《多种纤维协定》复杂配额制度的限制,这种情况直到2005年才结束,此时,根据乌拉圭回合协议,配额被强制取消。很自然地,美国国内纺织业代表了保护主义利益集团,希望缩减或至少控制快速增长的柬埔寨进口纺织商品。尽管美国纺织业大部分位于东南部,传统上是强烈反对工会的,但是在大多数贸易问题上,有组织的劳工加入了该行业的保护主义立场。隶属于美国劳联-产联的主要的纺织工人工会是针织业与纺织业雇员联合会(UNITE),它代表了25万名纺织工人。美国消费者和零售企业主是进口商贸易立场的受益者,他们的投票人数远远超过受益于纺织保护主义政策的管理层、工人和其他人。尽管如此,华盛顿的政治力量历来都倾向于纺织工业和工人,而不是缺乏组织的消费者利益集团。

尽管至少自20世纪70年代以来美国纺织和服装制造业一直在下降,但是,在1999年,纺织业仍是美国制造业中最大的雇主,为近130万名工人提供就业机会,这还不包括羊毛生产者、棉花种植者和其他供应商。毫不奇怪,我在20世纪90年代初作为成员的国会纺织核心小组是国会山贸易问题上最强大的政治力量之一。纺织和服装企业是当时东南部农村地区的主要雇主(例如,占北卡罗来罗纳州总就业的30%),而且,这些企业也是加利福尼亚州、新英格兰和大西洋中部的大都会地区的重要就业来源,包括曼哈顿的服装生产区。在我们与柬埔寨谈判时，在 1997 年开始的亚洲金融危机期间纺织业受到了竞争性进口的巨大冲击，当时 10 个主要纺织品出口国的货币贬值近 40%。从 1998 年 7 月到 1999 年 7 月，美国纺织和服装业失去了 12.1 万个工作岗位，下降了 8.9%。[11] 货币操纵已成为贸易问题辩论中的首要议题，这一点也不足为奇。

在提出与柬埔寨打交道中的谈判立场时，我的跨部门代表团考虑了所有相互竞争的利益集团。我和商务部的同事特洛伊·克里布一起，与可能受到影响的每个利益集团的代表举行了几次会议。克里布是纺织品协定执行委员会(Committee for the Implementation of Textile Agreements，CITA)主席，我依靠他获得进口统计的技术信息以及其他方面的支持，尽管我们经常听取说客们为了这些利益集团的单独发言，但是，正如他们通常所偏好的那样，我的偏好是在一个公开会议上把他们都召集到一起，这样他们都能听到我们正在接受未加过滤的对立立场。

除了商务部的与会者之外，我们还邀请了来自国务院、劳工组织、财政部和美国海关的代表。在大多数情况下，国务院和财政部的代表更倾向于自由贸易，而就本案而言，国务院的代表赞成保护，财政部的观点决定于海关，那时的海关在财政部领导下，海关代表其利益。商务部和劳工组织的代表更倾向于保护主义的做法，因为它们分别与国内工业和有组织的劳工有关系。作为总统行政办公室一部分的美国贸易代表办公室的代表，我负责领导代表团制定提案，并确保在我们一致呈现的立场上，最重要的是体现总统的意见。

有一件事情是肯定的，克林顿总统赞成将劳动标准纳入贸易协定。在公开讲话中，包括在最近发表的国情咨文中，他经常提到劳工问题在贸易中的重要性。即使没有总统的这种偏好，我本人也决心在谈判中把它作为优先事项，并决定尝试一种新的方法来达成这一目标。美国贸易代表办公室助理乔恩·罗森鲍姆(Jon Rosenbaum)正在围绕美国劳联-产联因劳工问题的记录而请愿拒绝给予柬埔寨普惠制，按照乔恩·罗森鲍姆的建议，我们第一次决定在贸易协定中对执行劳工法提供贸易救济，取代对执法不严的惩罚性制裁，换句话说，实行“胡萝卜，不加大棒”的鼓励政策。当我与美国贸易代表夏琳·巴尔舍夫斯基磋商时，对于这个方法，她说，“去做吧”。

认识到在柬埔寨实施劳动标准的主要障碍之一是在这个最贫穷的发展中国家缺乏培训和资源，我决定设法从国际劳工组织获得援助，提供培训，并建立一个客观、独立的监测计划，审查柬埔寨执行劳动标准的做法。国际劳工组织根据1919年结束第一次世界大战的《凡尔赛条约》而成立，是一个独立的第三方组织，为了提高工人权利，与国际联盟一起向工人、雇主和政府发出声音。当时，美国劳联的负责人塞缪尔·戈佩尔斯任该组织章程起草委员会主席。尽管共和党控制的美国参议院阻止对该条约的批准，但是富兰克林·罗斯福总统领导的美国在1934年加入了国际劳工组织，同年科德尔·赫尔开始了他的互惠贸易协定计划，最终促成了关贸总协定的创立。

然而，国际劳工组织的成员也包括世界贸易组织中的发展中成员国，这些发展中国家坚决反对贸易和劳动标准之间的任何联系。出于这个原因，我担心国际劳工组织参与我们将劳工权利的执行与贸易利益挂钩的提案可能会带来异议。在接下来的一次访问世界贸易组织的行程中，我悄悄地安排了在日内瓦的国际劳工组织总部与其高级职员会面，探讨让后者参与我们与柬埔寨的劳工提案的可能性。幸运的是，他们位于泰国曼谷的办公室已经开始在该地区开展业务，并同意承担该项目。后来，在获得资金支持国际劳工组织的项目方面，劳工部执行副部长安德鲁·萨梅特(Andrew Samet)起到了重要作用。

另一个有利于我们就劳动标准达成合理协议的因素是我在谈判中的柬埔寨对手，即(柬埔寨)商务部部长占蒲拉西(Cham Prasidh)。1998年12月，我在第一轮会谈中见到他时，我就知道他是聪明的、坦率的、诚实的，他似乎是受到把他的国家从穷困状态中解放出来的一种决心的激励。一开始我很谨慎，因为我认为他和洪森(Hun Sen)总理的关系可能会带来一些困难。洪森曾逃亡越南，并于1979年随越南入侵回到柬埔寨。10年后，越南人离开时，洪森已成为总理，自此以后的大部分时间里他掌控着权力。多年来，占蒲拉西一直是洪森的忠实秘书，显然他获得高级部长职位，应当感谢这位总理。

当占蒲拉西与他的代表团抵达华盛顿参加我们的第一次谈判会议时，他向我表明，他的主要目标是使他的国家摆脱过去的野蛮和到处雷区的状态。在第一次会议和在金边召开的最终会议上，我们就配额数量和产品类别进行了谈判，但是没有就我方要求的劳动标准的执行问题进行重点谈判。我相信占蒲拉西真诚地希望柬埔寨成为一个被人所知的地方，在那里工人们得到很好的对待，而不是建立在冷酷无情的血汗工厂之上的经济繁荣的国家。在金边，他带我和美国驻柬埔寨大使肯尼斯·奎因(Kenneth Quinn)在他的家里与总理会面。在那里，洪森告诉我，他知道其他发展中国家批评他在我们的协议中接受了劳工条款，但是，他同意占蒲拉西的观点，在现代世界中，这项规定对柬埔寨的工业发展是重要的。

占蒲拉西还告诉我，柬埔寨的相邻发展中国家向他抱怨我们的劳工条款，并建议他不要接受这些条款。他的美国咨询师和顾问们——代表在柬埔寨采购商品的美国零售商和美国进口商的说客——都坚决反对这些条款，并向我们的代表团和占蒲拉西及其下属表达了反对意见。美国服装制造商协会——代表也进口服装的美国制造商——在他们的外国工厂里制定了他们自己自愿的劳动标准准则，但是，他们反对可能会限制其采购选择的政府强制实施的准则。美国纺织业认为，劳工条款是一个好主意，但是，其代表主要关注的是确保该协定实施充足的新进口配额。我们的代表团听取了所有利益相关方的关切，但是，我们决定将劳工权利的执行纳入协定。

美国劳联—产联因劳工滥用而要求拒绝给予柬埔寨普惠制好处的请愿书引发了谈判中的劳工问题讨论，而且非常坦率地说，我们希望他们支持我们的工作。在准备提案时，我经常和针织业与纺织业雇员联合会(UNITE)接触，包括他们在纽约的领导层：总裁杰伊·马扎尔、首席政策顾问马克·莱文森(Mark Levinson)和法律顾问马克·巴伦伯格(Mark Barenburg)。他们的关注在于，所有要求是实质性和决定性的。他们希望我们避免使用传统的模糊要求，即柬埔寨“采取措施”，提供劳工权利。他们甚至建议了该条款所使用的语言，由曾经是哥伦比亚大学法学院教员的马克·巴伦伯格起草。我发现，他的语言对柬埔寨主权影响太大了，即使是作为公开讨价还价的姿态。

我们提议采用的语言并且被占蒲拉西部长接受的语言是，柬埔寨政府承诺有效执行现有劳动法，并增进柬埔寨严格劳动法所体现的一般劳动权利。（柬埔寨）政府还同意支持通过柬埔寨劳动法，实施培训计划，改善纺织和服装行业的工作条件，包括国际公认的核心劳动标准。虽然由于国际劳工组织不是签署协定的一方，因此，不包括在签署的协定中，但是，柬埔寨人同意，该计划将通过国际劳工组织实施，在安排确定后，国际劳工组织也将监督劳动法的执行。[12]

3年期的协定确定了12个服装类别的进口配额，大多数服装类别的年增长率为6％。这些配额令美国纺织业感到满意，但是，也足够自由，令柬埔寨满意。作为鼓励提高劳动标准的激励措施（即“胡萝卜政策”），美国政府决定，我们同意所有配额每年额外增加14％，条件是柬埔寨纺织和服装行业的工作条件“实质上符合”柬埔寨劳动法和核心劳动标准。建立国际劳工组织监测项目的过程因官僚作风而拖延，直到协定达成的第二年才开始实施。然而，美国大使馆职员在第一年就有所作为，1999年8月至11月访问了柬埔寨26家制衣厂（占全部工厂的15％），并对政府、管理层、工人和工会进行了多次访问。

大使馆的报告不仅包括积极和消极的发现，而且得出结论：劳动条件尚未“实质上符合”柬埔寨法律。然而，柬埔寨政府在短时间内做出了重大改进，包括安排工会登记，改善工厂的健康和安全条件，批准了12项国际劳工组织公约，并向工厂发布公告，阐明劳动法规并要求符合出口许可证的条件。报告发现，在有关童工（在发展中国家常常存在这样的问题）、最低工资、强迫劳动和非歧视方面，柬埔寨符合核心劳动标准。从消极的方面来看，报告发现，普遍存在非自愿加班和周末加班现象，执行劳动法投入的资源不充足，以及结社自由和集体谈判违规行为。劳动部已经成功调解了77起劳资纠纷，其中包括42起发生在制衣工厂的罢工，但是，一般认为它是一个中立的调解人，而不是一个劳工权利的执行者。执行不力的最重要原因是缺乏培训和资源以及工会组织不良、未经培训和纪律不严的事实。

在决定我们的答复之前，商务部发布了一份公开请求，要求对配额奖励的决定发表评论。在没有看到大使馆报告的情况下，进口商和零售商敦促我们给出全部的奖励，即额外 14%的配额，因为他们认为柬埔寨完全遵守了劳动法。而针织业与纺织业雇员联合会要求我们不给奖励。针织业与纺织业雇员联合会和美国劳联-产联都没有在柬埔寨出现过。针织业与纺织业雇员联合会的建议是根据柬埔寨王国自由工会提供的评论所附报告提出的。该报告引用了一系列在政府的一些合规行动尚未生效之前一年的前 5 个月被指控的违反劳动法的事件。必须指出的是，这个工会在我们签署协定的时候已经由劳工部部长登记注册，是柬埔寨唯一一个隶属于政党的工会，并且这个政党恰好是洪森执政的柬埔寨人民党的主要反对党。

基于大使馆的分析——我们在协议中确定的日期，即 1999 年 12 月 1 日，就柬埔寨遵守其劳动法的问题所做的唯一全面的、客观的报告，我们不得不向柬埔寨人传达一个否定的决定。这一天碰巧占蒲拉西和我都在西雅图参加动荡的世贸组织会议。当时，柬埔寨只是一个观察成员，占蒲拉西作为一名官方观察员出现在西雅图。

我们两人在一家日本餐馆碰面，共进晚餐，在那里我告诉了他不想听到的消息。我告诉他，我们的代表团真诚地相信，柬埔寨政府在遵纪守法方面做出了诚意的努力，并在第一年内柬埔寨的劳动条件得到了许多改善，但是为了达到协定中规定的标准，还需要做更多的工作。不过，为了承认他们所做的改进，我告诉他，我们正在考虑今年将配额提高一个较小的百分比，以认可他们诚意的努力并继续推进这个计划。占蒲拉西没有掩饰他的失望。他认为，我们已经同意用“真正的胡萝卜而不是虚假的胡萝卜”来奖励他们的努力，这就是他对我们的决定的描述。他说，他们相信达到了标准，并且不想要一个部分奖励。

当我回到华盛顿时，我写信给占蒲拉西部长，确认我们的决定，附上了大使馆的报告，并向他提出，一旦国际劳工组织计划实施，以鼓励柬埔寨继续努力，我们就将其配额增加 5%。

1998 年加入美国贸易代表办公室之后，我从完成的第一项贸易协定中得到了教训，在政治上，不可能让所有的竞争性利益集团对贸易谈判感到满意，特别是充满政治色彩的纺织行业。因此，我修改了设定贸易协定谈判目标的方法。从那时起,我的目标不是让所有利益集团都满意,而只是试图让所有利益集团都感到适度的不高兴。从对最终的柬埔寨协定做出反应之后我们得到的消息来看,我们似乎成功地使所有的利益集团不高兴,有些则是过度不高兴。

劳工组织立即做出反应。当我们的决定公开时,在给我的一封信的第一句话中,杰伊·马扎尔写道:“你提议给柬埔寨增加5%的配额让我非常不安。”他继续说道:“严重违反柬埔寨劳动法的行为仍然没有得到解决……我仍然认为,在国际贸易体系中,遵守和执行核心劳动标准以及基本人权的国家应得到奖励。但是,提高柬埔寨的配额将削弱协定旨在鼓励的激励措施。”[13] 圣诞节前夜,在佐治亚州的农场我与马扎尔进行了一次长时间的电话交谈,我向他解释说,我们相信柬埔寨人正真诚地努力改善劳动条件,并在执行他们的劳动法律方面取得了重大进展,而他们没有足够资源来完全满足我们设定的标准。如果我们完全忽视他们的成就,他们很可能会听从美国进口商的建议,放弃劳工权利计划。

至于美国进口商的观点,他们的游说者既不喜欢配额,也不喜欢协定中的劳工条款,并且完全忽视了我们5%的配额奖励。2000年2月28日《华尔街日报》的一篇文章基本上阐述了美国进口商和零售商的立场。进口商协会的一名游说者带记者参观了柬埔寨的服装厂,显然提供了大量的错误信息,以支持进口商的观点。记者委婉地问道,“贸易政策能够被用于改善穷国工人的生活吗?”然后,她这样回答了记者的问题:

> (柬埔寨纺织品)贸易协定显然使数千名妇女的生活发生了变化,她们为盖璞制作针织衬衫和限量版蓝色牛仔裤。但是,故事并没有就此结束。这是一个更为复杂的故事,不仅提出了帮助贫穷国家的最佳途径问题,而且提出了那些在国外倡导劳工权利的美国人的动机问题。到目前为止,柬埔寨人的服装配额还没有增加。尽管劳动条件有所改善,美国的工会组织还是阻止了任何配额变动。

记者详细描述了协定推动的劳动条件改善,并引用了巴舍夫斯基大使和我对柬埔寨劳动条件改善的赞扬。但是,记者明确指出,我们拒绝增加配额(不考虑 5%的增加额)，因为她断言，“在决定配额时，针织业与纺织业雇员联合会的观点是克林顿政府唯一考虑的外部观点”。重要的是，她对大使馆提供的工厂客观审查报告没有做出任何价值判断，我们主要依赖大使馆提供的工厂客观审查报告，并排除了美国劳工部的参与，因为它是被派去审查进展情况的“一个官僚机构”。[14]

2000 年 5 月，当国际劳工组织的计划启动并运行时，我们官方给予柬埔寨已经承诺的 5%的配额奖励。2000 年 9 月，由于柬埔寨在 4 个领域的劳工权利合规方面取得了进展，除了已经增加的配额，美国增加了额外 4%的配额，总额为 9%(加之商定的年增长 6%)。美国进口商、柬埔寨服装制造商和占蒲拉西部长仍然抱怨说，美国正在继续缩减柬埔寨人的努力应得的配额。尽管美国纺织业反对增加配额，但是，到 2000 年年底，有组织的劳工开始赞扬该计划，并支持美国政府在创建和执行该协定方面的行动。“柬埔寨政府在这方面做得很好，”一名美国劳联-产联的官员说，“他们表现出了真诚的努力，来回应美国的关切。”另一名劳工组织的官员承认，虽然柬埔寨尚未达到实质性的合规水平，但是，他说：“情况有所改善，必须在奖励进步和利用我们的杠杆帮助工人获得更多权利之间取得平衡……如果它不仅仅是奖励公司，且被用来帮助工人，我们可以支持额外的配额。”[15]

总之，许多年来，1999 年依从先例达成的《美国-柬埔寨纺织品协定》(US-Cambodia Textile Agreement)取得了显著的积极成果。2002 年 1 月，美国大使罗伯特·B. 佐利克(Robert B. Zoellick)——乔治·W. 布什政府时期的第一任美国贸易代表——将这项具有劳工条款和国际劳工组织参与的协定续签了 3 年，并称这份续签协定是“贸易协定导致经济增长和促进对工人权利更大尊重的一个极好例证”。尽管仍然存在一些相同的问题，美国继续给予 9%的配额奖励，并且将 14%的潜在配额增长率提高到了 18%。[16]

2004 年，也就是(履行)协定的最后一年，因为计划于 2005 年终结配额制度的日子来临，许多观察家关注来自中国的日益加剧的竞争。多年来，许多纺织品生产的发展中国家的贸易部部长一直抱怨配额问题，现在，他们把配额视为保证自己国家的市场份额的办法，因为配额适用于中国这个服装生产大国。到那时，柬埔寨已经成为一个拥有高劳动标准的生产商，在买家和消费者中享有盛誉，并开始依靠这一因素来获得竞争优势。“全球公平倡议”(Global Fairness Initiative)的主席敦促西方零售商和消费者继续购买柬埔寨服装，他在2004年12月《华盛顿邮报》的一篇文章中写道：

> 在与贸易有关的伙伴计划中，柬埔寨劳工合规计划是最成功和被广泛认可的创新之一。产业、政府、工会和民间社团给予了一致的赞扬。

2004年，协定结束，柬埔寨加入世贸组织，并且第二年多纤维配额安排终止，占蒲拉西说：“在配额结束之后，我们正在将我们的劳动标准扩展，因为我们知道这就是继续拥有买家的原因。如果我们不尊重工会和劳动标准，就等于杀鸡取卵了。”他的同事恩罗兰(Roland Eng)——1999年柬埔寨驻美国大使，2005年负责发展问题——认同道，“对柬埔寨来说，纺织业的劳工计划比任何其他发展计划都更加重要，因为我们知道工资直接付给柬埔寨工人，以提高他们的生活水平”。

更高的劳动标准为利维·施特劳斯(Levi Strauss)、盖璞、阿伯克龙比和菲奇(Abercrombie & Fitch)以及其他国际零售商和服装生产商提供了在柬埔寨采购的宝贵的激励。盖璞——2005年柬埔寨服装最大采购商——向柬埔寨人保证，只要遵守根据1999年纺织品协定制定的国际劳工组织特别劳工计划，他们将继续从柬埔寨购买服装。占蒲拉西部长总结道，该协定的好处已经超出了任何人的预期。[18]

2005年1月至2006年11月，国际劳工组织将柬埔寨受监测的工厂数量从50家增加到212家，并报告称，其用于评估劳动条件的5个主要标准的符合率为80%。[19] 国际劳工组织的计划由美国(70%)、柬埔寨政府(15%)和柬埔寨服装制造商协会(15%)共同资助。在卡内基国际和平基金会编写的问题摘要中，作者建议将《美国-柬埔寨纺织品贸易协定》作为其他贸易协定的样板，他注意到：

图 16.1　作者与柬埔寨商务部部长占蒲拉西在金边签署《美国-柬埔寨纺织品贸易协定》(1999 年 1 月)

> [柬埔寨服装制造]行业在工作条件和遵守法律方面取得的显著改善表明,这是美国政府资助的、促进海外工人权利的最成功、最具有成本-效益的项目之一。[20]

西雅图

1999 年在西雅图举行的世贸组织部长级会议(此前,在导言中已经讨论)上,再次正式提出了劳工权利问题。当时,有组织的劳工和其他不满全球化趋势的人们发起了自 20 世纪 60 年代以来美国规模和声势最大的公众抗议。在发出要求关注的劳工声音中,最重要的人物是非常愤怒的约翰 · J. 斯威尼。他是美国劳联-产联主席,通常彬彬有礼,举止不失体面,带着背叛的情感来到西雅图。当时,美国劳联-产联有来自 68 个工会的 1 300 万名成员。代表着支持民主党的政治基础的一个重要组成部分,在过去的 7 年里,他反对但容忍克林顿总统的支持贸易政策。斯威尼甚至试图与政府合作，为西雅图部长级会议做准备。在服务于总统贸易政策咨询委员会以及在与34位其他工业和劳工领袖的谈判中，在白宫同意要求成立世贸组织贸易和劳工工作组之后，斯威尼被克林顿说服，在一封支持美国西雅图会议目标的信上签了字。被提议的工作组将分析和报告将在下一次部长级会议上审议的若干劳工问题。鉴于许多来自发展中世界的世贸组织成员国不断反对将工人权利纳入任何贸易谈判议题，这被视为向国际贸易体制注入这一命题的重要的第一步。

然而，这封信一经发表，政府官员就开始轻视劳工提案的重要性，因为他们知道，如果把这看作在贸易协定中建立可执行的劳动标准的"第一步"，那么由于(成员国中)发展中国家是重要的部分，这将毫无成功的希望。美国贸易代表办公室的官员们以一种极其不具威胁性的方式向世贸组织的同行提出了这一建议。在有关贸易和劳工工作组的讨论中，美国贸易代表办公室使用的讨论要点包括这一建议性的表达："毫无疑问，我们不寻求创造保护主义的'特洛伊木马'。我们也没有参与策划破坏比较优势的阴谋。"

然而，总统咨询委员会中较为直言不讳的成员之一、美国商会主席托马斯·J. 多诺霍(Thomas J. Donohue)更进一步地否认这项提议的重大意义。《华盛顿邮报》的一篇文章报道了多诺霍曾游说斯威尼支持这封公开信，援引多诺霍的话说，"协定谈判与这些(贸易和劳工工作组)的研究毫无关系"。后来，他变本加厉，进一步说："即使美国站在自己的头上并吐出木制的镍币，环境和劳动标准也不会与贸易挂钩。商会不会让它发生，世界其他地方也不会让它发生。"[21] 显然，正如多诺霍所说，商会的立场没有任何进步，没有超越1950年的立场。

斯威尼旗下各个层次的工会领导人很快提出尖锐的批评，他们对斯威尼的支持表示震惊。一名美国卡车司机工会的官员说："当我们到达西雅图时，我们将反对世贸组织。这封信所表达的不是我们的立场。"[22]

当斯威尼抵达西雅图时，他有了其他一些理由认为他对政府贸易目标的支持是一个严重的错误。11月15日，(美国)政府宣布已与中国达成中国加入世界贸易组织所需的协议。美国劳工组织强烈反对中国加入世界贸易组织。在与中国达成协议的同时，斯威尼立即发表了一份声明，嘲弄克林顿在西雅图表达的“让全球经济更人性化”的愿望。[23] 斯威尼继续说：

> 在世界贸易组织保护工人权利、人权和环境的规则尚未成文之际，这项协议破坏了其可能性，并浪费了世贸组织实现其合法性的机会，在全世界人民中，其他国际机构缺乏这样的可能性和机会。[24]

会议前夕，政府官员向斯威尼发出通知，即美国将支持一项倡议，允许最不发达国家“所有产品基本上”免税准入，这也激怒了斯威尼。尽管可以确信这样宽泛的用语将不包括来自一个最不发达的世贸组织成员和美国首要的服装供应商——孟加拉国——的纺织品，斯威尼再次拒绝接受这样的现实。正如斯威尼的一个部下所观察到的，“约翰拿着那封签署过的信，为他们挺身而出，并且，他们正看着他这样做”。[25] 他的背叛和挫败感昭然若揭，当长期的工会盟友、众议员桑德(桑迪)·M. 莱文[Sander(Sandy) M. Levin, D-MI]在西雅图向斯威尼建议，由民主党收回对美国众议院的控制权情况会好得多时，通常冷静的斯威尼对莱文发了脾气。

当示威活动淹没了西雅图的时候，克林顿总统在接受旧金山的一家报纸电话采访中，试图通过同情劳工抗议者来平息这场风暴。任何了解比尔·克林顿及其政治风格的人都不会惊讶于他拥护听一听抗议者要求权利的呼声并将其纳入贸易进程，尤其是来自劳工和他所在政党的环境保护阵营的呼声。但是，几乎令所有人震惊，包括令他自己的贸易代表团中的每个人震惊的是，他拥护的远不止采访中所说的。似乎处在即兴的意识流状态中，他说：

> 首先，我们应该采取在世贸组织内设立劳工工作组的美国立场，然后，工作组应该制定这些核心劳动标准，再然后，它们应该成为每项贸易协定的一部分，最后，我会赞成一种制度，在这种制度下，违反贸易协定的任何条款都会受到制裁。[26]

克林顿对违反劳动标准的贸易制裁的惊人支持自然得到了劳工领袖的赞扬，但是，几乎所有贸易代表都像收到了一枚手榴弹。一名劳工领袖惊呆了，兴高采烈地说："以前，我们从未从任何政府机构得到这种反应，尤其是白宫。这是向前走了一大步。"[27]

11月30日，在劳工抗议游行开始前的一次演讲中，约翰·斯威尼要求世贸组织在开始新一轮贸易谈判之前，"将实施工人权利、环境和消费者保护纳入议题"。次日，斯威尼对总统的声明表示欢迎，并相信克林顿"立即明白贸易辩论的条件已经改变了"。[28]

但是，接任迈克·摩尔、被选为下一任世贸组织总干事的泰国副总理素帕猜·巴尼巴迪(Supachai Panitchpakdi)在新闻发布会上说，克林顿证实了发展中国家最坏的怀疑，即劳动标准只是新贸易壁垒的借口。另一位外交官预测，如果像美国提议那样，这样的制裁被正式化，"你将看到许多发展中国家的部长们在他们的酒店前台排队退房，离开西雅图"。[29] 欧盟代表团支持劳工工作组的提议，但是对克林顿的采访迅速做出反应，明确表示反对将贸易制裁与劳动标准挂钩。在欧盟内部，法国和德国领导了大多数北欧国家的坚定立场，赞成劳动标准，支持在贸易协定中加入他们所称的"社会条款"。然而，英国、荷兰、西班牙和希腊反对美国提议的劳工工作组。

美国代表团一直向发展中国家的贸易代表保证，工作组的提议并不是为了新贸易限制的一个隐藏议程。正如路透社报道的，用一位代表团消息人士的话来说，"在美国的领导下，它把我们的腿切下来了"。一位不愿透露姓名的"华盛顿高级助理"所做的官方回应不可避免地毫无说服力，他说："他(总统)表达了一个最终目标，而不是世贸组织的一个立即进行谈判所要达成的目标。"[30]

12月1日上午，大多数代表的酒店房间门口出现了一期包含克林顿访谈头版故事的《西雅图邮讯报》，当时各大酒店和会议中心之间的街道上已经完全没有示威者，因此官方会议得以正式开始。大多数代表的集体官方立场表明，无论是抗议还是克林顿的声明都没有对各种谈判产生重大影响。例如，美国特别贸易代表夏琳·巴尔舍夫斯基宣称："在实质上，我们已经走上了正轨。"[31] 然而，至少，谈判因严重拖延而受到困扰，而且不可否认地失去了平衡。现在，只有3天时间来消除美国与欧盟在农业补贴方面以及与世贸组织成员国其他复杂利益方面观点上的巨大分歧。

美国在西雅图会议和预期的新一轮贸易谈判中的目标之一是解决“民间社团”关切的问题，这是对那些在政治上不受欢迎的人的委婉说法，提出了使全球经济呈现“人性化”的几项建议。除了提出世贸组织贸易和劳工工作组的建议外，美国代表团还通过允许非政府组织建设和加强与世贸组织、国际劳工组织以及联合国环境规划署的机构关系，努力使世贸组织“更加开放和更容易接近”。美国在西雅图会议上的核心立场是提议启动新一轮贸易谈判，重点是在3年内完成农业、服务和工业关税谈判。到目前为止，美国议程中最重要的部分是农业，对于农业，美国试图消除出口补贴、削减关税和扭曲贸易的国内支持计划，并确保生物工程产品的市场准入。

欧盟为西雅图会议提出了一项更广泛的议程，对此，美国代表团认为，该议程意味着谈判“排除了农业”。[32] 欧盟希望有一项不去重视农业议题的议程，以避免对其政治敏感的共同农业政策产生负面影响。在与美国非政府组织类似的非政府组织监督下，欧盟强调有必要解决其“民间社团”的关切，并在其许多成员国持强烈保留意见的情况下，支持建立一个关于劳工权利的工作“论坛”。欧盟的建议旨在通过将国际劳工组织纳入论坛，并证明欧洲反对“基于制裁的方法”和针对低工资国家比较优势的保护主义限制措施，从而与美国建议相比，更少遭到发展中国家的反对。欧盟还提出了一项倡议，呼吁取消来自最不发达国家的“基本上所有”进口关税和配额。欧盟坚持消除以美国在纺织品上的高关税为示范的“峰值关税”现象。

发展中国家由一个自称“志同道合者集团”(Like-Minded Group)领导，当时主要由印度、巴基斯坦、埃及和马来西亚构成。即使印度和巴基斯坦在其共同边界上以核战争相互威胁，在日内瓦会议上，他们在贸易问题上针对富裕国家仍然保持“志同道合”。志同道合的发展中国家的主要诉求涉及他们所有重要纺织品出口的更好的市场准入，并且他们对劳工权利采取了强硬立场。他们预见美国和欧盟关于劳工条件的提议会导致发达国家市场出现新的壁垒，因此坚决反对。一位发展中国家的官员坚持认为，他们不会将劳动标准视为满足任何纺织品(出口)要求的潜在谈判筹码。

“发展中国家感到某种程度上受到了欺骗。”在西雅图会议前一周，世界贸易组织的中国香港代表夏秉纯(Stuart Harbinson)如是说。当时，担任纺织品出口国组织——国际纺织服装局(International Textile and Clothing Bureau, ITCB)——主席的夏秉纯对取消纺织品配额的进展缓慢保持了较为严格的克制态度。在美国，乌拉圭回合协定中这一部分的执行尤其缓慢。“当发展中国家认为尚未感受到乌拉圭回合的预期利益时，开展新一轮有意义的贸易谈判将是困难的，”他说，“发达国家关于贸易和劳动标准的所有言论都将被视为空洞而缺乏可信度的。在世界各地的发展中国家中，提高生活标准和劳动标准的最好办法莫过于工业国家向进口商品敞开大门。”[33] 国际纺织服装局成员国要求在 2002 年 1 月 1 日前消除至少 50%的配额。

在西雅图会议到来之前，欧盟开始发出积极的信号来回应这些要求。但是，正如一位贸易官员所观察到的，他们乐于助人的信号是无风险的，因为美国“不可能”同意加快其配额削减幅度，特别是在总统大选的前一年。巴基斯坦驻世界贸易组织代表告诉我，他知道欧盟在加快配额削减方面的支持立场只是“一种战术性的花招”，但是，他说，“让我们称之为虚张声势吧”。葡萄牙的一位高级外交官，也是欧盟纺织品排名前列的生产商之一，证实了这个花招，他敦促我不要转向欧洲的立场。[34]

在克林顿总统呼吁将贸易制裁与劳工权利挂钩之后，对美国劳工提案的反对变得越来越难以解决。1999 年，世贸组织 135 个成员国中有 80%的国家是发展中国家，这些国家共同要求在共识驱动的世贸组织决定中发挥更大的影响力，而此前(世贸组织决定)是由美国和欧盟主导的。美国的劳工提案已成为他们的首要目标。美国谈判代表开始在世贸组织内成立劳工工作组的要求上做出让步，并暗示，可能会接受欧盟提出的建议，即成立由国际劳工组织、世贸组织和其他国际组织(如世界银行和国际货币基金组织)组成的联合论坛。这个论坛将审查贸易与劳工之间的关系，不包括“任何与贸易制裁有关的问题”，并在下一次部长级会议上报告其审查中发现的问题。但是，“志同道合者集团”不会考虑这一点。“如果美国的提议付诸实施,我们将阻止在每个问题上达成共识,” 巴基斯坦贸易部部长威胁说,“我们将引爆这次会议。”[35]

印度驻世贸组织代表斯里尼瓦森·纳拉亚南(Srinivasan Narayanan)也采取了同样强硬的立场,在日内瓦他被认为是最强硬的谈判代表之一。后来,他向我解释说,在印度贸易是一个高度政治化的问题。他说,当他失去一个争端中的优势或失去谈判优势时,在印度媒体上会被高调宣传,而印度赢得的争端解决情况并没有被“公开宣传”。他说,在日内瓦,他被认为是最难以谈判的对手,但是,在印度,他常常因“太软弱”而受到批评。他说:“在理论上,发展中国家的利益广泛趋同,但是,在实际上,除了劳动问题之外,并非如此。”[36] 这种“志同道合”的立场只是不允许将劳工规则用于保护主义的目的。西雅图会议之后,印度商务部部长在日内瓦举行的一次世贸组织高级官员会议上说:“按照我们众所周知的做法,在世贸组织建立期间,我将避免谈论(劳动标准)。”[37]

在(西雅图会议)的最后一天,部长级会议简单收场,代表们离开西雅图,没有宣布确立新一轮贸易谈判,没有解决农业问题,没有解决计划讨论的任何其他问题,也没有看到劳动标准成为世贸组织协议一部分的希望。

不管人们持有怎样的观点,这场为期一周的“西雅图之战”是 20 世纪末国际贸易政治的全景快照。抗议者、非政府组织、商业游说者、政治家和官方代表所代表的利益竞争集团的狂欢节呈现了一系列复杂的冲突,这些冲突基本上使世贸组织有限的政治制度体系不堪重负。来自“民间社团”的抗议声音是对世贸组织成员国最终致命的国内利益冲突的一个响亮、喧闹的旁白。发达国家在农业、知识产权和反倾销等问题上受阻。发展中国家拒绝讨论劳动标准,因而他们提高市场准入的要求受阻。然而,抗议活动暴露了公众对全球化的某些后果的不满情绪,这种强烈的脉动是如此强烈,以至于在一个民主的世界里已经不可能再被政客们忽视。

“西雅图之战”也暴露了世贸组织作为一个政治决策机构所存在的制度缺陷。复杂的多边谈判能否由目前一个贸易体制中的 164 个成员国达成的共识加以规制而不再受最强大的成员国要求加以统治?这些问题,加之两年后中国加入世贸组织问题以及西雅图会议上突出的劳工和环境问题，被推到了21世纪。

超越世界贸易组织的自由秩序的推进

西雅图会议之后，有一件事变得非常清楚：劳动标准不会成为被世界贸易组织监管的自由世界贸易秩序中的制度组成部分。事实上，在乌拉圭回合之后，世贸组织旨在就解决其他难题达成共识的多边谈判回合机制可能已经成为过去。多哈回合于2001年“9·11”恐怖袭击事件发生3个月后开始。“9·11”恐怖袭击事件是一场悲剧，它使世贸组织成员团结一致，展示了世界秩序，结束了一场超过10年的谈判，暂时放弃了分裂发达国家和发展中国家的一些重大问题。多哈回合最终制定了《贸易便利化协定》(Trade Facilitation Agreement)，这对解决技术贸易壁垒的制度安排具有巨大的价值，并且，自此以后，世贸组织增添了《信息技术协定》(Information Technology Agreement)。最重要的是，在解决贸易争端和建立指导成员国的国际贸易规则方面，世贸组织继续发挥着至关重要的作用。然而，涉及劳工、环境、市场准入和终止农业补贴等政治冲突的谈判目前已经走到了尽头(无路可走了)。正如在《北美自由贸易协定》和《美国-柬埔寨纺织品协定》中的情况那样，广泛的多边推进的意图已经转移到更加狭隘的论坛上了。

在《美国-柬埔寨纺织品协定》实施后的一年，克林顿总统和约旦国王阿卜杜拉二世(King Abdullah II)于2000年10月会晤，在2001年签署了《美国-约旦自由贸易协定》(US-Jordan Free Trade Agreement)。正如《美国-柬埔寨纺织品协定》所述的，《美国-约旦自由贸易协定》文本中加入了强大的劳工条款，而不像《北美自由贸易协定》那样作为附属协议添加。与主要解决现有法律授权的配额问题的《美国-柬埔寨纺织品协定》不同的是，《美国-约旦自由贸易协定》涉及关税变动，必须经国会批准。克林顿总统不拥有“快速通道”谈判授权，这项授权于1994年到期了，这使得贸易协定的批准过程更加困难。

相对于《北美自由贸易协定》的附属协议而言,《美国-约旦自由贸易协定》中的劳工条款有了实质性的改进,对于这些改进,民主党人普遍赞成,而许多共和党人反对。主要原因是,工人权利条款涵盖的劳动标准清单比《北美自由贸易协定》附属协定中规定得更为广泛,并且,约旦协定中的劳工条款与商业纠纷同样适用于争端解决程序。关于《北美自由贸易协定》的劳工问题附属协议的一个主要问题是,在很大程度上,它的争端解决程序被证明是无效的。在《美国-约旦自由贸易协定》中规定,如果争端解决程序未能令人满意地解决争议,任何一方都可以采取"任何适当和相称的措施",包括贸易制裁。在柬埔寨协定中,遵守劳动标准的激励是扩大配额的"胡萝卜"。而在《美国-约旦自由贸易协定》中的激励是潜在制裁的"大棒",这样如果协定中的关税减让被取消了,就可能会降低市场准入。

在很大程度上,由于已故侯赛因国王在中东冲突问题上的温和与合作的传统广受欢迎,他的儿子国王阿卜杜拉二世继承了这项传统,继众议院之后,参议院在 2001 年 9 月 28 日轻松批准了约旦协定,处于布什总统执政的第一年里和"9·11"恐怖袭击事件发生后不到 3 周的时间内。尽管约旦具有战略重要性和国王广受欢迎,但是,协定中的劳工条款在一些众议员中引起了相当大的争议。保守派认为贸易协定不应包括工人权利和环境保护。例如,参议员菲尔·格莱姆(R-TX)声称,该协定限制了国会制定新的劳动和环境规则,从而侵犯了美国主权。格莱姆警告说,他将反对任何利用约旦自由贸易协定作为未来贸易协定模式的做法。

布什总统的美国特别贸易代表罗伯特·佐利克通过与约旦驻华盛顿大使交换相同的信件,解决了国会批准该协定之前的制裁辩论,信件中承诺在不诉诸争端解决程序和"不阻碍贸易"的情况下解决该协定下的任何争端。对于这样的信件交换,共和党的多数表示满意,但是,众议院筹款委员会贸易分委员会的资深民主党议员桑迪·莱文称,信件交换"是未来贸易建设性行动的倒退"。[38] 在未来的 5 年里,莱文的评价被证明是准确的。在贸易问题上,这段时期党派关系高度紧张,各政党持有的传统贸易立场彻底反转了。

1994年中期选举之后，共和党40年来第一次控制了众议院，许多支持贸易的温和民主党人（包括我在内）失去了他们的席位，贸易立法通过与否在很大程度上依赖于共和党的投票。尽管克林顿总统和共和党领导层都希望获得“快速通道”谈判授权的批准，但是，共和党人拒绝提出令克林顿和大多数民主党人满意的劳工和环境目标。尽管克林顿反对，众议院议长纽特·金里奇（Newt Gingrich）还是在1998年9月向众议院全会提交了一份“快速通道”谈判授权提案，结果却眼睁睁地看着它通过不了，让总统难堪。直到4年后，在布什总统任期内，国会才结束长达8年的“快速通道”谈判授权中断的状况，并批准了总统贸易谈判授权（委婉地重新命名为“贸易促进授权”）。

即使共和党占多数，贸易授权也不容易获得。虽然几年来共和党已经从其传统的保护主义立场发生了转变，但是，在其核心小组中仍然存在着一支顽固的右翼孤立主义者和许多代表颇具影响力的原钢铁或纺织选区的保护主义成员。另一个吸引赞成贸易投票的障碍是授权草案的主要发起人、筹款委员会主席威廉（比尔）·M. 托马斯[William (Bill) M. Thomas, R-CA]，他是一个脾气暴躁的独裁者，其性格不适合获得朋友支持和影响投票。然而，托马斯很聪明，他知道，要通过他的草案，需要一些民主党的投票。他完全避开了委员会中少数派领导层——众议员查尔斯·B. 兰格尔（Charles B. Rangel, D-NY）、罗伯特·T. 松井（Robert T. Matsui, D-CA）和桑德·莱文（D-MI），而他们在适当的条件下都赞成进行贸易。一位评论员观察道，托马斯对待资深民主党人兰格尔“就像对待一个停车场服务员”。[39] 托马斯简单地忽视了兰格尔，并寻求另外3位支持贸易的民主党温和派的共同合作，他们认同在劳工和环境方面的模糊谈判目标。

托马斯以误导性的标题提出了这项草案，即2001年《两党贸易促进授权法案》（The Bipartisan Trade Promotion Authority Act）。2001年12月，该法案以215票对214票在众议院获得通过，只有21名民主党人赞成，而众议院领导层耗费了极不寻常的额外20分钟之后才公开了投票结果。这个额外的时间可以让多数党党鞭汤姆·迪莱（Tom Delay, R-TX）发挥他强有力的劝说作用，并且布什总统签署一封信送达北卡罗来纳州众议员，承诺进一步保护纺织业，而不顾及托马斯主席的反对。第二年，随着贸易调整援助计划的扩展，这项草案在参议院获得通过，大会最终投票结果多了 4 张民主党赞成票，同时失去了同等数量的共和党人的票数。

在新的授权法案下，在接下来的 4 年里，布什总统完成了谈判并设法通过了涉及 12 个国家的 7 项新的自由贸易协定，这些国家分别是澳大利亚、智利、新加坡、摩洛哥、巴林、阿曼，以及《多米尼加共和国-中美洲自由贸易协定》(DR-CAFTA)框架下的哥斯达黎加、萨尔瓦多、危地马拉、洪都拉斯、尼加拉瓜和多米尼加共和国。这些协定中的劳工条款比最初的约旦自由贸易协定中的规定要弱，在此之前，佐利克大使与约旦大使的交换信件削弱了最初的约旦自由贸易协定中的相关规定。布什执政时期的自由贸易协定还对劳工条款争端中的货币处罚设定了 1 500 万美元的限制，许多人认为这个处罚额度太低，不起作用，但是，对于商业争端，没有这样的限制。

5 月 10 日的协定

2006 年中期选举之后，国会山的政治环境发生了惊人的转变，民主党获得了压倒性的胜利，自 1994 年以来首次再次控制了国会两院。许多贸易倡导者担心这一转变对贸易政策的未来并不是一个好兆头，因为在这一转变中，许多自由贸易赞成者是共和党失去的 30 个席位中的一员，并被曾进行过反贸易运动的民主党人所取代。然而，当新一届国会召集时，即将上任的财政委员会主席、参议员马克斯・鲍卡斯(Max Baucus，D-MT)在《华尔街日报》上发表了一篇社论，呼吁尽快更新“快速通道”谈判授权，该授权将在 6 个月内到期。在呼吁尽快更新“快速通道”谈判授权的同时，鲍卡斯呼吁采取积极的贸易政策，这样的政策“具有更好的贸易执行能力与更好的环境和劳工条款”，同时，显著扩大贸易调整援助计划。鲍卡斯的文章发表当天，美国商会主席汤姆・多诺霍表示愿意在快速更新的过程中讨论“这些问题”，但是，他警告说，“魔鬼就在细节中”。他表示反对美国劳联-产联提议将国际劳工组织的劳动标准纳入贸易协定，这将受制于争端解决与制裁（机制）。[40]

在众议院方面，查尔斯·兰格尔成为筹款委员会主席，他在该委员会已经任职32年。兰格尔是一名纽约（民主党）自由派人士，自1970年以来一直代表哈莱姆的一个地区，在2006年的竞选活动中，他成为共和党人的主要目标，他用了一个惯常的威胁，即如果共和党不能控制众议院，他将利用筹款委员会主席的地位，恢复过去的“税收和支出”政策。副总统迪克·切尼（Dick Cheney）甚至以侮辱的方式指出，众议员兰格尔“不懂经济是怎样运行的”。就任主席后，兰格尔立即将贸易改革作为优先事项，希望吸引真正的两党联盟。过去，新主席关于贸易看法的记录是混合的，例如，他投票反对《北美自由贸易协定》，但他是2000年《贸易和发展法案》（Trade and Development Act）主要的倡议者，该法案促进了（美国）与撒哈拉以南非洲和加勒比盆地国家的优惠贸易。现在，贸易政策问题为他提供了在担任主席期间留下遗产的机会。“我已经76岁了，”他解释说，“我不能只是解决僵局。”与2006年退休的前任比尔·托马斯不同的是，兰格尔有着把两党成员带进改革使命的愿望和个性。即使是保守的《标准周刊》（*Weekly Standard*）也把他描述为“民主党最有可能挽救自由贸易议程的人，如果他愿意，如果他的核心小组成员不排除这样的努力的话”。[41]

在众议院，兰格尔的贸易改革主要合作伙伴是筹款委员会贸易分委员会主席桑迪·莱文。莱文是一位聪明伶俐、富有创新精神的立法者，自1982年以来一直代表着主要人口为汽车工人家庭的底特律郊区，他一直对扩大贸易的好处持赞赏的态度，但同时也具有坚定支持劳工权利的观点。他愿意接受延长总统的谈判授权，但是，仅当解决了贸易影响美国工人问题之后。莱文认为，“在执行贸易协定、打破对美国产品的不公平壁垒以及制定提高美国和全球生活水平的规则方面，布什政府的政策也太消极了”。在为未来协定而延长“快速通道”谈判授权之前，莱文要求与秘鲁、哥伦比亚和巴拿马的三项未决贸易协定进行重新谈判，并在当前与韩国的贸易谈判中对汽车产业政策采取更强硬的立场。[42]

图 16.2　众议院筹款委员会主席查尔斯·兰格尔(左)和贸易分委员会主席、5 月 10 日协议的起草人桑德·莱文(美联社)

为了制定真正的两党合作的贸易政策,以获得多数人的认同,鲍卡斯、兰格尔和莱文需要从布什政府、贸易委员会的共和党资深领导层、众议员吉姆·麦克雷里(Jim McCrey,R-LA)和参议员查尔斯·格拉斯利(Charles Grassley,R-IA)那里获得支持。任何一个政党都没有单独取得胜利的选票。2 月 14 日,在美国贸易代表苏珊·C. 施瓦布(Susan C. Schwab)参加的、全体筹款委员会关于贸易政策的听证会上,兰格尔主席在听证会开幕词中对美国首席谈判代表表示欢迎,并对她说:"我想成为你最好的新朋友。"他指出,最近关于贸易政策的想法已经"两极分化"。他指出,商会"从来没有见过他们不喜欢的贸易协定,劳工还没有见过他们喜欢的贸易协定"。他说,给贸易冠以恶名的看法是,"谈判仅仅关注跨国公司,而全球化的受害者认为他们没有得到应有的重视"。他得出的结论是,这种看法只能通过"确信该委员会面前的协定会以真正两党方式加以审查"来校正。[43]

莱文在开幕词中更具体地说,"我们强烈支持扩大贸易",但是,"是时候为这个全球化的新时代制定一项新的贸易政策了”。他认为,修改未决的拉丁美洲自由贸易协定是“一个极好的机会”,从而开启“本届政府与新的(民主党)多数派之间真正的伙伴关系,重建两党解决贸易问题的基础”。莱文宣称,协定必须包括五个核心的国际劳工组织确定的标准,这些标准必须像协定中的其他条款一样可执行。[44]

尽管麦克雷里和格拉斯利承认,他们别无选择,只能在自由贸易协定中接受更强有力的劳工和环境标准,以获得待决协定的批准和“快速通道”谈判授权的更新,但是施瓦布却迟迟不做出任何妥协。众议员保罗·R. 瑞安(Paul Ryan,R-WI)和委员会中的其他共和党委员反对在协定中增加国际劳工组织的标准,因为美国尚未批准国际劳工组织所有的公约。瑞安警告说,不要过度满足贸易伙伴在劳工方面的要求,同时政府官员也关注这个问题,认为这些条款可能会迫使改写美国的劳动法。[45]

与此同时,由于有组织的劳工对兰格尔抵抗共和党反对国际劳工组织强制执行标准的坚定立场表示关注,民主党核心小组内部出现了分歧。莱文·普布尔公开表示,他明确要求将国际劳工组织的标准加入待定的自由贸易协定,而兰格尔没有这样的表示。一些有组织的劳工担心兰格尔急于证明他可以达成两党认同的协定。钢铁工人联合会主席里奥·杰拉德(Leo Gerard)警告说,在上一次选举中,主张“自由贸易”的共和党人已经被主张“公平贸易”的民主党人所取代,他的工会将寻找主要的反对者,以对抗那些脱离这个立场的议员。工会和环保团体同样表示反对延长“快速通道”谈判授权。42 位民主党新议员中有 39 位要求与兰格尔和莱文会面,以制定民主党议员可以支持的一种新贸易政策模式。支持贸易的新的民主党联盟的领导人也与兰格尔和莱文会面,并表示支持努力寻求一个两党合作的解决方案。

尽管他所在政党内部存在分歧,但是,到 3 月中旬,莱文就投票数问题得出了自己的结论:“我不认为(布什政府)拥有足够的票数,支持一个没有国际劳动标准和环境标准的自由贸易协定。”[46] 到 3 月底,兰格尔和莱文炮制了受到议长南希·佩洛西(Nancy Pelosi,D-CA)赞同的“美国新贸易政策”,该政策涵盖了民主贸易政策的前沿地带，包括工人权利和环境保护，以及在医药游说团体的需求和促进发展中国家获得仿制药之间建立平衡。尽管所有这些政策均遭到布什政府抵制，但是美国贸易代表施瓦布对这项提议表示欢迎，称其为“在各方持续对话中，诚信的合作努力又迈出了一步”。美国劳联-产联也赞扬民主党的提议，称其为对未决的自由贸易区协定和与韩国谈判的改进。兰格尔承认，尽管“每个人对此都相当乐观”，但是来自两党“极端”的一些成员将反对贸易协定。他预测道：“将有一个联盟投票支持贸易，两党的温和派都在支持贸易的一边。”[47]

民主党内部仍然存在一个重大分歧，即来自倾向于反对贸易的工业中心的民主党成员与那些在科技水平更高的城市地区或支持贸易的农业区更倾向于支持贸易的成员之间的分歧。总体上，在筹款委员会中民主党成员支持贸易的比例高于核心小组成员。众议员马西・凯普托（Marcy Kaptor，D-OH）是一位坚持不懈的贸易批评家，他强调华尔街对桑德・莱文的委员会存在着强大的影响，并说：“我希望他能站在主街上*，但是，我不知道。”她还指出这样的事实：兰格尔来自纽约和佩洛西来自旧金山，质疑他们是否能从“铁锈地带”（rust belt）看世界经济的不同前景。兰格尔和莱文为了他们的新政策游说议员们，强调的是制定新计划以帮助全球经济中失去工作岗位的工人，比如扩大教育和培训计划。71 名民主党议员签署了一封支持新贸易政策的信。[48]

2007 年 5 月 10 日，继新的民主党贸易政策公布并持续协商的 6 周后，布什政府和众议院领导层宣布，他们已经就“美国贸易政策中的一个根本性转变”达成了协议。由于这个协议在所有原则问题上均符合筹款委员会于 3 月 27 日声明的新贸易政策，因此，这个“宣布”实质上是民主党的胜利。这个一致意见提供了一个模板，用于重新协商待定的协定，并在未来的贸易协定中使用。在劳工问题上，两党一致接受了莱文的要求，即贸易协定包括各国必须在其法律中采用和维持的可执行义务，并且，各国必须践行国际公认的 5 项基本的劳工原则，这些原则在 1998 年国际劳工组织《关于工作中的基本原则和权利宣言》

---

* 意思是不只是受到华尔街影响。——译者注

(Declaration on Fundamental Principles and Rights at Work)中被明确阐释,具体为:(1)结社自由;(2)承认集体谈判的权利;(3)消除一切形式的强迫或强制劳动;(4)废除童工和禁止最恶劣形式的童工;(5)消除雇佣和职业方面的歧视。

这些原则均基于1998年国际劳工组织的宣言,由于美国已经有义务遵守这一宣言,共和党以将国际劳工组织标准加入贸易协定可能会迫使美国修改劳工法为借口加以反对,反对意见不适合在这里提出。最终,5月10日的协议要求,在贸易协定下,违反劳动标准行为必须以如下方式发生,即未能符合执行规定,影响了贸易或投资。但是,当违反劳动标准行为发生时,争议的解决程序与贸易协定下产生的任何其他争端一样,适用于同样的解决程序和执行处罚机制(例如,与商业或环境争端一样,采用同样的机制)。两党协议还提出了环境保护(要求各方履行7项多边环境协定的义务)、旨在提高仿制药可得性的知识产权条款、服务、投资和其他问题。[49] 然而,就目前的讨论而言,这里关注的重点是劳工问题。

与1950年《哈瓦那宪章》及其劳工条款被废除以来的美国贸易协定的记录相比,5月10日协议的重要意义是显而易见的。除了《药品经营质量管理规范》(GSP)和其他优惠协定中的资格标准外,1984年之后要求受援国"采取措施"让工人获得国际认可的劳工权利,但是,劳工保护直到1999年的《美国－柬埔寨纺织品协定》才被纳入贸易协定的主体条款。1985年的《美国-以色列自由贸易协定》和1987年的《美国-加拿大自由贸易协定》中都没有提到劳工问题。1994年,《北美自由贸易协定》增加了有关劳工和环境的附加协定,但是,在实践中,争议条款被认为是无效的。2001年的《美国-约旦自由贸易协定》包含了更强有力的劳工条款,但是,布什政府和约旦大使馆之间的信件交换实质上破坏了这些保护条款。布什政府在5月10日协议之前谈判的7个自由贸易协定包含了薄弱的劳工保护条款,对违规行为的处罚是有限的。

在5月10日待决的3项自由贸易协定中,只有《秘鲁自由贸易协定》,正式名称为《美国-秘鲁贸易促进协定》(United States-Peru Trade Promotion Agreement,PTPA),已经准备提交国会批准。[50] 最初的协定已经于2006年4

月签署，2007 年 6 月 25 日美国和秘鲁签署了对《美国-秘鲁贸易促进协定》的修正案，以反映出 5 月 10 日协定所要求的变更。两天后，秘鲁国会批准了这些修改，并且，在一份联合的媒体声明中，议长佩洛西、多数党领袖霍耶、兰格尔和莱文将此吹捧为“一项历史性的成就”[51]。众议员兰格尔和莱文率领一个两党代表团前往利马，与秘鲁政府合作解决新的劳工条款的实施问题。完成这些变更则由秋天发布的“最高法令”加以执行，在他们的委员会中采取了行动，但是，参议院财政委员会在 9 月 11 日才开始举行听证会。

财政委员会听证会上的第一批证人之一、美国劳联-产联的政策主管西娅·M. 李(Thea M. Lee)赞扬了兰格尔主席和分委员会主席莱文谈判达成的有关工人权利和环境的新条款，这些新条款体现在 5 月 10 日两党的协议中。李说，这些条款“代表着在关键领域的重大进展，这是我们多年来努力实现的”，并将为未来实现在全球经济中的工人保护提供“起始点”。尽管 5 月 10 日的模板代表着进步，但是，她说：“它绝不是对于任何国家或任何情况都适合的。”由于联盟下的工会之间存在冲突观点，美国劳联-产联既不支持也不反对《美国-秘鲁贸易促进协定》，而是“大力反对与哥伦比亚和韩国的自由贸易协定，以及任何对‘快速通道’谈判授权的更新”。她赞扬了改进《美国-秘鲁贸易促进协定》的努力，“标志着朝着有利于两国工人的贸易模式迈出了实质性的一步”，但是，她得出结论，“5 月 10 日的协议代表了解决我们贸易政策错误的冰山一角”。除了工人权利之外，她还列举了需要改革的问题，比如投资者-国家争议条款、货币操纵、不公平与不平衡的税收规则以及执行不一致的贸易法补救措施。[52]

兰格尔甚至没有举行听证会，就用无记名投票形式在他的委员会通过了协定。尽管劳工组织和其他反贸易组织提出了实质性的反对意见，但是，在两党多数的一致同意下，众议院在通过了加强版的《贸易调整援助计划》之后，轻松通过了《美国-秘鲁贸易促进协定》，这是佩洛西议长要求的优先顺序。在议长的一路领导下，避免了贸易保护主义的标签，向商业界展现出了温和的态度，并对受到贸易负面影响的人表示了关注。尽管如此，还是引起来自她的党团和一些劳工部门的许多人的强烈反对。卡车司机工会主席詹姆斯·P. 哈法抗议说:“我们认为领导层是错误的,我们继续同他们斗争。”投票赞成该协定的有109名民主党人和176名共和党人,同时,116名民主党人和18名共和党人投了反对票。

民主党人中接近一半对一半的投票基本上可以通过代表东北部和中西部工业区的议员以及代表东海岸和西海岸农业区或高科技选区的议员的不同观点来解释。但是,除了这些区别之外,贸易是一个危险的、热门的政治话题,在反对者行列里更容易投票(特别是如果不需要通过的话),尤其是,在布什贸易政策遭到强烈批评仍然是选民对2006年选举最重要的记忆之后。虽然在民主党核心小组中赞成票没有达到多数,但是,他们的票数与2002年对所谓的两党贸易促进授权投票中民主党的主动投票票数相比较,增加了5倍。[53]

在更加支持贸易的参议院中,2007年12月4日《秘鲁自由贸易协定》以压倒性优势获得批准,以77票对18票获得通过,其中,29名民主党人和几乎所有共和党人投票赞成。参议员鲍卡斯称这次投票是贸易领域“非常重要的”突破,而民主党人核心小组17名投反对票的参议员之一、参议员伯尼·桑德斯(Bernie Sanders)说:“实际上,贫富差距扩大的主要原因之一是由于我们灾难性的、不受约束的贸易政策。”

当时正在竞选2008年总统候选人提名的5名参议员中,没有一名愿意离开竞选活动,参加秘鲁协定投票。然而,在艾奥瓦会议召开前一个月,他们都宣布了自己的立场。约翰·S. 麦凯恩(R-AZ)、希拉里·罗德姆·克林顿(Hillary Rodham Clinton,D-NY)和巴拉克·B. 奥巴马(D-IL)都宣布支持这一计划。约瑟夫·R. 拜登(Joseph R. Biden,D-DE)和克里斯托弗·J. 多德(Christopher J. Dodd,D-CT)对这个计划表示反对。当时也是一位高层候选人的前参议员约翰·爱德华兹(John Edwards,D-NC)对这个计划表示坚决反对,他说:“就像之前失败的自由贸易协定一样,秘鲁协定将大型跨国公司的利益置于第一位,高于美国工人和社区的利益。”[54]

劳工问题与《跨太平洋战略经济伙伴关系协定》(TPP)

2007年总统选举季开始,此时正是导致经济大衰退的金融危机出现之际,出现了比以往更多的民粹主义、反对贸易的候选人。9月公布的一项民意调查为共和党民粹主义者的候选人资格提供了一种解释:估计59%的共和党初选选民认为对外贸易对美国经济是不利的。[55] 11名共和党初选候选人中包括前阿肯色州州长、宗教右派人士(质问进化论,并赞成宪法禁止堕胎和同性婚姻)麦克·赫卡比(Mike Huckabee),他强烈反对将工作岗位转移至海外的公司、反对《北美自由贸易协定》和通常而言的自由贸易。令人惊讶的是,赫卡比在"超级星期二"凭借这样的演讲赢得了艾奥瓦州共和党党团的支持,并拿下了5个州。来自得克萨斯州的自由派共和党人、众议员罗恩·保罗(Ron Paul)反对任何对外的牵连,投票赞成退出世贸组织,并反对其他贸易协定。保罗没有赢得多少代表投票,但是得到了一个衷心追随者团体的强有力的财务支持。他在同参议员约翰·麦凯恩(R-AZ)的竞逐中,比任何其他共和党候选人维持的时间都要长。

在民主党初选的8名候选人中,约翰·爱德华兹成为主要的候选人,他的民粹主义竞选纲领强调了他所说的"两个美国"的分化,即富人的美国和工人阶级的美国之间的分化。作为一名富有的人身伤害律师,同时也是一名纺织厂工人的儿子,爱德华兹经历过这两个"美国",显然,这两个"美国"都没有让他感到贸易的好处。无论如何,他不是竞选中民粹主义的反贸易民主党人之王,这个头衔必须属于俄亥俄州的众议员丹尼斯·库奇尼奇(Dennis Kucinich)。在退出竞选之前,在每一次辩论中,他都承诺说,他作为总统的第一个行动就是"取消"美国在《北美自由贸易协定》和世贸组织中的成员资格,就好像他取消每月读书会的会员资格一样。

民主党排名最前的候选人——奥巴马和希拉里·克林顿——都是经济中间派,他们都支持自由贸易,但是,在竞选期间也揉入了更多的民粹主义观点。在爱德华兹结束竞选活动之后,当他们争夺爱德华兹在劳工投票中所占的份额

(重要的是,支持爱德华兹的钢铁工人联合会)时,这些观点有所发展和进步。[56] 尽管在 1993 年《北美自由贸易协定》通过时,他们两人都没有成立选举办公室,但是,他们都声称从一开始就反对这项协定。对于希拉里·克林顿来说,确立这个立场就更难了,因为在她是第一夫人的时候,她的丈夫签署了这项协定而使之成为法律。她的代理人散播了这样一条信息:在 1992 年与乔治·H. W. 布什总统竞逐的时候,她试图说服丈夫反对这项协定。[57] 公正地说,很明显,民主党的总统初选常常必然会涉及争取劳工投票的竞争。两位候选人都承诺会审查和修改之前的所有贸易协定,因为它们影响美国工人,正如 2004 年的提名者、热衷于自由贸易的参议员约翰·克里(John Kerry)所做的那样。

无论如何,在大多数贸易问题上,两位民主党候选人最终都持相同的立场。他们二人投票反对《多米尼加共和国-中美洲自由贸易协定》(DR-CAFTA),都支持秘鲁自由贸易协定,并反对在现有条件下的哥伦比亚、巴拿马和韩国自由贸易协定。他们都提议取消外包工作的税收优惠。在中国的货币问题上,他们都支持将被低估的人民币视为受反补贴税限制的一种补贴。希拉里·克林顿参议员更进一步,根据一项过时的估计,她承诺考虑将对中国进口商品的关税提高 27.5%,以等同于人民币被低估的百分比。并且,此二人还说,他们将重新谈判《北美自由贸易协定》,以增加更强有力的劳工和环境保护以及更好的执行机制。他们强化其谈判立场,威胁说,如果墨西哥和加拿大拒绝重新谈判,将退出协定。[58]

在奥巴马最终赢得提名后,在大选中参议员奥巴马继续坚定这些立场,以对抗参议员麦凯恩的竞争。[59] 3 月麦凯恩获得共和党提名后,在一次成功的演讲中,他说,他会"让我的对手去主张我们应该废除贸易条约,自以为全球经济将会消失,并且美国人可以通过只在我们自己之间进行贸易和投资来确保我们的未来"。在竞选活动中,麦凯恩以"公开支持自由贸易"为特点,甚至在"铁锈地带"的各州,他也为投票支持《北美自由贸易协定》进行了有力的辩护,他说,《北美自由贸易协定》"创造了数百万个就业机会",是"有利于我们国家的"。他还好几次直言不讳地宣称,已经失去的制造业工作岗位将不会再回来。在 10 月

15 日举行的总统候选人最终辩论中，麦凯恩猛烈抨击奥巴马反对未决的哥伦比亚和韩国自由贸易协定、奥巴马对扭曲贸易的农业补贴的赞成投票以及奥巴马关于“单方面”重新谈判《北美自由贸易协定》的要求。[60]

然而，2009 年 1 月 20 日奥巴马总统就职时，由于更为紧迫的经济优先事项，奥巴马总统对其竞选中主张的贸易政策的忠诚已经无所适从了。随着美国失业人数因大衰退而上升到 800 万人，并出现经济萧条的威胁，新政府将注意力集中在恢复自 2008 年布什总统时期开始的凯恩斯主义的刺激政策上。同样需要他的时间和政治资本的是总统推动的医疗改革，驱动此项改革达到顶点的标志是 2010 年 3 月签署了《平价医疗法案》(Affordable Care Act)。

在 2009 年 2 月总统第一次越境访问加拿大期间，奥巴马无意重启《北美自由贸易协定》的谈判，而是向斯蒂芬・哈珀(Stephen Harper)总理保证，他希望“扩大贸易，而不是缩小贸易”。两个月后，继奥巴马与墨西哥和加拿大领导人举行了一次在特立尼达的首脑会议之后，新任命的美国贸易代表罗纳德・罗恩・柯克(Ronald Ron Kirk)向媒体宣布，领导人们“都是全身心投入的，我们应该寻找机会加强《北美自由贸易协定》的[劳动和环境保护]……[但是]我们不认为现在必须重新开始协定谈判”。美国劳联-产联的西娅・李回应说，她更愿意听到他们对劳动问题更确定的表达，而不是以一种非正面的方式表达理解有必要开始(如何如何)。[61]

在奥巴马上任第一年里重复了许多贸易观察员的看法，2009 年 11 月 10 日财政委员会主席马克斯・鲍卡斯抱怨说，奥巴马政府“缺乏全面的贸易议程，这种缺乏是显而易见的”。令人惊讶的是，鲍卡斯评论后，这一空白在几天内就开始被填补，并且发生在为期 8 天的总统亚洲之行期间。在抵达新加坡参加亚太经合组织(APEC)会议之前，奥巴马称自己为“美国第一位出生于太平洋的总统”，因为他出生于夏威夷，并承诺就可能成为一项鲜为人知的自由贸易协定的成员国开启谈判，这项协定被称为《跨太平洋战略经济伙伴关系协定》。[62] 当时，《跨太平洋战略经济伙伴关系协定》中仅包括文莱-达鲁萨兰国、智利、新西兰和新加坡 4 个小国，但是，随着其他亚太经合组织成员的加入，具有成为更大规模的可能性,并在另一个由中国主导的亚洲贸易区形成之时,规模不断被扩大。

在接下来的7年里,围绕2006年布什政府签订的哥伦比亚、巴拿马和韩国自由贸易协定、(贸易)调整援助计划,甚至50年的普惠制计划的延续,两党发生了激烈的斗争。参议员杰夫·塞申斯(Jeff Sessions,R-AL)阻止了这项计划,以保护亚拉巴马州的一家睡袋公司。奥巴马的主要贸易政策(即TPP)在他任期的最后一年即2016年的2月4日,以缓慢的速度达到了顶峰。在签署协定时,TPP成员包括对美国具有经济和战略重要性的11个亚太国家,包括澳大利亚、文莱、加拿大、智利、日本、马来西亚、墨西哥、新西兰、秘鲁、新加坡和越南,这些国家与美国一起占世界GDP的40%,占世界贸易额的三分之一。如果国会批准,这将是美国参加的最大的自由贸易协定。在规模和地缘政治意义上,这是一项开放的协定,它的目的是,用30个章节所述涉及的新贸易规则和原则问题把美国融入亚太地区,上述规则和原则在以前的自由贸易协定或世贸组织规则中许多都是不存在的。

最重要的是,TPP在保护工人权利方面进行了重要的扩展,超越了5月10日的协议,为国会批准的最后4项自由贸易协定提供了历史基准。正如在5月10日的协议中规定的,TPP赋予其成员国符合1998年《国际劳工组织宣言》(如前所列)的权利和原则的义务。在自由贸易协定的主体条款中首次明确界定了劳工权利,TPP还要求各成员国采用和维持治理“可接受工作条件”的法律和做法:最低工资、工作时间和职业安全与健康条例。TPP还增加了国际劳工组织关于出口加工区的新劳工保护措施,出口加工区在马来西亚、墨西哥、新加坡和越南雇用临时工人,是一个长期被忽视的劳动密集型装配区。这项保护措施也适用于未来可能加入的、拥有出口加工区的新成员,如印度尼西亚和菲律宾。世界银行估计,亚洲有数千个这样的区域,劳动标准执行得不严格,(在这里)组装出口产品。

对于劳动法标准最低的发展中国家,以文莱和马来西亚为例,美国与之进行双边劳动标准一致性计划的谈判,进行法律和制度改革,以形成能力和政治倡议。对越南来说,这项协定更加严格,被称为《贸易和劳资关系执行计划》

(Plan for Enforcement of Trade and Labor Relations)。目前,越南工人组织工会和组织罢工的权利有限。马来西亚和越南都承诺寻求能力建设方面的技术援助,并在 5 年内接受国际劳工组织的独立监测(很像成功的《美国-柬埔寨纺织品协定》),以改进其劳动法和做法,形成独立的工会,并将跨企业、跨行业和跨区域的工人组织起来。如果越南未能在这段时间内符合标准,美国可根据 TPP 的规定,在争端处理小组进行可能审查的情况下,停止进一步的关税减让。在"五年计划"下越南承诺还需要受到一个独立的劳工专家委员会审查,该委员会需要提交包含越南劳动条件方面的发现和建议的定期报告。

尽管 TPP 的劳动条款是历史上任何贸易协定中最强有力的,但是,TPP 刚刚发布,美国劳联-产联主席理查德・特鲁姆卡(Richard Trumka)就批评说,它太弱了。他认为,这会激励企业将美国就业机会转移到劳动条件较差的 TPP 成员国,比如文莱、马来西亚、越南和墨西哥。奇怪的是,前三个国家将对 TPP 框架下的劳动标准改革进行最密切的监控,现在墨西哥也将其疲软的《北美自由贸易协定》中的附属劳工协定与更强有力、更有效的劳工条款相结合了。很明显,美国劳联-产联正在移动门柱。一些众议员也提出了特鲁姆卡的理由,并基于预先判断,对这些发展中国家无法履行其劳工义务,提出了抱怨。[63]

在乔治・华盛顿大学法律系讲授国际贸易和工人权利课程逾 30 年的史蒂夫・查诺维茨(Steve Charnovitz)对筹款委员会中的民主党人提出了另一种看法。他简单地亮出了他的声明:"《跨太平洋战略经济伙伴关系协定》中关于劳动的章节是有史以来在自由贸易协定谈判中最进步的一套劳动义务。"在他的整个声明中,他对美国贸易代表办公室的说法做出了确认:"TPP 对历史上任何贸易协定框架下[不只是在美国自由贸易协定框架下]的工人都有着最强有力的保护。" 查诺维茨用以下看法对他的声明做总结:

> 一个多世纪以来,劳工权利的道德观的变化一直影响着世界贸易,新的《跨太平洋战略经济伙伴关系协定》(TPP)的劳工章节为治理全球市场的社会维度做出了标志性的贡献。这个重要的劳工章节为美国国会制定 TPP 的实施法规提供了另一个理由。[64]

TPP是发达国家与发展中国家之间有史以来达成的最全面的贸易协定。它为因多哈回合陷入僵局的世贸组织框架内未来的自由贸易协定确立了广泛而高标准的“竞争自由主义”立场，并在世界贸易体系中，工人权利和环境保护方面达到了最高水平。然而，在美国许多贸易反对者眼中，这并不完美。尽管TPP参与者在TPP签署的同时发表了一份声明，再次确认IMF反对为获得不公平的贸易竞争优势而进行货币操纵的承诺，但是，该声明并未提供任何如许多众议员鼓吹的新的执行机制。众议员桑迪·莱文和其他人还指责道，TPP中的知识产权条款相对于5月10日协议就促进公共健康所采取的积极措施来说，则是退步了，即屈服于“大型制药公司”对专利保护的过度要求，并拒绝向发展中国家提供仿制药。[65]

然而，对TPP最有力的反击来自2016年总统选举年的政治形势。就在一年前，即2015年，总统赢得了“快速通道”/贸易促进谈判授权的批准，从而完成了TPP的谈判，这并不容易，但是，与2016年夏季的逆风相比，似乎只是微风吹来。直到2015年10月，希拉里·克林顿依然说她正在审查这项协定，她担心这项协定有利于制药公司，并且，没有充分应对汇率操纵问题。在这个月里，当她出面反对TPP时，遭到了其主要反对者的强烈嘲讽，这两名反对者分别是佛蒙特州参议员伯尼·桑德斯和马里兰州前州长马丁·奥马利(Martin O'Malley)，他们两人都一直反对TPP，并且不会让任何人忘记，她曾把TPP称为贸易协定的“黄金标准”，这是政治顿悟使她反对TPP之前的事情。[66]

奥巴马总统毫不气馁地向前推进，尽管在民主党大会上的主旨演讲过程中，他面临质疑，代表们挥舞着反TPP的标语。8月12日，美国贸易代表办公室将该协定送交国会，由国会根据与“快速通道”相关的法案审议，以便在大选后的“跛脚鸭”会议期间审议该协定。总统说，他不担心两位总统候选人都反对TPP。他计划组建同一个两党联盟，该联盟在2015年的大选之后通过他的协议授权。然而，众议院议长保罗·瑞安(R-WS)和参议院多数党领袖米奇·麦康奈尔(Mitch McConnell，R-KY)都曾表示，没有足够的选票通过这项法案，并且他们不会提出来审议。这样无法安抚劳工。美国钢铁工人联合会主席里奥·杰拉德表示，如果 TPP 在“跛脚鸭”会议期间拿出来审议，他不会感到惊讶。杰拉德说：“只要我能扔了它们，我就不会相信米奇·麦康奈尔或保罗·瑞安。重要的是，我们必须保持警惕。”[67]

并且，最后，共和党总统候选人唐纳德·特朗普承诺，如果他当选后入主白宫，他将退出 TPP、《北美自由贸易协定》和许多其他“灾难性”的贸易协定。但是，没有人真正相信这种情况会发生。

注释：

1. David Leonhardt, “Theory and Morality in the New Economy,” *New York Times*, August 23, 2009.

2. 拟使用的语意引自 Janelle M. Diller and David A. Levy, Note, “Child Labor, Trade and Investment: Toward the Harmonization of International Law,” *American Journal of International Law* 91 (1997): 663, 685–686。

3. Singapore WTO Ministerial Declaration, adopted December 13, 1996, https://www.wto.org/english/thewto_e/minist_e/min96_e/wtodec_e.htm.

4. Wilcox, *A Charter for World Trade*, 71.

5. US International Trade Commission, “The Impact of the North American Free Trade Agreement on the U.S. Economy and Industries: A Three Year Review,” Publication 3045, June 1997; US International Trade Commission, “The Impact of Trade Agreements: Effect of the Tokyo Round, U.S.-Israel FTA, U.S.-Canada FTA, NAFTA, and the Uruguay Round on the U.S. Economy,” Publication 3621, August 2003; Congressional Budget Office of the United States, “The Effects of NAFTA on U.S.-Mexican Trade and GDP,” *A CBO Paper*, May 2003, p. xiv, as cited in M. Angeles Villarreal and Ian Fergusson, “NAFTA at 20: Overview and Trade Effects,” *CRS Report*, No. R42965, April 28, 2014.

6. Sylvia Nasar, “A Primer: Why Economists Favor Free-Trade Agreement,” *New York Times*, September 17, 1993.

7. 例如，参见 Robert E. Scott, *Heading South: U.S.-Mexico Trade and Job Displacement under NAFTA*, Economic Policy Institute, May 3, 2011; Hufbauer and Schott, *NAFTA Revisited: Achievements and Challenges*。

8. Bureau of Labor Statistics, US Department of Labor, “Lowest Unemployment Rates in Decades at End of 1999,” *Economics Daily*, March 29, 2000, https://www.bls.gov/opub/ted/2000/mar/wk4/art03.htm (visited March 16, 2017).

9. Keith Bradsher, “3 Nations Resolve Issues Holding Up Trade Pact Vote,” *New York Times*, August 14, 1993; “Congress Oks North American Trade Pact,” *Congressional Quarterly Almanac*, 103rd Congress, 1st Session, 1993, vol. 49, 173.

10. 19 U.S.C. §2462(c)(7). 该标准以类似的形式适用于分别于1983年、1991年和2000年生效的加勒比地区、安弟斯山脉地区和非洲撒哈拉以南地区的贸易优惠项目。Alisa DiCaprio, “Are Labor Provisions Protectionist? Evidence from Nine Labor-Augmented U.S. Trade Arrangements,” *Comparative Labor Law and Policy Journal*

26 (2004): 1–32.

11. 参见 William A. Amponash and Victor O. Boadu, "Crisis in the U.S. Textile and Apparel Industry: Is It Caused by Trade Agreements and Asian Currency Meltdowns?" May 2002, http://cnas.tamu.edu/confsummaries/AMPONSAHT.pdf; Dickerson, *Textiles and Apparel in the Global Economy*; National Employment, Hours, and Earnings, Series Catalog: Series ID: ees32230001, Bureau of Labor Statistics Data (extracted August 25, 1999)。

12. 关于柬埔寨国际劳工组织项目进度的讨论，参见 Kevin Kolben, "Trade, Monitoring, and the ILO: Working to Improve Conditions in Cambodia's Garment Factories," *Yale Human Rights & Development Law Journal* 7 (2004): 79–107。

13. Jay Mazur to C. Donald Johnson, December 21, 1999, published in Regina Abrami, "Worker Rights and Global Trade: The U.S.-Cambodia Bilateral Textile Trade Agreement," HBS Case No. N1-703-034, p. 27, Exhibit 12, March 31, 2003 (Boston: Harvard Business School Publishing, 2003).

14. Helene Cooper, "Dropped Stitches: A Trade Deal Helps Cambodian Workers, But Payoff Is Withheld—U.S. Commitment to Raise Apparel Import Quotas Is Unraveled by a Union—Empty-Handed in Seattle," *Wall Street Journal*, February 28, 2000.

15. "Cambodia Unlikely to Get Full Hike of Labor-Linked Textile Quotas," *Inside US Trade*, December 15, 2000.

16. "U.S.-Cambodian Textile Agreement Links Increasing Trade with Improving Workers," USTR Press Release, January 7, 2002, www.ustr.gov; "Problems Persist at Cambodian Factories but Child Labor, Harassment Rare, ILO Finds," *International Trade Reporter*, BNA Inc., 19, no. 17 (April 25, 2002): 750.

17. Karen A. Tramontano, "Stitching Up Global Labor Rights," *Washington Post*, December 11, 2004; "Where Free Trade Hurts: Thirty Million Jobs Could Disappear with the End of Apparel Quotas," Asian Cover Story, *BusinessWeek online*, December 15, 2003.

18. Elizabeth Becker, "Cambodia's Garment Makers Hold Off a Vast Chinese Challenge," *New York Times*, May 12, 2005.

19. International Labor Organization, "17th Synthesis Report on Working Conditions in Cambodia's Garment Sector," November 31, 2006, cited by Gene Sperling in "Finding a New Consensus on Trade and Globalization," prepared testimony before the House Committee on Ways and Means, January 30, 2007.

20. Sandra Polaski, "Central America and the U.S. Face Challenge—and Chance for Historic Breakthrough—on Workers' Rights," Carnegie Endowment for International Peace Issue Brief: Trade, Equity, and Development Project, February 2003; see also Sandra Polaski, "Combining Global and Local Forces: The Case for Labor Rights in Cambodia," *World Development*, May 2006.

21. John Burgess, "AFL-CIO Backs Agenda for WTO," *Washington Post*, October 29, 1999; Margot Hornblower, "The Battle in Seattle," *Time*, December 6, 1999.

22. James Cox, "AFL-CIO Backs Global Trade Talks," *USA Today*, October 29, 1999.

23. "Troubling Signs of New Isolationism," transcript of Pres. Clinton's White House News Conference Criticizing Senate's Rejection of Nuclear Test Ban Treaty, *New York Times*, October 15, 1999.

24. "Statement by AFL-CIO President John Sweeney on China and the WTO," AFL-CIO Press Release, November 15, 1999.

25. Mary McGrory, "Labor's Battle in Seattle," *Washington Post*, December 2, 1999.

26. Michael Paulson, "Clinton Takes Strong Stand on Labor Rights," *Seattle Post-*

Intelligencer, December 1, 1999.

27. Ibid.

28. "Remarks by John J. Sweeney, President of the AFL-CIO, March and Rally against WTO Global Injustice," Seattle, Washington, November 30, 1999 (printed remarks released by AFL-CIO are maintained in author's papers at Richard B. Russell Library for Political Research and Studies, University of Georgia Libraries, Athens, Georgia); Joel Connelly, "Clinton Implores WTO to Open Itself Up," *Seattle Post-Intelligencer*, December 2, 1999.

29. Robert Evans, "US Seen Pushing for Trade-Labor Sanctions," Reuters News Service, December 1, 1999.

30. Anton Entous, "Clinton Stuns Own Negotiators with Labor Stance," Reuters News Service, December 3, 1999; Guy de Jonquieres and Mark Suzman, "Clinton Tries to Soothe Fears over Labour Rights," *Financial Times*, December 2, 1999.

31. "New Trade Round Looks Likely Despite Lack of Progress," *National Journal's Congress Daily*, December 2, 1999.

32. "In Parenthesis," *Economist*, November 13, 1999, 78.

33. Scott Malone, "U.S., Asian Officials Face Off on Quota," *Women's Wear Daily*, November 23, 1999.

34. Author's notes, December 1, 1999.

35. Steven Greenhouse and Joseph Kahn, "U.S. Effort to Add Labor Standards to Agenda Fails," *New York Times*, December 3, 1999; Edwina Gibbs, "Poorer Nations Stand Firm over Labor at WTO," Reuters News Service, December 3, 1999.

36. 2001年7月4日在日内瓦对里尼瓦森・纳拉亚南大使的采访。

37. Statement by Mr. Prabir Sengupta, Commerce secretary, Government of India at the informal General Council meeting of the WTO on June 25, 2001.

38. 参见 "Jordan-U.S. Free Trade Agreement: Labor Issues," Congressional Research Service Report for Congress, RS20968, updated July 15, 2003。

39. Steven Pearlstein, "An Opportunity on Trade," *Washington Post*, March 28, 2007.

40. Max Baucus, "A Democratic Trade Agenda," *Wall Street Journal*, January 4, 2007; Rossella Brevetti, "Sen. Baucus Urges TPA Renewal with Labor, Enforcement Improvements," *International Trade Daily*, BNA Monitoring Service, January 5, 2007.

41. Robin Toner, "After Many Years, It's Rangel's Turn at the Helm," *New York Times*, January 8, 2007; *Weekly Standard*, quoted in Robert McMahon, "Backgrounder: The 110th Congress—Democrats and Trade," *Council on Foreign Relations*, January 4, 2007.

42. Rossella Brevetti, "Rep. Rangel Seeks Bipartisan Plan to Renew Trade Promotion Authority," *International Trade Daily*, BNA Monitoring Service, January 31, 2007; Jutta Hennig, "Rangel Signals Possible Limited Fast-Track Renewal for Doha

43. "Congress and Administration Must Be Partners in Promoting Trade," House Committee on Ways and Means Press Release, February 14, 2007.

44. "Levin Opening Statement at Ways and Means Committee Hearing on U.S. Trade Agenda," Office of Congressman Sander Levin Press Release, February 14, 2007.

45. Jutta Hennig, "Effort on FTA Labor Deal Stalled, Rangel Seeks Meeting with Schwab," *Inside U.S. Trade*, February 16, 2007; Steven R. Weisman, "G.O.P. Shift Is Seen on Trade," *New York Times*, March 6, 2007.

46. Jutta Hennig, "Schwab Offers Proposal to Advance Lagging FTA Labor Talks," *Inside U.S. Trade*, February 23, 2007; "Freshmen to Meet to Discuss Trade Future; New Dems Back Rangel," *Inside U.S. Trade*, March 16, 2007; "Levin Signals No Change in

FTA Labor Talks; Some See New Proposal," *Inside U.S. Trade*, March 16, 2007.

47. "A New Trade Policy for America," House Ways and Means Committee Press Release, March 27, 2007; Steven R. Weisman, "Break Seen in Logjam over Trade," *New York Times*, March 28, 2007.

48. Robin Toner, "For Democrats, New Challenge in Age-Old Rift," *New York Times*, May 8, 2007.

49. Steven R. Weisman, "Bush and Democrats in Accord on Trade Deals," *New York Times*, May 11, 2007; "Congress and Administration Announce New Trade Policy," Press Release Issued Jointly by House Ways and Means Committee, Hon. Charles B. Rangel, Chairman, and Hon. Jim McCrery, Ranking Member, May 10, 2007; "Bipartisan Trade Deal," Office of the US Trade Representative, May 2007, www.ustr.gov.

50. 哥伦比亚协定因未被起诉的暴乱与谋杀哥伦比亚工会领袖而暂停；巴拿马协定因被诉谋害一名美国士兵的政客当选巴拿马议会领导人而受阻；韩国协定因有关美国汽车与牛肉出口的市场准入问题而搁置。上述三份协定包含了5月10日协议中要求的劳动和环境保护条款，并且它们于2011年就获得了国会的批准。

51. Statement issued by offices of House Speaker Pelosi, Majority Leader Hoyer, and Ways and Means Committee on June 29, 2007.

52. Thea Mei Lee, "Testimony before the Senate Finance Committee on the U.S.-Peru Trade Promotion Agreement," September 11, 2007; "Ways and Means Hearing on Peru FTA in Doubt as Senate Presses Forward," and "AFL-CIO Questions Provisions in U.S.-Peru Deal, Takes No Position on FTA," *Inside U.S. Trade*, September 14, 2007.

53. "House Ways and Means Committee Backs Draft Legislation on Peru FTA by Voice Vote," *International Trade Daily*, BNA Monitoring Service, September 26, 2007; Jamie Strawbridge, "Bush Sends Final Peru FTA Bill to Congress; Pelosi Links FTA to TAA," *Inside U.S. Trade*, September 28, 2007; Victoria McGrane, "Pelosi Seeks Middle Road on Trade," *Politico*, November 6, 2007; Steven R. Weisman, "Democrats Divided as House Passes Peru Trade Bill," *New York Times*, November 8, 2007. 参见众议院职员统计的正式投票结果，http://clerk.house.gov/evs/2007/roll1060.xml。

54. Steven R. Weisman, "Senate Approves Peru Trade Deal," *New York Times*, December 5, 2007; https://www.senate.gov/legislative/LIS/roll_call_lists/roll_call_vote_cfm.cfm?congress=110&session=1&vote=00413; "Edwards Opposes U.S.-Peru FTA, Saying It Puts Business over Workers," *International Trade Daily*, BNA Monitoring Service, October 31, 2007.

55. John Harwood, "Republicans Grow Skeptical on Free Trade," *Wall Street Journal*, October 4, 2007; NBC/Wall Street Journal GOP Primary Voters Survey taken September 28–30, 2007.

56. "Trading Down: On Economics, Mr. Obama Goes Populist," *Washington Post*, February 17, 2008.

57. David Leonhardt, "The Politics of Trade in Ohio," *New York Times*, February 27, 2008.

58. "Obamanomics: Hope and Fear," and "Dr. Obama's Patent Economic Medicine," *Economist*, March 1, 2008, 14–15, 31–32; "As Pennsylvania Primary Nears, Clinton, Obama Target China Trade," *Inside U.S.-China Trade*, April 16, 2008; "President Bush Says Clinton, Obama Seeking Political Gain in Blasting NAFTA," *International Trade Daily*, BNA Monitoring Service, February 29, 2008.

59. 出于完全公开的目的，我明示我曾供职于奥巴马竞选团队中一个很大的贸易顾问委员会。总体而言，我是一个不活跃的参与者，只是参加了一些电话会议，并答应在亚特兰大举行的贸易政策辩论会上担任代言人。由于麦凯恩竞选团队未能选出反对方代言人，这个事项被取消了。

60. Gary G. Yerkey, "U.S. Would Have to 'Pay' Canada, Mexico with Trade Concessions to Reopen NAFTA," *WTO Reporter*, BNA Monitoring Service, March 6, 2008; Elisabeth Bumiller, "Pro-Nafta, McCain Delivers Bad News to Ohio Audience," *New York Times*, April 23, 2008; "McCain Blasts Obama on Colombia FTA, NAFTA, Ethanol at Final Debate," *Inside U.S. Trade*, October 17, 2008.

61. Sheryl Gay Stolberg, "Obama Makes Overtures to Canada's Leader," *New York Times*, February 20, 2009; Brian Knowlton, "Obama Doesn't Plan to Reopen Nafta Talks," *New York Times*, April 21, 2009.

62. "Baucus Says Obama Administration Lacks Comprehensive Trade Agenda," *Inside U.S. Trade*, November 11, 2009; Andrew Higgins and Anne E. Kornblut, "On Trip to Seal Ties with Asia, Trade Policy Threatens Rift," *Washington Post*, November 15, 2009.

63. "The Trans-Pacific Partnership (TPP): Key Provisions and Issues for Congress," *CRS Report*, R44489, June 14, 2016, 61.

64. Steve Charnovitz, "Remarks Submitted to the Committee on Ways and Means Democrats, January 2016, https://democrats-waysandmeans.house.gov/sites/democrats.waysandmeans.house.gov/files/documents/Labor%20Forum%20Remarks%20-%20Steve%20Charnovitz.pdf; see also Cathleen Cimino-Isaacs, "Labor Standards in the TPP," *Peterson Institute for International Economics Briefing 16–4* (2016) Chapter 4, 41–65.

65. Rep. Sandy Levin, "Is TPP the Most Progressive Trade Agreement in History? Not If You Need Access to Affordable Medicines," *The Blog: Huffington Post*, May 28, 2016, 380.

66. Sam Frizell, "Hillary Clinton Opposes Trans-Pacific Partnership," *Time*, October 7, 2015.

67. Len Bracken, "Obama Undaunted, Presses Ahead for TPP Vote," *International Trade Daily*, Bloomberg BNA, July 30, 2016; Erik Wasson and Danielle Bernstein, "TPP Doesn't 'Have the Votes,' Ryan Says," *International Trade Reporter*, Bloomberg BNA, August 8, 2016; Michael Rose, "AFL-CIO to Continue Pressure to Defeat TPP after Election," *International Trade Reporter*, Bloomberg BNA, August 11, 2016.

结论

——唐纳德·特朗普、“被遗忘的人”与自由经济秩序

被遗忘的人再也不会被遗忘。

——当选总统唐纳德·J. 特朗普,2016 年 11 月 9 日

在 2016 年美国总统大选后的几个月里,70 年前建立的世界自由贸易秩序再次笼罩着不祥的阴云。在现行的以规则为基础的、执行亚当·斯密原则的制度建立之前,在贸易保护主义主流政治的“看得见的手”的主导下,美国人经历了近两个世纪的经济不确定性。这种(“看得见的手”)主导下的产物包括战争威胁的(联邦宪法)无效危机、强盗男爵时代腐败的禁止性关税的“互投赞成票”制度、《斯穆特-霍利关税法案》及随后两次世界大战时期的贸易战——仅仅列举了一些最令人震惊的时期。当战后的岁月里制度最终诞生的时候,同样的破坏性政治力量埋葬了《哈瓦那宪章》,《哈瓦那宪章》将劳工权利的基础包含在贸易协定中,并且包含了针对威胁当今制度的抗议的最严重原因的解决方案。

自世界贸易体系诞生以来的几十年里,世界贸易体系经历了与新重商主义

的周期性较量,但是,它凭借着平衡的立法补救措施,比如 1974 年《贸易法案》及其后续的贸易法案所规定的补救措施一直存续下来。许多总统候选人,包括几位成功当选的候选人,在竞选过程中都持有赞成民粹主义、反对贸易的立场,仅在入主白宫后,才采取支持贸易的政策。然而,在最近的选举中,由于一种新的、可能致命的背弃,这只“看得见的手”已经回来了。

特朗普总统——交易商人

2016 年 6 月下旬,共和党总统候选人唐纳德·J. 特朗普发表了在他的整个竞选活动中最具体的政策声明之一——关于贸易政策的激进的 7 点计划。与他在推特上发表的政策声明的标准不同,这位候选人在一个令人惊讶的、彻底的、合法的计划中,放弃了现有的贸易协定,并威胁对许多国家实施经济制裁,对朋友和敌人一视同仁。但是,主要目标是中国和墨西哥。然而,即使在他当选的 5 个月后,特朗普总统在贸易政策上的立场仍然是不确定的,因为他在其他问题上某种程度上偏离了强硬立场。尽管特朗普严苛的反贸易的竞选言论指责了至少前 5 任总统和民主党候选人希拉里·克林顿,理由是过去的“毁灭性”贸易政策,但是,特朗普的私人企业经常利用由自由贸易政策保障的全球供应链,大量采购来自他在竞选中最猛烈抨击的两个国家的进口商品。在大选之后的采访中,他软化了他的支持者们在竞选集会上大声欢呼的一些问题上的激烈言辞,导致一些共和党领导人希望他那放肆的口头承诺不会被太认真地对待。

然而,在进入总统椭圆形办公室的第一个星期里,特朗普总统就贸易问题发表了严厉的言辞,惊人地表明了他要坚持到底的意图。在他执政的最初几天签署的一系列行政命令中,总统指示美国贸易代表办公室撤销美国在奥巴马政府期间与 11 个太平洋国家达成的《跨太平洋经济战略伙伴关系协定》的签署国地位,并“永久性地”撤出进一步的《跨太平洋经济战略伙伴关系协定》的谈判。他宣称,美国政府的意图是“在谈判未来贸易协定时,在一对一(或双边)基础上，直接与个别国家商谈”。他还指示美国贸易代表办公室，开始进行“双边贸易谈判，以促进美国工业，保护美国工人，提高美国工资水平”。[1] 在撤出 TPP 而无须合法程序的行动中，公众的关注给了总统一个真人秀的时刻，让他在镜头前停下来，拿着一个大的档案袋，里面有一份给美国贸易代表办公室的简短的 6 句话的备忘录，底部印着他那引人注目的、向外展开的签名，证明他确实走上了履行诺言的道路。

资料来源：格蒂图库(Getty Images)。

图 C.1 总统特朗普与当时的白宫办公厅主任霍恩霍德 · R. 莱恩斯 · 普莱布斯(Reinhold R. Reince Preibus，中)、贸易顾问皮特 · 纳瓦罗(Peter Navarro，右)展示指示美国贸易代表办公室退出 TPP 并从多边谈判转向双边谈判的行政命令

他还表示，他决定就《北美自由贸易协定》重新谈判，安排下周在华盛顿与加拿大和墨西哥领导人会晤，开始贸易问题的讨论。然而，当特朗普重申他先前要求墨西哥支付数十亿美元在美墨边境修建隔离墙，以防止非法移民进入美国时，(墨西哥)总统恩里克 · 佩尼亚 · 尼托(Enrique Peña Nieto)取消了会晤。

当总统的新闻秘书肖恩·M. 斯派克(Sean M. Spicer)解释说特朗普政府将通过对所有从墨西哥进口的产品征收20%的边境税来让墨西哥为隔离墙埋单时,情况变得更糟。这个提议引起了来自国会、商界和消费者利益集团以及贸易专家的抗议,他们认识到,即使总统有权单方面征收这一边境税,但这是值得质疑的,这项边境税最终不得不由美国消费者支付,而不是由墨西哥人支付。这项提议很快就被取消了,当时,白宫幕僚长雷恩霍德·R. 莱恩斯·普莱布斯告诉媒体,这只是正在考虑的“自助餐选择”之一。另一个自助餐选择是,正如作为总统候选人时所列出的贸易7点计划,如果特朗普在重新谈判中未能如愿以偿,他将正式退出《北美自由贸易协定》。这个选项也在希拉里·克林顿和巴拉克·奥巴马2008年的竞选计划中。

从终止区域贸易协定、多边贸易协定并指示美国贸易代表办公室只参与国家对国家的贸易协定的这些早期决定中,立即想到一个关键问题,即这是否是科德尔·赫尔关于建立基于规则的自由经济秩序、通过多边贸易体系促进和平与稳定、解决争端和减少歧视性贸易壁垒的梦想终结的开始?

特朗普在私人企业的背景沿着一条交易路径向前发展,展示了他绝大多数决策的方法。人们常说,他具有“交易”观点,而不具有“战略”观点。他是一个精明的商人,很快做出决定,有些人会冲动地说,他根据对手头交易的评估,把每笔交易的目标看作一次零和博弈。一方获胜,另一方必然输掉。一般来说,商人的目标都是狭隘地集中在货币利润的最大化,无论是为了立即获得的利益还是长期所得的利益。在信托责任、法律和道德规则的边界范围内,这一关注点适合满足股东、商业伙伴和个人需求。每一种工具,从经济支配地位到破产诉讼,都可以用来最大限度地提高杠杆率,以赢得或保持利润。在私人交易中,可以理解的是,商人可能会通过拥有较少资源的一方为一对一的双边交易带来更大的杠杆率,这个杠杆率有可能大于与利益多元化、资源综合性较强的多方达成协议所带来的杠杆率。然而,在拥有数百个国家行动者的政治经济中,历史表明,由科德尔·赫尔推动的非歧视性多边体系更有可能促进和维持经济稳定与更广泛的战略安全目标。

正如我们所看到的，在20世纪30年代，科德尔·赫尔能够在他的互惠贸易计划中建立无条件的、无歧视的最惠国基础。仅仅通过击败了罗斯福政府其他成员——雷蒙德·莫利和乔治·皮克，他就做到了。雷蒙德·莫利和乔治·皮克尤其倾向双边、“讨价还价”式的易货协议，与现任总统及其一些助手如今想放弃多边协议具有同样的根本原因。赫尔的贸易协定的目标和战后建立国际贸易体系的继任者的目标，比确保重商主义的贸易顺差的目标大得多。20世纪50年代末和60年代，美国国务院因明显忽视了美国的商业利益，从而受到两党内部的严厉批评。谈判代表因过分倾向于在自由市场国家之间建立经济联盟和加强北约联盟的战略目标而被指责。事后看来，鉴于这些目标在最终赢得冷战中所起的作用，尤其是在加强保护措施以帮助进口敏感的国内制造商的情况下，很难发现这一战略有什么错误。即使在冷战结束后，在具有共同经济利益的国家之间保持强大联盟的战略获得了外交政策专家们压倒性的支持。

美国优先

在特朗普总统任期的头几个月里，他采取了大胆的步骤，几乎是炫耀性地放弃了美国在世界上的领导作用——始于特朗普入主白宫前的一个世纪，当第一次世界大战摧毁了欧洲经济和权力中心时就开始了。具有讽刺意味的是，特朗普一直以“美国优先”为引导口号，标榜他退出了世界领导地位，放弃了国际条约，因为他的政党继续批评奥巴马政府“从后面领导”(leading from behind)。在外交政策决策上，每个政治家自然都会把他或她自己的国家放在最高的优先地位，但是，在这样的语境下，特朗普使用的“美国优先”口号是一种高度经济民族主义的呼吁，对其他国家优先事项视而不见。同样，正是在这个狭隘的关注点上，非干涉主义者——主要是极端民族主义者和孤立主义者(包括一些著名的反犹太、同情纳粹者)——在日本袭击珍珠港之前的20世纪30年代，在要求中立的情况下，使用了这样的口号。罗斯福和科德尔·赫尔一直努力与主张美国优先的团体对抗——受美国长期利益驱动，在制定租借援助计划之前，向英国和其他盟国提供援助，以抵抗希特勒的进攻。

战后，马歇尔计划向欧洲提供粮食和重建援助，并不是纯粹出于慈善目的。恰恰是知情的美国政治家的"开明的利己主义"激励着马歇尔计划，他们支持拨款 1 300 亿美元来拯救欧洲。商人威尔·克莱顿和冷战战士乔治·凯南撰写了备忘录，基于备忘录，1947 年乔治·马歇尔将军在演讲中提出了这一计划。尽管杜鲁门总统连任面临很多困难，但他还是向国会提出了马歇尔计划，而前孤立主义者、共和党参议员亚瑟·范登堡帮助这个计划在共和党控制的国会获得通过。为了安全和经济目的，在战后，也正是这些知情的"自利"的美国政治家鼓励建立一个联合的欧洲。马歇尔计划似乎不太可能在当前这种情况不明的、自私自利的"美国优先"环境中被接受。

除了他商人的贸易交易方式外，特朗普总统似乎很少重视贸易谈判中更广泛的战略目标。他似乎不知道这些战略目标，对了解它们几乎没有明显的兴趣。不管他不感兴趣的原因是什么，(事实上)他拒绝采用传统的外交方式来增强美国的长期联盟。战后的时代开始以来，美国政治家在鼓励包括英国在内的欧洲一体化方面发挥了重要作用，这里既有经济原因，也有国家安全的原因。特朗普总统漫不经心地放弃了这些目标，他对英国退出欧盟的投票表示赞赏，并高兴地预言其他成员国也会效仿。为了打击极端伊斯兰恐怖分子，渴望与俄罗斯的领导层结盟的同时，特朗普总统显露出对保卫北约盟国的美国承诺表示怀疑，在他成为总统之前，他时常称"北约"已经"过时了"，甚至后来拒绝对《条约》第五条规定的基本集体防卫义务做出一贯的承诺。因此，特朗普政府不仅危害了国际贸易体系，而且他的团队的政策对每一个第二次世界大战后设计的制度构成了威胁，而这些制度是为了防止灾难性的世界大战和世界经济萧条重现的可能性。加拿大和德国等盟国已公开表示，特朗普政策标志着一个时代的终结。加拿大外交部部长对议会说，他们在南方的朋友显然已经决定"卸下世界领导层的担子"。[2]

在加强和激发民粹主义、"美国优先民族主义"以反对自由贸易秩序，在白宫包围特朗普总统的团队中，(至少在他任职不到 9 个月而离开白宫之前)总统的高级顾问和首席战略官(以及特朗普竞选班子的前 CEO)斯蒂芬·K. 班农(Stephen K. Bannon)发挥了重要作用。虽然班农可能不再是“世界上第二最有权势的人”,如《时代》杂志在其就职典礼三周前的封面故事中所称,但是,他的哲学似乎依然统治着总统椭圆形办公室的关键决策。他作为首席战略官的官方角色已经结束,他的直接影响可能不会比罗斯福政府的雷蒙德·莫利的影响持续得更久,《纽约时报》关于莫利曾做了一个非常相似的封面故事(见第 8 章),但是,班农的哲学(尽管不是柏拉图心目中理想的哲学家王者的思想)确实在特朗普政府的早期阶段居于统治地位。并且,他的民族主义精神仍依然坚定地与总统同在。

班农出生和成长于工人阶级家庭,但是,在他的履历上,拥有好莱坞的财富、常青藤联盟的学位和高盛的职业经历,他完全不是一个被遗忘的人。然而,他对华尔街的鄙视(源于他在华尔街的亲身经历)、经济民粹主义(即仇外的反全球化)和种族(白人基督教的)民族主义与特朗普的基础支持者的观点相契合,这些显然对总统有吸引力。班农的哲学与欧洲寻求权力的极端民族主义政党领导人的哲学是相同的。极右的欧洲人认为,认可特朗普-班农思想的特朗普当选是一个奇迹,从政治角度来说,接近基督的第二次降临,尽管这并没有激励他们在 2017 年的选举中获胜。

在特朗普以“美国优先”为主题的就职演说中,在总统的黑色夸张言辞中,班农的民族主义印迹象非常明显。据称,甚至前总统乔治·W. 布什——他的单边主义外交政策达到了自己的大胆高度——在总统就职演说后说,“那是一些奇怪的狗屎”。[3] 总统的错误臆断、匆忙执行的“旅行禁令”和为美国贸易代表办公室起草撤出 TPP 备忘录,前首席战略官依然在背后起作用。在特朗普总统的竞选和任职早期的日子里,班农没有发表过多公开的言论。然而,从他担任极右翼(他称之为“极右平台”)布莱巴特新闻网(Breitbart News)* 及其广播节目首席执行官以来,他的观点就广为人知了。他公开表示支持英国脱欧和其

---

* 布莱特巴特新闻网由已故保守派评论家安德鲁·布莱巴特创立,最初由一群保守派人士组成。该新闻网以激进言论和煽动性著称,在特朗普总统大选中很引人注目。——译者注

他民族主义者分裂欧盟的行为，反对移民，推动他所称的犹太-基督教的西方世界与激进伊斯兰的战争，并声明对多边贸易协定抱怀疑态度就不足为奇了。在退出 TPP 的指令中，他是指令的作者，他指示，美国贸易代表办公室的谈判代表在未来“直接与个别国家进行一对一（或双边）基础上的谈判”。在英国脱欧公投和特朗普竞选获胜之后，据引述，班农宣称，“这仅仅是第一局的巅峰”。作为布莱巴特新闻网站的负责人，2013 年 11 月，班农宣称，“我要摧毁一切，摧毁今天的一切”。

班农在给《华盛顿邮报》的一封电子邮件中表达了他的愿望，他写道：“我们正在见证一个新的政治秩序的诞生。”很明显，他并不打算将由两党共识支持的自由贸易体系（至少自艾森豪威尔以来就是这样的自由贸易体系）纳入“新政治秩序”。在就职后一个月里的首次公开露面活动中，与莱恩斯·普莱布斯一起在年度保守主义政治行动会议（Conservative Political Action Conference，CPAC）上亮相，班农再次证实，政府的优先事项是“行政国家的解构”以及税收基础、法规和贸易协定。他出现在保守主义政治行动会议上的意图似乎主要是庆祝胜利，嘲弄听众中传统共和党人中的反特朗普的贬损者以及“社团主义、全球主义媒体”（他称之为“反对派”，特朗普称之为“人民的敌人”），他观察到，他们“坚决反对像唐纳德·特朗普这样的经济民族主义议程”。他宣称布特朗普撤出 TPP 的声明是“现代美国历史上最关键的时刻之一”，从而明确了他对当前基于规则的贸易秩序的具有威胁性的观点。[4]

据说，班农是一个贪婪的历史读者，但是，他一定没有读过因过激的民族主义引发的第一次和第二次世界大战造成的 20 世纪毁灭的部分。班农是一个极端的民族主义者，他鄙视欧盟，因为它稀释了国家的身份和主权；他希望看到它的崩溃和失败。自然而然地，这些观点在至少 60 年不间断、极其重要的美欧联盟之后的白宫中得到了突出的展示，这些观点令欧洲领导层相当不安。“任何支持欧洲更加自信的民族认同的人都没有读过他们的历史。”欧盟驻华盛顿大使大卫·奥沙利文（David O'Sullivan）评论道。在加入特朗普竞选团队之前，班农于 2016 年 6 月英国脱欧公投获胜的那天为英国独立党领袖奈杰尔·法拉奇(Nigel Farage)主持了布莱巴特新闻电台节目秀。“欧洲联盟项目失败了,”法拉奇宣称,“我高兴地说,这是注定的。”班农回应道:“这是伟大的成就。祝贺你!”[5]

在他被逐出白宫之前,在特朗普政府早期混乱的几个月里出现过几次这样的情况,即外面的世界显见的是,在班农与温和派(班农称他们为民主党)为进入椭圆形办公室的战斗中,班农会暂时失去好感。在开始的时候,总统做出了一个前所未有的举动,给了班农这个毫无国家安全事务经验的政治顾问一个在美国国家安全委员会(NSC)的固定席位。但是,媒体透漏出班农与总统的女婿兼顾问贾里德·库什纳(Jared Kushner)发生争执,并且总统已警告他们停止争执,此时,班农被逐出美国国家安全委员会,并离开了人们的视线。那时,总统的主张回到了班农倾向的内向的“美国优先”的民族主义,斥责世界领导人和国际合作,再次拒绝关于气候变化的自愿的《巴黎协定》,并宣称他的当选代表“匹兹堡,而不是巴黎”。特朗普的决定无视白宫的温和派和国务卿雷克斯·蒂勒森(Rex Tillerson)的劝告。这里,真正的教训是,特朗普本能地与班农的立场保持一致,无视他在白宫顾问班子里的表现与个人身份。对于在过去70年里保证世界和平与繁荣的制度来说,这不是一个好的教训。

2017年5月中旬在华盛顿举行的一次活动中,我听到了班农的一位高级政策助理解释特朗普的政策决定过程,不断重复地称之为“让美国再次伟大”。他说,你不可能从新闻媒体那里得到这样的解释,他描述说,新闻媒体“80%是靠不住的”。特朗普的高级幕僚采取的方法“既不是右翼的,也不是左翼的。它根本不是意识形态”。他说:“它基于特朗普品牌,即卓越。”他说,理解了这一点,有助于阅读特朗普的著作《交易的艺术》(*The Art of the Deal*),这本书告诉你“在任何和所有的谈判中,你不能与交易结缘;如果对你来说某项交易不是最好的,你必须愿意远离这项交易”。并且,他说,你不能成为一个病人,也不能没有战略重点。“你必须拒绝过去25年里所有的建制基础。”我猜想,尽管他没有具体说明,而他也会敦促拒绝过去70年的基础。他说,特朗普总统是一名“超自然的本色演员”,特朗普按照冲动做出决定,他的冲动本能“总是正确的”。

他描述了所有团队主要成员的特征和职能，我在这里就不详细介绍了，只是要指出的是，他说贾里德·库什纳的职能是“搞清楚他岳父的愿景，然后让事情发生”。

提供了特朗普政策决定过程描述的白宫内部人士要求对他的背景评论保持匿名，并且，在班农离开后不久，他便辞职了。他的描述在《经济学人》近期一篇主要文章中被广泛地得到了证实，文章的标题是《美国总统的冲动和肤浅威胁着经济和法治》(The Impulsiveness and Shallowness of America's President Threaten the Economy as well as the Rule of Law)。该杂志刚刚采访了特朗普，撰文道，总统“显示了统治地位，他需要成为关注的中心，他对它们的冲动有一点亨利八世的味道”。文章继续写道，特朗普的经济计划“将正统性、准确性和一致性视为能够在一系列惊天动地的交易中简单谈判加以解决的”。

特朗普贸易团队

支持总统建立新的贸易政治秩序的团队是商务部部长威尔伯·罗斯(Wilbur Ross)、新成立的贸易和制造业政策办公室主任皮特·纳瓦罗和美国贸易代表罗伯特·莱特希泽(Robert Lighthizer)。2016 年 9 月，作为特朗普竞选的高级政策顾问、亿万富翁级的私募股权投资者罗斯和加州大学欧文商学院的经济学教授纳瓦罗发表了一份极有党派色彩的报告，“为特朗普经济计划打分”，反驳了非党派人士得出的结论，尽管这个结论是通过对特朗普税收计划的税基所做出的“供给侧”分析。税基报告预测，特朗普的计划将使美国财政部损失 2.6 万亿美元。罗斯-纳瓦罗的报告称，税基报告“不完整且高度误导”，因为它割裂了税收削减与他们预计的、将来自特朗普的“协同贸易组合、监管和能源政策改革”的收入补偿。

在贸易问题上，罗斯和纳瓦罗认为，特朗普的“强硬、聪明”的谈判人员将重新谈判每一项“不好的已经签订的贸易协定”，至少追溯到 1993 年签订的贸易协定，这与比尔·克林顿总统的任期相符。这些重新谈判将根据“特朗普贸易原则”进行，他们把这一原则界定为确保“任何协定都必须提高 GDP 增长率、降低贸易逆差，并增强美国的制造业基础”。重新谈判的协议不仅包括在克林顿总统、乔治·H. W. 布什总统和乔治·W. 布什总统的领导下达成的《北美自由贸易协定》以及其他地区和双边的自由贸易协定，而且包括世贸组织多边协定。罗斯和纳瓦罗建议改变世贸组织，以支持和给予美国更大的控制权，因为美国是世界上最大的进口国、第三大出口国，并且目前是世界上最大的经济体。他们大胆地预测，特朗普贸易理论将消除 5 000 亿美元的美国贸易逆差，终结美国就业岗位的外移，并重建美国的制造业基础。可以这么说，需要无比“聪明、强硬”的谈判者来完成这一奇迹般的三连胜，但是由于拥有大胆的预期，他们并没有就此止步。

除了预计由监管和能源改革带来的收入增加外，该报告预测，仅特朗普的贸易政策就将产生 2.44 万亿美元的收入，以弥补拟议减税带来的收入损失。当总统选择纳瓦罗担任白宫贸易政策专家时，总统称他为“一位有远见的经济学家”，但是，更现实的专家会将这个报告描述为“仅仅提供了愿景，即使不是宏大的幻想”。

纳瓦罗以这样的用词向《华尔街日报》解释了他消除贸易逆差的方法，即这一方法是 18 世纪重商主义者熟悉的方法，在希特勒统治下激进的民族主义经济部长 H. H. G. 沙赫特的领导下德国人熟悉的方法，夏赫特曾达成了诸多双边易货协议。这正是在 20 世纪 30 年代建立非歧视性最惠国待遇贸易计划时，科德尔·赫尔所反对的做法。“与我们存在显著贸易逆差的任何一个（贸易对手）国家需要在产品对产品和行业对行业层面上与我们合作，”纳瓦罗说，“从而在特定的时期内减少这种贸易逆差”。在由政府控制的非市场经济体中这种简单的公式似乎是理性的，但是在市场驱动的经济体中不太实际。贸易协定是关于平衡贸易的法律规则，而不是为了改变供求关系的经济学原理。按照特朗普的政治直觉，纳瓦罗似乎最感兴趣的是试图利用贸易来获取政治利益，而无视它与美国经济体的经济关系。

在权衡墨西哥和中国贸易逆差的重要性过程中，纳瓦罗无视“全球供应链”

的影响。例如,苹果智能手机在中国的组装使用的部件来自世界各地的供应商。中国工人在组装包括美国组件在内的外国生产的部件时所获得的附加值相对于产品总价值来说是很小的。然而,根据海关估价的原产地规则,进口到美国的苹果智能手机的全部价值被视为源自中国,从而夸大了美国的贸易逆差规模。2010 年的一项研究估计,2009 年中国向美国出口了 1 130 万部苹果智能手机,总出口额为 20 亿美元。这项研究估计,每部手机价值的 96.4%归属于外国供应商,但是,根据标准贸易数据,因手机贸易,中国获得了 19 亿美元的贸易顺差额。经济合作与发展组织(简称经合组织)和世界贸易组织的一项联合研究估计,2011 年中国 40%以上的制成品的出口商品成分中含有外国进口商品。[7]

一些批评家说,与中国的贸易摩擦将遵循特朗普的贸易政策,包括威胁对中国进口商品征收 45%的关税,罗斯和纳瓦罗天真地预期:“中国领导人很快明白,他们正在面对特朗普政府在贸易问题上的优势,而不是奥巴马-克林顿时代贸易上具有特征性的弱势……并且(将)控制他们(中国)重商主义的冲动。”[8]在对纳瓦罗的一篇描写文章中,《经济学人》称他为“抨击中国的怪人”,他曾经支持自由贸易,而现在他是白宫“民粹主义叛乱”的一分子,关于贸易逆差,有着自己的重商主义观点和“诡计经济学”。尽管他预测面对强劲的特朗普贸易战,中国会退让,但是,(要知道)纳瓦罗在十多年前写了一本书,预测的是《即将到来的中国战争》(*The Coming China Wars*)。现在,他承诺“在贸易政策上,这是一个具有冲击力和变革性的转变”。[9]

最近在一次会议的午宴上,我坐在一位非常资深和受人尊敬的贸易外交官旁边,他曾在几届政府中任职,最后一届任职于乔治·W. 布什总统的政府。有人问他是否有兴趣回到美国贸易代表办公室和鲍勃·莱特希泽一起工作,在里根总统任期内他们曾经一起工作过。这位外交官很快便回答说:“只要皮特·纳瓦罗在白宫负责贸易事务,我就不会。”

像班农一样,在与白宫温和派的斗争中,纳瓦罗对总统的影响力也有起伏。在很大程度上,纳瓦罗的影响力取决于一种情况是否经常发生,即特朗总统发现攻击对墨西哥或中国的贸易逆差具有政治优势。

国务卿威尔伯·罗斯也为总统的贸易民粹主义核心圈添加了一个有趣的背景。罗斯以“破产之王”的声名为人所知,他拯救特朗普,使他免于个人破产,因而成为特朗普的盟友,当时罗斯是特朗普位于大西洋城注定要破产的泰姬陵赌场的代表性投资者。从那时起,罗斯作为一个收购破产或深陷困境公司的“秃鹰投资者”,赚了数十亿美元,通过削减就业机会和福利并将其出售获取利润,从而拯救他们,在某些情况下,也将美国的就业机会输送到了其他国家。路透社的一项分析披露,自2004年以来,罗斯将其控制的公司的生产基地再选址,从而使2 700个美国工作岗位转移到了海外。他声称自己支持贸易,并已将生产基地转移到墨西哥,以降低劳动力成本,并在几项投资中利用《北美自由贸易协定》创造的供应链的机会。

罗斯还曾为了支持《多米尼加共和国-中美洲自由贸易协定》而游说,现在,这是特朗普谴责的另一份贸易协定。他最大的两笔投资是在美国保护程度最高的行业——纺织和钢铁行业。他在利用高关税和进口配额保护这些行业的同时,把自己创立的钢铁集团卖给了一名印度亿万富翁。2003年,罗斯收购了总部位于北卡罗来纳州的伯灵顿工业公司(Burlington Industries)的资产。伯灵顿工业公司曾是世界上最大的纺织品制造商,拥有80 000名员工,但那时处于破产状态。2004年,他还收购了另一家破产的北卡罗来纳纺织巨头科恩·米尔斯公司(Cone Mills)的资产,并将这两家公司合并为一家新的公司,即国际纺织集团(International Textile Group,ITG)。国际纺织集团出售了许多资产,并将大部分生产转移到亚洲和拉丁美洲。在2016年10月宣布将国际纺织集团出售给一家新的私人股份集团时,该公司的新闻稿指出,该公司当时雇用了“全球大约4 800名员工,在美国、墨西哥和中国均开展业务”。

但是,现在,罗斯已经转变到特朗普的民粹主义贸易立场上,并且一些人预测,由于他与总统关系密切,如果不在贸易谈判方面发挥领导作用,也将在其他方面发挥领导作用。但是,商务部在贸易职能之外拥有广泛的管辖权,这使得现在不太可能授予美国贸易代表接管立法权,就像以前一样,以前的政府也曾尝试过类似的接管。还有,尚不清楚特朗普身边的其他人在贸易政策决策的重新配置中扮演的角色有多重要。总统任命他的女婿贾里德·库什纳为高级顾问,拥有无限的组合权限。在特朗普政府的初期,作为总统的私人特使,库什纳会见了许多外国官员,包括《北美自由贸易协定》伙伴关系中的一些官员。[10] 当然,他与俄罗斯人的会晤得到了更多的关注,并且很可能严重限制他的其他会晤和活动。

作为贸易团队的核心人物,尽管在他漫长的任命过程中,其他人也受到了关注,但是,作为一个制度问题,总统选择了罗伯特·E. 莱特希泽担任美国贸易代表。作为一名能干且具有高度竞争力的贸易方面的律师兼游说者,从直接经验和专业化能力的角度来看,莱特希泽无疑是特朗普最初内阁任命的人选中最合格的人。如果总统认真地想废除已经建立起来的自由贸易秩序,并用一个民族主义的、保护主义的体制来取代它,准备沿着贸易战的方向走下去,那么他已经选择了一个有准备的并且可能愿意领导这项事业的大师级技师。

在参议院财政委员会主席鲍勃·多尔(Bob Dole, R-KS)的领导下,作为首席顾问和助手总管担任国会山重要职位之后,在罗纳德·里根总统治下,莱特希泽担任美国贸易代表处副主任若干年。在里根总统任期内,里根说起话来通常像一名自由贸易者,但是,他走起路来常常像一名保护主义者,而莱特希泽常常引导前进的方向。在日本是美国工业最具威胁的贸易"食人魔"的时候——现在中国所扮演的角色,里根用美国贸易代表办公室武库中的每一个贸易保护主义工具痛击了日本。

后来,(基于)在保护主义方面的私人实践,2007 年莱特希泽在众议院筹款委员会贸易分委员会面前作证时指出,在世贸组织争端解决体系中,美国受到不公平待遇。他称,由于世贸组织的"流氓"陪审员小组和上诉机构的决定超过了他们的授权并浸染了"司法行动主义",该体系存在"根本缺陷"。毫无疑问,("司法行动主义")这一术语被用来唤起保守派对首席大法官厄尔·沃伦(Earl

Warren)*领导下的美国最高法院的记忆。他指责这些决定"正在毁掉我们的贸易法",并引用了一个例子,即世贸组织的决定最终促使立法取消美国反倾销规定,而这些规定给美国国内产业带来了超级优势。然而,制造商生产能力与创新联盟(The Manufacturers Alliance for Productivity and Innovation)质疑莱特希泽的分析,它的一项研究表明,在过去的5年里,美国"从参与世贸组织争端中获得了实质性的好处,在争端解决中获胜的次数是失败的两倍"。[11]

在《纽约时报》2008年3月的一篇专栏文章中,莱特希泽斥责当时的共和党总统候选人、参议员约翰·麦凯恩,称他对自由贸易的无拘无束的支持"证明了他作为保守派的坦率与真诚"。莱特希泽正确地指出,从亚历山大·汉密尔顿到前参议员杰西·赫尔姆斯(Jesse Helms,R-NC)的保守派都反对自由贸易,莱特希泽写道,亚历山大·汉密尔顿"可以被视为美国保守主义的创始人"。按照莱特希泽的说法,里根总统是"现代保守主义的化身","时常打破自由贸易的教条"。出于他自己的经验,莱特希泽提醒麦凯恩,尽管里根有"开放市场的言论",但里根还是限制了汽车、钢铁、糖、纺织品和摩托车的进口[以保护哈雷·戴维森(Harley-Davidson)];并且,里根迫使日元升值,从而"使来自日本的进口商品更加昂贵"。莱特希泽宣称,自由贸易不是保守派奉行的准则,而是"自由派精英们"的理想,就像参议员泰德·肯尼迪(Ted Kennedy,D-MA)所说的那样,"以激情拥抱自由贸易,这样的激情使罗伯斯庇尔也相形见绌了"。[12]

当9年后莱特希泽前来作证时,因为麦凯恩记性很好,(所以),并没有忘记这样的斥责。他和参议员本·萨塞(Ben Sasse,R-NE)以同样的责难语调向莱特希泽发出了一封长长的公开信,宣布他们反对他的提名,因为他"高调主张我们的贸易政策转向保护主义,(所谓)政府持续的、不连贯和不一致的贸易政策信号",以及他"对《北美自由贸易协定》持怀疑态度"。他们宣称:"美国应该有这样一个贸易代表,他将就《北美自由贸易协定》重新谈判,以便在成功的基础

---

* 1953年艾森豪威尔总统提名沃伦出任最高法院首席大法官。在沃伦担任首席大法官期间,美国最高法院做出了一系列里程碑式的判决,如1954年的布朗诉教育委员会案,裁定公立学校种族隔离违宪。沃伦法官旨在维护公民权利与公民自由,崇敬他的一代人也正因此对他着迷。——译者注

上再接再厉，而不是为解除它寻找借口。”[13]

关于麦凯恩的专栏文章发表3年后，莱特希泽有了更好的运气，2012年他选择加入支持初露头角的唐纳德·特朗普的总统竞选活动。在《华盛顿时报》的一篇专栏文章中，莱特希泽称赞特朗普的反华保护主义言论，当时这个言论正受到共和党内的批评。莱特希泽预测，一个潜在的特朗普竞选（纲领）至少可以把注意力集中在中国所谓的滥用出口补贴、非关税壁垒等贸易行为上，并且，这样“将为共和党和国家做出贡献”。[14] 作为钢铁行业的顶级说客和美国钢铁公司在贸易诉讼中的首席法律顾问，莱特希泽个人认为，中国和世贸组织提供了特朗普对贸易问题本能反应的法律版本。

在巴拉克·奥巴马总统任期内，莱特希泽告诫美国贸易代表不要再绞尽脑汁，希望最好的结果，并敦促采取具有侵略性和想象力的行动来解决美中贸易逆差问题。在（历史）记录中，有关奥巴马政府美国贸易代表的“绞尽脑汁”的描述没有被证实。在他的两个任期内，奥巴马提出了20起世贸组织案件，包括16起针对中国的案件；在他第二个任期结束前，所有这些案件均已经得以裁决，均为胜诉或得到有利的解决。莱特希泽提出的激进的新行动，包括一些被乔治·W. 布什政府已经拒绝的行动，奥巴马政府加以拒绝，因为这些行动在关贸总协定/世贸组织协定下不被认可。

出于为侵略性的做法辩护，莱特希泽指出：“世贸组织的承诺不是宗教义务。”他认为：

> 重点是，对“世贸组织——一致性”的口号的一种不加思考、简单化和奴性的忠诚……一点意义都没有，而且，显然不是由我们的国际义务决定的。事实上，削弱这个体系可能是迫使体系变革的唯一途径。

在他成为美国贸易代表的7年前发表这一声明时，他明确表示：“我不主张美国退出世贸组织体系，该机构对我们和全球贸易体系都太重要了。”[15] 然而，鉴于他对世贸组织义务缺乏承诺，一个严重的问题出现了：既然现在他是一个决心以“美国优先”为口号颠覆政治秩序的团队的成员，他愿意抛弃自1948年以来一直有效提供基于规则的自由贸易秩序的制度吗？

不管他走哪条路，有组织的劳工似乎都认为这条路是对的。例如，美国钢铁工人联合会主席里奥·杰拉德在国会确认其职位投票前给所有参议员写了一封信，称莱特希泽为"一个非常正直的人"，并补充说：

> 在这个关键时刻，企业和工人都对贸易政策的执行失去了信心，而贸易政策的制定更多的是为了促进外交政策目标和华尔街的利益，而不是为了平衡这些相互竞争的需求方……确保我们都能在提高自身经济利益和价值的同时，参加到进一步自由化进程之中。[16]

在两党的大力支持下，不顾麦凯恩的反对意见，莱特希泽的美国贸易代表职位以压倒性优势得到了确认。

甚至在他被参议院确认领导美国贸易代表办公室之前，在2017年3月1日美国贸易代表办公室依法公开提交给国会的"2017年总统贸易政策议程"中，他的影响力就表现得很明显了。这个文件宣称，"是时候采取更积极的办法了……是时候制定一项新的贸易政策来捍卫美国主权了"。新议程采纳了莱特希泽的观点，并且用了他在2010年表达的同样的话语，即世贸组织的承诺不是"宗教义务"。该议程解释说，"如果世贸组织争端解决小组或世贸组织上诉机构凌驾于美国，那么这样的规制不会自动导致美国法律或惯例的改变……[并且]特朗普政府将积极捍卫美国在贸易政策方面的主权"。议程承诺，通过美国贸易救济措施，如1974年《贸易法案》第301条，打击不公平的贸易做法，"当世贸组织采用的世贸组织协定的解释破坏了美国采用这些补救措施的能力时"，特朗普政府将"根据需要采取积极行动"。[17]

1994年，我是众议员中多数派中的一员，他们投票赞成乌拉圭回合实施建立世贸组织的立法，并清楚地记得，与其他议员一道坚持认为，立法表明，世贸组织的承诺和争端决定不会影响我们的国家主权，也不会对联邦法律或州法律产生约束力。[18] 世贸组织争端解决机制——可以说是世界历史上最有效的国际法律论坛——完全建立在自愿参与和遵守的基础上。如果一项决定违反了美国的法律，需要对立法进行修改，如果它这样做的话，国会可以忽略这项决定。当巴西赢得世贸组织裁定美国棉花补贴违反世贸组织义务时，国会就是这样做的。按照世贸组织协定，胜诉方有权通过撤销贸易减让来报复被诉方，例如，对拒绝遵守义务的成员方提高关税。在巴西棉花案中，美国最终达成了一项有利于巴西农民的货币解决方案，并保留了对巴西棉农的“非法”补贴。

自1995年以来，世贸组织已用这样的方式处理了500多起争端，加强了基于规则的贸易体系，从而保持了全球经济的稳定。总之，世贸组织的这些决定高度有利于美国利益。在这个体系建立之前，旧的关贸总协定争端处理程序存在严重的不足，使其对建立限制不公平贸易做法的贸易规则不太有用。我记得，当时我作为筹款委员会职员助理时，针对这一法律真空，国会制定了1974年《贸易法案》第301条，作为美国单方面执行公平贸易做法的机制。在世贸组织框架下建立一个新的争端解决机制的强烈动机之一是因为《关贸与贸易总协定》争端解决机制的无效性，以及针对根据第301条的反复无常的美国单边行动的批评。1995年后，第301条继续用于某些有限的目的，但是，其使用范围扩大了，作为义务警员、针对世贸组织争端单边偏好机制（按照莱特希泽/特朗普议程，可视为如此），在一个狂热的、以西方为基础的环境中，造成了严重的报复和贸易战风险。

特朗普的《2017年贸易议程》发布后，初始反应喜忧参半。自然地，传统的保护主义者做出了积极的回应。美国制造业联盟（The American Alliance for Manufacturing）——对进口敏感的国内制造商和美国钢铁工人联合会之间的一个伙伴——对此表示赞赏，认为世贸组织的争端解决机制未能尊重“对贸易救济合法性的长期认可”。然而，来自国会山两党贸易领袖的反应充其量是谨慎的。筹款委员会的民主党大佬、众议员理查德·尼尔（Richard Neal，D-MA）认同世贸组织争端机制应该得到一些批评，但是，他说：“听起来好像政府正在考虑一个过于激烈的回应。我们需要解决当前国际贸易体系中存在的问题，而不是彻底废除该体系。”[19]

众议员凯文·布雷迪（Kevin Brady，R-TX）是筹款委员会主席，他发表了一份声明，认同特朗普为了美国工人达成更好的协定，但是，为世贸组织辩护称：

> 我强烈地坚信，我们目前的贸易协定，包括《世界贸易组织协定》，对美国人来说都是成功的，因为这些协定建立了一个强有力的法律规则，控制我们的竞争对手，打开市场，销售我们的商品、服务和农产品。然而，我同意特朗普总统的观点，即我们应该改进贸易协定，使它们更好地为美国工人服务。[20]

由于两党在众议院对世贸组织的支持程度如此之高，以至于总统似乎不太可能抛弃该组织，如他对待《巴黎气候协定》《跨太平洋经济战略伙伴关系协定》和其他多边国际协定那样。按照《乌拉圭回合协定法案》(Uruguay Round Agreement Act)，参议院或众议院的任何成员均可每五年提出一项联合决议，撤销国会对《世界贸易组织协定》的批准。众议员罗恩·保罗(R-TX)在 2000 年曾提出过，2005 年保罗和众议员伯尼·桑德斯(I-VT)再次尝试提出决议。两次决议都没有得到很多赞成票。然而，作为一名佐治亚人，令我尴尬的是，尽管众议院只有 20%的人投票赞成 2005 年的决议，但是，佐治亚代表团的两党多数投票赞成撤销世贸组织。[21] 显然，这是一次政治投票。即使这项决议在参众两院都获得通过(而且参议院从未考虑过这项决议)，自《关税与贸易总协定》/世贸组织成立以来，每一位总统都会否决这项决议，并要求参众两院超过三分之二的投票才能否决总统的否决，当然，现任总统可能是例外。这里的重点是，尽管白宫发出了政治辞令，目前乌云笼罩在该体系上空，但是，世贸组织体系仍然具有强有力的政治支持基础。

然而，当这本书交付出版的时候，莱特希泽提出了这样的理由，即世贸组织争端解决程序未能充分实现美国的权利，或将未经同意的义务强加在世贸组织协定中。因此，美国贸易代表办公室不得不考虑一种“更有力的方法”，采用 1974 年《贸易法案》第 301 条来强制执行其权利。这会导致科德尔·赫尔基于规则的多边体系遭到破坏吗？在美国贸易代表办公室的高级职位上的我的朋友们保持着谨慎和耐心。他们说，当我写本书的下一个版本时，我将会描述莱特希泽团队为解决贸易体系问题而得出的“实用的”解决方案。

大区域双边自由贸易协定(FTA)的潜在复兴

特朗普总统和他的贸易小组将重点放在以贸易逆差为目标的双边谈判上，在执政的最初几个月里，必须经历一个有关欧盟的学习过程。在就职典礼前接受伦敦《泰晤士报》的采访中，当选总统特朗普说，他认为“英国脱欧终将是一件大事”。他预测其他国家将追随英国的先例而离开欧盟。“人民、国家需要他们自己的身份，英国需要自己的身份……我相信，其他国家也会离开(欧盟)。”特朗普透露，在他入主白宫后，他将“立即”邀请英国首相特雷莎·梅(Theresa May)访问，他希望立即达成两国之间的贸易协定。在公投通过之前，匆忙将英国推到双边贸易协定队列的首位与奥巴马总统反对英国脱欧的论调可能有关，如果英国通过(脱欧公投)，英国将排在美国(双边贸易)协定队列的后面。显然，特朗普把这看作证明前任错误的另一个机会。在这次采访中，特朗普还批评了德国总理安格拉·默克尔的移民政策，并称北约已经过时了。默克尔回应说，在华盛顿的新时代，欧洲显然必须自己照顾好自己。她说：“我们欧洲人的命运要掌握在自己的手中。”[22]

(特朗普)总统很快了解到，只要英国继续留在欧盟，而且官方没有“脱欧”——这将需要至少两年的时间，英国就不能与美国达成双边贸易协定。这样的结果同样令英国外交大臣鲍里斯·约翰逊(Boris Johnson)感到尴尬，他在担任伦敦市市长时就是英国脱欧的支持者，并批评奥巴马干预公投。他吹嘘说，在1月与特朗普的顾问进行谈判后，英国将“首当其冲”(与美国)达成(双边贸易)协定。

当与英国的谈判事宜没有得以解决时，在默克尔总理访问华盛顿时，总统试图与德国进行双边贸易谈判。据彼得·纳瓦罗称，650亿美元的美国与德国的贸易赤字是美国面对的“最困难的”贸易问题之一。据她的内阁同僚称，回国后，默克尔向他们简要介绍了她说的话，她说，在欧盟和贸易的“根本问题上”，特朗普总统存在“基本的误解”。“特朗普曾问她10次，他能否与德国进行贸易协定谈判。每次她都引用一位德国资深政治家的话来回答:'你不能和德国签订贸易协定,只有与欧盟(签订贸易协定)。'"当第11次遭到拒绝后,特朗普说:"哦,那么我们就和欧洲达成协定。"[23] 自2013年以来,美国和欧盟一直在谈判一项"全面的、高标准的"自由贸易协定。第15轮和最新一轮《跨大西洋贸易和投资伙伴关系协定》(TTIP)谈判于2016年10月完成。自特朗普当选以来,双方谈判一直处于停顿状态,静待下一步行动。在贸易术语中,这是一个"大区域"(mega-regional)的自由贸易协定,像《跨太平洋经济战略伙伴关系协定》那样,但是,它可以被视为双边贸易谈判,来满足特朗普-班农规则,因为它只涉及两个谈判团队,尽管在英国完成脱欧之前涵盖了29个国家。可以肯定地说,在特朗普领导的超级大国一方,具有很大的影响力,但是与特朗普大厦的房地产交易相比要复杂得多。罗伯特·莱特希泽和威尔伯·罗斯都表示有兴趣探讨如何减少美国出口面对欧洲壁垒的方式(从而减少贸易逆差),欧盟贸易专员塞西莉亚·马尔姆斯特罗姆(Cecilia Malmstroem)也赞成与美国进行贸易接触,无论是否涉及《跨大西洋贸易和投资伙伴关系协定》。

在大西洋两岸,对《跨大西洋贸易和投资伙伴关系协定》的政治支持度一直很高,但是,许多敏感问题仍然显著存在。尽管美国和欧盟在工人权利和环境方面都保持了高水平的国内保护,而且,《跨大西洋贸易和投资伙伴关系协定》可以设定一个高标准,从而提高贸易环境中的世界标准,但是在其他领域,公众的反对意见是很明显的。例如,欧盟政治中心布鲁塞尔的抗议者反对美国出口转基因生物(GMO)、侵犯数据隐私以及潜在的滥用投资者争端解决机制,他们喜欢在欧洲首都(政治中心布鲁塞尔)各处涂上"停止《跨大西洋自由贸易协定》"的涂鸦(将不受欢迎的《北美自由贸易协定》移植到《跨大西洋贸易和投资伙伴关系协定》)。在欧洲议会中,《跨大西洋贸易和投资伙伴关系协定》从未特别受欢迎,欧洲议会尽管没有太多的权力,但是,它与"民间社团"的脉搏紧密相关。在逻辑上,有人可能会认为,即使特朗普团队决定重新进行《跨大西洋贸易和投资伙伴关系协定》的谈判,而特朗普总统在欧洲高度不受欢迎甚至可能削弱欧盟委员会对该项目的热情,至少目前如此。

《北美自由贸易协定》的重新谈判

至少18个月来，作为总统候选人的特朗普一再声称，《北美自由贸易协定》是“灾难”，并且“无论在任何地方都是历史上最糟糕的贸易协定”，但时，这是为了煽动性吸引力而在竞选活动中的夸大其词，并不是基于事实的分析。在成为总统之后，他继续重复这一说法，但是，在如何解决这一问题上，他没有一个一致性的立场。早期关于谁将为“边境墙”埋单的争论导致佩纳·涅托总统取消讨论重新谈判的会议后，由于墨西哥人开始权衡离开《北美自由贸易协定》的可能性，两国首都之间出现了一段时间的无线电静默。[24]

与此同时，白宫国家贸易委员会(National Trade Council)主任彼得·纳瓦罗宣布，美国政府将把减少双边贸易逆差作为其首要的政策目标。他指出，潜在的国家安全风险来自主要贸易伙伴的商业行为，包括中国和德国，这表明“战略竞争对手意图在于亚洲霸权，也许是世界霸权”。他认为，美国政府将寻求“收回所有的供应链和制造能力，如果公平竞争的话，这是可能成为现实的”。纳瓦罗蔑视大多数经济学家，他们批评他对双边贸易逆差的痴迷，但是没有就政府如何打算减少双边贸易逆差给出具体解决办法。[25]

3月底，特朗普总统签署了一项行政命令，要求“系统评估”所有双边贸易协定和所有贸易协定，包括《北美自由贸易协定》和《世界贸易组织协定》，以确定这些协定的影响、是否存在违法或滥用行为，以及需要采取哪些行动加以应对。总统让国务卿威尔伯·罗斯负责评估，在总统签署行政命令前，罗斯试图向聚集在白宫媒体吹风会议室的各家媒体解释这个项目。与纳瓦罗一样，罗斯聚焦在双边贸易逆差问题上，因为这正是总统关注的重点。但在与美国的贸易中位列前十大贸易逆差的国家中，只有两个国家参与了美国的自由贸易协定，然而，所有这些国家都加入了世贸组织——中国(3 470亿美元)、日本(690亿美元)、德国(650亿美元)、墨西哥(630亿美元)、爱尔兰(360亿美元)、越南(320亿美元)、意大利(285亿美元)、韩国(280亿美元)、马来西亚(250亿美元)、印度(240 亿美元)。

坦率地说,罗斯对作为《关税与贸易总协定》/世贸组织体系基石的非歧视原则的理解微乎其微,他说:

> 总统谈了很多关于(对等)方面的问题,也就是说,如果有国家对我们存在很大的贸易壁垒,我们在逻辑上也应该有类似的贸易壁垒针对他们……唯一的问题是,世界贸易组织有所谓的"最惠国条款",也就是说,与我们没有自由贸易协定的所有国家,对于同样的标的物,我们必须收取相同的关税,与我们向其他国家收取的关税一样。所以,这是达成任何类似对等协议的重要阻碍。

如前所述,纳瓦罗和罗斯在总统竞选期间写了一篇文章,呼吁基于美国作为世界第一大进口国、第三大出口国并且贸易逆差相当于世界其他国家累计盈余的杠杆作用,对世贸组织协定进行根本性修改。面对媒体,罗斯再次引用了这种杠杆影响力,他说:"我不会放弃寻求改变的可能性。"[26] 对于那些关心维护在第二次世界大战后发展起来的自由世界贸易秩序和经济稳定的人来说,这是一个非常令人不安的提议。对于任何明白《关税与贸易总协定》/世贸组织体系谈判历史的复杂性的人们,甚或对最近多哈回合谈判历史了解的人们来说,这似乎也是一个极不可能的命题。

国务卿罗斯也证实了,他将领导的贸易协定评估必须包括《北美自由贸易协定》,这也在他解释新的行政命令的那一周的新闻中有所报道。按照美国贸易代表史蒂芬·沃恩(Stephen Vaughn)的一封长达 8 页的、未署名的信件草稿,特朗普总统打算重新谈判《北美自由贸易协定》,法定的 90 天通知已经准备好发给国会。信中不再称《北美自由贸易协定》为"灾难";信中只要求"转变行动",以应对"美国与加拿大和墨西哥在货物贸易方面的持续性贸易逆差";信中主要是建议对《北美自由贸易协定》进行适度的修改,即使不接受这些建议,也没有威胁退出协定。

这封信进一步采用了《跨太平洋经济战略伙伴关系协定》可强制执行的劳动和环境标准以及其他高标准的《跨太平洋经济战略伙伴关系协定》的条款,比如数字贸易(digital trade)。[27] 在任期结束时,奥巴马政府视《跨太平洋经济战略伙伴关系协定》为即将开展的《北美自由贸易协定》重新谈判的基础,因为它包括墨西哥和加拿大在内,并且《跨太平洋经济战略伙伴关系协定》包括这些条款(强大的、可强制执行的劳工与环境标准等),这是希望《北美自由贸易协定》重新谈判所要达成的目标。但是,借助《跨太平洋经济战略伙伴关系协定》,从与墨西哥和加拿大的交易中所获得的收益(比如日本和其他亚洲市场的市场准入)要比在没有其他《跨太平洋经济战略伙伴关系协定》合作伙伴的情况下与特朗普重新谈判多。

然而,适度变化的信件草稿在国会山发布不到一个月的时间里,总统又有了情绪变化。在总统任期第100天到来的前3天,特朗普决定,他将在规定的6个月通知期结束时的当天宣布,美国退出《北美自由贸易协定》。事实上,这100天标志似乎更多地与改变总统的想法有关,而不是与《北美自由贸易协定》有关。到那时,他还没有赢得任何立法上的胜利,仅仅是一些粗略的税收改革提案以及许多推翻奥巴马行政命令的行政命令——这些都不能支持他的声明,即在这一时点上,他的政府比历史上任何一位总统做的都要多,大萧条时期的罗斯福可能是个例外。在贸易方面,他曾与加拿大就钢铁和木材等贸易保护主义措施达成协议,并启动了一项新的行政命令,要求收回过期的贸易罚款,并且他完全放弃了将中国列为汇率操纵国的誓言。现在,他宣布,他决定不再重新谈判,而是退出《北美自由贸易协定》,此时,在前100天的总统任期内,为了他的竞选承诺,总统至少要赢得一场胜利。

然而,在大多数总统顾问中,这个拟议的声明被证明是非常不受注目的,这些总统顾问包括国务卿(雷克斯·蒂勒森)、商务部部长(威尔伯·罗斯)、农业部部长[桑尼·佩杜(Sonny Perdue)]以及具有影响力的温和派成员,即贾里德·库什纳和国家经济委员会主任加里·科恩(Gary Cohn)。而主张保护主义的“美国优先”派系,彼得·纳瓦罗和史蒂夫·班农(准备好把《北美自由贸易协定》列入他办公室墙上的“待办事项”名单)对这一决定表示欢呼喝彩。随着这一决定的说法从白宫传播开来,来自国会、农业协会和商业团体的反对意见也越来越多。最终,特朗普总统再次改变了主意,声称,在接到墨西哥和加拿大领导人的电话后,他决定不签退出《北美自由贸易协定》的文件。在接受《华盛顿邮报》采访时,特朗普解释说:“一方面,在某种程度上,我喜欢终止(协定)。另一方面,我喜欢他们——非常喜欢,两个都很喜欢。我们的关系很好……他们打电话给我,他们说:‘我们能试试谈判吗?’我说:‘当然,是的。’如果我们不能得出令人满意的结果,我们将终止《北美自由贸易协定》。”[28]

许多评论员和外交官表示,这样的策略似乎是某种虚张声势的手段,以增加他在谈判中的影响力。关于这一特殊事件,一位保守派专栏作家写道:“恰恰相反,(这是)快速撤退训练之后无头脑的虚张声势,并且伙伴国无视他的威胁。像许多美国人一样,其他国家也把他看作一个无能的吹牛大王。”[29]

在接受《经济学人》采访时,特朗普坚持说:“你知道,我已经准备好做出终止(协定)的决定吗?……这不是我玩的游戏……我不下棋,不打扑克,也不玩其他游戏。”他继续坚持说,“出于尊重”他的《北美自由贸易协定》伙伴,他只是同意继续谈判。“如果我说‘我不会’的话,这对墨西哥和加拿大是非常不尊重的。”

当《经济学人》问他,是否正在想象一个“相当大的再谈判”,特朗普回答说,“‘大’这个词是一个不够好的词。巨大。”知晓这是一个令特朗普喜欢的词,于是,《经济学人》问道:“巨大的?”特朗普回答说:“一定是……否则,我们将终止《北美自由贸易协定》。”特朗普说,630亿美元的贸易逆差(在接受采访时,他把这一数额提高到700亿美元)必须降为零,尽管不是立即降为零,但是,“在一段较长的时间内”至少“变成公平的(结果)”。[30] 关于双边贸易逆差是否“不公平”,可能存在争议,这取决于在其他自由贸易协定中各方维持的非关税壁垒的水平。但是,两党前几届政府的高级经济顾问C.弗雷德·伯格斯滕(C. Fred Bergsten)有这样的说法:

> 大多数经济学家都同意,最有效的,也许是唯一的,能够长期减少美国经常项目逆差的政策举措是减少美国预算赤字,这将同时减少国内吸收和来自外国资本的融资需求,特别是在经济接近充分就业的情况下,现在就是这样的情况。相比之下,特朗普政府

提出的减税政策可能进一步推动预算赤字增加，无论《北美自由贸易协定》或其他贸易协定的伙伴国可能做什么，都将增加（对外贸易）逆差。[31]

在总统行政命令审查所有贸易协定后，墨西哥政府在回应（美国）商务部提出的评论请求时，对美国贸易逆差的原因做出了相应的重要解释。该解释认为，正是国内低储蓄率和持续的联邦预算赤字导致了美国的总贸易逆差。该解释指出，“2015 年，美国总储蓄占国内生产总值的比例为 19%，大大低于东亚和太平洋国家（36%）、欧盟（22%）和经合组织成员国（22%）的平均水平。此外，美国在过去的 15 年里一直在执行预算赤字政策，年平均赤字占 GDP 的 4.2%”。它还认为，美国与墨西哥的贸易逆差主要通过“《北美自由贸易协定》增强了区域竞争力、提高了北美地区生产的区域增值产品被解释。事实上，美国的增值产品占墨西哥向美国出口的最终出口商品的 40%”[32]。就像中国和其他地方的全球供应链一样，减少贸易逆差需要废除全面的分工体系。人们常说，北美生产的汽车在完工之前大约 8 次跨越边境。

在确认审查结论之后的几天内，美国贸易代表莱特希泽向国会领导层发出了政府意在重新谈判《北美自由贸易协定》的正式通知，即 2017 年 8 月 16 日正式开始谈判前，开始与国会进行 90 天的磋商。莱特希泽的信不到一页半，比 3 月底泄露的草稿短得多，并且没有透露关于提议（协定）修改的细节。他指出，“许多章节都过时了，没有反映出现代标准”，并对记者表示，他正在寻求改进和更新协定，而不是废除协定。在更新协定的过程中，他将劳工和环境标准升级包括在内，这大概来自《跨太平洋经济战略伙伴关系协定》，他批评《北美自由贸易协定》在这些问题上的条款可以视为一种“马后炮”。在最初的 6 个月里，由于政府的贸易政策中存在着各种不确定的言辞，因此，要说的事情是，当会谈开始时，会有一个“强硬、睿智”的谈判者在场。“我们应该以《北美自由贸易协定》有效的部分为基础，改变和改进那些无效的部分，”莱特希泽总结道，“我们的希望是，我们最终会建立一个类似于我们现在所拥有的结构。如果这被证明是不可能的，我们将朝另一个方向前进。”[33]

当本书交付出版社的时候，已经结束了第三轮《北美自由贸易协定》的重新谈判，莱特希泽与加拿大、墨西哥的谈判代表均表达了谨慎乐观的态度，而国务卿罗斯和特朗普总统继续威胁终止这项协定，这似乎是一种“一个唱红脸、一个唱白脸”的贸易谈判方式。这种方式既不是传统的方式，也不是令人信服的方式。

“被遗忘的人”

在白宫的网页上，特朗普总统界定了在贸易背景下的“美国优先”，意思是推翻赫伯特·胡佛之后他所有前任的自由贸易政策。他声称这样的政策“将内部人和华盛顿精英的利益置于这个国家勤劳的男工和女工的利益之上”。相互矛盾的是，这个民粹主义的主张显然是为了引起人们对政府的另一个竞选口号“被遗忘的人”的关注，这个口号在 20 世纪 30 年代富兰克林·罗斯福的第一次竞选活动中也处于凸显的地位，这个口号被用来支持特朗普竞选纲领中的极端对立的经济政策。然而，除了他的民粹主义贸易宣言外，例如，特朗普还提议，对企业和前 1%的企业大幅度减税，取消工人保护，废除《平价医疗法案》，提名一位反对加班工资和最低工资的人任劳工部部长(此人后来退出)，废除消费金融保护，大幅度放松对银行和企业的管制，其放松幅度自卡尔文·柯立芝以来从未见过。这些提议似乎不仅有利于“内部人士和华盛顿精英”，而且有可能增加特权精英和“被遗忘的”工人之间的不平等。特朗普的贸易政策建议最有可能的结果不是提高被遗忘者的工资，而是提高进口商品的价格和“被遗忘的人”的生活成本。

在 1932 年的选举中，富兰克林·罗斯福也把“被遗忘的人”作为竞选演说的关注点。但与特朗普不同的是，罗斯福反对《斯穆特-霍利关税法案》的贸易保护主义，并倡导他的新政计划，以解决工人阶级的困境，以及反对大萧条前的哈丁、柯立芝和胡佛时期富人的虐待行为。罗斯福在哈德逊河谷的贵族精英环境中长大，作为总统，他被称为“自己阶级的背叛者”。

毫无疑问，特朗普总统的民粹主义竞选演说使他获得了高比例的蓝领选票——自罗纳德·里根以来共和党总统候选人获得的最高票数。就职后，他在

《跨太平洋经济战略伙伴关系协定》上的初步行动以及在《北美自由贸易协定》上的言论，得到了有组织的劳工和国会中支持劳工、反贸易的民主党人的好评。在没有提及总统名字的情况下，美国劳联-产联主席理查德·特鲁姆卡对特朗普宣布美国退出《跨太平洋经济战略伙伴关系协定》并重新开启《北美自由贸易协定》谈判表示欢迎，他说这是"向着有利于劳动人民的贸易政策迈出的重要第一步"。要知道，选战期间，理查德·特鲁姆卡是希拉里·克林顿的强力支持者。参议员伯尼·桑德斯是2016年排名第二的民主党总统提名人，多年来一直反对这些和其他贸易协定，他宣称，"现在是时候制定一个新的贸易政策，帮助工人家庭，不仅仅是跨国公司。如果特朗普总统认真对待一个帮助美国工人的新政策，那么我很乐意与他合作"。[34] 然而，权衡特朗普其他影响工人家庭的政策和行动，对于特朗普和他的前任首席战略官班农所设想的新政治秩序，特朗普不太可能得到进步人士的大量支持。

在《华盛顿邮报》的专栏文章《为什么特朗普的骗局不能永远持续下去》中，自由/进步周刊《国家》的编辑卡特琳娜·范登·赫维尔(Katrina Vanden Heuvel)写道，"在平民主义的特技表演中，特朗普展现了他的大师般的才能"，这"为他的行动提供了主旨"。但是，她认为，特朗普提议的减税和放松管制"将欺骗特朗普承诺要帮助的人们"。她预言，"工人们很快就会识破特朗普的伎俩"。自1865年"强盗男爵时代"开始以来，由于贸易保护主义对工人阶级的生活成本的影响与保护主义时代的巅峰时期导致了历史上收入不平等的程度达到最高水平，《国家》周刊强烈反对贸易保护主义。它的编辑在2016年民主党初选中支持参议员桑德斯，一个长期的理由是他几乎没有提到致力于通过反对《跨太平洋经济战略伙伴关系协定》来"撤销公司贸易制度"。[35] 在特朗普竞选获胜后的那个星期，在参加我主持的、关于新政府可能的贸易政策的一个会议小组讨论中，卡特琳娜·范登·赫维尔指出，"贸易已经成为民族主义右派的民粹主义的代理"，这表明了她的立场与激进的反贸易立场的区别。

追溯贸易政治的长期历史，人们发现，在很大程度上，进步主义的立场重在支持基于规则的自由秩序，而反对民族主义的保护主义。作为一个基本观点，在《国富论》中，开明的亚当·斯密解释了这样的原理，即劳动是一国赖以生产必需品的源泉，劳动分工的改进程度决定了一国的生产力水平，自由贸易的能力有利于工人分享他们的劳动创造的财富，这是自然法则。从政治上腐败的"镀金时代"开始，进步人士就把贸易保护视为一种工具，龌龊的政客们过去常常利用它中饱私囊，用以保护狭隘的特殊利益，而使公众的生活成本更高。与此同时，工人阶级和有组织的劳工普遍反对保护，并赞成更自由的贸易，以保持价格水平下降。塞缪尔·戈佩尔斯认为，工会应该动用他们的能量，为了公平工资而与老板们斗争，而不是向政府施压，要求更高的关税，那只会让老板们富裕起来。正如我们所看到的，在创立《关税与贸易总协定》和自由秩序的整个战后岁月里，在进步的政治和劳工组织的大力支持下，这样的立场保持不变。在20世纪50至60年代，有组织的劳工仍然是支持性的，并且更多地参与建议在贸易协定中设定更高的劳动标准以及对受到贸易负面影响的工人的贸易调整援助计划。直到20世纪60年代末和70年代初，劳工运动和进步运动才开始远离自由贸易，因为反对跨国公司将工作转移到国外成为一个首要问题。

20世纪70年代初，劳工支持《伯克－哈特克草案》，该草案提议与贸易保护主义的进口配额一起，对那些将就业转移海外的跨国公司外国子公司，取消税收优惠。该草案将取消对已支付的外国所得税的税收抵免和外国所得汇回美国之前美国税收的无限延期。《伯克-哈特克草案》从来没有正式被接受，但是"跑路工厂"和"离岸外包"作为热议的问题一直存在，特别是在选举年。商业游说者总是能够击败旨在限制对外国利润征税无限制延期的改革。2004年，布什总统的白宫经济顾问委员会主席格雷戈里·曼昆(Gregory Mankiw)犯了一个错误，他说，"外包只是一种新的国际贸易方式"。他立即受到来自两党从各方面的一致谴责。即使是布什总统也似乎否认了曼昆关于工作岗位转移海外的理由，当时，他认为国家需要"确保国内有更多的工作岗位"。[36]

在2016年的选举中，这个问题更为突出，特朗普的民粹主义竞选纲领反对跨国公司将工作岗位转移到国境以外，并承诺对"跑路工厂"或其他外包工厂制造的进口产品提高35%～45%的关税。很难想象，在美国法律下，这种歧视性的关税以一种方式加以构造而又符合宪法，而在世贸组织协议下则更不可持续。然而，正如过去提出的那样，有可能取消将制造业转移到国外的税收激励措施，但是，特朗普的税收计划并没有给出这样的动议。事实上，按照特朗普的竞选纲领中的税收计划，延迟美国公司所得税的选项将终结，但是，关税的海外收入所得税仅为10%，而他提议将国内关税收入所得税减至15%，海外税收抵免还将继续。这样，实际上，海外制造业的税收激励仍将存在。如果没有影响外包的税收或金融优势的结构性改变，就不会对大量的公司高管产生持久的影响，他们就不会将工作岗位转移到海外。即使特朗普大肆宣扬的"逆转"航空公司将"1 100 个工作岗位"从印第安纳州转移走的决定，最终也被证明只是一场闹剧。

在贸易中维持公平工资的问题也是辩论中的一个关键部分，但是辩论一直令人困惑并具有煽动性。在美国高关税保护的最后时期，过度的关税水平被证明是为了抵消那些进口竞争国家的"贫困化"工资，从而"科学地"使"生产成本"与低工资国家的进口产品相等。然而，古典经济学家指出，低工资是发展中国家在公平贸易体系中具有的重要"比较优势"。除非出口国的工资低于"公平报酬"或"生存工资"，否则在生活成本也相对较低的国家，工资预期会相对较低。在2006年国会委员会的一次听证会上，美国劳联-产联公共政策主管西娅·李作证说，联合会的一项针对中国的政策"没有挑战中国在低工资基础上在全球经济中的竞争权。对于一个受教育程度不高的农村劳动力供给过剩的发展中国家来说，低工资水平是很自然的……美国劳联-产联挑战的具体目标是增加的成本优势，这些成本优势建立在对工人部分权益侵蚀的基础之上的"。[37]

在经济大衰退之初，几位自由主义经济学家曾是"毫不妥协的"自由贸易者，他们认为，在自由贸易条件下，每个人都受益，但是现在开始有点退却了。例如，保罗·克鲁格曼和艾伦·S. 布林德(Alan S. Blinder)多年来一直从民主的角度推动自由贸易议程，突然，他们得出结论，在当前的环境中，用布林德的话说，更多的工作变得"可高度离岸外包"。克鲁格曼也第一次肯定，从事劳动密集型工作的非熟练美国人的工资受到来自低工资国家的进口商品的不利影响。然而，无论是布林德还是克鲁格曼，都不认为这些被揭露出来的问题需要保护主义的回应；相反，他们敦促建立应对这个后果的一个更强大的(社会)安全网，通过更好的教育与培训提供具有竞争力的生产技能。受过高等教育的工人从贸易中获益，而受教育程度较低的工人则可能因外包而失业或工资缩水，这加剧了收入不平等，而收入不平等主要来自贸易之外的力量。这些经济学家和其他人呼吁不要寻求保护，而是寻求一项全球化新政。这个新政侧重于解决收入不平等问题的教育和税收改革，而这项改革与特朗普政府迄今提出的教育和税收改革不同。[38]

当特朗普上任时，经济大衰退已经结束。美国经济实际上处于充分就业状态，在世界所有主要经济体中，雇员平均工资率位居前三位(略低于瑞士和卢森堡)[39]。然而，特朗普总统承诺"使美国再次伟大"，而采用一种老的方法，即他喜欢的"墙"，并呼吁保护主义。自总统就职以来，在主要的国际经济会议上只要有机会，他就指示他的政府拒绝官方谴责保护主义的战后传统。在20国集团、7国集团、经合组织和亚太经济合作组织(APEC)的联合声明中，美国代表拒绝了这些现在看来传统的谴责，美国外交官们在出席的任何地方都制造了波澜和不和。在20国集团会议上，财政部部长史蒂文·穆努钦(Steven Mnuchin)解释说："我理解总统的愿望和他的政策……对于这样的结果，我们不可能更高兴。"[40]

为了证明特朗普总统意在推动他的贸易保护主义威胁，特朗普总统已经采取了行动，根据1962年《贸易扩张法案》第232条中很少被使用的国家安全条款，导致对钢铁和/或铝进口的保护性关税。这一行动引起了国会两党的抗议，引起了对其他国家的报复和使用钢铁和铝的国内制造业反对的关注。[41]这与乔治·W.布什的总体自由贸易方式相反，布什总统在其第一任期初，基于保障正义，提高了钢铁关税，以实现他在摇摆不定的生产钢铁并帮助他赢得总统选举的州的竞选承诺。但是，被裁决违反世贸组织规则之后，他迅速撤销了钢铁关税。或许特朗普总统只是在创造一个机会来挑战世贸组织预期的类似裁决。然而，如果信守贸易保护主义的誓言，他很快就会明白与贸易报复相伴而生的经济风险。

最后,检视一下特朗普的贸易政策对"被遗忘的人"的影响。重要的是要回到(贸易)体系中的根本缺陷:多边贸易秩序中缺乏劳动标准。加入《跨太平洋经济战略伙伴关系协定》的12个国家的谈判代表,基于先前的自由贸易协定谈判者所做的工作,特别是在2007年由查尔斯·兰格尔和桑迪·莱文促成的5月10日协议的基础上,制定了适合所有参与国(包括越南)强制执行的劳工条款,没有考虑工人合法权利的历史背景。《跨太平洋经济战略伙伴关系协定》的反对者认为,劳动标准不会被执行,但是在最关注工作条件的国家,该协定包括了在该国获得任何贸易利益之前必须完成的劳工行动计划。奥巴马政府认为,《跨太平洋经济战略伙伴关系协定》的劳动标准是历史上任何自由贸易协定中最严格的,并将使美国可以在21世纪制定亚太地区的路径规则。正如前面所讨论的,《跨太平洋经济战略伙伴关系协定》还涉及许多其他问题,其中一些问题是多边自由贸易协定首次涉及的问题,有些领域将来需要改进,但是,总体而言,它对世界贸易体系的结构做出了重大贡献。至少自20世纪50年代初以来,有组织的劳工一直努力将可执行的劳动标准纳入贸易协定。由于强大的劳动标准现在被纳入了一个大区域自由贸易协定——开始时占世界GDP的三分之一以上,并注定与该地区的其他国家一起扩大该协定,该协定遭到有组织劳工的拒绝是非常令人失望的。

尽管《跨太平洋经济战略伙伴关系协定》的参加国覆盖了一个巨大的世界市场,但是大多数经济研究结果预测,美国来自低工资国家的进口量只会适度增加。[42] 劳工组织反对《跨太平洋经济战略伙伴关系协定》的一个重要依据是协定未能禁止货币操纵。附属于劳工组织的智库"经济政策研究所"的贸易研究主任、资深经济学家罗伯特·E.斯科特(Robert E. Scott)嘲笑特朗普,特朗普在竞选期间曾近20次引用斯科特的研究结果,吹嘘自己聪明的谈判人员会以伟大的贸易协定将工作岗位带回(美国)。斯科特说,特朗普丢掉了一个简单的事实,即整个贸易谈判过程"从根本上被企业利益集团所俘获。一个承诺削减企业税收和放松监管的亿万富翁会为美国工人进行更有力的讨价还价的想法是非常荒谬的"。斯科特指责道,由20个国家20年的货币操纵以及与跨国公司勾结,“在很大程度上要为美国失去超过500万个制造业工作岗位负责”。[43] 斯科特是正确的,过去货币操纵一直是个问题,应该受到监控和监管,但它目前不是最紧迫的问题。

在20世纪90年代末的亚洲金融危机期间,许多国家货币贬值,但是,中国当时坚持人民币与美元挂钩,没有贬值自己的货币。后来,直到2005年,中国一直保持盯住汇率制,由于人民币被低估,受到了美国和欧洲的严厉批评。作为回应,中国逐渐允许人民币兑美元升值达到35.3%。然而,自2015年以来,随着中国经济放缓,中国不得不支持人民币,以避免货币贬值。2016年4月,中国同意在20国集团(G-20)会议公报中发表声明,即成员国将“避免竞争性贬值,不以汇率为目标达到竞争目的”。[44] 2016年7月,国际货币基金组织表示,人民币“大体上符合其基本面”。任职总统几个月后,特朗普违背了将中国列入货币操纵国的竞选承诺。在总统接受《经济学人》的采访中,财政部部长穆努钦向记者解释说,特朗普当选后,中国就停止了对货币的操纵。[45] 在选举前,穆努钦一定没有一直关注货币市场,或者,他也许认为《经济学人》没有关注货币市场。

随着《跨太平洋经济战略伙伴关系协定》的终止及其全面的、高标准协定的瓦解,这个协定可能一直存在着缺陷,尽管如此,民族主义和民粹主义的胜利者要庆祝什么呢?终结从低工资发展中国家进口?终结向劳动标准差的国家出口就业机会?终结从环境标准差的国家进口?终结货币操纵?也许总统的“聪明、强硬的谈判人员”能够使用贸易保护主义关税措施恢复公平贸易,并与所有前《跨太平洋经济战略伙伴关系协定》的参与国签订11个双边贸易协定,在此条件下,实现贸易顺差。

2016年11月15日,大选一周后,我在华盛顿特区机场拿到了一份《中国日报》(美国版)。在报纸折叠线上方的社论版面上,有一幅大型卡通画,描绘了奥巴马总统在一艘名为“《跨太平洋经济战略伙伴关系协定》”的大型集装箱船的船头跳水,而这艘船被困在了沙漠中,周围是仙人掌、沙丘和牛的头骨。一篇长长的社论描述了北京方面的欣慰,“在今天看来,《跨太平洋经济战略伙伴关系协定》不再有可能成为现实。毕竟,贸易集团基本上是这样的……意在对抗中国在亚太的经济影响力”。这篇文章描述了中国国家主席习近平与特朗普总统互通电话，双方交换了有关“特朗普时代”的良好愿望。该文的作者建议，“即将履职的新政府应该认识到，更加开放、包容性更强的《区域全面经济伙伴关系协定》(Regional Comprehensive Economic Partnership，RCEP)（而不是《跨太平洋经济战略伙伴关系协定》将成为提高美国利益的更有效的工具，并敦促美国加入)……并且，从规则制定阶段就开始参与”。[46]

《区域全面经济伙伴关系协定》是一个多边自由贸易协定，包括东盟(东南亚国家联盟)在内的10个东南亚成员国以及澳大利亚、中国、印度、日本、新西兰和韩国6个有贸易协定的国家。这些国家中，7个国家也参与《跨太平洋经济战略伙伴关系协定》。《中国日报》社论提到了《区域全面经济伙伴关系协定》的“规则制定阶段”，与《跨太平洋经济战略伙伴关系协定》的规则制定相比，该术语的定义相对狭隘。与《跨太平洋经济战略伙伴关系协定》中的规则相比，在中国的领导下，涵盖知识产权、投资、国有企业、劳工和环境保护的规则预计不太广泛或不存在，或无法有效执行。与拟议中的《跨太平洋经济战略伙伴关系协定》的规则相比，目前的东盟贸易协定更不全面，即使在贸易自由化方面也是如此。无论美国是否决定加入《区域全面经济伙伴关系协定》——除了许多其他更好的理由外，在热衷双边协定的特朗普治下，这似乎是令人怀疑的，退出《跨太平洋经济战略伙伴关系协定》，放弃在亚太地区及其他地区推进劳工权利的重大而具有影响力的步骤都具有重要的影响。

在战略上，对于中国来说，《跨太平洋经济战略伙伴关系协定》的消亡是一次重大的胜利。当特朗普总统撤出美国在过去一个世纪建立的世界领导地位的时候，中国正试图基于强大的经济、国防和软实力的广泛运用，构建人类命运共同体。“中华民族伟大复兴的中国梦”，让人回想起明朝所处的时代，那时中国是地球上最强大的国家。中国的计划包括建设丝绸之路经济带和21世纪海上丝绸之路，沿着历史上丝绸之路和15世纪早期郑和下西洋的路径，连接亚洲与欧洲、中东和非洲(以中国特有的表达“一带一路”为人所知)。“一带一路”项目不只是一个交通工程项目。中国正在60多个国家投入超过1万亿美元的基础设施建设项目，并扩展其软实力。因此，赢得了朋友，扩大了影响范围，可能是为了“使中国再次伟大”。

正像明朝皇帝那样，退到阻止游牧民族进入中原王国的长城之后，并任由郑和航海的大船腐烂在码头，特朗普政府正在修建自己的长城，以抵御外国野蛮人的入侵，并被“美国优先”和经济民族主义的幻觉所蒙蔽，撤出世界领导地位。在特朗普就职典礼前的第三天，习近平主席首次出现在瑞士达沃斯世界经济论坛上，向全球精英们传递了自由贸易的呼声，成为自由世界经济秩序的新捍卫者。

1941 年 8 月 24 日，在广播直播中英国首相温斯顿·丘吉尔向全世界宣布了他与富兰克林·罗斯福总统于两周前在大西洋军舰上举行了一次此前未公开的会谈。那是一个悲惨和充满危险的时期。丘吉尔详细描述了“整个欧洲是如何被纳粹的机械武器和野蛮的暴行所摧毁和践踏”的残忍情节。他还描述了日本军队在中国和整个亚洲仿效“希特勒和墨索里尼的风格”所造成的“屠杀、毁灭和败坏”。并且，他说，这只是一个开始，“希特勒坦克的车辙碾过之处，遍布饥荒和瘟疫”。他说，丘吉尔和罗斯福之间的会晤是象征性的，是为了展示“在决定性时刻，鼓动全世界讲英语的人民的深层次、决定意义的联合”。他指出，会晤还象征着“世界上的正义力量集结起来，对抗现在如此强大和获得胜利的邪恶力量，这些邪恶力量已经将其残酷的魔咒施于整个欧洲和亚洲的大部分地区”。

此时，尽管美国还没有卷入战争，但是罗斯福对战争的后果有着明显的兴趣，当然，丘吉尔想给罗斯福参与战争的机会。正如第 10 章中更详细讨论的那样，在会议上罗斯福的主要目标是准备一份战争宣言，目的是帮助他向美国人民解释为什么同盟国要打这场战争。这些目标包括提供自治自由、提高劳动标准、免于恐惧和匮乏以及其他在法西斯暴政下被压制的基本人权。战后的目标还包括建立一个新的贸易秩序，以平等的条件进入世界贸易，这是经济繁荣所需要的。在广播中丘吉尔宣称，与第一次世界大战后所犯下的错误不同，所有国家都将被确保获得贸易机会和世界资源，即使是德国，也不会受到额外的贸易壁垒的惩罚。[47]

丘吉尔的广播宣言后不到 4 个月，美国加入了第二次世界大战。战争期间盟军的牺牲和胜利成功使《大西洋宪章》中的自由宣言至少在西方世界里得以实现。这很大程度上归功于战士和政治家们，他们维护了安全，建立了在这个有先见之明的文件中构想的自由经济秩序。在承受巨大痛苦和做出巨大牺牲的(历史时期)之后不久，我们中的一些人出生了，他们似乎不赞成在维持自由经济秩序中继续发挥美国领导作用的重要性，自由经济秩序是在只有美国有经济实力和战略利益时创建起来的，而且现在只有美国既有经济实力也有既得利益来维护它。

注释：

1. Tessa Berenson, “Donald Trump Details Plan to Rewrite Global Trade Rules,” *Time*, June 28, 2016; Memorandum on Withdrawal of the United States from the Trans-Pacific Partnership Negotiations and Agreement, *Federal Register* 82 (January 23, 2017): 8497.

2. Ian Austen, “Canada Will Pursue a More Robust Global Role, Minister Says,” *New York Times*, June 6, 2017.

3. Yashar Ali, “What George W. Bush Really Thought of Donald Trump's Inauguration,” *New York* magazine, March 29, 2017, quoting three people who were present.

4. 例如，参见 Ronald Radosh, “Steve Bannon, Trump's Top Guy, Told Me He Was ‘A Leninist’ Who Wants to ‘Destroy the State,’” *Daily Beast*, August 22, 2016; Ishaan Tharoor, “Today's WorldView,” *Washington Post*, January 30, 2017; Frances Stead Sellers and David A. Fahrenthold, “‘Why Even Let 'Em In?’ Understanding Bannon's Worldview and the Policies that Follow,” *Washington Post*, January 31, 2017; David Ignatius, “For Bannon, the Game Has Only Just Begun,” *Washington Post*, January 31, 2017; Eduardo Porter, “Trump and Trade: Extreme Tactics in Search of a Point,” *New York Times*, January 31, 2017; David Von Drehle, “The Second Most Powerful Man in the World?” *Time*, February 13, 2017, 24–31; Philip Rucker, “Bannon: Trump Administration Is in Unending Battle for ‘Deconstruction of the Administrative State,’” *Washington Post*, February 23, 2017。

5. Michael Crowley, “The Man Who Wants to Unmake the West,” *Politico*, March/April 2017.

6. “Courting Trouble,” *Economist*, May 13, 2017, 9.

7. Wayne M. Morrison, “China-U.S. Trade Issues,” *Congressional Research Service*, RL33536, March 6, 2017, 13–14.

8. Peter Navarro and Wilbur Ross, “Scoring the Trump Economic Plan: Trade, Regulatory, & Energy Policy Impacts,” https://assets.donaldjtrump.com/Trump_Economic_Plan.pdf; Steven Mufson, “Meet Mr. ‘Death by China,’ Trump's Inside Man

on Trade," *Washington Post*, February 17, 2017; Bob Davis, "To Reduce Trade Deficit, White House Wants Partners to Buy American," *Wall Street Journal*, March 8, 2017.

9. "Free-Trader Turned Game-Changer," *Economist*, January 21, 2017.

10. "International Textile Group Acquired by Platinum Equity," *PR Newswire*, October 24, 2016, http://www.prnewswire.com/news-releases/international-textile-group-acquired-by-platinum-equity-300349833.html; Alan Rappeport and Emmarie Huetteman, "Wilbur Ross Vows to Push Trump's Trade Agenda, Starting with Nafta," *New York Times*, January 18, 2017; Nick Timiraos, Andrew Browne, and John W. Miller, "Cabinet Pick Wilbur Ross Has Used Trade to His Benefit," *Wall Street Journal*, November 29, 2016; John W. Miller, "Donald Trump to Name Wilbur Ross as Commerce Secretary, Transition Official Says," *Wall Street Journal*, December 1, 2016; Azam Ahmed and Elisabeth Malkin, "For Commerce Pick Wilbur Ross, 'Inherently Bad' Deals Paid Off," *New York Times*, February 25, 2017; Len Bracken, "Trade Policy: Team Trump to Share Power in Trade Policy," *Bloomberg BNA: International Trade Daily*, February 24, 2017.

11. "Study Rebuts Claim of U.S. Disadvantage in Dispute Settlement," *Inside US-China Trade*, May 14, 2008.

12. Robert E. Lighthizer, "Grand Old Protectionists," *New York Times*, March 6, 2008.

13. "Sasse and McCain Announce Opposition to President's Nominee for Trade Representative," *United States Senate News Release*, May 10, 2017.

14. Robert E. Lighthizer, "Lighthizer: Donald Trump Is No Liberal on Trade," *Washington Times*, May 9, 2011.

15. Robert E. Lighthizer, Testimony before the U.S.-China Economic and Security Review Commission: Evaluating China's Role in the World Trade Organization over the Past Decade, June 9, 2010.

16. Leo W. Gerard, international president, United Steelworkers to United States Senate, May 10, 2017; Megan Cassella, "McCain and Sasse's Opposition Is Likely Not Enough," *POLITICO's Morning Trade*, May 11, 2017.

17. The 2017 Trade Policy Agenda and 2016 Annual Report, Office of the United States Trade Representative, Exec. Office of the President, March 1, 2017, 1–7.

18. Uruguay Round Agreements Act, Pub. L. No. 103–165, § 102 (a) and (b), 19 U.S.C. §3512 (a) and (b).

19. Brian Flood, "Some Push for Tough Approach with WTO, Others Urge Caution," *WTO Reporter, Bloomberg BNA*, March 3, 2017.

20. Weston Williams, "Trump Administration Says US May Defy WTO Rulings: What Does That Mean?" *Christian Science Monitor*, March 2, 2017.

21. 109 Cong. Rec. H4318 (2005); "Congress Sidesteps Five-Year Debate on Costs, Benefits of WTO Membership," *World Trade Online*, June 23, 2010.

22. Michael Gove and Oliver Wright, "Donald Trump: I'll Do a Deal with Britain," *Times*, January 17, 2017; David Charter, Tom Parfitt, and Bruno Waterfield, "Trump: Broadside Stuns Europe," *Times*, January 18, 2017.

23. James Dean, Bruno Waterfield, and Oliver Wright, "Trump Puts EU Ahead of Britain in Trade Queue," *Times*, April 23, 2017; Dalibor Rohac, "Trade Chief's Policies Could Be Disastrous for Eurozone," *Hill*, March 9, 2017.

24. Elisabeth Malkin, "Facing Trump, Mexicans Think the Unthinkable: Leaving Nafta," *New York Times*, January 24, 2017.

25. Nick Timiraos, "Trump Adviser Peter Navarro: Trade Deficits Endanger U.S. National Security," *Wall Street Journal*, March 6, 2017.

26. "Press Briefing by Secretary of Commerce Wilbur Ross on an Executive Order on Trade Agreement Violations and Abuses," White House Office of the Press Secretary, March 30, 2017 (posted April 28, 2017).

27. Bob Davis and William Mauldin, "Trump Administration Signals It Would Seek Mostly Modest Changes to Nafta," *Wall Street Journal*, March 30, 2017; Adam Behsudi and Doug Palmer, "Trump's NAFTA Goals a Small Shift From Obama Policies," *PolitcoPro.com*, March 29, 2017.

28. Ashley Parker, Philip Rucker, Damian Paletta, and Karen DeYoung, "'I Was All Set to Terminate': Inside Trump's Sudden Shift on NAFTA," *Washington Post*, April 27, 2017; Damian Paletta and Todd C. Frankel, "Trump Says No Plan to Pull Out of NAFTA 'at this Time,'" April 27, 2017.

29. Jennifer Rubin, "NAFTA: Another Stunt, Another Hasty Retreat for Trump," *Washington Post*, April 27, 2017.

30. "Transcript: Interview with Donald Trump," *Economist*, May 11, 2017.

31. C. Fred Bergsten, "Policy Brief 17-23: Trade Balances and the NAFTA Renegotiation," Peterson Institute for International Economics, June 2017.

32. Kenneth Smith Ramos, Minister, Trade and NAFTA Office, Embassy of Mexico, Government of Mexico Response to USDOC And USTR Request for Comments on Significant Trade Deficits, April 17, 2017. www.regulations.gov docket number DOC 2017-0003.

33. Ana Swanson, "Wonkblog: Trump Administration Formally Launches NAFTA Renegotiation," *Washington Post*, May 18, 2017; Andrew Mayeda and Billy House, "U.S. Seeks to Shift Trade Tides as It Kicks Off NAFTA Overhaul," *International Trade Daily, Bloomberg BNA*, May 19, 2017; Rossella Brevetti, "Trade Czar Says NAFTA Negotiating Objectives Coming," *International Trade Daily, Bloomberg BNA*, May 19, 2017; Letters from R. E. Lighthizer to House/Senate Leadership, May 18, 2017.

34. David Weigel, "Sanders, Joined by Rust Belt Democrats, Praises Trump for Nixing TPP," *Washington Post*, January 23, 2017.

35. Katrina vanden Heuvel, "Why Trump's Con Can't Last Forever," *Washington Post*, January 24, 2017; "Bernie Sanders for President," *Nation*, January 14, 2016.

36. John Cassidy, "Winners and Losers: The Truth about Free Trade," *New Yorker*, August 2, 2004, 26.

37. Thea Lee, "On Human Rights in China: Improving or Deteriorating Conditions," Hearing before the Subcommittee on Africa, Global Human Rights, and International Operations to Examine the Status of Human Rights in the People's Republic of China; Committee on International Relations. House, April 19, 2006, quoted in Gene B. Sperling, "Finding a New Consensus on Trade and Globalization," Prepared Testimony before the House Committee on Ways and Means, January 30, 2007; see also Steve Charnovitz, "The Influence of International Labour Standards on the World Trading Regime: A Historical Overview," *International Labour Review* 126, no. 5 (September–October 1987): 565–584.

38. Paul Krugman, "Trouble with Trade," *New York Times*, December 28, 2007; "Krugman's Conundrum," *Economist*, April 19, 2008, 92; "Beyond Doha: Freer Trade Is under Threat—But Not for the Usual Reasons," *Economist*, October 11, 2008, 30–33; David Wessel and Bob Davis, "Pain from Free Trade Spurs Second Thoughts: Mr. Blinder's Shift Spotlights Warnings of Deeper Downside," *Wall Street Journal*, March

28, 2007; Kenneth F. Scheve and Matthew J. Slaughter, "A New Deal for Globalization," *Foreign Affairs*, July–August 2007.

39. 2015年美国全职雇员按市场汇率折算的平均工资为59 691美元，http://data.oecd.org/earnwage/ average-wage.htm (accessed on June 26, 2017)。

40. Damian Paletta, "New Rifts Emerge as Trump Administration Rejects Free Trade Statement at G-20 Meeting," *Washington Post*, March 18, 2017.

41. Chad Bown, "Trump's Threat of Steel Tariffs Heralds Big Changes in Trade Policy," *Washington Post*, April 21, 2017; William Mauldin, "Trump's Steel-Tariff Threat Faces Resistance from Lawmakers," *Wall Street Journal*, June 23, 2017.

42. James K. Jackson, "The Trans-Pacific Partnership: Analysis of Economic Studies," *Congressional Research Service*, R44551, June 30, 2016.

43. Robert E. Scott, "Why Is President Obama Making One Last Push for the TPP?" *Working Economics Blog*: Economic Policy Institute, August 23, 2016, http://www.epi.org/blog/why-is-president-obama-making-one-last-push-for-the-tpp/; Robert E. Scott, "Currency Manipulation and Manufacturing Job Loss," Economic Policy Institute, July 21, 2016, Epi.org/111038.

44. International Monetary Fund, *Communiqué: G20 Finance Ministers and Central Bank Governors Meeting*, April 15, 2016, https://www.imf.org/en/News/Articles/2015/09/28/04/51/cm041616.

45. "Transcript: Interview with Donald Trump," *Economist*, May 11, 2017.

46. "Both the US and China Deserve Better than TPP," *China Daily USA*, November 15, 2016.

47. "Prime Minister Winston Churchill's Broadcast to the World about the Meeting with President Roosevelt," *British Library of Information*, August 24, 1941, https://www.ibiblio.org/pha/timeline/410824awp.html.

参考文献

Acheson, Dean. *Present at the Creation. My Years in the State Department.* New York: Norton, 1969.

Adams, John Quincy. *Memoirs of John Quincy Adams.* Edited by Charles Francis Adams, vol. 8. Philadelphia: J. B. Lippincott, 1876.

Alter, Jonathan. *The Defining Moment: FDR's Hundred Days and the Triumph of Hope.* New York: Simon & Schuster, 2006.

Amery, L. S. *The Washington Loan Agreements.* London: MacDonald, 1946.

Andreano, Ralph, ed. *The Economic Impact of the American Civil War.* Cambridge: Schenkman, 1967.

Attlee, C. R. *As It Happened.* New York: Viking Press, 1954.

Bailey, Stephen Kemp. *Congress Makes a Law: The Story behind the Employment Act of 1946.* New York: Columbia University Press, 1950.

Baker, Ray Stannard, and William E. Dodd, eds. *The Public Papers of Woodrow Wilson,* 6 vols. New York: Harper & Brothers, 1925–1927.

Ball, George W. *The Past Has Another Pattern: Memoirs.* New York: W. W. Norton, 1982.

Banner, James M., Jr. *To the Hartford Convention: The Federalists and the Origins of Party Politics in Massachusetts, 1789–1815.* New York: Alfred A. Knopf, 1970.

Bartlett, Irving H. *John C. Calhoun: A Biography.* New York: W. W. Norton, 1993.

Bassett, John Spencer, ed. *Correspondence of Andrew Jackson.* Vol. 3, *1820–1828.* Washington, DC: Carnegie Institution of Washington, 1928.

Baxter, Maurice G. *Henry Clay and the American System.* Lexington: University Press of Kentucky, 1995.

Beatty, Jack. *The Age of Betrayal: The Triumph of Money in America, 1865–1900.* New York: Alfred A. Knopf, 2007.

Berg, A. Scott. *Wilson.* New York: G. P. Putnam's Sons, 2013.

Blum, John Morton. *From the Morgenthau Diaries: Years of Crisis, 1928–1938.* Boston: Houghton Mifflin, 1959.

Boritt, G. S. *Lincoln and the Economics of the American Dream.* Memphis, TN: Memphis State University Press, 1978.

Bowen, Catherine Drinker. *Miracle at Philadelphia: The Story of the Constitutional Convention, May to September 1787.* Boston: Little, Brown, 1966.

Brandeis, Louis D. *Other People's Money—and How the Bankers Use It*. New York: Frederick A. Stokes, 1914.
Brandis, R. Buford. *The Making of Textile Trade Policy: 1935–1981.* Washington, DC: American Textile Manufacturers Institute, 1982.
Brands, H. W. *Andrew Jackson: His Life and Times.* New York: Doubleday, 2005.
Brands, H. W. *T. R.: The Last Romantic.* New York: Basic Books, 1997.
Brands, H. W. *Traitor to His Class: The Privileged Life and Radical Presidency of Franklin Delano Roosevelt*. New York: Doubleday, 2008.
Brands, H. W. *Woodrow Wilson*. New York: Times Books/Henry Holt, 2003.
Brant, Irving. *The Fourth President: A Life of James Madison*. New York: Bobbs-Merrill, 1970.
Brodsky, Alyn. *Grover Cleveland: A Study in Character*. New York: St. Martin's Press, 2000.
Brown, William Adams, Jr. *The United States and the Restoration of World Trade: An Analysis and Appraisal of the ITO Charter and the General Agreement on Tariffs and Trade*. Washington, DC: Brookings Institution/Menasha, WI: George Banta, 1950.
Buchanan, Patrick J. *The Great Betrayal: How American Sovereignty and Social Justice Are Being Sacrificed to the Gods of the Global Economy.* New York: Little, Brown, 1998.
Bullitt, Orville H., ed., *For the President: Personal and Secret: Correspondence between Franklin D. Roosevelt and William C. Bullitt*. Boston: Houghton Mifflin, 1972.
Bullock, Alan. *Ernest Bevin: Foreign Secretary: 1945–1951.* New York: W. W. Norton, 1983.
Burner, David. *Herbert Hoover: A Public Life*. New York: Alfred A. Knopf, 1979.
Burns, James MacGregor. *The Workshop of Democracy*. New York: Alfred A. Knopf, 1985.
Butler, Michael A. *Cautious Visionary: Cordell Hull and Trade Reform, 1933–1937.* Kent, OH: Kent State University Press, 1998.
Buxton, Sydney. *Finance and Politics: An Historical Study, 1789–1885*. New York: A. M. Kelley, 1888.
Calhoun, John C. *The Papers of John C. Calhoun*. Vol. 10, *1825–1829*. Edited by Clyde N. Wilson and W. Edwin Hemphill. Columbia: University of South Carolina Press, 1977.
Capaldi, Nicholas. *John Stuart Mill: A Biography*. New York: Cambridge University Press, 2004.
Carnegie, Andrew. "Wealth." *North American Review* 148, no. 391 (1889): 653–664, http://www.jstor.org/stable/25101798.
Caro, Robert A. *The Years of Lyndon Johnson: Master of the Senate*. New York: Alfred A. Knopf, 2002.
Cashman, Sean Dennis. *America in the Age of the Titans: The Progressive Era and World War I*. New York: New York University Press, 1988.
Chace, James. *Acheson: The Secretary of State Who Created the American World.* New York: Simon & Schuster, 1998.
Chang, Ha-Joon. *Bad Samaritans: The Myth of Free Trade and the Secret History of Capitalism*. New York: Bloomsbury Press, 2008.
Chernow, Ron. *Alexander Hamilton*. New York: Penguin Press, 2004.
Church, R. A. *The Great Victorian Boom: 1850–1873.* London: Macmillan Press, 1975.
Churchill, Winston S. *Liberalism and the Social Problem: A Collection of Early Speeches as a Member of Parliament*. Rockville, MD: Arc Manor, 2007.
Clements, Kendrick A., and Eric A. Cheezum, *Woodrow Wilson*. Washington, DC: CQ Press, 2003.
Cobden, Richard. *Speeches on Free Trade*. London: Macmillan, 1903.

Cohen, Adam. *Nothing to Fear: FDR's Inner Circle and the Hundred Days that Created Modern America*. New York: Penguin Press, 2009.

Cohn, David L. *Picking America's Pockets: The Story of the Costs and Consequences of Our Tariff Policy*. New York: Harper & Brothers, 1936.

Cohn, David L. *The Fabulous Democrats: A History of the Democratic Party in Text and Pictures*. New York: G. P. Putnam's Sons, 1956.

Cooper, John Milton, Jr., ed. *Reconsidering Woodrow Wilson: Progressivism, Internationalism, War, and Peace*. Washington, DC: Woodrow Wilson Center Press and Baltimore: Johns Hopkins University Press, 2008.

Cortney, Philip. *The Economic Munich: The I.T.O. Charter: Inflation or Liberty: The 1929 Lesson*. New York: Philosophical Library, 1949.

Dallek, Robert. *Franklin D. Roosevelt and American Foreign Policy, 1932–1945*. New York: Oxford University Press, 1995, 1979.

Dam, Kenneth W. *The GATT: Law and International Economic Organization*. Chicago: University of Chicago Press, 1970.

Daniels, Josephus. *The Wilson Era: Years of War and After*. Chapel Hill: University of North Carolina Press, 1946.

Dean, John W. *Warren G. Harding*. New York: Times Books/Henry Holt, 2004.

Destler, I. M. *American Trade Politics*. Washington, DC: Institute for International Economics, 2005.

Democratic National Convention. *Official Report of the Proceedings of the Democratic National Convention*. Chicago: Peterson Linotyping Co., 1912.

Democratic National Convention. *Official Proceedings of the National Democratic Convention, June 27, 28, 29, 1876*. St. Louis: Woodward, Tiernan & Hale, 1876.

Diamond, William. *The Economic Thought of Woodrow Wilson*. Baltimore: Johns Hopkins University Press, 1943.

Dickerson, Kitty G. *Textiles and Apparel in the Global Economy*. Upper Saddle River, NJ: Prentice-Hall, 1999.

Diebold, William, Jr. "The End of the ITO." *Essays in International Finance*, No. 16, October 1952. Princeton, NJ: International Finance Section of the Department of Economics and Social Institutions in Princeton University, 1952.

Dobson, John M. *Politics in the Gilded Age: A New Perspective on Reform*. New York: Praeger, 1972.

Donald, David Herbert. *Lincoln*. New York: Simon & Schuster, 1995.

Dryden, Steve. *Trade Warriors: USTR and the American Crusade for Free Trade*. New York: Oxford University Press, 1995.

Dunne, Gerald T. *Hugo Black and the Judicial Revolution*. New York: Simon and Schuster, 1977.

Dwight, Theodore. *History of the Hartford Convention*. New York: N. & J. White, 1883.

Eckes, Alfred E., Jr. *Opening America's Market: U.S. Foreign Trade Policy since 1776*. Chapel Hill: University of North Carolina Press, 1995.

Eisenhower, Dwight D. *Mandate for Change, 1953–1956*. Garden City, NY: Doubleday, 1963.

Ellis, Joseph J. *American Creation: Triumphs and Tragedies at the Founding of the Republic*. New York: Alfred A. Knopf, 2007.

Ellis, Joseph J. *American Sphinx: The Character of Thomas Jefferson*. New York: Alfred A. Knopf, 1996.

Ferrell, Robert H. *The Presidency of Calvin Coolidge*. Lawrence: University Press of Kansas, 1998.

Fite, Gilbert C. *George N. Peek and the Fight for Farm Parity.* Norman: University of Oklahoma Press, 1954.

Foner, Philip S. *Mark Twain: Social Critic.* New York: International, 1958.

Foreign Relations of the United States. 1933, vol. I; 1941, vol. III; 1942, vol. I; 1945, vol. VI; 1946, vol.VI; 1947, vols. I & III; 1948, vol. I. Washington, DC: US Government Printing Office, 1950, 1959, 1960, 1969, 1969, 1973, 1972, 1976, 1977, respectively.

Fossedal, Gregory A. *Our Finest Hour: Will Clayton, the Marshall Plan, and the Triumph of Democracy.* Stanford, CA: Hoover Institution Press, 1993.

Fowler, Dorothy G. *John Coit Spooner: Defender of Presidents*. New York: University Publishers, 1961.

Freehling, William W., and Craig M. Simpson, eds. *Secession Debated: Georgia's Showdown in 1860*. New York: Oxford University Press, 1992.

Frisch, Morton J., ed. *Selected Writings and Speeches of Alexander Hamilton*. Washington, DC: American Enterprise Institute for Public Policy Research, 1985.

Gardner, Richard N. *Sterling-Dollar Diplomacy: The Origins and the Prospects of Our International Economic Order*. London: McGraw-Hill, 1956.

Garwood, Ellen Clayton. *Will Clayton: A Short Biography*. Austin: University of Texas Press, 1958.

George, David Lloyd. *War Memoirs*. London: Oldhams Press, 1938.

Goodwin, Doris Kearns. *The Bully Pulpit: Theodore Roosevelt, William Howard Taft, and the Golden Age of Journalism*. New York: Simon & Schuster, 2013.

Gordon, Robert J., and James A. Wilcox. *Monetarist Interpretations of the Great Depression*. Boston: Martinus Nijhoff, 1981.

Gould, Lewis L. *Grand Old Party: A History of the Republicans.* New York: Random House, 2003.

Gould, Lewis L. *The Presidency of Theodore Roosevelt*. Lawrence: University Press of Kansas, 1991.

Hague, William. *William Pitt the Younger*. New York: Alfred A. Knopf, 2005.

Hamilton, Alexander. *The Reports of Alexander Hamilton.* Edited by Jacob E. Cooke. New York: Harper Torchbooks, 1964.

Hamilton, Alexander. *The Works of Alexander Hamilton*. Edited by Henry Cabot Lodge, vols. 1 and 2. New York: G. P. Putnam's Sons, 1904.

Hamilton, Alexander, James Madison, and John Jay. *The Federalist Papers*. New York: New American Library, 1961.

Harrod, R. F. *The Life of John Maynard Keynes*. New York: Harcourt, Brace, 1951.

Haynes, John Earl, ed. *Calvin Coolidge and the Coolidge Era: Essays on the History of the 1920s*. Hanover, NH: University Press of New England, 1998.

Hicks, John D. *Republican Ascendancy: 1921–1933.* New York: Harper & Brothers, 1960.

Hirst, F. W. *From Adam Smith to Philip Snowden: A History of Free Trade in Great Britain.* New York: Adelphi, 1925.

Hitchcock, Tim. *Down and Out in Eighteenth-Century London*. New York: Palgrave, 2005.

Hofstadter, Richard. *The Age of Reform: From Bryan to F.D.R.* New York: Alfred A. Knopf, 1955.

Hoover, Herbert. *Addresses upon the American Road: 1933–1938*. New York: Charles Scribner's Sons, 1938.

Hoover, Herbert. *The Memoirs of Herbert Hoover: The Cabinet and the Presidency, 1920–1933*. New York: Macmillan, 1952.

Hufbauer, Gary Clyde, and Jeffrey J. Schott. *NAFTA Revisited: Achievements and Challenges*. Washington, DC: Institute for International Economics, 2005.

Hull, Cordell. *The Memoirs of Cordell Hull*, Vols. 1–2. New York: Macmillan, 1948.

Ickes, Harold. *The Secret Diary of Harold L. Ickes*. Vol. 3, *The Lowering Clouds: 1939–1941*. New York: Simon and Schuster, 1954.

Irwin, Douglas A. *Against the Tide: An Intellectual History of Free Trade*. Princeton, NJ: Princeton University Press, 1996.

Irwin, Douglas A. *Peddling Protectionism: Smoot-Hawley and the Great Depression*. Princeton, NJ: Princeton University Press, 2011.

Irwin, Douglas A., Petros C. Mavroidis, and Alan O. Sykes. *The Genesis of the GATT*. New York: Cambridge University Press, 2008.

Isaacson, Walter. *Benjamin Franklin: An American Life*. New York: Simon & Schuster, 2003.

Isaacson, Walter. *The Wise Men: Six Friends and the World They Made*. New York: Touchstone, 1986.

Israel, Fred L., ed. *The War Diary of Breckinridge Long*. Lincoln: University of Nebraska Press, 1966.

Jackson, John H. *World Trade and the Law of GATT*. Indianapolis: Bobbs-Merrill, 1969.

Jastram, Roy W. *The Golden Constant: The English and American Experience 1560–1976*. New York: John Wiley, 1977.

Jefferson, Thomas. *Thomas Jefferson: Writings*. Notes and Contents Selected by Merrill D. Peterson. New York: Library of America, 1984.

Johnson, Donald Bruce, and Kirk H. Porter, eds. *National Party Platforms: 1840–1972*. Chicago: University of Illinois Press, 1973.

Jones, Joseph M., Jr. *Tariff Retaliation: Repercussions of the Hawley-Smoot Bill*. Philadelphia: University of Pennsylvania Press, 1934.

Josephson, Matthew. *The President Makers: The Culture of Politics and Leadership in an Age of Enlightenment, 1896–1919*. New York: Harcourt Brace, 1940.

Kaufman, Burton I. *Efficiency and Expansion: Foreign Trade Organization in the Wilson Administration, 1913–1921*. Westport, CT: Greenwood Press, 1974.

Kaufman, Burton I. *Trade and Aid: Eisenhower's Foreign Economic Policy, 1953–1961*. Baltimore: Johns Hopkins University Press, 1982.

Kehl, James A. *Boss Rule in the Gilded Age: Matt Quay of Pennsylvania*. Pittsburgh: University of Pittsburgh Press, 1981.

Kenkel, Joseph K. *Progressives and Protection: The Search for a Tariff Policy 1866–1936*. Lanham, MD: University Press of America, 1983.

Kennedy, David M. *Freedom from Fear: The American People in Depression and War, 1929–1945*. New York: Oxford University Press, 2005.

Keynes, John Maynard. *The Collected Writings of John Maynard Keynes*, vols. 17–21. London: Macmillan, 1977–89.

Keynes, John Maynard. *The End of Laissez-Faire: The Economic Consequences of the Peace*. Amherst: Prometheus Books, 2004.

Keynes, John Maynard. *Essays in Persuasion*. London: Macmillan, 1931.

Kissinger, Henry. *White House Years*. Boston: Little, Brown, 1979.

Kraft, Joseph. *The Grand Design: From Common Market to Atlantic Partnership*. New York: Harper & Brothers, 1962.

Krass, Peter. *Carnegie*. Hoboken, NJ: John Wiley, 2002.

Kyvig, David E. *Explicit and Authentic Acts: Amending the U.S. Constitution, 1776–1995*. Lawrence: University Press of Kansas, 1996.

Lash, Joseph P. *Eleanor and Franklin*. New York: W. W. Norton, 1971.

Leinwand, Gerald. *William Jennings Bryan: An Uncertain Trumpet*. Lanham, MD: Rowman & Littlefield, 2007.

Leiter, Robert D. "Organized Labor and the Tariff." *Southern Economic Journal* 28, no. 1 (1961): 55–65.

Leuchtenburg, William E. *Franklin D. Roosevelt and the New Deal, 1932–1940*. New York: Harper & Row, 1963.

Leuchtenburg, William E. *Herbert Hoover*. New York: Times Books/Henry Holt, 2009.

Lewis, Charles. *Office of the United States Trade Representative: America's Frontline Trade Officials*. Washington DC: Center for Public Integrity, 1990.

Lincoln, Abraham. *Speeches and Writings, 1832–1858*. New York: Library of America, 1989.

Lincoln, Abraham. *Speeches and Writings, 1859–1865*. New York: Library of America, 1989.

Lincoln, Abraham. *The Speeches of Abraham Lincoln: Including Inaugurals and Proclamations*. New York: Lincoln Centenary Association, 1908.

Link, Arthur S. *Wilson: The Road to the White House*. Princeton, NJ: Princeton University Press, 1947.

Link, Arthur S. *Woodrow Wilson: A Brief Biography*. Cleveland: World Publishing, 1963.

Locke, John. Peter Laslett ed. *Locke's Two Treatises of Civil Government*, 2nd ed. Cambridge: Cambridge University Press, 1967.

Madison, James. William Thomas Hutchinson, William M. E. Rachal, and Robert Allen Rutland, ed. *The Papers of James Madison*, Vol. 8. Chicago: University of Chicago Press, 1962.

Malone, Dumas. *Jefferson and His Time*. Vol. 5, *Jefferson the President: Second Term, 1805–1809*. Boston: Little, Brown, 1974.

Manchester, William. *The Last Lion: Winston Spencer Churchill: Visions of Glory, 1874–1932*. Boston: Little, Brown, 1983.

Mason, George. Robert A. Rutland, ed. *The Papers of George Mason, 1725-1792*, Vol. 3. Chapel Hill: University of North Carolina Press, 1970.

McCoy, Donald R. *Calvin Coolidge: The Quiet President*. Lawrence: University Press of Kansas, 1988.

McCullough, David. *Truman*. New York: Simon & Schuster, 1992.

McGrane, Reginald, ed. *The Correspondence of Nicholas Biddle Dealing with National Affairs*. Boston: Houghton Mifflin, 1919.

Meacham, Jon. *Thomas Jefferson: The Art of Power*. New York: Random House, 2012.

Mellon, Andrew W. *Taxation: The People's Business*. New York: Macmillan, 1924.

Merrill, Milton R. *Reed Smoot: Apostle in Politics*. Logan: Utah State University Press, 1990.

Merrill, Samuel Horace, and Marion Galbraith Merrill. *The Republican Command: 1897–1913*. Lexington: University Press of Kentucky, 1971.

Mill, John Stuart. *Principles of Political Economy*. New York: Oxford University Press, 1994.

Malone, Dumas. *Jefferson and His Time*. Vol. 5, *Jefferson the President: Second Term, 1805–1809*. Boston: Little, Brown, 1974.

Moley, Raymond. *After Seven Years*. New York: Harper & Brothers, 1939.

Monypenny, William Favelle, and George Earle Buckle. *The Life of Benjamin Disraeli: Earl of Beaconsfield*, vol. 3. New York: McMillan, 1929.

Morgan, Kenneth O., ed. *The Oxford Illustrated History of Great Britain*. Oxford: Oxford University Press, 1988.

Morgan, H. Wayne. *From Hayes to McKinley: National Party Politics, 1877–1896*. Syracuse, NY: Syracuse University Press, 1969.

Morgan, Ted. *FDR: A Biography*. New York: Simon & Schuster, 1985.

Morison, Elting E., ed. *The Letters of Theodore Roosevelt*, 8 vols. Cambridge, MA: Harvard University Press, 1951.

Morris, Edmund. *Theodore Rex*. New York: Random House, 2001.

Mowry, George E. *Theodore Roosevelt and the Progressive Movement*. Madison: University of Wisconsin, 1946.

Murray, Robert K. *The Harding Era: Warren G. Harding and His Administration*. Minneapolis: University of Minnesota Press, 1969.

National Association of Wool Manufacturers. *Bulletin of the National Association of Wool Manufacturers, January 1883 to December 1883*. Boston: National Association of Wool Manufacturers, 1883.

Nevins, Allan, ed. *Letters of Grover Cleveland: 1850–1908*. Boston: Houghton Mifflin, 1933.

Nixon, Edgar B., ed. *Franklin D. Roosevelt and Foreign Affairs*. Vol. 1, *January 1933–February 1934*. Vol. 3, *September 1935–January 1937*. Cambridge: Belknap Press of Harvard University Press, 1969.

Otteson, James R., ed. *Adam Smith: Selected Philosophical Writings*. Exeter: Imprint Academic, 2004.

Pastor, Robert A. *Congress and the Politics of U.S. Foreign Economic Policy: 1929–1976*. Berkeley: University of California Press, 1980.

Paterson, Thomas G. *American Foreign Policy: A History/Since 1900*. 2nd ed. Lexington, MA: D. C. Heath, 1928.

Perkins, Frances. *The Roosevelt I Knew*. New York: Viking Press, 1946.

Phillips, Kevin. *Wealth and Democracy: A Political History of the American Rich*. New York: Broadway Books, 2002.

Phillips, Kevin. *William McKinley*. New York: Times Books, 2003.

Pickering, Paul A., and Alex Tyrrell. *The People's Bread: A History of the Anti-Corn Law League*. London: Leicester University Press, 2000.

Pressnell, L. S. *External Economic Policy since the War*. Vol. 1, *The Post-War Financial Settlement*. London: Her Majesty's Stationery Office, 1987.

Rabushka, Alvin. *From Adam Smith to the Wealth of America*. New Brunswick, NJ: Transaction Books, 1985.

Reitano, Joanne. *The Tariff Question in the Gilded Age—The Great Debate of 1888*. University Park: Pennsylvania State University Press, 1994.

Remini, Robert V. *Daniel Webster: The Man and His Time*. New York: W. W. Norton, 1997.

Remini, Robert V. *John Quincy Adams*. New York: Times Books, 2002.

Republican National Convention. *Proceedings of the Republican National Convention, Held at Chicago, May 16, 17, 18, 1860*. Albany: Weed, Parsons, 1860.

Republican National Convention. *Official Proceedings of the Republican National Convention Held at Chicago, June 3–6, 1884*. Minneapolis: Charles Johnson, 1903.

Robbins, Lionel Charles. *Autobiography of an Economist*. London: Macmillan, 1971.

Robertson, David. *Sly and Able: A Political Biography of James F. Byrnes*. New York: W. W. Norton, 1994.

Roosevelt, Eleanor. *This Is My Story*. New York: Harper & Brothers, 1937.

Roosevelt, Elliott. *As He Saw It*. New York: Duell, Sloan and Pearce, 1946.

Roosevelt, Franklin D. *The Public Papers and Addresses of Franklin D. Roosevelt*. Edited by Samuel I. Rosenman, 13 vols. New York: Random House, Macmillan, Harper & Brothers, 1938–1950.

Roosevelt, Theodore. *The Letters of Theodore Roosevelt*. Cambridge, MA: Harvard University Press, 1951–1954.

Roosevelt, Theodore. *The New Nationalism*. New York: Outlook, 1910.

Rothgeb, John M., Jr. *U.S. Trade Policy: Balancing Economic Dreams and Political Realities*. Washington, DC: CQ Press, 2001.

Sandburg, Carl. *Abraham Lincoln: The War Years*, Vol. 1. New York: Harcourt, Brace, 1939.

Sayre, Francis Bowes. *The Way Forward: The American Trade Agreements Program*. New York: Macmillan, 1939.

Schattschneider, E. E. *Politics, Pressures and the Tariff: A Study of Free Private Enterprise in Pressure Politics, as Shown in the 1929–1930 Revision of the Tariff*. New York: Prentice-Hall, 1935.

Schatz, Arthur W. "Cordell Hull and the Struggle for the Reciprocal Trade Agreements Program, 1932–1940." PhD Thesis, University of Oregon, 1965.

Schlesinger, Arthur M., Jr. *The Age of Jackson*. Boston: Little, Brown, 1945.

Schlesinger, Arthur M., Jr. *The Age of Roosevelt*. Vol. 1, *The Crisis of the Old Order: 1919–1933*. Boston: Houghton Mifflin, 1957.

Schlesinger, Arthur M., Jr. *The Age of Roosevelt*. Vol. 2, *The Coming of the New Deal*. Boston: Houghton Mifflin, 1959.

Schlesinger, Arthur M., Jr. *The Age of Roosevelt*. Vol. 3, *The Politics of Upheaval*. Boston: Houghton Mifflin, 1960.

Schlesinger, Arthur M., Jr., ed. *History of U.S. Political Parties*. Vol. 1, *1789–1860: From Faction to Parties*. New York: Chelsea House, 1973.

Schlesinger, Arthur M., Jr., ed. *History of U.S. Political Parties*. Vol. 2, *1860–1910: The Gilded Age of Politics*. New York: Chelsea House, 1973.

Schlesinger, Arthur M., Jr., ed. *History of U.S. Political Parties*. Vol. 3, *1910–1945: From Square Deal to New Deal*. New York: Chelsea House, 1973.

Schlesinger, Arthur M., Jr., ed. *History of U.S. Political Parties*. Vol. 4, *1945–1972: The Politics of Change*. New York: Chelsea House, 1973.

Schlesinger, Arthur M., Jr. *A Thousand Days: John F. Kennedy in the White House*. Boston: Houghton Mifflin, 1965.

Schneer, Jonathan. *Ministers at War: Winston Churchill and His War Cabinet*. New York: Basic Books, 2014.

Sievers, Harry J. *Benjamin Harrison*. New York: Bobbs-Merrill, 1968.

Sinclair, Upton. *The Jungle*. Norwalk, CT: Heritage Press, 1965.

Skidelsky, Robert. *Keynes: The Return of the Master*. New York: Public Affairs, 2009.

Smith, Adam. *An Inquiry into the Nature and Causes of the the Wealth of Nations*. Introduction by D. D. Raphael. New York: Everyman's Library, 1990.

Smith, Henry Norman. *The Politics of Plenty*. London: George Allen and Unwin, 1944.

Smith, Jean Edward. *FDR*. New York: Random House, 2007.

Stanwood, Edward. *American Tariff Controversies in the Nineteenth Century*, vol. 2. New York: Russell & Russell, 1967.

Startt, James D. *Woodrow Wilson and the Press: Prelude to the Presidency*. New York: Palgrave Macmillan, 2004.

Steil, Benn. *The Battle of Bretton Woods: John Maynard Keynes, Harry Dexter White, and the Making of a New World Order*. Princeton, NJ: Princeton University Press, 2013.

Stern, Paula. *Water's Edge: Domestic Politics and the Making of American Foreign Policy*. Westport, CT: Greenwood Press, 1979.

Stimson, Henry L., and McGeorge Bundy. *On Active Service in Peace and War*. New York: Harper & Brothers, 1948.

Strouse, Jean. *Morgan: American Financier*. New York: Random House, 1999.

Tarbell, Ida M. *The Tariff in Our Times*. New York: Macmillan, 1911.

Taussig, F. W. *The Tariff History of the United States*. New York: G. P. Putnam's Sons, 1931.

Taussig, F. W., ed. *State Papers and Speeches on the Tariff*. Clifton, NJ: Augustus M. Kelley, 1972.

Thomas, Evan. *The War Lovers: Roosevelt, Lodge, Hearst, and the Rush to Empire, 1898*. New York: Little, Brown, 2010.

Truman, Harry S. *Memoirs*. Vol. 1, *Year of Decisions*. New York: Doubleday, 1955.

Tugwell, Rexford G. *The Democratic Roosevelt: A Biography of Franklin D. Roosevelt*. Garden City, NY: Doubleday, 1957.

Van Dormael, Armand. *Bretton Woods: Birth of a Monetary System*. New York: Holmes & Meier, 1978.

Ware, Alan. *The Democratic Party Heads North: 1877–1962*. Cambridge: Cambridge University Press, 2006.

Wasem, Ruth Ellen. *Tackling Unemployment: The Legislative Dynamics of the Employment Act of 1946*. Kalamazoo, MI: W. E. Upjohn Institute for Employment Research, 2013.

Webster, Daniel. *Great Speeches and Orations of Daniel Webster*. Edited by Edwin P. Whipple. Littleton, CO: Fred B. Rothman, 1993.

Webster, Daniel. *The Works of Daniel Webster*, vol. 3. Boston: Little, Brown, 1853.

Wilcox, Clair. *A Charter for World Trade*. New York: Macmillan, 1949.

Wilson, Woodrow. *The New Freedom: A Call for the Emancipation of the Generous Energies of a People*. New York: Doubleday, Page, 1913. www.gutenberg.org/files/14811/14811-h/14811-h.htm.

Wilson, Woodrow. *Woodrow Wilson: Essential Writings and Speeches of the Scholar-President*. Edited by Mario R. Dinunzio. New York: New York University Press, 2006.

Witcover, Jules. *Party of the People: A History of the Democrats*. New York: Random House, 2003.

Wolf, Martin. *Why Globalization Works*. New Haven, CT: Yale University Press, 2004.

Wood, Gordon S. *The Americanization of Benjamin Franklin*. New York: Penguin Press, 2004.

Woods, Randall Bennett. *A Changing of the Guard: Anglo-American Relations, 1941–1946*. Chapel Hill: University of North Carolina Press, 1990.

Young, Andrew W. *A History of the American Protective System, and Its Effects upon the Several Branches of Domestic Industry*. New York: John J. Reed, 1860.

Zeiler, Thomas W. *Free Trade, Free World: The Advent of GATT*. Chapel Hill: University of North Carolina Press, 1999.

关于作者

C.唐纳德·约翰逊是佐治亚大学法学院的迪安·拉斯克国际法和政策中心荣誉主任,在佐治亚大学法学院生活与工作了11年,讲授中国和日内瓦国际贸易法课程。此前,他是华盛顿特区一家著名的律师事务所合伙人,在那里,他专长于国际贸易法。1998—2000年间,他作为美国贸易代表办公室的代表,在中美关于中国加入世贸组织协议以及此前的柬埔寨纺织协定的谈判过程中,担任纺织产业方面的首席谈判代表。1993—1995年间,作为众议员,他代表了佐治亚州第十选区,他关注国家安全和国际经济政策,包括《北美自由贸易协定》和执行世界贸易组织规定的立法。1987—1992年间,约翰逊还担任佐治亚州参议员,并任拨款委员会(Appropriation Committee)主席。在1974年《贸易法案》审议期间,他是美国众议院筹款委员会贸易分委员会的职员。他拥有佐治亚大学历史学学士学位和法学专业博士学位,并获得伦敦经济学院法学硕士学位。